광기와 성

광기와 성 Psychopathia Sexualis

초판 1쇄 발행 2020년 4월 6일
초판 2쇄 발행 2022년 8월 30일

지은이 리하르트 폰크라프트에빙 Richard von Krafft-Ebing
옮긴이 홍문우
펴낸이 정해종
편 집 신관식
디자인 유혜현

펴낸곳 ㈜파람북
출판등록 2018년 4월 30일 제2018-000126호
주소 서울특별시 마포구 토정로 222 한국출판콘텐츠센터 303호
전자우편 info@parambook.co.kr **인스타그램** @param.book
페이스북 www.facebook.com/parambook/ **네이버 포스트** m.post.naver.com/parambook
대표전화 (편집) 02-2038-2633 (마케팅) 070-4353-0561

ISBN 979-11-90052-27-6 03180
책값은 뒤표지에 있습니다.

Psychopathia
Sexualis

Richard
von Krafft-Ebing

사이코패스의 심리와 고백

광기와 성

리하르트 폰크라프트에빙 지음

홍문우 옮김

파람북

시작하며

성생활이 인간의 감정과 사상과 사회생활에서 얼마나 막중한지 정확히 이해하는 사람은 거의 없다. 고전주의 시인 프리드리히 실러는 이런 말을 했다.

그동안 철학이라는 거대한 장비로 세계를 버텨왔다고들 하지만, 과연 그럴까. 굶주림과 사랑이라는 톱니바퀴가 맞물려 돌아가는 덕에 그렇게 버텨 왔건만….

사정이 이런 데도 철학자들이 성생활에 별로 관심을 두지 않았으니 놀랍다. 쇼펜하우어도 의아해하면서 『의지와 표상으로서의 세계』에서 이렇게 말했다.

지금까지 시인들이나 사랑을 노래했다. 철학자들은 외면했다. 참으로 이상하다. 플라톤, 루소, 칸트 모두 슬쩍 들여다보기만 했다.

쇼펜하우어와 그 뒤로 철학자 하르트만[1] 이 사랑을 이야기했던 것은

---

1 Nicolai Hartmann, 1882~1950, 라트비아 출신 철학자로 독일에서 철학교수를 지냈다.(역주)

광기와 성

큰 실수였다. 두 사람이 사랑을 알아보다가 내린 결론은 진지하지 않았다. 그저 재기 넘치는 미슐레[2]와 만테가차[3]의 글을 막연히 요약했을 뿐이다. 이들의 글은 모두 에세이였다. 과학적 탐구를 바탕으로 하지 않았다.

사실 성생활은 형이상학과 심리학에서 실험을 바탕으로 깊이 연구한 적 없어 미개지처럼 드넓다.

---

2 Jules Michelet, 1798~1874, 프랑스 역사가. 〈마녀〉는 특히 정신의학의 관심을 끌었다.(역주)

3 Paolo Mantegazza, 1831~1910, 이탈리아 의사, 신경학자로 이탈리아 위생학의 선구자다.(역주)

차 례

Part 1

성생활의 심리

인류는 개인의 변덕과 우연으로 존속하지 않는다. 막강한 자연의 본능으로 보장받아야 한다. 반드시 채워야 하는 본능이다. 거역할 수 없는 자연의 욕구를 채우면서 무엇을 얻을까. 몸이 편안해지고 즐거운 기분이 들기도 하지만, 그 이상으로 훨씬 더 고상한 만족을 얻는다. 우리 심신의 자질을 계속 이어가도록 자손에게 물려주는 과업을 떠맡는 기쁨이다.

육체적 사랑으로 본능을 채우고 쾌감을 맛본다는 점에서 인간은 짐승과 같은 수준이다. 그렇지만 인간은 의지를 잃고 자연의 본능에 노예처럼 얽매이지 않고 고상해진다. 정념은 감각에서 비롯하지만 더욱 고귀한 감정을 낳고, 또 지극히 아름다운 정신세계를 열어준다. 아무튼, 성생활은 개인과 사회가 살아남는 데 최강의 필수 요인이다. 가정을 이루고 재산을 쌓는 강력한 동력이다. 또, 이타적 감정을 고취하는 힘이다. 이타적 감정은 처음에는 이성에게 드러내지만, 차츰 어린이와 더 나아가 인류 전체로 향한다.

모든 도덕, 어쩌면 미와 종교의 대부분도 성욕의 결과일지 모른다. 그러나 성생활이 위대한 미덕과 완전한 자기희생의 마르지 않는 샘이 될 수 있을까? 성생활의 막강한 위력이 강력한 정념으로 위험하게 퇴화하거나 크나큰 사악을 낳기도 하지 않을까?

사랑은 고삐가 풀려 버려 정념이 되면 화산과 똑같다. 모든 것을 태우

광기와 성

브뤼헐, 뤼번스 합작, 〈에덴 동산과 인간의 원죄〉 덴하그 왕립회화관, 1615년경

고 재로 만든다. 명예도 재산, 건강 모든 것을 집어삼키는 구렁텅이가 된다.

심리학의 관점에서 오늘날까지 여러 문명 시대를 관통하는 성생활의 발전의 각 단계를 거슬러 올라가 보면 매우 흥미롭다. 우선, 원시 문명에서 성욕의 충족은 인간이나 짐승 모두 똑같다. 성행위는 대중의 눈을 피하지도 않았다. 여자, 남자 모두 거리낌 없이 벌거벗고 다녔다. 요즘도 원시생활을 하는 많은 야만인을 오스트레일리아, 폴리네시아, 말레이 제도, 필리핀 등에서 여전히 볼 수 있다.

이들 세계에서 여자는 남자들의 공동재산이다. 최강자의 일시적 먹이다. 가장 힘 센 남자는 가장 아름다운 여성을 찾고, 또 그렇게 해서 본능적으로 인종의 선택과 같은 것을 한다. 여자는 움직이는 동산動産, 즉 재산이자 거래하는 물건과 같아 선물로 주고받으며 쾌락과 노동의 도구가 된다.

성생활에 대한 도덕적 고양은 수치심이 하나의 풍습으로 자리 잡으면서 시작되었다. 성생활을 사회에 드러내지 않고 성생활로 이룬 것을 과시하지 않았다. 또, 이성 간에 서로 몸을 사리고 조심했다. 그때부터 성기를 가리고 다녔다. 자신들이 벌거벗은 모습을 깨달았고 사랑도 은밀하게 하게 된다. 염치를 느끼게 하는 문명의 한 단계는 차가운 기후에서 빠르게 찾아왔다. 옷으로 몸을 덮어야 했기 때문이다. 염치는 남쪽 사람들보다 북쪽 사람들에게서 더 일찍 나타났다. 인류학자들이 밝혀낸 사실이다.

성숙한 성생활로 또 다른 결과도 나왔다. 여자는 소유물, 사유재산의 상태를 벗어났다. 여자는 한 사람으로서 인격이 되었다. 비록 오랫동안 여자의 사회적 지위는 남자의 것에 비해 한참 낮았지만, 여자가 인격권이 있고 자기에게 유리하게 행동할 권리가 있다고 생각이 꾸준히 늘어났다.

그때부터 여자는 남자가 애원하는 대상이 된다. 남자가 여자에게 사랑을 애원하면서 성욕의 거친 감정은 부쩍 도덕심과 결합되고 본능은 관념적인 것이 되었다. 그때부터 공동재산 같던 여성의 공동체는 사라진다. 남녀 개인마다 서로 상대방 심신의 장점에 끌리게 되고, 서로 공감하는 사람들만 상대를 허락한다. 여자는 사랑하는 남자에게만 매력을 부리고 추파를 던진다. 나머지 다른 사람들에게는 매력을 숨긴다. 이렇듯 염치와 나란히 순결과 배우자의 정조라는 기본 원칙이 나타난다. 사랑을 약속으로 지켜야 한다. 여성은 이와 같은 사회적 수준에 좀 더 먼저 도착했다. 남자들이 유랑 생활을 포기하고 어떤 곳에 터를 잡고 여자를 위해 가정을 이루고 거처를 마련할 때까지 기다렸다. 살림의 동반자이자 가정의 안주인으로서 여자가 필요할 때였다.

지중해 연안의 여러 민족과 유럽의 게르만족은 먼 옛날부터 이미 문명 생활을 했다. 그래서 이런 민족들은 순결과 염치, 부부간의 정조를 이해하고 인정했다. 그러나 다른 원시 민족들은 자기의 동거녀를 손님에게

광기와 성

〈게이샤의 무용 수업〉, 1890년경

내주고 사랑의 즐거움을 나누게 했다.[1] 이렇게 볼 때, 성생활이 도덕성을
띠게 된 것은 문명이 고도로 발달했다는 뜻이다. 그 도덕심은 인류 지성
의 다른 수많은 발전보다 훨씬 늦게 나타난다.

　증거를 들어보자. 일본 사람들은 사창가에서 접대부로 수년간 살았던
여자와 결혼하는 관습이 있다. 유럽의 사창가에서 여자가 하는 일과 똑같
은 노릇을 했던 여자인데 문제 삼지 않는다. 일본 사람들은, 여자들이 벌
거벗은 몸을 드러낸다고 조금도 놀라지 않는다. 모든 미혼녀가 창부로 일
하면서 장차 결혼해 아내가 될 가치를 잃지 않는다. 매우 흥미로운 일본 사
람들인데, 여자는 결혼 생활로 자손을 낳고 쾌락을 주는 일의 도구일 뿐 어
떤 윤리성을 표현하는 존재가 아니다.

　성생활은 기독교의 막강한 영향으로 도덕성을 띠었다. 여성을 남성과

1　북극 지역의 이누이트 사람들은 현대까지 이렇게 생활했다. 탐험가 아문센을 비롯해 여러 현대인이 대
　접을 받으며 한동안 극지에서 눌러 살았다.(역주)

펠릭스 에두아르도 이달고, 〈처녀성을 조사받는 기독교도 처녀들〉, 마닐라 시립박물관, 1884년

마찬가지 사회 수준으로 끌어올렸다. 남녀 간 사랑의 약속을 종교와 도덕
으로서 바꾸어 놓았다.

Part 2

일반 정신병리

뇌신경을 비롯한 몇 가지 정신경증

요즘 사람들의 성기능은 종종 이상하게 돌아간다. 성기를 너무 많이 사용한 탓도 있다. 이상 기능은 손상된 대뇌에서 보내는 신호인데 대부분 유전 때문이다(퇴화기능징후군). 생식기는 모든 신경계와 중요한 기능을 호환한다. 따라서 신체와 정신의 관계, 성기의 질환에서 비롯하는 일반 정신병과 신경증이 빈발한다.

성신경증은 말초신경증, 척추신경증, 뇌신경증 등이 있다. 그러나 우리가 다룰 주제는 주로 뇌신경증과 관련된다. 우선 척추신경증을 잠깐 살펴보고 곧장 주제로 넘어가기로 하자.

척추신경증

발기 중추 질환

- 성기가 흥분하면서 발기하는 것은 자극받은 말초신경의 반응이다. 뇌의 통신기관이 흥분하면서 발기기관으로(목의 연골 아랫부분과 등의 윗부분의 연골 질환) 또는 중추로 퍼진다. 이때 정신적으로 흥분하게 된다. 해로운 흥분이다. 정신적 흥분으로 색정증이 나타나 성욕과 발기가 비정상으로 오래 지속된다. 성기의 직접 흥분과 반작용에 인한 흥분이라면 성욕은 떨어질 수 있다. 발기지속증에 대한 거부감이 따르기도 한다.

- 마비는 척수환자에게서 신경중추나 통로가 파괴되면 나타난다(마비불능). 혹사(특히 자위행위 같은 지나친 성행위)로 인해 중추의 감응력이 무뎌졌기 때문이다. 취화염臭化鹽(브롬화 칼륨)에 중독되었을 때도 같은 증상이 나타난다. 마비로 두뇌가 둔해지기도 한다. 종종 외부 성기도 무기력해진다. 두뇌과민증일 때 이런 것이 빈발한다. 중추가 발기에 반응하는 특수한 자극에만 민감한 경우도 있다. 성기능이 감퇴하는 특별한 경우다. 그래서 남편이 정숙한 아내와 접촉해도 발기할 만큼 흥분하지 못하기도 한다. 이런 사람은 매춘부와 섹스하거나 부자연스런 성행위를 할 때에나 발기된다. 정신적으로 부적절하게 흥분하기 때문이다. (나중에 성과 관련된 감각과 지각의 이상한 변화에서 살펴보자.)

- 발기 중추는 두뇌의 영향으로 기능하지 못하기도 한다. 성병에 대

한 혐오와 두려움 또는 필요한 힘이 부족할까 하는 걱정 때문이다.[1]
- 중추 에너지가 급격히 느슨해지면서 감수성에 비정상이 나타난다. 중추의 기능에 장애가 일어나기도 한다. 발기 신경의 분포가 약해지거나 좌골坐骨 해면 근육의 약화도 원인이다.

이와 같은 비정상을 알아보기 전에 성급한 사정으로 인한 발기부전(조루증)부터 알아보자.

사정 중추 질환

- 너무 쉽게 사정하는 것은 정신적으로 지나치게 흥분함으로써 뇌가 정지 명령을 내리지 못하기 때문이다. 중추의 감각이 허약할 때 나타나는 현상이다. 요도가 성욕 과잉으로 지나치게 터질 듯 부풀기 때문이기도 하다.
- 사정이 비정상적으로 어려운 것은 대체로 중추신경의 마비 때문이다. 대뇌와 척수의 쇠약, 과도한 성행위로 인한 기능 저하, 당뇨, 약물 중독 등이 원인이다.

---

1 프랑스 정신과 의사 발랑탱 마냥(1835~1916)은 "성과 무관한 강박증이 작용할 수 있다."라는 흥미로운 사례를 들었다. 스물한 살의 대학생이 유전으로 심각하게 물려받은 '13'이라는 숫자에 대한 집착과 끈질기게 싸우고 있었다. 그는 이전에 자위행위 중독자였다. 그는 섹스하려고 할 때마다 13이라는 숫자에 사로잡혀 발기하지 못했다. 여성을 돌이킬 수 없이 혐오하거나 감염될까 겁내거나 성적 도착증에 걸린 것으로 볼 수 있고, 심신불안의 신경증 환자로 볼 수도 있다. 종종 성기가 무기력증에 빠진 사람들도 해당된다. 성을 무시하거나 그럴 만한 이유가 있는 사람들이다. 이런 정신 상태가 족쇄가 된다. 일시적으로든 영구적으로든 이성과 성관계를 못 하도록 방해한다.

광기와 성

뇌신경증

자가당착증

성기가 생리적으로 부적절한 시기에 엉뚱하게 흥분하는 증세를 자가당착증이라고 한다.

유아기의 성본능

신경병리학자나 소아과 의사 모두 어린 아기도 성적 활동을 한다고 인정한다. 유아의 자위행위에 관한 주목할 보고서를 참고할 만하다. (울츠만) 항문과 질 속의 요충, 포경, 귀두염龜頭炎 때문에 아기들이 성기에 가려움증에 시달리다가 그곳을 긁다 보면 쾌감을 느끼고 자위에 이르게도 되는 사례가 흔하다. 이런 증세와 다르게 이렇다 하게 드러난 원인도 없는데, 오로지 뇌의 작용으로 유아가 성욕과 이상한 버릇을 보이는 특이한 경우가 있다. 그 놀라운 사례가 있다. 여덟 살 소녀인데, 명문가 출신이지만 열네 살부터 자위행위에 몰두했다. 소녀는 십대 초반의 소년들과 섹스했다. 소녀는 유산이나 물려받아 사내아이들과 재미있게 살고 싶어 부모를 살해하겠다는 생각에 사로잡혔다. 어린이가 조숙한 성욕으로 자위행위를 하는 경우인데, 백치 또는 신경과 정신의 심각한 퇴행으로 이어질 때가 드물지 않다.

롬브로소[2]는 유전병을 가진 어린이의 자료를 모았다. 그중에서 아무렇지 않게 계속 자위행위를 하던 세 살짜리 여아가 있었다. 어떤 부인은

---

2 Cesare Lombroso, 1835~1905, 이탈리아의 정신병 학자이자 범죄학자로 법의학과 범죄인류학의 토대를 닦고 이탈리아 학파를 이끈 거장이다.

체사레 **롬브로소** 초상

여덟 살 때 시작한 자위를 결혼 후에도 계속했다. 특히 임신 중에도 그치지 못했다. 부인은 열두 차례 출산했다. 그중 다섯 아이는 유아기에 사망했다. 넷은 뇌수종을 앓았고, 아들 둘 가운데 하나는 네 살부터, 다른 하나는 일곱 살 때부터 자위행위에 몰두했다.

감각의 조숙한 변태로 지독한 고생을 했던 자매도 있었다. 언니 R은 일곱 살부터 자위했고, 무엇이든 훔쳤으며 열 살 때부터 몹쓸 광기를 부렸다. 사제가 행실을 바로잡도록 설득하는 동안에도 사제복의 옷자락을 문지르며 자위행위를 했다. (참바고)

노년기에 다시 깨어나는 성본능

나이가 많이 들어서도 성본능을 유지하는 경우는 드물다. 여든셋의 노인이 풍속사범으로 뷔르템베르크 형사 법정에서 3년 노역형을 선고받았다. 그러나 피고의 정신 상태나 범행에 대해 알려진 것은 없다. (치트만, 외스테를렌)

매우 늦은 나이에 성욕을 표현한다고 그 자체가 병은 아니다. 그러나 당사자가 병들어 쇠약하고, 성생활을 그만둔 지 오래되었거나 왕성하지도 않은 성욕을 과시하고 못 견뎌 한다면 이상한 착란이다. 병적인 조건을 의심할 만하다. 뇌에 갑자기 변화가 일어나거나 노인성 치매로 발전할 수 있다. 병적인 성욕은 노인성 치매의 초기 증세로서 지능이 떨어질 때

광기와 성

나타나는 것보다 훨씬 오래전부터 나타난다.

치매에 걸린 노인은 음란한 언행부터 시작한다. 뇌가 위축되고 정신이 흐려진 노인은 우선 어린이를 공격한다. 어린이는 심신이 무기력한 노인도 접근하기 쉽기 때문이다. 노인들은 생식 기능과 도덕심의 감퇴 탓에 변태 행위를 저지른다. 변태 행위로 불가능한 생리적 행위를 보상하려고 한다. 성기 노출, 아동 성기 접촉, 아동에 대한 강제 성추행과 매질 등이다. (히른)

이런 단계에서 노인의 지능은 자신의 비행을 은폐하려고 할 만큼 멀쩡하다. 하지만 도덕 감각이 너무 무뎌져 기벽을 자제하지 못한다. 치매가 나타날수록 점점 더 뻔뻔하게 행동한다. 그러다 보면 무력감조차 잊고서 성인까지 찾아 나선다. 어쨌든 생식기는 무기력하기 때문에 섹스를 대신할 다른 방법을 찾는다. 거위와 암탉을 잡으면서 피를 흘리는 모습에 만족해하기도 한다. 어른들을 상대한 성행위도 역겹기는 마찬가지인데, 앞서 설명했듯이 충분히 이해할만한 심리이다. 본문의 사례 49에서 자세한 모습을 볼 수 있다. 치매에 걸린 노인은 관능의 망상에 빠져 편집광적 사건도 벌인다.

_사례 1 성욕 과잉 환자

르네는 언제나 성적 쾌락에 빠져 지냈다. 그래도 품위만은 지켰다. 르네는 66세부터 정신력이 차츰 감퇴했다. 그러면서 풍속사범에 걸릴 만한 짓을 했다. 과거에는 단정하고 깐깐한 사람이었는데 풍기 문란으로 격리 수용소에 갇혔다. 르네는 모든 재산을 사창가에 뿌려 대더니 어느 날 길 가는 여자를 붙잡고 마누라라면서 섹스하려고 했다.

수용소에서도 성욕 과잉으로 치닫던 르네는 사실상 죽는 날까지 성욕항진증을 보였다. 그는 끝없이 자위행위를 했다. 많은 사람들 앞에서조차. 음란한 생각에 취해 횡설수설했다. 르네는 주변의 남자들을 여자라면서 쫓아다니고

더러운 제안을 하며 집적거렸다. (뒤솔[3])

노인성 치매에 걸린 여성들도 비슷한 성욕과다증(색정광증과 자궁광기)을 보인다. 이전에 매우 정숙하던 여성이었더라도 별 수 없다. 쇼펜하우어의 『의지와 표상으로서의 세계』에서도 이러한 사례를 찾아볼 수 있다.

노인성 치매에서 비정상적 취향은 주로 동성의 환자를 겨냥한다. 이런 경우 환자는 기벽을 동성애로 또는 상호 자위행위로 해소한다.

_사례 2 성욕 과잉의 노인

X는 80세의 사회 지도층 인사로서 병력이 있는 가족 출신인데, 추잡하고 언제나 성욕에 넘쳤다. X의 고백에 따르면, 그는 청소년기부터 섹스보다 자위행위를 더 좋아했다. X는 애인이 있었고 둘 사이에 아이를 낳았다. 그 뒤 마흔여덟 살에 연애결혼을 하고 다시 자녀를 여섯 낳았다. 부부생활을 하던 시절에, X는 아내가 불평할 거리를 절대 만들지 않았다. 그의 가족에 대해서는 자세히 알 수 없다. "형제가 동성애자로 의심받았고, 조카 한 명도 지나친 자위행위 끝에 미쳐 버렸다."라고 했다.

여러 해 동안 X의 성격은 이상해지더니 쉽게 분통을 터트리곤 했는데, 갈수록 황당하기 짝이 없었다. X는 사람을 못 믿고, 눈곱만큼이라도 욕망을 거슬리면 아내에게 손찌검할 정도로 광분했다. 지난 1년 전부터 노인성 치매의 증세가 뚜렷했다. 기억력은 감퇴했고 지난 일들을 착각하고 인식도 못 했다.

14개월 전부터 X는 하인, 특히 정원 일을 맡은 젊은 하인에게 열렬한 사랑을 호소했다. 하인들에게 엄하고 도도하던 X가 이제는 청년에게 선물 공세

---

3   Henri Legrand du Saulle, 1830~1886, 프랑스 정신의학자로 심리학과 정신병리학, 법의학에서 많은 업적을 남겼다. 특히 공포심에 시달리는 공황증 연구의 선구자다.(역주)

귀스타브 도레, 〈미겔 데세르반테스의 돈키호테〉, 1863년

를 펼치고 그 가족에게도 집안의 일감을 몰아주면서 극진히 아꼈다. X는 정말
로 발정기를 맞은 수컷처럼 만날 때만 기다렸다. 집안 식구를 멀리하고 혼자
있으면서 청년과 거북하지 않게 오붓한 시간을 보내려고 했다. X는 청년과 장
시간을 함께 침실에서 보냈고, 사람들이 문을 열고 들어가 보았을 때 완전히
탈진해 침대에 누워 있었다. 청년 외에 X는 다른 남자 하인들과도 주기적으로
서로 음경을 주무르며 자위행위를 유도하는 등 관계를 맺었다.

　광증으로 X는 사실상 정신이 무너졌다. 그는 자신의 성행위를 변태라고
생각하지 않았다. 가족은 참담한 심정으로 그를 보호할 사람에게 부탁하고 요
양원으로 보냈다. X는 아내와 같은 방에서 생활했지만, 다른 이성에 대해서는
별다른 관심을 보이지 않았다. 비뚤어진 성과 급히 쇠한 도덕심과 관련해 매
우 흥미롭게도, X는 자기 며느리의 하녀들에게 며느리에게 애인이 있는지 물
어보았다.

성지각마비증

성에 대한 무관심을 말한다.

선천적 성감 결핍

타고난 비정상으로서 성감(性感)을 못 느끼는 경우는 분명 뇌에 원인이 있기 마련이다. 비록 성기는 정상으로 기능하지만(정자 생산, 월경), 성생활에 관한 관심이 없거나 영원히 잃은 경우다. 성기능이 배제된 이런 사람들은 매우 드물다. 만약 있다면 뇌기능 장애로 퇴화한 사람들이다. 정신적으로 또는 해부학적으로 퇴화나 변질의 징후나 상처가 있을 때 나타난다. 르그랑 뒤솔이 고전적 사례를 내놓았다.

_사례 3 피해망상 환자의 자식

36세의 환자 D는 피해망상에 시달리는 환자를 어머니로 두었다. D의 아버지도 아내와 똑같은 피해망상증에 걸려 결국 자살했다. 어머니는 미쳤고 외할머니도 산욕(産褥)의 광증에 사로잡혔다. D의 세 형제는 어린 나이에 사망했다. 살아남은 한 사람은 성격이 정상이 아니었다. D는 이미 13살 때 자기도 미치고 말 것이라는 생각에 사로잡혀 14살에 자살을 기도했다. 나중에 병사로서 여러 근무지를 돌아다니며 생활했고 불복종을 일삼았다. D는 지능이 둔한 편이었다. 그러나 어떠한 퇴화 징후도 보이지 않았다. 성기도 정상이었다. 열일고여덟 살 때 정자를 쏟아냈다. 그는 자위행위를 절대 하지 않았다. 성적 감정도 품은 적이 없었고, 여자들과 관계를 원하지도 않았다.

_사례 4 성감 결핍 환자

36세의 날품팔이 농부 P는 11월 초, 경련성 척추마비 때문에 나를 찾아왔다. 유복한 가정 출신이라고 주장하는 P는 어려서부터 말을 더듬었다. 두개골은 작고 우직한 성격이다. 사람들과 결코 어울리지 못했고 성적으로 별난 취향도 없었다. 여자의 모습에 완전히 무관심했다. 자위가 무엇인지 모를 정도였다. 발기는 빈번했지만 오직 아침에 방광이 부풀어 잠에서 깨어 일어날 때뿐이다.

성적으로 흥분했던 자취도 없다. 사정은 어쩌다가 간혹 잠결에만 했다. 일년에 한 번 정도 여자들과 섹스하는 꿈을 꿀 때였다. 그러나 꿈이 확실하게 성감을 자극하지도 않았다. P는 사정할 때 진정한 의미의 쾌감 같은 것을 느끼지 못한다고 주장한다. 자기 서른넷 먹은 동생도 성에 관한 한 자신과 비슷하다고 장담한다. 자기 누이에 대해서도 마찬가지라고 생각한다. 막냇동생만 정상적 성생활을 한다고 했다. P의 성기를 검사해 보았지만 포경 외에 특별히 이상한 점은 없었다.

해먼드는 수많은 관찰 끝에 성감 결핍에 따른 세 가지 사례를 꼽았다.

_사례 5 성욕이 없는 남자 1

33세의 W는 활기차고 건강하며 성기도 정상인 남성인데 성욕이 절대 일어나지 않았다. 그래서 외설스러운 책을 읽고 매춘부와 사귀면서 감각을 깨워 보려고 애썼지만 허사였다. 거듭하다보니 시도조차 역겨워졌고 결국 신경과 몸의 기능마저 시들었다. 심지어 수없이 기를 써 보았을 때 단 한 번 겨우 살짝 발기했을 뿐이다.

W는 자위행위를 한 적이 없었다. 열일곱 살 때부터 몽정은 두 달에 한 번씩 했다. 그는 여러 가지 이해관계 때문에 결혼하라는 채근을 받았다. W는 여

성을 혐오하지도 않았으므로 아내와 가정을 가지려고 했다. 그러나 성행위를 할 수 없다고 느꼈다. 그는 나중에 북아메리카 내전 중에 독신으로 사망했다.

_사례 6 성욕이 없는 남자 2

X는 27세의 남성으로 국부는 정상인데 성욕이 아예 없었다. 기계로 자극하거나 살살 다독여도 발기가 되지 않는다. 성욕이 없는 대신 X는 주벽이 있었다. 술을 마시고 잠깐 발기가 되면 그사이 재빠르게 자위행위를 하곤 했다. X는 여성을 혐오했고 여자와 하는 섹스를 역겨워했다. X가 어렵사리 발기된 틈에 섹스를 시도해 보았지만 금세 중단하고 말았다. X는 뇌충혈 끝에 혼수상태로 사망했다.

_사례 7 성욕이 없는 여자

O 부인은 정상 체격이다. 평범하게 15년간 결혼 생활하며 서른셋까지 살았다. 그런데 성욕이 조금도 없었다. 남편과의 성관계에서 아무런 애정도 즐거움도 느끼지 못했다. 그렇다고 섹스를 싫어한 것은 아니며 기분 좋게 생각할 때도 있었다. 그러나 남편과 함께 살고 싶은 욕망은 없었다.

이런 순수한 무감각의 경우 외에, 각 개인의 삶에서 성생활의 정신적인 면이 공허한 사람들을 주목해야 한다. 이들은 때때로 소박하고 거칠게나마 자위라도 해서 성적인 감정을 표현하기도 한다.(사례 6과 비교해 보자.)

마냥은 이런 증상을 세분화했다. 지능적 분류이지만 엄정하지는 않고 너무 경직된 이론 같다. 성생활을 척추와 그 영역으로 제한했기 때문이다. 그렇다고 성생활의 정신적 측면이 잠재적으로 없을 리 없다. 그러나 바탕이 허약해 장차 뿌리내리며 발전하기도 전에 자위행위로 인해 상실된다.

광기와 성

이렇게 선천적 성감 결핍과 후천적 성감 결핍 사이에 중간 지대 같은 곳이 있다. 후천적 결핍은 타락한 자위행위 중독자에게 위험하다. 심리적 관점으로 본다면, 성생활이 지나치게 이른 시기에 메마르면 윤리적 결함까지 뒤따른다.

주목할 만한 두 가지 사례를 보자.

_사례 8 윤리적 결함이 있는 학생

F는 19세의 학생이다. 그의 어머니는 신경질적이었고 누이는 환자였다. F는 네 살 때 보름 동안이나 뇌가 찌르는 듯 아픈 통증을 앓았다. 유아기에는 부모의 냉대를 받았다. 학생 때에는 이상하게 폐쇄적으로 항상 혼자 외롭게 무엇인가를 찾아다니고 책만 읽었다. F는 공부에 재능이 있었다. F는 열다섯 살 때부터 자위행위에 몰입했다. 사춘기 이후 꽤 괴팍해지더니 광신과 유물론을 오락가락하다가 신학과 자연과학을 공부했다. 대학에서 동료들은 F를 미친놈으로 보았다. F는 당시 장 파울(1763~1825)의 소설만 열심히 읽었고 학교 수업에는 거의 출석하지 않았다. F는 이성에 감정을 못 느꼈다.

어느 날 여자와 섹스할 기회를 맞았을 때 쾌감을 못 느꼈고, 섹스는 어이없는 짓이라고 생각하면서 두 번 다시 시도하지 않았다. F는 별달리 심각한 이유도 없이 종종 자살을 꿈꾸었다. 자살은 사실 그의 철학 논문의 주제였고, 논문에서 그는 자위행위와 마찬가지로 자살도 매우 유용하다고 주장했다. F는 스스로 시험했던 독약의 효력에 대해 되풀이 연습한 끝에 아편 57그램으로 자살을 시도했다. 그러나 살아나 격리 병동에 수용되었다.

F는 환자로서 사회적 도덕심이 아예 없었다. 그의 글은 진부하고 믿기 어려울 만큼 경박했다. 아는 것은 대단히 많았지만, 논리는 완전히 이상하고 왜곡되었다. 감정의 상처를 입은 흔적은 없었다. 그저 비웃기나 하고 비할 데 없

이 무심하게 모든 것을, 심지어 숭고한 것들까지 조롱했다. 궤변과 그릇된 철학적 결론으로 F는 자살의 정당성을 옹호했다.

F는 사람들이 자기가 쥐고 있는 칼을 빼앗은 바람에 죽지 못했다고 후회했다. 그는 마치 그렇지 않다면 고대의 철학자 세네카처럼 욕조에 들어앉은 채 손목을 그으려고 했을지도 모른다. 마침 한 친구가 그가 부탁한 독약 대신 설사약을 주었다. F는 험담을 늘어놓으면서 그 약으로 저승 대신 화장실로 직행했다. 죽음의 낫을 쥔 위대한 작업자만이 자신의 "위험하고 미친 낡은 생각"을 자를 수 있다고도 했다.

F는 두개골이 크고 마름모꼴로 기형이다. 왼쪽 이마가 오른쪽보다 납작하다. 뒷머리는 절벽 같다. 귀는 꽤 멀리 떨어져 붙었고 불쑥 튀어나왔다. 귓구멍은 좁게 트인 꼴이다. 국부와 고환은 물렁물렁하고 매우 작다. F는 때때로 모든 것을 의심만 하고 불평한다. 몇 시간씩 쓸데없는 문제를 파헤치겠다고 고집을 부렸다. 그렇다가 지쳐 나가떨어졌다. 너무 지쳐 아무런 생각도 할 수 없을 정도로.

F는 1년 동안 불치병자 병동에 수용되었다. 귀가한 뒤에 그는 책을 읽고 울며 한탄하고, 그리스도가 위인들의 편집증을 앓았으며 기적으로 세계를 속였다면서 새로운 기독교를 창립하겠다는 생각에 매달렸다. 자기 아버지 집에서 1년을 보내고 나서 F는 갑자기 정신적으로 흥분하기 시작해 재입원했다. 주로 갖가지 망언을 했다. 탄압에 대한 것(악마, 적그리스도, 독약에 대한 편집증, 자신을 탄압하는 목소리), 또 위인 편집증(그리스도에 대한 믿음 과시, 자신이 세계의 대속자임을 주장) 등이다.

F의 행동도 충동에 따르고 들쑥날쑥했다. 다섯 달 만에 그의 간헐적이던 정신병세는 사라졌지만 처음처럼 종잡을 수 없고 도덕심을 잃은 상태로 되돌아갔다.

광기와 성

_사례 9 사회적 감정 이상자

30세의 E는 직장 없이 떠돌아다니는 페인트공인데 현행범으로 체포되었다. E는 소년을 숲으로 끌고가 음낭을 자르려고 했다. 동기인즉, "불알을 잘라버려 세상에 넘치는 인구를 줄여 보고 싶었다." E는 어린 시절에 똑같은 이유로 자기 성기를 잘라 달라고도 했다.

E의 가계에서 병력은 확인할 수 없었다. E는 어린 시절부터 지능이 비정상이었다. 몽상에 젖어 우울해했다. 쉽게 흥분하고 성질을 못 참으며, 항상 곰곰이 생각에 몰두했다. 한마디로 정신이

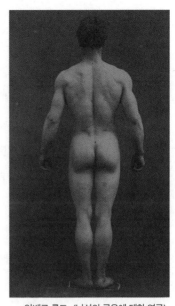

알베르 롱드, 〈남성의 근육에 대한 연구〉,
메트로폴리탄 미술관, 1890년경

나약했다. 그는 여자를 싫어하고 고독을 좋아했다. 책은 많이 읽었다. 때때로 자조도 했고 멍청한 짓도 했다. 최근 몇 해 동안 그는 여자들을 더욱 미워했다. 특히 임산부가 세계를 더욱 비참하게 만든다고 혐오했다. 그는 아이들을 질색하고 아이를 낳은 사람까지 저주했다.

E는 공산주의 사상에 젖어 부자와 사제에 격분하고 자신을 가난한 집에서 태어나게 했다며 하느님에게도 격분한다. 그는 아이들을 거세해 불행과 빈곤한 아이들을 또다시 낳지 않게 해야 한다고 주장한다. 언제나 이런 생각뿐이었다. 벌써 열다섯 살 때 불운을 미연에 방지하고 인간의 수를 늘리지 않는 데 이바지하려고 스스로 거세를 시도했다.

E는 인구 증가에 이바지한다며 여성을 경멸했다. 그는 지금까지 단 두 번 여자들이 해 주는 자위행위를 했다. 하지만 여자들과 사귀지 않았다. 물론 성욕을 품었

던 때가 없지 않았지만 자연스럽게 채우려고 하지 않았다.

E는 원기왕성한 근육질이다. 그의 국부에 이상한 조짐은 조금도 없다. 남근과 음낭에서 수많은 상처가 있었다. 거세를 시도했던 자국이다. E는 거세를 시도했지만, 너무 고통스러워 포기했다고 주장한다. 오른쪽 무릎이 외반슬外反膝, 즉 양쪽 무릎이 너무 가까워 두 발목 사이의 간격이 넓어지는 기형이 있다.

E는 자위에 따른 증세를 보이지는 않았다. 건장하고 완고한 성격이다. 사회적 감정은 완전히 이상하다. 불면증과 빈번한 두통 외에 기능적 질환은 없다.

이와 같이 두뇌와 관련된 경우는 생식기가 없거나 기형으로 기능이 불능인 경우와 구별해야 한다. 양성인 백치와도 다르다. 같은 종류의 사례를 마슈카[4]도 언급했다.

_사례 10 남편의 성생활 불능

환자는 남편이 무능해 이혼하자고 했다. 남편이 성행위에 신통치 않기 때문이다. 환자는 서른하나로 여전히 숫처녀였다. 남편은 정신이 조금 모자란 사람이었다. 체력이 강하고 성기도 밖에서 보면 튼튼해 보이지만, 남편의 성기는 발기도 사정도 되지 않았다. 남편은 여자와 관계에 아무런 관심이 없다고 털어놓았다.

무정자증 때문에 성기가 마비되지는 않는다. 울츠만의 경험에 따르면, 무정자증인 사람도 성생활과 성기의 위력은 말짱하다. 따라서 애초부터 성욕이 일어나지 않는 원인을 뇌에서 찾을 수밖에 없다.

---

4 Josef Maschka, 1820-1899, 체코 출신의 법의학 선구자. 오스트리아헝가리 제국법원에 자문위원으로 활동했다. 카를로바 국립대학에서 법의학 교수를 지냈다.(역주)

차키아스[5]에 따르면, 불감증은 지각이 살짝 마비된 상태를 재현한다. 남자보다 여자에게서 더 많아 보이는 증세다. 성관계에 흥미를 느끼지 못하고 심지어 치를 떨 만큼 싫어하기도 한다. 그렇다고 그것을 대신할 다른 취향도 없다. 이런 사람은 섹스를 의무감이라 여기고 할 뿐이다. 쾌감이나 정신적인 감흥은 조금도 없다. 이는 내게 하소연하는 남편들에게서 자주 듣는 이상 증세다. 비슷한 경우, 여자들은 애당초 신경증 환자였다. 심한 히스테리 환자도 있다.

후천적 성감 결핍(지각과 감각 마비)

후천적으로 성적 흥미를 잃거나 그 감정이 없다면 여러 가지 원인이 있다. 중추신경이든 말초신경이든 심신의 기관과 기능에 문제가 생긴 것이다. 나이가 들수록 생리적 성욕은 줄어든다. 성행위 직후에도 성욕은 잠시 사라진다. 성적 취향의 지속기는 개인마다 엄청난 차이가 있다.

성생활은 교육과 생활 방식에 크게 좌우된다. 깊은 연구에 몰두하는 등으로 머리를 무리하게 많이 사용하는 일, 정신의 과부하, 지나친 금욕과 슬픔은 분명 육체적 사랑에 해롭다. 특히 금식은 우선 자극으로 작용한다. 금식 후 얼마 뒤부터 체질에 따라 다르겠지만 성기의 활동이 느슨해지면서 성욕이 감소한다. 아무튼, 성적으로 성숙한 사람에게서 생식선生殖腺의 분비와 성욕의 기능은 밀접하다. 그러나 생식선이 언제나 결정적인 것은 아니다. 육감이 왕성한 여자들이 폐경 이후에도 성관계를 지속하고 뇌에서 시작된 흥분의 여러 단계를 표현할 수 있다. 심지어 환관들은 정자 생

---

5 Paolo Zacchias, 1584~1659, 교황 인노첸시오 10세의 주치의짱 지냈다. 건강 불안 심리를 덜어주는 식이요법을 연구했으며, 근대 법의학의 창시자로 꼽힌다. 자신의 경험을 집대성한 『법의학 문제』는 법의학사에서 필수 고전이다. 차키아스는 문학, 회화, 음악에도 뛰어난 솜씨를 보인 다재다능한 인물이다.(역주)

산이 중단되고 나서도 오랫동안 성욕이 사라지지 않는다.

한편, 경험에 비추어 볼 때, 성욕의 바탕에 생식선이 작용해야 한다. 앞에서 본 사실들은 예외적 현상이다. 말초신경에 의한 성욕 감퇴 또는 소멸처럼 거세, 생식선 퇴화 및 침체, 섹스와 자위에 따른 성의 과용, 알코올중독(근래에는 알코올의존증이라고 한다) 등도 원인이다. 성욕은 당뇨, 모르핀 중독, 영양 결핍 등으로 사라지기도 한다.

고환의 위축도 짚고 넘어가자. 이것은 두뇌 중추(소뇌)가 질병에 걸릴 때 확인된다. 척수와 성기 중추신경이 퇴화하면서 성의 활기가 떨어지는 것은 뇌와 척수 환자에게서 나타난다. 성의 본능을 훼손하는 중추의 손상은 대뇌 피질 질환, 우울증, 심기증心氣症(건강염려증) 같은 기능 장애 때문이다.

성욕과잉증

이제 병리학은 큰 어려움에 부닥쳤다. 예외적인 경우라고 해도 성욕을 채우려는 욕망이 병적 수준에 이르지 않았는지 밝혀야 한다. 물론, 성욕을 채우기 무섭게 곧바로 욕심을 낸다면 병적이다. (에밍하우스[6]) 특히, 욕망에 완전히 사로잡힌 사람은 성적 매력이 없는 상대방이나 물건의 모습을 보아도 성욕을 느낀다.

대개 성본능과 성욕은 나이와 체력에 비례하기 마련이다. 사춘기에 접어들면서 성본능은 빠르게 굉장히 강해진다. 스무 살에서 마흔 살까지 매우 강력하다. 그러다가 천천히 수그러든다. 부부생활은 본능을 보존하고 규칙적이며 정상으로 지켜주는 것으로 보인다.

---

6 Hermann Emminghaus, 1845~1904, 독일의 정신과 의사로 소아 · 청소년 심리학의 선구자다. 그를 기념해 1984년에 제정된 헤르만 에밍하우스 상은 격년으로 소아와 청소년 정신병 연구자에게 수여된다.(역주)

성욕을 채우려고 대상을 반복해 바꿔치기하는 것도 성욕을 만족을 높인다. 여성이 남성보다 성욕을 덜 보이는 만큼 여성에게서 이런 욕구가 커진다면 병이다. 특히 화장에 열광하고 멋과 교태를 부리며, 심지어 분별 없이 이성을 그리워하고 따르며 방종한 성행위를 일삼는다거나(색정증) 상식과 편의를 뛰어넘을 때 그렇다.

남성과 여성 모두 체질은 중요한 역할을 한다. 종종 신경질적 체질에서 성욕이 병적으로 증가한다. 이와 같은 결함이 있는 사람들은 살아 있는 동안 몹시 고통 받는다. 체질상 이상한 본능에 짓눌리는 바람에 시달리고 괴로워한다. 시시때때로 성본능의 위력이 신체 기관을 좌우하면서 심각하게 자율운동을 해친다. 이런 사람이 성의 취향을 해소하지 못하면 사실상 발정기에 돌입하거나 고통에 신음하는 정신 상태에 빠진다. 그런 상태에 빠지면 본능을 이기지 못한다. 그로서도 어쩔 수 없는 일이고 책임을 질 수 있는지 의심스럽다. 만약 어떤 사람이 성욕의 폭력에 굴하지 않는다고 해도 그 대신 억지로 절제한다면 신경기관이 쇠약해지거나 기존의 신경쇠약증도 극심해진다.

신체가 정상으로 작동하는 사람들에게 성본능은 언제나 계속되는 성질의 것은 아니다. 본능에 따라 만족하고 나면 일시적으로 무관심해진다. 본능을 해소, 즉 오랜 기간 자제하면서 본능을 달래고 가라앉혀 둔다면 다행히 성욕이 반작용으로 샘솟는 국면을 맞을 수 있고, 성생활에 큰 힘을 보일 수 있다. 삶의 일반적인 활력과 마찬가지이다.

대도시 주민은 시골 사람보다 성에 대한 요구가 더 크다. 항상 환락과 자극에 시달린다. 편안히 집에 틀어박혀 살면서 넘치는 재물에 둘러싸여 사치스럽게 육식과 술과 향신료로 탐식하면서 성생활에 자극이 대단하다.

여성은 월경이 끝나면 욕구가 증가한다. 이 시기에 흥분성 신경증에 걸린 여자들은 거의 병적인 상태에 이른다.

주목할 만한 사실이 있다. 폐결핵 환자의 성욕이 꽤 크다는 것이다. 어떤 폐결핵 환자였던 농부는 사망하기 전날까지도 아내를 만족케 했다. (호프만)

성행위에는 강간을 포함한 성교뿐만 아니라 마지못해하는 자위행위나 도덕심에 상처를 받을 때, 동성과의 성교나 수간獸姦 등 여러 가지가 있다.

과도한 성본능의 편에서 그 힘이 떨어지거나 꺼졌을 때 어떤 변태적 성행위도 가능하다. 말초신경과 중추신경이 과도한 성욕을 부추길 수 있다. 발포제처럼 성욕을 자극하는 약품 또는 성기의 소양증이나 습진이 원인이기도 하다.

여성들 사이에서 종종 폐경기에 가려움증 끝에 흥분한다. 그러나 주로 신경계 쪽에 결함이 있을 때 발생한다. 어떤 부인은 아침마다 성기가 무섭게 과민해지기도 했고, 55세의 남자는 밤중에 참기 어려운 발기 지속으로 괴로워하기도 했다. 이런 사람들 모두 신경쇠약이 있었다. (마냥)

중추기관의 성적 자극은 주로 히스테리 환자처럼 개인적 결함으로 나타난다. 정신이 흥분해도 나타난다.

심한 성과민증에 걸린 사람들은 성기의 후천적 감각박약(둔감증)을 동반한다. 또한, 원하는 여자들의 모습만 보아도 발기가 될 뿐만 아니라, 사전에 성기의 말초적 흥분조차 없었는데도 사정이 일어나기도 한다. 성심리의 중추에서 시작된 움직임 때문이다. 어떤 여자가 앞에 나타나기만 해도 된다. 열차 칸에서든 찻집에서든 상관없다. 그들은 이렇게 정신적으로 섹스를 시작하면 오르가즘에 도달한 뒤 사정한다.

이와 비슷한 병을 후천적 무기력증(성불능)으로 간주한다. (하몬드) 이런 사람들의 메커니즘을 '공상성교'라고 부르기도 한다. 이와 비슷한 사례를 베를린에서도 들었는데 똑같이 공상성교라고 했다. (몰)

대뇌피질 및 성과 심리를 관장하는 중추신경이 과민해지면 시각과 촉각뿐만 아니라 청각과 후각의 감각만으로도 음란한 생각(상상으로 빚어지는 비정상적 감수성, 쉬운 연상 작용)이 충분히 촉발된다. 한 가지 예를 들어 보자.

결혼 적년기의 처녀가 폭증하는 성욕에 시달렸다. 결국 욕망을 채우려고 자위행위를 했다. 그 뒤로 이 처녀는 어떤 남자만 보아도 격렬한 성적 감흥을 겪었고, 어쩔 수 없이 방구석에 처박혀 감흥이 가라앉기만 기다렸다. 결국 처녀는 난폭한 욕구에 시달리지 않고 가라앉히려고 아무나 붙잡고 섹스했다. 하지만 섹스든 자위행위든 그 어떤 것으로도 욕망은 식지 않았다. 그래서 처녀는 외딴 격리 병동으로 들어갔다. (마냥)

예를 하나 더 들어 보자. 다섯 아이의 어머니가 있었다. 이 부인은 딱하게도 거센 성욕에 시달렸고, 여러 차례 견디다 못해 자살을 기도했다. 나중에는 요양원으로 들어가겠다고 했다. 입원 후 조금 나아졌지만 더는 퇴원할 엄두를 내지 못했다.

내가 수집한 남·녀성 모두 이와 관련된 특별한 두 가지 사례를 보자.

_사례 11 성욕 과잉과 편집증

1874년 7월 7일 오후, 기술자 클레멘스는 이탈리아 동북단 도시 트리에스테에서 오스트리아 수도 빈으로 가는 기차를 타고 출장을 떠났다. 그런데 클레멘스는 도중에 브루크 역에서 내렸고, 시내를 가로질러 옆 마을로 들어가 집에 혼자 있던 일흔 살의 노파를 강간하려다 미수에 그쳤다. 그는 마을 주민들에게 붙잡혀 현지 경찰에 넘겨졌다. 클레멘스는 조사를 받으면서 "길가의 건물에서 못 견디게 흥분되어 음탕한 여자에게 본능을 해소하려고 했다."라고 주장했다. 클레멘스는 자기 행동을 부인하지 않으면서 자기 병 때문이라고 용서를 구했다. 더위와 열차의 요동치는 소음, 다시 가족을 만날 걱정으로 그는 감각이 뒤죽박죽되었다고 주장했다.

클레멘스는 창피해하거나 속죄하지도 않았다. 솔직했다. 그는 차분했다. 눈은 붉은빛으로 반짝였다. 머리는 뜨겁고, 혀는 하얗다. 맥박은 천천히 100번 넘게 뛰었고, 손가락을 조금 떨었다. 피고로서 클레멘스의 주장은 정확하지만 다급했다. 피고는 음탕한 표현이 뒤섞인 눈길을 어디에 둘지 몰라 했다. 현장으로 달려온 법의학자는 피고의 병색에 놀랐다. 그는 알코올중독성 착란증의 초기였다.

클레멘스는 45세의 기혼자로서 한 아이의 아버지였다. 그는 자기 부모와 가족의 건강상태에 대해 아는 것이 없다. 유년기에 그는 나약했고 신경증을 앓았다. 다섯 살 때 곡괭이에 부딪힌 상처가 머리에 남아 있었다. 오른쪽 후두엽과 또 오른쪽 전두엽에 길이 1인치, 폭 반 인치가량의 상흔이 있었다. 뼈는 조금 패여 있었으며 뼈를 덮은 피부는 뼈와 밀착되어 있었다. 이것이 삼차신경을 자극해 클레멘스를 숨 막히게 했던 고통의 원인이었다. 그 부분에서 통증이 잦았고 어렸을 때 자주 실신하곤 했다. 사춘기 전에도 류머티스성 폐렴과 장염을 앓았다.

클레멘스는 일곱 살 때부터 남자, 특히 장교를 이상하게 좋아했다. 장교의 늠름한 모습을 보면 가슴에 비수가 꽂히는 것만 같았다. 그래서 장교가 밟았던 땅에 엎어져 끌어안기도 했다. 클레멘스는 열 살 때 시의원과 사랑에 빠졌다. 그 후로도 또다시 남자를 열나게 좋아했다. 순수한 사랑에서 타오른 정념이었다.

열네 살부터 클레멘스는 자위행위를 시작했다. 열일곱 살 때는 여자와 처음 성관계를 가졌다. 정상 성교에 익숙해지다 보니 과거의 성도치 현상은 사라졌다. 소년기에 클레멘스는 심한 정신착란을 체험했다. 예언자처럼 "꿰뚫어 보았다."라고 했다.

광기와 성

클레멘스는 열다섯 살 때부터 충혈성 치질로 고생했다. 거의 정기적으로 3~4주마다 치질로 많은 출혈을 하고 나서야 조금 안심했다. 그뿐만 아니라 끓어오르는 성욕에 사로잡혀 자위행위로든 섹스로는 성욕을 해소해야 안심했다. 그는 여자만 만나면 누구든 가리지 않고 흥분했다. 자기 가족의 여자들 사이에서도 얼빠진 제안을 하고 싶어 했다. 충동을 그럭저럭 이겨내기도 했지만 어떤 때는 부덕한 행동을 자제하지 못했다. 이렇게 광분할 때 그는 차라리 격리 수용되는 편을 택하면서 만족했다. "나 자신도 거북한 막강한 욕구를 해결하기에 그만 한 방법이 없기 때문"이라고 털어놓았다.

클레멘스의 성적 흥분이 주기성이 있는지는 알 수 없다. 1861년까지 베네레에서 그는 수차례 광분했으며 여러 번 궤양과 임질에 걸렸다. 1861년에 클레멘스는 결혼했다. 그러면서 성욕을 해소하는 듯했지만, 자신의 과도한 요구로 인해 아내 앞에서는 불능이 되었다. 1864년, 클레멘스는 병원에서 편집광증에 시달렸다. 다시 병들어 같은 해에 요양원으로 이송되어 1867년까지 입원했다. 요양원에서 클레멘스는 무서운 성욕 과잉과 함께 편집증을 되풀이하며 시달렸다. 당시 이런 병을 내장이 곪았기 때문이라거나 기타 장애를 탓했다. 나중에 다시 회복했지만 과도한 성욕은 여전했다. 클레멘스는 아내와 멀리 떨어지자마자 욕구가 거세져 인간이든 짐승이든 가리지 않고 욕구를 채우려 했다. 어느 해 여름, 욕구가 극도에 달했을 때였다. 마침 장출혈도 발생했다. 클레멘스는 의학책을 읽었던 기억을 되살려 신경절의 체계가 뇌의 체계를 압도하기 때문이라고 주장했다.

1873년 10월, 클레멘스는 출장 때문에 부활절 때까지 아내와 멀리 떨어져 살게 되었을 때 가끔 자위행위를 했던 것 외에는 성관계를 전혀 하지 않았다. 이 무렵부터 여자와 암캐를 상대했다. 6월 15일부터 7월 7일까지 그는 성욕을 채울 기회를 잡지 못했다. 신경증에 시달리고 피곤해했고 거의 미칠 지경이었다. 빈에서 아내를 보고 싶은 격한 욕심에 그는 잠시 휴가를 내어 출장지를 떠났다. 그러나 철도의 열기와 굉음으로 완전히 안절부절못했다. 결국 장출혈이 심해지면서 더욱 격렬하게 압박을 받고 흥분한 성기를 견디지 못했다. 현기증까지 겹쳤다. 그렇게 브루크 마을에서 하차했던 것이다. 그는 몹시 동요하면서 어디로 갈지도 몰라 갈팡질팡하다가 물속에 뛰어들 생각까지 했다. 그의 눈앞에 안개 같은 것이 보였기 때문이다. 여자는 살려 달라 고함쳤고 그는 붙잡혔다.

사건 이후에 갑자기 자신의 행동을 말짱하게 깨닫게 된 클레멘스는 모든 부분까지 자세히 기억하면서 털어놓았다. 그러나 병 때문에 저질렀다고 주장했다. 자신도 어쩌지 못할 만큼 강한 병이라고. 클레멘스는 여전히 두통과 충혈에 고통받고 있다. 때때로 매우 흥분하고 불안해했고 불면증도 있어 잠도 제대로 못 잤다. 클레멘스의 지능에는 문제가 없었다. 그러나 그는 분명 이상한 사람이다. 우울하고 무기력하다. 그의 얼굴 표정에 어딘가 야수처럼 기이하고 음탕한 무엇인가가 숨어 있다. 그는 치질을 앓고 있다. 성기에 비정상의 징후는 드러나지 않는다. 앞이마는 좁고 조금 뒤로 젖혀진 듯 납작하다. 체격은 크고 훌륭하다. 설사만 제외하면 그에게서 어떤 소화 기능의 장애도 찾아볼 수 없다.

_사례 12 신경 과민에 따른 색광증

E 부인은 43세로 그녀의 외삼촌은 정신병을 앓았다. 그녀의 아버지는 베네레에서 과잉행동을 보였던 사람이다. 그녀의 형제는 뇌 질환으로 사망했다. E는 소아 때부터 신경이 과민했고 엉뚱했으며 공상이 많았다. 유아기를 벗어나기 무섭게 지나치게 성에 집착했다. 열 살 때 E는 이미 성적 쾌감에 탐닉했다.

E는 열아홉 살에 결혼했다. 부부의 금실은 좋았다. 남편은 나무랄 데 없었지만 아내에게만큼은 부족했다. E는 최근 몇 년 동안 언제나 남편 외에 다른

광기와 성

남자친구들이 있었다. E는 자신의 생활이 부끄러운 줄 잘 알았다. 그러나 마르지 않는 취향을 꺾지 못해 최소한 위장이라도 하려고 했다. E는 자신이 "남성을 미친 듯이 밝히는 음란한 색광증色狂症"을 앓고 있다고 했다.

E는 여섯 차례 출산했다. 6년 전에는 마차에서 떨어져 뇌에 중상을 입었다. 사고 이후 피해망상으로 복잡한 우울증이 나타났다. 결국 격리 요양원으로 들어갔다. 그곳에서 폐경기가 다가왔다. 그런데 그 막바지에 월경이 빈번하고 과다했다. 과거의 사납던 기벽도 가라앉았고, 부인은 기분 좋아했다. 지금은 다시 얌전해졌다. 단, 가벼운 탈장이 있었다.

부인의 성욕 과잉이 다시 도지거나 간헐적이든 주기적이든 계속될지 모른다. 주기적으로 재발할 경우, 특수한 뇌신경증(Part 8 특수 정신병리 참고)이나 일반적 광분의 표출이다.

_사례 13 통제 불능의 색광증

35세의 농부 D는 기혼자로서 무시당하지 않고 살았다. 그런데 지난 3년간 성욕이 급증했다. 1년 전부터 그 과잉으로 색광증이 위험할 정도에 이르렀다. 유전의 요인으로 볼 만한 점은 없었고 신체 기관도 정상이었다.

D는 주민들이 바쁜 틈에 24시간 동안 열대여섯 군데 마을 집으로 돌아다니며 추행을 일삼았다. D는 차츰 과민해졌다. 조급하고 성마르게 병적으로 분노했다. 동시에 과음하다가 금세 알코올중독을 보였다. 성욕이 너무나 무섭고 이상하게 심해 환자는 생각조차 희미해지고 맹목적으로 본능에 떠밀려 음탕한 짓을 하고 말았다. D는 가축을 몰고 다니며 다른 남편을 꼼짝 못 하게 위협하고 아내와 딸들을 성폭행했다.

D는 발작 때 벌어진 일을 조금도 기억하지 못한다. 또, 극도의 흥분으로 미쳐 버린 상태였다. D는 "스스로 통제할 수 없는 때가 있었다. 욕망을 덜지

못하면 누구든 첫 번째로 마주치는 여자에게 덤벼들 수밖에 없었다."라고 주장했다. 그러나 이런 흥분도 난폭한 감정이 풀리면 돌연 사라졌다.

다음 두 사례는 성욕 과잉 환자가 얼마나 위험하고 힘든 증세를 겪고 있는지를 잘 보여준다.

_사례 14 성욕 과잉에 의한 정신이상

1882년 5월 29일, 23세의 독신 제화공製靴工 F가 진찰을 받았다. F는 난폭하고 심술궂은 아버지를 두었다. 어머니는 신경증 환자였고, 형제는 정신착란증 환자였다. 환자 F는 심각한 병력이나 음주벽이 없었다. 하지만 항상 성욕이 어마어마했다.

병원을 찾아오기 닷새 전, F는 뚜렷한 정신이상 증세를 보였다. 그는 대낮에 두 사람의 목격자가 지켜보는 가운데 강간을 시도했다가 음란한 망언을 하고 미친 듯 자위행위를 했다. 사흘 전에는 광증이 극에 달했고, 병원에 도착했을 때 그는 매우 위중한 섬망[7]에 빠진 상태였다. 고열과 발작을 동반했다. 에르고틴(맥각麥角) 처방을 받고 그는 회복실로 들어갔다.

1888년 1월 5일, F는 광기로 재입원했다. 우울해하고, 성을 내고, 울고불고, 잠을 못 잤다. 그런 다음 여자들을 공격했다가 수포가 되자 더욱더 난폭하게 미쳐 날뛰었다. 다음 날, F의 섬망은 극심해졌다. 전전긍긍하며 이를 갈고 상을 찌푸렸는데, 이는 자극성 징후였고 체온은 40.7도까지 올랐다. F는 이 와중에도 자위행위를 했다. 1월 11일까지 에르고틴을 강력히 처방해 회복되었다. 회복한 그는 자기 병의 원인을 매우 흥미롭게 설명했다.

---

7   현실에 대한 의식이 흐리고 착각과 망상, 헛소리나 잠꼬대를 하며 안절부절못하고 발작과 마비를 일으키는 의식 장애

F는 언제나 엄청난 성욕에 넘쳤다. 그는 17살 때 첫 번째 섹스를 했다. 그러나 욕구를 억제할 때면 두통과 울화와 의기소침에 시달렸다. 시골에서 살았던 만큼 욕구 해소의 기회도 드물었다. 결국 자위행위에 매달렸다. 하루에도 두세 번씩 했다.

두 달 전부터 F는 섹스를 못 했다. 그러자 더욱 흥분했다. 본능을 채울 방법만 궁리했다. 억제하면서 더욱 심한 고통을 덜어내기에 자위행위만으로 부족했다. 요 며칠 전, F는 섹스하고 싶은 난폭한 욕망에 사로잡혔다. 불면증과 과민증세도 더욱 깊어졌다.

F는 자신이 앓던 시기를 조금밖에 기억하지 못했다. 그는 12월에 회복되었다. 매우 원만한 사람이다. 그는 자신의 견딜 수 없는 본능을 병으로 생각하고 미래를 걱정하고 있다.

_사례 15 과대망상과 신경쇠약

1884년 7월 11일, 33세의 직장인 R은 과대망상과 신경쇠약으로 입원했다. R의 어머니는 신경병 증세가 있었다. 아버지는 척수 질환으로 사망했다. R은 어릴 때부터 성본능이 매우 강했는데 여섯 살에 이미 그런 줄 알았다. 그때부터 자위행위를 했다. 열다섯 살 때 별수 없이 동성애를 시작했다. 항문성교의 취미도 붙었다.

나중에 결혼 생활에서 아내와 함께 섹스를 남용했다. 그는 때때로 변태적 충동으로 아내의 성기를 입으로 애무하고, 아내에게 자신과 성욕이 통하지 않는다면서 가뢰 가루[8]를 주었다. 그러나 결혼 얼마 뒤, 아내가 사망했다. R의 경제 사정은 갈수록 어려워졌다. 더는 여자를 구할 방법이 없던 그는 자위하

---

8 가룃과의 벌레에서 추출한 일종의 최음제로 칸타리딘이 주성분이다. 칸타리딘은 남성에게 발기지속증을, 여성에게 자궁 수축을 일으키는 효과가 있다.(역주)

달뢰프 사진관, 〈메살리나로 분장한 루이즈 요한나 옌센〉,
스톡홀름, 1887

던 습관을 되살렸다. 강아지의 혀를 빌어 사정에 이르는 방법이었다.

차츰 이런 '프리아피즘'(발기 지속)과 성욕 과잉이 뒤섞이며 더욱 상승했다. 그는 가능한 난잡함을 피하면서 자위하려고 애썼다. 신경쇠약증이 깊어지자 우울증이 따랐다. 그 대신 지나친 성욕은 감퇴했고 안정을 되찾았다고 생각했다.

순수하게 성욕 과잉의 고전적인 사례는 다음과 같다. 트렐라[9]가 『고의적 광기』에서 소개한 것이다. 역사적으로 유명한 메살리나[10]와 같은 여성을 연구하는 데 매우 중요하다.

_사례 16 색정증으로 괴로워하는 V 부인

V 부인은 소녀 때부터 색정증으로 괴로워했다. 유복하고 교양 있는 가정에서 자란 부인은 성격도 원만했다. 그런 가정이자 얼굴을 붉힐 만한 소녀의

---

9 Ulysse Trélat, 1798~1879, 프랑스 의사이자 공화주의 정치인. 1848년의 혁명정부에서 공공사업장관을 지냈다. 살페트리에르 병원에서 오래 근무했다.(역주)

10 Valeria Messalina, 20~48, 로마 황제 클라우디우스의 세 번째 부인으로 방자한 행실로 유명했다. 황제 역모 사건의 공범으로 처형되었다.(역주)

행실만으로도 집안에서는 벼락 칠 일이었다. 누구하고나 스스럼없이 섹스했다. 어린이든 노인이든 잘생겼든 못생겼든 가리지 않고 자기 손으로 상대방의 손을 붙들고 자기 몸을 건드리게 했다.

어른들은 그녀를 결혼시켜 치료해 보려고 했다. 그렇지만 남편도 부인을 못 말렸다. 부인은 남편을 사랑했지만, 남편의 일을 돕는 하인이든 부하이든 또다시 성행위로 끌어들였다. 버릇은 조금도 고쳐지지 않았다. 부인이 훗날 할머니가 되었을 때조차 여전히 메살리나처럼 음탕했다. 한 번은 열두 살 소년을 방안으로 끌어들여 강간하려고 했다가 소년이 저항해 실패했다.

결국 부인은 오빠의 매서운 교정을 받았다. 동생을 잃는 아픔으로 가족은 그녀를 수녀원으로 들여보냈다. 수녀원에서 그녀는 모범을 보이면서 어떤 질책도 받지 않았다. 그 뒤 수녀원에서 나온 그녀는 시내에서 또다시 추문을 일으켰다. 가족은 그녀를 쫓아내고 적은 생활비만 주었다. 그녀는 일해서 번 돈을 애인을 매수하는 데 모두 허비했다.

V를 보았던 사람이라면 기분 좋고 시원하게 부인이 예순다섯의 나이에도 얼마나 이성의 사랑을 갈망하는지 알아볼 만했던 모양이다. 1854년 1월 17일, V의 가족은 새로운 추문에 절망하고 그녀를 요양원으로 들여보냈다. 그녀는 그곳에서 1858년 5월까지 살다가 일흔셋의 나이에 뇌충혈로 사망했다.

V의 처신은 요양원에서 감시 아래 있었을 때에는 나무랄 데 없었다. 그러나 그녀가 풀려나고 자신을 드러내기에 유리한 환경이 되자 죽기 얼마 전까지도 기벽이 다시 살아났다. 그녀의 성에 대한 이상한 집착은 그녀가 4년 동안 요양원에서 함께 지낸 사람들 누구도 몰랐다.

성감이상증

성감각에 이상이 생기면 성적 표현계에 질병이 발생한다. 평소라면 정신심리학적으로 불쾌감을 조장할 만한 표현이 반대로 쾌감을 준다. 열렬한 상태가 될 만큼 두 가지 현상이 비정상적으로 이어진다. 그 결과, 변태적 행위를 하게 된다(성본능의 도착倒錯). 그렇게 되면 열렬한 쾌감이 쉽게 발생한다. 여전히 잠복해 있을 불쾌감을 일으킬 만한 상반된 표현의 과시를 막으면서. 도덕과 법과 미의 관념이 완전히 사라지게 될 때 발생한다. 아무튼, 표현과 도덕심(정상적 성감정)의 바탕에서 말썽이 일어났거나 중독(특히 알코올중독)되었을 때 빈번하다.

자연의 목적, 즉 종족 보존에 부응하지 않은 성본능의 모든 표현을 변태로 보아야 한다. 가령 성욕을 자연스러운 방식으로 채우기에 적합한 때에도 그런 표현을 한다면 말이다. 지각이상이 부추긴 변태 성행위는 진료와 사회와 법의학의 관점에서 매우 중요하다. 그뿐만 아니라 그와 같은 행위가 고취하는 사실상의 혐오감을 이겨내고 그 바탕을 치료하는 데 불가분하다.

나중에 더 자세히 알아보겠지만 성본능의 도착증을 변태 행위와 혼동하지 않아야 한다. 성행위의 변태성은 정신병 때문에 자극받지 않아도 나타날 수 있다. 상당히 망측한 것이더라도 구체적인 변태 행위가 병의 근거는 아니다. 도착증이라는 질병과 변태성을 구별하려면, 개인 병력 등을 완전히 검사하고, 또 변태 행위의 동기를 검사해야 한다. 이것이 바로 진단의 열쇠다.

지각마비는 신경과민과 짝을 이루며 동시에 나타날 수 있다. 이런 임상적 조합은 심심치 않게 나타난다. 그렇게 되면 분명 성행위를 기대할 수 있다. 성행위의 도착은 크게 둘로 나누어 볼 때, 각각 동성 또는 이성과 함께하는 성적 만족을 목표로 삼는다.

광기와 성

Part 3

사디즘

만행과 폭행 그리고 쾌감의 상호관계

평판이 좋지 않던 사드 후작[1]은 쾌락과 잔인으로 넘치는 외설적 소설의 작가로 그의 이름을 딴 '사디즘'은 프랑스 문학에서 성도착증을 가리키는 뜻으로 통용되었다.[2] 이는 잘 알려진 사실이다. 그의 이름은 종종 쾌락과 잔혹과 빈번하게 하나로 묶여 이야기되었다. 모든 유파의 문인이 그런 현상을 묘사했다. 그러나 심리 상태로 미루어 본다면, 성적으로 강하게 흥분하는 사람들은 섹스 중에 종종 서로 할퀴거나 깨물기도 한다.

고대의 문인들도 쾌락과 잔인성의 상호관계에 주목했다. 「쾌감과 고통」이라는 글에서 블룸뢰더[3]는 육체의 쾌감과 피에 대한 갈증 사이에 심리적 상관관계가 있다고 역설했다. 블룸뢰더는 아메리카 원주민의 전설인 '죽음과 기쁨'의 주제를 살펴보자고 했다. 수수께끼 같은 쾌감의 인신공양, 사춘기의 성욕을 자살과 매질과 쾌감 성향에 결부시키는 것, 즉 성욕을 채우려는 모호한 미지의 욕망으로 성기에 상처를 주는 것 등이다.

롬브로소도 쾌감에 취한 격정으로 살인을 하려는 성향을 소개했다.

---

1 Marquis de Sade, 1740~1814, 귀족 가문의 후계자였으나 종종 홍등가를 방문해 매춘부와 어울리며 채찍질을 비롯해 쾌락을 위한 갖가지 실험에 몰두했다. 『소돔 120일』 등의 문제작을 집필해 음란물 유포죄로 수감되었다.(역주)

2 낭만주의 시인 알프레드 드뮈세는 안달루시아 지방을 이렇게 노래했다.
"멋진 혼란일세. 헐벗은 가슴을 물어뜯는 키스에, 횡설수설 울부짖네."

3 Gustav Blumröder, 1802~1853, 안토니우스 안투스(Antonius Anthus)와 베르나르 브루머(Bernhard Brummer)라는 필명으로 활동한 정신과 의사이자 정신분석가다.(역주)

광기와 성

RÉVOLUTIONNAIRES ET CRIMINELS POLITIQUES. — MATTOÏDES ET FOUS MORAUX.

체사레 롬브로소의 『범죄인』의 프랑스어판에 수록된 도판, 1887년

살인의 욕구가 더욱 고조될수록 그만큼 쾌감도 높아진다. 롬브로소는 만테가차가 인용한 사실도 주목할 만하다고 했다. 병사들이 약탈하는 공포의 와중에 보통 짐승 같은 쾌감에 열중한다고.

이러한 과도기의 사례는 분명 병적이다. 네로와 티베리우스처럼 퇴폐적인 고대 로마 황제들의 사례는 매우 교훈적이다. 이들은 자신들 앞에서 청춘남녀의 목을 졸라 죽이도록 하면서 재미있어했다. 질 드레 장군[4]도 비슷

엘루아 피르맹 페롱, 〈프랑스군 총사령관 질 드레〉
베르사유 궁내박물관, 1835년경

했다. 장군은 1440년까지 8년간 800명이 넘는 아이들을 강간하고 학살했다. 장군은 고대 라틴 역사가 수에토니우스의 글에서 티베리우스 황제와 카라칼라 황제의 음탕한 축제에 관한 설명을 읽고 나서 아이들을 자기 성으로 유인할 생각을 했다고 털어놓았다. 그곳에서 더럽히고 고문하고 학살했다. 괴물 같은 장군은 그런 짓을 하면서 형언할 수 없이 행복해했다. 공범자도 둘 있었다. 불행한 희생자들의 시신은 불태워졌고, 유난히 잘생긴 아이들 몇의 수급만 추억으로 간직했다.

---

4 Gilles de Rais, 1405~1440, 흔히 '레 남작'이라고 불린다. 백년전쟁 중이던 1427년부터 1435년까지 프랑스 해군 제독으로 잔 다르크 편에서 영국군과 싸운 공적으로 프랑스군 최고 사령관이 되었다. 제대하고 나서 장군은 자신의 극본을 무대에 올리고 신비한 행각을 벌였다. 자신의 영지에서 1440년까지 수백 명의 어린이를 학대하고 살인했다. 결국 희대의 변태적 연쇄살인마로서 1440년 10월 26일에 낭트에서 교수형을 받았다.(역주)

광기와 성

쾌감과 잔인성의 연관성을 설명하려면 거의 심리적인 경우부터 먼저 살펴보아야 한다. 극도의 쾌감을 느끼는 순간에 정상적이지만 매우 흥분할 수 있는 사람들이 평소에는 화가 났을 때나 할 만한 깨물거나 꼬집는 등의 행동을 하게 되는지부터 알아야 하기 때문이다.

그 밖에도 사랑과 분노는 가장 강한 열정일 뿐만 아니라 강렬한 열정 (과잉 활력)의 유일한 형태이기도 하다. 사랑과 분노 모두 대상을 찾아 이기려 한다. 그 둘 모두 정신을 크게 흔드는 작동으로 표현된다.

마찬가지로 쾌감도 다른 경우에 분노에 고취된 행위와 같은 행위를 밀어붙인다.[5] 사랑도 분노도 들뜬 상태인데 정신을 힘차게 움직인다. 영광은 쉽게 파괴적 광증으로 이어진다. 욕정도 마찬가지로 터무니없는 적대적 행동으로 해소하려고 날뛴다.

이런 광기는 단순한 신체적 흥분이 아니다. 사실상 강한 효과를 원하는 의지를 과장한다. 또, 최상의 효과를 내는 데는 고통이 가장 좋은 수단이다. 절정의 정념에 취하려고 사랑하는 사람에게 고통을 가하려 하고, 상처를 입히고 죽이기도 한다. (롬브로소는 이와 비슷한 모습을 발정기의 동물에서 확인했다.)

괴상한 학대행위는 여성보다 남성에게서 빈번하다. 물론 생리적 조건에도 좌우된다. 남성은 여성을 정복하는 데 큰 매력을 느낀다. '연애의 기술'에서 여자가 결국 양보하면서도 끝끝내 방어 자세를 취하는 정숙한 태도는 심리적으로 엄청나게 중요하다. 정상적 조건에서, 남성은 물리쳐야할 저항에 부딪힌다. 이런 싸움을 위해서인 듯 남성은 공격성을 타고났다. 그러나 남성의 공격성은 병적 조건에서 억제하지 못하고 대상을 완전히

---

5 알빈 술체는 반드시 부인에게 화를 내고 싸워야 섹스할 수 있는 28세의 청년의 예를 들었다.

지배하려는 퇴행을 보이며 심지어 대상을 완전히 없애 버리거나 죽이려 들기도 한다.[6]

셰퍼가 인용한 사례 가운데 심지어 그림 속에서 벌어지는 전투를 보기만 해도 성욕이 발동하는 사람이 있다. 작은 동물을 잔인하게 고문하면서 똑같은 효과를 얻는 사람도 있다. 셰퍼는 이렇게 말한다.

어떤 동물이든 호전성과 죽이고 싶은 욕구는 수컷의 타고난 성격이다. 수컷의 생존본능에서 생식과 살의는 밀접하다.

사디즘은 성생활의 부수적 현상이 병적으로 과장된 것일 뿐이다. 어느 남성에게서나 정상적 조건에서 나타날 수 있다. 가학증이 선천성인지 후천성인지 경험에 따라 구분할 수 없다. 선천성 결함이 있는 많은 사람이 자신의 이상한 취향에 맞서 오래전부터 싸우고 있다. 가학증이 애당초 정신이상에 잠재된 것으로 생각할 여지는 많다. 가학 행위는 얼마나 괴기스러운가 그 정도에 따라 다르다. 심한 기벽에 사로잡혔거나 여전히 그것에 저항할 여지가 있는지에 따라 다르다. 그러나 저항 의지도 유전적 윤리적 퇴행과 정신이상 등으로 약해진다. 파렴치한 행위와 무서운 범죄가 줄을 잇는 까닭은 상징적으로라도 변태성욕을 채우려고 하기 때문이다.

가학 행위도 몇 가지로 분류할 수 있다. 우선 사소한 성욕을 채우지 못한 섹스 이후 또는 성기능이 약할 경우 자극을 위한 준비로서 가학 행위가 있다. 또, 완전한 성불능일 경우 섹스를 대신하고 사정을 자극하려는

---

6 여성을 정복하는 방법이 문명사회에서는 예절이 되었다. 유혹하거나 구애하는 계략을 부린다. 그러나 인류학에 따르면, 여자를 납치하고 몽둥이질까지 하면서 사랑을 구하는 관습이 남아 있는 민족도 있다. 이런 습관이 격세유전되어 가학증 같은 것으로 되살아났을지 모른다.

광기와 성

가학 행위가 있다. 성기능이 무능한 가운데 격렬한 성욕만 나타날 때 가학 증세가 나타난다. 가학 취향의 바탕은 언제나 과도한 성욕이다. 무기력한 신경정신병자는 빈번하게 가학 취향을 보이는데, 소년기부터 보통 척수가 약한 탓이다. 정신적으로 무기력하므로 만족감을 느낄 수 없어 변태 행위에 집중하기도 한다. 밖으로 드러난 행위가 어떤 성격이든 환자의 편향된 증세의 방향과 도착의 근거를 검토해야 이해할 수 있다.

쾌감에 의한 살인 – 인육 먹기에 이른 사랑

가장 참혹하고 특이하게 쾌감과 잔인성의 밀접한 관계를 증명한 인물은 흡혈귀 안드레아스 비헬이다. 안셀름 폰포이어바흐[7]가 소개한 어린 창녀 살해 사건의 주인공이다. 헬은 심문을 받을 때 살해한 경위를 다음과 같이 설명했다.

가슴을 칼로 잘라 열고 살을 발라내었다. 방금 잡은 짐승 잡듯이 잡았다. 몸을 도끼로 두 토막 내고, 산에 미리 파둔 구덩이에 파묻었다. 가슴을 열면서 너무나 흥분해 몸을 떨었다. 한 조각을 잘라 먹고 싶어….

롬브로소도 비슷한 사례로서 성행위하고 난 뒤, 매춘부의 목을 졸라 죽인 상습범 필립을 꼽았다. 필립은 이렇게 말했다.

나는 여자들을 좋아합니다. 그러나 여자들과 즐기고 나서 목을 조를 때가 좋은 겁니다.

롬브로소가 예를 든 또 다른 인물 그라시는 밤중에 친척 여자에게 성욕을 느꼈다. 그러나 여자가 저항하는 데 흥분한 그라시는 아랫배를 수차례 칼로 찔렀고, 여자의 아버지와 삼촌이 꼼짝 못 하도록 붙들려고 했을 때 그들마저 죽였다. 그 즉시 그라시는 또 다른 창녀를 품에 안고 차분하

---

7   Paul Johann Anselm Ritter von Feuerbach, 1775~1833, 독일의 형법학자로 철학자 루트비히 안드레아스 폰포이어바흐의 아버지다.(역주)

게 달래주었다. 그러나 이것으로 부족했다. 그라시는 친아버지를 죽이고 우사牛舍에서 황소까지 목 졸라 죽였다.

이런 사례들에서 보듯이 쾌감으로 살인을 저지른 사람들 대다수는 성욕 과잉에 따른 이상 증세 때문이다. 이런 사람들은 더욱 심한 성도착으로 시신을 훼손하기도 한다. 시신을 잘게 자르며 군침을 삼키면서 내장을 꺼내는 짓 등이다. 비헬의 경우가 분명히 보여준다.

우리 시대에는 루이 메네스클루를 꼽을 수 있다. 이 죄인은 정신이 말짱하다고 판결되어 단두대에서 처형되었다.

_**사례 17 여아 살인범 메네스클루**

1880년 4월 18일, 네 살짜리 여아가 부모 집에서 사라졌다. 같은 달 16일, 그 집의 세입자 메네스쿨루가 체포되었다. 그의 주머니에서 여아의 팔이 나왔다. 벽난로에서 여아의 머리와 절반가량 시커멓게 타 버린 내장이 나왔다. 화장실에서도 시신 일부가 발견되었다. 그러나 여아의 성기는 찾지 못했다.

아이의 운명을 심문받은 메네스쿨루는 동요했다. 그러는 와중에 음탕한 시 한 수가 그의 주머니에서 나왔다. 의심의 여지는 없었다. 메네스쿨루는 여아를 욕보인 뒤 살해했지만 조금도 후회하지 않았다. 그의 말대로라면 불행한 일이었을 뿐이다. 살인자의 머리는 둔한 편이었다. 아무튼, 해부학적 퇴행의 자취는 없다. 귀가 어두웠고 선병질腺病質인 메네스쿨루는 스무 살인데 생후 9개월에 경련을 일으켰다. 그 후로 불면증과 야뇨증으로 고생했다. 신경질을 많았고 성장은 불완전하고 더뎠다.

사춘기부터 메네스쿨루는 발끈하는 성미로 못된 취미를 보였다. 게으르고, 말을 안 듣고, 어떤 일에도 적응하지 못했다. 못된 버릇은 고쳐지지 않았고 교도소에 들어가서도 변함이 없었다. 그러다가 해군에 입대했다. 그러나 군대 생활로도 달라지지 않았다. 제대 후에는 친척집을 털어 평판이 나빴다. 메네스클루는 여자들을 쫓아다니지 않았다. 악착같이 자위행위에만 몰두했고 때때로 개들과 놀았다. 그의 어머니는 월경 주기마다 조증躁病症에 시달렸다. 삼촌들은 술주정뱅이와 미치광이였다.

메네스클루의 뇌를 해부해 보니 전두엽이 병적으로 변질되었음을 확인했다. 측두엽과 후두엽의 돌기들도 일부가 이상했다.

_사례 18 소녀를 살해하고도 태연한 올턴

영국에서 가게 점원이던 올턴은 변두리로 산책하러 나갔다. 그곳 숲에서 어린아이를 보았고 잠시 후 가게로 돌아갔다. 그런데 가게에서 올턴은 수첩에 다음과 같이 기록했다.

오늘 소녀를 죽였다. 날씨는 좋았고 더웠다.

소녀가 없어진 것을 알고 사람들은 찾아 나섰다가 토막 나고 찢긴 시신을 발견했다. 시신의 일부 특히 국부를 찾지 못했다. 올턴은 태연하게 해명도 하지 않았고 만행을 저지른 동기나 사정을 물어봐도 묵묵부답으로 일관했다. 올턴은 시시때때로 권태롭고 만사를 지겨워하는 정신이상자였다. 올턴의 아버지는 심한 조증이 있었고, 친척 중에 살인에 대한 기벽에 시달리는 사람이 있었다. 올턴은 처형되었다.

이와 같은 사례에서 보듯 병든 사람은 살해한 사람의 시신을 먹어 보려는 욕구를 보인다. 실제로 대상을 보면서 도착이 가중되면 그 일부를 먹기도 한다.

_사례 19 소녀 살인범 레제

레제는 24세의 포도 농부인데 어둡던 소년기부터 사회와 접촉하지 않고 자기만의 일감을 찾아다녔다. 그러던 중 일주일 동안 숲속으로 들어가 헤맸다. 그곳에서 소녀를 죽이고 심장을 꺼내 피를 마시고 시신을 땅에 묻었다. 체포된 레제는 처음에는 부인하다가 나중에 싸늘하게 웃으면서 자백했다. 그는 자신의 사형선고를 덤덤히 듣고 처형되었다.

에스키롤의 『의학과 위생과 법의학의 관계로 본 정신병자』에 수록된 타르디외가 제작한 동판화

에스키롤[8]은 검시를 통해 사형수의 뇌와 뇌막 사이에서 병적인 유착을 확인했다. (조르제)

_사례 20 여성을 증오해 살인한 남자

헝가리 수도 프라하 병원에서 55세의 입원환자 티르슈는 이전에 열 살짜리 소녀를 강간한 죄목으로 20년 형을 선고받았다. 그는 항상 이상하고 난폭했으며, 화를 잘 내고 침울하게 앙심을 품고 살았다. 그런 사람이 최근에 하찮은 일과 무기력감 때문에 광기를 부렸다.

1864년에 티르슈는 과부에게 청혼했다가 퇴짜 맞고 나서부터 여자들을 증오했다. 7월 8일에 그는 그토록 혐오하던 여성 한 명을 살해하려고 돌아다

---

8 Jean-Étienne Dominique Esquirol, 1772~1840, 정신병 전문의로 정신병자를 위한 특수한 격리 병동을 제도화한 선구자다. 1825년에 왕립 샤랑통 요양원 설립을 주도했다.(역주)

넜다. 그는 길에서 만난 처녀를 납치해 살해하고 훼손했다. 9월 12일, 티르슈가 체포되었을 때 '끔찍한 식사'가 남아 있었다. 그는 자신이 항상 사회에서 따돌림을 당했으며 '내면의 갈증' 탓에 그런 행동을 저질렀다면서 자진해서 죽여달라고 했다. 수감된 그는 과도한 조급증을 보였고 광증이 심해지면 식사를 완전히 거절했다.

과거 티르슈는 이와 같은 흥분과 광기가 극에 달했을 때 과잉 행동을 저질렀다. (마슈카)

이와 똑같은 정신병에 걸린 괴물 가운데 '배를 갈라 죽이는 화이트채플의 살인자'도 있지만 아직 체포하지 못했다.[9] 그는 현대판 '푸른 수염'[10]이었다. 분명 식인 풍습을 따르면서 큰 만족감을 느꼈을 것이다.

쾌감 때문에 살해하는 또 다른 경우, 심신의 이유 때문에 강간을 저지르지는 않고 오직 사디스트로서 범행하기도 한다. 연쇄살인범 빈첸초 베르체니[11]가 그 전형이다. 그의 희생자들은 그가 절정의 쾌감을 맛본 시점을 전후해 목숨을 잃었다. 베르체니는 쾌감과 사람을 죽이고 먹는 광기의 밀접한 연관성을 확인해 주었다. 조금 더 살펴볼 만하다.

_사례 21 연쇄살인범 빈첸초 베르체니

빈첸초 베르체니는 1849년생으로 1872년 1월 11일에 몇 가지 혐의로 체포되고 고발되었다. 우선 몇 건의 미수 혐의 때문이다. 베르체니는 4년 전에

---

9 1888년, 런던 시내 화이트채플 지구의 연쇄살인범 '잭 더 리퍼(Jack the Ripper)'의 정체는 여전히 오리무중이다. 그를 주인공으로 추적한 논픽션이 영국에서만 100편이 넘는다. 2006년, 영국의 BBC 방송사에서 설문조사를 한 결과 잭 더 리퍼가 지난 일천 년 동안의 "최악의 영국인"으로 선정되었다.(역주)

10 샤를 페로의 동화에 나오는 귀족으로 여러 차례 결혼한 뒤 아내를 살해해 왔다.

11 Vincenzo Verzeni, 1849~1918, 별명이 '베르가모의 흡혈귀'다.

잭 런던의 『밑바닥 사람들』에 수록된 도어셋 스트리트(연쇄살인으로 악명 높던 거리) 풍경, 1902년

병들어 침대에 누워 있던 사촌 마리안의 목을 조여 죽이려고 했다. 그다음에 똑같은 범행을 스물일곱 살의 아르수피 부인에게 시도했다. 갈라 부인 앞에서는 무릎 꿇은 채 부인의 목을 조르려고 했다. 베르체니는 그 밖에도 다음과 같은 살인 혐의를 받았다.

12월 어느 날, 오전 7시부터 8시 사이에 하녀 잔 몰타는 이웃 마을로 심부름을 나갔다. 그러나 하녀가 돌아오지 않자 주인이 찾아 나섰다가 마을 근처 오솔길에서 끔찍하게 훼손된 시신을 발견했다. 내장과 국부는 시신과 따로 떨어져 있었다. 시신의 허벅지가 문드러진 것으로 미루어 버둥대던 여자를 공격했을 것이다. 시신의 입안에 흙이 가득 찼다. 하녀는 질식했을 것이다. 시신 곁 풀 더미에서 오른쪽 장딴지와 옷이 발견되었다. 범인은 오리무중이었다.

1871년 8월 28일에 스물여덟 살의 기혼녀 프리제니 부인은 밭에 나갔다. 그런데 저녁 8시가 되어도 귀가하지 않자 남편이 찾아 나섰다. 남편은 부인의 시신을 밭에서 발견했는데, 목에 교살흔과 수많은 상처가 있었다. 배는 갈라지고 내장이 밖으로 나와 있었다.

8월 29일 정오 즈음, 열아홉 살의 마리아 프레비탈리는 밭에 나갔다가 사촌 베르체니에게 쫓겼다. 그에게 밀밭으로 끌려가 땅바닥에 쓰러져 목을 졸렸다. 그가 주변에 누가 없는지 살피느라 잠시 손을 늦춘 사이에 처녀는 살려 달라고 애걸했고, 베르체니는 그녀의 손을 꼭 잡고 나서 놓아 주었다.

베르체니는 법정에 섰다. 그는 스물두 살의 청년으로 두개골의 크기는 보통이지만 좌우가 대칭은 아니다. 우측 이마뼈는 좌측보다 낮고 좁다. 오른쪽 귀는 길이 1센티미터, 폭 3센티미터가량 왼쪽 것보다 작다. 관자놀이 동맥에는 조금 둥근 모양의 종양이 있으며, 목덜미는 황소 같고 아래턱뼈와 광대뼈는 크게 발달했고, 음경은 크다. 소대(음경 조직)는 없고, 근육 안쪽의 발달이 부족하고 근시이다. 이런 퇴행의 자취는 우측 전두엽이 애당초 발달하지 못했다는 뜻이다.

베르체니는 유전성 질환자로 보인다. 그의 삼촌 둘은 백치였다. 셋째 삼촌은 뇌가 작았으며 무모증에 고환 한쪽은 없고 나머지 한쪽은 기형이다. 그의 아버지는 펠라그라 병[12] 환자의 상흔이 남아 있었고, 온갖 심기증에 시달렸다. 베르체니의 사촌은 뇌충혈로 고생했고, 또 다른 사촌은 도벽이 심했다.

베르체니 가족은 신앙심이 깊지만 치사하고 인색하다. 베르체니의 지능은 평균보다 높다. 자기방어에 능하고 알리바이를 찾고 허위증언을 일삼는다. 베르체니는 정신병력이 전혀 없다. 그의 성격은 이상하다. 과묵하고 고독을 좋아한다. 감옥에서 그의 태도는 추잡하다. 자위행위를 하고, 어떻게든 여자들을 보려고 기를 쓴다.

베르체니는 결국 죄를 자인하고 동기를 털어놓았다. 자백에 따르면 죄를

---

12 홍반병(紅斑病), 비타민 B3의 만성적인 부족으로 나타나는 영양 결핍증이다.

범하면 극도로 기분이 좋았다고 한다.

발정과 사정을 동반한 쾌감이다. 희생자의 목을 건드리기만 해도 짜릿한 성감을 느꼈다. 젊은 여자든 늙은 여자든, 예쁘든 아니든 감각은 똑같았다. 보통, 여자의 목을 조르면서만 쾌감을 느꼈고, 이런 경우 희생자를 살려주었다. 앞의 두 번의 범행에서 성감의 만족이 더디게 충족되어 희생자가 사망할 때까지 목을 졸랐다. 목을 조이는 동안의 만족감은 자위행위 할 때보다 월등했다. 허벅지와 치골의 타박상은 희생자의 피를 황홀하게 빨던 중에 남았다. 장딴지 한 덩어리에서 피를 빨았고, 그것을 집으로 가져가 구워 먹으려고 했다. 그러나 이미 잔뜩 욕망을 채웠기 때문에 짚풀 더미 속에 숨겼다. 어머니에게 들킬까 두려웠다. 희생자의 옷과 내장은 한동안 지니고 있었다. 그것을 빨아 대면서 다시 즐기려고 했다.

베르체니는 무서운 힘으로 쾌락의 순간을 즐겼다. 그는 절대 미치지 않았다. 잔인한 범행을 저지르는 동안 주위의 아무것도 보이지 않았다. (물론 성욕이 고도에 이르면 지각기능을 억누르기 마련이다. 본능의 작용이다.) 이렇게 하고 나면 그는 항상 행복감을 만끽했다. 조금도 후회하지 않았다. 그는 희생자의 국부를 결코 건드리려고 하지 않았다. 희생자를 훼손하려고 할 생각도 없었다. 오로지 목을 조르고 피를 빨기만 하면 된다.

사실, 베르첼리는 현대판 흡혈귀로서 진실을 고한 듯하다. 그의 일상적 취향도 이상하고 낯설었다. 그는 애인도 두 명 있었지만 바라보기만 했다. 자기 자신도 애인들의 목을 조르고 싶어질까 봐 겁냈다. 베르첼리는 애인들에게서 희생자들과 다른 쾌감을 누렸다. 그는 분명 어떤 도덕심도 속죄하는 마음도 없었다. 베르첼리는 투옥되는 편이 좋겠다고 주장했다. 자유롭다면 그는 선망

에 저항할 수 없을 테니까. 결국 베르첼리는 종신 강제노역형을 받았다. (롬브로소)

선고를 받고서 베르체니가 털어놓은 고백은 매우 흥미롭다.

여자들의 목을 조를 때 이루 말할 수 없는 쾌감을 느꼈다. 발기도 되고 정말로 성욕을 느꼈다. 여자의 옷에서 냄새만 맡아도 벌써 쾌감을 느꼈다. 여자의 목을 조를 때는 자위할 때보다 쾌감이 더 강하다. 두덩뼈의 피를 들이키면서 나는 말할 수 없이 행복했다. 여자의 머리채로 목을 감아 조일 때 가장 짜릿하다.

나는 여자의 옷과 내장을 간직하고서 냄새를 맡고 피를 빨면서 즐겼다. 그러다가 어머니가 마침내 내 행동을 눈치챘다. 내가 살해하거나 살해를 시도하고 나서 어머니는 나의 속옷에서 정액의 자취를 보았기 때문이다.

나는 미치지 않았다. 하지만 목을 조르던 순간에는 아무것도 보이지 않았다. 범행 후, 나는 만족했고 기분이 좋았다. 나는 절대로 여자의 성기를 들여다보거나 만질 생각이 없었다. 여자의 목을 손아귀에 쥐고 피를 빨기만 했다. 여자가 어떻게 되든 내가 알 바는 아니다. 나는 여자의 목을 조를 때나 그 후에 특정 부위에 관심 없이 그냥 몸만 덮쳤다.

베르체니는 열두 살 때 암탉을 잡을 때마다 이상한 쾌감을 느꼈고 변태 행위를 혼자 시작했다. 그때부터 많은 여자를 죽였다. 그는 그저 족제비같이 귀여운 여자가 닭장에 들어왔기 때문이라고 핑계를 대었다. (롬브로소)

롬브로소는 또 다른 사례로 스페인에서 벌어진 사건을 예로 들었다.

41세의 그루요는 모범적인 사람이었지만 세 번 결혼했고 10년 동안 여섯 명의 여자를 목 졸라 살해했다. 희생자들 모두 매춘부였지만 젊지는 않았다. 목을 졸라 살해하고 나서 그는 희생자의 내장과 신장을 질경을 통해 끄집어냈다. 살해하기 전에 몇 명과 성관계했다. 나머지 희생자들은 건드리지 않았다. 그루요는 10년간 발각되지 않을 만큼 치밀한 잔인성을 발휘했다.

시간증

쾌락을 위한 역겨운 살인자 중에 시신을 성폭행하는 시간증屍姦症 환자도 포함된다. 이들도 건강한 사람이나 퇴폐적인 사람이 아니라면 누구나 치를 떨 만한 혐오스러운 모습에서 쾌감을 즐기며 충동을 따른다. 시신을 강간하는 사례를 문학에서도 병리 현상으로 묘사한다. 단, 관찰과 설명이 부정확하다. 유명한 베르트랑 상사(사례23)는 예외로 보인다. 몇몇 사례에서 사랑하는 대상이 죽었다고 성욕을 채우지 못할 것이 없다는 미친 욕망만 보여주기도 한다.

모로가 전한 일곱 번째 사례가 이런 것이다. 스물셋 나이의 어떤 청년이 쉰셋의 X 부인을 겁탈하려고 했다. 그러다가 그녀가 저항하자 살해한 뒤 겁탈하고 물에 던져 버렸다. 더구나 청년은 시신을 다시 건져 또다시 욕보였다. 청년은 단두대에서 사라졌다. 청년을 해부해 보니 앞쪽 뇌막이 두껍고 대뇌 껍질에 붙어 있었다.

시신을 겁탈한 예를 인용한 프랑스 작가들이 있다. 시신을 지키는 일을 하던 수사修士들이 저질렀다. 또 다른 예는 주기적으로 발작하던 백치였다. 백치는 강간범으로 격리 수용소로 들어갔다가 그곳 영안실에서 여성들의 시신을 강간했다.

살아 있는 여자보다 시신을 더욱 좋아하는 또 다른 사례가 있다. 만약 범죄자가 다른 잔인한 짓으로 시신을 훼손하지 않았다면 단지 시신의 무기력함에 매혹되었을 수 있다. 완전히 무기력한 인체로서 시신은 바로 그러한 무기력 때문에 탐하는 대상의 어떤 저항도 없이 병적인 정복욕을 완전하게 채워 줄 수 있을지도 모른다.

광기와 성

브리에르 드부아몽[13]이 전하는 시간증 환자에 대한 실화[14]를 보자.

환자는 수위를 매수하고 영안실로 침입했다. 명문가의 열여섯 살짜리 처녀의 시신이 있던 곳이다. 밤중에 영안실에서 마치 가구가 뒤집힌 듯 요란한 소리가 들렸다. 처녀의 어머니는 영안실로 뛰어들었다가 속옷 바람의 사내가 시신의 침상에서 뛰어내리는 것을 보았다. 그를 우선 절도범이라고 생각했다. 그러나 곧 문제가 무엇이었는지 밝혀졌다. 범인은 이미 전부터 수차례 처녀들의 시신을 겁탈했던 명문가 청년이었다. 청년은 종신 강제 노역형을 받았다.

탁실이 전하는 다음 이야기도 시간증 연구에 매우 유익하다.

어떤 고위성직자가 가끔 파리의 매춘가를 찾아 마치 수의처럼 흰옷을 입은 창녀를 요구했다. 그러고는 담가에 누워 대기하라고 지시했다. 정해진 시간에 성직자는 예복을 갖춰 입고 마치 환하게 불을 밝힌 성당처럼 가꾼 방으로 들어가 미사를 드리는 척했다. 그러면서 담가 위에서 시신 역할을 하는 창녀와 놀아났다.[15]

범인이 시신을 잘못 다루고 훼손할 경우는 종종 일어난다. 이런 범죄자들은 즉시 교수형에 처했다. 이런 자들의 쾌락은 잔인함과 밀접하다. 최소한 여자에 대해 같은 수법을 사용하려는 기벽 때문이다. 조금이나마 양심이나 조심성이 남아 있다면 살아 있는 여자 앞에서 그런 잔혹 행위를 저지를 생각까지 하기 어려울 것이다. 쾌감에 의한 살인은 상상하지 못했

---

13 Alexandre-Jacques-François Brière de Boismont, 1797~1881, 프랑스 정신과 의사로 파리 시내에서 개업의로 활동했다. 여러 중요한 저작을 남겼는데 『격리 병동에서 관찰한 정신착란』이 대표적이다.(역주)

14 『가제트 메디칼』 1859년 7월 2일 자에 게재.

15 시몬이 『중범죄와 경범죄』에서 인용한 사례도 흥미롭다. 매우 점잖은 신사가 시신을 매장하는 자리를 지켜볼 때에만 강한 성욕을 느낀다고 털어놓았다.

겠지만, 살인을 저지르고 나서야 깨달았을 것이다. 이런 경우, 시신이 무기력한 상태가 일정한 역할을 했을 것 같다.

_사례 23 몽파르나스의 흡혈귀

베르트랑 상사[16]는 예민한 체질의 이상성격자였다. 그는 어려서부터 항상 말이 없고 고독을 즐겼다. 그의 가족 병력은 제대로 알 수 없지만, 확인해 본 결과 선대에서 이미 정신이상 증세가 있었다. 베르트랑은 어린 시절부터 이상한 파괴욕을 즐겼다고 주장한다. 손에 잡히는 것마다 부수고 망가트렸다. 어린 시절부터 베르트랑은 가르쳐 준 것도 아닌데 자위행위를 했다. 아홉 살 때, 그는 이성에 끌리기 시작했다.

베르트랑은 열세 살 때 여자들과 성욕을 채우려는 강한 힘을 느꼈고 끊임없이 자위행위를 즐겼다. 이렇게 하면서 그는 항상 여자로 가득한 방에 있다고 상상했다. 상상만으로 여자들과 성행위를 하면서 학대했다. 그러다가 금세 상상 속에서 여자들을 시체로 대신했다. 시신을 더럽히는 모습을 그렸다. 때때로 그런 상태에서 남자 시신과의 관계까지 상상했다. 어쨌든 남자들의 경우는 역겨워했다. 그 뒤 베르트랑은 실제 시신과 접하려는 욕구에 시달렸다. 사람의 시신이 없자 그는 짐승의 사체를 구해 배를 갈라 내장을 꺼냈다. 그러면서 자위행위를 했다. 그는 "형언할 수 없이 짜릿했다."라고 주장했다.

1846년, 동물 사체만으로 부족했던 베르트랑은 개 두 마리를 잡아 똑같은 짓을 했다. 그해 말 즈음 처음으로 사람의 시신을 사용할 욕심을 냈다. 처음에는 망설였다. 그러다가 다음 해, 어느 날 공동묘지에서 방금 전에 매장한 묘를 우연히 알게 되었다. 그러자 격렬한 선망에 사로잡혀 버린 그는 두통과 심장

---

16 François Bertrand, 1823~1878, '몽파르나스의 흡혈귀' 또는 '송장취미 상사'라는 별명으로 유명했다. 몽파르나스 묘지에서 수차례 시신을 건드렸다.(역주)

광기와 성

의 고통까지 일어났고, 발각될 것이 빤한데도 시신을 파헤쳤다. 변변한 도구도 없이 인부의 삽으로 시신을 사납게 후려쳤다.

1847년부터 1848년까지 그는 이런 식으로 보름 동안 심한 두통을 겪으면서 시신을 훼손하는 열망을 보였다. 위험천만하고 어려운 환경에서 그는 거의 열다섯 차례나 기벽을 부렸다. 그는 송장을 손톱으로 파헤치고, 너무 흥분한 나머지 자기 손에 상처가 나는 줄조차 몰랐다. 일단 시신을 손에 넣으면 그는 칼로 배를 째고 내장을 꺼내면서 자위행위를 했다. 시신이 남성이든 여성이든 가리지 않았다. 그러나 이 현대판 흡혈귀는 분명 남성보다는 여성을 선호했다. 그렇게 광분하는 동안 그는 설명하기 어렵게 성감이 떨리는 것을 느꼈다. 그렇게 훼손하고 나서 시신을 다시 파묻었다.

1848년 7월에 베르트랑은 우연히 열여섯 살 소녀의 시신을 구했다. 바로 이때 처음으로 그는 시신과 섹스할 욕심을 품었다.

미친 듯이 부둥켜안았다. 살아 있는 여자와 나누었던 어떤 쾌감도 절대로 이에 비할 수 없었다. 거의 15분을 즐기고 나서 평소처럼 시신을 가르고 내장을 꺼내고 나서 다시 묻었다.

베르트랑은 처녀를 시간하고 나서부터 시신을 훼손하기 전에 섹스할 욕심을 품었다. 세 구의 여성 시신에 그렇게 했다. 그렇지만 시신을 파헤쳤던 이유는 변함없었다. 도살하는 즐거움 때문이다. 성폭행보다 더 즐거웠던 행동이다.

이렇게 엽기적인 강간은 기본적으로 도살의 일부였을 뿐, 그는 욕정을 완전히 채우지 못했다. 그래서 범행 이후에 시신을 토막 내고 훼손했다. 법의학자들은 그의 편집망상증을 인정했고 군 사법 당국은 그를 1년간 징역형에 처했다. (타르디외, 뒤솔)

여성에 대한 가학증

쾌감을 채우려는 살인자와 시간증 환자는 매우 밀접하다. 여기에 또 다른 퇴행증에 걸린 사람들도 포함된다. 희생자에게 상처를 입히고 피를 흘리게 하면서 쾌감을 맛보는 사람들이다.

이 분야의 괴물은 저명한 사드 후작이다. 그 쾌락과 잔인성을 결합하는 취향으로 이름을 날렸다. 사드는 잔인한 육감을 진지하게 이상으로 삼으려고 했다는 점에서 '키니크 학파(냉소파)'의 추종자였다. 또, 그와 같은 비뚤어진 성의 감정을 바탕으로 이론을 세우려 했다. 그의 이 같은 입장은 엄청난 추문을 일으켰다. (특히 후작은 자택에 상류사회 신사와 숙녀 들을 초대했고, 칸타리스(가뢰)를 섞은 과자와 초콜릿을 권하면서 욕정을 북돋았다.) 결국 사드는 샤랑통 요양원에 수감되었다. 그러다 프랑스 대혁명 중에 풀려났고, 그때부터 쾌락과 잔인성으로 넘치는 소설을 썼다. 마침 통령이 된 나폴레옹에게 사드는 자기 소설의 호화 양장본을 선물했다. 그러나 나폴레옹은 선물에 불 지르고 사드를 다시 요양원으로 보냈다. 1814년, 사드는 그곳에서 64세로 사망했다.

사드에게 섹스는 욕망의 대상을 찔러 피를 흘리도록 할 때에만 매력적이었다. 그의 가장 큰 쾌락은 벌거벗은 창녀들에게 상처를 입히고 나서 붕대로 상처를 감싸는 것이었다. 드부아몽은 사드와 비슷한 한 대위의 사례를 거론했다. 대위는 애인과 섹스를 하기 전에 먼저 성기에 거머리처럼 달려들었다. 여자는 결국 중한 빈혈 끝에 미쳐 버렸다.

내가 아는 환자가 알려준 다음 사례는 쾌감과 잔인성과 흘리는 피를 즐기는 긴밀한 관계를 매우 특정적으로 보여준다.

광기와 성

빌베르슈타인, 기욤 아폴리네르 편집의 『사드 문집』에 수록된 사드 후작의 상상화, 1912년

_**사례 24** 상처에 흥분하는 남자

X는 25세의 청년이다. 그의 아버지는 기이하고 변덕스러운 인물이었고 마비성 치매로 사망했다. 어머니는 신경쇠약 히스테리 체질이었다. 그는 약골에 신경병자 체질인데 많은 퇴행의 상처가 있었다. X는 유아기에 이미 심기증, 강박증을 보였다. 게다가 정신 상태는 흥분했다가 침울해지곤 했다. 즉, 조울증(조현병)이다. 열 살 때 그는 자기 손가락에서 흐르는 피를 보고 이상한 쾌감을 느꼈다. 그래서 손가락을 걸핏하면 베거나 찔러 피를 내었고, 상처에 말할 수 없이 흐뭇해했다. 그때부터 자기 몸에 상처를 내면 발기가 되었는데 다른 사람의 피를 보아도 마찬가지였다. 예컨대 손가락을 다친 하녀를 보았을 때 그런 일이 벌어졌다. 피를 흘린 하녀의 모습에서 특이한 쾌감을 맛보았다. 그 뒤로 그의 성욕은 무섭게 타올랐고 혼자 자위행위를 시작했다. 자위행위를 하면서 피에 젖은 여자들의 모습을 되새기며 몽상했다. 그러자 자신의 피를 보는 것만으로 만족하지 못했다. 그는 마음에 들던 젊은 여자들의 피를 보려고 기를 썼다.

X는 사촌 누이들과 하녀에게 상처를 입히고 싶었지만 가까스레 자제하곤 했다. 그러다가 자기 마음에 들지 않던 여자들에게도 똑같은 욕망을 품었다. 단, 여자들이 특별한 화장이나 귀금속으로 치장한 모습을 보였을 때에만 그랬다. 그는 이상한 취향을 버텨 내기는 했지만, 항상 감미로운 감정을 흔들어대는 핏빛 상상까지는 뿌리치지 못했다. 관념과 감정의 세계가 하나처럼 뭉쳤다. 종종 또 다른 잔인한 공상에 매달리기도 했다. 예컨대, X는 국민에게 자동소총을 난사하는 폭군을 연기하기도 했다. 상상에 사로잡혀 어느 도시가 적의 침입을 받았을 때 벌어질 법한 장면, 예컨대 적군이 처녀들을 겁탈하고 납치 고문하는 모습을 묘사하기도 했다.

X는 평소 조용할 때는 성격이 좋았고 도덕적 결함도 보이지 않았다. 잔인

한 취미에서 비롯한 공상을 깊이 혐오하고 창피해했다. 자위행위를 하고 나면 즉시 상상도 식었다. 그러나 몇 해 만에 신경쇠약이 재발했다. 상상 속에서 피와 피에 젖은 장면을 떠올리는 자위행위만으로는 부족했다. 마침내 그는 악행과 잔인한 꿈을 실현하러 나섰고, 여자들과 실제로 성관계를 시작했다. 그런데 X는 여자가 손가락에서 피를 흘린다는 상상을 해야만 섹스를 할 수 있었다. 상상의 이미지가 떠오르지 않으면 발기가 되지 않았다. 당시에는 잔인한 생각이라고 해봐야 여자의 손에 상처를 낸다는 정도였다. 강렬한 성적 흥분에 이르렀을 때 여자의 손만 보아도 격하게 발기했다.

수음의 치명적인 결말을 다룬 대중소설을 탐독하다가 기겁한 X는 엄격하게 절제하면서 심기증과 무기력증이 뒤얽힌 신경쇠약을 심하게 앓았다. 어쨌든 매우 적극적이고 복잡한 치료를 받은 덕분에 그는 1년 뒤에 회복했다.

지난 3년 동안 그의 정신은 건강하다. 이전처럼 성욕은 넘치지만, 과거처럼 피에 젖은 공상에는 거의 사로잡히지는 않는다. 자위행위도 완전히 포기했다. 정상적인 성적 즐거움으로 만족한다. 피를 부르는 관념에 호소하지 않고서도 성능력을 완전하게 보여준다. 잔인한 쾌감을 즐기려는 성향이 일시적으로 개인에게 결함을 일으키기도 한다. 그러나 타르노브스키가 전하는 결정적인 예외가 있다.

_사례 25 성적 만족감에 상처 내는 의사

Z는 의사로서 신경증 체질이다. Z는 정상적인 여건에서 정상적인 섹스를 해왔다. 그러나 알코올을 이겨내지 못해, 포도주를 마시면 즉시 단순한 섹스로 만족하지 못한 성욕이 급증했다. 취중에 그는 사정하고 완전히 만족하려고 창녀의 젖가슴을 칼끝으로 찔러 피를 보고, 칼날이 살아 있는 살 속으로 파고드는 느낌을 음미했다.

이렇게 이상해진 사람들은 특이하게 여자의 매력에 흥분하지 못한다. 앞에서 소개했던 대로 출혈의 상상에 호소함으로써 발기할 수 있는 사람들이다.

다음 사례는 어린 시절의 지나친 자위행위로 발기력을 잃은 남자인데, 섹스 대신 가학 행위를 택했다.

_사례 26 처녀들에게 칼질해 흥분하는 병사

1829년, 30세의 병사 B가 사법 당국의 조사를 받았다. 서로 다른 시기에 여러 장소에서 B는 과도로 처녀들을 뒤에서 찔러 상해했다. 특히 국부 쪽을 노렸다. B는 공격의 동기를 성욕이 광증에 달했기 때문이라며 여자들을 칼로 찌르거나 그 생각을 해야만 만족할 수 있다고 해명했다. 그는 이런 기벽에 며칠 동안 사로잡혔다. 혼란스러운 생각으로 동요했다가도 기벽을 행동으로 옮겨야만 차분해졌다. 찌르는 순간 B는 섹스할 때와 같은 만족감을 맛보았다. 만족감은 칼끝에서 피가 흘러넘칠 때 더욱 짜릿했다.

B는 열 살 때부터 성욕이 왕성했다. 그는 먼저 자위행위에 몰두했지만 심신이 약해졌다고 느꼈다. '여자들을 찌르는 자가 되기 전에 B는 어린 소녀를 상대로

바르톨로메오 무리오, 〈무염시태〉,
프라도 박물관, 1665년경

광기와 성

자위하거나 항문성교를 하며 만족했다. 그러다가 차츰 아름다운 처녀의 국부를 칼로 찔러 피가 흘러내리는 칼을 보면서 쾌감을 느끼게 되었다. B는 숭배 대상을 모방했다. 자신이 그린 외설적인 그림들은 동정녀 마리아의 수태를 이상한 수법으로 재현했다. 예컨대, 성모 마리아의 가슴에 심어진 하느님의 관념'을 묘사하는 식이었다.

사람들은 B를 너무나 이상한 인물로 보았다. 성마르고 사람들을 피하며 여자들을 악착같이 탐하지만 우울해 보였다. B는 조금도 부끄러워하거나 뉘우치지 않았다. 그는 너무 조숙하게 성욕을 남용해 무능해진 사람이다. 그러나 계속 남아 있던 거친 본능으로 성이 삐뚤어졌다. (크라우스, 호퍼)

_사례 27 라이프치히의 가학성 변태

1860년 이후 몇 해 동안, 라이프치히 주민은 공포에 떨었다. 거리에서 처녀들에게 칼을 휘두르며 상박에 상처를 입히는 사내 때문이었다. 그를 붙잡고 보니 가학성 변태였다. 그는 처녀들을 공격했을 때 사정했다. 처녀들을 상해하는 행동이 그로서는 섹스와 똑같았다. (와틴)

다음의 사례들은 모두 성기능이 떨어져 발생한 문제인데 정신병이 원인인 듯하다. 이들의 성생활은 주로 가학성 취향에서 비롯하지만 근본 원인은 정신미약이다.

_사례 28 처녀들에게 칼을 휘두르고 사정한 남자

아우크스부르크에서 처녀들을 해친 포도주 도매상 바틀러는 14살부터 이상한 버릇이 있었다. 그는 섹스로 욕구를 채우는 것에 질색했다. 그래서인지 여성을 혐오할 정도였다. 그 당시 이미 바틀러는 처녀들에게 상처를 입혀 성욕을 채울 뜻을 품었다. 아무튼, 기회도 대담성도 부족해 실행하지는 못했다. 바틀러는 자위를 경멸하면서도 여기저기에서 상처 입은 처녀들과 관능적인 꿈을 꾸면서 자위행위를 했다. 열아홉 살이 되었을 때, 처음으로 한 처녀에게 상처를 입혔다. 그와 동시에 사정하며 절정을 맛보았다. 그렇게 행동한 뒤로 더욱 거센 충동에 떠밀린 바틀러는 예쁜 처녀만 골라 먼저 기혼녀인지 아닌지부터 묻고 확인했다. 그의 충족감과 사정은 처녀가 정말로 상처를 입었다는 것을 알고 나서야 이루어졌다. 공격을 끝내고 나면 그는 다시 무기력하고 불편해했다. 후회하지 않은 것만도 아니었다.

바틀러는 서른두 살까지 처녀들에게 살점을 잘라 내는 상처만 입혔다. 그는 항상 치명상을 피하려고 했다. 그 시절부터 서른여섯 살 때까지 기벽을 잘 견뎌내었다. 그 뒤 바틀러는 처녀들의 팔과 목을 끌어안고 즐기려고 애썼지만, 발기만 되고 사정에 이르지는 못했다. 그러자 바틀러는 칼집으로 처녀들을 후려치려고 했다. 하지만 원하는 효과는 없었다. 결국 칼을 휘둘렀고 대성공이었다. 그는 자상을 입은 처녀가 더 출혈이 많고 피부에 가벼운 상처를 낼 때보다 더 고통을 느끼리라고 생각했다.

바틀러는 서른일곱 살 때 현행범으로 체포되었다. 그의 집에서 갖가지 종류의 칼이 많이 나왔다. 그는 칼을 만지작거릴 뿐만 아니라 보고만 있어도 흥분된다고 주장했다. 그의 고백을 믿는다면 쉰 명의 처녀가 심하게 다쳤다. 바틀러의 외모는 괜찮은 편이었다. 생활환경도 좋은 편이었다. 그렇지만 사회에서 빗나가 버린 이상한 사람이었다. (뎁)

_사례 29 처녀들의 피를 선호한 청년

J는 25세의 청년이다. J는 1883년 매우 심한 신경쇠약과 심기증으로 진찰을 받으러 왔다. 환자는 열다섯 살부터 자위행위를 했다고 털어놓았다. 열여

넓 살부터 빈도는 줄었다고 했지만, 그때부터 자위하는 습관을 더는 버리지 못하게 되었다고 했다. 당시까지 그는 여자에게 접근하지 못했다. 자신의 병세 때문에 부모가 엄하게 감시하면서 절대로 그를 혼자 내버려 두지 않았다. 아무튼, 환자는 여자를 사귀는 즐거움이 무엇인지 알지도 못했고 별로 욕심을 내지도 않았다.

그러던 어느 날, 어머니의 하녀가 유리창을 닦다가 깨트렸다. 하녀는 손에 깊은 상처를 입었다. 그는 지혈하려고 입으로 피를 빨 수밖에 없었는데, 그러는 사이에 격렬하게 흥분하고 완전히 오르가즘에 도달해 사정하고 말았다. 그 사건을 겪은 후로 J는 어떻게 해서든 여자의 맑은 피를 보고 또 맛보려고 입맛을 다셨다. 그는 처녀들의 피를 선호했다. 그 즐거움을 찾아 돈도 어떤 희생도 아끼지 않았다. 애당초 하녀는 J의 욕구대로 바늘 같은 것으로 손가락을 찌르도록 허락했다. 그러나 어머니가 그 사실을 알게 되어 하녀를 쫓아냈다. J는 별수 없이 전과 다름없는 욕구를 채우려고 매춘부들에게 의지했다. 어렵기는 했지만 결과가 괜찮은 편이었다. 그 사이 J는 자위행위와 여자가 해 주는 수음에 빠졌다. 그러나 효과는 신통치 않았고 피곤하기도 하고 자책감도 들었다.

J는 신경증 때문에 온천을 자주 드나들었다. 자진해서 두 번이나 특수 요양원에 입원했다. 그곳에서 물과 전기를 이용한 물리치료를 받았으나 조금 효과를 보았을 뿐 두드러진 변화는 없었다.

J는 때때로 비정상적 성감을 바로잡기도 했고 수음하는 습관에 대해 냉탕, 장뇌, 취화염 요법 등으로 치료받았다. 그러나 환자는 자유로울 때마다 즉시 과거의 욕정에 떠밀려 전과 마찬가지로 돈과 수고를 아끼지 않았다.

_사례 30 여자를 때리는 데서 느끼는 성적 쾌감

21세의 청년 T는 라인 강변의 도시에서 상업에 종사한다. 그의 가족에 여러 명이 신경증과 정신병을 앓고 있다. 그의 누이도 히스테리와 우울증이 있다. T는 매우 조용한 성격이었다. 수줍기도 했다. 학교에서도 그는 친구들이 여자 이야기를 할 때 혼자 떨어져 있었다. T는 기혼이든 미혼이든 여자들과 대화할 때 잠자리 이야기만 들으면 놀라 자빠지곤 했다.

학창 시절에 T는 공부를 잘했다. 그러나 나중에 차츰 게으름을 피우면서부터는 발전이 없었다. T는 1870년 8월 17일에 알베르 몰 박사를 찾아와 자신의 이상한 성생활을 진찰받았다. T는 매우 소심하고 내성적 사내로 보인다. 특히 다른 사람들 앞에서 자신감을 잃고 굳어진다고 털어놓았다.

T의 성생활은 일곱 살 때로 거슬러 올라간다. 당시 그는 종종 성기를 만지며 놀았고, 그러다가 치도곤을 맞기도 했다. T는 그 당시에 벌써 그런 손장난으로 발기를 했다고 주장한다. 그는 항상 여자의 벗은 앞가슴을 못이 박힐 만큼 몽둥이로 후려치는 상상도 했다. T는 다음과 같이 실토했다.

매를 맞는 사람이 귀부인이라는 생각만 하면 흥분했다. 다른 사람들 특히 여자들 앞에서 매 맞는 여자가 내 힘을 인정하며 잘못을 고치도록 괴롭힌다고 생각해도 마찬가지였다. 나는 일찍부터 체벌 문제를 다룬 책들을 찾아 읽었다. 그중 한 권은 고대 로마에서 노예들을 호되게 다룬 것이었다. 어쨌든 여자의 등이나 어깨를 때린다고 생각했을 때는 발기가 되지 않았다. 우선 나는 흥분이 시간이 지나면 저절로 가라앉겠지 생각해 아무에게도 말하지 않았다.

T는 어려서부터 시작했던 자위행위를 계속했다. 자위행위를 하면서 항상 회초리를 휘두르는 모습을 떠올렸다. 열서너 살 무렵부터 수음하면서 사정했다. 이런 행동으로 사법 당국의 조사를 받을 수도 있겠다고 생각했다. 물론 그

런 일은 없었다. 그는 다음과 같은 방법으로 발기하고 수음으로 사정했다. 우선 여자를 자기 가랑이 사이에 끼우고 여자의 몸이 자기 음경에 닿게 했다. 그러나 필요 없는 일이라고 생각해 여자의 질에 음경을 삽입하지는 않았다.

나중에 T는 여자를 때린 것을 창피해했고, 너무 침울한 바람에 자살하려고 자주 생각했다. 그로부터 3년 동안 T는 다른 여자들을 찾아다녔다. 그러나 때리도록 해 달라고 부탁하지는 않았다. 그는 그저 여자를 때린다는 생각만 해도 발기에 이를 수 있도록 애썼다. 그러나 이런 발상은 실패했다. 거듭된 실패에 T는 의사와 상의하기로 했다.

환자로서 T는 자신의 성생활에 대한 다른 정보를 주었다. 자신은 이상한 본능이 강하기도 하지만 특히 거북하다고 털어놓았다.

성에 관한 생각에 밤새 쫓기며 뒤척이다가 아침에 일어날 때도 마찬가지 생각이 다시 엄습한다. 그러나 병적인 집착에서 피할 곳이 없었다. 그것 때문에 흥분하고 처음에는 재미로 빠졌지만, 자위행위를 하지 않고서는 떨쳐버리지 못했다. 여자의 젖가슴을 비롯해 등을 때릴 때만 제외하면 다른 어떤 폭행으로도 흥분하지 못한다. 여자를 묶고 발로 차 봐야 아무 감흥도 없었다.

결국 T는 여자를 때릴 때가 아니라 그에게 맞은 여자가 모욕과 수치를 느낄 때에만 성적 쾌감을 느꼈다. 그는 여자가 완전히 남자의 힘에 꼼짝할 수 없다고 느껴야 만족했다. 자신이 앞에서 가리킨 부위가 아닌 다른 부위를 때렸을 때에는 조금도 매력을 못 느꼈다.

여자를 때리면서 여자가 수치심을 느껴야 매력이 솟아나는 것과 마찬가지로 T는 그 반대의 경우에서도 성욕이 동했다. 자신이 여자에게 완전히 제압

되어 매를 맞는 굴욕감을 느낄 때에 그랬다. 그러나 다른 어떤 신체적 충격 즉 엉덩이에 매를 맞거나 한다고 똑같은 효과가 나지는 않았다. T는 여자에게 발길질을 당하거나 얻어맞는 것을 혐오한다. 그는 육체적 사랑에 관해 꿈꿀 때에는 깨어 있을 때의 성적 기벽과 항상 똑같은 방향으로 움직였다.

T는 몽정을 자주 했다. 그런데 변태성욕에 관한 생각은 꿈에서 먼저 나타났을까, 아니면 깨어 있을 때였을까? 그는 이런 질문에 정확하게 답하지 못했다. 첫 번째 흥분은 일곱 살 때로 기억했다. 어쨌든 그는 자신의 망상이 깨어 있을 때 떠오른다고 믿고 있다. 꿈속에서 그는 남자들도 종종 때렸고 마찬가지로 사정에 이르렀다. 반면, 깨어 있을 때는 남자를 때린다는 생각만으로 흥분하는 일은 거의 없었다. 남자의 알몸에는 흥미가 없었다. 그러나 여자의 알몸에는 분명하게 흥미를 느꼈다. T는 앞에서 털어놓은 것 같은 사건이 벌어질 때만 성욕을 해소했지만, 섹스에 대한 욕망은 전혀 없었다. (몰)

T의 치료는 기본적으로 정상적인 섹스를 하도록 유도하는 것이다. 정상적인 성적 취향을 회복하도록 도와야 한다. 환자 자신이 성생활이 정상화한다면 거북하고 불안하고 속상한 자신의 성격도 달라질 것으로 기대하기 때문이다. (몰 박사와 함께한) 3개월 반에 걸친 치료법은 다음과 같다.

- T에게 낫기를 바란다면, 이상한 공상부터 즉시 그만두라고 간곡하게 권했다. 그렇다고 매질할 생각을 하지 말라는 부조리한 충고는 하지 않았다. 그가 따를 수 없을 충고이기 때문이다. 그런 생각은 본인의 의지와 상관없이 찾아오고 게다가 '때린다'는 말만 우연히 들려도 나타나기 때문이다. 나는 환자 스스로 그런 생각을 불러일으키지 말게 했다. 또, 자발적으로 거기에 빠져들지도 말라고 했다. 반대로 다른 주제라면 무

엇이든 생각을 집중하라고 권했다.

- T에게 허용하고 권한 것이 있다. 그가 여자의 벌거벗은 모습에 흥미를 느끼는 만큼 그 모습을 상상하라고 했다. 그는 벌거벗은 여자들에게 성적 매력을 못 느낀다고 주장했지만 그렇게 하도록 권했다.

- 효과를 얻기는 매우 어려웠지만 최면요법을 사용해 보았다. 먼저 T가 실패해 실망하지 않도록 당분간 섹스를 시도하지 말라고 했다. 2개월 반 만에 최면의 효력이 보였다. T의 주장대로라면, 변태 같은 생각은 매우 드물고 차츰 사라졌다. 반대로 여자들의 나체 이미지를 보면 더욱 빈번하게 발기가 되었고, 여자를 때린다는 생각을 하지 않고서 섹스한다는 생각만으로 종종 자위행위를 했다고 한다. 잠결에 T는 관능적인 꿈을 거의 꾸지 않았다. 그 대신 정상적인 섹스 또는 여자를 때리는 꿈을 꾸었다.

첫 번째 처방을 내린 후 두 달 반이 지나자 나는 T에게 섹스를 권했다. 그렇게 그는 네 차례를 했다. 나는 또 환자에게 상냥한 여자를 선택하라고 권했다. 섹스하기 전에 칸타리딘[17]으로 자극을 높여 보라고 했다. 1800년 11월 29일에 마지막으로 치료했던 네 차례 시도의 결과는 다음과 같다.

처음에 여자는 T가 발기하도록 그의 음경을 오래 애무했다. 결국 삽입과 오르가즘에 동반한 사정도 성공했다. 섹스하는 동안 그는 여자를 때린다거나 자신이 맞는다는 생각은 전혀 들지 않았다. 여자도 T가 섹스할 수 있도록 충분히 자극했다. 두 번째 시도에서 결과는 훨씬 좋았고 더욱 빠르게 나왔다. 여

---

17 칸타리딘은 보통 항염제와 방습제의 용도로 사용한다. 사마귀 제거나 실험용 항암제, 최음제로 쓴다고 알려져 있는 가뢰의 유효 성분이다. 아랍어로 '가게의 최상품'이라는 뜻으로 가장 많이 팔리는 향신료를 서로 혼합해 만든다.(역주)

자는 T의 국부를 조금만 애무해도 되었다. 세 번째 시도에서 T가 한참 동안 매질을 생각하고 나서야 발기에 성공했고 그런 생각 끝에 섹스했다. 그러나 실제로는 그런 방법을 사용하지 않았다. 네 번째 시도에서 폭행을 떠올리지도 않고 여자의 애무도 필요 없이 섹스에 성공했다.

지금 T가 완쾌했다고 생각하기는 어렵다. 그가 거의 정상적으로 때때로 섹스할 수 있지만, 그가 그 행위를 연상할 때 항상 큰 쾌감을 느꼈다면, 과거보다 드물었더라도 앞으로 항상 그럴 것이라고 장담하기 어렵다. 어쨌든 이상한 취향이 현재로서는 상당히 누그러졌으므로 장차 완전히 사라질 수도 있지 않을까.

매우 조심스레 관찰한 이번 환자의 사례는 여러 점에서 극히 흥미롭다. 가학대음란증(사디즘)의 숨은 원인인 여자를 무한정하게 굴복시키려는 경향을 분명히 보여주기 때문이다. 또, 이 경우처럼 어떤 사람이 그 점을 분명히 의식하는 경향이다. 더욱 흥미로운 점은, 환자는 소극적 성격이고 다른 사회생활에서는 유난히 겸손하고 심지어 겁이 많다는 것이다. 따라서 어떤 사람이 모든 장애를 아랑곳하지 않을 만큼 성욕이 강하면서도, 그와 동시에 섹스하려는 욕망은 전혀 없을 수도 있다는 점을 확인했다. 지배적인 감정은 가학적 사고와 잔인한 쾌감의 세계로 떨어진다.

광기와 성

여자를 더럽히는 기벽

다음 환자는 피학대음란증(마조히즘)의 요소도 몇 가지 엿보인다. 변태 성향의 남자들이 창녀를 고용해 피가 나도록 채찍질하는 경우가 드물지 않다. 매춘을 다룬 저서에 이에 관한 정보가 풍부한데, 특히 알리 코피뇽[18]의『파리의 부패』가 주목할 만하다. 변태성욕 때문에 때때로 가학증 환자는 여자들에게 상처를 입힌다. 여자를 더럽고 치욕적으로 다루면서 역겨운 도구로 묶기도 한다.

_사례 31 풍기 문란으로 체포된 의학도

A는 23세로 그라이프스발트[19]의 의학도다. 그는 대낮에 건물 앞에서 외투 사이로 성기를 내놓고 처녀들에게 소변을 갈겨 질겁한 처녀들이 사방으로 도망치도록 해 풍기 문란 혐의로 체포되었다.

A는 체격이 좋고 단정하다. 아래턱이 조금 앞으로 튀어나왔다. 폐의 우측에 만성 폐렴이 있다. 기종肺腫도 있다. 맥박은 60회, 흥분하면 70, 80회로 올라간다. 성기는 정상이다. A는 소화불량과 변비, 현기증에 주기적으로 시달리고 과도한 성욕으로 일찍부터 자위행위를 했다. 그러나 정상적 만족감을 몰랐다. A는 시시때때로 우울해진다고 호소했다. 자신을 고문한다는 생각이 들기 때문이고, 까닭을 모르겠지만 이상한 성향 때문이다. 예컨대, 심각한 자리에서 웃거나, 돈을 물에 던져 버리거나 억수 같은 비를 맞으며 달리기도 한다.

---

18 Ali Coffignon, 근대 파리에 관한 연구서를 1880년에 5부작으로 내놓은 사회학자다. 『파리의 부패』도 그중 하나다.(역주)

19 독일 북동부 발트 해 연안 포메라니아 지방의 항구 도시

외젠 아트제, 〈파리 시내의 비밀 클럽〉, 프랑스 국립도서관, 1910년경

A의 아버지는 신경증이 있었고, 어머니는 신경성 두통에 시달렸다. 형은 간질 발작으로 고생했다. 어렸을 때부터 A는 신경증이 있었다. 쉽게 경련을 일으키고 실신했다. 누가 질책하면 근육이 굳어지는 강경증이 나타나기도 했다.

1869년에 A는 베를린에서 의학 과정을 밟았다. 1870년의 프로이센-프랑스 전쟁에 의무병으로 참전했다. 당시 그의 편지에는 무기력하고 나약함이 두드러진다. 1871년 봄에 A가 귀환했을 때, 주변 사람들은 그가 과민하게 흥분하는 모습에 걱정했다. A는 그 무렵부터 몸이 불편하고 여자와 엮이는 것이 불쾌하기만 하다고 종종 호소했다.

A는 매우 예절을 지키며 지냈다. 감옥에서 A는 조용히 생각에 잠기곤 했다. A는 최근에 더욱 심해진 자신의 행동을 너무 거북한 흥분 때문이라고 했다. 그는 자신의 행동이 부도덕하다는 것을 잘 알았고, 사건 이후에 창피해했

광기와 성

다. 그 짓을 하면서 성적으로 실제로 만족하지도 못했다. 아무튼, 그는 자신의 상황이 어느 정도인지 완전히 이해하지는 못했다. 그는 자신을 순교자라면서 사악한 권력의 희생자로 여겼다. 그는 자기 의지만으로 결정할 능력이 손상된 것으로 보인다. (아른트[20])

이와 같은 기벽은 당혹스러운 성본능으로 표현된다. 노년에는 종종 변태적으로 나타난다.

_사례 32 여자 앞에서 한 사정
내가 아는 환자가 노출이 심한 야회복 차림의 여자와 환한 방의 소파에 앉아 있다가 여자가 지켜보는 가운데 사정을 하면서 최고의 기분을 맛보았다고 한다.

이와 비슷한 사례를 하나 더 보자.

_사례 33 거울 속의 손
애인이 있는 한 남성이다. 그와 애인의 관계는 다음과 같은 것으로 국한되었다. 여자는 양초에 그을리거나 석탄으로 시커멓게 칠한 다음, 남자가 더러운 여자의 손을 거울 속으로 들여다볼 수 있도록 거울 앞에 선다. 남자는 거울

---

20 Ernst Moritz Arndt, 1769~1860, 나폴레옹 제국 시대에 독일의 민족통일 정신을 고취한 문인이다. 폭넓은 관심으로 많은 자서와 여행기를 남겼다. 그는 프로이센이 주도한 통일독일의 군주제에 반대하고 제국의회 의원으로도 활동한 공화주의자였다. 그러나 민족주의를 강조하다 보니 '제국주의' 프랑스에 대한 반감이 깊었고 유대인을 멸시했다는 평판도 남았다. 프랑스 대혁명 이후 공화주의 프랑스에 열광했던 유대인 출신의 낭만주의 문인 하인리히 하이네와 대립하는 입장이었다. 하이네는 독일 민족과 문화의 정체성의 문제점을 훌륭하게 지적했다.(역주)

속의 손을 계속 들여다보면서 꽤 오래 여자와 대화하고 나서 만족한 모습으로 여자와 헤어졌다. (파스칼)

동료 의사가 내게 알려준 다음의 사례도 앞의 사례에 비추어 주목할 만하다.

사창가에서 창녀들이 '기름'이라는 별명으로 부르는 장교가 있었다. '기름'은 창녀 앞에서 발기한 채 사정했다. 그런데 기름이 가득한 욕조에 벌거벗은 창녀를 들어앉히고 온몸에 기름을 발라 주고 나서 그렇게 했다.

이 사례에서 (잉크나 황산을 붓는 식으로) 여자의 옷을 더럽히는 사람들은 변태성욕을 채우려고 그렇게 했을 것이다. 결국은 괴롭히려는 방법이다. 모욕을 받은 사람은 항상 여자인 반면, 그런 짓을 저지른 사람은 항상 남자들이다. 어떤 경우에서든 법적으로 다투게 되었을 때 공격한 사람들의 성생활부터 주목해야 한다.

나중에 보겠지만(사례 93) 이와 같은 공격 행위가 성본능 때문이라는 점이 증명되었다.

광기와 성

상징적 가학대음란증
– 여성에 대한 폭력의 또 다른 사례

지금까지 살펴본 사례 모두 여자를 학대하는 본능을 보였는데 그 사례는 무궁무진하다. 만약 기벽이 심리적 저항에 부딪힐 만큼 막강하지 않다면 몰상식하고 비열하게 가학성 취미를 즐기려고 한다. 그러나 그런 짓을 하는 사람으로서는 중요한 상징적 행동이다.

_사례 34 가위로 자른 애교머리

매달 한 번씩 애인을 찾아가 앞이마를 덮은 애교머리를 가위로 잘라 주는 남자가 있었다. 그것만으로 너무나 좋아했다. 다른 것은 전혀 요구하지 않았다. (파스칼)

_사례 35 비누칠과 면도로 인한 흥분

오스트리아 빈의 시민인 남자가 정기적으로 창녀들을 찾아가 얼굴에 비누칠하고 면도해 주었다. 마치 긴 수염이라도 났다는 듯 그렇게 해 주면서 그는 흥분하며 사정했다.[21]

좀 더 연구할 만한 매우 특이한 경우가 있다.

---

21 레오 탁실에 따르면, 파리 시내 사창가에서 곤봉을 손님들에게 제공하는데, 그것은 사실 서커스에서 광대가 휘두르며 두들길 때 쓰곤 하는 부풀린 가죽 자루였다. 가학증이 있는 사람들은 창녀들에게 정말 몽둥이찜질하듯 그것을 세게 휘두르는 환상을 즐긴다.

빈의 형사 법정에서 다음과 같은 사실이 밝혀졌다. 시내의 식당 정원에서 N 백작이 여자와 함께 나타나 이상한 행동을 하는 바람에 사람들이 기겁했다. 백작은 동행한 여자를 자기 앞에 무릎 꿇게 하더니 두 손 모아 찬양하게 했다. 그러고 나서 자기 구두를 핥으라고 했다. 또, 사람들이 보고 있는데도 젖꼭지에 키스하겠다는 터무니없는 요구를 했다. 그러나 여자가 제발 자기 집에 가서 해 주겠다고 간절히 애원하자 그때야 그만두었다.

이런 사례가 놀라운 점은 사람들이 지켜보는 가운데 여자를 모욕하려는 남자의 변태성욕이다. (앞의 사례 30의 가학적 공상과 비교해 보자.) 여자에게 치욕을 안기려는 욕구가 중요할 뿐 그 행위 자체는 욕구의 상징에 불과하다. 이런 경우 잔인한 행동이 따를 수도 있다.

물건에 대한 사디즘과 소년에게 가하는 채찍질

여자들만 대상으로 삼지 않고 아동과 짐승이나 물건에도 가학 행위를 하는 사람들이 있다. 이런 사람은 자신의 잔인한 취향이 사실상 여자를 겨냥한 것이지만, 그렇게 할 방법이 없어 그 대신 쉽게 찾은 상대에게 기벽을 부린다는 사실을 똑똑히 알고 있다. 환자 자신도 잔인한 짓을 저질러야 쾌감을 느끼는 것이 기벽이라고 알고 있지만, 잔인성의 진짜 동기를 알 수 없어 한다.

몰 박사가 인용한 사례를 보면 아무런 동기도 없이 학생들의 볼기를 칠 때 쾌감을 즐기는 가정교사를 예로 들기도 한다. 그런데 친구들이 체벌을 받는 모습을 보면서 성적 흥분을 느끼거나 훗날의 성생활에 영향을 받게 되는 소년들이 있다. 어떤 대상에 대한 가학본능은 무의식적일 수도 있다.

다음 두 사례를 보자.

_사례 37 체벌에 흥분하는 남자

R은 25세의 도매상이다. 1889년 봄, R은 성생활이 이상하다며 진찰을 받으러 나를 찾아왔다. 그는 심각한 병이 아닐까 걱정할 정도로 이상하고 부부생활도 불행하다고 걱정했다. 그는 신경증이 있는 가정 출신이다. 어렸을 때 까다롭고 약하고 신경질이 많았다. 그러나 홍역을 앓았을 뿐 대체로 무난하게 자랐다. 나중에 신체도 건장하고 사내아이답게 컸다.

R은 여덟 살에 학교에서 선생님이 친구들에게 체벌을 가하면서 자기 무릎 사이로 친구들의 머리를 박게 하고 엉덩이를 때리는 모습을 보았다. R은

그 모습을 보면서 짜릿한 흥분을 느꼈다. 자위행위가 위험하다거나 창피하다는 생각은 없이 그는 그냥 행위로 만족했다. 그때부터 그는 항상 체벌을 받던 친구들을 모습을 떠올리면서 자주 자위행위를 했다.

R은 스무 살 때까지 그렇게 했다. 그는 그 악영향을 알고 경악하고서 자위행위를 뿌리치려고 했다. 그러나 포기하는 대신 정신적으로 자위하는 방법을 택했다. 이것을 도덕적으로 부당하지 않다고 생각하면서 체벌을 받던 어린 시절 친구들의 기억을 떠올렸다.

R은 신경쇠약에 걸렸고 수음에 괴로워했으며 사창가를 드나들면서 고쳐보려고 했다. 그러나 그곳에서 절대로 발기하지 못했다. 그러자 정상적인 감각을 찾아보려 노력했다. 적당한 숙녀들의 모임을 물색했다. 그럼에도 환자는 금세 미녀에게 매력을 느끼지 못하는 자신을 알게 되었다. 그는 정상 체질에 정신과 두뇌도 좋다. 동성애 성향은 전혀 없었다.

나는 신경쇠약부터 퇴치하는 처방을 했다. 상상만으로든 실제로든 자위행위를 금했다. 성적 자극을 피하게 했고, 정상적인 성생활을 천천히 회복하도록 최면요법 처방을 하겠다고 예고했다.

_사례 38 잠재적 학대음란증

1890년 12월, 대학생 N이 내원했다. 그는 아주 어렸을 때부터 자위행위를 했다. N의 주장에 따르면, 아버지가 형제들에게 체벌하는 모습을 보면서 성적으로 흥분했다. 나중에 학교에서 선생님이 학생들을 체벌할 때에도 마찬가지였다. 그때부터 체벌을 목격하면 N은 항상 쾌감을 느꼈다. 처음 그런 쾌감을 맛본 때가 언제였는지 정확히 기억하지는 못한다. 어쨌든 그는 여섯 살 때 이미 체험했다고 한다. 환자는 자위를 시작한 때를 정확히 몰랐지만, 체벌

광기와 성

장면을 보면서 성적 기벽이 생겼다는 점만은 확실히 기억했다. 네 살 때부터 여덟 살 때까지 여러 번 엉덩이를 맞았지만 좋기는커녕 아프기만 했다고 기억했다. 다른 사람들이 맞는 것을 볼 기회가 많지 않았던 만큼 N은 상상으로 그 장면을 그려 보았다. 그러자 흥분이 되어 쾌감이 일어났고 자위행위를 했다.

N은 어떻게든 학교에서 다른 학생들의 체벌 장면을 구경하거나 그 계기를 만들려고 애썼다. 때때로 자신이 직접 친구들을 때리기도 했다. 열두 살 때 N은 친구에게 매질하는 데 성공했다. 그때 커다란 쾌감을 맛보았다. 반대로, 다른 친구가 자신을 때릴 때는 고통스럽기만 했다. 타인을 때리고 싶은 욕구는 별로 강하지 않았다. N은 그저 상상으로 체벌의 장면을 떠올리며 좋아했다. 그 밖의 다른 가학 성향이나 피까지 보려거나 하는 욕심은 결코 없었다.

앞에서 그가 실토했다시피 N은 열다섯 살부터는 상상과 결부된 자위행위를 즐겼다. 이 무렵부터 N은 무용을 배우러 다니면서 젊은 처녀들과 자주 어울렸다. 그러자 해묵은 상상놀이가 완전히 쓸데없어지고 쾌감도 시들했다. 그래서 N은 상상놀이를 완전히 그만두었다. 환자는 자위행위를 삼가려고 애썼지만 성공하지 못했고, 섹스를 종종 했지만 자위행위 때에만 만족했다. N은 자위행위를 수치로 여기며 피하려고 했다. 그것으로 해로운 효과는 없었다.

N은 한 달에 한 번씩 섹스하고 있다. 그렇지만 매일 밤 한두 번씩 자위행위를 한다. 그는 이제 자위행위 습관 외에는 정상으로 보인다. 신경쇠약증도 보이지 않고, 성기도 정상이다.

_사례 39 때리는 동시에 하는 자위행위

15세의 P는 고위층 집안에서 태어났는데 어머니가 히스테리 환자였다. 외숙부와 아버지도 요양원에서 사망했다. P의 형들도 어렸을 때 발작으로 사망했다. P는 재능 있고 차분하지만 때때로 심하게 화를 내고 고집을 피우며 난폭한 편이었다. 간질로 고생하던 그는 종종 자위행위를 하고 있다.

어느 날, P는 B라는 열네 살짜리 가난한 친구에게 돈을 주고서 친구의 팔, 허벅지, 엉덩이를 꼬집기로 했던 사실이 발각되었다. B가 울자, P는 흥분해 B를 오른손으로 후려치고 왼손으로는 바지 주머니 속으로 무엇인가 뒤적거렸다. P는 자신이 좋아하는 친구에게 특이한 쾌감 때문에 못된 짓을 저질렀다고 털어놓았다. P는 친구를 때리면서 다른 손으로 자위하며 사정을 했다. 그런데 이런 짓이 혼자서 자위할 때보다 훨씬 짜릿했다고 밝혔다. (구르코브츠키)

소년에 대한 가학 행위는 동성애에 빠진 사람들에게서 가끔 벌어지기도 하지만, 앞의 사례들은 동성애와 결합한 것으로 보기 어렵다. 반면, 다음의 사례들은 동물 학대와 나란히 여자에 대한 성욕을 종종 드러낸다.

광기와 성

동물에 대한 가학 행위

많은 경우, 가학증 환자와 변태성욕자로서 남자에게 덤비지 못하는 남자들은 일반적으로 대상이 무엇이든 살아 있는 것이 고통 받는 모습을 보려고 한다. 그래서 동물을 고문하거나 죽어 가는 동물을 구경거리로 삼아 쾌감을 한껏 끌어올린다.

호프만이 『법의학 강의』에서 보고한 사례에서 이런 특징이 매우 두드러진다. 빈의 법정에서 증언했던 창녀들에 따르면, 성행위하기 전에 암탉이나 비둘기 같은 조류를 고문하고 죽이는 습관을 보인 손님이 있었다. 창녀들은 그 손님을 '영계 씨'라는 별명으로 불렀다.

롬브로소는 이런 사실을 매우 정확히 설명하는 사례를 들었다. 그는 매번 암탉과 비둘기를 죽이면서 사정하는 남자들을 보았다. 롬브로소는 어떤 유명한 시인이 방금 잡은 송아지 고기를 분류하는 작업을 보거나 피가 흥건한 고깃덩어리를 볼 때마다 성욕으로 흥분했다고 전한다.

만테가차에 따르면, 타락한 중국 사람들은 끔찍한 놀이를 즐겼다. 오리에게 가학 행위를 하고 정액이 묻은 칼로 목을 쳤다고 한다. 그는 수탉의 목을 치는 남자 이야기도 전한다. 남자는 잡은 수탉의 피에 흥건한 뜨거운 내장을 꺼내면서 황홀해했다. 피와 관련해 이와 비슷한 쾌감을 보이는 사례가 있다.

_사례 40 도살장의 흥분

L은 42세의 기술자인데 기혼자로 두 아이의 아버지로 신경증이 있는 가족 출신이다. L의 아버지는 화를 잘 내는 술꾼이었으며, 어머니는 히스테리를

부렸고 자간子癎[22]이라는 심한 임신중독증으로 고생했다.

L은 어렸을 때 가축 특히 돼지를 잡는 모습을 보는 것을 매우 좋아했다고 기억한다. 그 모습을 보면 너무 흥분해 사정까지 했다. 나중에 L은 도살장으로 찾아가 짐승들이 고통 속에 피를 쏟으며 죽어가는 광경을 즐겼다. 기회 있을 때마다 직접 동물을 잡아 성적 쾌감을 보충했다.

L은 성인이 되고서야 자신의 이상한 성격을 알아차렸다. L은 사실 여자를 혐오하지 않았다. 그러나 여자와 긴밀한 관계를 맺는다는 것을 역겨워했다. L은 스물다섯 살 때 의사의 충고대로 자신에게 정답게 굴던 여자와 결혼했고 정상적으로 살려고 했다. L은 아내에게 많은 정을 느꼈지만 섹스는 매우 드물었다. 섹스를 하더라도 상상하면서 애써야 했다. 어쨌든 그는 두 아이를 낳았다. 1866년, L은 프로이센-오스트리아 전쟁에 참전했다. 전장에서 아내에게 보낸 편지들은 흥분하고 매우 들뜬 어조였다. L은 쾨니히츠그레츠 전투[23]에서 실종되었다. 이렇게 L의 정상적인 섹스 능력은 이상한 관념에 압도되어 몹시 위축되어 있었다. 다음의 사례에서 능력을 완전히 상실하는 모습을 볼 수 있다.

_사례 41 가축을 괴롭히는 데서 얻은 황홀감

어떤 남자가 창녀들을 찾아와 살아 있는 암탉과 토끼를 구해 달라고 했다. 자기가 보는 앞에서 그 가축들을 괴롭히고 고문하라고도 요구했다. 가축들의 눈알과 내장을 뽑으라고 윽박질렀다. 그의 요구를 받아들여 놀랍도록 잔인하게 행

---

22 주로 분만할 때 전신의 경련 발작과 의식 불명을 으키는 질환으로 심각한 임신중독증이다. 사망률이 높다. 단백뇨, 부종, 고혈압 증상이 있는 고령의 초산부에게 많이 발병한다.(역주)

23 1866년에 프로이센-오스트리아 전쟁 중 프로이센군이 보헤미아의 도시 쾨니히그레츠(지금의 흐라데츠크랄로베) 북서쪽의 사도바 마을에서 벌인 전투로 사도바 전투라고도 불린다. 이 전투에서 프로이센은 대승을 거두었고 오스트리아는 군대는 거의 괴멸했다.(역주)

광기와 성

동한 창녀에게 그 남자는 완전히 미친 듯이 황홀해했고, 돈을 지불하고 사라졌다. 그 밖에 다른 어떤 요구도 하지 않고 창녀를 건드리지도 않았다. (파스칼)

앞의 두 장에서 보았듯이, 너무 예민한 고통은 사디즘으로 자리바꿈하기 쉽다. 변태적 쾌감의 원천으로 되돌아간다. 그렇다고 굉장히 이상한 잔인성을 가학성 변태로만 설명하기도 어렵다. 역사적으로 잔인했던 모든 사건과 또는 현대 대중심리의 동기를 사디즘만으로 설명한다면 옳지 않을 것이다. 잔인성의 원인은 다양하고 원시인 사이에서 자연스럽다. 고통 감각을 전달하는 뇌중추 신경 반응과 별도인 피하조직을 최신 스톡홀름 연구소에서 발견했다.

연민은 이차적 현상이다. 매우 늦게 얻은 감정이다. 선사 시대 이래 싸우고 파괴하려는 본능은 너무나 소중한 무기로서 항상 유효했으며 문명 사회에서도 범죄에 대항해 새로운 모습으로 나타났지만, 그 원시의 목표인 '적'은 항상 존재했다. 이런 사람들은 단순한 죽음에 만족하지 않고 고통을 강하게 원한다. 그렇게 해서 완전히 만족하려는 강한 감정이나 엄청난 보상 본능 때문이기도 하다.

이런 식으로 가학증에 의존하지 않고서도 유명했던 괴물들의 잔인성을 설명할 수 있다. 가학증이 끼어들기도 하지만, 상당히 드문 변태증인 만큼 이것을 유일한 동기로 간주할 수만은 없다.

그 밖에도 대중의 큰 관심을 끄는 공개 처형에서 보듯이 정신적 요소로서도 이해할 수 있다. 보기 드문 구경거리에서 참신한 감흥을 찾는 욕망이다. (사진, 영화 등의 대중적 성공의 기반도 이런 대중심리에 크게 좌우된다.) 이런 욕구가 거세지면, 특히 거칠고 둔한 사람들에게서 연민의 감정은 쏙 들어가 버린다.

어쨌든 연민과 동정심이 여전한 많은 사람이 죽음과 고통에서 수수께끼 같은 매력을 느끼는 것도 분명하다. 이런 사람들은 알 수 없는 본능에 이끌려 내면으로는 역겨워하면서도 그런 구경거리를 찾아다니며, 그것을 찾아내기 어렵다면 그것을 재현하는 이미지나 여건을 마련하려고 한다. 그러나 이와 같은 욕구는 성적 요소와 결부되지 않은 것인 만큼 가학증을 원인으로 보기 어렵다. 물론, 이런 현상에서 무의식의 영역에 나타난 수수께끼 같은 욕구의 밑바탕에 사디즘이 도사리고 있을지도 모른다.

여성이 벌이는 가학대음란증

우리가 확인했듯이 가학성 변태는 남성에게서 빈번하지만, 여성에게서는 다소 드물게 나타난다. 우선 가학대음란증의 구성 요소에 이성에 대한 복종이 있는데, 이것은 사실 남성적 성격이 병적으로 강조된 것일 뿐이다. 괴상한 기벽의 표현을 가로막는 장애를 남자보다 여자가 훨씬 넘어서기 어렵다. 아무튼 여자도 학대하는 음란증이 있고, 그 기벽의 일차적 요인과 동기가 된 신체 기관의 과잉 흥분이 원인으로 보인다. 지금까지 의학적으로 관찰한 두 가지 사례가 있다.

이조벨 릴리언 클로아그, 〈흡혈귀 라미아의 키스〉, 1890년경

_사례 42 흡혈과 흥분

어떤 기혼남이 나를 찾아와 팔에 많은 상처를 보여주면서 어떻게 난 상처인지 설명했다. 환자의 젊은 아내가 남편의 팔에 상처를 내고 피를 빨면서 몹시 흥분했다는

것이다. 유명한 흡혈귀의 전설과 비슷하다. 가학증과 관련이 있을지 모른다.[24]

다음의 여성 가학증은 몰 박사가 알려주었다. 정상적 성생활에 둔감한 탓에 본능이 비뚤어진 성향에 따른 마조히즘의 흔적도 빈번하다.

_**사례 43** 성기가 깨물리는 것을 좋아하는 부인

H 부인은 26세로 신경증이나 정신병 환자가 아무도 없는 집안에서 태어났다. 그러나 부인은 신경쇠약과 히스테리에 시달리고 있다. 유부녀로서 아이도 하나 있지만, 섹스만으로는 절대 만족하지 못했다. 처녀 때 엄격하게 자란 부인은 결혼할 때까지 성을 까맣게 모르고 순진무구했으며, 열다섯 살이 되어서야 정상적으로 월경을 했다.

H의 성기에 기본적으로 비정상은 조금도 없다. 섹스할 때 쾌감도 못 느꼈는데, 부인은 섹스 자체를 불쾌해했기에 섹스에 대한 혐오가 갈수록 깊어졌다. 어떻게 성행위로 사랑의 지극한 행복을 느낄 수 있는지 전혀 이해하지 못했다. 행복은 성본능과 결부하기에 너무나 고상하다고 믿었기 때문이다.

H는 남편을 진실하게 사랑한다. 특히 남편과 포옹하기 좋아한다. 정확한 이유를 알 수 없다고 했다. 그러나 그녀는 성기가 사랑에서 중요한 역할을 할 수 있다는 점을 이해하지 못한다. 아무튼, 그녀는 여성다운 성격을 타고났고 매우 예민하다. 남편이 아내의 성기에 키스해 주면 아내가 몹시 좋아하는 것을 알 수 있었다. 깨물어 피가 날 정도일 때 특히 좋아했다. 그러나 통증이 심하다며 아쉬워했다. (몰)

---

24 흡혈귀 전설은 발칸 반도에 널리 퍼졌다. 그리스 신화의 여성형 인물 '라미아'도 반은 인간, 반은 뱀으로 아이들의 피를 즐겨 빨았다. 문인 괴테도 『코린트의 신부』에서 흡혈귀 문제를 고대의 전설과 상관없이 자기 나름대로 다루었다.

광기와 성

에두아르 드바퐁상, 〈루브르 궁 앞의 아침; 성 바르텔로메오 축일 학살 이튿날
개신교도의 시신을 바라보는 카트린 드메디시스〉. 로제키요 미술관, 1880년

비슷한 유명한 사례가 있다. 음탕한 여자들인데, 가학적 변태로 볼 만한 잔인한 쾌감을 즐기며 지배욕을 보인다. 메살리나가 대표적이지만, 카트린 드메디시스²⁵도 손꼽을 만하다. 성 바르톨로메오 축일 학살의 주모자로서 자기 눈앞에서 궁전 시녀들에게 채찍질시키면서 시원해했던 인물이다.

정신병 증세가 있던 천재 시인 하인리히 폰클라이스트는 『펜테질레아』에서 가학대음란증 환자의 참혹한 초상을 그려 내었다. 특히 22장에서

---

25 Catherine de Médicis, 1519~1589, 이탈리아에서 프랑스로 시집온 프랑스 왕 앙리 2세의 왕비다. 이탈리아 식으로 카테리나 데메디치라고도 부른다. 골수 가톨릭 신자로서 프랑스의 개신교도(위그노)를 대대적으로 학살한 배후자로 의심받았다.(역주)

클라이스트는 여주인공 펜테질레아를 출연시켰다. 그녀는 살인의 쾌락에 광분하는 모습으로 나와 아킬레우스를 찢어발긴다. 그녀가 생리적으로 흥분했을 때 추적에 나서 계략 끝에 붙잡은 영웅이다.

> 그녀는 아킬레우스의 무장을 해제하고 그 뽀얀 가슴에 달려들어 이빨로 물었다. 그녀의 개들도 마찬가지로 극성스럽게 물어뜯었다. 옥수스와 스핑크스도 좌우에서 이빨로 물었다. 내가 도착했을 때 펜테질레아의 입과 손에 피가 철철 흘러넘쳤다.
> 조금 뒤 정신을 차린 펜테질레아가 외쳤다.
> "내가 시체에 입을 맞추었나? 아니야, 그럴 리 없어. 그를 토막 냈단 말이야? 내가? 환상이야! 키스와 물어뜯는 게 뭐가 달라. 진심으로 사랑하는 사람에게 해 주는 똑같은 표현인데…."

현대문학에서는 자허마조흐가 여성의 가학대음란증을 묘사한 소설을 내놓았다. 그 뒤에 에른스트 폰빌덴부르흐가 『브륀힐트 왕비』에서, 라실드[26]가 『사드 후작부인』에서 묘사했다.

---

26 Rachilde, 1860~1953, 프랑스 문인. 장 드실드라(Jean de Childra) 등 여러 가지 필명으로 활동한 여성이다. 본명은 마르그리트 에므리(Marguerite Eymery). 남자처럼 행동했고 검술에도 유능했다. 나중에 문학잡지 『메르퀴르 드프랑스』의 발행인 알프레드 발레트와 결혼했다. 라실드는 상징주의 문인들과 두루 친했고 소설을 비롯한 많은 작품을 남겼다.(역주)

Part 4

마조히즘

폭력과 복종의 상호관계

피학대음란증 환자, 즉 마조히스트는 사디스트와 정반대다. 가학 성향의 환자는 고통을 주고 폭력을 행사하려고 한다. 그러나 피학 성향의 환자는 폭력에 복종하면서 고통 받으려고 한다.

마조히즘[1]은 성생활에서 특이한 도착 심리인데, 어떤 사람이 성에 대한 감정과 사고에서 이성에게 무조건 절대로 복종하려 든다. 이성에게 받는 치욕과 고문을 도도하게 참아내려고 한다. 그런데 이와 같은 생각에서 쾌감이 뒤따른다. 그 쾌감을 맛본 사람은 구체적 상황과 무대에서 펼쳐지는 공상을 상상하며 즐긴다. 또 공상을 실제로 해 보려고 하며, 기벽의 착란 때문에 이성의 정상적 매력에 번번이 둔감해지고 정신적으로 무능해져 정상적으로 성생활을 하기 어렵다. 결코 정신적 무능 때문에 이성을 두려워하지 않는다. 기벽을 채우려는 것도 정상의 경우와 마찬가지로 섹스가 아니라 여자를 상대한다는 것일 뿐이다. 본능이 비뚤어지는 경향과 아울러 쾌락도 꼬박꼬박 즐기면서 성관계를 정상으로 유지하기도 한다.

---

1 자허마조흐가 그의 소설에서 이와 같은 이상한 취향을 다루었던 데에서 나온 용어다. 레오폴트 폰자허마조흐(Leopold Ritter von Sacher-Masoch, 1836~1895)는 오스트리아의 귀족 출신 문인으로 평생 문필가로서 사회주의와 인본주의 이상향을 옹호했다. 폰크라프트에빙이 폰자허마조흐의 이름을 차용해 '마조히즘'이라는 병리학의 신조어를 만들었다. 이로 인해 문인으로서 폰자허마조흐의 이름은 오히려 잊히었다. 그를 걸작을 남긴 위대한 문인으로서 재평가하고 많은 전기를 쏟아내게 된 것은 철학자 질 들뢰즈 덕분이다.(역주)

마조히즘 성향을 보이는 사람들의 수는 꽤 많다. 그런데 그 성향은 정상적인 성생활과 공존하고 있을까, 아니면 개인만의 문제일까? 또는 그 이상한 공상을 실제로 어느 정도까지 해보려고 할까? 그 증세 때문에 성적 능력을 얼마나 잃게 될까? 모든 해답은 증세에 따라 다르다. 각자의 윤리 의식과 탐미 의식이 얼마나 상충하고, 체질과 체격과 정력이 어느 정도 강한지에 달려 있다.

정신병의 편에서 보자면, 그 모든 경우에 공통점이 중요하다. 이성의 학대를 받고 이성에게 굴종하려는 성적 취향이 핵심이다. 피학대 취향의 성격과 추동력, 즉 모호한 동기 모두 사디즘과 거의 비슷해 보인다.

성욕을 충족하려고 학대와 치욕을 받으려는 성향

다음과 같이 마조히즘 환자가 증상을 상세하게 묘사한 체험 수기를 살펴보자.

_사례 44 마조히즘 환자의 수기

나는 신경증이 있는 가족에서 태어났다. 성격과 행동 모두 이상하기도 했지만, 우리 가족은 성의 관점에서도 여러 가지로 비정상이었다. 나는 언제나 상상이 풍부했고 어려서부터 성에 관한 상상에 집착했다. 사춘기 이전부터 오랫동안 자위행위를 했던 기억이 난다. 사정할 줄 모르던 시절이다. 그때 이미 몇 시간씩 여자와 성관계에 몰입하는 몽상에 젖곤 했다.

몽상 속에서 여성과 맺은 관계는 몹시 이상했다. 나는 감옥에 있었고, 어떤 여자의 막강한 힘에 굴복했다고 상상했다. 그래서 온갖 고통과 고문을 당했다. 그런 몽상에서 매질은 매우 중요했다. 물론 그 밖에도 여건과 행위에 따라 갖가지 봉사와 복종의 성격도 달랐다. 나는 나의 이상형 앞에서 무릎을 꿇고 걷어차이고 족쇄를 차고 감방으로 들어가는 모습이었다.

나는 복종의 표시로서 또 (공상 속의) 애인이 즐거워하도록 심한 고통을 감내했다. 내가 상상으로나마 홀대받고 치욕을 당할수록 그만큼 몽상은 더욱 달콤했다. 그 무렵, 나는 벨벳과 모피를 몹시 좋아했다. 항상 만지고 쓰다듬으면서 감흥에 취했다.

나는 어릴 때, 나쁜 버릇을 고쳐주겠다는 여자들의 손찌검을 받았던 기억이 난다. 창피하고 괴로운 기억이다.

나는 어렸을 때 여자들이 이래라저래라 지시하던 일을 공상하지도 않았

광기와 성

다. 일찍부터 나는 책을 읽으면서 남녀 간의 정상적인 관계를 알았다. 하지만 그런 사실을 알았다고 조금도 들뜨지 않았고 싱겁기만 했다. 나는 진즉부터 이미지로 표현된 성의 쾌감을 느꼈다. 사실, 여자를 끌어안고 애무하고 싶었다. 그러나 여자들이 못되게 굴고, 또 그들의 힘을 느낄 수 있는 상황이 가장 짜릿했다.

얼마 뒤부터 나는 내가 다른 남자들과 다르다는 것을 알게 되었다. 나는 혼자 몽상에 젖기만 좋아했다. 사춘기 때 나는 처녀와 부인 등 실물에는 거의 관심이 없었다. 내가 원하던 대로 해줄 리가 만무할 테니까. 숲속의 조용한 오솔길에서 나는 나뭇가지를 주워 내게 휘두르면서 상상의 나래를 펼쳤다. 도도한 여자들의 모습이 특히 감미로웠다. 그 여자들이 왕비이거나 모피를 입었다거나 했다고 생각할 때에는 더더욱 그러했다.

나는 사방에서 내 취향에 걸맞은 책을 구했다. 장자크 루소의 『고백록』[2]은 거대한 발견이었다. 그 책은 기본적으로 나와 비슷한 상태를 설명했다. 그러다가 자허마조흐의 소설에서 나와 같은 생각을 확인하고 충격을 받았다. 나는 허겁지겁 그의 책들을 탐독했다. 피비린내 나는 장면들은 내 상상을 훌쩍 뛰어넘기도 했고 역겹기도 했다. 아무튼, 그런 장면을 실제로 벌여 보고 싶은 욕심이 생겼다.

사춘기 때였다. 여자가 앞에 있어도 나는 거의 아무런 감흥을 못 느꼈고, 고작해야 여자의 발을 보면 잠깐 억눌렸던 욕망이 살아나기도 했다. 그런데 나는 순전히 성의 문제에만 무관심했다. 사춘기가 시작되었을 때 나는 종종 내가 아는 처녀들에게 뜨거운 정을 느꼈다. 젊은 감정에만 특별한 엉

---

2 사상가 장자크 루소의 자서전으로 소년기부터 1765년까지 53년간에 걸친 자신의 내면생활을 들려준 전기문학의 걸작이다. 이 책은 그가 사망한 뒤인 1782년에 처음 출간되었는데, 이는 그전에 내놓은 저작들이 풍속을 해친다는 비난을 피해 스위스로 망명했기 때문이다.

뜻한 애정이었다. 그렇지만 순수한 이상형에 사로잡힌 감정을 실물에서 찾고 싶지 않았다. 나는 줄줄이 이어지는 연상 작용을 뿌리치지 못했다. 나의 감미로운 상상을 나 자신도 이상하고 실현할 수 없는 것으로 보이기는 했지만, 조금도 더럽거나 비난받을 만한 것은 아니었던 만큼 더 흥미로웠다.

몽상은 시처럼 낭만을 부추겼다. 내 안에 두 세계가 있었다. 하나는 내 마음과 짜릿한 탐미의 환상이고 다른 하나는 육감으로 불타오르는 상상력이다. 나의 '선험적' 감정을 잘 아는 처녀에게 쏟는 동안, 나는 내가 앞에서 설명한 대로 못되게 취급했던 성숙한 여자의 발길을 보고 있었다. 그렇지만 나는 이런 폭군의 역할을 아는 여자에게는 맡기지 않았다.

잠결에 꾼 꿈에서 에로스의 사랑을 대표하는 두 가지 형태는 차례로 나타났다. 그렇지만 결코 하나로 섞이지 않았다. 단, 육감의 세계의 이미지가 사정을 촉발했다.

나는 열아홉 살 때, 내심 싫어했지만 마지못해 친구들에게 이끌려 사창가를 찾아갔다. 호기심에 일을 치렀지만, 창녀들을 혐오했을 뿐 아무런 감흥도 일지 않아 곧장 빠져나왔다. 나중에 나는 혼자 다시 찾아가 내가 무능한 것일까 확인해 보려고 했다. 먼젓번의 실패로 속이 상했기 때문이다. 하지만 결과는 마찬가지였다. 아무런 감흥이 없었다.

우선 살아 있는 여자가 성욕의 대상으로 보이지 않았다. 또, 나는 성에 관해 내게 중요한 것이던 상태와 여건을 부인할 수 없었고, 어떤 식으로든 누구에게든 단 한마디도 못했을 것이다. 남자의 성기를 여자의 몸속에 집어넣는다는 것은 더럽고 엉뚱한 짓으로 보였다. 게다가 누구에게나 몸을 주는 여자에게 불결하게 감염될까 역겨웠다.

나는 고독하게 이전처럼 계속 몽상으로만 성을 즐겼다. 상상으로 그려 보던 옛날의 이미지가 떠오를 때마다 나는 격렬한 발기 끝에 거의 매일 사정했다. 그 뒤 신경증으로 고생하기 시작했다. 혼자 있을 때마다 격렬한 발정과 욕망이 솟았지만 무능했다.

어쨌든 나는 가끔 창녀들과 계속 시도했다. 시간이 갈수록 소심함을 버렸고, 더러운 여자와 접했을 때 치솟던 혐오감을 이겨내었다. 그러나 상상만으로는 부족했다. 나는 더 자주 창녀들을 찾아갔고, 섹스를 할 수 없으면 자위행위를 했다.

나는 사창가에서 몽상보다 더 실감 나는 즐거움을 찾으려니 생각했다. 그렇지만 그렇지 못했다. 창녀가 옷을 벗을 때, 나는 그 옷을 유심히 살폈다. 벨벳과 비단이 중요했다. 그러나 나머지 것들도 눈길을 끌었다. 특히, 여체의 윤곽이다. 코르셋과 속치마로 드러나는 몸매의 선이다. 나는 여자의 나체에 미적인 관심밖에 없었다. 어쨌든 굽이 높은 구두에 항상 관심이 끌렸다. 그것을 보면서 그 구둣발에 차인다고 상상했고, 또 그 발에 감탄하면서 입을 맞춘다고 상상했다.

마침내 나는 마지막 남은 혐오감을 이겨내고, 어느 날 꿈을 실현하려고 창녀에게 발길질하고 채찍질해 달라고 부탁했다. 그러나 대단히 실망스러웠다. 사납고, 역겹고, 웃기는 기분이었다. 채찍질과 발길질은 아프기만 했고, 그 밖에 벌인 짓들도 역겹고 창피했다. 어쨌든 나는 기계적 수단으로 사정했고, 또 상상으로 실상황을 내가 꿈꾸던 것으로 변환시켰다.

몽상의 상황은 내가 빚어낸 실제 상황으로 중계되었다. 특히, 나를 학대했던 여자는 몽상 속의 여자에게서 받던 즐거움과 똑같은 즐거움을 준다고 상상했다. 내가 복종했던 폭군처럼 잔인한 여자에게서 느끼는 실질적 감정을 디딤돌 삼아 성적 상상은 더욱 높아만 갔다.

노예 상태로서 보여주었을 행위가 나로서는 별로 중요하지 않았다. 꿈을 현실로 옮길 수 있게 된 그 첫 번째 시도 이후로 나는 내 욕망의 진정한 경향을 분명히 이해하게 되었다. 사실, 나는 달콤한 꿈속에서 종종 못된 취급을 받는 꼬락서니를 보기도 했다. 또, 강압적 몸짓과 명령 투로 나를 지휘하고, 내가 그 발에 입을 맞추는 등 굴종하는 여자의 역할을, 내가 사랑하는 단 한 사람의 여자에게만 맡겼다.

이렇게 해서 현실에서 매혹적인 것이 무엇인지 분명하게 이해하게 되었다. 채찍질은 원하는 상황을 강하게 표현하는 수단이었을 뿐 채찍질 자체는 어떤 가치도 없었고, 그저 불쾌하고 고통스럽기만 했다. 실망스러웠지만 나는 에로스의 몽상적 표현을 현실로 옮기려고 계속 애썼다. 그 결과 이제는 그런 방향으로 첫걸음을 뗀 셈이다.

나의 상상이 이렇게 새로운 현실에 익숙해진 것을 알게 되면서 좀 더 강한 효과를 얻을 수단을 찾게 되었다. 나는 내 의도를 훌륭하게 따를 만한 여자를 물색해 그들이 펼칠 복잡한 연기를 꼼꼼히 가르쳤다. 그러면서 나와 비슷한 감정을 품었던 선배들이 준비했던 방법을 배웠다. 나의 상상과 감수성에 끼친 이런 연극의 힘이 얼마나 될지 알 수는 없다. 그 장면들은 내가 원하던 상황을 자세하고 생생하게 보여주었다. 엉성한 속임수를 쓰거나 지휘에 따르지 않고서도 나는 더욱 쉽게 몽상에 젖었다.

학대받으면 몸에서 나타나는 감각은 다양하다. 환상이 제대로 빚어진다면 그만큼 고통을 쾌감으로 느꼈다. 더 정확히 말하자면, 나는 학대를 상징행위로 생각했다. 거기에서 바라던 상황의 환상이 나타나고, 환상은 우선 정신적으로 즐거웠다.

이렇게 학대의 고통스러운 성격을 느끼지 못할 때도 있었다. 과정은 비슷하지만 더욱 단순했다. 정신 영역에서 일어났기 때문이다. 즉, 내가 정신적 학대와 수치심에 복종했다고 믿는 한 쾌감과 나란히 수치심도 깊어진

광기와 성

다. 그러나 이런 일은 드물고 완전하지도 않다. 내 의식에 항상 불안한 구석이 있었다. 그래서 나는 그사이에도 혼자 자위행위를 하곤 했다. 그런데 다른 방법과 마찬가지로 수음으로 인한 사정으로 끝나곤 하는 장면은 때때로 기계적 수단에 의지하지 않고서도 이루어지곤 했다. 이렇게 몇 년을 지내면서 정력이 차츰 떨어졌다. 그러나 이 상한 욕망은 여전했다.

페츠 브라더스 사진관,
〈남장한 여배우 파니 데이븐포트〉, 1898년경

요즘도 그렇게 지낸다. 내가 결코 온전히 해보지 못한 섹스는 항상 '성의 일탈'이라고 하듯이 이상하고 불결한 행위로만 생각된다. 나의 성관념은 자연스러워 보였고 내 취향을 거스르지도 않는다. 어쨌든 매우 까다로운 취향이다. 그것은 내 생각대로 완전히 만족스럽게 실현되는 법은 드물다. 왜 그런지는 앞에서 이미 설명했다.

나는 결코 상상하던 성행위를 실행하지 못했다. 나는 여자와 긴밀하게 관계를 맺을 때마다 여자가 내 뜻대로 따른다고 느꼈다. 그 반대는 경험하지 못했다. 나는 단 한 번도 성관계에서 지배하려는 욕망을 보여주는 여자를 본 적이 없다.

성관계를 지배하려는 여자들이 사람들 말대로 남자 옷차림을 하는지 모르겠지만, 이는 내가 생각하는 성애의 표현과 완전히 다르다. 내 성생활은 이상하며, 나 자신도 이상한 점이 많다. 몸과 마음 곳곳에서 신경증이 나타난다. 그뿐만 아니라 나의 여자 같은 성격은 틀림없이 유전으로 물려받은 비정상이다. 나는 너무 의지력이 약하고, 다른 인간과 동물에 비해 터무니없이 용기가 부족하다. 이런 성격이야말로 나의 평소의 냉정함과 정반대다. 내 외모는 아주 추하다.

이 수기의 저자는 내게 다음과 같은 수기를 추가로 보내주었다.

나는 내가 심취한 성에 대한 이상한 관념이 무엇인지 늘 궁금했다. 그런 관념은 다른 사람들에게서도 볼 수 있는 것 아닌가. 우연히 첫 번째 정보들을 손에 넣고 나서 나는 이런 방향으로 수많은 사례를 찾아보았다. 사실 이런 문제를 관찰하기는 어렵고, 또 항상 믿음직한 것도 아니다. 그것을 표현하는 사람들의 세계에 국한된 은밀한 과정이기 때문이다.

성관계에서 변태 행위를 벌이는 것이 곧 마조히즘 아닐까. 그렇게밖에 달리 설명할 수 없다. 비정상이지만 매우 널리 퍼져있을 것이다. 나는 베를린, 파리, 빈 등지에서 만나는 매춘부들로부터 마조히즘의 정보를 수집했다. 나와 마찬가지로 고통을 겪고 있는 동무들이 얼마나 많은지 알았다. 나는 항상 내 이야기를 털어놓지 않으려고 조심했다. 그렇다고 그들의 이야기를 들려달라고 하지도 않았다. 그러나 그들 각자의 체험대로 우연히 이야기를 듣곤 했다.

채찍질이나 매질은 너무 널리 퍼져 있어 거의 모든 매춘부가 사용했다. 마조히즘을 과시하는 경우도 매우 빈번하다. 변태에 익숙한 남자들은 세련된 고문을 받는다. 그들은 방법을 가르쳐 준 매춘부들과 함께 똑같은 코미디를 반복한다.

남자는 겸손하게 엎드린다. 발길질을 당하고 거역할 수 없는 명령을 따르며 모욕과 위협을 받는다. 그러고 나서 몸 여기저기에 매질 또는 채찍질과 같은 고문을 받는다. 피가 나도록 침으로 찔리는 등 이런 코미디는 섹스로 마감되거나 섹스하지 않은 사정으로 끝난다.

두 번이나 각기 다른 곳의 매춘부가 보여준 수갑이 달린 쇠사슬도 있었다. 손님들이 제작해 그것에 묶인 뒤, 그 무게 때문에 무릎 위에 올려놓고 매춘부의 명에 따라 바늘방석에 앉는다고 한다. 비슷한 다른 도구들도 있었다. 마른 콩을 깔아 놓고 꿇어앉기도 했다.

매춘부에게 성기를 아플 만큼 끈으로 묶어 달라고 요구하는 손님도 있었다. 가시 돋은 회초리로 때려 달라거나, 칼로 찌르고 막대로 두들기라고도 했다. 칼끝으로 조금 찔러 달라면서 매춘부에게 자신을 죽여 버리겠다고 위협하라고도 했다. 이 모든 장면에서 기본 원칙은 상징적 복종이다. 여자는 보통 '주인마님'으로 불리며, 남자는 '종'으로 불린다.

매춘부들과 함께했던 모든 코미디는 정상인이라면 불결한 광기로 보일 테지만, 마조히스트는 별로 미친 사람은 아니다. 마조히스트의 몽상이 애정 관계로서 실현될까 알 수 없는 노릇이다. 그런 일이 벌어지기란 극히 드물 것이다. 여성의 확고한 취미(폰 자허마조흐가 묘사했던 여성의 가학 성향)는 극히 드물기 때문이다.

남성이 변태 행위를 드러내는 데 비해 여성의 성적 비정상은 커다란 장애 때문에 표현되지 않는다. 특히 굴욕 때문이다. 나도 여자의 비정상적인 행태를 본 적이 없다. 그런 것을 실현해 보려는 상상조차 못했다. 나는 한 번 어떤 남자에게 마조히즘에 대한 믿음직한 고백을 들었다. 그 사람은 자기 이상을 찾았다고 주장했다.

다음의 두 가지 사례도 앞의 사례와 유사하다.

_**사례 45 매질에 대한 타고난 욕구**

29세의 M은 공과대학생이다. 그는 노증勞症[3]에 걸렸다고 생각해 진찰받으러 나를 찾아왔다. M의 아버지는 신경증 환자였고 노증으로 사망했다. M의 고모는 미쳤다. 친척 어른 여럿이 중증신경증 환자였고 꽤 이상한 인물들이다.

M을 진찰해 본 결과 척추와 뇌의 성병으로 무기력했다. 그는 과거 병력도 없고 노증의 자취도 없다. 단, 그가 성기를 남용했는지 알아보아야 했다. 그는 어려서부터 자위행위를 했다고 털어놓았다. 그를 좀 더 자세히 검사해 보니 다음과 같은 정신이상 증세가 흥미로웠다.

M은 다섯 살에 성생활을 알게 되었다. 매 맞으면서 쾌감을 즐기는 이상한 버릇이다. 자신이 직접 회초리를 휘두르거나 타인에게 맞고 싶어 하는 식이었다. 남·녀성을 가리거나 구체적으로 누구라고 생각하지 않았다. 그러나 그렇게 할 방법이 구차해 M은 자위행위에 의지하면서 몇 년 동안 사정했다.

M은 오래전부터 매를 맞는 장면을 떠올리면서 자위했다. 성년이 된 그는 두 차례 사창가에 가서 매춘부들의 매를 맞았다. 효과를 보려고 가장 아름다운 처녀를 골랐다. 그러나 실망했다. 발기와 절정 모두 실패했다. M은 결국 매질은 수단에 불과하다고 깨달았다. 본질은 여자의 뜻에 복종한다는 생각이었다.

첫 번째 시도에서 복종심을 불러일으키지 못했다. 그러나 두 번째 시도에서 성공했다. 완전한 성공이었는데 굴복한다는 생각이 떠올랐기 때문이다. 시

---

3 몹시 쇠약해지는 복잡한 매독성 신경질환이다. 알퐁스 도데나 E. T. A. 호프만 같은 문인들이 앓던 병이다. 셜록 홈스 시리즈의 작가 코난 도일의 의학박사 논문의 주제였다.(역주)

광기와 성

간이 갈수록 M은 매질을 당하지도 않고 마조히즘의 재현을 일깨우는 상상만으로 흥분하면서 섹스했다. 그러나 결과에 불만을 느낀 그는 마조히스트의 방법으로 성관계하는 것을 더욱 밝히게 되었다.

매질에 대한 타고난 욕구 덕분에 M은 엉덩이에 매를 맞거나 그 장면을 상상하는 것만으로도 짜릿했다. 흥분이 고조되었을 때는 심지어 변태적인 장면을 미녀에게 이야기하기만 해도 되었다. 이야기는 절정감을 부추겼고 거의 틀림없이 사정에 이르렀다. M은 일찍부터 이런 상태에 매우 인상적인 페티시즘의 표현을 덧붙였다. M은 자신이 짧은 치마와 목이 긴 헝가리 장화를 신은 여자들만 보아도 만족한다는 것을 알았다.

M은 어떻게 자신이 이런 페티시즘을 떠올렸는지 알 수 없어 했다. 심지어 사내들의 경우에도 장화를 신은 다리만 보아도 매혹되고 말았다. 그러나 순수하게 탐미적 관심일 뿐 특별히 성감과 관련된 것은 아니었다. 아무튼, M은 동성애의 감정을 품은 적은 결코 없다. 그는 자신의 페티시즘을 부드러운 물건, 예컨대 우아한 가죽 장화를 신은 여자의 종아리 같은 것에 대한 편향 때문이라고 한다. 단순히 여자의 나신이나 종아리만 본다면 조금도 흥분이 되지 않는다고 했다.

M은 인간의 귀를 부차적이지만 페티시즘의 대상이라고 생각한다. 잘 생긴 사람들의 귀를 애무하면서 감흥을 느낀다. 뚜렷하게 모양이 좋은 귀가 대상이다. 남자들의 귀보다는 여자들의 귀에서 강한 흥분을 느낀다.

M은 고양이에게 별로 흥분하지 않는다. 그냥 귀엽게 본다. 고양이의 몸놀림에 기분 좋아한다. 어떤 고양이를 보면서 깊이 침울해지기도 한다. M은 고양이를 신성한 동물로 본다. 고양이를 신과 같은 존재로 본다. 그는 자신의 이러한 특이체질을 이해하지 못한다.

최근에 M은 청년들이 매질을 받는 데에 사디즘을 결부시켜 생각한다. 매

<속옷 차림 여인의 허리>,
빅토리아 앤 앨버트 박물관, 1890년경

질을 연상하면서 여자들이 맡는 역할 못지 않게 남자들도 역할을 맡겠지만, 보통은 여자들에게 맞을 때 더욱 쾌감이 커진다.

M은 자신이 알고 느끼는 마조히즘과 나란히, 스스로 '시동侍童 정신'이라고 부르는 상태에 빠져 있다고 인정한다. 그의 마조히스트로서 행실과 쾌락은 완전히 거친 관능이 특징이다. 아무튼 미녀를 모시는 시동이 된다는 생각뿐이다.

M은 자신이 모실 처녀를 마치 순결하면서도 "신랄하고 도도한" 여인으로 간주한다. 자신이 시종 노릇을 하겠지만, 순결하고 플라토닉한 헌신으로 따른다고. '미녀'를 떠받들고 모시는 시동이라는 황당한 생각을 하면 미묘한 쾌감을 느끼게 되지만, 성적 쾌감은 아니다. 묘한 정식적 만족감이다. 음란한 피학대 취향과 완전히 다르다.

어쨌든 환자 M의 신체와 외모에서 이상한 점은 조금도 없어 보인다. 단, 허리 관절부에 비해 골반의 폭이 굉장히 넓다. 비정상으로 한쪽으로 기울었고, 또 유난히 여성 같은 성격이 두드러진다. 그는 종종 항문 주변이 근질근질한 흥분을 느껴 손가락으로 자극해 해소하기도 한다.

M은 미래를 걱정한다. 자신의 악습이 고쳐지지 않을 것이며, 여자에게 진정으로 관심을 두게 되더라도 자기 의지와 상상은 그러기에는 너무 약하다고 생각한다.

환자 M이 '시동 정신'이라고 했던 증세는 마조히즘의 성격과 거의 차

광기와 성

이가 없다. 다음 두 사례도 상징적 마조히즘으로 볼 수 있다. M의 경우와 같은 이상 증세에서 섹스는 부적절하다고 무시된다. 또, 이상하게 빗나간 환상에 들뜬다.

_사례 46 매질에서 얻는 쾌감

X는 28세의 남성 문인이다. 타락한 인물로 어려서부터 신경과민이었고, 여섯 살 때 여러 번 여자가 자신의 볼기를 때린다고 몽상했다. 몽상 끝에는 달콤한 감흥에 젖었다. 여덟 살이던 어느 날, X는 식모에게 자기를 때려 달라고 부탁했다. 열 살 때부터 신경쇠약이 나타났고, 스물다섯 살까지 매 맞는 꿈을 꾸었으며, 때로는 깨어 있는 동안에도 그 이미지를 떠올리면서 자위행위를 했다.

3년 전, X는 강박증을 못 이기고 처녀에게 매질을 부탁했다. 그러나 아무 일도 벌어지지 않아 실망했다. 그래서 그는 지난해에 또다시 같은 방법으로 발기되기를 바라고 시도했다. X는 인위적 방법으로는 성공을 거두었다. 그는 섹스를 시도하면서 처녀에게 다른 무기력한 사람들을 어떻게 때려 주었는지를 이야기하라면서 자기에게도 똑같은 매질을 해 달라고 부탁했다. 그뿐만 아니라 X는 무방비로 결박된 채 여자가 마음대로 휘두르는 채찍질을 받는다고 상상했다. 그럴 경우 그는 더욱 강해지려고 했고, 정말로 결박까지 했다. 그래야 섹스할 수 있었다.

(드물기는 하지만) X는 구박받거나 처녀가 다른 사내들을 때리는 것을 본다고 상상했을 때에만 기분 좋게 사정했다. 그는 섹스로 절대 진정한 쾌감을 맛보지 못했다. 여자의 손에만 관심이 있었다. 그는 무엇보다 팔목의 힘이 센 여자들을 좋아한다. 아무튼, 그로서는 매질이 가장 이상적이었다. 그는 피부가 매우 예민하고 몇 대만 맞아도 통증을 심하게 느꼈기 때문이다. 남자가 휘두르는 회초리를 맞는다면 불쾌했을지 모른다.

X는 결혼하고 싶어 했다. 그러나 순진한 아내에게 매질을 요구할 수 없을 테고, 그렇게 못한다면 무기력할 테니까 매우 난처해 자기 병을 고쳐 보려고 애썼다.

지금까지 살펴본 세 가지 사례에서 피학 증세를 보이는 사람에게 매를 맞는 것은 여자에 대한 복종의 형식이며 환자가 바라마지 않는 상황이다. 같은 증세의 많은 사람이 이와 같은 수단을 활용한다. 그런데 매를 맞는 것은 우리가 알다시피 엉덩이의 신경을 기계적으로 자극하는 반사작용으로 발기를 일으킨다.

나약하고 방탕한 사람들은 약해진 성기능을 매질로 자극하려고 한다. 이러한 변태는 매우 빈번하다. 따라서 매질을 당해야 좋아하는 피학대음란증 환자와 신체가 나약해도 정신이상은 없는 방탕한 사람의 관계를 검토해야 한다.

피학대음란증에 걸린 사람들의 정보는 이미 넘쳐흐르고, 이런 증세는 단순한 매질과 다르게 더욱 심각하다. 피학대음란증 환자는 여자에게 복종한다는 점이 가장 중요하다. 그가 받는 학대는 복종하려는 조건을 풀어내는 방법일 뿐이고, 또 강한 표현 방법을 덧붙여야 한다. 그 행위는 상호성을 띤 자기 심정과 특별한 욕구를 채우기 위한 수단이다.

반면, 피학대음란증 환자는 아니지만 다만 약해진 사람은 기계적인 수단으로 척추의 자극을 구할 뿐이다. 이런 사람들의 고백과 종종 그 행위에 따르는 여건에 따라, 각자가 실제로 피학대음란증인지 아니면 단순히 매질의 반사 효과만 노리는 것인지 알 수 있다.

이 문제를 판단하려면 다음과 같은 사실을 이해해야 한다.

광기와 성

- 피학대음란증 환자는 매질을 당하는 기벽을 거의 타고난다. 이런 환자는 실제로 경험하기 전부터 그 같은 욕망을 보여준다. 그 욕망은 사례 48에서 보겠지만, 먼저 꿈과 몽상으로서 나타난다.
- 피학대음란증 환자에게 매를 맞는 것은 자신의 상상으로 빚어내고, 또 실현도 하는 이미지로 다양한 형태의 학대 가운데 하나일 뿐이다. 순수하게 상징적인 수치의 묘사로서 매질 이외의 다른 수단을 사용할 때, 그것은 신체와 그 반사작용에 따르는 흥분 효과의 문제가 아닐 수 있다. 따라서 이 경우는 항상 선천적 비정상 또는 도착증이라고 해야 한다.
- 특별히 중요시할 점이 있다. 그토록 원하던 매질을 피학대음란증 환자에게 해 준다고 반드시 최음 효과가 나타나지 않는다는 사실이다. 종종 실망스러운 결과가 나타난다. 여자 멋대로 환자가 원하던 상황의 환상에 취해 보려고 했던 환자의 목표는 이루어지지 않고, 그 코미디에서 배역을 맡은 여자는 환자의 의지에 순종하는 도구였을 뿐이다.

이 문제에 관해서는 앞의 세 가지 사례와 또 사례 50을 비교해 보면 좋다.

피학대음란증과 단순한 매질의 반사작용은 성도착과 후천성 페데라스티 pédérastie (청소년 취향의 남성동성애)의 관계와 유사하다. 앞에서 인용했던 사례들에서 비록 그 기원을 상세히 따져보지 않더라도, 제반 사정을 생각하면 분명 피학대음란증의 특징을 볼 수 있다. 또 다른 사례를 보자.

_사례 47 채찍질의 광증

타르노브스키 박사[4]를 찾아온 환자는 대리인을 통해 자신이 광분하는 시기 동안 머물 아파트를 임대했다. 그곳에서 환자는 자신에게 해야 할 모든 임무를 매춘부 셋을 불러 가르쳤다. 환자는 때때로 아파트로 들어갔다. 그곳에서 여자들은 그의 옷을 벗기고 자위행위를 해 주고 채찍질을 했다. 그가 가르쳐 준 대로 했던 것이다. 그는 마치 살려 달라고 애원하는 척했다. 그러면 여자들이 그에게 먹을 것을 주었다. 이것도 각본대로였고 자도록 내버려 두었다. 그러다가 금세 항의에 그를 다시 일으켜 세우고 그가 반항해도 다시 채찍을 휘둘렀다. 이런 작업을 며칠씩 계속했다. 그렇게 흥분을 가라앉히고 나서 환자는 자기 집으로 아내와 자식들 곁으로 돌아갔다. 그의 병을 가족 누구도 눈치채지 못했다. 이런 광증은 1년에 한두 번씩 반복되었다. (타르노브스키)

_사례 48 매질로 인한 사정

X는 34세의 매우 심한 동성애자로 성욕이 왕성했음에도 여러 이유로 남자와는 만족할 만한 기회를 잡지 못했다. 그러다가 어느 날 밤, 우연히 여자가 자신을 매질하며 모욕하는 꿈을 꾸며 몽정을 했다. 그 경험 이후, 그는 매춘부들에게 매질을 부탁해 동성애를 대신했다. 그는 금세 사정에 이르렀으나 정신적으로 너무 더러운 상황에 극심한 구토를 느끼며 즉시 맥이 빠졌다.

매를 맞으며 치욕을 겪는 것이 피학대음란증 환자들이 몽상하는 모든 것이고, 다른 수치스러운 생각은 하지 않는 경우들이 있다. 환자 자신은 복종의 실체를 분명히 이해하지 못한다. 이런 경우는 단순한 반사작용이

---

4 Benjamin Mikhaïlovitch Tarnowsky, 1837~1906, 러시아 성의학자로 당대 성병학의 거장이다.(역주)

광기와 성

나 매질을 즐기는 경우와 구별하기 매우 어렵다. 증세의 차이라고 할 만한 것은 모든 반사 효과 이전에 욕망의 기원을 확인하는 것이다. 또, 실질적으로 피학대음란증의 경우 보통은 어려서 이미 같은 도착 증세를 보인 사람들과 실제로 일을 벌여 욕망을 해소하거나 실망하는 것이 아니라 모든 것이 상상 속에서만 벌어진다는 점이다.

이와 관련해 전형적인 피학대음란증의 사례를 보자. 특별한 이상한 욕망을 그 표현과 연기의 세계에서 완전하게 성취한 모습이다. 사례와 비슷하다. 환자는 자신의 정신이상 상태를 자세하게 직접 기록했다.

환자는 변태적 공상을 실제로 해 보려고 하지 않았으며, 또 실제로 변태성을 가진 한편, 정상적 쾌감 또한 여전히 보통의 조건에서 성관계할 수 있을 만큼 충분했기 때문이다.

_사례 49 마조히즘 환자 수기 다섯 편

나는 서른다섯 살이다. 내 신체와 머리는 정상이다. 우리 직계 가족에서 정신병력은 전혀 없다. 우리 아버지는 서른 살쯤에 나를 낳았고, 내가 아는 한 키가 크고 늘씬하며 풍만한 여자들을 특히 좋아했다. 나는 어렸을 때 타인보다 월등한 절대적인 힘을 가진 인물을 좋아하고 선망했다. 노예를 생각만 해도 짜릿했다. 내가 노예의 주인 노릇을 하는 것을 생각만 해도 감흥이 절로 솟았다. 한 남자가 다른 남자를 차지할 수 있다고, 그를 사들이고 팔고 두들겨 팰 수도 있다는 생각만 해도 극도로 흥분했다.

(사춘기에 접어들 때 읽었던)『톰 아저씨의 오두막』을 읽으면서도 흥분했다. 특히 흥분하게 되었던 것은 한 남자를 마차에 붙들어 매고 다른 남자가 마차에 앉아 채찍질하면서 그를 부리며 끌고 갔다는 장면이다.

스물이 될 때까지 이런 이미지들은 성과 무관했다. 내가 상상하는 마차를

*끄*는 남자는 내가 아닌 제3자였고, 또 그를 지휘하는 인물은 반드시 여성이 아니어도 상관없었다. 이런 생각이 나의 성욕과 그 분출에 영향을 주었다. 비록 상상으로 그려 본 장면이었지만 그것이 발기의 원인이었다. 나는 자위행위를 하지 않았다.

열아홉 살 때부터 나는 앞에서 설명한 상상의 이미지를 그려 보지 않고서도 섹스했다. 아무튼, 나는 성숙하게 무르익은 늘씬하고 풍만한 여자를 몹시 좋아했다. 물론 젊은 여자들을 무시하지도 않았다. 스물한 살부터는 상상으로 그려 보던 것을 현실로 '구체화'하기 시작했다. 특히 반드시 '애인'을 추가했다. 크고 튼튼하며 최소한 마흔 살은 먹은 여자로.

그때부터 나는 항상 내 생각대로 했다. 애인은 거칠었다. 모든 점에서 나를 이용하고 착취했다. 성의 문제에서도 마찬가지였다. 자기 마차 앞에 나를 묶고 산책했다. 나는 애완견처럼 애인을 따랐고, 벌거벗은 채 발길질과 매질을 당했다. 나는 이런 생각에 깊이 몰두한 채 발기에 이를 만큼 큰 쾌감을 느꼈다. 하지만 사정은 되지 않았다.

이미지에 성욕이 크게 발동한 끝에 나는 이상형의 외모에 걸맞은 여자를 찾아 섹스했다. 어떤 다른 방법이나 문제의 이미지 자극도 받지 않았다. 나는 또 다른 여자들과도 이미지의 힘을 빌지 않고 섹스했다.

매우 이상한 성생활을 지금까지 해 왔지만, 그 이미지는 머릿속에서 거의 일정한 주기로 나타났고 상상으로 똑같은 장면이 떠올랐다. 그러나 성욕이 증가하자 이미지가 나타나는 간격도 차츰 뜸해졌다. 사실상 보름이나 3주 만에 한 번쯤 나타났다. 전날 밤에 내가 섹스했다면 반복하기 어려웠을 것이다. 나는 이미지를 절대로 특징을 보이는 구체적인 것으로 상상하지 않았다. 즉 바깥세상의 것과 결부시키려 하지 않았다.

나는 상상의 놀이로 만족했다. 나는 내 '이상적 욕망'을 실현할 수 없다는 것, 그 엇비슷한 것조차 불가능하다고 확신했기 때문이다. 돈을 주고 창녀들과 코미디를 벌인다는 생각은 어리석고 쓸데없는 짓으로 보였다. 내가 매수한 인물이 어떻게 잔인한 '절대군주', '주인'의 자리를 차지할 수 있을까. 나는 폰자허마조흐의 소설에 등장하는 여주인공처럼 가학 성향의 여자들이 있다고 믿지 않는다. 혹시 그런 여자들이 있거나 그런 여자를 찾아내는 행운을 누리더라도 그녀와 관계는 실생활에서 항상 코미디로 여길 것이다. 어쨌든 만약 내게 못된 여자의 종이 되더라도 또 그녀에게 모든 것을 빼앗기더라도 나는 그토록 갈망하던 생활에 금세 지겨워질 것이고, 또 틈틈이 말짱한 정신으로 자유를 되찾으려고 애쓸 것이다.

한편, 나는 몽상을 어지간히 실현할 방법을 찾았다. 나의 성욕을 강하게 자극하는 상상의 장면을 떠올리고 나서 나는 창녀를 찾아 나섰다. 창녀의 집에 도착한 나는 상상했던 모습을 되살려 노예가 등장하는 장면을 재현하면서 내가 주인공을 맡았다. 나는 반시간쯤 상황을 상상하면서 점점 더 크게 발기했고, 강렬한 쾌감으로 섹스를 하고 사정도 했다. 사정하고 나자 황홀감은 순식간에 꺼져 버렸다. 나는 창피해 빨리 자리를 떴고, 또 벌어졌던 일을 다시 기억하고 싶지도 않았다.

그 뒤 보름 동안 나는 아무 생각 없이 지냈다. 만족할 만한 섹스를 했을 때 흥분하기 이전의 조용하던 시기에 내가 어떻게 피학대 취미를 갖게 되었을까 이해할 수 없었다. 그러나 얼마 못 되어 또 다른 흥분이 찾아왔다. 아무튼, 상상의 재현으로 준비하지 않고서도 섹스했을 뿐만 아니라 잘 아는 여자들과도 섹스했고, 그녀들 앞에서는 나의 공상적인 짓을 삼갔다. 그래도 마냥 부인하지 못했고 내가 강하지도 못했다.

반면에 학대받는다는 생각이 번뜩일 때면, 나의 성욕과 능력은 절대적이었다. 아무튼, 내게 또 다른 면이 있다. 나는 아름다움을 좋아하며, 어떤 사람을 괴롭히고 학대하는 것을 몹시 경멸한다.

끝으로, 대화의 형식도 중요하다. 상상으로 그려 낸 모습에서 '절대군주'
요, 주인은 반드시 내게 반말을 해야 한다. 그러나 나는 주인 노릇을 하는
여자를 깍듯이 '마담' 같은 존칭으로 부른다. 나를 부르는 사람이 반말을
한다는 것은 마치 절대 권력의 표현처럼 내게 사춘기 때부터 짜릿함을 불
러일으켰고 지금도 똑같다.

나는 모든 면에서 내게 어울리는 여자를 찾아 행복했다. 성생활도 잘 맞았
다. 그렇다고 나의 피학대음란증에 걸맞은 이상형은 결코 아니었다. 그녀
는 온순하고 풍만했다. 풍만하지 않았다면 조금도 성적인 즐거움을 생각
조차 할 수 없을 것이다. 신혼 초기의 몇 달간 성관계는 무난했다. 나의 피
학대음란증이 재발하지 않았다. 거의 그 재미를 잃었다. 그러나 아내가 첫
출산을 하면서 나는 자제할 수밖에 없었다. 그러자 성욕을 느낄 때마다 피
학대 버릇이 다시 고개를 들었다. 나는 진심으로 아내를 깊이 사랑했다.
그러나 피학대음란증을 재현하면서 혼외성교에 빠져들고 말았다. 흥미로
운 사실은 나중에 아내와 섹스는 다시 해 보았지만, 나의 악취미를 쫓기에
부족했다. 결국 악취미를 반복했다.

나는 마조히즘이 원칙적으로 별도의 지능에서 비롯한다고 생각한다. 매
질로 학대받는 피학대음란증의 실행이 곧 원하는 목적이었다. 그렇다면
똑같은 증세의 많은 환자가 자기네 생각을 반드시 실행하지는 않는다는
모순된 사실을 설명하기 어렵다. 만약 실행하더라도 완전히 침울해하거
나 바라던 만큼 만족하지 못하는 까닭도 설명하기 어렵다. 내 경험으로 미
루어 분명히, 특히 대도시에 피학대음란증 환자들이 꽤 있을 것이다. 그들
서로 소통하는 법이 거의 없는 만큼 이런 정보는 매춘부들에게서만 흘러
나온다. 또, 정보는 대체로 확실하다고 믿음직하다.

경험이 있고 매질에 사용한 도구(보통은 회초리)를 가진 매춘부들이 사실을 입증한다. 그러나 성욕을 자극하려고 매를 맞는 사람들이 있지만, 환자들은 매질을 수단으로만 간주한다는 점을 고려해야 한다.

또 다른 한편, 모든 매춘부마다 한목소리로 말하듯이 노예 노릇 하기를 좋아하는 남자들이 많다. 발길에 차이고 매를 맞으며 모욕받기를 좋아한다고. 요컨대 피학대음란증 환자는 생각보다 훨씬 많다.

나는 이 문제를 다룬 폰크라프트에빙 박사의 책에서 매우 깊은 인상을 받았다. 나는 치료하고 나을 것이라고 믿는다. 하지만 '완전히 이해해야 깨끗이 낫는다'라는 격언을 따르게 되지 않을까.

사실 적당한 치료라는 것이 어디 있을까. 보통의 감정과 구체적 생각을 구별해야 한다. 일반적인 감정은 절대 제거할 수 없다. 그것은 마치 섬광처럼 떠오른다. 그렇게 나타나지만 어디에서 오는지 알 수 없다. 어쨌든 구체적이고 일관된 이미지에 몰입하면서 피학대음란증을 실행하지 않을 수 있고, 최소한 저지할 수 있다.

이제 나의 상황은 달라졌다. 그래서 이렇게 중얼댄다.

'뭐야! 아름다운 감각뿐만 아니라 나 자신까지 버리는 것들에 미쳐 열을 내다니. 우선 내가 판단하기에도 추하고, 천하고, 엉뚱한 데다 불가능한 것을 탐내고 아름답게 보다니! 현실에서는 절대 피하려 할 상황을 바라다니!'

사실, 올 초에 폰크라프트에빙 박사의 책을 읽고 나서 피학대 증세는 가끔 나타나기는 했지만 나는 단 한 번도 몽상에 젖지 않았다. 매우 뚜렷한 병이지만 피학대음란증은 나의 행복한 생활을 망쳐 놓지 못할 뿐만 아니라 사회생활에 별다른 영향도 주지 않았다. 그 증세가 나타나지 않는 동안 나의 감정과 행동 모두 매우 정상이다.

증세가 심해졌을 때 감정의 세계는 크게 뒤집힌다. 하지만 나의 외부 생활에 조금도 변함이 없다. 내 직업은 공공생활에 많이 노출될 수밖에 없다. 그런데 나는 이상하게 학대받고 싶어 시달리는 동안에도 업무에 아무 지장이 없다. 다른 시기와 똑같다.

지금까지 읽어 본 수기의 저자는 내게 다음과 같은 네 편의 글을 더 보내주었다.

내 경험에 따르면 피학대음란증은 선천성이고 어떤 일개인이 만들어낸 것이 결코 아니다. 나는 엉덩이를 맞은 적이 없었다. 내게 그 증세가 나타난 것은 어린 시절부터였다. 즉, 내가 생각을 하게 되기 시작할 때부터 마찬가지로 그 생각도 하게 되었다. 만약 어떤 충격 때문에 그런 생각을 하게 되었다면 기억하지 못할 리가 없다. 그런 생각은 분명 성욕이 나타나기 전부터 있었다. 그렇지만 당시 표상들은 완전히 성과 무관했다. 어린아이로서 나는 나보다 나이가 많은 형뻘 아이가, 나는 그에게 '존댓말'을 했지만 내게 반말했을 때 (불안했다거나 겁먹었다는 뜻이 아니라) 매우 흥분했다. 나는 그형과 대화할 틈을 만들었고, 또 그렇게 만났을 때 형이 가능한 내게 자주 반말하도록 일을 꾸몄다. 나중에 내가 성적인 면에서도 더 성숙했을 때 그런 일은 나보다 상당히 연상인 여자와 대화할 때만 짜릿하게 느껴졌다.

나는 체질이든 성질이든 어느 면으로나 남성적이다. 온몸은 부숭부숭한 털로 덮었다. 나는 여자와 피학대 취향이 아닌 관계에서 남자로서 지배적 위치에 있어야 한다. 나는 있는 힘껏 목적을 이루려고 밀어붙일 것이다. 나는 용기는 신통치 않아도 기운에 넘친다. 하지만 자존심이 상했을 때 특히 기가 죽는다. 나는 (우레, 바다의 폭풍우 같은) 자연의 사건 앞에서 차분한

광기와 성

다. 나의 피학대 취향은 여성이 되고 싶어 하거나 여성의 역할을 하는 것과 전혀 무관하다. 물론 여자를 통해 구하고 애원하는 기벽에 따른다. 그렇지만 '절대군주'의 역을 맡은 여자와 관계, 그토록 갈망하던 관계는 남녀 관계 같은 것이 아니다. 주종 관계와 다름없다. 가축과 그 임자의 관계와 같다. 피학대 취향을 극단적으로 말하자면, 마조히스트의 이상은 개 또는 말과 비슷한 처지가 되는 것이다. 개와 말은 그놈이 누구든 고려하지 않고 제멋대로 학대하고 길들이는 주인의 소유물이다. 주인이 절대적인 생사여탈권을 쥐고 있다. 노예와 가축에 행사하는 권력이다. 바로 이것이 모든 피학대 취향을 대표하는 상징이다.

모든 피학성 사고의 바탕은 성충동이다. 성욕이 끓어 오르내릴 때마다 똑같은 현상이 피학대 취향의 몽상 속에 나타난다. 다른 한편, 그렇게 떠오른 이미지는 머릿속에서 떠오르자마자 성욕을 상당히 강화한다. 나는 평소에 성욕이 별로 왕성한 편은 아니다. 그렇지만 피학대 취향의 이미지가 상상 속에 떠오르면 어떤 대가를 치르던(대체로 가장 더러운 여자들을 찾아가야 한다) 섹스해야 하고, 이런 충동을 일찌감치 해소하지 못한다면 성욕은 금세 맹목적인 괴물의 욕망처럼 꿈틀댄다. 일종의 악순환이라고 할까. 성욕은 한동안 잠잠하거나 키스와 같은 특별한 흥분 덕에 일어나지만 어쨌든 피학 성향은 아니다. 이렇게 일어나는 성욕은 피학대 취향이라는 관념 덕에 그 취향을 발휘하는 것으로 달라진다. 즉, 불순해진다.
성욕은 우연한 인상을 받으면 꽤 강해진다. 특히 대도시의 거리에서 그렇다. 얼굴과 몸매 모두 아름다운 당당한 여자들의 모습은 자극적이다. 피학 성향이 있는 사람도 밖에 돌아다니는 사람들의 거동을 똑같은 성향을 지닌 사람처럼 본다. 특히 흥분한 시기에 그렇다. 견습사원에게 여주인이 날리는 따귀, 마부의 채찍질 같은 것 모두 매우 인상적으로 보이다. 반면, 똑같은 모습이 그가 흥분한 시기가 아닐 때에는 역겹고 시시한 사실로 보일 뿐이다.

폰자허마조흐의 소설을 읽으면서 나는 피학대 취향이 있는 사람에게 때때로 또 다른 감정에 가학적 감정이 뒤섞인다는 사실에 크게 놀랐다. 나도 이따금 가학적 감정을 느낀다. 아무튼, 가학 감정이 피학 감정보다 두드러지지는 않는다. 곁다리 끼듯 어쩌다 나타나기만 한다. 추상적인 감정의 틀을 벗어나 튀어나오지 않고 특히 구체적이고 일관된 표상을 통해 나타나는 법은 없다. 두 경우 모두 성욕을 부추기는 효과는 똑같다.

이런 사례는 마조히즘이 정신적으로 어떻게 구성되는지 완전하게 보여준다는 점에서 주목할 만하다. 특히 여자에게 복종하고 모욕을 받는 것이 어떻게 이상하게 성욕을 자극하는지 그 본질적 관계를 확실히 보여준다.

_사례 50 여자 말 태우기를 좋아하는 남자

Z는 50세의 공무원으로 근육질의 장신이다. Z의 부모는 건강하다고 했다. 그런데 Z가 태어날 때 그의 아버지 나이는 어머니보다 서른 살 많았다. Z보다 두 살 많은 누나는 피해망상증에 걸렸다. Z는 겉으로 보아 이상한 점이 조금도 없다. 완전히 남성다운 골격에 수염도 많다. 그러나 가슴에 털은 나지 않았다. Z는 자신이 감상적이라면서 누구도 제안도 거절하지 못한다고 털어놓았다. 불쑥 화가 치밀 때도 있지만 금세 후회한다. Z는 자위행위를 한 적은 없다고 주장한다.

Z가 성장기에 몽정했을 때 성행위는 아무런 역할도 하지 않았고, 또 한 여

자밖에 몰랐다. 예컨대, Z는 마음에 드는 여자가 자신을 강하게 덮치거나 잔디밭에서 장난치면서 자기 등 위로 올라타는 상상을 했다.

Z는 여자와의 섹스를 두려워했다. 짐승이나 하는 짓으로 보았다. 그러면서도 여자에게 끌렸다. Z는 아름다운 처녀들, 부인들과 함께 있어야 제자리를 찾은 듯 편안해했다. 여자들을 성가시게 하지 않고 싹싹하게 비위도 잘 맞추었다. Z는 풍만하고 맵시 있으며, 특히 발이 잘생긴 여자가 앉아 있는 모습에 몹시 흥분했다. 그럴 때면 그 여자의 의자라도 되어 모시고 "찬란한 그 모습을 떠받들 수 있게" 하고 싶은 격렬한 욕망이 불끈 치솟았다. 만약 그녀가 발길로 차고 손찌검해 준다면 너무나 행복할 것만 같았다. 반면에 그 여자와 섹스한다는 생각만 해도 역겨웠다. 그저 여자를 섬기려는 욕구밖에 없었다.

Z는 여자들이 말타기를 좋아한다고 생각했다. 그래서 여자를 자기 등에 태우고 발길에 차이면서 헐떡인다면 얼마나 즐거울까 상상했다. 이와 비슷한 상황을 사방에서 상상했다. 박차 붙은 신을 신은 고운 발과 미끈한 장딴지, 둥글고 말랑말랑한 허벅지를 상상했다. 늘씬하고 발이 예쁜 모든 숙녀를 보면서 그는 강렬한 상상에 휩싸였다. 그러나 자기 자신조차 이상한 감정을 들키지 않으려고 감추었다. 또, 잘 이겨내었다.

Z는 마음 어느 구석에서도 여자들과 싸우고 싶은 뜻은 없었다. 그토록 소중한 감정을 포

〈남자 말타기를 즐기는 여자〉,
프랑스 물랭루즈의 선전용 카드, 20세기 초

기할 때마다 몹시 아쉬웠을 것이다. Z는 서른두 살 때, 우연히 스물일곱 살의 여성을 만났다. Z에게 다정하던 여성인데 이혼녀로 불행하게 살았다. Z는 그 여자에 관심을 두고 몇 달 동안 아무런 이기심도 없이 그녀를 위해 일했다. 그 러던 어느 날 저녁, 여자가 그에게 사랑해 달라고 거의 난폭하게 강권했다. Z 는 그녀와 섹스했고 그녀를 자기 집에 들어와 살게 했다. 섹스는 평범하게 했 다. 그러나 Z는 섹스를 쾌락이라기보다 의무감으로 했다. 결국 발기는 신통치 않았다.

여자는 Z에 불만을 품었다. 어느 날, 여자가 자극만 줄 뿐, 만족은 없는 관 계를 청산하자고 주장했다. Z는 여자를 깊이 사랑했지만, 자신의 이상한 환상 을 포기하지 못했다. 결국 여자와 친구 사이로 지냈고, 자신이 원하던 방식으 로 그녀를 돕지 못해 후회했다. Z는 자신의 제안이 거부당할까 봐 두려웠고, 또 굴욕 때문에도 여자에게 솔직히 털어놓지 못했다.

Z는 꿈에서 보상받으려 했는지 미녀를 등에 태운 씩씩한 심부름꾼이 등 장하는 꿈을 꾸었다. 자신이 복종해야 할 고삐를 쥔 여기사의 무게를 느꼈다. 허리에 그녀의 허벅지가 조여드는 무게를 느끼고 그녀의 낭랑한 목소리를 들 었다. 힘이 들어 진땀을 뺐다. 박차에 찔리는 느낌도 때때로 쾌감에 가세해 사 정을 부추겼다.

Z가 이런 몽상에 사로잡혔던 때는 7년 전이다. 결국 그는 걱정을 떨쳐 버 리고 비슷하게라도 꿈을 이룰 방법을 찾아 나섰고 '적당한 기회'를 포착했다. Z는 이렇게 털어놓았다.

(전략) 나는 틈틈이 여자가 내 등 위에 자발적으로 올라타도록 일을 꾸몄다. 가능한 여자에게 유쾌한 분위기를 조성하려고 했다. 나중에 그런 기회를 다시 마련했다. 그러자 여자가 먼저 말을 꺼내었다. "어서, 이리 와봐, 내

　　　　　　　　　　　　　　　　　　　　　광기와 성

가 올라타게."

나는 장신이라 두 손으로 의자를 짚고 엎드려 여자가 말을 탈 때처럼 등에 올라타도록 자세를 취했다. 가능한 한 열심히 온갖 말의 동작을 흉내 내면서 여자가 나를 타고 노는 짐승 취급하는 것이 좋았다. 여자는 나를 때리고, 찌르고, 으르렁대고, 쓰다듬고 자기 좋을 대로 뭐든 했다. 나는 여자의 60~80킬로그램쯤 되는 무게를 30~40분가량 견뎠다.

이런 시간을 보내고 나면 나는 항상 쉬어야 했다. 중간에 쉬는 동안 나는 '여제女帝'와 완전히 퍼질게 늘어져 서로 방금 전 일을 이야기했다. 15분쯤 쉬고 난 뒤 나는 다시금 '여제'를 위해 자세를 취했다.

시간이 나고 형편이 맞을 때마다 나는 이런 놀이를 서너 차례 계속했다. 같은 날 오전에 이어 오후까지도 했다. 그렇게 놀고 나면 조금도 피곤하거나 불편하지 않았다. 그러나 그런 날들이 입맛에 썩 들지는 않았다. 가능하다면 고삐를 당기는 맛을 볼 수 있도록 웃통을 벗고 싶었다. 반면, '여제'에게 품위를 잃지 않도록 요구했다. 멋진 반장화와 좋은 양말, 무릎이 착 붙은 짧은 바지, 몸통에 꼭 끼는 상의, 모자와 장갑을 마련해 주었다.

Z는 지난 7년간 섹스하지 않았지만 무기력한 느낌은 없었다고 밝혔다. Z는 "여자의 말 노릇을 하면서" "짐승 같은" 짓으로 여기던 섹스를 대신했다. 최근 여덟 달 전부터 Z는 피학대 취향의 놀이를 포기하겠노라고 했고 약속을 지켰다. 아무튼, Z는 미녀가 자기에게 딱 부러지게 말했다고 한다.

"이리와. 올라타게!"

어떻게 거절할 수 있을까. Z는 자신의 이상 증세를 치료할 수 있는지 분명한 답을 듣고 싶어 했다. 자신이 못된 남자라며 손가락질 받아야 하는지 아니면 딱한 병자 소리를 들어야 하는지.

다음 사례도 Z의 경우와 매우 흡사하다.

_사례 51 치욕과 고통을 즐기는 남자

성욕을 해결하려고 창녀의 집을 찾아다니는 남자가 있다. 그는 자기 음경을 둥근 고리에 끼워 바짝 조였다. 창문의 커튼 고리로 사용하던 도기 제품이다. 고리에 끈을 두 가닥 걸어 다리 뒤쪽 사이로 빼내어 침대에 묶었다. 그렇게 하고 나서 자신을 야생마를 다룰 때처럼 무자비하게 채찍질해 달라고 여자에게 부탁했다. 여자는 그의 말대로 고함을 지르며 채찍을 휘둘렀고 남자는 흥분했다. 고리에 걸린 끈으로 자기 음경의 혈관을 강하게 압박하는 방법으로 발기를 시도했던 것 같다. 더 흥분할수록 음경이 더욱 조이면서 좀 더 자극적인 쾌감으로 사정하려 했다. 이렇게 피학대음란증 환자는 치욕 받고 고통스러워하려고 발에 걷어차이는 행동을 곁들인다. 고전적 수법에서는 철저히 중요하게 이용했던 방법이다. (해먼드[5])

다음 사례는 좀 더 발전된 변태성욕을 보여준다.

_사례 52 밟히는 것을 좋아하는 모범 가장

X는 모범 가장이다. 엄격한 도덕군자라는 사람이자 여러 자식을 둔 아버지로서 흥분할 때마다 사창가를 드나들었다. 그곳에서 가장 큰 여자 두셋을 골라 함께 시간을 보냈다. X는 상체를 벗은 채 바닥에 누워 두 팔로 배를 감싸고, 눈을 지그시 감은 채 여자들에게 가슴과 목, 얼굴을 밟고 걷게 했다. 구두 뒤축으로 몸을 거칠게 밟아 달라고 애원했다. 또, 그런 김에 더욱 잔인하고 거

---

5 William Alexander Hammond, 1828~1900, 미국 신경의학과 의사. 미국 남북전쟁 당시 군의관으로 활동했고 군의학 박물관을 세웠다. 미국 신경의학의 선구자.(역주)

광기와 성

북한 요구도 했다.

　X는 두세 시간 동안 짓밟히고 나서 계산하고 일터로 돌아갔다가 일주일 뒤에 또다시 이상한 쾌락을 즐기려고 사창가를 찾곤 했다. 어떤 때는 여자 한 명을 가슴 위에 올라서게 하고, 나머지 여자들에게 구두 뒤축으로 마치 팽이 돌리듯 피가 날 정도로 짓이기게 했다. 어떤 여자는 신발로 그의 두 눈과 목을 밟기도 했다. 이런 자세에서 그는 68킬로그램 되는 여자의 체중을 4~5분간 견뎌내었다.

　이 사례와 함께 해먼드는 비슷한 10여 가지 사례도 전했다. 해먼드는 X가 여자와의 성관계에 무능해지자 이런 괴상한 놀이로서 벌충하려고 하지 않았을까 추정한다. X는 구두 뒤축에 피가 나도록 짓밟힐 때 흥분해 사정했다고 한다.

　지금까지 살펴본 아홉 가지 사례와 유사한 사례는 가학대음란증 환자들과 정반대였다. 가학성 환자들은 여자를 학대하면서 흥분하고 만족감을 추구했다. 피학성 환자들이 못된 짓을 견디면서 바라던 것과 똑같은 효과를 바랐다.

　그러나 가학증 환자로서 살인을 저지른 사람들에게 피학증 환자와 똑같은 점이 있어 흥미롭다. 양측 모두 극단적인 경우 이성을 죽이거나 죽임을 당할 정도까지 강렬한 욕구를 체험했을 것이다. 그러나 완강한 본능의 극단적 결과로 사람을 죽이고 말았다고 해도 이것이 곧 극단적인 생각에서 나온 것은 아니다. 단순히 본능에 떠밀렸을 뿐이다. 반면에 피학대음란증은 은밀히 진행되지만, 환자는 다음의 사례에서 보듯이 극단으로 흐르기도 한다.

_사례 53 동물 잡는 여자를 보고 흥분하는 사람

가부장으로서 정상적인 성생활을 하던 중년 남성이다. 그는 매우 신경증이 심한 가정에서 태어났다면서 다음과 같이 털어놓았다.

그는 소년기부터 동물을 칼로 목을 찔러 잡는 여자를 볼 때마다 성욕이 달아올랐다. 그 시절부터, 수년간 그는 칼을 쥔 여자들이 자신을 찌르고 상처를 입히거나 죽인다는 감미로운 꿈에 젖었다. 그가 나중에 정상적인 성관계를 시작했을 때, 이전의 이상한 매력을 발휘하던 망상은 완전히 사라졌다.

더 앞의 사례처럼 여자들에게 가볍게 상처를 입도록 방치하거나 죽이겠다고 위협하라고 했던 사람들도 이와 유사하다. 이들의 망상으로 다음과 같은 이상한 사건을 이해할 수도 있다. (쾨르베르 드카나우 박사의 제보)

_사례 54 아내의 비누칠을 즐거워하는 남편

어떤 부인이 들려준 이야기인데, 무지한 처녀가 서른 즈음 되는 남자와 결혼했다. 신혼 첫날밤에 신랑은 신부를 억지로 작은 욕조에 비누를 들고 들어가라고 했다. 신랑은 다정한 모습은 아예 없었는데, 다만 자신의 턱과 목에 면도할 때처럼 비누칠해 달라고 했다. 순진한 신부는 신랑이 해 달라는 대로 했고, 또 신혼 몇 주 동안 부부생활이라고 해 봐야 수수께끼 같은 이런 사건만을 배우면서 매우 놀랐다. 신랑은 아내가 얼굴에 비누칠해 줄 때 즐겁다고 했다. 아내는 친구들과 의논해 남편과 섹스하기로 작심했고, 결국 아이 셋을 낳았다. 남편은 상인으로 착실하게 살았지만 변덕을 부리거나 침울해했다.

이런 경우 면도 또는 면도를 위한 비누칠은 신랑이 사로잡힌 피를 보는 환상과 목조르기와 상처라는 관념을 상징적으로나마 실현하는 방법이

광기와 성

다. 소년기에 이와 같은 상징 행위로 성욕을 달구고 만족하는 사람도 있다. 이와 같은 경우와 완전히 짝을 이루는 가학대음란증은 사례 35에서 보았던 상징적 학대증이다.

한편, 이상한 욕구에 부응하는 장면을 연출해 상징적 목표들로 만족을 구하는 피학대 취향의 사람들이 있다. 피학대음란증의 변태성욕은 (물론 상상으로) "쾌감에 취해 죽임을 당하는" 상태로 심해지기도 한다. 그렇지만 다른 한편, 상상으로 원하던 상황에서 단순히 상징적 지시만으로 만족하기도 한다. 그런 상황은 보통 학대받는 장면으로 연출된다. 겉으로는 죽임을 당한다는 꿈을 극복하지만, 개인의 내면에서 주관적으로 그대로 유지된다. (실제로 죽지 않지만 연출한 사람의 관념에서는 죽는다고 믿는다.) 갈망하던 상황을 실제로 펼쳐 보려고 하지만, 순전히 상징에만 의존하는 피학대 취향의 사례는 더 있다.

_사례 55 결박을 즐기는 남자

45세가량의 남자가 석 달에 한 번씩 창녀를 찾아가 10프랑을 주면서 자기가 원하는 대로 해 달라고 부탁했다. 창녀는 부탁대로 손님의 옷을 벗기고 손발을 묶고 눈을 가리고 창문을 닫아 완전히 방을 어둡게 했다. 이어서 손님을 소파에 앉혀 두었다. 반 시간쯤 뒤 창녀는 그의 결박을 풀었다. 그러면 그 남자 손님은 좋아하며 계산하고 떠났다가 석 달 뒤에 다시 찾아왔다. 남자는 어둠 속에서 어떤 여자의 절대적 힘을 무방비로 기다린다고 상상하면서 즐기는 모양이다.

다음은 사례는 훨씬 더 이상하다. 피학대성 욕구를 채우려는 복잡한 코미디를 보여준다.

_사례 56 후작부인에게 복종하는 백작 연기

프랑스 파리에서 어떤 사내가 아파트를 저녁마다 예약해 두고 자신의 이상한 취미를 즐기려고 주인 여자에게 준비시켰다. 사내는 부인이 사용하는 거실에 외출복 차림으로 들어갔다. 여주인은 화려하게 치장하고 도도하게 그를 맞이했다. 사내가 '후작부인'이라고 불렀던 여주인은 그를 '백작님'이라고 불렀다. 사내는 여주인과 만나자마자 단둘이 곧장 사랑을 나누며 시골에서 애인을 만난 목동처럼 나른한 낭만의 시간을 보냈다. 여주인은 거들먹거리고 까탈스러운 노릇을 맡았다. '백작'으로 분장한 사내는 차츰 열을 내면서 가짜 '후작부인'에게 어깨에 입을 맞춰 달라고 안달했다. 후작부인은 무엄하다고 발끈하면서 종을 흔들어 하인을 즉시 대령시켰다. 하인은 백작을 문간으로 내쫓았다. 백작은 매우 흡족해하면서 이런 놀이에 참여했던 사람들에게 후하게 보상했다.

이렇게 '상징적 피학대음란증'과 '관념적 피학대음란증'을 구별해야 한다. 관념적 피학대음란증은 정신착란이 관념과 상상의 세계에서만 벌어진다. 상상했던 장면을 절대 현실로 옮기려고 하지 않는다. 사례 49와 53을 '관념적'인 성향으로 볼 수 있다. 같은 부류에 드는 다음의 두 가지 사례를 보자. 첫 번째 경우, 심신 모두 퇴행의 자취가 뚜렷하다. 심신의 무력감이 일찍 찾아왔다. (파스칼)

_사례 57 지나친 자위행위로 인한 신경쇠약

Z는 22세의 총각이다. 보호자가 내게 데려와 진찰을 부탁했다. 총각은 매우 신경이 예민했고 성적으로서 비정상이었다. 환자의 아버지는 그의 어머니가 그를 임신했을 기간에 신경증을 앓았다. Z는 활달하고 재능 있는 아이였다. 그런데 일곱 살부터 자위행위를 하다가 가족에게 발각되었다. 아홉 살 때,

아이는 산만하고 쉽게 잊는 건망증을 보이며 공부를 제대로 따라가지 못했다. 식구들은 아이를 돕고 보호했다. 결국 아이는 고등학교를 간신히 졸업했다. 그 뒤 군복무를 자원했는데 그때에도 기억력 상실과 두통과 나태함 때문에 주목받았다.

그가 진찰까지 받게 된 것은 거리에서 사건을 벌였기 때문이다. Z는 어떤 숙녀에게 다가가 매우 부당하게 갑자기 미친 듯 흥분하면서 어떻게 해서든 말을 걸려고 했다. Z는 정숙한 여자와 대화하고 싶었다고 해명했다. 그렇게 해서 창녀와 섹스할 수 있을 만큼 흥분하려고 했다는 것이다.

Z의 아버지는 아들을 평범하고 착한 줄만 알았다. 그러나 아들은 나약하고 불안하면서 자신이 실패한 삶을 살았다고 절망한다는 것도 알았다. 재능이 많던 음악에나 관심을 쏟는 게으른 사내아이라고 여겼다.

Z는 병색이 완연하고 사두증斜頭症[6]이 두드러진다. 양쪽 귀는 크고 뒤쪽으로 치우쳤고, 입의 오른쪽과 눈에서도 퇴행성 신경 증세가 확연하다. 큰 키에 건장한 체격의 완전히 왕성한 남자 모습이다. 골반도 정상이고, 고환도 잘 여물었다. 반면, 음경은 지나치게 굵고 음모는 풍성하며 우측 고환이 좌측의 것에 비해 아래로 쳐졌다. 고환거근반사[7]는 약했다. Z의 지능은 평균 이하다. 스스로도 그렇다고 느끼고 자신의 나태를 불평하면서 강해지고 싶어 한다. Z는 서툴고 당황하는 태도를 보이고 화가 잔뜩 난 눈빛이다. 권태로운 태도도 자위행위를 했음을 알 수 있다. Z는 일곱 살부터 지금으로부터 일 년 반 전까지 하루에 여덟 번에서 열두 번씩 자위행위를 했다.

최근 몇 해 동안, 그는 신경쇠약증 때문에(두통, 지능 저하, 척수 흥분 등) 자위행

---

6 사두증은 머리뼈가 비대칭적으로 변형된(한쪽 면이 평평한) 질환(역주)

7 넓적다리의 안쪽이나 앞쪽을 가볍게 문지를 때 같은 쪽의 고환이 위로 올라가는 현상

위를 몹시 좋아했다고 주장한다. 그때부터 감각이 무뎌지고 자위도 재미없어졌다고 한다. 그러면서 Z는 더욱 의기소침하고 침울과 무기력, 지겨움과 불안에 시달렸다. 매사에 흥미를 잃고 관심도 없었다. 그는 별수 없이 의무감 때문에 일하다가 금세 지쳐 버린다. 섹스를 생각하지도 않을뿐더러 자위에 심취한 그는 다른 사람들이 섹스를 어떻게 즐기는지 이해하지 못한다.

Z는 자신이 동성애자일까 봐 걱정해 찾아왔지만 그렇지 않다는 결론이 나왔다. 그는 동성애에 절대 관심이 없었다고 주장한다. 그러나 여기저기로 여자들을 기웃거리기는 했다고 한다. 수음은 스스로 알게 되었다고 주장한다. 열세 살 때 처음으로 수음으로 사정했다고 기억한다.

나는 오랜 설득 끝에 Z의 성생활의 전모를 털어놓도록 했다. 그가 말한 정보로 미루어 초보적 가학 취향과 얽힌 관념적 피학대 취향으로 보인다. Z는 여섯 살 때부터 '폭력'을 생각했다. 하녀가 강제로 자신의 가랑이를 벌리고 국부를 다른 사람들에게 보여준다는 생각에 사로잡혔다. 그리고 나서 하녀는 냉탕이나 온탕에 자신을 끌어넣고 괴롭히려 한다고 생각했다. 난폭한 일이지만 그렇게 공상하면 쾌감이 치솟아 자위하게 되었다. 나중에 Z는 직접 흥분하려고 상상으로 구체적 장면을 그려 보았다. 그러나 낮에 너무 자위행위를 즐겼던 탓에 상상만으로 사정에 이르지 못했다.

Z는 점점 더 자신이 폭행을 당한다는 생각에 자신도 폭행을 한다는 생각을 덧붙였다. 우선 소년들이 서로 난폭하게 자위행위를 해 주고, 또 국부를 잘라 버리는 장면을 상상했다. 자기 자신도 그런 소년들 중 한 명이라 상상하면서 상반된 역할을 번갈아 해 보았다. 나중에는 여자들끼리 서로 알몸을 과시한다는 공상까지 했다.

Z는 하녀가 또 다른 처녀의 가랑이를 강제로 벌리고 음모를 뽑는 장면까지 상상했다. 그다음에는 잔인한 소년들이 처녀들을 칼로 찌르고 국부를 거세

하는 모습을 상상했다. 이런 상상으로 성욕을 자극했다. 그러나 그런 장면에서 자신은 적극적이든 소극적이든 어떤 역할도 맡으려 하지 않았다. 혼자 하는 자위행위를 위한 모습으로만 상상을 이용했다. Z는 지난 일 년 반 전부터 성욕이 감퇴하자 공상도 뜸해졌다. 아무튼, 주제는 항상 똑같았다. 가학 취향보다 피학대성 폭력을 더 생각했다.

최근에 Z는 어떤 숙녀를 보고서 그녀가 자신과 똑같은 성관념을 품었으리라고 생각했다. 이것이 바로 그가 세상과 소통하는 데 난처한 점일 것이다. Z는 본능을 정상적으로 해소할 줄 알게 되면, 부적절한 성관념을 걷어치울 수 있다는 소리를 들었다. 그래서 그는 최근 18개월 동안 끔찍이 싫어하면서도 두 번의 섹스를 시도했다. 그러나 번번이 실패했다. 특히 두 번째 시도에서 그는 너무 질색하면서 여자를 떠밀어 버리고 걸음아 나 살려라 하고 도망쳤다. (여자의 경우도 이런 성향이 있을 것이다.)

내 동료 한 사람이 다음의 사례를 전해 주었다. 본질적으로는 최음증에 가깝지만, 복종의 측면을 보면 마조히즘의 성격을 보여준다.

_사례 58 추녀에게 흥분하는 예술가

27세의 예술가 Z는 신체 건강한 미남이고 병들거나 상한 데는 없다고 주장한다. 어린 시절에도 건강했다는데 스물세 살 때 심기증에 걸렸다. Z는 성 문제에 대해 허풍쟁이였지만 대단한 모험가도 아니었다. 여자들이 그에게 수작을 걸어 봤지만, 여자들과의 관계는 순진한 애무에 그쳤다. 그는 자신에게 화를 내는 여자들을 탐내는 이상한 취미가 있었다. 스물다섯 살 때부터 아무리 추녀라고 해도 거만한 여자를 보면 자극을 받았다. 여자가 욕설 한 마디만 내뱉어도 거칠게 발기했다.

어느 날 Z는 카페에서 매우 못생긴 여점원이 계산대에서 어떤 남자에서 으르렁대듯 험담을 퍼붓는 소리를 들었다. 그 소리에 Z는 피할 수 없는 성욕이 동해 금세 사정에 이르고 말았다. Z는 성관계를 가졌던 여자들에게 자신을 질책하고 비참하게 해 달라고 요구했다. Z는 폰자허마조흐의 소설에 나오는 여주인공들 같은 여자들에게만 흥분을 느꼈다.

성생활의 이상한 도착은 타인이 알 수 없도록 오직 머릿속의 생각과 본능 속에서만 나타나기도 하지만 아무튼 빈번하게 나타난다. 가학증에 비해 법의학적으로 관심을 끌지 못하는 피학대 취향의 실제 의미는 오로지 정신적 무능으로 도착에 빠지는 바람에 발생한다. 그 증세는 적절한 이미지의 영향이거나 그 실행으로 홀로 욕구를 채우려는 격렬한 기벽이다. 피학대음란증은 매우 빈번하다. 지금까지 보았다시피 의학적으로 확인한 사례도 그만큼 많다.

대도시 매춘부들이 종사하는 일에서 이 문제에 관한 무수한 기록이 나온다. 파리의 사창가 창녀들은 기행을 벌이던 피학대음란증세의 손님을 '노예'라고 불렀다. (탁실)

광기와 성

문인과 사상가의 정신이상

주목할 만한 흥미로운 사실이 있다. 역사적으로 가장 유명한 인물이 이런 기벽을 즐겼고 자서전을 통해 경험을 털어놓았다. 물론 그 해석에 잘못된 부분이 없지는 않다. 바로 위대한 사상가 장자크 루소가 『고백록』에서 털어놓은 증세가 피학대음란증이다. 루소의 증세는 뫼비우스와 샤틀렌이 분석했다.

루소는 『고백록』의 첫머리부터 당시 서른 살이던 랑베르시에 양이 여덟 살이던 자신에게 얼마나 강압적이었는지 회상한다. 루소가 그 노처녀의 오빠 집에서 수련하던 문하생이었다. 그녀는 루소가 질문에 곧바로 답하지 못하면, 회초리로 무섭게 위협하면서 깊은 인상을 남겼다. 어느 날, 그녀가 체벌하자 루소는 아프고 창피했지만 기묘한 육감을 느꼈고, 다른 벌을 받고 싶은 강렬한 요구에 휩싸였다. 그렇지만 숙녀에게 수고하게 만들어 폐를 끼칠까 봐 루소는 이런 달콤한 아픔을 즐길 기회를 잡지 못했다. 그러던 어느 날, 루소는 뜻밖에 그녀에게 벌을 받았다. 그것이 마지막이었다. 그녀는 체벌의 이상한 효과를 눈치 채고 자기 방에서 어린 루소를 다시는 재우지 않았다. 그날 이후 루소는 마음에 드는 숙녀에게 그녀와 똑같은 방식으로 벌을 받고 싶어 했다. 물론, 루소는 자신이 청년이 될 때까지 성관계한 적이 없다고 주장한다.

우리가 알기로는 루소는 서른 살이 되어서야 바렌스 부인[8]으로부터

---

8 Françoise-Louise de Warens, 1699~1762. 루소는 바렌스 부인을 '엄마'라고 불렀다. 알프스 산록 샹베리에 있는 바렌스 부인의 자택 '레 샤르메트'에서 루소는 1735년부터 1737년까지 살면서 부인을 스승과 애인으로 삼았다. 레 샤르메트는 지금도 방문할 수 있다.(역주)

사랑의 진정한 수수께끼를 배웠다. 그때 동정을 잃었다. 그때까지 루소는 여자들에 대해 매를 맞는 등의 피학대 취향에서 우러나는 감정과 번민밖에 몰랐다. 루소는 매질로 깨어났던 이상한 관능으로 얼마나 엄청난 성욕에 시달렸는지 낱낱이 고했다. 욕망에 괴로워했지만 그것을 표현할 길이 없었다. 하지만 루소가 그저 매질에만 사로잡혔다고 생각한다면 잘못이다. 매질은 피학대 취향의 사고를 깨웠을 뿐이다. 이것이 그가 흥미로운 자기성찰을 했던 심리의 핵심이다. 루소에게 중요한 것은 여자에게 복종한다는 생각이다. 루소는 그것을『고백록』에서 시원하게 밝힌다.

강압적인 여자 앞에서 그 명을 따르고 용서를 구하는 것이 감미로운 기쁨이었다.

여자 앞에서 수치스럽게 복종한다는 생각이 가장 중요했다. 사실, 여자 앞에서 수치를 겪고 싶은 기벽에 대한 연상이 체벌로서 나타났을 뿐이라고 가정한다면 이는 루소의 오판이다.

내 취향을 솔직히 밝힐 엄두를 내지 못해 나는 간직하던 생각만으로 관계를 즐겼다.

루소의 경우를 완전히 이해하고, 또 그가 자신의 심정을 분석하면서 저질렀던 오류를 찾아내려면, 수많은 피학대음란증으로 확인된 경우들과 비교해야 한다. 매질과 무관하고, 또 굴욕 본능에 대한 순수하게 타고난 심리를 분명히 보여주는 경우다.

알프레드 비네[9]는 루소의 사례를 깊이 분석하고 나서 그 피학대 취향의 의미에 주목했다.

루소가 사랑한 여자들은 눈살을 찌푸리고, 손을 치켜들거나 엄한 눈길로 강압적인 자세를 보이는 여자들만은 아니다. 이런 태도는 여자들의 감흥을 밖으로 드러낸 사실일 뿐이다. 그는 자부심이 강하고 오만하고, 분노하며 자신을 짓밟는 여자를 사랑한다.

비네는 루소의 수수께끼 같은 심리를 페티시즘과 관련이 있다고 단정했다. 차이가 없지는 않다. 페티시즘의 목표물, 즉 어떤 사람의 마음을 끄는 물건(대상)이 반듯이 손과 발 같은 물체일 필요는 없고, (성격 같은) 지적인 자질도 대상이 된다. 비네는 이와 같은 열광을 보통의 페티시즘에서 나타나는 '형태(몸매 등)에 대한 사랑'과 다른 '정신적 사랑'이라고 했다. 흥미 있는 지적이다. 그러나 사실을 한마디로만 가리켰을 뿐 설명은 없다. 그 현상을 설명할 수 있을까? 나중에 자세히 살펴보기로 하자.

유명했음에도 평판이 좋지 않던 프랑스 문인 보들레르는 정신이상으로 사망했는데, 피학과 가학의 소질을 엇비슷하게 보였다. 보들레르는 정신이상의 병력이 있는 가족 출신이다. 그는 어렸을 때부터 생리적으로 비정상이었다. 그의 성생활도 분명 병적이었다. 보들레르는 흑인, 난쟁이, 거인 등 일반 대중이 추하고 역겹게 보는 사람들과 연애했다. 그는 아름다운 미녀에게 발에 키스할 수 있도록 팔을 허공에 묶인 채 매달린 모습을 보고 싶다고 했다. 그의 시에도 나타나는 맨발에 대한 열광은 성적 쾌

---

9 Alfred Binet(Alfredo Binetti), 1857~1911, 프랑스 심리학자로 심리 측정법을 개발했으며, 『사랑 가운데 페티시즘』(1887)을 비롯한 많은 저서를 내놓았다.(역주)

락과 같았다. 보들레르는 여자를 동물이라면서 가두고 패며 잘 먹여야 한다고 했다. 피학과 가학의 기벽을 털어놓았던 그는 정신마비로 백치 상태로 사망했다. (롬브로소)

최근까지 학술서들은 마조히즘으로 인한 사실에 거의 주목하지 않았다. 그런 가운데 (매춘의 성병 방어 기능을 옹호했던) 타르노브스키는 행복하게 살던 한 지성인을 환자로서 만났던 일을 상기했다. 환자는 때때로 거칠고 추잡하게 모욕받고 싶은 강한 욕구에 시달렸다. 냉소적인 사람들과 남성동성애자나 창녀에게 욕을 보고 매를 맞고 싶어 했다. 타르노브스키의 소견에서 주목할 점은, 매를 맞으려 하는 사람들은 피가 나도록 매질을 당할 때까지도 언제나 바라던 목적(최소한 발기나 사정)을 이루는 것만은 아니라는 사실이다.

그러자면 그 사람은 옷을 벗기고, 손을 묶이고 의자에 묶인 채 매질을 당해야 한다. 매 맞는 동안 저항할 생각은 없고 모욕만 받으려 한다. 매질 또는 채찍질을 받아야 사정에 이를 만큼 흥분한다.

치머만[10]도 같은 주제로 문학과 문명의 역사에서 많은 자료를 수집했다. 또한 소설가 에밀 졸라는 『나나』와 『외젠 루공』에서 피학대음란증의 장면을 묘사했다. 특히 프랑스와 독일의 퇴폐주의 문학은 피학증과 가학증에 많은 관심을 쏟는다. 스테파노브스키에 따르면 현대 러시아 소설도

---

10 Oswald Franz Alexander Zimmermann, 1859~1910, 독일 정치인이자 언론인으로 독일제국의 대표적 반유대주의 활동가였다. 1885년에 펴낸 『고통의 쾌감』이 본문에서 인용되었다. 알베르 몰 박사는 저서 『성본능의 도착 현상』(1893)에서 동성애자인데 노예처럼 고문당하는 데 익숙한 남성을 자세히 소개했다. 특히 현대문학에서 자허마조흐의 작품들이 피학대음란증 환자들의 전형적 정신 상태를 묘사했다.(역주)

마찬가지 주제를 다룬다. 그러나 여행가 게오르크 포르스터[11]는 이런 주제가 러시아 민요에서도 중요한 몫을 했다고 전한다.

---

[11] Johann Georg Adam Forster, 1754~1794, 독일 인류학자, 문인이자 혁명운동가로 제임스 선장의 세계일주 항해에 참가한 과학탐사 문학의 창시자다.(역주)

발과 신발에 대한 애착 – 페티시즘

발과 신발에 특별한 애착을 보이는 피학대음란증 환자들이 많다. 이런 증세는 '페티시즘'이라는 이상 현상과 더불어 자리를 바꾸며 이동한 것이지만, 페티시즘보다 마조히즘에 더 가깝다. 페티시즘이라면 성적 관심이 여체나 여성 복장의 특정 부분에 집중된다. 가장 빈번한 페티시즘은 여자의 발 또는 신발에만 욕정을 품는 기벽이다. 발길질 받기를 좋아하는 피학대 성향은 대부분 예속의 기본적 표현이다.

다음 사례는 해먼드가 앞에서 꼽았던 것과 매우 유사하지만 훨씬 상세하다.

_**사례 59** 여자 장화에 애착하는 남자

L은 31세로 뷔르템베르크의 회계사인데 병력 많은 가족 출신이다. L은 장신인데 건장한 모습이다. 그는 평소에 차분하다가도 어떤 여건이 되면 불쑥 난폭해진다. 자기 스스로 왈패, 시비꾼이라고 자처한다. L은 성격이 좋고 관대하다. 별 것 아닌 것으로도 눈물을 흘리며 울고 싶은 심정이 된다. 학교 다닐 때 그는 적응을 잘 하는 재능 있는 학생으로 통했다. 그러나 때때로 뇌충혈로 고생했다. 그러나 그때 함께 도지는 도착증으로 우울해질 때만 지나면 언제 그랬냐는 듯 나아졌다.

L이 과거에 어떤 유전 질환을 앓았는지는 거의 확인할 수 없었다. L은 자신의 과거 성생활에 대해서는 다음과 같이 알려주었다.

L은 여덟, 아홉 살 때부터 이미 개처럼 학교 선생의 장화를 핥고 싶어 했다. 어느 날, 개가 누군가의 장화를 핥는 모습을 보고 자기도 그러지 못할 것

이 없다고 생각했다. 그랬었다고 장담하지는 못했지만 분명 꿈이 아니라 깨어 있을 때 그런 생각이 들었다고 확신했다.

L은 열 살부터 열네 살 때까지 친구들과 소녀들의 반장화를 건드리려고 했다. 주로 귀족과 부잣집 친구들의 것을 선택했다. 승마용의 목이 긴 가죽 장화를 신고 다니던 부잣집 아들 친구가 있었는데, L는 친구가 자리를 비울 때마다 가죽 장화를 집어 들고 자기 몸과 얼굴에 비볐다. L은 용기병대 장교의 멋진 가죽 장화로도 똑같은 짓을 했다.

사춘기 이후 L은 오로지 여자들의 신발만 보면 욕구를 느꼈다. 특히, 수영하는 계절에 L은 어떤 방법으로든 젊은 여자들의 수영복을 입거나 벗는 일을 도와주려고 했다. L은 부잣집 딸과 귀부인만 골랐다. 그는 밖에 나가서도 거리에서 멋진 신발만 두리번거리며 찾았다. 신발에 대한 그의 정열은 매우 강했다. 그래서 신발에 묻은 흙이나 오물까지 지갑에 넣고 입에 넣기도 했다.

L은 열네 살 때 벌써 멋지게 목이 긴 장화를 보려는 욕심만으로 사창가와 생음악 카페를 드나들었다. 그러나 단화에는 흥미를 덜 느꼈다. 교과서와 화장실 벽에 그는 항상 장화만 그렸다. 극장에 가서도 숙녀들의 신발만 주목했다. 거리에서도 여객선에서도 내내 우아한 장화를 신은 숙녀들만 따라다녔다. 그러면서 환장한 듯 장화를 만져 볼 기회만 노렸다.

L의 장화에 대한 특별한 편애는 지금도 여전하다. 그는 장화 신은 여자의 발길에 걷어차이거나 장화에 입을 맞출 수만 있다면 가장 큰 쾌감에 취할 수 있다. 그는 구둣방 앞에서 걸음을 멈추고 장화만 응시했다. 멋진 장화의 모양에 흥분했다. L은 목이 길고 단추가 붙거나 굽이 높은 장화를 특히 좋아한다. 그러나 굽이 낮고 평범한 장화도 만약 그것을 신은 여자가 부자이거나 상류층이라면 흥분한다. 특히 자부심이 강하고 오만한 여자가 신고 있을 때는 더더욱 그랬다.

스무 살이 되자 L은 섹스를 시도했다. 그러나 "엄청난 노력을 했지만" 실패했다. 섹스를 시도하는 동안 L은 신발 생각을 하지 않았다. 그러나 그전에 미리 신발을 보면서 흥분을 지속해 보려고 했다. L은 자신이 미리 너무 흥분하는 바람에 실패했다고 주장한다. 그는 지금까지 네댓 번 섹스를 시도했지만 소용없었다. 그중 한 번은 불평하면서도 시도했다가 매독에 걸렸다.

나는 L에게 최고의 쾌락은 무엇이냐고 물었다가 "그거야 벌거벗고 마루에 누워 멋진 장화를 신은 여자들에게 짓밟힐 때인데, 창녀하고나 할 수 있으니 원…"이라는 답을 들었다. L은 말이 나온 김에 창녀들 가운데 상당수가 자기처럼 이상한 짓을 하는 남자들을 알고 있다고 했다. 증거는 적지 않다. 창녀들끼리는 그런 취향의 사내를 '장화손님'이라고 부른다.

어쨌든 L은 가장 기분 좋고 멋진 행위를 드물게만 해보았다. 그는 절대로 '질 속에 음경을 집어넣는다'는 의미로서 섹스를 감행할 생각을 못 했다. 그렇게 한다고 즐겁겠다고 생각하지 않았다. 게다가 점점 더 섹스를 두려워했다. 그래서 시도했을 때조차 실패했으리라. 스스로도 섹스할 수 없다는 사실 때문에 항상 거북했다고 인정한다. 그는 자위행위도 결코 하지 않았다. 간혹 어쩌다가 장화를 껴안거나 그 비슷한 행위로 수음하는 기벽을 채우기도 했지만 만족감은 없었다. 장화에 흥분하면서 발기해 봐야 정액 같은 것만 조금 천천히 흘러나왔기 때문이다.

L은 누가 벗었든 신발만 보아도 흥분했다. 그러나 여자가 신고 있을 때보다야 훨씬 못했다. 아직 아무도 신지 않은 완전한 신제품은 구제품을 볼 때보다 자극이 현저하게 떨어졌다. 여전히 새것 같아 보여도 오래 신었던 것에 가장 흥분한다. 숙녀가 아직 신지 않는 장화도 마찬가지로 자극적이다. 이런 경우 L은 숙녀가 장화를 신은 장면을 상상한다. 입술과 성기로 장화를 문지른다. L은 솔직하고 오만한 여자가 구둣발로 자신을 짓밟는 장면을 떠올리면 "좋아서 죽을 것만" 같았다.

지금까지 내용을 요약해 보자. 오만한 부자로서 '폼 나는' 여자들이 우아한 장화를 신고 있다. 이것이 특별한 매력의 핵심이다. 물론 환자는 여성의 외모에 둔감하지 않다. 그는 장화와 상관없이 미녀에 열광한다. 그러나 성욕과 무관한 감정이다. 장화와 연결된 관계에서도 신체의 매력은 무시하지 못할 요소다. L은 제아무리 멋진 장화를 신었더라도 못생기고 늙은 여자에 흥분하지 않는다. 그 밖의 다른 복장과 장신구도 중요한 역할을 한다. 따라서 그가 특별한 감정에 사로잡히는 것은 "기품 있는 여자들이 멋진 장화를 신었을 때뿐"이다. 일하는 복장을 한 상스러운 하녀에 절대 흥분하지 않는다. 하녀가 최고로 멋진 장화를 신었더라도 마찬가지다.

지금 L에게 동성애 성향은 없다. 또, 남자 구두라면 단화든 장화든 시큰둥해한다. 그런데 그가 쉽게 발기할 만큼 또 다른 여건이 있다. 만약 어린아이가 자기 무릎에 앉았을 때나 개나 말을 한동안 손으로 쓰다듬을 때, 열차를 타고 이동 중일 때거나 말을 타고 산책할 때처럼 몸을 움직일 때 발기한다. 매일 아침, L은 발기한다. 또, 자기가 원하듯이 장화를 건드리려고 생각하지 않고서도 남근을 불끈 세운다.

L은 과거에 서너 주에 한 번씩 심야에 몽정했다. 반면에 지금은 서너 달에 한 번이나 할 만큼 드문 일이다. 관능적인 꿈을 꾸면서 L은 항상 깨어 있을 때 흥분하던 생각과 똑같은 생각으로 흥분한다. 얼마 전부터 그는 발기 상태에서 정액이 흘러나온 느낌을 받았다고 생각했다. 그러나 음경 끝이 무엇인가 축축해 그렇다고만 생각했다.

환자가 지닌 성의 세계를 건드리는 독서도 일반적으로 흥분을 자아낸다. L은 폰자허마조흐의 『모피를 입은 베누스』를 읽으면서 너무 흥분해 정액을 줄줄이 흘렸다. 어쨌든 이런 분출로 성욕을 완전히 채웠다.

나는 L에게 만약 여자에게 얻어맞는다면 흥분할 것 같으냐고 물었다. L은 긍정적으로 대답할 수 있다고 생각했던 모양이다. 물론 그가 반듯이 똑같은 경험을 한 적은 없다. 그러나 어떤 여자가 농담하듯이 몇 대 툭 쳤을 때 항상 매우 기분이 좋았다고 한다. L은 특히 여자가 비록 신발을 신지 않았더라도 그에게 발길질했다면 몹시 쾌감을 느꼈다. 그렇지만 발길질 자체 때문에 흥분한 것은 아니다. 여자가 자신을 타격했다는 생각 때문이고, 그 방법보다 모욕 때문이다. 모욕과 타격도 오만하고 기품 있는 여자가 했던 것일 때라야 효과가 있었던 모양이다. 요컨대, 그의 쾌감은 수치심이나 복슬개의 헌신에서 비롯한다. L은 "어떤 여자가 엄하고 냉정하게 나에게 기다리라고 명했다면, 아무리 엄혹한 날씨라도 기분 좋을 것"이라고 했다. 나는 환자에게 반장화를 보았을 때 수치심이 일어났느냐고 물었다. 그의 답은 이렇다.

특히 여자들의 반장화를 보면 수치심이 일어났던 것 같다. 사람들은 상징적으로 (복음서를 인용해) "나보다 능력 많은 이가 내 뒤에 오시나니 나는 굽혀 그의 신발 끈을 풀기도 감당하지 못하겠노라"(누군가에 비해 너무나 비천하다)고 하듯이 복종하려면 무릎을 꿇어야 하기 때문이다.

여자의 아랫도리도 L을 자극한다. 그러나 미미한 편이다. 반장화를 신었을 때뿐이다. 여성용 반장화에 대한 열정은 점점 가열되었지만 최근 몇 해 만에 조금 식었다고 한다.

L은 매춘부를 가끔 찾는다. 그렇지 않은 때에는 자제한다. 어쨌든 신발에서 받는 쾌감에 여전히 사로잡혀 있기 때문이다. 숙녀의 멋진 반장화에 홀린 그는 아름다운 풍경에 눈길조차 주지 않는다. 그는 정말로 밤중에 종종 호텔 복도를 찾아 들어가 우아한 숙녀들의 반장화를 집어 들고

광기와 성

입을 맞추고, 얼굴과 특히 성기에 대고 누른다.

L의 경제 사정은 나무랄 데 없다. 그는 얼마 전에 신분을 감추고 상류 사회 귀부인의 시종 노릇을 해 보려고 이탈리아 여행까지 했지만 성공하지는 못했다. L은 지금까지 상담만 했을 뿐 아직 치료받지는 않았다. 요즘도 자기 상태를 편지로 내게 전하고 있다.

환자 L의 사연에 해설이 필요하다. 그것은 그 질환의 가장 정확한 모습으로 보인다. 신발에 대한 애착증과 피학대 취향의 밀접한 관계를 밝혀주기 때문이다. 환자의 쾌감은 원칙적으로 묻기도 전에 먼저 실토하듯이 자신보다 훨씬 지체 높은 여자에 대한 복종에서 비롯한다. 거만하고 사회적 신분이 대단히 높아야 한다. 수많은 사례에서 완전히 피학대음란증에 사로잡혔을 때, 여자의 장화 또는 반장화는 굴욕의 도구로서 완전히 특별한 성적 관심거리다. 정도의 차이는 있지만 다른 경우와 다른 진도를 보여준다. 피학대성의 기벽은 더욱더 뒷전으로 물러나고 차츰 의식에서도 멀어진다. 반면, 여자의 신발에 대한 관심은 여전히 활발하게 의식에 살아 있고, 또 설명할 수 없는 기벽을 보여준다. 신발에 대한 애착은 대부분 이런 경우에 속한다.

신발에 애착을 보이는 수많은 사람(대부분 신발 절도범)은 다른 페티시즘 환자와 마찬가지로 법의학적으로 보아도 흥미롭다. 이들은 페티시즘과 마조히즘의 접경지대를 차지한다. 이런 환자들 대부분은 일부 또는 전부가 무의식적 동기에서 비롯한 잠재적 마조히즘에 걸려 있다. 여자의 발과 신발은 피학대음란증 환자가 애착을 보이는 대상처럼 그 자체가 중요하다. 이에 관해 한 번 더 또 다른 사례를 보자. 모두 여자의 신발이 중요한 관심거리인데, 피학대 취향의 기벽이 여전히 중요한 몫을 한다. (사례 44와 비교해 보자.)

X는 25세의 청년이다. 그의 부모는 건강하고 심한 병을 앓은 적이 없다. 청년은 다음과 같은 수기를 내게 전했다.

나는 열 살 때 자위행위를 시작했지만 쾌감을 생각하지도 않았다. 그때 이미 멋쟁이 여자들의 반장화를 보거나 만지면서 특별한 감흥을 느꼈다. 강렬한 욕구로 비슷한 반장화를 신고 가장무도회에 나갔다. 비천한 상황을 겪어 보고 싶은 고민도 했다. 많은 노예의 설화에서 묘사했던 대로 완전히 박해받고 두들겨 맞는 노예가 되어 보고 싶었다. 저절로 솟구친 욕망인지 아니면 노예 이야기를 읽다 보니 그렇게 되었는지는 나도 모르겠다.

열세 살 때, 나는 사춘기에 접어들었다. 사정을 경험하면서 쾌감도 활발해졌고, 또 하루에 두어 번쯤 자위행위를 했다. 열두 살 때부터 열여섯 살 때까지 나는 자위행위를 하면서 누군가 내게 여성용 반장화를 가져오라고 심부름을 시키는 공상을 했다.

여자가 멋진 반장화를 신고 있는 모습에 홀린 채, 가죽 냄새를 억척스레 맡았다. 자위행위를 하는 동안 가죽 냄새를 맡으려고 가죽 토시를 구입하기도 했다. 여성용 가죽 반장화를 열렬히 좋아하는 것은 지금도 똑같다. 단지 열일곱 살 때부터 시종 노릇을 하고 싶은 욕심이 더 생겼을 뿐이다. 지체 높은 숙녀들의 신발에 광을 내고, 신발을 신기고 벗기며 시중을 들고 싶었다. 나는 밤중에 반장화가 꽤 비중 있는 역할을 하는 장면을 꿈속에서 보았다. 어떤 숙녀 발치에 누워 반장화의 냄새를 맡고 혀로 핥았다.

최근 1년간, 나는 자위행위를 하지 않고 창녀를 찾아갔다. 단추가 붙은 여성용 반장화에 홀려 섹스는 하지 못했다. 그 자리에서 나는 창녀의 신발을 침대에서 끌어안았다. 나는 과거에 자위행위를 결코 불안해하지 않았다. 나는 그것을 쉽게 배웠고 분명히 기억하지만, 그동안 살아오면서 한 번도 두통으로 고생해 보지 않았다.

우리 형 이야기를 하자면, 형도 신발에 광적으로 집착했다. 많은 일이 있었지만 형이 예쁜 사촌에게 자기 몸을 밟게 하면서 희희낙락했다는 것은 확실하다. 아무튼, 내가 자신 있게 말할 수 있는 것은 신발가게 앞에서 진열창을 들여다보는 사람은 '신발에 반해 사랑에 빠진 사람'이거나 그게 아니거나 둘 중 하나가 틀림없다. 비정상적인 일은 매우 잦다. 친구들과 대화하면서 여자에게서 가장 자극적인 것이 무엇인지 아느냐고 물어보면 종종 벌거벗은 여자보다 옷을 입은 여자라는 답을 듣는다. 그렇지만 누구나 자신의 특별한 애물愛物이 무엇인지 밝히기를 꺼린다. 우리 삼촌도 신발에 애착을 지닌 사람이었던 것 같다.

_사례 61 검은 가죽 반장화에 환장하는 사람

미국인 X는 유복한 가정 출신으로 심신이 모두 건강했다. 그러나 사춘기부터 여자의 신발에 흥분했다. 여자가 맨발이든 양말만 신었든 그는 아무 흥미도 없었지만, 구두를 신은 발이나 구두만으로도 발기하고 심지어 사정까지 했다. 우아한 반장화만 보아도 마찬가지였다. 옆에 단추가 달리거나 굽이 높은 검은색 가죽 반장화만 보면 환장했다. 반장화를 만지고 끌어안거나 신어 볼 때마다 성기는 몹시 흥분했다. 그의 쾌감은 반장화 뒤축에 징을 박아 그것에 몸을 밟혀 찔릴 때 더욱 커졌다. 무섭게 고통스러웠지만 정말로 쾌감을 느꼈다. 특히 숙녀의 아름다운 발 밑에 꿇어앉아 발길에 차일 때가 가장 쾌감이 강했다. 만약 신발을 신은 여자가 추녀라면 효과가 없고, 환자의 상상력은 식어 버렸다. 만약 신발밖에 없었다면 미녀가 있다고 상상하기만 해도 사정에 이르렀다. 반면, 환자는 심야에 몽정할 때 미녀의 반장화만 상상해도 가능했다.

환자는 여자의 본능에 대한 대화를 어이없어하고 대수롭지 않게 여겼지만, 신발장에 놓인 여성용 구두를 보면 마치 부도덕한 것처럼 충격을 받았다. 환자는 수차례 섹스를 시도했지만 소용없었다. (만테가차)

다음의 사례에서 피학 성향은 여전히 두드러지지만, 그와 나란히 가학 성향도 엿볼 수 있다. (앞에서 짐승을 학대하던 사람들과 비교할 만하다).

_사례 62 우아한 반장화에 발동하는 성욕

X는 혈기왕성한 26세의 청년이다. 그런데 청년은 대단한 '멋쟁이' 여자의 우아한 반장화에서만 성욕이 발동한다. 주로 검은 가죽에 굽이 매우 높은 제품이다. 착용한 여자가 없어도 괜찮다. 반장화를 보고 빨고 부둥켜안는 것이 그에게는 최고의 '낙'이었다. 여자의 맨발이나 스타킹만 신은 발에 아무런 감흥을 못 느낀다. 유년기부터 청년은 숙녀용 반장화만 보면 마음이 약해졌다.

X는 기운이 좋다. 여자와 관계할 때 여자는 멋진 옷차림에 특히 아름다운 반장화를 신고 있어야 한다. 그런데 쾌감이 절정에 달하면, 반장화에 대한 감탄에 잔인한 생각이 뒤섞인다. 반장화의 재료로 가죽을 사용한 동물이 고통을 받는다면 짜릿하겠다고 생각한다.

X는 때때로 암탉 등 살아 있는 동물을 사창가로 가져가 매춘부가 멋진 구둣발로 짓이기도록 했다. 그 모습에 입맛을 다시며 좋아했다. 그러면서 "베누스에게 바치는 희생제"라고 불렀다. 또, 한 번은 구두를 신은 여자에게 자신을 밟고 걸어 보라 했고, 그렇게 쾌감에 취했다. 1년 전까지 X는 여자를 못마땅하게만 여기고, 자기 취향에 맞는 여자용 반장화만 애무하며 지냈다. 그러는 동안 완전히 절정의 쾌감을 맛보았다. (롬브로소)

다음 사례도 (심한 고통을 즐기려고) 구두 뒤축에 징을 박고, 은밀히 가학성 취미를 곁들인다는 점에서 앞과 같은 부류에 속한다.

_사례 63 여자 구두에 몰입하는 남자

X는 34세의 기혼남이다. 그의 부모는 신경증 환자였다. 그는 어려서부터 심각한 경련으로 고생했다. 그는 놀랍게 조숙해 세 살 때 벌써 글을 읽었다. 그러나 한쪽으로만 발전해 그때 벌써 신경이 예민했다. X는 일곱 살 때 여자들의 구두에 뜨겁게 몰입했다. 특히 뒤축에 박힌 징에 몰두했다. 징을 보거나 만지고 수를 세면서 형언할 수 없는 기쁨을 맛보았다.

X는 밤중에 사촌들이 반장화를 맞추어 신으려고 치수를 재고, 또 자신이 말발굽에 편자를 박거나 심지어 사촌의 발을 자르는 꿈까지 꾸었다. 시간이 갈수록 구두와 함께 펼쳐지는 장면에 너무 사로잡힌 나머지 X는 낮에도 그 장면에 취했고, 또 쉽게 성욕을 해소했다.

X는 같은 아파트에 사는 여자들의 구두를 구해 성기로 문질러 대면서 사정하곤 했다. 그는 학창 시절에 잠시 이런 생각을 억제했다. 그러나 길거리에서 여자들의 발걸음 소리만 들려도 다시 구두 생각이 떠올라 견딜 수 없는 짜릿함에 떨기도 했다. 여성용 반장화에 박힌 징을 보거나 신발가게 진열창에 놓은 구두를 볼 때도 마찬가지였다.

X는 결혼했고, 신혼 초 몇 달 동안은 그런 충동은 없었다. 그러나 차츰 신경쇠약으로 극도로 흥분하곤 했다. 그 무렵, X는 구둣방 주인이 숙녀용 구두의 징과 그것을 박는 이야기를 듣고 불쑥 흥분했다. 흥분은 큰 징이 박힌 구두를 신은 미녀를 보았을 때 더욱 격렬했다. X는 여성용 구두 뒤축을 종이에 대고 오려 거기에 징을 박거나 아예 구두를 구입해 구둣방에 징을 박아 달라고 부탁하고 집으로 가지고 돌아와 성기로 건드리기만 해도 사정에 이를 만큼 흥

분했다. 물론 구두의 이미지만 떠올려도 마찬가지였다.

X는 지성을 갖추었고 일에도 성실하다. 그러나 이상한 성욕과 싸우거나 버텨 내지 못한다. 그는 포경이고 남근은 짧고 아래쪽으로 휘었다. 발기에 별로 적합지 않은 모양이다. 어느 날, X는 제화점 앞에 서 있던 숙녀 앞에서 자위행위를 하고 말아 즉시 현행범으로 체포되었다. (블랑슈)

나중에 사례 111에서 다시 보겠지만, 남자 하인의 반장화에 환장하는 동성애자도 있다. 물론 하인에게 구둣발로 밟아 달라고 애원도 한다. 다음 경우도 피학 성향이 뚜렷하다.

_사례 64 더러운 반장화를 핥는 남자

X는 도매상인데 특히 궂은 날씨를 맞으면 다음과 같은 욕망대로 따랐다. 우선 창녀를 찾아 자신과 함께 제화점으로 데려가서 광나는 반장화 한 켤레를 사주면서 즉시 신겼다. 새 신을 신은 창녀는 가능한 주변에서 가장 불결한 개울과 골짜기로 찾아가 신발을 더럽혔다. 그렇게 하고 나서 X는 매춘부를 호텔로 데려가 방안에 들어서기 무섭게 여자의 발목에 달려들어 입술로 핥고 굉장한 쾌감에 헐떡였다. 이런 식으로 반장화를 완전히 깨끗이 핥은 다음 여자에게 팁을 두둑이 주고 돌려보냈다. (파스칼)

이와 같은 사례들 모두 피학대음란증 환자는 구두를 일종의 '페티시(애물)'로 삼는다. 여자가 착용한 구둣발의 이미지와 그것에 짓밟히고 모욕당한다는 생각이 밀접한 관계를 맺기 때문이다.

신발에 이상한 애착을 품는 또 다른 증세에서도 여자의 반장화만으로도 성욕의 자극을 받는 경우처럼 피학 성향의 동기가 숨어 있다. 무의식 세계 깊은 곳에서 발길에 걷어차인다는 공상을 하는데, 구두는 그것을 행동으로 옮길 수단이다. 결국 이렇게밖에 설명할 방법이 없는 경우가 많다. 잠재적 피학대음란증의 동기는 무의식적일 수 있다. 환자가 과거에 분명한 사고를 당하는 바람에 비롯한 연상 작용 탓일 때만 제외하면 그렇다고 하겠다. 이는 사례 87과 88에서 볼 수 있다. 뚜렷한 의식적 동기가 없고 원인도 알 수 없지만, 여성의 구두에 대한 성적 기벽을 보여주는 사례는 풍부하다. 세 가지만 살펴보자.

_사례 65 여자 구두에 흥분하는 성직자

50세의 성직자인데 때때로 셋방을 구한다면서 창녀촌을 드나들었다. 창녀와 대화를 나누고 여자들의 구두를 훔쳐본다. 그러다가 하나를 집어 입 맞추며 물어뜯었다. 또, 성기에 대로 문지르면서 흥분하고 사정했다. 절정의 황홀감에서 깨어나면 구두의 임자에게 며칠 빌려 달라고 하고 수없이 감사해하면서 가져갔다. (칸타라노)

_사례 66 여자의 발에 끌리는 남자

Z는 23세의 대학생으로 병력이 있는 가정 출신이다. 그의 누이는 우울증, 형은 남성 히스테리로 고생했다. Z는 유아기부터 이상하게 아플까 걱정이 많았다. 나는 Z를 '정신병'으로 보았다. 지능이 꽤 부족하고, 심기증 외에도 신경쇠약의 징후를 보였다. 자위행위를 하고 있음도 확인했다. 환자는 자신의 성생활에 관한 매우 흥미로운 사실을 털어놓았다.

Z는 열 살 때 친구의 발에 홀딱 반했다. 열두 살부터 여자들의 발에도 환장하기 시작했다. 보기만 해도 짜릿한 즐거움을 느꼈다. Z는 열네 살 때, 아름다운 여자의 발을 상상하면서 자위행위를 시작했다. 그 무렵부터 세 살 위 누

나의 발을 보면서 황홀경에 빠졌다. 또, 자신에게 친절한 여자들의 발을 보면서도 성욕이 끓어올랐다.

Z는 여자의 발에만 끌렸다. 여자와 가지는 성관계를 혐오했다. 섹스를 한 번도 시도하지 않았다. 열두 살 때부터 남자의 발에 대한 관심은 완전히 사라졌다. Z는 여자의 신발 형태에 무관심하다. 신발을 신은 사람이 마음에 드는 인물이어야 한다는 점이 중요하다. 창녀의 발을 가지고 논다는 생각은 역겨워한다.

몇 해 전부터 Z는 누이의 발을 사랑하기 시작했다. 그 구두만 보면 관능에 격하게 흥분했다. 누이와 뽀뽀하거나 포옹해도 이런 효과는 없다. Z는 마음에 드는 여자의 발을 감싸 쥐고 입을 맞출 때가 가장 행복하다. 그는 종종 누이의 구두에 자기 남근을 대 보고 싶었다. 그러나 지금까지 잘 버텨 왔다. 최근 2년 전부터 자신의 성기에 힘이 없기도 했고 발만으로도 사정하기에 충분했기 때문이다.

주변 사람들은 Z를 자기 누이의 발을 "황당하게 찬양한다."라면서 병자 취급을 한다. 그래서 누이도 조심하며 발을 감추려고 애쓴다. Z는 자신의 변태성욕이 병적이라고 알고 있고, 자신의 부적절한 공상이 자기 친누이의 발을 향하고 있기 때문이라며 매우 힘들어한다. Z는 가능하다면 누이와 접할 기회를 피하면서 자위행위로 대신하려고 한다. 자위하는 동안 그는 항상 여자의 발을 상상한다. 몽정 중에도 마찬가지다. 욕구가 너무 강하면 그는 누이의 발을 보고 싶은 선망을 더는 견디지 못한다. 어쨌든 사정하고 나면 너무나 시시했다고 분개한다.

Z는 누이의 발을 생각하면서 많은 밤을 잠들지 못하고 지새웠다. 그는 종종 누이를 계속 사랑하고 있는 자신에게 놀란다. 누이가 자기 앞에서 발을 감출 때면 Z는 몹시 분해했다. 사정할 수 없기 때문이다. 이런 증상 외에 다른 모든 점에서 그는 건전하다. 주변 사람들도 그렇게 확신한다.

광기와 성

_사례 67 여자 구두를 훔친 남자

뉴욕 사람 S는 대로에서 저지른 절도 혐의로 고발되었다. 그의 가족 가운데 광증에 시달린 사람이 많다. 고모와 큰아버지는 저능아였다. S는 일곱 살때, 뇌에 두 번이나 큰 충격을 받았다. 열세 살 때에는 발코니에서 떨어졌고 열네 살 때에는 심한 두통을 앓았다. 흥분하게 되거나 그 직후에 S는 구두를 훔치고 싶은 이상한 기벽을 보였다. 구두 한 켤레가 아니라 한 짝만. 그리고 가족 가운데 오로지 여자의 것만. 사람들이 야단치면 그는 잘못을 부인하거나 기억이 나지 않는다고 둘러대었다. 구두를 훔치려는 욕심은 서너 달에 한 번씩 주기적으로 찾아왔다. 한번은 S가 하녀의 신발을 훔치려고 했고, 또 한번은 누이의 방에서 훔쳤다.

S는 봄에 길을 가던 두 숙녀의 신발을 강제로 벗겨 달아났다. S는 8월의 이른 아침에 숙소에서 나와 활판공으로 일하던 인쇄소로 가던 길이었다. 그렇게 출근길에 마주친 처녀의 신발을 빼앗아 인쇄소로 들어갔다가 그곳에서 붙들렸다. S는 자기 짓이 별것 아닌 줄 알았다고 주장한다. 갑자기 눈에 번쩍 띄는 구두를 보자마자 가져야겠다는 생각밖에 없었다는 것이다. 무슨 목적으로? S 자신도 알지 못했다. 그는 마치 정신 나간 사람처럼 움직였다. 그가 털어놓은 대로 구두는 자기 옷 속에 숨겨둔 상태였다. 감옥에서 S는 너무 광분한 끝에 사람들이 매우 걱정했다. 풀려난 S는 여자가 잠든 사이에 또다시 구두를 훔쳤다.

S의 평소 성격이나 생활 태도는 흠잡을 데 없었다. 일도 잘 했다. 오직 너무 빠르게 이 직장 저 직장을 옮겨 다니다 보니 일을 제대로 할 수 없고 불안해했다. 결국 그는 무죄로 방면되었다. (베크)

잠재적 피학대음란증
– 치욕의 쾌감을 원하는 부적절한 행위

수많은 남성 변태성욕자가 여자의 분비물, 심지어 배설물을 찾아 만지면서 성욕을 고취한다. 이들 대부분은 내면 깊은 곳에 어두운 피학 성향이 있는데 천박한 모욕을 받으려고 애쓴다. 참담한 도착증세이지만 그것을 실토한 사람들 모두 같은 증세를 보인다는 점에서 일정한 상관관계가 있는 것이 확실하다.

우리 동료가 제보한 다음의 사례에서 역겨운 행동은 피학 성향을 분명히 드러낸다.

_사례 68 방탕한 변태성욕 난봉꾼

퇴역 장교 G는 지주로서 60세에 사망했다. 그는 가족에게서 게으르고 경박한 기질과 빚을 물려받았다. 소년기에 G는 미친 듯 방탕하게 살았다. '누드춤판'의 조직자로 유명했다. 거칠고 추잡한 성격이었지만, 군 생활 중에는 엄격하고 정확했다. 그러나 용케도 절대 누설되지 않던 비리가 밝혀지면서 결국 17년간 입고 있던 군복을 벗었다.

G는 자기 재산 관리에 무심한 채 곳곳에서 호방한 난봉꾼으로 살았다. 그러나 그가 음탕한 줄 아는 사람들은 그를 피했다. 사람들이 거칠고 무례한 그를 상류사회에서 따돌렸다고 생각할 만했다. 결국 G는 마부, 노동자, 선술집 종업원 등과 어울리며 그 바닥을 자주 왕래했다.

G가 동성과 성관계를 했는지는 불확실하다. 아무튼 그는 나이가 들면서 여러 비슷한 취향의 사람들로 사교계를 꾸미며 죽은 날까지도 놀았다. 그는 방

탕한 인물로 명성이 대단했다. G는 말년에 신축 중인 건물들 주변에서 건들대며 지냈다. 그는 공사장에서 나오는 인부들 가운데 가장 더러운 자들을 유혹했다. 그는 인부들의 옷을 벗기고 자기 발가락을 빨게 했다. 그렇게 성욕을 채웠다.

굴리엘모 칸타라노는 『정신의학』(1883)에서 이와 똑같은 이유로 섹스하기 전에 오랫동안 씻은 적이 없는 창녀의 발가락을 물고 빨았던 인물을 소개했다. 아무튼, 변태성욕자 자신이 자기 기벽의 진정한 의미를 모르고, 또 역겨운 것을 몹시 선망한다고만 이해했을 것이다. 결국 이런 것도 잠재적인 피학대음란증이다.

어떤 의사가 내게 알려준 다음의 사례를 보자.

_사례 69 배설물을 먹이는 사람

어떤 늙어빠진 러시아 왕자가 애인을 시켜 자기 가슴에 변을 보게 했다. 애인은 그의 가슴 위에 등을 돌린 자세로 쭈그리고 올라앉아 '선물'을 싸 주었다. 왕자는 이런 식으로 남은 성욕을 깨웠다. 또, 어떤 사람은 매우 점잖게 애인에게 오직 향신료를 섞은 빵만 먹고 나서 일을 보라고 했다. 그 배설물을 기꺼이 먹으면서 사정을 용이하게 했다. 브라질 의사 친구는 내게 남자가 여자의 배설물을 먹는 모습을 여러 번 보았다고 이야기했다.

도처에서 이런 일들이 드물지 않다. 각종 인체의 불결한 분비물, 심지어 코딱지와 귀지까지 성욕을 자극하려고 악착같이 삼키려고 한다. 엉덩이와 항문에 키스도 한다. (몰)

매우 널리 퍼진 여자의 성기를 입으로 애무하는 이상한 욕망(커널링구

구필 화랑, 오귀스트 앙브루아즈 타르디외 초상,
19세기 후반

스)도 피학 성향에서 비롯한다. 다음의 사례를 보자.

_사례 70 소변을 먹는 사람

W는 55세의 결함이 있는 사람이다. 그는 여덟 살부터 자위행위를 했고, 열여섯 살부터는 숙녀들의 소변을 마시고 싶은 욕구에 시달렸다. 욕구가 너무 강해 두뇌도 후각도 제대로 작동하지 못했다. W는 그것을 마시고 나서 항상 역겨워했다. 가슴 아파하면서 두 번 다시 않겠다고 다짐했다. 딱 한 번 W는 아홉 살짜리 소년의 오줌을 전과 똑같이 기분 좋게 마셨다. 그와 동시에 자기 음경을 빨게 했다. W는 간질 발작을 일으켰다. (펠란다)

이와 같은 사실들은 가학 증세를 보이는 사람들과 완전히 상반된다. 가장 오래전의 사례를 타르디외[12]가 노년기 환자에게서 관찰했다. 타르디외가 '쿵쿵이'라고 부른 노인은 극장의 여성 대기소 등을 찾아다니며 냄새를 퍼트렸다. 『동시대의 매춘』을 쓴 레오 탁실이 "똥 먹는 풍뎅이"라

---

12 Auguste Ambroise Tardieu, 1818~1879, 프랑스 법의학자로 질식사의 사인을 해부학으로 밝혀내었다. 『풍속사범에 대한 법의학 연구』가 대표적인 저술로, 이는 소설가 에밀 졸라의 풍부한 창작 자원이 었다.(역주)

고 부른 사람들은 이와 같은 부류에서 거의 유일하다. 의사 동료가 제보한 다음의 사례도 같은 부류에 속한다.

_사례 71 화장지에 흥분하는 사람

주변에서 독특한 인물로 알려진 공증인이다. 그는 소년기부터, 또 대학생 시절에도 자위행위에 깊이 빠졌는데, 스스로 털어놓았듯이 자신이 사용한 화장지를 잔뜩 쥐고서 성욕을 자극했다. 그는 화장지를 침대 이불 위에 쌓아두고 발기할 때까지 바라보고 냄새를 맡고 나서 자위행위를 끝냈다. 그가 사망한 뒤에는 그의 침대 곁에서 화장지로 가득한 커다란 바구니가 나왔다. 화장지마다 그는 날짜를 꼬박꼬박 명기했다.

이런 경우도 앞의 사례들과 마찬가지로 행위를 이루기 위해 상상의 힘을 빌렸다.

여성의 마조히즘

여성이 남성에게 자발적으로 복종하는 것은 심리 현상이다. 생식을 위한 수동적 역할이 부여되는데, 어느 시대에나 풍습에 따라 여자는 성관계에 순종하는 것이 당연하다고 생각된다. 말하자면 이런 사고방식은 여성이 감정을 조율하는 일종의 기준이다. 문명의 역사를 보면, 일정한 조건에서 여성의 절대 복종이 매우 발전한 문명 시대까지 항상 유지되었다.[13]

사실상 요즘도 여전히 여성에게 자연스러운 본능이라며 수동적 역할을 맡긴다. 여러 세대에 걸친 관습으로 여성의 성향을 남성의 의지에 따르도록 강요해 왔다. 그뿐만 아니라 여자들은 남자들이 지나치게 추근대는 것을 거북해하면서도 그와 같은 미묘한 강압을 마지못해 받아들이는 척하기 좋아한다.[14] 사교계의 번지르르한 풍습에서 여자는 복종 본능을 사방에서 발휘한다.

이렇게 마조히즘은 과도한 정신이상 증세로 보인다. 특히 여성의 경우 여성 심리가 병적으로 두드러진 것이다. 따라서 그 기원을 여성의 원초적 본능에서 찾아야 한다. 여자는 어느 정도는 남자에 복종하려는 성향이 있다고 해서 이상할 것은 없다고 인정해야 한다. 이런 본능이 여자들

---

13 중세 초기의 법은 남편이 아내를 죽일 권리를 인정했다. 처벌권도 뒤를 이었다. 상류계급에서도 널리 퍼진 풍습이었다. 그러나 동시에 중세에 여자들을 깍듯이 모시는 풍습이 시작되었다. 기이한 모순이다. (슐츠)

14 실러의 희곡 『간계와 사랑』에서 궁정의 실세 밀포드 부인은 이렇게 개탄한다. "우리 여자들은 지배 아니면 복종 하나를 선택할 수밖에 없다. 사실 선택이라고 해봐야 한심한 궁여지책일 뿐이다. 우리가 사랑하는 어떤 남자의 노예가 되는 것을 자랑스러워할 기회만 놓치지 않으려고 한다."

사이에서 병처럼 깊어질 수도 있다. 헝가리 사람의 편지에서 들은 이야기인데, 헝가리의 시골 여자들은 남편이 사랑의 표시로 휘두르는 따귀를 맞아야 안심한다고 한다.

여성의 마조히즘에 대한 기록이 너무 부족하다. 여자가 자신의 이상한 취향을 솔직하게 털어놓기에는 안팎의 장애가 너무 많다. 따라서 여성의 마조히즘을 해명하기 어려운 형편이다. 어쨌든 그 사례를 보자.

_사례 72 매 맞는 데서 흥분하는 여자

V 양은 35세인데 매우 부담이 많고 버거운 가정에서 태어났다. V는 몇 해 전부터 피해망상의 초기 증세를 보였다. 대뇌 척수의 신경쇠약 때문이다. 그 시작은 성욕의 과도한 흥분에서 비롯한다. 스물네 살 때부터 환자는 자위행위에 열중했다. 실망스러운 부부생활 끝에 격렬한 성욕으로 심리적 자위까지 하게 되었다. V는 동성에 대해서라면 누구에게도 정을 느끼지 못했다. 그녀의 입장을 들어 보자.

여덟 살에, 매를 맞고 싶어졌다. 나는 그때까지 채찍질을 당하거나 타인의 체벌을 구경한 적도 없었다. 그래서 어떻게 그런 욕구가 생겼는지 도무지 알 수 없다. 선천성이라고만 생각했다. 아무튼, 채찍질을 받는다는 생각만 해도 짜릿했다. 친구에게 매 맞는다면 얼마나 좋을까 상상만 해도 즐거웠다. 비록 공상하면서도 절대로 남자에게 매를 맞는다는 생각은 하지 않았다. 그냥 공상으로 즐겼고, 실제로 해 보려고 하지도 않았다. 열 살 때 나는 공상을 싹 잊었다가 서른네 살 때 루소의 『고백록』을 읽으면서 매 맞고 싶어 하는 욕구가 무슨 뜻이었는지 이해했다. 루소와 마찬가지로 나도 똑같은 병적인 생각을 했던 것이다. 열 살 이후로 다시는 그런 취미가 찾아오지 않았다.

V의 경우 그녀의 애초의 성격이나 루소가 다시 부추겼거나 분명 피학대
음란증이다. 친구에게 상상으로 채찍질하도록 맡긴다는 것은 어린아이의 성
적 활동과 또, 남자에 대한 관심이 발전하기도 전에 피학적 감정에 사로잡혔
기 때문이다. V의 경우 절대로 성이 전도된 동성애 성향은 없다.

피학대음란증이란 무엇인가

정신병리학에서 볼 때, 피학대음란증으로 나타나는 사실과 사건은 매우 흥미롭다. 본질적으로 중요한 현상과 부차적인 현상을 알아보자.

피학대음란증의 본질은 어떤 경우에든 이성 누군가의 의지에 절대복종하려는 욕구이다. 반대로 가학대음란증은 이성을 완전히 압도하며 군림하려는 것이다. 여기에는 감각이 절정에 이르는 쾌감까지 부추기고, 또 뒤따른다. 그다음으로 의존하거나 지배하는 조건이 특별한 방식으로 표현된다. 순수한 상징 행위로서든 아니면 그 이성에게서 받은 고통을 견디려는 욕구로서든 말이다.

가학대음란증의 경우, 남성의 성징^{性徵}이 특별한 심리에서 병적으로 너무 커진다. 반면에 피학대음란증의 경우, 여성 특유의 심리가 병적으로 커진다. 물론, 남자에게서도 피학대음란증은 매우 빈번하다.

우선, 쾌감으로 흥분한 사람이 성적인 매력을 느낀 인물에게서 받는 인상은 병적인 것과 완전히 다르다. 가볍게 치거나 살짝 두드리는 것을 단순히 애무로 보는 것과 마찬가지다.

꼬집히고 싶어 하는 애인들처럼(셰익스피어, 『안토니우스와 클레오파트라』) [15]

따라서 다음과 같은 결론을 내릴 수 있다. 상대방으로부터 매우 짜릿

---

[15] 하등동물에서도 비슷한 일이 벌어진다. 달팽이에는 '사랑의 화살'이라고 불리는 연시가 있다. 몸속에 들어 있는 뾰족한 칼슘 막대 같은 것인데, 짝짓기를 할 때만 삐져나온다. 흥분하면 고통스러운 자극을 주는 성기 같은 것이다.

함을 느끼려는 욕구는 격정이 병적으로 증강될 경우, 충격을 받고 싶어 할 만큼 강렬해진다. 고통은 항상 심리적으로 강한 인상을 자아내기 쉬운 수단이기 때문이다. 이와 마찬가지로 가학대음란증에서 정욕은 흥분으로 귀결된다. 그 과정에서 심인성의 감정이 과도해지면서 경계를 넘어선다. 마찬가지로 피학대음란증에서 한 가지 감정의 물결이 사랑하는 사람이 풍기는 모든 인상을 집어삼키면서 쾌감 속으로 녹아드는 황홀감이 솟아난다.

피학대음란증에서 중요한 두 번째 원인은 매우 흔해 보인다. 이상한 정신 상태로 보이지만 아직 완전히 변질되어 돌아 버리지는 않은 상태에 가깝다. 살짝 이상해진 상태라고나 할까. 빈번해 보이는 상태인데 매우 다양하다. 어떤 사람이 놀랍고 엉뚱하게 이성에게 의존하는 상태다. 종종 법과 풍습과 다르게 자신의 이익을 심각하게 해치는 짓을 저지르게 하거나 너그럽게 허용한다. 예속되어 기대려고 한다.

정상 생활에서 이와 같은 의존은 편향의 정도에 따라 다양하다. 기벽이거나 아니면, 의지력으로 본능을 제어하는 능력에 따라 다르다. 이렇듯 다양한 피학대 증세의 차이는 질이 아니라 양에 있다.

어떤 남자가 어떤 여자에게 비정상적으로 의존하지만 아직 변태 수준은 못 되는 상태를 '성적 예속'이라고 할 수 있다. 법의학적으로 매우 중시할 만한 사실이다. 마치 주인이 하인을 뜻대로 부리듯 한다.

예속의 표현을 존 스튜어트 밀이 말한 "여성의 복종 의무"라는 표현과 혼동하지는 말자. 밀은 복종 의무라는 말을 풍습과 법적 표현으로서 사용했다. 사회적 역사적 현상으로서 여성의 복종이라는 의미였다. 그러나 우리가 말하는 복종과 예속은 특정 개인의 동기에서 비롯한 사실과 풍습, 법을 위반하는 것이다. 또, 남녀 양성의 문제이기도 하다. 성적인 예속은 앞으로 더 이야기하겠지만, 심리적으로 보아도 비정상이다. 그러한 예속은 법과 풍습이 그어놓은 규칙의 경계를 허물면서 시작된다. 타인에게 일방적으로 조금 의존하거나 상호의존하는 당사자들 각자는 그 나름의 동기에 따라 정상적으로 움직인다.

성적 예속의 동기는 정상적인 규칙과 경계 안에 갇힌 성심리의 동기와 똑같다. 예속을 따르는 사람은 자신의 동반자를 잃지 않을까 하는 두려움, 항상 상대방을 만족시키려는 욕구, 사랑의 이름으로 그를 간직하고 성관계에 응하려는 욕구 때문에 예속을 감내한다. 여자에게서 특히 두드러지는데, 사랑이 지나치게 넘친다고 그 사랑이 반듯이 지나친 육체에 탐닉하는 사랑으로 치닫지는 않는다. 기본적으로 성격이 나약해 엉뚱한 기행을 벌이기도 한다. 제멋대로만 하는 이기주의도 원인으로 꼽을 수 있다. 성적 예속은 매우 다양한 모습으로 널리 퍼져 있다.[16]

예속된 남성으로서 살아가는 남자도 흔히 볼 수 있다. 예컨대 아내의 지배 아래 살아가는 남편이 있다. 특히 젊은 아내와 결혼한 나이 많은 남자는 나이와 생리의 불균형을 아내의 모든 변덕을 너그럽게 받아 줌으로써 벌충하려고 한다. 나이 많은 남자가 혼외정사로 엄청난 대가를 치르면서도 마지막 사랑의 기회를 탐하는 경우도 마찬가지다. 또, 여자를 열렬하게 좋아하는 모든 연령대의 남자에 해당하지만, 이런 남자들은 냉정한 현실에 부딪히고 버거운 조건에 굴복하게 된다.

---

16 모든 시대, 모든 나라마다 문학에서 성적 예속은 중요한 몫을 한다. 변태는 아니어도 엉뚱한 심리의 움직임은 시인이 마음대로 다룰 수 있어 가장 즐기는 주제다. 남자의 '예속'을 묘사한 아베 프레보의 『마농 레스코』, 여자를 완벽하게 다룬 조르주 상드의 『레오네 레오니』 같은 걸작이 있다. 하인리히 폰 클라이스트의 『카이첸 폰하일브론』, 프리드리히 할름의 『그리젤다』 같은 희곡을 비롯해 많은 시가 우리가 방금 다룬 문제와 유사하다.

사랑이 많은 남자들은 행실이 고약하기로 유명한 여자와 결혼하는 줄 알면서도 끌려간다. 바람둥이 여자들을 따라다니는 남자들은 모든 것을 버리고 미래까지 걸어 위험을 자초한다. 아내와 자식을 방치하고 가족의 수입을 매춘부에게 바치는 남자도 많다.

남자가 여자에게 예속되는 사례가 아무리 많더라도, 그것이 별것도 아닐 정도로 여자가 남자에게 예속하는 사례가 부지기수라고 보아야 공정하다. 쉽게 이해할 수 있는 일이다. 남자에게 사랑은 거의 언제나 일화일 뿐이다. 다른 중요한 관심사가 많다. 그러나 여자에게 사랑이 곧 삶이다. 아기를 낳을 때까지 사랑이 그 무엇보다 중요하다. 물론 자식을 낳고 난 뒤에도 여전할 수 있다. 이보다 더 중요한 것은, 남자는 악습이나 망측한 취미를 극복할 수 있고 성관계로 해소할 기회가 많다. 그렇지만 상류층 여자는 한 남자와 맺어지면 그 사람에게만 만족해야 한다. 하층민에서도 일처다부는 엄청난 장애와 반발에 부딪힌다.

이런 까닭에 여자로서는 자신이 차지한 남자는 남성 전체를 의미한다. 따라서 어마어마하게 중요하다. 더구나, 남녀에게 법과 도덕이 허용하는 정상적 관계는 공평한 규칙에 따르는 편도 아니다. 이미 여자가 남자에게 크게 의존할 수밖에 없다.

여자는 결국 다른 누구로도 대신할 수 없는 한 사람의 사랑을 얻으려고 사랑하는 사람에게 양보함으로써 예속은 더욱 깊어진다. 또, 이와 나란히 자신에게 유리하게 행동하려 들고 여자의 무한한 희생을 이용이나 하려는 남자들의 자만심도 더욱 커진다.

이와 같은 사례로서, 처녀에 대한 환상 때문에 엄청난 거액을 날리는 난봉꾼, 치밀한 유혹자, 여자를 끌어들여 인질이나 담보로 투자하는 자 등이 있다. 또, 계급이 높다고 우쭐대는 부사관, 사자처럼 포효하며 여자를 들뜨게 하는 음악가, "너 아니면 죽을 거야!"라면서 여자의 지참금을 노려 빚을 갚거나 편안하게 살아보려는 사내도 있다. 식당에서 사랑을 빙자해 주방 여자에게 맛있는 것을 좀 더 얻어먹으려고 하는 소박한 병사, 절약한 돈을 말아먹는 노동자 남편도 마찬가지다. 창녀의 지원으로 힘을 유지하려는 사내, 매일 일정액을 받아 챙기는 기둥서방이나 뚜쟁이 등 예를 들자면 끝이 없다. 이렇듯 여자는 사랑이 간절하지만 불리한 입장에서 별수 없이 예속된다.

성의 예속을 설명했던 까닭은 예속적 관계야말로 마조히즘의 뿌리가 내리기에 좋은 터전이기 때문이다. 피학대음란증과 마찬가지로 예속도 본질적으로 비정상에 빠진 사람이 완전히 상대방 이성의 의지에 복종하고 지배에 순응하는 것이다. 그런데 예속과 질병으로서의 변태는 분명히 정도와 본질 모두 다르다. 성적 예속은 변태가 아니다. 병적인 것이 아니다. 그것은 사랑과 나약한 의지가 요인이다. 이상한 도착이 아니다. 다만 지배하는 사람과 종속된 사람 상호 간 힘의 불균형 때문에 종종 개인의 이해와 법과 풍습에 반하는 비정상적 결과를 초래한다.

복종하는 쪽은 지배를 감내하고 따르려고 한다. 이는 여자 또는 남자에 대한 정상적인 성향이다. 그런 성향으로 예속을 보상받는다. 복종하는 쪽의 행위는 성적 예속의 표현인데, 지배하는 쪽의 명을 수행하면서 지배자의 욕심을 거든다. 예속된 쪽에 대해 이런 행위에 별도의 목적은 없다. 그 행위는 지배하는 쪽을 소유하고 붙들어 두려는 수단일 뿐이다. 이것이야말로 사실상의 목적이다.

예속은 어떤 사람에 대한 사랑에서 비롯한다. 사랑이 분명할 때에만 가능하다. 반면, 피학대음란증은 완전히 다른 사태를 보여준다. 그냥 이상한 도착증이다. 이런 증상에서 복종하는 쪽이 왜 아픔을 견딜까. 폭력을 행사하는 지배자가 좋아하기 때문이고 그에게 매력을 보여주려고 하기 때문이다. 지배자와 섹스하기를 원할 수도 있다. 어떤 경우든 그 기벽은 지배자에게 직접 만족을 주고 봉사하려는 몸짓을 목표로 삼는다. 피학대 음란증이 표현되는 행위는 예속의 경우와 다르게, 복종하는 쪽에서는 목적을 이루는 수단이 아니다. 피복종자 자신이 궁극의 목적이기 때문이다. 결국 피학대음란증에서 사랑하는 실제 인물에 대한 애정보다 먼저 복종을 간절히 원한다.

예속과 피학대음란증에 연관성이 없지는 않다. 동기는 다르지만 밖으로 드러나는 의존성이다. 비정상이던 것이 이상한 모습을 띠게 된다. 성생활에서 오랫동안 예속된 사람은 가벼운 피학대성향에 걸리기 쉽다. 사랑하는 사람을 위해서라면 난폭한 요구까지 참아내는 사랑은 금세 독재자의 사랑으로 변질된다. 폭군에게 지배받는다는 생각이 오랫동안 사랑하는 대상의 표상과 (그에 따른) 쾌감에 결부되었을 때, 쾌감은 결국 폭행 자체로 표현된다. 그렇게 피학대음란증에 걸리고 만다.

피학대음란증은 미미한 수준에서도 예속에 따라 나타날 수 있다. 그 결과 중증으로 발전하기도 한다. 그러나 사실상 완전하고 뿌리 깊은 고질로서 피학대음란증은 유년기의 복종에 대한 강렬한 노스탤지아와 나란히 언제나 선천성이다.

매우 드문 도착증이기는 해도 완전한 피학대음란증의 기원을 설명하는 훌륭한 가설이 있다. 비정상적으로 성에 자주 예속되다 보면 가학증이 정신병자에게 퇴행성으로 유전되기도 한다.

앞에서 보았다시피 정신이 한구석에서 조금 어긋나더라도 이런 경우 중요한 역할을 하면서 어긋난 길로 나간다. 후천적 마조히즘의 경우에도 공상하는 습관만큼은 유전성일 수 있다.

예속에 새롭게 덧붙여질 요소는 없다. 그러나 사라지는 요소가 있다. 사랑을 의존에 결부시키는 사고력이다. 정상과 비정상, 예속과 피학대음란증을 구별하지 못하게 된다. 그렇다면 본능의 일부만 유전성으로 볼 수밖에 없다.

유전적 비정상성은 특히 후손의 정신병적 소질에 피학대음란증이나 다른 요인이 얹힐 때 좀 더 쉽게 나타난다. 성욕 과잉의 소질을 타고난 사람은 사랑하는 대상에게 받는 모든 인상을 오직 성과 관련된 것으로 여긴다.

성적 예속과 학대를 즐기는 이상 성향이라는 두 가지 요소, 그 두 심리가 피학대음란증의 원인이다. 피학대음란증은 적당한 정신병적 터전을 물색한다. 성욕 과잉은 생리적으로 비정상이던 성생활의 여건을 병적인 수준으로 이끈다.

남성의 성생활에서도 복종이 상당한 몫을 한다. 결국 피학대음란증은 여성적 요소가 남성에게 전이된다는 가설에 따르지 않더라도 설명할 수 있다. 그렇지만 피학대음란증과 가학대음란증이 동성애와 비정상적으로 엮이기도 한다는 점을 잊지는 말자.

아무튼, 선천적 이상 성향으로서 피학대음란증은 유전의 세계에서 기능이 퇴화하고 손상되었다는 표시로 보인다. 이는 우리가 앞에서 본 사례에서도 입증되었다.

정신적으로 이상한 경향, 특히 그로 인한 피학대음란증을 선천성이라고 증명하기는 쉽다. 그러나 이런 경향은 루소와 비네가 추정하듯이 관념의 연상 작용에 따라 매질을 받는 사람에게 더해지거나 이식되지 않는다. 매질을 즐기는 경우 대부분은 학대받는 즐거움이라는 관념에서 비롯하지 않는다. 기벽이 오로지 상징 행위를 목적으로 했을 때뿐이다. 신체적 고통 없이 복종하는 것으로 표현하는 상징 행위인데, 사례 52가 바로 그 경우다. 그러나 매를 맞는 것이 그것을 둘러싼 다른 모든 요소를 그것으로 끌어들이는 중심이 아니라는 확증은, 심지어 매를 맞는 것이 분명한 몫을 하는 경우를 보더라도 똑같은 결론에 이르게 된다. 사례 44와 49가 그 증거로 보인다.

이와 같은 관계로 미루어 사례 50에서 특히 배울 점이 많다. 유년기에 받은 체벌은 성의 자극과 무관하기 때문이다. 특히 이 경우에 나타난 증세를 과거의 사실에 결부시키는 것은 불가능하다. 그 원칙적 성욕은 어린 아이와 함께라도 실현할 수 없기 때문이다.

피학대음란증의 순수하게 정신적인 기원은 가학대음란증과 비교해 보면 분명히 입증된다. 피학대음란증에서 매를 맞고 모욕당하는 기벽이 유난히 빈번하다. 매질은 예속된 상태를 표현하기에 매우 효과적인 수단이다. 단순히 매 맞으며 좋아하는 수동적 취향과 피학대음란증 때문에 매를 맞으려는 욕구는 완전히 다르다. 섹스와 사정이라는 신체의 반응으로 만족하는 수단은 피학대음란증의 욕구로서 정신적으로 만족하려는 수단과 다르기 때문이다.

앞에서 보았다시피 피학대음란증 환자들은 또 다른 학대에도 순응한다. 또, 반사적 쾌감에 흥분하지도 않으면서 고통을 받는다. 이와 같은 사건들이 많다. 따라서 그 같은 행위에서 고통과 쾌감이 서로 어느 정도의 비례쯤 되는지 피학대음란증의 모욕에서도 함께 검토해 보아야 한다.

보통 고통스러운 것을 육체적 쾌감으로 경험하는 사람은 그 고통과 쾌감의 비례가 다르다. 학대받는 황홀감을 맛보는 사람은 고통을 못 느낀다. (전투에서 정신없이 초긴장 상태에서 싸우는 병사처럼) 열정에 취했거나 피하신경 반응을 감지하지 못하거나 둘 중 하나다. (종교적 황홀경이나 순교자처럼) 쾌감이 지나치게 넘치는 나머지 고문의 고통이 어디에서 오는지 모른 채 고문을 상징으로만 의식하곤 한다. 정신적 쾌락이 육체적 고통을 모두 보상하는 셈이다. 박해받는 사람의 고통을 보상하고도 남는 의식은 영적 쾌감으로 넘친다. 이렇게 넘쳐나는 쾌감은 척수반사의 영향으로 또는 감각 중추에서 예민한 반응이 특별히 더하면서 더욱 강렬해진다. 그 육체적 쾌감은 밖에서 받는 감각의 위치를 모호하게 느낄 만큼 환각을 일으킨다.

스스로 자기 몸에 채찍질하는 종교적 황홀경에서 발생하는 현상과 다르게 쾌감만 불러일으키는 이미지도 있다. 이 경우에도 고통의 원인을 모른 채 고문만 의식한다. 의식은 고문을 견디면서 하느님에게 봉사한다는 과장된 희열로 넘친다. 원죄를 면죄 받는다거나 천국으로 들어간다는 등의 황홀한 관념 말이다.

피학대음란증과 가학대음란증

가학대음란증(사디즘)은 피학대음란증(마조히즘)과 완전한 정반대 쪽에 있다. 피학대음란증 환자는 고통을 견디고 복종한다고 느끼는 반면, 가학대음란증 환자는 고통을 자극하고 능욕하려고 한다. 완전히 대응 관계에 있는 증세다. 가학대음란증 환자가 적극적으로 행하는 모든 행위와 장면을 피학대음란증 환자는 얌전히 원한다.

이와 같은 이상한 행위는 상징적 과정에서 차츰 심각한 고문으로 이행한다. 쾌감을 위한 살해는 사디즘의 절정일 텐데, 그에 상응하는 수동적인 마조히즘이 있다. 물론 상상에 의한 것이다.

가학과 피학이라는 일탈 행위는 환경이 유리할 때 정상적 성생활의 한쪽 곁에서 나란히 살아남는다. 두 경우 모두 구체적 행위는 섹스를 준비하는 단계에서 나타나거나 섹스를 완전히 대신하기도 한다.

가학대음란증과 피학대음란증 모두 깊은 내면의 양심과 맞서 싸우게 마련이다. 그러나 증세가 우세해지면서 학대증이 밖으로 드러나면 형법에 저촉된다. 반면에 피학대음란증의 경우 그렇지 않아 더욱 널리 퍼졌다. 아무튼, 피학대음란증 환자들 사이에서 본능과 신체적 고통의 두려움은 별개의 문제로 나타난다. 피학대음란증에 따른 행위는 단순히 신체적으로 무능하기 때문이다. 그러나 학대증에 따른 행위는 법의학적으로 따져 보아야 한다.

양쪽의 이상한 행위 모두 드러나는 증상도 비슷할 뿐만 아니라 내면의 본질까지 비슷하다. 사디즘과 마조히즘 모두 선천성 정신병으로 보아야 한다. 그 질환자는 정신 상태가 이상하고 심리적으로 성욕 과잉이다.

합병증처럼 또 다른 비정상 증세가 따르기도 한다. 양쪽의 증세 모두 심리 영역에서 벌어진 사건에 기원을 두고 있다.

- 욕정의 '파트너'로서 시작한 각 행동은 그 자체로서, 또 그 행동의 본질과 별개로 쾌감을 자극한다. 그 쾌감은 정신병의 경우 고통에 대한 감각을 뛰어넘을 만큼 강해지기도 한다.
- 심리에서 '성적 예속'에 따라 나타나는 현상이 있는데, 현상 자체는 변태성을 띠는 것이 아니지만 병적인 조건 아래 짜릿한 쾌감을 동반하는 병적인 복종에 불가분한 것이 된다. 모계의 유전을 우선 고려하지 않더라도 이런 것은 여성의 특징인 생리적인 복종 본능이 병적으로 퇴행하는 것을 가리킨다.

이와 마찬가지로 사디즘을 설명하려면, 생리의 영역에서 뿌리를 찾을 수 있는 두 가지 요소를 고려해야 한다.

- 욕정을 품은 가운데 일종의 심리적 감흥이 발생할 수 있다. 사랑하는 대상에게 가능한 가장 강렬하게 행동하려는 경향이다. 이런 경향은 성욕이 지나치게 넘치는 사람들에게서 고통을 받고 싶어 하는 선망으로 발전한다.
- 남자의 능동적 역할, 즉 여자를 정복하려는 욕구는 병적인 여건이 마련된 상태에서는 무한한 복종을 받으려는 욕구로 변환된다.

마조히즘과 사디즘은 이렇게 서로가 완전한 대칭을 이룬다. 이런 사실과 나란히 어느 한쪽의 증세를 보이는 사람들로서는, 자신들과 상대가 되는 비정상적 이성異姓이 항상 이상형이다. 사례 44, 49와 루소의 『고백록』에서 확인할 수 있다.

마조히즘은 애당초 모욕을 당하면서 느끼는 반사 효과에 기원을 두고 있다. 그 나머지는 모욕의 기억과 결부된 연상 작용의 결과라는 가설이 있다. 그러니 앞에서 두 가지 기벽을 비교해 보면 알 수 있듯이 부적절한 가설이다. 적극적인 가해로 성욕을 해소하려는 학대 증세를 보이는 사람이 감각 신경에서 흥분을 일으키지 못하는 것과 마찬가지로 그와 같은 가설을 신뢰하기 어렵다. 결국 그러한 이상 증세가 심리에서 시작되는 것인지 여전히 오리무중이다.

아무튼, 사디즘과 마조히즘은 지극히 유사하다. 모든 점에서 닮았다. 그래서 그 유사성을 통해 결론을 내릴 수도 있다. 그런 결론만으로 마조히즘의 심리를 확인할 수 있을지 모른다. 모든 사례에 비추어 볼 때 두 증세를 다음과 같이 요약해 볼 수 있다.

고통을 가하는 쾌감과 또, 고통을 당하는 쾌감은 똑같은 심리 작용의 양면일 뿐이다. 그 본질은 적극적이거나 소극적인 복종의 관념이다. 쾌감과 잔인성의 결합은 심리적으로는 부차적이다. 이런 복종 때문에 잔혹 행위가 가능하다. 잔혹 행위는 우선 복종을 표현할 수 있는 뛰어난 수단이다. 잔혹 행위는 섹스와 그것 말고도 어떤 사람이 타인에게 던질 수 있는 가장 강한 인상을 표현하기 때문이다.

사디즘과 마조히즘의 모든 복잡한 심리가 한쪽으로만 연상 작용을 일으킨 결과이다. 심리 활동은 원초적 의식의 활동과 별도로 오로지 이런 요소만 엮고 풀고 한다. 특이한 연상과 해체 작용이다.

마조히즘과 사디즘은 우발적인 연상 작용의 소산이 아니고, 정상적여건 아래 잠재하던 것이 매우 가까이 근접하거나 조건이 맞을 때(성욕이 넘칠 때) 매우 쉽게 얽힌다. 비정상으로 급증한 성욕은 폭도 깊어지고 높이도 고조된다. 이웃 세계까지 덮치면서 넘쳐나는 성욕은 이웃 세계와 뒤섞이고 그 두 가지 이상 증세의 본질인 병을 일으킨다.

이런 가설로 미루어 분명한 사실이 있다. 성욕 과잉 환자가 지닌 욕정의 흥분과 조숙한 성행위는 시간적으로 다른 시기에 일어난다. 병적인 공상은 분명한 몇 가지 사실과 관련된다.

많은 학생이 수업 중인 교실이나 은밀한 장소에서 변태적인 공상을 하지도 않는다. 단지 성욕에 흥분하거나 만족하려고 행동하는 사람이 있을 뿐이다. 모욕과 그 비슷한 행위는 기존의 병적인 연상 작용이 잠재 상태를 벗어나 튀어나온 것임이 분명하다. 그러나 성욕이 깨우는 관계를 불쾌해하는 사람들도 없지 않다. 물론 항상 그런 식으로 일이 벌어지지도 않는다. 성욕 과잉이면서도 비정상이 아닌 경우가 있다. 순수한 성욕 과잉은 매우 심할 경우에나 이상해진다.

흥미롭지만 설명하기 어려운 것은, 똑같은 사람이 피학과 가학 증세를 동시에 보이는 경우이다. 사례 49, 57에서 볼 수 있다. 어쨌든 사례 30처럼 복종을 요구하든 감수하든 '복종'의 관념이 이상한 욕구의 바탕에 깔려 있다. 물론 비슷한 사례들이 있지만, 언제나 어느 쪽이든 그중 한쪽 행위가 더 우세하기 마련이다. 그럴 경우 우세하게 나타나는 이상 증세가 선천적이고, 반대로 열세로서 뒤로 밀리는 것이 후천적이다.

모욕과 복종에 관한 생각들은 가하는 쪽의 것이든 당하는 쪽의 것이든 쾌감이 따른다. 우리 누구에게나 뿌리 깊다. 때에 따라 똑같은 표현을 거꾸로 바꾸어서 해 보려고 상상하기도 한다. 그렇게 역할을 뒤집어서 하기도 한다. 그러나 이런 시도가 상상이든 실제로 해 보는 것이든 대부분 금세 포기하기 마련이다. 애초의 취향과 걸맞지 않다고 여기기 때문이다.

마조히즘과 사디즘은 그뿐만 아니라 다양한 형태와 수준으로 성이 바뀌는 동성애와 결부되기도 한다.

성이 자리바꿈을 하게 된 사람은 피학증과 가학증 성향을 모두 가지고 있을 수 있다. 사례 48을 참고하자. 신경증이 있는 사람은 성이 이상해질 소지가 빈번하고, 성욕 과잉인 사람은 마조히즘과 사디즘의 징후를 보일 수 있다. 어느 한쪽만 이상해 보이든, 아니면 양쪽 모두 이상해 보이든, 어느 하나가 다른 하나에서 비롯한다. 마조히즘과 사디즘은 따라서 이상한 성의 기본 형태로서 나타나며, 성본능이 비뚤어지는 모든 영역에서 나타날 수 있다.

Part 5

페티시즘

여성의 신체와 복장에 얽힌 성욕

정상적인 성생활 외에 이성의 신체 부위에 쏟는 특별한 관심은 심리학적으로 매우 중요하다. 거의 모든 남자가 어떤 형태와 성징에 특별한 매력을 느낀다. 이런 매력이야말로 개인마다 독특한 애정관의 진정한 바탕이다.

우리는 이성의 신체 가운데 특정 부위는 물론이고 때때로 성격도 편애한다. 나는 이런 애물愛物 성향을 비네와 롬브로소의 저술을 근거로 '페티시즘'이라고 불렀다. 즉, 애착증이다. 신체 또는 복장 일부에 대한 성적 집착, 열광과 찬미는 여러 점에서 성상과 우상과 성유물에 대한 숭배와 비슷하다. 앞에서 우리는 생리적 페티시즘을 살펴보았다. 그런데 성심리의 영역에서 생리적 페티시즘과 나란히 명백한 병적 · 관능적 페티시즘이 있고 자료도 많다. 애착증은 정신분석 진단은 물론이고 법의학에도 매우 유익하다.

병적인 애착은 살아 있는 신체의 일부만 아니라 무생물인 물건과도 관련된다. 아무튼, 여자의 복장이나 장식을 통해 그것을 착용한 사람의 신체와 밀접하게 관련된다.

애착증은 생리와 병리가 야금야금 다리를 놓으며 만난다. 그 결과 어디에서(최소한 신체에 대한 애착에서)부터 이상해지는지 분명히 경계를 그을 수가 없다. 게다가 신체적 애착증의 전체 영역은 사물의 영역을 벗어난 곳에서 찾을 수 없다. 사물은 정상적 조건 아래 성본능을 자극하는 수단이다.

그런데 이성의 이미지에서 받은 인상에만 집착한다는 점이 비정상이다. 그 부분적 인상 외에 다른 것에는 조금도 관심이 없다. 따라서 신체 일부에 애착증을 보이는 사람은 완전히 기형적인 인간이라기보다 결함이 있는 사람이다. 환자가 물건에 홀린다고 이상한 것이 아니라, 오히려 다른 것들에 무관심하다는 점이 비정상이다. 다시 말해 이상하게 성적 관심의 범위가 좁아진다는 점이 병적이다. 사실 성적 관심을 쏟게 되는 대상의 폭이 극도로 좁아질수록 그만큼 극단적 이상 증세를 보인다.

신체에 대한 애착증을 어디까지 병으로 보아야 하는지 그 기준은 각 개인의 정신 상태에서 찾는 편이 좋다. 인체의 특정 부위에만 성적인 관심을 쏟는다고 해서 그 부위가 성기(특히, 몸 밖으로 드러난 부분)와 직접 관계가 있는 것은 아니다. 신체 일부에 애착증을 보이는 사람들은 섹스를 성욕을 채울 수단으로 여기지 않는다. 자신이 애착하는 부분에 가하는 행위를 섹스와 마찬가지로 생각한다. 섹스하는 사람인지 아닌지가 애착 증세의 판정 기준이 될 수도 없다.

성본능의 정상적인 매력과 관련된 세계와 무관한지 옷가지나 물건에 대한 애착은 모두 병으로 보아야 한다. 신체적으로 정상적인 성생활과 분명 비슷한 징후를 보이지만, 실제로는 애착증의 내면은 완전히 다르다.

건강한 보통 남성도 애인에게 선물 받은 손수건, 장갑, 신발, 꽃과 편지 등을 얼마든지 열렬히 좋아할 수 있다. 선물을 애지중지하는 우상숭배자 같은 모습을 보여주기도 하지만, 떠나 버리거나 영영 이별한 애인이나 사랑했던 사람의 기억을 되살려 주는 물건이라 그렇게 한다. 애물이 곧 사랑했던 사람 그 자체를 되살려 주기 때문이다. 그러나 애착증 환자는 이런 애정을 모른다. 자신이 애착하는 물건만 중요하다. 그 물건만이 욕정을 느낄 만큼 환자에게 깊은 인상을 준다.[1] 지금까지 관찰에 따르면, 병적인 애물 취향은 정신이상자이거나 그 기질이 농후하거나 유전 때문에 나타난다.

가학대음란증을 보이는 사람들처럼 성의 이상 증세를 보이는 사람들은 다양한 애착증을 보인다. 손과 발에 집착하는 증상도 가학대음란증과 모호하기는 해도 꽤 관련이 있다. 아무튼 '페티시즘'이라는 애착증은 사디즘과 마조히즘처럼 선천성은 아니다.

지금까지 성의 이상 증세는 선천적 사례뿐이었다. 그러나 애착 증세는 후천적인 것뿐이다. 애착증은 우연한 원인으로 나타난다. 또, 애착증 환자들은 선천성이라고 정당화하거나 성욕 과잉이라고 변명하는 가학대음란증 환자 같은 병적 현상을 보이지 않는다.

애착증의 경우 이상한 취향에 사로잡히게 되는 물건을 우연히 접하는 사건이 반듯이 일어난다. 또, 이런 물건에 성적인 관심을 집중한다는 점이 핵심이다. 이런 우발적인 사건은 주로 환자의 어린 시절에 일어나고 성에 처음으로 눈을 뜨게 될 무렵이다. 이때 욕정의 대상이 된 물건 등에서 받은 강렬한 인상과 체험이 평생 유지된다. 그렇지만 환자는 그때를 확실히 기억하지 못한다. 사건의 결과만 의식에 남아 연상 작용을 일으킨다. 애착증은 유전성 성욕 항진을 보이는 정신이상자에게서 나타나기 쉽다.

애착증은 다른 어떤 이상 증세와 범법 행위보다 더 이상해 보이고 부자연스럽다. 여성의 지극히 극단적인 신체 부위에 만족하고 애착하는 것을 훔치거나 욕보인다. 강한 비윤리적인 반발과 비뚤어진 취향에 의존한

---

1 에밀 졸라의 소설 『테레즈 라캥(Thérèse Raquin)』에 애인의 반장화를 종종 끌어안는 남자가 등장한다. 이 남자도 주인이 누구이든 상관하지 않고 여자의 신발을 보기만 해도 흥분하고 심지어 절정감에 취하기도 하는 애착 증세와 똑같은 모습을 보여준다.

다. 애착 취향의 사람은 보통 혼자 성행위를 하지만, 이성과 정상적인 행위를 하기도 한다. 이럴 경우, 애물을 접촉하면서 성행위를 위한 일종의 준비운동을 한다.

페티시즘이 단순한 애착증이 아니라 정신이상처럼 깊어지는 심각한 두 가지 커다란 배경이 있다.

첫째, 병적인 애물 취향은 종종 정신이 허약한 탓이다. 욕정을 쏟는 대상이 정상적인 성행위와 직접 관계가 없으므로 종종 이상하게 애물 취향을 보이는 사람은 정상적인 성적 매력에 둔감하거나, 아니면 애물을 상상해야 섹스할 수 있다. 애물 취향이 있는 사람은 다른 엉뚱한 취향과 마찬가지로 적당한 만족감을 얻지 못하는 어려움을 겪고 나서 정신적으로 육체적으로나 자위행위를 계속하게 된다. 주로 상대적으로 젊은 사람들에게서 빈번하다. 자위행위는 어떤 체질에나 해롭다.

둘째, 페티시즘은 법의학에서 매우 중요하다. 사디즘이 병적으로 심해지면 살인과 상해로 이어지듯이 페티시즘도 절도나 강도의 원인일 수 있다. 관능적인 페티시즘의 대상은 이성의 신체 일부 또는 여자의 복장이나 장신구 스카프 등이다. (지금까지는 남성의 병적인 페티시즘의 사례만 알고 있다. 따라서 그 대상은 여성과 관련된 것만 이야기했다.)

페티시즘에 취한 사람들은 여성의 신체 일부와 여성 의류 그리고 옷감에 대한 애착 등 세 가지 유형으로 나눠 볼 수 있다.

여성의 신체 일부에 대한 애착

생리적으로 보면 특히 여자의 눈과 손, 발, 머리가 종종 애착의 대상이다. 병적인 애착과 마찬가지로 신체의 똑같은 부분에만 관심을 둔다. 여자의 몸에서 다른 곳들은 거들떠보지도 않고 특정 부위로 관심을 집중한다. 결국 '여성'의 성정조차 무시하기에 이른다. 그래서 섹스 대신에 애착하는 대상으로 이상한 짓을 벌이려고 한다. 병으로 보이는 경우는 다음과 같다.

_사례 73 콧구멍을 여자의 성기라고 착각한 사람
X는 37세의 고교 교사로 유아기부터 발작에 시달렸다. 열 살 때 자위행위를 시작했는데 몹시 이상한 생각으로 쾌감을 느꼈다. X는 여자의 눈에 열광했다. 어떻게 해서든 섹스를 하고 싶었지만 성에는 까막눈이었다. 눈에 가장 가까운 곳이라는 이유로 콧구멍이 여자의 성기라고 생각했다. 이때부터 그는 이런 생각만 했다. X는 그리스 조각처럼 정확하게 여자의 머리가 붙은 옆모습을 그렸는데, 콧구멍은 음경이 삽입될 수 있을 만큼 크게 그렸다.

어느 날, X는 대중마차에서 자신의 이상형을 닮은 처녀를 보았다. 그래서 처녀를 숙소까지 (스토커처럼) 쫓아갔다가 문전박대를 당했다. X는 체포될 때까지 계속 찾아갔다. X는 여자들과 성관계를 절대로 갖지 않았다. (비네)

손을 애물로 삼는 경우는 수없이 많다. 다음 사례는 질병으로 보기 어려운 초기 단계이지만 흥미롭다.

B는 신경증이 있는 가족 출신으로 매우 예민하고 정신이 건강한데, 젊은 여자의 손만 보아도 황홀해했다. 황홀경에 취하면 발기가 되었다. 여자의 손에 짙은 키스를 할 때 가장 행복해했다. 하지만 장갑을 낀 손을 보면 비참한 기분이 들었다.

B는 재미있는 핑계를 대면서 어떻게 해서든 손을 보려고 했다. 그런데 B는 발에는 무관심하다. 가락지를 낀 아름다운 손을 보면 쾌감이 증폭한다. 사진 같은 이미지로 보는 손이 아니라 여자의 실물만이 쾌감을 준다. 그러나 B는 반복되는 섹스로 기운이 없을 때에는 손을 보아도 정욕을 못 느낀다. 처음에는 여자의 손만 기억해도 일조차 하기 어려웠다. (비네)

비네에 따르면, 여자의 손에 열광하는 사례는 매우 많다. 사례 24에서 가학적 동기로, 또 사례 46에서 피학적 동기로 여자의 손에 집착하는 것을 보았다. 여러 가지로 해석할 수 있는 취향이다. 그러나 손에 애착을 보인다고 무조건 가학증이든 피학증이든 학대성 기벽으로 해석할 수는 없다. 꼼꼼하게 들여다볼 만한 다음의 흥미로운 사례에서 초기에는 학대증과 관련된 요소가 일정하게 역할을 하는 듯하다가, 환자가 성인이 되고 완전히 애착증에 젖어 버리면 학대 증세가 완전히 사라진다.

애착증은 우연한 연상 작용에서 시작된 듯하다. 충분히 그렇게 볼 만하다.

_사례 75 여자의 손에 애착하는 남자

환자 L은 28세로 베스트팔리아 지방의 도매상이다. 그의 아버지가 난폭

하고 성질이 못되었다는 점 외에 그의 가정에 유전성 질환은 없어 보인다. L
은 집중력이 부족해 학교생활에 제대로 적응하지 못했다. L은 어려서부터 음
악을 무척 좋아했지만 가벼운 신경증이 있었다.

1890년에 L이 나를 찾아와 두통과 복통을 호소했다. 신경쇠약으로 인한
통증으로 보였는데 기운이 없다고 하소연했다. 내가 수차례 날카로운 질문 공
세를 펴자 비로소 환자는 자신의 성생활을 털어놓았다.

L은 일곱 살 때 처음 성적인 흥분을 막연히 느꼈다. 흥분하자 이상한 욕구
가 일어나면서 발기를 느꼈다. 또래의 아이들처럼 성기가 놀랍게 불끈 솟아
꺼떡거렸다. 그는 친구의 유혹으로 일고여덟 살 때 자위행위를 배웠다.

나는 쉽게 흥분했다. 열여덟 살까지 자위행위를 자주 했다. 그렇다고 만족
한다거나 속상해한다거나 하는 분명한 생각 같은 것은 없었다.

L은 친구들과 서로 자위행위를 해 주는 것을 유난히 좋아했다. 이런저런
친구들과 어울리며 지냈지만, 그런 쪽으로 자신을 만족하게 할 만한 친구는
거의 없었다.

나는 L이 왜 남자를 좋아했는지 이유를 물었다. 대답인즉, 학교에서 친구
가 서로 자위행위를 하자고 유혹했는데, 특히 한 친구의 손이 희고 고왔기 때
문이었다. L은 학교에서 혼자 운동장 외진 구석에서 철봉놀이를 즐겨 했다.
철봉을 최대한 쾌감을 자극하는 데 이용했다. 사정까지 하지는 않았지만 분명
한 쾌감이었다.

L은 소년기에 매우 흥미로운 일을 겪었다. 자신이 좋아하던 친구로 함께
자위행위를 했던 N의 엉뚱한 제안을 받아들였다. 자위행위는 두 소년의 싸움
으로 이어졌다. N이 언제나 정복되는 싸움이었다. 즉, L은 가학대음란증, N

은 피학대음란증을 그때 처음 경험했다. 이런 식의 상호 자위행위로 항상 특별한 쾌감을 느꼈고, N도 좋아했다.

L은 열여덟 살까지 자위행위를 자주 했다. 그는 그런 행위의 결과를 한 친구에게서 보이고 나서 있는 힘을 다해 자신의 악습을 버리려고 애썼다. 노력은 차츰 성공했고, 결국 스물한 살 때 처음 섹스를 했다. 그때부터 지금 생각하면 이해할 수 없게 된 자위행위를 완전히 집어치웠다. 또래 친구들과 어울려 자위행위를 즐겼던 것을 역겹게 생각했다.

누가 강권하더라도 L은 이제 다른 동성의 몸을 건드리지 못할 것이라고 했다. 남근을 보기만 해도 역겨워한다. 남성에 대한 어떤 편향도 사라졌고, 여자에게만 끌리고 있다. 아무튼, 여자에게 쏠리게 되었지만 항상 이상한 현상은 여전하다. L은 여자의 아름다운 손만 보면 떨리고 흥분한다. L은 특히 여자의 아름다운 손을 만질 때 훨씬 더 흥분했다. 마치 여자가 완전히 다른 여자로 보일 정도였다.

여자의 고운 손에 대한 L의 편애는 어느 정도였을까? L은 매력에 넘치는 아름다운 처녀를 알게 되었다. 하지만 처녀의 손은 솥뚜껑처럼 크고 곱지도 않았다. 사정이 이러다 보니 L은 처녀에게 진지한 관심을 보이기는커녕 건드릴 수도 없었다. 환자는 다듬지 않아 불결한 손톱을 몹시 역겨워했다. 아무리 미녀라도 손톱이 지저분한 여자와는 상종조차 하지 않으려고 했다. 어쨌든 최근 몇 해 동안 환자는 종종 섹스 대신 마치 남자를 유혹하는 처녀처럼 지휘를 받으려고 했다.

나는 L이 여자의 손에서 특히 무엇에 끌리는지 물어보았다. 혹시 무슨 힘의 상징인지, 또는 여자에게 직접 모욕을 받을 데 짜릿한 즐거움을 느끼는지를 물었다. 그는 여자의 아름다운 손 모양에만 흥분한다고 답했고, 여자에게 수치를 당해도 만족감 같은 것은 전혀 없다면서 손을 상징력이나 여성의 위력적인 도구로 본 적은 없었다고 했다.

L은 여전히 여자의 손을 끔찍하게 좋아한다. 섹스보다 여자의 애무하는 손길에서 더 큰 쾌감을 느꼈다. 그래도 그는 섹스를 선호한다. 섹스는 자연스러워 보이지만, 다른 방법은 병적 취향 같다고 한다. 그는 여자의 아름다운 손이 자기 몸에 닿기만 해도 즉시 흥분해 발기한다. 포옹 등의 접촉으로는 별로 강한 반응이 나타나지 않는다고 한다.

L은 최근 몇 해 동안 큰 대가를 치르며 섹스했을 뿐이다. 더구나 섹스에서 자신이 추구하는 만족을 얻지도 못했다. 그러나 자신이 갖고 싶어 하는 여자 곁에 있을 때에는 그 여자를 보기만 해도 욕정이 끓어올라 사정해 버리고 만다고 했다. 그럴 때마다 성기를 억지로라도 건드리고 눌러 억제하려고 했다. 그런데도 사정을 하게 되면 환자는 실제로 여자와 섹스할 때보다 훨씬 큰 쾌감(중증의 성욕 과잉)을 맛보았다. 환자는 자연에 반하는 감각과 취향 때문에 여자를 오래 사랑할 수 없다고 믿고 있다.

L은 섹스를 몽상하지 않는다. 밤중에 몽정할 때 섹스와는 완전히 다른 생각을 하기 때문이다. 정상적인 남자들과 비슷한 조건이다. 꿈속에서 환자는 학창 시절로 돌아간다. 그 시절에 그는 친구와 서로 자위해 주는 것 외에 몹시 불안할 때에도 사정했다. 예컨대, 선생님의 숙제를 받아 적을 때라든가 번역을 이해하지 못했을 때. 종종 사정했다.[2] 몽정은 최근에 꿈을 동반하는데, 앞에서 말했던 학창 시절의 우연한 사건들과 거의 비슷한 주제다.

지금까지 환자 L의 성적인 이상 증세에 의학적 처방을 시도하지 못했다. L과 같은 손의 애착에서 분명 가학증이나 피학증이 바탕에 깔린 것은 아니다.

2　성욕 과잉 때문이다. 어떤 성질의 것이든 강하게 흥분하면 성의 영역도 마찬가지로 뜨겁게 흥분한다. 어떤 상인이 학창 시절에 등교해서나 하교해서나 고민이 심할 때 이상한 쾌감으로 사정이 되었다는 사례도 있다. 몸과 마음이 괴로워 고통을 겪을 때에는 언제나 비슷한 결과를 체험했다는 것이다. 이 사람의 성기는 정상이었다. 그러나 신경성 성불능으로 고생하던 사람이다.

어렸을 때 친구와 함께 즐기던 자위행위가 배경이다. 그렇다고 여기에 동성애 성향도 없다. 성기가 본능적으로 분명한 대상을 찾기 전까지 친구의 손을 이용했을 뿐이다. 그러다가 이성에 관심을 갖게 되자 손에 집중되던 관심이 여자의 손으로 옮겨갔다. (몰)

손 애착증 환자는 매우 많다. 또, 손과는 다른 연상을 하던 끝에 똑같은 결과에 이르기도 한다. 손에 대한 애착과 나란히 발에 대한 애착도 있다. 그러나 손 대신 장갑을 상대하는 일은 드물다. 마찬가지로 여자의 맨발에 열광한다고 해서 두드러지게 병적인 징후를 보이는 경우는 드물다. 그러나 신발이나 반장화 같은 것으로 애착의 대상이 옮겨 가는 경우는 수없이 많다.

쉽게 이해할 만한 현상이다. 대부분의 소년은 여자의 손을 맨손으로 보겠지만 발은 거의 신발을 착용한 것을 보게 된다. 따라서 어렸을 때 처음 일어난 연상에서 성생활은 자연스럽게 맨손과 이어진다. 반면에 발의 경우 발을 감추고 있는 신발로 이어진다.

신발에 애착을 보이는 사람들은 의복에 매달리는 사람들과 같은 부류로 보인다. 눈과 손발뿐만 하니라 입과 귀도 애착의 대상이다. 몰 박사는 특히 이런 사례에 주목했다. (실화 소설 『마담 엑스의 입』과도 비교해 볼 만하다.) 나도 진료 중에 꽤 흥미로운 사실들을 접했다.

_사례 76 여자의 손에 애착하는 남자

깊은 성불능에 빠진 남성이 절망 끝에 나를 찾아왔다. 그는 독신일 때 풍만한 여자만 악착스레 좋아했다. 결국 자기 취향에 딱 맞는 체질의 여자와 결혼했다. 그는 아내와 완벽하게 재미있고 행복하게 살았다. 그러다가 몇 달 뒤, 아내가 갑자기 중병에 걸려 삐쩍 말라 버렸다. 어느 날, 그가 아내와 부부의 의무를 다하려던 찰나에 갑자기 무기력해지더니 그 뒤로 계속 그 모양이었다. 그렇지만 정력에 넘치는 여자와 섹스를 시도해 보니 다시 말짱하게 힘이 솟았다.

신체적 결함이 애착을 일으키기도 한다.

_**사례 77** 기형에 대한 애착

X는 질병이 심한 가정 출신이다. X는 신경쇠약증에 시달리고 자신감이 없다고 하소연한다. 기분도 늘 우울하고 툭하면 자살할 생각이 들어 그 충동을 피하느라 무진장 애썼다. X는 사소한 일에도 넋을 잃고 절망한다. 그는 러시아가 지배하는 폴란드에서 제조회사 기술자로 일한다.

X는 퇴행적 징후는 없는 튼튼한 체질이다. 그러나 이상한 '강박관념'에 사로잡힌다고 토로했다. 자신의 정신건강을 걱정했다. X는 열일곱 살 때, 여자가 불구일 때에만 성욕을 느꼈다. 특히 말을 더듬거나 다리가 기형인 여자들에게서 강하게 느꼈다. X는 여성의 결함에서 성욕이 일어나게 된 것이 언제부터인지 기억하지 못한다.

사춘기부터 여자의 기형에 애착을 품게 되었는데 몹시 괴로웠다. 정상인 여자에게 조금도 끌리지 않았다. 절름발이나 말더듬이, 발이 이상한 여자에게만 끌렸다. 이런 여자를 만나면 그 여자가 아름답든 추하든 상관없이 철철 넘치는 매력에 굴복했다. 몽정 중 X에게는 말 더듬는 여자만 보인다. X는 이제나저제나 말을 더듬는 여자와 사귀고 싶은 충동을 견디기 어려워한다. X는 그 상태에서 격렬한 오르가즘에 달했고 상쾌한 기분으로 사정했다. X는 자신이 음탕하고 욕정을 다 채우지 못해 항상 괴로웠다고 한다.

X는 스물두 살에 처음 섹스를 했다. 그 뒤로 통틀어 다섯 번 했다. 그는 비록 정력이 좋았지만 조금도 만족하지 못했다. 만약 그가 말 더듬는 여자와 섹스한

광기와 성

다면 이야기는 완전히 달라진다. 어쨌든 장차 아내가 될 사람이 말을 더듬지 않는 한 결혼하지 않기로 했다. 스무 살까지 X는 옷에 애착하는 취향을 보이기 시작했다. 여성용 하의나 바지나 신발만 보아도 흥분했다. X는 틈나는 대로 여성용품을 구입해 몰래 입어 보면서 흥분했고, 그때마다 사정했다. 그러나 여자가 이미 착용하고 있는 옷에는 조금도 끌리지 않았다. X는 성감이 고조되었을 때 여자 옷차림을 하고 있다면 가장 좋았겠지만, 들킬까 봐 엄두를 내지는 못했다.

X의 성생활은 지금까지 이야기한 틀을 벗어나지 않았다. 그는 자신이 절대로 자위행위에 몰두하지 않는다면서 믿어도 좋다고 장담한다. 요즘에 X는 신경쇠약이 잦을 때마다 사정하고 매우 피곤해한다.

사상가 르네 데카르트는 『정열론』에서 사고의 연상으로 이상한 편향이 나타나는 것을 자기 자신을 모델로 삼아 성찰했다. 데카르트는 항상 사팔뜨기 여자를 좋아했다. 그의 첫사랑도 사시였다. (비네)

리드스톤은 한쪽 허벅지를 수술로 절단해 잃은 여자와 사랑했던 남자의 사례를 전한다. 그 남자는 애인과 헤어지고 나서 계속해서 애인과 똑같은 결함이 있는 여자를 열심히 찾아다녔다. 얼마나 부정형 애물인가!

애착을 보이는 여체의 일부를 떼어낼 수 있다면 가장 기이한 행동이 발생할 수 있다. 머리카락에 애착을 보이는 사람들은 법의학적 관점에서 매우 흥미롭고 중요하다. 여자의 머리카락을 예찬하는 사람들은 서로 생리적으로 잘 통한다. 쾌감으로 표현되는 서로 다른 감각(시각과 청각과 후각 그리고 고운 옷감을 쓰다듬는 촉각)을 비슷한 조건에서 감지하는 것 같다. 병적인 증세도 매우 유사하다. 머리털에 대한 강한 애착에서 비롯하는 충동으로 엉뚱한 비행을 저지르기도 한다. '땋은 머리를 자르는' 식이다. 물론 애착증을 가진 사람들이면 누구나 머릿단을 자르기 좋아한다고 할 수는 없다. 몇몇 경우에 실익 때문에 자르기도 한다. 머릿단을 상품(가발 등)으로 팔려고 했다. 애착의 대상은 아니다.

_사례 78 여자의 머릿단에 애착하는 남자

여자의 땋은 머리를 자른 P는 40세의 독신 철물공이다. 그의 아버지는 한때 정신이상의 충격을 받았고 어머니는 신경과민이었다. P는 어렸을 때 무럭무럭 잘 컸고 똑똑했지만, 너무 일찍 (경련을 일으키고) 나쁜 버릇과 강박관념에 사로잡혔다. 자위행위는 하지 않았다.

P는 순진하게 장가갈 생각에 마음을 부풀렸고, 창녀들과 거의 섹스하지 않았다. 간혹 창녀들과 관계하더라도 만족감을 느끼지 못했다. 오히려 역겨움만 느꼈다. 3년 전, P는 경제적 파산으로 큰 불행을 겪었다. 게다가 헛소리를 하는 등 신경쇠약에 걸렸다. 시련은 심각하게 그의 중추신경까지 망가트렸다. 원래 유전적 소질이 있던 부분이다.

1889년 8월 28일 저녁, P는 파리 시내 에펠탑이 서 있는 트로카데로 광장의 군중 속에서 처녀의 머릿단을 자른 혐의로 현행범으로 체포되었다. P는 체포 당시 주머니에 가위가 있었고 머릿단을 들고 있었다. P는 자신이 잠깐 감각을 잃고 견딜 수 없는 병적인 정념에 사로잡힌 탓이라면서 똑같은 짓을 열 번이나 했는데, 자른 머릿단을 집에 보관하면서 가끔씩 들여다보았다고 털어놓았다. 가택 수색을 하자 상자 속에서 땋은 머릿단 예순다섯 다발이 나왔다. P는 이미 1886년 12월 15일에 비슷한 건으로 체포당했던 재범이었다. 당시에는 증거 불충분으로 풀려났다고 한다.

P는 지난 3년간 불안에 떨었고 저녁에 방에 혼자 있을 때마다 어지러웠다. 그래서 여자의 머리를 붙잡고 있으려고 했다. P는 처녀의 머리채를 붙잡

19세기 프랑스 풍속화 〈여성의 가발을 손질하는 멋쟁이 미용사〉

으면 발기되고 금세 사정했다. P는 과거보다 여자와 더욱 친밀감을 느껴 훨씬
더 놀랐다. 결코 느껴 보지 못한 감정이었다.

어느 날 저녁, P는 처녀의 머릿단을 자르고 싶은 욕구를 견디지 못했다.
집에 돌아온 그는 머릿단을 쥐고서 다시금 쾌감을 느꼈다. P는 머릿단을 몸에
지니고 싶었고 그것으로 성기를 감싸려고 했다. 그렇게 해 보고 나서 창피하
고 탈진해 며칠간 외출조차 하지 못했다. 몇 달을 조용히 보낸 뒤, P는 또다시
땋은 머리를 쥐고 싶어졌다. 어떤 여자의 것이든 상관없을 듯했다. 목적을 달
성했을 때, P는 마치 자신이 초능력을 가진 것만 같은 기분이 들어 머릿단까
지 놓쳐 버렸다. 그러나 탐내던 것을 얻지 못했을 때, P는 깊이 슬퍼하면서 집
으로 돌아가 모아둔 머릿단을 꺼내 만지고 빨면서 난폭한 쾌감으로 자위했다.

P는 미장원 진열창에 내놓은 머릿단에는 시큰둥했다. 어떤 여자의 머리에
서 흘러내린 것이어야 했다. 머릿단을 자르려고 덤빌 순간을 기다리는 동안 P

는 항상 격한 감흥에 휩싸였다. 그래서 주위에서 무슨 일이 벌어지는지 까맣게 몰랐고, 나중에도 기억조차 희미했다. P는 가위로 머리채를 잡는 순간에 발기했고 그것을 자르면서 사정했다. 그의 주장이지만, 3년 전 그가 파산했을 때부터 기억력이 떨어졌다. 정신도 쉽게 피로해졌다. 불면과 경련으로 괴로워했고, 잠결에서도 자기 행동을 심하게 후회했다.

P의 집에서 머릿단 외에 머리핀과 리본 등 여성용품이 나왔다. 선물로 받았던 것들이다. P는 항상 이런 장신구 수집에 광분했다. 신문지, 나뭇조각 등도 있었다. 절대로 버리지 않으려고 했던 것들이다.

P는 설명할 수 없었지만, 어떤 거리를 지날 때마다 이상한 역겨움에 시달렸다. 설명하려고 하면 골치만 아팠다. 의사들은 P가 유전성의 문제가 있다고 증명했다. 범법 행위는 스스로 어쩔 수 없는 충동에서 비롯했고, 빗나가는 성욕에 떠밀린 강박증 때문이라고 보았다. P는 처벌을 면했고 격리 수용소로 들어갔다. (부아쟁, 소케, 모테)

P와 유사한 다음 사례도 꼼꼼히 들여다보았다. 연상에 따른 착란은 페티시즘을 밝혀 줄 매우 고전적 사례다.

_**사례 79 땋은 머리 수집**

머릿단을 자르는 증세를 보인 E는 25세의 남성이다. E의 이모는 간질 환자였으며, E의 형은 경련으로 고생했다. E는 어렸을 때 건강했고 학교에서도 열심히 공부했다. E는 열다섯 살 때 마을의 아름다운 처녀가 머리를 빗는 모습을 보면서 처음으로 발기의 쾌감을 알았다. 그전까지 E는 이성에 조금도 감정을 못 느꼈다. 그로부터 두 달 뒤, 파리에서 E는 머리가 치렁치렁한 소녀들의 모습에 몹시 흥분했다. 어느 날, E는 더는 못 참고 어떤 소녀의 머릿단을

낚아채 손가락으로 둘둘 말
았다. 이런 짓을 하다가 붙
들려 석 달을 감방에서 보냈
다. 그 얼마 뒤, E는 군에 입
대해 5년간 사병으로 복무
했다. 그 기간에 처녀의 땋
은 머리를 보고 싶은 걱정은
없었다. 어쨌든 E는 꿈자리
에서 이따금 여자들의 머릿

〈줄넘기 하는 소녀〉 유리 원판 사진,
파워하우스 박물관, 1900년

단이나 출렁거리는 머릿결을 보았다. E는 때때로 여자들과 섹스했지만 머릿
단에 별다른 애착은 없었다.

제대하고 파리로 돌아오고 나서, E는 또다시 지난번 같은 몽상을 품었고
여자의 머릿단을 보면 흥분했다. 그러나 여자의 몸 전체를 꿈꾸지는 않았다.
꿈에도 땋은 머리만 나왔다. 최근에 이와 같은 애착에서 비롯한 욕정이 너무
강해 자위행위로 해소할 수밖에 없었다. E는 점점 더 여자의 머리를 만지려
는 강박에 사로잡혔다. 물론 자른 머릿단을 품은 채 자위한다면 가장 좋을 것
이었다. 얼마 전부터 E는 손가락 사이로 여자의 머리카락을 잡기만 해도 금세
사정해 버렸다.

어느 날, E는 거리에서 소녀들의 머리에서 25센티미터 길이의 머릿단을
세 다발이나 잘랐다. 또, 어린 소녀에게 비슷한 시도를 하다가 체포되었고 깊
이 회개했다. E는 정신병동에 들어가고 나서부터 여자의 머릿단을 보아도 더
는 흥분하지 않는다. 퇴원하면 곧장 고향으로 돌아가려고 한다. 고향의 여자
들은 머리를 늘어뜨리지 않고 높이 틀어 올린다. (마냥)

E와 똑같은 사례가 하나 더 있다. 정신병으로 보이는데, 흥미롭게 치료되었다는 점에서 주목할 만하다.

_사례 80 여자의 땋은 머리에 대한 애착증

X는 삼십 대의 상류층 독신남이다. 흠 없는 가정 출신인 듯하다. X는 어린 시절부터 신경질을 부리고, 산만하고 이상했다. 여덟 살부터 여자의 머리에 강하게 끌렸는데, 특히 소녀의 머리를 볼 때 그랬다.

X는 아홉 살 때 열세 살 소녀와 추잡한 짓을 했다. 그러나 그런 짓이 무엇인지 이해하지 못했고 조금도 흥분하지 않았다. 당시 열두 살이던 X의 누나는 동생을 열심히 돌보았다. 동생을 종종 끌어안아 주었다. X는 누나의 머릿결이 너무 좋아 가만히 있었다.

X는 열 살 무렵부터 마음에 드는 여자들의 머리를 보면 쾌감에 들떴다. 이런 흥분은 차츰 소녀들의 머리에 대한 기억과 뒤섞였다. X는 열한 살에 학교 친구들에 이끌려 자위행위를 배웠다. 이때 벌써 애착하는 것을 연상하면서 쾌감을 느끼는 것이 확실해졌다. 해가 갈수록 그의 애착은 더욱 짙어졌다. 가발을 보고도 흥분했지만, 아무튼 실물을 더 좋아했다. 특히 머리 다발을 만지거나 입 맞출 때 몹시 행복했다. 그는 여자들의 아름다운 머릿결을 노래하는 시도 짓고 산문도 썼다. 머릿단을 그림으로 그리면서 수음도 했다. X는 열네 살부터 이런 애착만으로 너무나 흥분해 거칠게 발기했다.

X는 소년기의 취향과 반대로 숱이 많고 야무지게 땋은 흑발 머리에 입을 맞추고 씹고 싶어 미쳐 죽을 지경이었다. 머릿단을 건드리는 것보다 그 모습을 보는 것이거나 입술을 대고 씹을 때 더욱 흥분했다. 그렇게 할 수 없을 때는 너무나 비참한 기분이라 더는 살고 싶지도 않았다.

결국 X는 "머릿단을 자르는 모험"을 상상하면서 자위행위를 하는 악취미에 빠졌다. 그는 종종 혼잡한 거리에서 여자들의 머리에 한동안 입을 맞추기 어려웠다. 그래서 집으로 달려가 자위했다. 이런 충동을 자제할 때도 있었지만, 애착의 마법 같은 굴레에서 벗어나지 못해 괴로워하며 몸부림쳤다. X는 단 한 번 군중 사이에서 처녀의 머릿단을 자르려고 했다. 불안에 떨면서 감행했지만 실패하고 줄행랑쳤다.

X는 성인이 되어 처녀들과 섹스를 즐겨 보려고 노력했다. 머릿단에 입을 맞추며 격심하게 흥분해 보려고 했지만 사정에는 도달하지 못했다. 그때부터 섹스에 만족하지 못했다. 어쨌든 머릿단에 입을 맞추면서 섹스하는 방법을 가장 좋아했다. 하지만 이것만으로 사정에 이르지는 못해 여전히 부족했다. 그 차선책으로 어느 날 어떤 부인의 빗질해 모아둔 가발을 훔쳤다. 그것을 입에 넣고 부인의 모습을 연상하면서 자위행위를 했다.

X는 어둠 속에서는 여자에게 무관심했다. 머리가 보이지 않기 때문이다. 헝클어진 머리에도 끌리지 않았다. 사타구니에 돋은 털에도 무심했다. 오로지 땋은 머리만 달콤하게 꿈꾸었다.

최근에 X는 색정증으로 보일 만큼 대단히 흥분했다. 일도 손에 잡히지 않았고 비참한 기분에 빠져 술을 마시기도 했다. 그렇게 과음하다가 알코올중독 증세로 입원했다. 알코올중독에서 회복한 X는 성욕을 빠르게 가라앉히는 데 적합한 치료를 받았다. 퇴원하고 나서부터 땋은 머리에 대한 애착을 떨쳐내었는데 밤에 꿈에서만 가끔 생각하곤 했다.

X의 국부는 정상이고 퇴행적 상흔은 조금도 없다.

여자들의 땋은 머리를 훔칠 정도로 심각한 애착증은 거의 어느 나라에서나 나타난다. 1890년 11월, 미국의 모든 신문은 머릿단을 가위로 잘라가는 범행을 대서특필하며 경종을 울렸다.

여성 의류에 대한 애착

일반적으로 여성의 화장과 패물은 남성의 정상적인 성생활에서도 극히 중요하다. 문명과 유행에 따라 여성의 성징을 인위적으로 가꾸었다. 가꾸지 않으면 결함이 있거나 이상한 모습으로 볼 정도가 되었다. 벌거벗은 여인은 정상보다 비정상적 효과를 낳는다.[3] 이런 점에서 여자의 치장에서 종종 '여성다운' 성격이 두드러지게 강조된다. 목, 키, 엉치 등 부차적 성징도 강조된다.

대부분 사람의 성본능은 이성과 긴밀한 관계를 맺기 훨씬 전에 나타난다. 소년은 보통 옷을 입은 여성의 모습에 끌린다. 성에 눈을 뜨는 초기에 종종 여자의 옷 모습과 관련되어 자극을 받는다. 이와 같은 연상 작용에서 언제나. 나체보다 옷 입은 여성을 선호한다. 특히 문제를 일으킨 사람이 이미 정신착란증을 보일 때 정상적인 성생활을 하기 어려워하고 자연스러운 매력에 따른 충족감도 느끼지 못한다. 이런 조건에서 정신병자들과 성욕이 지나치게 넘치는 사람들은 벌거벗은 여자보다 옷을 입은 여자들을 선호한다.

사례 48에서 보았듯이 여자에게 끝까지 속옷을 벗지 못하게 하고, 또 사례 50처럼 '에쿠우스 에로티쿠스(남자가 말처럼 등에 여자를 태우는 자세)'로서 옷 입은 여자를 좋아한다. 나중에 보겠지만 동성애자가 이런 성향을 보이기도 한다.

몰 박사는 벌거벗은 여자 앞에서 발기불능을 겪는 환자의 예를 들었

---

3 독일 문인 괴테가 『스위스 서한집』에 남긴, 제네바에서 겪은 모험담이 이 문제와 관련해 주목할 만하다.

광기와 성

다. 그 환자는 최소한 여자가 속옷을 걸쳐야만 섹스할 수 있다. 몰 박사는 옷에 대한 애착 끝에 동성애자가 된 사람도 인용했다. 이와 같은 현상의 원인은 개인마다 다르지만 정신적 자위에서 찾아야 한다. 이런 환자들은 벌거벗은 모습보다 옷을 입은 모습에서 욕구를 느낀다.[4]

로비스 코린트, 〈코르셋 입은 여인〉, 개인 소장, 1910년

옷에 병적으로 매달리는 두 번째 형태로서 더욱 두드러지는 것은 특정 복식에 환장하는 것이다. 아주 어렸을 때라면 강한 성적 반응이 충분히 나타날 만하다. 성욕에 넘치는 사람이 어떤 여자의 치장을 기억하고 있다가 그것과 마찬가지 치장을 본다면 강렬한 관심이 되살아날 수 있다. 해먼드는 다음의 사례에 주목했다.

_사례 81 금발, 각반, 코르셋, 비단 드레스에만 흥분하는 남자

X는 장군의 아들로 야전 부대가 있는 시골에서 성장했다. X는 열다섯 살 때 젊은 여자에게 사랑의 신비를 배웠다. 여자는 금발을 묶고 다녔다. 여자는

---

4 자극을 받는 대상은 비슷하지만 정신적으로 완전히 다른 경우도 있다. 종종 전라(全裸)보다 반라(半裸)에서 더욱 매력을 발한다. 그러나 이런 현상은 대조와 기대감에서 비롯하는 일반적인 현상으로 병적인 것은 아니다.

페데리코 잔도메네기, 〈이탈리아 모델〉,
첼레스티니 화랑, 1900년경

어린 애인과 정담을 나눌 때마다 언제나 다리에 각반을 차고 몸통에 코르셋과 비단 드레스를 입고 있었다.

X는 학업을 마치고 나서 군에 입대했다. 그는 그동안 자유롭게 매춘부를 찾아다녔다. 그러던 중 일정한 조건이 맞아야만 성욕이 발동한다는 것을 확인했다. 갈색 머리 여자에 아무런 감흥이 없었고, 잠옷 차림의 여자 앞에서 완전히 굳어 버렸다. 오직 금발에 각반을 차고 코르셋과 비단 드레스 차림을 한 여자 앞에서만 성욕이 일어났다. 처음 자신에게 욕정을 깨워 주었던 여자와 완전히 똑같은 모습의 여자라야 했다. X는 항상 장가가라는 소리에 질색했다. 밤중에 부부생활을 제대로 할 자신이 없었기 때문이다. (루보)

몰 박사는 같은 성향을 보인 동성애자도 소개했다. 원초적인 원인으로서 어렸을 때 생각했던 것이 연상을 일으킨다고 보았다. 누가 착용하고 있든 간에 복장의 특정 부분에 견딜 수 없이 매혹되는 것은 이런 이유밖에 없을 것이다.

코피뇽에 따르면, 사창가를 드나드는 남자들은 매춘부에게 무용복, 수녀복 같은 특별한 복장을 갖추라고 요구한다. 이해할 만한 요청이다. 사창가에서 그런 취향의 손님을 위해 갖가지 분장용 의복을 비치해 두는 것도 이해할 만하다.

광기와 성

비네는 어떤 고관의 사례를 전한다. 고관은 파리 시내에서 모델로 일하러 온 이탈리아 여자에게만 사랑을 느낀다. 모델의 특별한 옷차림 때문이다. 원인은 확실하다. 성욕을 처음 일깨워 준 순간의 강렬한 반사작용이다.

의복에서 미친 듯 성욕을 느끼는 세 번째 경우는 광증이라고 할 만큼 심각하다. 그래서 의사가 관찰할 기회가 많다. 이런 경우 여자의 복장이 환자의 성욕과 문제되지 않는다. 여자의 장신구나 패물에만 쾌감을 느낀다. 상대방 여자의 존재와는 완전히 무관하다. 대부분 여성의 내의를 탐하는 증세는 법의학적 관점에서 더욱 중요하다.

_사례 82 여자 속옷을 훔치는 상습범

K는 45세의 제화공인데, 유전 질환은 조금도 없다고 주장한다. K는 지능이 떨어지는 편이고 성격은 이상하다. 퇴행의 흔적은 없고 매우 정력에 넘치는 체질이다.

환자는 평소 행실은 반듯한 편이었는데, 1876년 7월 5일에 현행범으로 체포되었다. 집 안에 훔친 여성의 내의를 감추어 두었다. 환자의 집에서 여성용품이 3백여 점이나 쏟아져 나왔다. 여성용 바지와 셔츠, 취침용 묘자, 거들, 심지어 인형까지 나왔다. 체포 당시 환자는 여성용 내의를 입고 있었다. 이미 그는 열세 살 때부터 여자의 속옷을 훔치고 싶어 안달했다. 그러다가 한 번 처벌받고 나서 한결 신중했다. 묘책을 꾸며 절도를 계속했다. 환자는 훔치려는 충동이 불끈대면 언제나 심한 두통으로 괴로워했다. 그러면 어쩔 수 없이 절도 행각에 나섰다. 훔친 것이 무엇인지는 별로 중요하지도 않았다. 밤에 환자는 훔친 용품을 침대에 올려놓고 미녀의 이미지를 상상하면서 사정을 즐겼다.

이렇게 절도의 동기는 자명하다. 환자는 장물을 판매하지 않고 꼭꼭 숨겨두었다. 환자는 과거 여자들과 했던 성관계는 정상이었고, 수음과 동성애 또는 이상한 성행위를 하지 않았다고 했다. 환자는 스물다섯 살에 약혼했지만 자신의 과오로 파혼했다. 그는 자신의 행위가 범죄였고 질병의 성격이 농후하다는 점을 이해하지 못했다. (파소브, 크라우스)

여자의 의류에 애착을 보인 또 다른 환자도 있다. (해먼드) 그 환자는 몸에 여성용 코르셋 등을 착용해야 기분이 좋았다. 물론 환자가 동성애자는 아니었다. 여성 내의를 착용해야 두통이 사라지는 증세였다. 가학대음란증의 요소로 볼 수 있다. 여성 내의를 찢으면서 성욕을 해소하는 청년도 있었는데, 그렇게 찢으면서 절정감에 취해 사정했다. (디에츠)

애착의 대상을 파괴하는 광증(물건을 학대하는 사디즘의 일종)은 자주 볼 수 있다. 사례 83과 비교해 보자. 앞치마는 그다지 친근한 옷은 아니다. 그러나 그 빛깔과 그것을 두른 신체 부위가 속옷과 성욕을 자극했다.

〈독일의 구두 수선방〉, 작센자유연방도서관, 20세기 초

광기와 성

37세 C의 가족은 지능이 떨어지고 두개골 한쪽이 기울은 사두형의 가족 출신이다. C는 열다섯 살 때 빨랫줄에 걸린 앞치마를 보았다. 그는 그것을 허리에 두르고 담 뒤에서 자위행위를 했다. 그 후로 환자는 앞치마만 보면 자위행위를 했다. 남녀 가리지 않고 앞치마를 두른 사람이 지나가만 뒤를 밟았다. 환자는 계속되는 앞치마 절도를 끊어 보려고 열여섯 살에 해병대에 입대했다. 병영에서 앞치마를 볼 수 없던 만큼 조용해졌다. 그러나 환자는 열아홉 살이 되자 또다시 앞치마 절도 욕구에 시달렸는데, 결국 큰 사고를 치고 말았다. 그는 여러 차례 체포된 끝에 트라피스트 수도원[5]으로 들어가 광증을 치료해 보려고 했다. 하지만 그곳에서 나오자마자 또다시 재발했다.

최근의 범행으로 C는 법의학자의 조사를 받았고 요양원으로 들어갔다. 그는 오직 앞치마만 원했다. 맨 처음 훔치던 기억을 되살려야 쾌감을 맛볼 수 있었기 때문이다. 그의 꿈에서도 앞치마만 나타났다. 그 뒤로도 환자는 앞치마를 회상해야 섹스든 자위행위든 할 수 있었다. (샤르코, 마냥)

롬브로소도 비슷한 사례를 꼽았다. 유전적 결함이 심한 어떤 소년이 네 살 때 벌써 발기를 경험했고, 흰 옷감만 보면 성욕이 일어났다. 그 옷감을 만지고 비비면서 소년은 쾌감에 젖었다. 소년은 열 살 때 다림질한 흰 홑이불을 보면서 자위행위를 시작했다. 정신병 때문이었을 텐데 소년은 살인 혐의로 처형되었다.

짧은 치마에 본능적으로 흥분하는 매우 특이한 사례도 있다.

---

5   성 베네딕투스의 엄격한 계율을 따르며 공동 생활하는 시토 수도회의 한 분파. 벨기에의 동부 아르덴 숲속에 자리 잡은 오르발 수도원은 특히 명품 맥주 '오르발'을 생산하는 곳으로 유명하다.(역주)

트라피스트 수도원 생트마리 뒤몽 풍경, 1898년

_사례 84 축축한 빨래에 성욕이 일어나는 남자

35세의 공무원 Z의 아버지는 건강하지만 어머니는 신경질적이었다. 외아들이던 Z도 어린 시절부터 신경질을 부렸다. 진찰 결과, 그의 눈에 신경증이 있었다. 몸은 가냘프고 용모는 예리하며, 목소리는 가늘고, 수염은 성글었다. 가벼운 신경과민 증세 외에 달리 병으로 볼 만한 부분은 없다. 성기의 기능 모두 정상이다. 환자는 어렸을 때 자위행위를 네댓 번 해 보았다. 환자는 열세살부터 빨래해 축축한 옷만 보아도 성욕이 불끈 치솟았다. 그런데 마른 빨래를 보면 아무렇지 않았다. Z는 억수 같은 비에 젖은 여자를 바라보기 좋아했다. 그렇게 쫄딱 비를 맞은 여자가 생김새까지 마음에 든다면, 그는 강렬한 자극에 흥분해 발기하고 섹스의 충동을 느꼈다.

환자는 젖은 치마를 수집하거나 여자에게 물벼락을 뿌릴 욕심은 나지 않았다고 주장한다. 환자는 자신의 이상한 버릇이 어쩌다 생겼는지 쓸 만한 정보를 내놓지 못했다. 비를 맞은 여자가 치마를 걷어 올리는 모습에 끌렸다가 처음으로 성본능이 일어났을 가능성이 있다. 모호한 취향이었을 것이다. 당시에는 환자 자신조차 정말로 그 대상이 무엇인지 이해하지 못했을 것이고, 물에 젖은 짧은 치마에 끌렸던 현상만 반복되었던 것이다.

여성용 손수건을 각별히 좋아하는 사람들도 자주 볼 수 있다. 법의학적으로도 매우 중요하다. 손수건에 대한 애착이 크게 유행한 것은 손수건은 친밀한 관계가 아닌 사람에게도 여성의 의류나 소지품 가운데 쉽게 눈에 띄기 때문이다. 손수건은 주인의 특이한 향수 냄새나 체취를 간직한 채 우연히 제3자의 손에 들어갈 수도 있다. 그래서 손수건은 매우 빈번하게 성감을 자극하는 첫 번째 경험과 이어진다. 다음 사례를 보자.

_**사례 85** 여자 손수건에 애착하는 남자

빵집에서 일하는 정신이 말짱한 32세의 총각이 숙녀의 손수건을 훔치려다가 붙잡혔다. 그는 몹시 후회하면서 아흔 번 가까이 손수건을 훔쳤다고 실토했다. 여자의 손수건만 찾아다녔는데, 주로 처녀의 것에 탐닉했다. 용의자로서 그의 외모는 말짱했다. 차림새도 단정했다. 다만 불안해하고 기가 죽고 짓눌린 태도였다. 몹시 굽실댔으며 남자다운 면은 부족하고 울먹이고 찔찔 짜는 목소리로 말했다. 용의자는 불편한 점도 드러냈다. 소화기가 약하고 깊이 생각하지 못했다. 그의 누이는 간질 환자였으나 그는 대체로 무난하게 살았고 중병에 걸린 적 없이 성장했다.

자신이 살아 온 이야기를 하면서 용의자는 제대로 기억하지 못했고 명석하지도 않았다. 학창 시절에는 쉽게 했던 계산조차 쩔쩔매며 어려워 했다. 걱정 많고 자신감 없는 모습으로 미루어 그가 자위행위를 하지 않나 의심된다. 그는 사실 열아홉 살부터 자위행위를 지나치게 즐겼다고 털어놓았다.

용의자는 몇 해 전부터 자위하고 나면 이상한 증세에 시달렸다. 침울하고 피로하며 다리를 떨고 등이 아프고 일할 기분이 나지 않았다고 했다. 두려울

도미니크 앵그르, 〈라파엘로와 빵집 딸 마르가리타 루티〉, 포그 박물관, 1814년

만큼 심하게 울적해했다. 그래서 남자들을 피했다. 용의자는 여자들과 한 성 관계의 결말에 대해 과장된 공상에 넘쳤다. 그래서 섹스를 할 수 없었다. 어쨌 든 얼마 전부터 결혼을 고려하고 있다.

6개월 전에 정신미약자 X는 자신의 비행을 털어놓으며 깊이 후회했다. 군

중 사이에서 아름다운 처녀를 발견하고 너무 흥분해 그녀에게 몸을 비비고 손수건을 뺏어 성욕을 채우려고 했다. 그는 자신의 행동이 범법이라는 것을 알면서도 충동을 억누르지 못했다. 그러면서도 어쩔 수 없는 성욕과 들킬까 싶은 공포 때문에 무서운 고통을 겪었다. 사건을 겪고 나서 X는 착한 여자를 만났고 격렬한 욕정에 사로잡혔다. 가슴이 벌렁대고 발기가 되고 충동적인 공격욕과 여자에게 몸을 비비고 싶은 강박증에 시달린 나머지 별수 없이 손수건만 훔쳤다. 법의학자들의 X를 선천성 정신미약이라고 판단했다. 그의 성본능의 기벽에서 성기의 감각과 후각의 흥미로운 연관성을 보았다. 생리의 영역에서 관찰되는 연관성이다. X는 절제할 수 없는 충동을 질환으로 인정받아 무죄로 풀려났다. (치페)

빈 지방법원 소속 법의학자 프리츄 박사는 손수건에 애착을 보이는 환자에 대한 또 다른 정보를 주었다. 1890년에 숙녀의 주머니에서 손수건을 훔치려다가 체포된 누범 X의 가택을 수색하는 과정에서 여성용 손수건 446점이 나왔다. X는 수집했던 두 상자 분은 이미 불태워 버렸다고 주장했다. 조사 과정에서 또 다른 사실이 밝혀졌다. 이미 1883년에 X는 손수건 27점의 절도죄로 15일 동안 구류를 살았다. 1886년에도 유사 범행으로 3주간 감방에서 지냈다.

피고의 아버지는 중증 경련으로 고생했고, 피고의 조카딸은 신경증 체질의 백치였다. X는 1879년에 결혼했고 제과점을 차렸다. 1881년에 가게가 망하자마자 그간 불화를 겪던 그의 아내는 남편의 무능을 불평하면서 이혼하자고 했다. X는 결국 형의 가게에서 빵을 만들면서 살았다.

X는 여자들의 손수건을 훔친 자신의 몹쓸 기벽을 깊이 뉘우치고 있다. 그런데도 증세가 도지면 도저히 참지 못했다. 마치 누군가 억지로 해

주는 듯 짜릿한 감각을 맛보았다. 참아낼 때도 없지 않았다. 그러나 처녀가 자신에게 상냥하게 대하면 즉시 욕구에 굴복했다. 이럴 때 X는 들킬까 봐 진땀을 뺐다.

X는 사춘기에 들어서면서부터 여자들의 손수건을 보면 흥분했다. 그러나 손수건에 욕망을 느끼는 충격적 연상이 언제 정확히 무슨 사건으로 시작되었는지 기억하지 못한다. X의 주장을 들어보면, 그는 스물한 살 때부터 정상적으로 성욕을 채우고 싶어 했다. 당시에는 손수건을 생각하지 않고서도 무사히 섹스를 치렀다. 그 뒤 손수건에 애착을 보일수록 X는 훔치는 맛에 더욱 만족했다. X는 마음에 드는 숙녀의 손수건을 훔치는 것을 그 여자와 성관계를 맺는 것과 마찬가지로 여겼다. 그래서 실제로 오르가즘을 느꼈다.

X는 탐내던 손수건을 갖지 못하면 온몸에 땀을 흘리면서 몸서리를 치며 괴로워했다. 유난히 소중한 손수건은 특별한 장소에 보관했다. 그것들을 들여다보면서 행복해 어쩔 줄 몰랐다. 손수건 냄새를 맡으며 그윽한 기분에 취했다. 인공 향수가 아니라 손수건에 배인 여자의 체취로만 그렇게 취할 수 있다고 X는 주장한다.

X는 가끔 자위행위를 했다. 주기적인 두통과 현기증 외에 별다른 병은 없었다. 그는 자신의 불행과 심한 기벽과 범행으로 자신을 내모는 악령을 깊이 뉘우치고 있다. 그래서 자신을 고쳐 줄 누군가를 간절히 찾고 있다. X는 가벼운 신경쇠약증을 보이고 혈액순환과 맥박도 고르지 않다. X는 저항할 수 없는 병적인 강박관념 때문에 행동했다는 점이 인정받아 처벌을 면했다.

손수건에 애착하다가 절도까지 저지르는 기벽은 매우 흔하게 볼 수 있다.[6] 동성애 성향의 사람들도 같은 행동을 보이는데, 몰 박사가 인용한 사례를 보자.

_사례 86 동성애와 얽힌 손수건 애착증

K는 38세의 노동자로 체격이 당당하지만 수많은 질병을 하소연한다. 등, 다리, 머리가 아프고 일할 엄두가 나지 않는다고 한다. K가 쏟아내는 타령은 심기증을 보이는 신경쇠약자의 단골 메뉴다. 몇 달 동안 치료를 받고 나서야 K는 자신이 성적으로 정상이 아니라고 털어놓았다.

K는 여자에 전혀 관심이 없었다. 그러나 미남자에게는 언제나 특별한 매력을 느꼈다. K는 소년기부터 진찰받으러 나타나던 무렵까지 자위행위를 많이 했다. K는 동성과 상호 자위행위를 하거나 청소년과 성행위를 해 보려고 하지 않았다. 그렇게 한다고 만족할 것으로 생각하지 않았다. 남자에게만 호감을 보이기는 해도 그의 원칙적 즐거움은 남자의 흰색 천 조각을 갖는 것이기 때문이다. 그러나 이 경우에도 손수건의 임자가 미남이어야 했다. 미남의 손수건이야말로 자극적이었다. 그는 남성용 손수건으로 자위행위를 할 때 가장 짜릿한 쾌감을 맛보았다. 그래서 K는 친구들의 손수건을 종종 슬쩍 했다. 도둑으로 몰리지 않도록 항상 자신의 깨끗한 손수건을 친구의 주머니에 찔러주었다. K는 이렇게 절도범으로 의심받지 않으면서 손수건을 교환한 것이라고 믿었다. 다른 옷가지로도 흥분했지만 손수건이 최고였다.

K는 종종 여자들과 섹스했다. 순조로웠지만 쾌감은 없었다. 더구나 K는 섹스 자체를 절실히 바라지도 않았다. 생리적 절정도 남자 손수건을 생각해야

---

6   몰 박사는 "남자가 작은 손수건에 완전히 굴복한다고 해야 할 만큼 손수건의 애착이 광폭할 때도 있다."라고 하면서 어떤 여자의 증언을 전한다. "어떤 신사가 나를 개처럼 졸졸 쫓아다니며 내 주머니에서 손수건을 빼내려고 했다. 내가 가는 곳마다 따라왔다. 그 신사는 차를 타고 가거나 다른 일을 하다가도 내 손수건만 보면 만사 제치고 나를 쫓아왔다."

가능했다. 물론 섹스 중에 친구의 손수건을 쥐고 있다면 더욱 쉬웠다. 그의 이상한 성욕으로 밤중에 꿈속에서도 손수건의 모습을 보면서 몽정했다.

여성의 신발보다 옷가지를 애착하는 경우가 더욱 빈번하다. 수없이 많다고 할 텐데, 이미 과학적으로도 상당수를 분석했다. 반면에 장갑 애착증은 다른 경로로 몇 가지 희귀한 경우만 전해 들었다. 아무튼, 그 원인은 앞에서 이미 다루었다.

신발 애착증에서 여성의 신체와 신발의 밀접한 관계는 없다. 옷가지에 대한 애착을 해명할 만한 관계 같은 것이 없다. 따라서 여성용 신발을 물신처럼 숭배하는 성향은 피학적 관념에서 비롯하는 것이 확실하다. 이와 같은 동기로 미루어 볼 때 당연히 피학대음란증의 근본 원인을 각자 나름대로 위장하고 있지만, 그 밖의 다른 원인을 찾을 수 없다. 이런 동기 때문에 피학대음란증을 다룬 앞 장에서 발과 신발에 대한 애착증을 함께 이미 다루었다. 관능적 애착이 규칙적으로 피학대의 성격으로 드러나는 다양한 이행 과정이다. 불충분한 가설이라고 반박할 만한 경우가 없지 않다. 여성용 구두의 이미지와 성욕이 우연히 연상으로 이어지는 사고가 났을 때다. 그렇지 않다면 이와 같은 관념의 연상이 일어날 리 없기 때문이다. 이런 식의 상관관계가 어떤 것인지 다음의 사례를 보자.

_사례 87 구두 애착 취향

P는 32세의 폴란드 명문 귀족인데, 1890년 이상한 성생활에 대해 나와 상담했다. P에 따르면, 자기 집안 모두 건강했는데 자신만 어린 시절부터 신경질적이었고 열한 살 때에는 가벼운 무도병舞蹈病으로 고생했다. 그 뒤 열 살부터는 신경쇠약과 불면에 시달렸다. 열다섯 살이 되어서야 남녀의 차이를 알았

광기와 성

〈독일의 구두 수선방〉, 작센자유연방도서관, 20세기 초

다. 바로 그 무렵부터 이상한 취향이 드러났다. 열일곱 살에 P는 프랑스인 가
정교사의 유혹에 끌렸지만 섹스를 허락하지 않았고, 서로 짙은 애무만 했다.
그러던 중 P는 가정교사의 멋들어진 반장화를 보게 되었다. 너무나 인상 깊게
보았다. P는 문란한 가정교사와 넉 달 동안 관계를 계속했다. 섹스를 못 하고
서로 애무만 하는 동안 가정교사의 반장화는 딱한 청년의 애물이 되었다.

　　P는 여성용 구두에 흥미를 갖기 시작했고, 아름다운 반장화를 찾아 어슬
렁대며 돌아다녔다. 구두에 대한 애착은 더욱 짙어만 갔다. 갈리아 구두[7]가 남
근을 건드리기만 해도 황홀해 정액을 쏟아내었다. P는 가정교사가 그만두자
창녀를 찾아다니며 이전과 똑같은 과정을 반복했다. 구두를 보기만 해도 좋아
했으나 섹스는 별로 하지 않았다. 섹스에는 거의 취미를 잃었다.

　　P는 여성용 구두만 소중했고 그것을 성기에 대는 몽상에 젖어 욕정을 해

7　켈트 구두라고도 한다. 굽이 낮고 목은 단화보다 높은 반장화인데, 부드러운 가죽에 가는 가죽끈으로
　　묶는 우아한 디자인으로 중세의 분위기를 풍긴다.(역주)

소했다. 어쨌든 그렇게 하려면 창녀의 도움이 필요했다. P는 여성과 교제할 때 오직 반장화에만 흥분했는데, 기왕이면 광택이 번쩍이는 검정 가죽에 굽이 높은 우아한 프랑스 제 일수록 좋아했다. 여기에 차츰 다른 조건들이 늘어났다. 세련된 멋쟁이 창녀의 구두, 꼭 끼는 짧은 치마와 검은 스타킹 차림이다. 그 밖의 다른 면에는 무관심했다. 맨발도 완전히 무심했다. 여자가 무슨 생각을 하는지 상관하지 않았다. P는 피학 성향은 없었다. 여자의 발길질을 당하면서 굴욕을 느끼고 싶어 하지 않았다.

해가 갈수록 P의 애착은 더욱 심해졌다. 거리에서 그는 마음에 드는 신발을 착용한 숙녀를 발견하면 너무 흥분해 자위행위를 하고 말았다. 신경쇠약증 환자인 P는 성기를 조금 누르기만 해도 사정해 버렸다. 얼마 전부터 P는 진열창의 구두를 보거나 제화점의 광고 문구만 읽어 보아도 격렬하게 흥분해 버렸다. P는 왕성한 성욕을 구두를 이용하지 못할 때는 자위행위로 해소했다.

P는 자신의 상태가 불편하고 위험하다고 인식했다. 겉으로는 건강해 보이지만 속으로는 심하게 우울해했다. P는 여러 의사와 의논해 물치료[8]와 최면요법을 시도해 보았지만 허사였다. 명의들은 그에게 결혼하라고 권하며 처녀와 진지하게 연애하면 좋아지고 난처한 기벽이 사라질 것이라고 안심시켰다. P는 자신의 장래를 못 미더워했지만 명의의 충고를 따랐다. 의사들의 권위를 믿고 미모와 지성을 두루 갖춘 상류층 숙녀와 결혼했지만 이내 실망했다. 신혼 첫날밤부터 그는 참담했다. 자신이 죄인이라는 생각에 신부를 건드리지 못했다. 이튿날로 P는 좋아하는 '멋쟁이' 창녀를 찾아갔지만, 이번에는 익숙하던 대로 시도했어도 힘이 나지 않았다.

---

8 19세기 초반 영국에서 시작해 프랑스, 독일로 퍼져 나가 불안증, 불면증, 두통, 예민함과 같은 신경쇠약의 가장 확실한 치료법으로 각광받았다. 온천욕, 냉수욕, 해수욕 등 여러 방법이 있으며, 한겨울에 강물에 들어가는 방법에 이르기까지 방법이 다양하다.(역주)

광기와 성

P는 명품 여자 반장화 한 켤레를 구입해 자기 집 침대 밑에 숨겨두었다. 그렇게 구두를 만지면서 며칠 뒤 겨우 부부의 의무를 다했다. 그러나 사정은 매우 더뎠다. 억지로 섹스하려고 기를 써야 했기 때문이다. 그러다가 몇 주가 지나 구두의 효능도 바닥이 났고 그의 상상도 시들해졌다. P는 극도로 비참함을 느껴 차라리 신혼 생활을 끝장내 버리는 편이 낫겠다고 생각했다. 반면, 성욕이 왕성한 아내는 불만이었다. P는 자신과 아내의 관계를 한탄했다. 아내의 심신이 얼마나 아팠을까 알았기 때문이다. 그렇다고 P는 아내에게 자기 비밀을 털어놓고 싶지도 않았다. 짜증스런 부부 관계였다. 아내와 단둘이 마주하는 저녁마다 걱정하고 아내를 두려워했다. 발기조차 되지 않았다.

P는 다시금 매춘부를 찾아가 구두를 만지면서 자신의 성기를 애무하게 했다. 매춘부와 시도한 섹스도 결국 실패했다. 급히 사정했기 때문이다. P는 완전히 낙심한 채 진찰을 받으러 왔다. 믿고 싶었지만 명의들의 조언을 따랐던 것을 깊이 후회했다. 선량한 여자를 불행하게 했고 심신의 쓰라림만 주었다고 씁쓸해했다. "이런 생활이나 계속하면서 하느님께 무슨 언약을 할까? 아내에게 모든 것을 고백하고 자신이 원하는 대로 아내가 따라 준들 아무 소용도 없을 텐데 어쩔꼬. 화류계의 향수 냄새만 절실할 뿐."이라며 고통스러워했다.

불운한 P는 겉으로 보기에 멀쩡하다. 정신적 고통만 있을 뿐이다. 성기도 완전히 정상이다. 다만 전립선은 조금 비대하다. 그는 신발 문제에 얼굴을 붉힐 만큼 수치스러워하면서도 그 강박증을 오직 상상만 할 뿐이지만 어쩔 도리가 없다고 호소한다.

P는 자신의 시골 별장에 갔을 때도 종종 가까운 이웃 도시로 가야만 했다. 구둣방이든 사창가든 찾아가 애착의 갈증을 풀었다. P에게 딱하지만 처방하기 어려웠다. 그가 의사를 불신하기 때문이다. 최면요법으로 연상 작용을 지워 보도록 시도했지만 실패했다. P는 자기 아내를 불쌍해하는 강박증으로 흥

분해 있기 때문이다.

_사례 88 여자 신발을 다룰 때 성욕이 일어나는 남자

24세의 청년 X는 병력이 화려한 가족 출신이다. 외삼촌과 외할아버지는 정신이상, 누이들은 간질과 편두통을 앓았으며, 부모는 과민하다. X는 이가 나던 무렵에 자주 경기驚氣를 일으켰다. X는 일곱 살 때 하녀의 손으로 자위행위를 경험했다. X는 하녀가 신은 운동화가 음경을 건드릴 때 처음으로 강렬한 쾌감을 느꼈다. 어린 그는 그때를 연상하면서 악습에 젖었다. 결국 그 후로 여자의 신발을 보고 회상하면서 발기와 사정을 하게 되었다. 그는 여성용 구두를 보면서 또는 구두가 없으면 상상으로 그려보면서 자위행위를 했다. 학교에서 여교사의 구두를 보고서도 몹시 흥분했다. 주로 긴 옷자락에 살짝 가린 반장화가 언제나 효력을 보였다. 어느 날, X는 더는 참지 못하고 여교사의 반장화를 붙잡고 격렬하게 흥분했다. 뿌리치는 발길에 차이면서도 그런 짓을 반복했다. 결국 그를 이상하게 여긴 학교에서 교사의 지도를 받았다.

X는 이렇게 여교사의 반장화에서 느꼈던 달콤한 기억에 매몰되었고, 열네 살 때에는 절정감과 사정을 맛보았다. 그 밖에도 X는 다른 여자의 신발을 생각하면서 자위행위를 되풀이했다. 그러던 중 어떤 숙녀의 신발을 이용해 쾌감을 자극하고 자위해 볼 생각을 품었다. X는 여자에게 아무런 흥분도 못 느꼈다. 섹스는 생각만 해도 역겨웠고 남자에게도 무관심했다.

X는 열여덟 살부터 주로 신발을 팔았다. 그는 여자 고객에게 신발을 신겨주거나 여자들이 신던 신발을 다룰 때마다 성욕이 치밀었다. X는 어느 날 일하던 중에 간질로 발작했고, 금세 발작이 빈번해지자 늘 그랬다시피 자위행위를 했다. 이때 X는 자신의 성생활이 건강에 위험하다는 것을 깨달았다. 그래서 자위행위를 포기하려고 가게도 접고 신발과 엮인 고약한 관계를 끊어 보려

고 애썼다. 그러나 여자의 신발이 등장하는 달콤한 꿈 때문에 몽정은 계속되었고, 간질도 점점 심해졌다. X는 여성에 흥미가 없었지만 결혼하기로 마음먹었다. 그것만이 병을 고칠 길이라고 생각했다. X는 젊은 미녀와 결혼했다. 여자의 신발로 활발하게 발기하던 그였지만, 부부생활에는 완전히 무능했다. 그는 부부관계를 혐오했고, 신발의 모습에 압도되다 보니 성욕이 일지 않았다. X는 무능을 이겨내려고 해먼드 박사를 찾았다. 박사는 브롬 요법으로 간질을 다스리려 했고, 섹스할 때 침대 위에 신발을 걸어두고 바라보면서 아내를 구두처럼 상상하라고 권했다. X는 발작에서 회복되어 정력을 되찾아 일주일 내내 섹스를 즐겼다. 결국 여자 신발을 보면서 욕구를 부추기던 증상도 가라앉았다. (해먼드)

신발에 매달리는 증세는 거의 모든 경우 페티시즘으로 보인다. 개인이 신발과 성욕을 연결하는 우연한 사건에 기초한다. 원인만 놓고 본다면 별로 희귀하지도 않다. 여자의 부분적 인상 또는 인위적 자극과 흥분으로 빚어진 인상에서 비롯한다. 그러나 자극하는 대상과 아무런 상관관계 없이도 연상을 엮어내기도 한다.

_사례 89 모자 쓴 노파에 흥분하는 사람

L은 37세의 가게 종업원이다. 가족의 병력이 많은데, 다섯 살 때 처음 발기했다. 같은 방에서 취침용 모자를 쓴 채로 자고 있던 친척 어른을 보고 나서 벌어진 일이다. L은 나중에도 어느 날 저녁에 늙은 아주머니가 취침용 모자를 쓴 모습에 흥분해 발기했다. 그 후로 L은 추한 노파가 취침용 모자를 쓰고 있는 모습만 보이도 저절로 발기되었다. 모자만 보거나 아니면 벌거벗은 여자나 남자의 모습에는 그다지 무반응이었다.

L은 자위행위에 몰입하지 않았다. 사랑하는 처녀와 결혼하던 서른두 살까지 별다른 성희性戱를 하지 않았다. 그런데 신혼의 첫날밤, L은 모자 쓴 노파를 상상하고 나서야 섹스에 성공했다. 그렇게 상상하기 전까지는 완전히 무감각해 당황했다. 그때부터 L은 상상에 의존하곤 했다. L은 어릴 때부터 자살 충동을 느낄 만큼 우울증이 깊었고, 밤중에는 무서운 환각으로 가위눌림에 시달렸다. 창밖을 내다보면서 L은 어지럼증과 불안함에 휩싸였다. L은 지능이 좋지 않고 서툴고 이상한 인물이었다. (샤르코, 마냥)

L의 사례가 흥미롭다. 최초의 성적 흥분과 완전히 이질적인 인상이 우연히 맞아떨어지는데, 이것은 오직 환자의 성향에 따른 것이기 때문이다. 해먼드는 우연한 연상 작용에 따른 애착증을 소개했다. 정신도 신체도 건강한 서른 살의 기혼남이 이사하더니 별안간 무능해졌다. 그래서 다시 옛집의 자기 방으로 돌아가 살아보니 증세가 사라졌다.

옷감에 대한 애착

페티시즘 증상을 보이는 세 번째 부류가 있다. 여자의 몸이나 옷의 일부 또는 착용한 신발이나 장신구가 아니라 천이나 옷감 조각, 특히 벨벳이나 모피, 비단 같은 소재로 성감을 높이려는 사람들이다. 옷감이 여성 내의나 손수건처럼 몸과 밀접하지 않고, 또 구두나 장갑처럼 특정 신체 부위와 무관하며 상징적 의미도 없다는 점에서 앞의 사례들과 다르다.

옷감에 대한 애착은 과거의 우연한 연상에서 비롯하지도 않는다. 그 대신 애물은 항상 같은 성질이다. 성욕 과잉의 사람들은 촉각이 애착의 원인이다.

_사례 90 벨벳과 모피에 열광하는 사람

N은 37세인데 신경질환자 가족 출신이다. 그 자신도 같은 증세를 보이는 체질이다. 그는 다음과 같이 밝혔다.

유년기부터 나는 벨벳과 모피에 열광했다. 이상하게 흥분하게 되어 보고 만지면 기분이 짜릿했다. 이런 버릇이 나타난 사건이 기억에 남는다. 처음으로 피륙을 보고 성적으로 몹시 흥분했고 같은 옷감을 걸친 여자를 보고서도 마찬가지였다. 옷감을 유난히 좋아하는 버릇이 어떻게 생겼는지 기억은 나지 않는다. 그런 우연찮은 일을 겪었을지 모르지만, 그렇다고 굳이 기억에 깊이 새겨질 만큼 강렬하지는 않았던 것 같다. 내가 아는 것이라고는 아직 꼬마였을 때 모피를 매만지기 좋아했고 막연히 짜릿한 기분이 들었을 뿐이다. 내가 처음으로 구체적으로 성에 관심을 보인 것은, 즉 여자를 이성으로 보기 시작하면서 이미 내가 좋아하는 옷감이나 모피로 지은 옷을 걸친 여자를 유난히 좋아했을 때부터였다.

어른이 될 때까지 나의 편애는 변함이 없었다. 모피나 벨벳으로 치장한 여자에게 그렇지 않은 여자보다 훨씬 더 빠르게 자극을 받았다. 흥분하는 데 반드시 옷감이 필요하지는 않다. 옷감 없이도 통상적인 여성의 매력에 욕정을 느낀다. 그러나 특히 애물처럼 좋아하는 옷감을 접하면 보통 때보다 쾌감이 훨씬 더 고조된다. 별로 미녀도 아닌데 내 취향의 옷감으로 지은 옷을 입은 여자만 보아도 걷잡을 수 없이 흥분하고 만다. 물론 그것을 매만질 때 쾌감은 더욱 크다. 모피의 코를 찌르는 냄새는 불쾌해 견디기 어렵다. 하지만 촉감이 좋았다고 생각하면서 견뎌 낸다.

나는 여자가 걸친 옷감을 만지고 쓰다듬고 껴안고 얼굴을 비비고 싶어 미칠 지경이다. 특히, 행위 중에 여자의 어깨를 덮은 옷감을 보는 것이 가장 즐겁다. 아무튼, 모피가 벨벳보다 훨씬 자극이 강렬하다. 그러나 두 소재를 섞은 옷감이야말로 최고다. 마찬가지 소재를 이용한 옷에서 잘라 낸 조각도 자극적이다. 물론 자극은 덜 하다.

옷감으로 사용하지 않은 모피나 가구나 홑청, 커튼 따위에 사용한 소재도 마찬가지로 자극적이다. 모피와 벨벳 장신구를 재현한 판화도 관능적으로 보이고 '모피'라는 소리만 들어도 마술처럼 에로스의 사랑이 연상된다. 모피는 정말로 성적 관심의 대상이다. 언젠가 모피 목도리를 두른 남자를 보았을 때 마치 발레나 차림의 남자를 보았을 때처럼 불쾌하고 추잡해 보였다. 추한 노파가 아름다운 모피를 걸치고 나타났을 때 눈살을 찌푸리게 되는 것과 똑같다. 복잡하고 상반된 감정을 불러일으키는 모습이다. 모피를 보는 쾌감은 나의 순수한 미감과 완전히 다르다.

나는 아름다운 여성 장신구를 너무너무 좋아한다. 당텔 수제품을 특히 좋

필리프 허모진스 콜드런, 〈이루지 못한 소망〉, 테이트미술관, 1856년
여인의 옷소매를 장식한 '당텔' 자수가 돋보인다.

아한다. 그러나 순수하게 탐미적인 감정이다. 당텔 수제품으로 아름답게 치장한 여자가 보기 좋기는 하지만, 내가 애물로 여기는 옷감으로 치장한 여자가 가장 '섹시'하다.

모피는 최상급일수록 쾌감도 급등한다. 털이 곱고, 촘촘하고 매끄럽고 긴 것으로 위에서 밑으로 깔끔하게 쫙 빠진 것이다. 이런 최상품에나 끌린다. 싸구려에는 흥미가 없다. 그러나 최상품이라고 해도 (비버, 상어처럼) 원단의 털을 억지로 세운 것이나 (흰 담비처럼) 원래 털이 짧은 것, (원숭이, 곰처럼) 너무 길어 자빠진 것에는 흥미가 없다. 반면, 털을 가공한 것 가운데 담비는 특별한 느낌이다. 결을 부숭부숭하게 일으킨 벨벳도 마찬가지다. 결국 털끝이 신경의 끝을 예민하게 건드리는 것 같다. 그러나 촉각의 이상한 효과가 어떻게 성감에 작용하는지 설명할 수 없다. 남자들 대부분이 마찬가지 아닐까.

여자의 아름다운 머릿결도 아주 좋아한다. 그렇지만 여성의 다른 매력에는 못 미친다. 모피를 만질 때 여자의 머리를 만질 생각은 전혀 하지 않는다. (그 촉감은 완전히 다르다.) 모피는 내 성욕을 깨운다. 어떻게? 알 수 없는 노릇이다. 우아한 모피가 발산하는 아름다움은 누구나 어느 정도 느낄 수 있다. 화가들은 라파엘로의 〈라 포르나리나〉, 뤼번스의 〈모피를 두른 엘렌 푸르망〉 같은 걸작을 여성미의 전형으로 꼽는다. 이런 걸작은 예술과 패션과 여성장식 연구에 너무나 중요하다. 그 아름다운 전율은 설명할 길이 없다. 보통 남자들이 껌뻑 죽는 아름다운 모피와 꽃, 리본과 보석에 나도 마찬가지로 매혹된다. 능란하게 활용된 장식품으로 여성미가 돋보이고 간접적으로 성욕을 자극하기도 한다. 그렇지만 나는 이런 것을 보아도 앞에서 말한 옷감에 비할만한 자극을 받지 않는다. 특별한 대상에 애착을 품은 사람들처럼 나도 관능적 인상과 순수하게 아름다운 인상을 다르게 본다. 애물에 대해서도 똑같이 순수하게 형태와 재단과 색채가 조건이 된다.

나의 까다로운 취향을 늘어놓자면 끝도 없을 것이고, 지금 문제의 주제도 아닐 테니까 그만두겠다. 단지 관능적 애착이 순수한 미적 사고 못지않게 복잡하다는 점만 강조하고 싶다. 내가 옷감에서 느끼는 관능성은 그 순수한 탐미성이나, 또 그것을 걸친 여자의 몸과 연결해 설명할 수 없다. 몸에 걸치지 않고 옷감이나 그 조각만으로도 흥분하기 때문이다. (코르셋, 블라우스 같은) 속옷 장식 같은 것도 흥분에 별다른 도움이 되지 않는다. 옷감에 대한 애

루벤스, 〈모피를 두른 엘렌 푸르망〉, 빈 미술사박물관, 1638년경

착은 나로서는 타고 난 관능성이다. 어째서 그럴까? 알 수 없는 노릇이다.

여성용 부채와 모자에 꽂힌 깃털도 내게는 피처럼 소중하다. 가볍고 이상하게 스치는 촉감이 비슷하기 때문일까. 정도의 차이는 있어도 비단이나 새틴 등의 촉감도 마찬가지 효과를 낸다. 그러나 거친 광목이나 플란넬은 역효과만 낸다.

나는 카를 포크트[9]의 「머리가 작은 사람들」이라는 에세이를 읽었다. 그 글에서 머리가 작은 사람이 모피를 보고 미친 듯 달려들어 쓰다듬으면서 기뻐 날뛰는 장면이 나온다. 왜들 그러는지 난들 어떻게 알까. 모피에 대한 애착은 인류의 조상들이 가졌던 취미가 퇴화한 유전의 자취가 있다. 짐승의 모피를 두르고 살던 시절의 기억이다. 카를 포크트가 거리낌 없이 이야기한 머리가 작은 소두증 인간은 예민한 촉각을 지닌 사람이지만 관능미는 없다. 고양이를 쓰다듬고 모피와 벨벳을 만지는 보통 사람이 얼마나 많은가. 욕정과 무관하다.

문학에 나오는 다음 사례를 들여다보자.

_사례 91 모피에서 성욕을 느낀 소년

12세 소년이 어느 날 우연히 모피 이불을 덮다가 불현듯 강한 성욕을 느꼈다. 그날부터 소년은 모피를 만지작거리거나 침대에서 털이 짧은 강아지를 안고 자위행위를 했다. 히스테리가 심해질 때마다 사정했다. 심야에는 완전히 모피를 덮은 채로 몽정했다. 여자나 남자에게는 관심이 없었다. 소년은 신경쇠약증에 빠져 모든 사람이 자신을 변태로 본다는 피해망상에 시달렸다. 그러다가 탈진해 미쳐 버렸다. (타르노브스키)

_사례 92 벨벳에 흥분한 남자

C는 벨벳에 광분했다. 아름다운 여자들에는 정상적으로 반응하면서도 특히 마주친 여자가 벨벳 옷을 입고 있을 때 흥분했다. 벨벳을 보는 게 아니라

---

9 August Christoph Carl Vogt, 1817~1895, 스위스 의사로 다윈의 진화론을 지지한 유물론자다.(역주)

광기와 성

프랑수아 제라르, 〈벨벳 소파에 앉은 조제핀 드보아르네〉, 에르미타주 박물관, 1901년

만지면서 흥분했다. 벨벳 원단으로 지은 여자의 윗도리를 만지다가 생전 느껴
보지 못한 흥분을 맛보았다고 털어놓았다. (몰)

　어떤 의사는 사창가에 '벨벳'으로 통하는 단골의 사연을 전했다. 단
골은 친한 창녀에게 벨벳 옷을 입히고 그 옷자락만 쓰다듬고 좋아했다.
다른 접촉은 하지 않았다. 또 다른 증언에 따르면, 피학대음란증 환자들

에게서 모피, 벨벳, 비단 숭배자가 흔하다. (사례 44 참고)[10]

다음 사례도 흥미롭다. 애물을 파괴하고 싶은 충동이 페티시즘과 결합한 모습이다. 이런 기벽은 모피를 걸친 여자를 학대하거나 사람과 상관없이 물건을 학대하는 경향이다. 애착증에 빠진 사람들 사이에서 종종 나타난다. 매우 흥미로운 범죄를 벌이게 되는 파괴 본능이다.

_사례 93 비단 옷자락에서 성욕을 느끼는 남자

1891년 7월, 베를린 형사 법정에 25세의 철물공 알프레트 바흐만이 피고로 출두했다. 같은 해 4월에 경찰은 여러 차례 손버릇이 못된 자가 날카로운 흉기로 여러 숙녀의 드레스를 잘랐다고 고발당했다. 4월 25일 저녁, 수상한 용의자를 가택에서 체포했다. 형사는 용의자가 골목을 신사와 함께 지나가는 숙녀를 이상하게 바짝 따라붙었다는 사실에 주목했다. 수사관은 숙녀에게 드레스를 살펴보라고 했다. 그랬더니 드레스가 길게 잘려져 있었다. 수사관은 용의자와 현장검증에 나섰다. 옷을 자를 칼 외에 그의 집에서 찢어진 옷가지를 발견했다. 비단 장식띠도 나왔다. 용의자는 혼잡한 틈에 옷자락을 잘랐다고 털어놓았다. 용의자의 몸에 지니고 있던 여성용 비단 목도리가 나왔다. 그러나 용의자는 우연히 주운 목도리라고 진술했다. 용의자의 주장을 무시할 수도 없던 경찰은 그를 분실물을 기만한 혐의로 고발하기도 어려웠다. 단, 그가 드레스를 잘라 도주했으므로 재물손괴와 절도 혐의로 고발했다.

피고는 전과가 있었다. 창백하고 뚱한 얼굴로 판사 앞에서 자신의 알쏭달

---

10 폰자허마조흐의 소설에서 모피는 매우 중요한 역할을 한다. '모피'를 제목으로 하는 소설도 있다. 작가는 모피를 지배의 상징으로 묘사했다. 또, 그러한 맥락에서 남자들의 애물로 다루었다. 그럴싸하지만 꽤 피상적이라 아쉽다.

쏭한 행동을 해명했다.

피고는 과거, 사령관의 식당에서 일하는 하녀에게 먹을 것을 요구했다가 계단 밑으로 밀려 굴러떨어졌다. 그때부터 피고는 여자를 돌이킬 수 없이 미워하게 되었다. 피고는 공익 근무하는 의사에게 인계되어 조사받았다. 이후 재판정에서 전문가는 피고가 지능이 모자라기는 해도 정신병자로 볼 만한 이유는 없다고 주장했다. 그러나 피고는 이상한 방식으로 변명했다. 도저히 저항할 수 없는 충동 때문에 별수 없이 여자에게 달려들어 비단 드레스를 잘랐다고 진술했다. 비단 옷자락을 만지기만 해도 너무 달콤해했던 그는 수감 중에도 우연히 입수한 비단 실 한 가닥을 만지작거리면서 들뜨고 도취했다.

검사 밀러는 피고를 단순히 비행을 일삼는 위험한 인물로 간주하고서 일정 기간 격리가 필요하다면서 징역 1년을 구형했다. 판사는 징역 6개월 형과 1년간의 (시민권) 자격정지를 선고했다.

Part 6

동성애

이성에 대한 성감 부재와 동성애 취향

성에 눈을 뜨는 성장기 때 자의식이 확고해진다. 각자 자기 나름의 성을 표현하려고 한다. 생리적으로도 똑같은 욕구를 확인한다. 성의 개별성을 충실히 따르면서 인종을 보존하려고 성행위를 한다.

성의 감각과 본능은 몇 가지 감정과 모호한 충동을 제외하면, 성기가 발달할 때까지 잠재된 상태로 유지된다. 어린이는 성으로 본다면 중성에 속한다. 성은 잠재된 시기에 강한 감정으로 나타나지 않고 의식하지도 못한다. 그런데도 성기가 때 이르게 흥분하기도 한다. 자발적으로나 외부의 영향으로 흥분하면서 자위행위로 만족을 구한다. 이 과정에서 어떤 이성을 생각하지는 않는다. 자위행위는 기본적으로 중추신경 반사로 보인다.

어린이는 성에 순진무구하고 중성적이다. 각별히 주목해야 할 사실이다. 아동은 일찍부터 교육과 일과 의복으로 남녀의 차이를 확인하기 때문이다. 의식적으로 이해하는 차이는 아니다. 그와 같은 인상은 성징에 근거하지도 않는다. 성에 대한 생각과 감정의 중심 기관(대뇌피질)은 여전히 미숙하며 지각능력을 발휘하지 못한다.

성기의 해부학적 기능이 발달하면서 체형도 개인마다 차이가 나고, 남성 또는 여성의 특징으로 소년과 소녀의 모습으로 구별된다. 심정의 바탕도 각 성에 충실하게 되어 교육과 환경으로 힘차게 다져지면서 각자 주목할 개성을 띤다.

성이 아무 탈 없이 성장 과정을 거친다면 성의 본질에 충실한 확실한 인성이 된다. 반면, 그 과정에서 이성의 인물과 관계에서 이상한 편향과 반작용이 나타나기도 하고, 개인마다 성징의 심리가 급속하게 형성되므로 매우 주목할 만하다. 유년기에 성에 수줍어하거나 수치심을 보이는 것은

〈시골의 윤무〉, 이다젤러 아카이브, 1935년경

어린이가 오해한 강압적 교육 때문이다. 어린이는 무지한 만큼 표현은 불완전하기 마련이다. 성적 수치심은 청소년기에 자존심 때문에 의무감처럼 나타난다. 자존심을 건드리면 강한 혈관의 반작용과 정신적 욕구가 표출된다.

만약 유년기의 사정이 정상이고 성심리의 발전에 해로운 요인이 끼어들 여지가 없다면, 남성과 여성으로서 인격은 차분하게 개인이 표현하는 성에 충실하다. 따라서 훗날(거세 등으로) 성기를 잃어버리거나 절정기와 쇠퇴기를 맞더라도 성심리의 인격적 본질은 바뀌지 않는다. 거세된 남자와 여자, 소년과 노년, 처녀와 총각, 혈기왕성한 남자와 무기력한 남자 모두 정신 상태는 다를 바 없다.

우리의 가장 흥미진진하고 중요한 관심거리는 성심리의 발달에 생식선이 주기적으로 영향을 주고, 또 뇌중추의 조건이 결정적이지 않은가 하는 점이다. 생식선이 선천적으로 없거나 사춘기 이전에 제거되면 신체와

〈남성을 거세하는 중세 풍속화〉. 프랑스 국립도서관, 1296년

성심리의 발달에 엄청난 영향을 준다. 그 결과로 성심리는 발달하지 못하고 반대편 성 쪽으로 방향을 튼다.[1] 그만큼 생식선이 중요하다. 어쨌든 성기에서 벌어지는 신체변화는 개인의 성심리 형성에 절대적인 요인은 아니다. 부수적인 요인이다. 생리학과 해부학의 관점으로 볼 때 정상 체질인 사람도 자기 성과 상반된 성격이 발달할 수 있다. 따라서 그 원인을 주요한 조건의 비정상과 성심리의 비정상적 자질에서 찾을 수 있다. 신체 기능에 비추어 보아도 여전히 수수께끼 같은 자질이다. 이상한 문제를 일으킨 환자들은 갖가지 신경병적 결함이 있다. 퇴행성 유전으로 물려받은 조건과 관련이 있을 것이다. 비정상적 성심리는 임상적으로 기능의 퇴행에 따른 상흔으로 간주한다.

성적 도착은 난폭한 외부의 자극이 없어도, 개인의 성장기에 비정상적이고 퇴행적인 성생활에 따라 나타난다. 그런데 그 현상이 선천적인 것이라 놀랍다. 성기능이 정상적으로 발달하던 초기에 나타나기도 하고 해

---

1 환관, 남자 같은 여자, 로마 신화의 사냥하는 여신 디아나, 그리스의 전설의 여성 부족 아마조네스.

로운 영향 때문에 나타나기도 한다. 마치 후천적으로 발생하는 것처럼 보인다.

당분간, 후천적인 동성애 감각의 수수께끼가 무엇에서 비롯하는지 여전히 설명하기 어렵다. 몇 가지로 가정해 볼 뿐이다. 후천성 동성애 성향을 검사해 보면 최소한 양성 기질이 잠재되어 있다. 그렇게 숨어 있던 것이 우연한 동기로 인해 드러난다.

동성애라는 틀 안에서 다양하게 분포된 현상을 볼 수 있다. 그 분포 상태는 환자의 유전적 결함의 수준과 거의 일치한다. 그래서 가벼운 증상을 보이는 사람들은 정신적으로 남녀 쌍성의 자질이 농후하다. 그러나 조금 심해지면, 동성애의 감정과 취향이 성생활의 경계가 된다. 몹시 심각해지면 인격은 물론이고 심지어 생리적 감각에서도 성이 뒤바뀐다. 가장 중증에 이르면, 체형까지 반대편 성을 따르며 변형(성전환)된다. 이런 이해를 바탕으로 성심리의 이상한 형태를 살펴보자.

후천적 동성애

동성애자들과 성행위를 했는지 여부가 아니라. 원래 타고난 자신의 성을 뒤집으려는 성향이 있는지가 요점이다. 성도착 성향과 동성애의 성행위를 혼동하지 않아야 한다. 도착증倒錯症과 변태성욕은 다르다. 변태성욕 때문이 아닌 이상한 성행위를 종종 볼 수 있다. 특히 동성 간의 성행위가 그렇고, 미소년을 좋아하는 페데라스티의 경우가 그렇다. 반드시 성본능의 이상 때문에 이런 행위를 벌이는 것이 아니다. 오히려 자연스럽게 심신의 쾌감을 채울 수 없는 성욕 과잉이 원인이다.

수음 중독자 또는 무절제한 성불능자 가운데 일부가 동성애 관계를 갖는 것을 보게 된다. 또는 수감 생활을 하는 남녀, 선상 생활 하는 선원, 병영의 군인, 기숙사 생활하는 사람들과 강제노동 하는 죄수에게서도 종종 볼 수 있다. 이런 사람들은 자신들을 구속하던 장애만 사라지면 즉시 정상으로 돌아간다.

이와 같은 일시적 착란은 주로 청년들의 자위행위가 원인이다. 어려서 너무 일찍 자위행위를 하는 것처럼 정상적인 성에 대한 정상적인 감정으로 빚어지는 고상하고 이상적인 감정의 샘을 휘젓고 흐리는 것은 없다. 그 맑은 물은 완전히 흐려져 고갈되기도 한다. 아름답게 만개하고 향기를 퍼트릴 봉오리를 아예 잘라 버린다. 그 대신 성욕을 채우려는 거칠고 상스러운 감각적 성향만 남는다.

생식 기능이 가능한 나이에 이런 악습에 빠진 사람은 이성의 순수하고 뛰어난 미적 매력을 알지 못하게 된다. (결국 철부지의 동물적 쾌감 수준에 머문다.) 열렬한 육감은 꺼져 버리고 이상에 대한 취향도 현저하게 줄어든다. 남녀 예외 없이 이런 결손 때문에 어린 자위행위 중독자의 성향과 감정의 세계에서 정신과 도덕심, 성격과 상상과 기질까지 매우 불리해진다.

때때로 이성에게 반감마저 품기도 한다. 예컨대 성병의 감염을 두려워하고, 잘못된 교육으로 그 위험을 과장하는 바람에 특히 처녀들이 성행위로 임신하게 될까 공포에 떨다가 심신이 쇠약한 끝에 남성을 혐오하기도 한다.

첫 번째 수준: 성감각의 단순한 도착

동성이 같은 동성에게 성욕을 자극할 때 나타난다. 성적인 감정을 불러일으키는 것인데, 자극을 받은 사람의 감정은 자신의 원래 성징의 것과 같다. 그렇게 동성에 끌린 사람은 자신의 감정과 취향이 비뚤어졌다고 생각하고 치료할 길을 찾아 나서기도 한다. 흥분이 가라앉으면 다시 애초의 정상적인 성감을 회복한다.

다음의 고백은 성심리가 퇴행하는 단계를 놀랍도록 솔직하게 보여준다.

_사례 94 후천성 성도착자의 수기

나는 공무원이다. 내가 아는 바로는 우리 가족에 고질은 없었다. 아버지는 갑자기 앓다가 돌아가셨고 어머니는 살아계신다. 어머니는 꽤 신경이 예민한 편이다. 우리 누나는 몇 해 전부터 신앙에 빠졌는데 과장이 심하다. 나는 장신이고, 목소리도 걸걸하며 걸음걸이나 태도가 모두 남자답다. 홍역만 앓았고 다른 병은 없었다. 그런데 열세 살부터 신경성 두통으로 고생했다. 그때부터 성생활을 시작했다. 나보다 몇 살 위의 형뻘 되는 친구를 사귀었다. 서로 성기를 만지고 건드렸다. 기분 좋은 느낌이었다. 열네 살때, 나는 처음 사정했다. 학교 친구 둘이 도와주었다. 그 뒤로 혼자 또는 친구들과 함께 즐겼다. 그래도 항상 여자들을 상상하면서 그렇게 했다. 지금도 여전하지만 당시에도 나는 성욕이 무척 강했다. 얼마 뒤에는 예쁜 하녀와 사귀려고 했다. 하녀는 늘씬하고 젖가슴이 컸다. 그곳에 얼굴을 대고 비볐다. 하녀는 내 아랫도리를 만졌다. 나도 하녀의 음부를 만지면서 거친 욕정에 휩싸였다.

대학생이 되어 사창가를 찾아갔고 별다른 노력 없이 섹스했다. 그 무렵 나는 어떤 사건으로 크게 달라지기 시작했다. 어느 날 저녁, 친구네 집에 놀러 갔다. 나는 심심해 장난삼아 친구의 성기를 붙잡았다. 그런데 친구가 싫어하거나 뿌리치지 않았다. 우리는 친구의 방으로 올라가 서로 자위행위를 해 주었다. 그 뒤로 그 짓을 계속했다. 사정할 때 음경을 입에 넣기도 했다. 이상하다. 친구를 사랑하지도 않았고, 오히려 무척 좋아하던 또 다른 친구에게는 아무런 감흥을 못 느꼈다. 어쨌든 나는 누구하고도 성관계를 생각하지 않았다. 내가 단골로 드나든 사창가를 찾는 일도 뜸해졌다. 나는 친구에게서 보상받으려 했고, 여자와의 성관계를 원치 않았다. 우리는 섹스를 하지 않았다. 그런 말조차 꺼내지도 않았다.

친구와 어울리기 시작하면서 나는 자위행위를 더 많이 했다. 여자 생각은 거의 뒷전으로 밀려났다. 사지가 튼튼한 청년만 생각했다. 특히 수염이 없고 열여섯에서 스물다섯 살의 청년을 좋아했다. 깔끔하고 잘생긴 청년이라야 좋았다. 나는 맨체스터 작업복 차림이나 영국 옷감의 바지를 입은 노동자를 보면 흥분했다. 석공에게도 같은 충동을 받았다.

나는 주변 사람들에게 전혀 흥미가 없었다. 하지만 힘이 좋은 노동자의 모습에 유난히 흥분했다. 그런 사람들의 바지를 만지고 벗기고 남근을 붙잡고 포옹했다. 그렇게 할 때 가장 행복했다. 여자에게 별로 끌리지 않았다. 그러나 가슴이 풍만한 여자와 하는 성관계라면 선정적인 장면을 상상하지 않아도 힘이 솟았다. 나는 청년 노동자를 더러운 욕망으로 유혹하려고 하지 않았다. 그럴 뜻도 없이 선망만 했다. 때로는 처음 서로 자위행위를 도왔던 친구의 모습이 뚜렷이 떠올랐다.

나는 여자의 일에 관심이 없다. 여자들의 모임이나 사교계를 좋아하지 않는다. 무도회도 싫다. 하지만 미술에 관심이 많다. 내가 동성애 감정에 젖는 까닭은 내가 게으르기도 하지만 여자 사귀기가 귀찮기 때문이 아닐까 싶다. 결국 사창가를 계속 드나들면서 미적 감각만 망쳤다. 그뿐만 아니라 저주받을 수음에 다시 빠지곤 했다. 이미 골백번이나 말했지만, 정상적인 성감을 되찾으려면 우선 빌어먹을 수음부터 이겨내야 했다.

내 감각과 걸맞지도 않은 빗나간 짓이다. 나는 있는 힘을 다해 수음과 싸우겠다고 수없이 다짐했다. 그렇지만 아직 성공하지 못했다. 성욕이 너무 강해 자연스럽게 해결할 방법을 찾는 대신 나는 자위하는 편을 택했다. 이쪽이 더 쾌감이 크기 때문 아닐까. 어쨌든 나는 남자의 성기를 상상하지 않고서도 별 어려움 없이 여자들과 항상 힘차게 성관계를 했다. 경험으로 확인한 사실이다. 딱 한 번 사정까지 이르지 못했던 적이 있다. 상대방이 창녀였는데 정말이지 매력이 없었다.

지금까지 나는 꽤 깊어진 동성애가 지나친 자위행위의 결과일 뿐이라고 생각한다. 생각은 이런 데도 악습을 물리치지 못해 더 우울하다. 대학 시절 친구와 친해지면서 시작한 관계를 7년 동안 계속했는데 비정상적으로 성욕을 채우려는 성향만 강해졌다.

나는 과거에 몇 달 동안 또 다른 사건도 벌였다. 1882년 여름, 나는 대학에서 나보다 여섯 살 어린 친구를 만났다. 우리는 서로 알던 친구들 편에 소개받았다. 어린 친구는 대단한 미남이고 균형 잡히고 쭉 빠진 몸매에 건강해 보여 눈길을 끌었다. 그와 몇 주간을 함께 보내고 나서 짙은 우정은

무명 사진관, 〈시인 월트 휘트먼과 빌 더케트〉, 오하이오 위슬리안대학박물관, 1886년
휘트먼은 평생 젊고 어린 친구들을 사랑했던 유명한 동성애자로 당시에 보수적인 미국
사회에서 이런 사실을 절대로 드러내지 못했다.

질투심까지 얽힌 착잡하고 뜨거운 애정으로 발전했다. 나는 애정이 관능적 몸부림과 뒤섞인다는 것을 금세 알아챘다. 뛰어난 성격이 감탄할 만하던 어린 친구와 우정으로 만족하려고 작심했지만, 어느 날 밤 맥주에 만취한 끝에 우리는 내 방에서 진지하고 오래갈 우정을 기약하면서 포도주를 마셨다. 나는 견디지 못하고 그를 덮쳤다.

이튿날 아침, 깨어난 나는 감히 그를 똑바로 보지도 못할 만큼 창피했다. 나의 실수를 쓰려려 하면서 순수하고 고상할 수 있던 우정을 더럽혔다고 심하게 자책했다. 나는 어린 친구에게 잠깐 충동 때문에 그렇게 했다면서 다가올 학기 말에 여행을 함께 가자고 했다. 조금 망설이던 그가 동의했다. 그가 뭣 때문에 망설였는지는 분명했다. 우리는 며칠 밤을 같은 방에서 보냈다. 나는 이전 밤처럼 난폭하게 굴지 않으려고 조심했다. 나는 그 사건을 이야기하고 싶었지만 용기가 나지 않았다.

그다음 학기에 우리가 헤어졌을 때에도 편지로 설명하면 어떨까 싶었지만 그렇게 못했다. 3월에 X 시로 그를 찾아갔을 때도 용기가 없었다. 그러면서도 나는 그 모호하던 문제를 설명해야겠다는 압박감에 초조했다. 솔직하고 정직하게 털어놓겠다고 마음먹었다.

같은 해 10월, 나는 X 시에 있었다. 그때 그곳에서야 나는 주저 없이 설명하고서 그에게 용서를 빌었고, 그도 기꺼이 받아 주었다. 심지어 그때 왜 단호하게 뿌리치지 않았는지 설명해 달라고도 했다. 그는 나를 편한 대로 놔두고 싶기도 했지만, 자신도 만취해 어쩔 수 없었다고 했다. 나는 나의 처지를 자세히 설명하면서 『광기와 성(Psychopathia Sexualis)』을 한 권 주고 읽어 보라고 했다. 나도 자연에 반하는 이상한 성향을 완전히 이겨내고 싶다고 했다.

속내를 털어놓고 나서부터 우리는 더 행복하고 즐겁게 지낸다. 우정은 더욱 긴밀하고 진지해졌고 오래 갈 것이라고 믿는다. 내 성향에 변화가 없다면 나는 다시 저자 폰크라프트에빙 박사의 처방을 따르려고 한다. 나는 저자의 책을 읽고 공부하면서, 내가 위라니스트[2], 즉 선천적 남성동성애자가 아니라고 믿게 되었고 반드시 정상적인 감정을 되찾으려고 한다.

_사례 95 남장을 한 후천적 동성애자

일마는 29세의 미혼녀로 도매상의 딸이다. 가족의 병력이 화려한데, 일마의 아버지는 주당으로 술독에 빠져 지내다가 자살했다. 일마의 형제자매도 알코올중독자였다. 언니는 히스테리 경련으로 고생하고 있다. 외할아버지는 광기로 자살했다. 어머니는 병약했는데 중풍으로 사망했다.

일마는 중병을 앓았던 적이 없다. 지성을 타고 났고 공상도 많이 한다. 몹시 늦은 편인 열여덟 살에 월경을 시작했는데 불편한 점은 없었지만 불규칙했다. 일마는 열네 살 때 빈혈과 강경증에 기겁했다. 얼마 뒤부터 히스테리와 광증이 심해졌다. 열여덟 살에 청년과 육체관계를 맺었는데 청년의 사랑을 진심으로 열렬히 받아 주었다.

일마가 암시하는 발언에 따르면, 일마는 매우 정욕이 넘쳤고 청년이 떠나고 나서도 자위행위에 몰두했다. 그 무렵부터 일마는 낭만에 취해 살았다. 생계를 위해 남장을 하고 가정교사로 취업했다. 그러나 금세 그만두었다. 집 여주인이 일마를 남자로 착각하고 짝사랑하면서 집요하게 추근대는 바람에 견뎌내지 못했다.

일마는 철도 회사에 들어갔다. 그곳에서는 동료들과 어울리다 보니 여자라는 사실을 숨기고 함께 사창가를 드나들며 추잡한 언행을 목격했다. 역겹기 짝이 없었다. 결국 그만두고 다시 여자 옷차림으로 돌아와 여자의 일감을 찾

---

2 uraniste, 울리히스가 여신 아프로디테의 별명 '우라니아'를 이용해 지은 신조어. 독일어로는 '우르닝게'인데 '남자를 사랑하는 남자'라는 뜻이다. 이성을 사랑하는 사람은 '디오닝게'라고 했다.

프락시텔레스, 〈아프로디테〉, 뮌헨 글립토테크, 기원전 4세기경

아다녔다. 그런데 그 일은 도둑질이었다. 일마는 간질성 히스테리로 흥분 상태에서 절도를 저질렀고 병원에 갇혔다. 병원에서 일마는 동성애 성향을 드러냈다. 일마는 여성 간병인과 병원 여직원을 쫓아다니며 성가시게 했다.

일마는 후천적 동성애자로 보인다. 그런데 환자로서 일마는 이런 추정이 틀렸다는 흥미로운 설명을 했다. 일마는 이렇게 밝혔다.

내가 여자 앞에서 남자처럼 느낀다고 생각한다면 잘못이다. 나는 느낌도 생각도 여자로서 한다. 나는 남자를 사랑할 수 있는 여자로서 내 사촌을 사랑한다. 내 감정의 변화가 처음 찾아온 때는 부다페스트에서 남장하고 남자 일을 하고 있을 때, 사촌오빠를 관찰할 기회가 있었던 때였다. 사촌이 너무나 나를 속였기 때문에 몹시 괴로웠다. 내가 다시 남자를 사랑할 수 있을까 알 수 없었다. 인생에서 사랑은 단 한 번뿐이라고 믿었기 때문이다. 그 뒤, 철도 회사의 동료들과 함께 나는 놀라운 대화를 엿들었고 악명 높은 사창가를 드나들었다. 남자들 세계의 행실을 알고 나서부터 나는 남자들을 다시 돌이킬 수 없이 혐오했다. 하지만 나는 누군가에게 완전히 헌신하고 애착하는 정열에 넘친다. 그래서 내게 친절한 여자들에게 끌리고 말았다. 특히 지성이 세련된 여자들에게.

일마가 직접 확인했다시피 그녀는 분명 후천적 동성애자로서 불가항력의 관능을 표현했다. 일마는 병원에서 감시가 심해 동성애 욕구를 채우기 어렵게 되자 자위행위에 몰입했다. 일마의 성격과 관심거리는 여전히 여성적이다. 일마는 남성 노릇을 하는 성격을 보여주지 않았다. 나는 최근 일마의 편지를 받았다. 병원에서 2년간 치료받았고, 신경증과 성착란도 사라졌다고 했다.

광기와 성

_사례 96 여장과 신경쇠약

X는 19세의 청년으로 어머니가 신경통을 앓았을 때 그를 낳았다. 고모와 이모 모두 미쳤다. 그는 신경질이고 양호하게 발달한 정상 체형이다. 그는 열두 살부터 형의 도움으로 자위행위를 시작하다가 나중에는 혼자 했다.

지난 3년간, X는 자위행위를 하면서 동성애 성향의 이상한 공상에 빠져들었다. 발레리나로 여장한 자기 모습이다. 그런 모습으로 장교나 서커스에서 말을 타는 기수騎手를 사랑했다. 이런 기이한 이미지를 떠올리면서 자위행위를 했고, X는 결국 신경쇠약에 걸렸다. 그는 자위의 위험을 잘 알았고 절망적으로 그만두려고 했지만, 항상 기벽이 더 강해지고 말았다.

만약, X가 자위를 며칠 중단하고 견뎌내면 여자와 섹스를 하고 싶은 정상적 충동이 되살아났다. 하지만 성병에 걸릴까 봐 두려워하다 보니 충동은 수그러들고 또다시 자위행위를 했다. 어쨌든 불쌍한 이 청년은 달콤한 육체적 사랑의 상대로 여자만 꿈꾸었는데 이 점을 주목할 만하다.

최근 몇 달 사이에 X의 신경쇠약과 심기증이 갑자기 심해졌다. 급격히 늙어 버리면 어쩌나 걱정할 정도가 되었다. 나는 그에게 신경쇠약증을 치료했고 자위행위를 금했다. 신경쇠약증이 나아지면 곧 결혼하라고 권했다.

_사례 97 청소년성애와 동성애

X는 35세의 독신남으로 어머니는 우울증이 있을 때 그를 낳았으며, 형은 심기증 환자였다.

X는 건강하고 사내다운 매력이 넘치는데, 일찍부터 성욕이 왕성했다. X는 어린 소년 시절, 이미 자위를 경험했고 열네 살 때 처음 섹스를 힘에 넘쳐 '즐겁게' 했다. 그가 열다섯 살 때, 어떤 남자가 그를 추잡하게 건드리려고 했다. 그는 역겨워 얼른 그 상황을 피했다. 성인이 된 X는 다스릴 수 없는 성욕

으로 섹스를 지나치게 자주 했다. 1880년, X는 신경쇠약으로 발기부전과 조루증으로 힘들어했다. 그러더니 차츰 무기력하고 성행위에도 쾌감을 못 느꼈다. 그즈음에 지금도 설명하지 못하지만, 한동안 그전에도 나타났던 이상한 성향이 다시 고개를 들었다. X의 성욕은 무기력증이 줄어들면서 다시 급증했다. X는 열서너 살짜리 소년들을 좋아하고 접근했다. 풋내 나는 소년들에게만 관심을 보였다. 소년들을 꿈꾸면서 몽정했다.

1882년부터 X는 청소년들과 성관계를 할 기회를 얻었다. 매우 성욕에 들떠 서로 올라타고 자위해 주며 성욕을 가라앉혔다. 그럼에도 X는 청소년과의 관계를 질색했다. 대부분의 시간을 마음에 들던 소년들의 모습을 떠올리면서 혼자 자위하며 때웠다. 소년들과 성관계를 갖고 나면, X는 항상 명랑해하는 이면에 부도덕하고 죄를 지은 변태 짓을 했다는 생각때문에 침울했다. 어쨌든 염증을 느끼면서도 의지로도 꺾지 못할 만큼 거센 취향에 더욱 힘들어했다.

X는 자신의 동성애가 정상적인 쾌감이 넘쳐나기 때문이 아닐까 생각한다. 자신의 처지를 깊이 후회하면서 1880년 12월에 진찰받으러 왔을 때 정상으로 돌아갈 길이 없는지 물었다. 자신은 여자를 혐오하지도 않고 결혼하면 좋겠다고 했다. X는 가벼운 척수 신경쇠약의 징후만 보일 뿐 퇴행의 자취는 없고, 지성도 양호해 어떤 질병의 징후도 없다.

두 번째 수준: 거세와 여성화

가령 거세로 인해 동성애가 발전하면 부작용은 없다. 거세된 사람의 정신은 더욱 근본적이고 지속할 만큼 바뀐다. '거세'라는 한마디로 가리킬 만한 과정이다. 환자는 성격이 심하게 달라진다. 감정과 취향 모두 여성과 같아진다. 이때부터 환자는 성행위를 하면서도 자신을 여자로서 느낀다. 수동적 역할만 맡으려 하고 매춘부처럼 순응하기도 한다. 성심리가 근본적으로 달라지면, 이런 사람은 증세가 좀 더 심한 '위라니스트', 즉 선천적 남성동성애자와 완벽하게 닮게 된다. 이렇게 되면 어떤 사람의 성과 지성을 과거로 되돌릴 수 없다. 절대로!

후천적 동성애, 그중 성전환에 따른 후천적 동성애의 고전이 된 대표적 사례를 보자.

_사례 98 후천적 동성애자

S는 30세의 의사인데, 어느 날 내게 자기 병력을 털어놓으면서 자신의 성생활의 비정상성이 무엇인지 밝혀 달라며 조언을 구했다. 다음 수기는 S의 상세한 기록이다.

우리 부모는 건강했지만 나는 허약한 아이였다. 어쨌든 부모님이 보살펴 준 덕에 무럭무럭 자랐다. 학교에 가서도 나는 빠르게 적응하며 성장했다. 나는 열한 살 때 함께 놀던 친구에게 자위행위를 배웠다. 나는 열심히 그짓에 몰두했다. 열다섯 살까지 공부를 잘 했다. 그런데 빈번하게 발기가 되고 사정하면서 공부할 힘이 달렸다. 학교 수업을 제대로 따라가지 못했다. 교실에서 선생님이 앞에 나와 칠판에 문제를 풀어 보라고 할 때마다 불안해 당황했다. 내 실력이 형편없이 떨어진 이유가 빈번한 사정 때문인 줄 알고 질겁하고 자위행위를 중단했다. 그래도 하룻밤 사이에 몽정을 두세 번씩 했다. 절망적인 심정으로 의사들을 찾아다녔지만 이렇다 할 대책이 없었다. 나는 점점 더 약해졌다. 정액의 손실로 지쳤는데도 성욕은 더욱 기승을 부렸다. 별수 없이 사창기를 찾아갔다. 하지만 그곳에서도 만족하지 못했다. 벌거벗은 여자의 모습이 좋았지만, 발기가 안 되고 절정감도 못 느꼈다. 창녀가 대신 자위행위를 해 주어도 사정할 수 없었다. 그런데 사창가를 나오면 금세 성기가 다시 꿈틀대며 거세게 발기되어 난감하기 짝이 없었다. 나는 여자들 보기가 민망해 더는 사창가를 찾지 않았다. 몇 해를 그렇게 지냈다. 사정만 하는 성생활만 하다 보니 점점 더 여자에 대한 관심도 시들었다.

나는 열아홉 살에 대학에 입학했다. 연극에 끌려 예술가가 되고 싶었지만 부모가 반대했다. 캠퍼스가 있는 도시에서 나는 친구들과 때때로 창녀를 찾아갔다. 그러나 섹스를 제대로 못 할 테고 친구들에게 무능함을 들킬까 봐 걱정이 앞섰다. 그래서 가능한 그런 자리를 피하고 친구들의 놀림을 받으면서 창피해 진땀을 뺐다.

어느 날 저녁이었다. 오페라 구경을 갔다가 내 옆자리에 앉은 연상의 신사를 만났다. 신사는 내게 듣기 좋은 말을 걸었고, 나는 속으로는 '미친 영감 같으니!'라고 웃어넘기면서도 농담을 받아 주었다.

나는 영감에게 내게 무엇을 바라는지 설명을 요구했다. 영감은 내가 마음에 든다고 털어놓았다. 병원에서 나는 쌍성인 이야기를 들어 알고 있었기 때문에 영감을 그런 인물인가 보다 생각했다. 영감은 희희낙락하면서 나와 함께 화장실로 들어갔다. 영감의 거대하게 발기한 성기를 보자 두려움이 사라졌다. 그러나 이상한 제안을 해 왔고, 나는 이해할 수 없어 물리쳤다. 그렇지만 나를 가만히 내버려 두지 않았다. 나는 동성애라는 수수께끼를 알게 되었고 낯선 감정에 흥분하며 떨었다. 그렇지만 수치스러운 정념인지라 저항했다. 그 뒤 3년간 이런 사건은 없었다.

그동안 다시 여자들과 섹스를 수차례 시도했지만 매번 실패했다. 발기부전을 치료하려고 처방대로 했지만 허사였다. 어느 날, 나는 성욕에 미칠 것만 같았을 때 영감이 했던 말이 떠올랐다. "동성애자들이 모이는 산책로가 있다오." 나는 한참 동안 두근대며 갈등하다가 결국 그 장소로 나갔다.

나는 금발의 신사를 만나 그를 따라나섰다. 이렇게 그 세계로 첫발을 들여놓았는데, 동성 간의 사랑은 내게 적합했다. 기운에 넘치는 남자의 팔뚝에 안기는 기분이 가장 좋았다. 서로 자위행위를 해 주는 것이 만족스러웠다. 다른 남자의 음경에 입도 맞추었다.

나는 스물세 살 때, 병원에서 환자들 침상 곁에서 또는 강의실에서 친구들의 옆자리에 있을 때 교수의 강의를 들을 수 없을만큼 흥분했다. 같은 해, 나는 서른네 살의 상인 X와 진실로 사랑에 빠졌다. 우리는 부부처럼 살았다. X는 남편 역을 맡으려 했다. 그를 점점 더 사랑하게 된 나는 그가 원하는 대로 내버려 두었다. 나도 가끔 남자 역할을 했다. 그러나 시간이 갈수록 나는 X를 방치했다. 그가 질투했다. 무섭게 싸웠다가 잠시 화해하기도 했지만, 결국 헤어지고 말았다. (X는 나중에 정신이상으로 자살했다.)

나는 많은 사람을 사귀었다. 털보, 장신, 중년 가리지 않고 적극적으로 여자 역할을 맡았다. 그러다가 직장염에 걸렸다. 의과대학 교수님은 내가 시험 준비를 하느라 내내 의자에 앉아 있어 발병했다고 진단했다. 나는 치루 수술을 받았다. 이렇게 고생했지만 여자 역할을 포기하지 못했다.

나는 의사가 되어 시골의 작은 도시에서 수녀처럼 지냈다. 그 틈에도 여자들의 사교계에 나가 보고 싶었다. 그곳에서 여자들이 다른 남자들에 비해 '스마트'하다며 내게 관심을 보였고, 나 역시 여자들 옷차림과 대화가 궁금했다. 하지만 나는 불운했고 외로웠다. 다행히 나와 같은 생각으로 '여자 역'을 찾던 남자를 만났다.

한동안 나는 그 덕분에 만족했다. 그러다가 그가 그 도시를 떠나게 되었을 때 나는 거의 죽고 싶을 지경으로 좌절감에 빠져 지냈다. 소도시 생활은 답답해 숨이 막힐 지경이었다. 그래서 나는 대도시로 나가 군의관으로 일했다. 숨을 돌릴 만했다. 나는 하루 두어 차례 사람들을 만나곤 했다. 소년이나 청년을 좋아하지는 않았다. 남자답고 억센 사내들만 만났다. 나는 협박꾼의 손아귀도 피했다. 어느 날 경찰에 걸려든다고 생각만 해도 떨렸다. 그런데도 기벽을 버리지 못했다.

몇 달 뒤, 나는 마흔 살 먹은 공무원과 사랑에 빠졌다. 그와 1년 동안 다정하게 지냈다. 우리는 연인처럼 살았다. 나는 정말이지 애지중지 사랑받는 여자처럼 살았다. 그러던 어느 날, 나는 작은 도시로 전근을 떠나야 했다. 우리는 헤어지기 싫어 절망했다. 막차를 기다리며 밤새도록 우리는 끌어안고, 또 끌어안았다.

소도시 T에서 나는 매우 불행했다. 비슷한 운명의 친구들을 몇몇 만나기는 했지만, 나의 연인을 잊지 못했다. 나는 끊임없이 부글대는 기벽을 가라앉혀 보려고 병사들을 선택했다. 병사들은 돈만 주면 뭐든 다했지만 태도는 썰렁했다. 그들에게서는 아무런 쾌감을 못 느꼈다. 나는 손을 쓴 끝에 수도로 전근했다. 애인을 다시 찾았지만, 그는 이미 다른 애인들을 사귀고 있었고 겉멋에 취해 허영만 부렸다. 우리는 결국 결별했다. 나는 계속 불운했다. 그래서 또다시 지방의 작은 군 기지로 전근했다. 그곳에서는 고독한 마음을 달래지 못했다. 보병 두 명에게 가르쳐 주었지만, 결과는 이전만 못 해 신통치 않았다. 언제나 참사랑을 찾을까 고심했다.

내 키는 중간치를 조금 웃돈다. 체격은 좋지만 피곤함에 지친 모습이다. 그래서 누군가를 정복하려고 할 때 분장을 했다. 거동과 목소리는 사내답다. 몸으로 말하자면 나는 스무 살 청년처럼 젊은 기분이다. 나는 연극과 예술을 좋아한다. 눈에 드는 몸놀림과 옷차림의 여배우들에게 가장 많이 끌린다. 나는 남자들과 함께 있을 때는 수줍고 당황해하지만, 의료계 사람들과 함께 있을 때는 명랑하다. 특히 남자 동료가 내게 친절하고 마음에 들면 고양이 새끼처럼 어리광을 부린다. 애인이 없을 때 몹시 우울하다.

하지만 착한 남자가 위로해 주면 활기를 찾는다. 그 밖에도 나는 경박하고 야심도 적지 않다. 군대에서 계급은 별것 아니다. 남자의 직업은 마음에 들지 않는다. 나는 소설을 읽고 극장 구경이나 다니는 것이 제일 좋다. 나는 예민하고 온건하며 신경질적이다. 소음이라면 소름이 돋는다.

빌헬름 폰글뢰덴, 〈여장한 시칠리아 소년〉, 1895년경

S의 사례는 분명 후천적 동성애로 보인다. 감정과 성적 취향이 처음에는 여성으로 향했다. 그러나 자위행위로 인해 신경쇠약에 걸렸다. 신경쇠약증 탓에 환자는 발기 중추의 힘이 줄었고, 그에 따라 무기력증이 나타났다. 그와 동시에 이성에 대한 감정은 식었지만, 성욕은 그대로 유지되었다.

후천적 동성애는 병으로 보아야 한다. 동성의 상대방과 최초의 접촉은 이미 발기 중추를 건드리기에 충분한 자극이다. 성적 감정이 이상하게 두드러진 것이다. 처음에 S는 성행위 중에 남자 역할을 맡았다. 그러나 계속하는 과정에서 그의 감정과 취향은 변환되었다. 선천적 남성동성애자의 규칙과 같아졌다. 여자처럼 변하다 보면 나중에 청소년동성애자로서 수동적인 역할을 하게 된다.

이미 고대의 역사가 헤로도토스는 스키타이 사람들이 여성화하는 이상한 성향을 소개했다. 스키타이 사람들은 여자 같은 성격의 남자들에게 여자 옷을 입히고 여자 일을 시켰다. 그렇게 완전히 여자의 모습이 되었다. 베누스 여신은 스키타이 사람들이 아스칼론[3]의 자기 신전을 약탈하는 것에 흥분해 신성을 모독한 자와 그 후예를 여자로 변신시켰다는 신화도 전했다.

히포크라테스는 초자연적 질병을 믿지 않았다. 그는 성기능의 불능을 원인으로 보았다. 스키타이 사람들이 계속된 방탕한 생활로 성불능 환자들이 속출하자, 그것을 치료하려고 귓바퀴 둘레에 피를 내게 했다. 성기의 힘을 보존하는 데 중요한 혈관이 지나가는데, 그곳을 자르면 넘치는 성욕을 줄일 수 있다고 믿었다. 스키타이 사람들은 자신들의 성불능을 천벌이라 돌이킬 수 없다고 생각했다. 그래서 여장을 하고 여자들 틈에서 여자로서 살았다.

클라포르트[4]에 따르면 우리 세기에도 달단韃靼사람들이 종종 성기능이 무기력한데 안장 없이 말을 타기 때문이다. 아메리카 원주민 아파치족과 나바호족도 거의 걷지 않고 말을 지나치게 많이 이용하는데, 성기가 작고 성욕과 정력도 매우 떨어진다는 점에 주목했다. 학자들은 오래전부터 과도한 승마가 성기에 해롭다는 사실을 알고 있었다. 해먼드가 뉴멕시코의 푸에블로 원주민에게서 그 비슷한 흥미로운 사실을 보았다.

푸에블로 부족은 이른바 '무헤라도'를 키웠다. 봄날에 열리는 광란의 축제에서는 동성애가 매우 중요한 역할을 했다. 무헤라도는 건장한 남자

---

3 Ascalon. 오늘날 이스라엘 지중해 연안의 항도 아슈켈론. 기원전 7세기의 블레셋 사람들의 근거지였다. 당시 이란 사람들의 조상으로 보는 유목민족 스키타이 사람들이 침략했던 유적이 남아 있다. 거인 삼손이 파괴한 신전이라는 전설도 있다. 나사렛 예수 시대에 건축에 욕심이 많던 헤로데 대왕이 거대한 신도시로 개발했다.(역주)

4 Julius Heinrich Klaproth, 1783~1835, 독일의 동양학자이자 인류학자로 해당 내용은 『코카서스 여행』 (1812)에서 인용했다. 그는 일본 사학자 하야시 시헤이의 『삼국통람도설』의 일본어본과 중국어본을 프랑스어로 번역했는데, 이 책에 독도가 조선의 영토로 표기되었다.(역주)

가운데 선택해 극도로 많은 자위행위를 시키고 계속 말을 타고 달리게 했다. 그러다 보면 차츰 성기의 발기력이 떨어지고, 말을 타고 있는 동안 정액을 분비했다. 결국 성기능이 마비되어 무능해진다. 음경과 고환은 기형이 되고 수염이 빠지고, 목소리는 음량을 잃고, 남성의 특징과 체력과 정력이 떨어진다. 성격과 취미도 여성화한다. 무헤라도는 사회에서 남성의 자리를 잃고, 여성의 외모와 풍습을 따르면서 여자들과 함께 생활한다. 아무튼, 종교 때문에 그들을 존중한다. 제례를 맡을 뿐만 아니라 귀족의 남색 취미에 봉사했을 것이다.

해먼드는 무헤라도 두 사람을 조사했다. 한 사람은 7년 전, 서른다섯 살에 무헤라도가 되었다. 그때까지 그는 정력적인 남성이었다. 그러나 차츰 고환과 음경이 위축되는 것을 확인했다. 성욕을 잃었고 발기도 쉽지 않았다. 그의 복장과 행동도 여자들과 조금도 다르지 않았다. 국부의 체모는 없었고, 고환은 현저히 줄어들어 눌러도 거의 반응이 없었다. 음경도

칼 에이크마이어, 〈푸에블로 인디언〉, 미국 연방의회도서관, 1895년

쪼그라들었고 음낭陰囊은 물렀다. 무혜라도는 임신부처럼 젖가슴이 컸다. 또, 고아가 된 아기들에게 젖을 먹여 키웠다고 주장했다.

두 번째 무혜라도는 서른 살로 10년 전에 무혜라도가 되었는데, 앞의 사람과 똑같은 현상을 보여주었다. 단, 젖가슴만 별로 발달하지 않았다. 목소리는 두 사람 모두 음색이 높고 카랑카랑하며 몸은 지방질이 풍부했다.

세 번째 수준: 성전환 편집증

성이 바뀌는 식으로 신체의 감각이 변질된다. 다음 환자의 수기는 보기 드물게 특이하다.

_사례 99 헝가리 사람의 체험담

1884년생인 나는 형제자매가 병약해 사망하는 바람에 오랫동안 외아들이었다. 그러다가 나중에 어린 동생이 태어나 죽지 않아 형제가 되었다. 우리 집안에 신경질환과 정신병 환자들이 많았다. 어린아이 때 나는 곱슬머리 금발에 살결도 고와 귀염둥이였다. 양순하고 조용하고 겸손했으며 아무 거리낌 없이 여자들을 따라다녔다. 상상력이 풍부하던 나는 조숙하게 재능을 보였다. 나는 네 살부터 글을 읽고 썼다. 세 살 때의 기억도 난다. 나는 집히는 것이면 무엇이든 가지고 놀았다. 납 인형, 조약돌, 리본처럼 아동용품점에서 파는 것이라면 무엇이든. 선물로 받았던 나무를 자르는 기계만 마음에 들지 않았다. 나무를 자르고 싶지는 않았다. 그 무엇보다 집안에서 나의 모든 것이던 엄마 곁에서 놀기만 좋아했다. 내가 잘 어울리는 친구가 두셋 있었지만, 나를 항상 여자애로 취급하던 그 친구들의 누이들과 함께 노는 것이 더 좋았다. 조금도 거북하지 않았다. 이렇게 나는 여자아이가 되고도 남을 만한 환경에서 성장했다. 나는 "사내자식이 무슨 그런 짓을 해!"라는 소리를 종종 들었다. 그 소리를 들을 때마다 사내다워지려고 노력했다. 친구들을 모방하면서 더욱 사나워지려고 했다. 나무든 건물이든 겁 없이 올라갔다. 나는 병정인형놀이를 좋아하게 되면서 차츰 여자아이들을 피했다. 계집애들의 소꿉장난을 낄 수도 없었을뿐더러 계집애 취급을 받는 것이 언짢았기 때문이다.

어른들과 함께 있을 때 나는 언제나 얌전했다. 그래서 귀여움을 받았다. 나는 사나운 짐승이 등장하는 환상적인 꿈에 자주 시달렸다. 그러다가 침대에서 떨어진 적도 있다.

나는 항상 단정하고 깜찍한 옷차림을 했다. 그래서 지금도 그런 옷차림을 좋아한다. 그런데 학교에 입학하기도 전에 여성용 장갑을 유난히 탐냈다. 장갑이 눈에 띌 때마다 은밀히 끼워 보곤 했다. 그래서 어느 날 엄마가 자기 장갑을 누군가에 선물했을 때 나는 펄쩍 뛰며 항의했다.

"내가 얼마나 갖고 싶었는데 나한테 주지 않고. 몰라!"

나는 놀림을 당했고 이때부터 여자 장갑에 대한 편애를 들키지 않으려고 조심했다. 아무튼, 장갑을 너무 좋아했다. 나는 특히 화장품을 보면서 몹시 재미있고 즐거워했다. 여자들의 분장과 특히 여자 가면을 보면 나도 그렇게 하고 싶어 안달했다. 나는 어느 날 멋진 여자 가면을 쓰고 뽀얗게 숙녀로 가장한 신사들을 보면서 감탄해 마지않았다. 어쨌든, 나는 여자로 분장하지 못했다. 놀림거리가 될까 너무나 두려웠다.

학교에서 나는 항상 상위권 성적을 거두며 훌륭하게 적응했다. 부모님은 내가 어릴 때부터 먼저 숙제부터 시켰고, 나는 그런 모범을 보여주었다. 학교 다니는 것이 즐거웠다. 선생님들이 다정했고, 덩치 큰 아이들은 작은 아이들을 못살게 굴지 않았다.

어느 날, 우리는 처음으로 고향을 떠났다. 아버지가 전근하는 바람에 1년 동안 독일에서 살았다. 독일의 선생님들은 투박하고 거만했다. 학생들도 똑같았다. 나는 소녀처럼 양순한 태도 때문에 놀림 받았다. 나와 같은 반 친구들은 나를 닮은 여학생의 이름으로 부르면서 놀려 대었다. 그 여학생을 내 이름으로 불렀다. 나는 그 여학생이 미웠지만 나중에 시집가고 나서는 서로 친해졌다.

엄마는 계속해서 나를 깜찍하게 차려 입혔다. 나는 조롱받아 불편했다. 그래서 언젠가 남자들 복장대로 바지와 저고리를 입었을 때 너무나 좋았다. 하지만 복장을 바꾸자 또 다른 시련이 닥쳤다. 거친 옷감의 바지를 입으면 성기를 자극해 여간 거북하지 않았다. 그런데 바지를 맞추러 갈 때마다 재단사가 성기를 건드릴 수밖에 없어 짜증이 났다. 체육 시간에도 운동을 제대로 못 했다. 여학생들에게도 어려운 시험이지만 나는 영 서툴렀다. 수영할 때에는 옷을 갈아입기가 창피했다. 반면에 목욕은 좋았다. 열두 살 때까지 나는 허리가 몹시 약했다. 수영은 더디게 배웠다. 하지만 일단 배우고 나서는 수영 선수 못지않게 잘했다.

열세 살 때, 나는 사춘기를 맞아 수염이 났고, 키는 180센티까지 자랐다. 그러나 얼굴은 수염이 덥수룩해지던 열여덟 살 때까지도 여자 모양새였다. 그제야 비로소 나는 여자처럼 보이지 않는 모습에 안심했다. 나는 열두 살 때 탈장을 앓았는데 스물이 되어서야 나았다. 이것이 운동할 때 무척 갑갑했다.

열두 살 때부터, 나는 책상 앞에 오래 앉아 밤늦도록 공부했고, 사타구니가 가렵고 화끈대고 남근에서 엉치뼈까지 움찔움찔했다. 덥거나 추우면 앉을 수도 설 수도 없어 안절부절못했다.

이런 통증이 성기와 관련될 수 있다고는 의심조차 못했다. 이상하게 친구들 가운데 누구도 같은 증세를 겪지 않았다. 탈장으로 괴롭던 만큼 가려움

쯤이야 별 것 아니라고 견뎠다. 당시 나는 섹스라는 것에 무지했다. 그러나 열두세 살쯤부터 내가 여자라면 좋겠다는 느낌이 들었다. 여체야말로 가장 보기 좋았고 조용한 태도와 단정함이 마음에 들었다. 특히 여자의 옷에 홀렸다. 그러나 그런 말을 입 밖에 내지 않으려고 조심했다. 목적을 이루자면 검열의 눈길을 피해야 할 테니까. 여자 옷을 입고 싶어 하는 까닭을 도무지 알 수 없었다. 그저 거부할 수 없는 매력이라고나 할까. 내 피부가 연약해서 그렇지 않았을까? 얼굴도 손도 여자처럼 보였으니까.

여자애들은 나를 스스럼없고 정답게 대했다. 나는 항상 여자애들과 어울리기 좋아했지만 가능한 한 짓궂게 장난치곤 했다. 나 스스로 여자 같은 남자애로 보이지 않으려고 과장했다. 하지만 내심으로는 여자를 부러워했다. 긴 드레스를 입은 여자 친구의 모습을 보면 더더욱 부러웠다.

열다섯 살 때 나는 여행을 했다. 내가 묵었던 집의 젊은 부인이 나더러 여장하고 함께 산보하자고 했지만, 속으로는 너무나 나가고 싶었음에도 다른 사람들이 있어 사양했다. 그런 기회는 드물었다. 여행길에 나는 어느 도시에서 남자들이 팔뚝을 드러낸 짧은 소매의 셔츠 차림이 보기 좋았다. 화려하게 차려입은 부인은 여신으로 보였다. 아, 만약 부인이 장갑 낀 손으로 나를 건드린다면 얼마나 짜릿했을까. 얼마나 샘이 날까. 아름답게 화장한 미녀의 곁을 지키는 서방은 얼마나 좋을까. 젠장. 온통 이런 공상에 넘쳤다.

아무튼, 나는 열심히 공부했다. 9년 만에 나는 왕립학교(중고등 과정)를 마치고 대학입학자격시험을 통과했다. 열다섯 살에 나는 처음으로 여자가 되고 싶은 뜻을 친구에게 실토했다. 그는 이유를 물었지만 나는 답을 하지 못했다.

열일곱 살에 나는 문란한 세계로 들어갔다. 맥주를 마시고 담배를 피우며

술집 여종업원들과 희롱했다. 술집 여자들은 나와 수다 떨기를 좋아했다. 하지만 나를 치마 두른 여자처럼 대했다. 나는 춤을 배우러 다니지는 못했다. 무도회장에 들어서면 금세 나오고 싶었다. 만약 내가 변장하고 들어갔다면 완전히 달라졌을 텐데!

나는 친구들과 정답게 지냈지만, 나에게 자위행위를 하도록 강요하는 친구를 미워했다. 그러나 불운하게 나는 그런 이상한 행동에 감염되어 자위행위를 자주 했다. 그럴 때마다 나는 더욱 사내답다고 생각했다. 설명하기 어려운 감정이지만, 여성의 육감이 뒤섞인 남자의 감정 같은 것이라고 할까. 나는 여자에게 접근하지 못했다. 여자들이 두려웠다. 여자들은 내게 조금도 낯설지 않았다. 아무튼 남자들보다 부담스러웠다. 그러면서도 선망했다. 수업이 끝나면 모든 재미를 팽개치고 집으로 돌아가 여자로서 크리놀린과 꼭 끼는 장갑을 끼고 여장하고 외출하고 싶었다. 화장한 여자를 볼 때마다 나는 어떻게 내가 그런 모습이 될 수 없을까 상상했다. 나는 남자에 대한 욕구가 없었다. 사실, 여자처럼 곱상한 남자 친구가 있어 다정하게 지냈다. 친구는 검은 머리였는데 우리는 서로를 여자처럼 대했다.

대학에서 공부하면서 나는 섹스를 체험했다. 여자와의 성관계를 즐기면서 음부를 내 마음대로 다루었다. 그런데 놀랍게도 여자는 나를 처녀처럼 다루었다. 자진해서 그렇게 했다. 여자는 자기가 할 역할을 내게 맡겼다. 순진한 여자였는데 그렇게 했다고 나를 놀리지 않았다. 대학생으로서 난잡할 때가 있었지만, 그런 거친 모습으로 나의 진짜 성격을 감추기에 좋았다. 술 마시고 싸우곤 했지만, 사교댄스를 배우러 가지는 않았다. 내 정체가 발각될까 걱정했기 때문이다.

나는 은밀하게 사귀는 친구들을 좋아했지만 별다른 생각은 없었다. 친구가 여장하거나 내가 하거나 여자들처럼 화장하고 친구와 춤을 출 때가 가

광기와 성

장 즐거웠다. 나는 점점 더 여자로서 느끼기 시작했다.

불운한 그 시기에 나는 두 차례나 자살을 시도했다. 한 번은 이유도 없이 잠을 못 자고 불면으로 보름을 지새웠다. 수많은 환상과 환청에 시달렸다. 망령들 그리고 살아 있는 자들과 말을 나누었는데 요즘도 계속되는 환각이다.

나의 취향을 알고 있는 여자 친구가 있었다. 그 친구는 종종 내 장갑을 끼고 나를 여자처럼 대했다. 이런 식으로 나는 어떤 남자보다 여자들을 잘 이해했다. 여자들은 그런 나를 알게 되자마자 마치 새 친구라도 만났다는 듯 나를 더욱 여자처럼 대했다. 나는 여자들의 외설스러운 말을 듣기 민망했지만 익살을 부리느라고 변죽을 맞출 수밖에 없었다.

얼마 뒤, 나는 의학 수업을 시작하면서 피와 악취로 느끼던 염증을 이겨냈다. 물론 차마 볼 수 없이 끔찍한 것들은 여전했다. 어쨌든 내 영혼을 정확히 알 수 없어 아쉬웠다. 여성 취향이 강하다는 것이나 알았을 뿐인데. 게다가 나는 남자 아닌가! 그러나 의심할 수 없는 것이 있다. 즐겁지도 않은 섹스를 시도했지만, 내가 여자처럼 욕구를 느끼거나 내게 여자 노릇이나 여장하기를 바라는 여자가 아닌 한 어떤 여자에게도 감흥이 없었다.

나는 지금도 여전히 전과 똑같이 출산 때 아기를 받는 기술을 배우면서 질겁한다. 너무나 힘든 일이다. 침대에 묶인 채 고생하는 여자들을 보기가 민망했다. 출산을 유도하면서 잡아당길 때 환자가 된 기분이었다.

나는 여러 곳에서 의사로서 성공했다. 시골 의사를 자원하기도 했다. 말을 타고 다니기는 어렵다. 학생 때부터 말을 타고 성기의 자극을 받다 보면 여자가 된 기분이 들었기 때문이다. (차라리 여자처럼 옆으로 타는 자세였다면 훨씬 편했을지 모른다.)

나는 항상 착잡하고 모호한 감정으로 남자로서 생각했다. 여자들과 함께 있을 때 나는 언제나 마치 군복 입은 여자 취급을 받았다. 그런데 처음으로 군복을 입었을 때 나는 차라리 어색하거나 과상하게 여장하는 것도 그보다는 더 나아 보일 것 같았다.

군복 차림의 장신인 나를 사람들이 쳐다볼 때마다 난처했다. 나는 의학의 3개 분야에서 성공을 거두고 나서 두 번째로 시골 파견에 나섰다. 나의 기질에 잘 어울리는 시절이었다. 참을성이 많은 당나귀를 타고 다녔다. 당나귀에 장식을 했지만 특별히 관심이 있던 것은 아니었다. 의사 생활을 열심히 하니 벌이도 괜찮았고 생계 걱정은 없었다. 하지만 나 자신에게 늘 불만이었다. 나는 종종 '센티멘탈'하거나 야만스러운 생활을 했지만, 거칠게 놀 때는 강한 욕망 때문일 뿐이었다.

나는 약혼하면서 이상한 상황에 처했다. 애당초 결혼할 생각은 없었다. 하지만 가족의 문제였고, 의사라는 직업의 이해관계 때문에 어쩔 수 없었다. 나는 사랑스럽고 건강한 여자와 결혼했다. 여자들은 속옷을 챙겨 입는 완고한 가정 출신이다. 나는 나 같은 사내가 할 수 있는 한 그녀를 사랑했다. 비록 완전한 사내처럼 혈기 넘치는 모습은 아니었지만 내 나름대로 진심으로 사랑했다. 그녀도 여자의 열정을 다해 나를 사랑했다. 그러나 나는 내 솔직한 감정이 어떤 것인지 차마 털어놓지 못했다. 내가 우울하기는 해도 결혼한다면 다시 남자다워질 것이라고 믿었기 때문이다.

첫날밤부터 나는 남성 체질의 여자처럼 움직였다. 여자의 체위를 내 자리로 삼았다. 우리는 행복했고, 몇 해 동안 아이를 낳지 않고 살았다. 그러나 내가 전쟁터로 나가 있을 동안 임신으로 고생하던 아내는 난산 끝에 사내아이를 낳았다. 아이는 지금까지도 타고난 우울증에 비관적인 기질이다. 조용했다가 장난쳤다가 하면서 신경쇠약을 보인다.

나는 항상 한곳에 있을 수 없이 진료를 다녀야 했으므로 쾌활한 동료들과

광기와 성

지내면서 열심히 일했다. 연구하고 외과수술을 집도했으며 진료 경험을 쌓았다. 나 자신의 몸도 실험했다. 나는 알뜰한 아내에게 살림을 맡겼다. 만족하지는 못하지만 나는 가능한 한 부부의 의무를 다했다. 첫 번째 섹스 때부터 지금까지도 남자의 위치가 싫었고, 남자 노릇에 충실하기 어려웠다. 다른 역할을 훨씬 좋아했다.

나는 잠자리에 들 때마다 가슴이 찢어지는 듯했다. 아내의 고통을 너무나 잘 알았기 때문이다. 이런 생활은 내가 심한 통풍으로 온천장 몇 곳을 전전하면서 신경쇠약에 시달릴 때까지 오래 지속되었다. 그런데 빈혈까지 겹치면서 두 달마다 한 번씩 철분을 섭취할 수밖에 없었다. 그렇지 않으면 빈혈증인 위황병萎黄病이나 히스테리에 걸릴 만큼 위험했다. 게다가 협심증까지 겹쳐 고통스러웠다. 턱과 코와 목에 경련이 일어나고 횡격막과 가슴 근육도 떨렸다. 거의 3년가량 전립선이 붓은 느낌이었다. 무엇을 빼내는 듯 배출하는 느낌이었다. 옆구리와 선골도 쑤시고 아팠다. 3년 전에 관절염을 심하게 앓으면서 나는 나를 여자로 생각하는 성향과 죽기살기로 싸우려 했다. 통풍이 무섭게 심해지기 전부터 나는 뜨거운 온천탕에서 가능한 한 몸을 다스렸다.

그러던 어느 날, 나는 완전히 죽은 듯이 변하는 것을 느꼈다. 가까스로 탕밖으로 기어 나왔지만, 여전히 여자의 욕망과 여자로서 느낌을 그대로였다. 인도산 대마 추출물을 써 보았다. 극심한 통증에 목숨 걸고 정상 처방보다 서너 배 많은 양을 써 보았다. 소용없었다. 그래서 다시 해시시(대마) 중독에 빠져 죽을 뻔했다.

해시시 중독증으로 웃고, 체력이 넘치고, 놀라운 속도로 뛰고, 눈과 뇌에 이상한 감각을 느꼈다. 수많은 불빛이 번쩍이고 몸을 떨었다. 모든 피부가 감각에 충만했다. 말을 겨우 할 수 있을 정도였다. 그런데 돌연 발끝에서 가슴까지 여자의 모습으로 보였다. 나는 마치 이전에 온탕 속에서 성기가 몸속으로 빨려들어 가는 듯한 기분과 마찬가지로 느꼈다. 골반이 넓어지고 가슴이 불룩해지며 형언할 수 없는 쾌감에 압도되었다. 나는 눈을 감아 버렸다. 더는 나의 변한 모습을 보지 않으려고 했다. 당시 나의 주치의는 머리가 아니라 어깨 사이로 커다란 감자처럼 보였고, 아내는 머리 대신 달덩어리로 보였다. 그런데 그들이 방에서 나갔을 때 나는 또다시 안간힘을 다해 수첩에 글을 쓰려고 했다.

이튿날 아침, 내가 완전히 여자로 변신한 모습으로 깨어나며 경악했던 심정을 누가 설명할 수 있을까. 나는 걷든 서 있든 여자의 성기와 가슴을 갖고 있지 않은가. 침대에서 내려와 나는 내 속에서 완전한 변신이 이루어졌다고 느꼈다. 이미 내가 앓고 있을 때 누군가 우리를 보러 찾아왔던 사람이 "남자처럼 정말 잘 버티고 있군요." 하고 했으니. 그 문병객은 내게 장미 화분을 선물했다. 놀라웠지만 기분은 좋았다. 그때부터 나는 환자였다. 방어하고 싶지도 않았다. 어쨌든 고양이처럼 고집을 부리면서도 온순하고 타협하고 양심은 없었다. 나는 여성의 성격이 되었다.

최근에 발병했을 때 나는 많은 환시와 환청을 겪었다. 망령들과 이야기도 했다. 가족의 망령들을 보았고 그들이 하는 이야기를 들었다. 나는 나 자신을 이중의 존재라고 생각했다.

병석에서 나는 내 몸속의 남성이 죽었다고 보지는 않았다. 기분이 달라졌고 운이 바뀌는 충격이었다. 다른 조건에서라면 죽었을 운이다. 나는 운에 나를 맡겼고, 나 자신을 알아보지도 못했다.

요즘도 나는 통풍과 신경쇠약을 종종 혼동했기에 피부의 가려움증을 가라앉히겠다고 온탕을 자주 한다. 온탕 요법으로 되레 빈혈만 심해졌기에 그밖의 치료는 모두 거부했다. 나는 최선을 다해 나를 다잡으려고 했다. 그

256   광기와 성

런데도 내가 남자의 가면을 쓴 여자일 뿐이라는 강박관념은 완강하다. 그 밖에도 나는 모든 점에서 여자로 느낀다. 모든 신체 기관에 옛날의 기억은 없다. 통풍에도 끄떡없더니 결국 인플루엔자에 걸렸다.

나는 키가 크고, 머리숱이 많다. 수염은 허옇게 세고 있다. 자세는 구부정해지기 시작했다. 인플루엔자에 걸리면서 체력이 4분의 1가량 떨어졌다. 혈액순환이 불순해 얼굴은 조금 붉어졌다. 수염은 나는 대로 그냥 놓아두고 있다. 지방질이 아니라 근육질의 만성 결막염이 있다. 왼발에 정맥류가 나타났다. 종종 굵어 보이는데 두드러지게 부어오르지는 않았지만 조만간 그렇게 될 듯싶다. 배는 여자 배의 모양이다. 다리는 자세도 여자와 같고, 장딴지도 마찬가지이다. 팔과 손도 그렇다. 나는 여성용 스타킹과 장갑이 맞는다. 코르셋도 무난히 입는다. 체중은 76~85킬로그램을 오락가락한다.

소변에 알부민과 당은 섞이지 않았지만, 요산이 비정상으로 섞여 나온다. 소변은 물처럼 맑아 소변을 볼 때마다 시원하고 기분이 좋다. 대변은 규칙적이다. 그렇지 않을 때는 여성의 변비증을 겪는다. 잠은 제대로 못 잔다. 몇 주씩 불면에 시달린다. 자더라도 두세 시간뿐이다. 식욕은 꽤 좋은 편이다. 그러나 위는 여성의 용량 정도만 소화한다. 매운 음식을 먹으면 피부에 발진이 돋고 요도가 화끈거린다. 피부는 창백하고 번지르르하다. 지난 2년간 괴롭던 가려움증은 최근 몇 주 사이에 가라앉았고 무릎과 음낭 부만 여전하다.

나는 과거에 땀을 거의 흘리지 않았다. 그러나 요즘은 고약한 여성발한증처럼 땀을 흘린다. 특히 하반신에서 땀이 난다. 여자보다 더 몸을 청결히 씻고 있다. 나는 손수건에 향수를 뿌린다. 비누도 향이 짙은 것과 오드콜로뉴(화장수)를 사용한다.

나는 남자 모습을 한 여자라고 느낀다. 물론 남자의 체형은 여전해도 사지는 여자의 것처럼 보인다. 예컨대, 음경이 음핵(클리토리스)처럼 보인다. 요도는 질처럼 외음부처럼 보인다. 가능한 한 건조해야 할 테지만 만질 때마다 축축한 느낌이다. 음낭은 큰 입술 같다. 항상 음순이 있는 듯 느낀다. 피부는 전신 모두 여성의 것 같다. 접촉과 열 등에 대한 반응에 민감하다. 그때마다 여자 같은 짜릿함을 느낀다. 나는 장갑을 끼고서 외출한다. 더위나 추위에 예민하기 때문이다. 남자도 양산을 들고 다녀도 될 만큼 햇볕이 따가운 계절이 지나도 나는 다가올 다음 계절까지 예민한 피부 때문에 걱정이 깊다.

아침에 일어나면 몇 분간 침울하다. 나 자신이 어디 있는지 잃어버린 나를 찾기라도 해야 할 기분이다. 그러다 보면 여자라는 강박증도 깨어난다. 외음부가 있다는 것을 느끼고 그날 하루를 깊은 한숨부터 내쉬며 시작한다. 종일 또다시 코미디를 해야 한다고 생각하면 겁이 난다. 여자의 느낌으로 살아간다는 게 사소한 일이 아닌데, 더구나 남자로서 처신해야 하니까.

나는 외과용 수술 도구와 장비를 연구했다. 3년 전부터 나는 전처럼 수술 도구를 잡은 적이 없었다. 근육 감각이 변해 모든 것을 처음부터 다시 익혀야 했다. 결과는 훌륭했다. 뼈를 다루는 도구만 여전히 어려웠다. 엄청난 체력이 필요한 작업이다. 반면에 긁어 내는 도구(큐렛)를 부드러운 부위에 사용하기는 쉬웠다. 어쨌든 나와 마찬가지로 느끼는 여자들을 진료할 때가 너무나 지겹다. 임신 중에 태아의 움직임을 느끼는 임산부를 볼 때가 가장 역겹다. 어떤 때는 몇 달씩 남성과 여성 양쪽의 생각을 동시에 하게 되어 괴로웠다. 여성 편에서 나는 내 생각을 꼼꼼히 따져 본다. 그러나 남성 편에서 그런 심사숙고를 질색한다.

3년 전까지도 나는 내가 여자의 눈으로 세상을 바라보고 있다는 것을 분명

광기와 성

히 깨닫지 못했다. 시각적 인상이 갑자기 심한 두통 끝에 달라졌다. 나는 동성애 성향이던 어떤 부인 집에 있었는데, 그때 부인이 갑자기 싹 달라 보였다. 이제는 이해하게 되었다. 즉, 남자로서 보게 되었지만, 반대로 당시 여자로서 나는 흥분을 감추지 못하고 부인 집에서 나왔다. 부인은 아직도 어리둥절해한다.

그 후 나는 나의 모든 것을 여자로서 감지한다. 심지어 감각까지도. 두뇌에서 시작해 거의 즉시 소화기관까지 모든 불편한 증세가 여성의 질환으로 나타난다. 신경의 감수성, 특히 청각이나 시각, 삼차신경의 감수성은 신경증으로 발전했다. 창문 닫히는 소리에 몸속에서 경련이 일어났다. 남자라면 하지 않을 반응이다. 음식이 신선하지 않으면 즉시 썩는 냄새에 코가 막혔다. 한쪽 신경 다발에서 변덕이 일어나 다른 곳으로 치아에서 눈으로 건너뛰는 삼차신경통을 나는 절대로 믿지 못했을 것이다. 몸이 달라지면서 두통과 치통을 좀 더 차분히 견딘다. 협심증도 덜하다. 요즘에 나는 수줍고 연약하다고 느낀다. 즉시 위험이 닥치면 더는 냉정함을 잃는다. 흥미로운 관찰이다. 어려운 수술을 할 때도 마찬가지이다.

조금만 절식이나 식단을 바꾸어도 위에 가차 없이 거부반응이 나타난다. 트림 같은 반응인데 여성 특유의 불편함이다. 특히 술을 마시면 즉시 반발이 나타난다. 남자가 느끼는 모발(모근)의 통증은 여자에게서 더욱 심하고, 폭음 뒤에 그 고통은 어떤 젊은이도 느끼지 못할 만큼 엄청나다.[5] 자신이 여자라고 느낄 때 모든 것을 소화기관이 지배한다. 비록 내 젖꼭지가 작기는 해도 마치 젖이 나올듯한 기분이다. 사춘기가 시작될 때 가슴이 부풀어 난처했다. 그래서 흰 셔츠, 조끼, 꼭 끼는 저고리는 거북하다.

---

5 최근에 알코올이 원인이 아니라는 설이 나왔다. 모낭의 오염 때문이거나 소화불량이 원인이라는 설이다. 모낭의 혈액순환을 원활히 해야 한다. 과식에 의한 독소가 순환을 방해하기 때문이다.(역주)

나는 골반도 여자의 것으로 느낀다. 엉덩이도 마찬가지다. 처음에 나는 바지를 입지 못할 정도로 배가 나와 여자의 골격이라고 당황했다. 하지만 지금도 그런 감정은 여전하다. 나는 여자의 키에도 강박관념이 있다. 누군가 내 거죽을 뜯어내고 여자의 거죽을 씌우기라도 했던 것일까? 그 거죽 속에 감춰진 남자의 몸속으로 여자의 모든 감정이 침투한다. 고환은 찌그러들거나 퇴화하지 않았지만 진정한 것은 아닐 듯하다. 종종 그것이 뱃속으로 들어오는 듯해 고통스럽다. 그 움직임 때문에 괴롭다.

4주마다 한 번씩 보름달이 뜨는 날, 나는 닷새 동안 여자로서 몸과 마음으로 월경을 전후한 증상을 겪는다. 마치 아랫배와 성기가 부풀고 액체가 흘러내리는 느낌이다. 너무나 기분 좋은 기간이다. 그것을 겪고 나서 며칠 동안 그 순간 여자를 관통하는 모든 힘과 나란히 욕구와 심정이 솟는다. 온몸은 그런 심정으로 가득 차 마치 녹인 설탕 덩어리나 물을 흠뻑 삼킨 스펀지 같다. 그렇게 무엇보다 먼저 애욕에 넘치는 여자가 된다. 남자는 뒷전으로 밀려난다. 나른하게 섹스만 생각하는 상태 같다. 그러면 어마어마하게 자연스러운 본능 차라리 여성의 솔직한 관능으로 염치도 없어진다. 그런 식으로 섹스를 갈망한다. 이런 기간에 '남자로서'는 여태까지 단세 번 섹스를 원했을 뿐이다. 다른 때에는 무심했다. 그러나 최근 3년간 나는 여자로서 원했다. 때로는 여자로서의 절정감을 원했다.

나는 혼자서 한 쌍으로 성관계를 맺은 느낌으로 섹스하고 난 뒤의 여자처럼 나른했다. 그런 행위를 하고 나서 조금 늘어졌을 때는 남자로서 느낌은 없다. 몇 번씩 나는 어디에도 비할 수 없는 쾌감을 누렸다. 세상에서 가장 행복한 것이다. 모든 것을 바칠 수 있을 만큼 강렬한 감정이다. 이런 순간 여자는 자기 자신을 모두 집어삼키는 음문陰門일 뿐이다.

지난 3년간 나는 단 한 순간도 내가 여자라는 감정을 잃은 적이 없다. 거의 익숙해진 감정인데 그 덕에 비록 그 때부터 내 가치가 떨어졌다고 느끼더라도 나는 이제 덜 괴롭다. 쾌감을 원하지 않으면서 여자로 느낀다는 것은 남자로서도 견딜 만하다. 그렇지만 욕구가 일어나면, 어떤 농담도 할 수 없다. 성기가 팽창한 것 같고, 살을 찌르는 강렬한 감각을 느낀다. (음경이 발기하지 않으면 다른 성기는 제 노릇을 못 한다.) 이런 충동과 함께 음부가 부푼 팽만감은 무섭다. 지옥의 고문처럼 짜릿하다고 할까. 견뎌내기 어렵다. 이런 상태로 섹스하면 조금 안심된다. 그러나 충분하게 무르익지 않은 섹스라면 만족감을 느끼지 못한다. 불임을 생각하게 되어 수치심에 짓눌린다. 거의 창녀의 노릇 같은 것으로 보이기 때문이다. 정신을 차릴 수 없다. 여성으로서 강박관념이 모든 것을 제압한다. 이럴 때 자기 일을 한다는 것이 얼마나 어려운가! 안절부절 아무 일도 못한다. 어떤 자세로도 오래 있지 못한다. 더구나 바지가 계속 스친다. 정말 괴롭다.

이렇게 남성을 숨긴 채로 섹스를 하는 때를 제외하면, 결혼은 그 당시 두 여자의 동거인 셈이다. 한 여자가 남자로 가장한 채 살아가는 동거 말이다. 주기적으로 '월경 전 긴장' 상태에 들어가면 평소에 남자는 모르는 성의 충만감을 느낀다. 여자를 완전히 사로잡는 것인데, 여자만 겪는 불쾌한 차이이지만 긴장을 견딜 만하다. 꿈을 꾸거나 달콤한 생각에 젖을 때 나는 여성의 형태로 보인다. 발기한 부분이 보이지만 그 뒤쪽에서 여자를 느낀다. 추잡해지기는 쉽다. 종교에서 금하는 말씀만 찜찜할 뿐 다른 거리낌은 전혀 없다. 이런 상태를 세상 사람 누구나 역겨워할 테지만, 나는 중성적 인간 또는 중성의 존재가 되기를 원한다. 만약 결혼하지 않고 혼자 살았다면, 나는 진즉에 나의 남자 성기를 모두 제거했을 것이다.

임신이 목적이 아닐 때 여자의 쾌감은 어떤 것일까? 남자로서 섹스하는 느낌인데, 여자 입장에서만 만족할 수 있다면 여자의 사랑은 어떤 감흥일까? 남자를 유혹하는 여자의 체취는 얼마나 강렬하고 무서운가! 드레스와 보석 때문에 남자는 얼마나 비굴해지는가. 비록 과거 남성의 본능을 기억하지 못할 만큼 변신했더라도 여성의 감정만을 원하지는 못할 것이다. 자신이 과거에 '성이 없는 남자'였을 때 항상 성적으로만 느끼지 않았던 것을 잘 알고 있을 테니까. 그런데 갑자기 자신을 마치 가면처럼 항상 여자로서 느끼게 되고, 또 매달 월경을 겪을 때만 변한다면, 그 사이에 여자의 음욕은 어떻게 될까? 만약 자신을 즉시 여자라고 느끼지 않고서도 아침에 일어날 수 있다면!

결국 자기 가면을 벗을 수 있게 되면 침체기에 들어간다. 하지만 그때는 오지 않는다. 장신구나 짧은 치마 등 부분이나마 여성처럼 치장하면서 자신의 불행을 달래려고 할 수 있다. 여장으로 외출할 수 없기 때문이다. 남자로 분장한 여배우 같다고 느끼면서 직업상의 일을 한다는 것은 만만치 않은 일이다. 그렇게 한다면 무슨 일이 터질지 알 수 없다.

종교만 우리의 큰 잘못을 막아준다. 그러나 고생까지 면할 수는 없다. 여자로 느끼는 사람이 진짜 여자로서 자기에게 유혹이 닥칠 때 느끼는 어려움 말이다. 그것을 겪을 수밖에 없고 면할 길은 없다.

대중 사이에서 보기 드물게 신뢰받고 존경받는 남자가 상상의 음문과 싸워야 한다고 생각해 보자. 힘든 일과를 마치고 귀가해 처음 마주치는 부인의 화장을 보아야 할 때, 여자의 눈으로 그것을 비판하고 그 모습에서 자기 생각을 읽을 때, 과학책보다 패션 잡지(나는 어렸을 때부터 열독했다)를 더 열심히 들여다볼 때, 아내에게 자기 생각을 드러내지 않고 자기가 여자라는 정체를 감출 수밖에 없을 때, 자신은 육체와 영혼 모두가 전환되었다고 확실히 알고 있음에도 여성의 부드러움을 이겨내려고 고통스럽게 싸운다.

때때로 그 싸움에서 이길 때도 있다. 혼자 있으면서 여자로서 지낼 때, 예컨대 밤중에 방안에서 여자 옷을 입고 장갑을 끼고 베일이나 가면을 쓰고 있을 때 성욕은 꽤 가라앉는다. 그러나 바탕에 심어진 여성의 성격의 불가항력에 떠밀릴 수밖에 없다. 그러면 옷소매 속에 팔찌를 끼우는 식으로 겸손하게 양보할 뿐이다. 어쨌든 가면을 쓰고 베일을 쓴 모습으로 여자 옷차림으로 당당히 나설 때만 유일하게 행복하다. 가장 자연스러운 상태라고 믿기 때문이다. 그러면 유행하는 취미대로 '최신식으로 멋 낸 갈보' 차림으로 변한다.

오로지 여자로서만 느끼고 있다고 또, 과거(남자로서 산 시간) 세상 사람들에게 남자로 보이려고 했던 방식은 추억일 뿐이라는 생각에 익숙해지는 데 많은 시간과 노력을 쏟아야 한다. 아무튼, 불쑥불쑥 여성의 감정이 튀어나오기도 한다.

여자들 앞에서 이런 일이 벌어진다면 조금도 불편하지 않다. 여자로서 나 자신 큰 관심을 끌고, 또 사람들이 그 점을 잘 알아줄 때 자랑스러워 으쓱한다. 단, 자기 아내 앞에서 이런 모습을 보이지 않아야 한다. 아내가 자기 여자친구에게 내가 여성용품에 취미가 대단하다고 말했을 때 나는 얼마나 질겁했는지 모른다.

멋쟁이에 거만한 부인이 자기 딸에게 거짓 교육을 하려고 했던 것이라 얼마나 놀랐는지 모른다. 내가 딸에게 말과 글로써 여성의 감정을 설명해 주었을 때(나는 부인에게 편지로 내가 매우 친근한 성격이라면서 달래며 거짓말했다) 지금 그 부인은 나를 전폭적으로 신뢰한다. 거의 미쳐 버릴 뻔했던 딸아이를 두었던 부인은 이제 명랑하다. 부인은 내게 죄라도 지었다는 듯 여성의 감정을 털어놓았다. 이제 부인은 여자로서 참아야 한다고 알고 있다. 의지와 신앙으로 감정을 다스려야 하고 보통 인간으로서 살아야 한다고. 만약 부인들이 내 자신의 서글픈 경험을 인용했다는 것을 알았다면 조롱하지 않앉을까.

그 뒤로 나는 매우 감수성이 예민해졌다. 과거와 다르게 피부가 탱탱해진 느낌이다. 복부팽만에 따른 질병도 이해하게 되었다. 시체를 해부하거나 인체를 수술할 때 흘러나오는 액체가 쉽게 내 피부로 스며들어 칼질할 때 마다 고통스러웠다. 여자나 창녀를 검진할 때마다 용해성 광물이나 새우의 비린내 같은 것이 역겨워 치를 떨었다. 나는 이제 공감과 반감의 영향에 너무 민감하다. 어떤 사람이 던지는 전체적 인상뿐만 아니라 특정 색채에 대해서는 호불호가 분명하다. 여자들을 보면 그 비슷한 사람들과 성이 어떤 상태인지 단김에 알아본다. 그래서 왜 여자들이 (언제나 가리고 있지 만은 않더라도) 베일을 쓰고 다니는지, 왜 악취를 풍기기 시작하는지, 손수건과 장갑에서만 나는 냄새인지 아닌지를 알 수 있다. 여자들 앞에서 후각이 어마어마하게 예민하기 때문이다. 일반적으로 냄새는 여자의 생체기관에 믿기 어려울 만큼 영향을 준다. 장미나 제비꽃 냄새만으로 진정된다. 역겨움만 일으키는 냄새도 있다.

의란依蘭(필리핀산 교목인 일랑일랑) 기름 향기는 참을 수 없이 성욕을 자극한다. 여자들과 관계는 똑같다. 섹스도 아내가 남자처럼 굴거나 피부가 단단히 굳을 때만 가능하다. 어쨌든 그런 관계도 레즈비언의 사랑이다. 나는 언제나 수동적 기분이다. 잦은 일인데 밤에 흥분해 잠이 오지 않을 때는 마치 침대에서 여자 곁에 축 처진 채 누운 남자 같다. 그럴 때는 침구나 팔로 내 가슴을 건드리지 않아야 한다. 그래야 잠이 온다. 무엇인가 배를 누르거나 하면 안 된다. 나는 여자 잠옷을 입어야 푹 잔다. 내 장갑을 보면서 밤에는 손이 쉽게 차가워지기 때문이다. 나는 여자바지와 짧은 치마를 매우 편안하게 입는다. 국부가 조이지 않기 때문이다. 나는 누구보다 페티코트 시대의 여자 옷차림을 좋아한다. 여자로 느끼는 남자로서 전혀 거북하지 않다. 여

광기와 성

자 옷을 언제든 입을 것이고 이상한 물건으로 여기지도 않는다.

나는 신경쇠약으로 고생하는 어떤 부인의 세계를 가장 좋아한다. 마지막 출산 이후 자신을 남자로 느끼다가 그 문제로 내 문제를 조금 비추자, 자기 운명에 따르면서 금욕하는 부인이다. 하지만 남자인 내게는 허용되지 않는 운명이다. 부인은 내가 나의 운명을 버티는 데 도움이 된다. 부인은 여전히 자신의 여성으로서 감정을 분명히 상기한다. 내게 충고도 많이 해준다. 만약 부인이 남자였고 내가 여자였다면, 그가 나를 정복하도록 유혹했을 것이다. 부인이 나를 여자로서 대하기를 바랐을 테니까. 그러나 부인의 최근 사진은 과거의 사진들과 완전히 다르다. 지금은 우아한 정장 차림 신사의 모습이다. 가슴이 불룩하기는 해도 머리는 여자 같다.

부인은 내가 좋아하는 것들이 싫어졌다고 간단명료하게 말했다. 부인은 우울한 감정에 젖어 있었지만, 겸손하고 위신을 지키며 자신의 운명을 버티며 신앙과 의무로서 위로받고 있다. 부인은 월경기에 거의 죽을 듯 고통스러워한다. 여자 친구들을 만나거나 대화하는 것도 좋아하지 않는다. 그렇다고 달콤한 생활을 찾

프랑스에서 유행하던 페티코트,
1860년경

지도 않는다.

내 어린 시절의 친구는 유아기부터 자신을 여자로 느꼈다. 어쨌든 그 친구는 남성에게 욕정을 품었다. 그런데 그의 누이는 정반대로 자궁에서 여성의 권리를 강하게 요구하는 바람에, 남성의 성격에도 사랑스러운 여자로 살다가 견디지 못해 자살로 문제를 해결했다. 나는 내가 완전히 여성으로 변신한 기본적인 과정을 확인했다.

• 머리끝부터 발끝까지 여자라는 지속적인 감정

• 여성의 성기를 갖고 있다는 지속적인 감정

• 4주마다 찾아오는 월경준비 증후

• 주기적인 음욕(이것은 어떤 남자를 좋아하지도 않아도 일어난다.)

• 섹스 중에 여성적인 수동적 감각

• 하나로 접한 부분의 감각

• 섹스를 표현한 그림을 보면서 느끼는 여성의 감정

• 여자들의 모습에서 느끼는 소속감과 여자들을 위한 여성적 관심

• 신사의 모습에 대한 여성적 관심

• 아동의 모습에 대한 여성적 관심

• 성질의 변화(인내심의 커다란 증가)

• 나의 운명에 대한 순응(종교 덕이다. 그렇지 않았다면 벌써 오래전에 자살했을 것이다. 남자로서는 결코 살아갈 수 없었고, 여자마다 각자가 바라는 대로 느낄 수밖에 없다.)

지금까지 읽어 본 수기는 너무나 귀중한 학술 자료다. 이 수기에는 다음의 편지가 함께 들어 있었다.

광기와 성

〈검진을 받고 나오는 애인을 기다리는 베를린의 뚜쟁이〉, 프랑클 재단, 1890년

성가신 편지를 드려 죄송합니다. 기댈 곳이 전혀 없고, 나 자신조차 스스로를 역겨운 괴물로 보고 있습니다. 그러나 선생님의 글을 읽고서 다시금 용기를 내보았습니다. 끝까지 문제를 파헤쳐 보고 무슨 일이 벌어지더라도 나의 지나 온 삶을 되돌아보기로 했습니다. 그나저나 내가 기억하고 관찰한 결과를 알려 드려야 마땅하다고 생각했습니다. 선생님의 책에서 내 경우와 비슷한 것이 없었습니다.

그뿐만 아니라 여자라는 강박증으로 완전히 남성의 성격을 잃어버린 인간의 내심을 털어놓은 의사의 글에 관심이 많으시지 않겠습니까. 이것이 전부가 아니겠지만, 다른 것을 반성해 볼 힘이 없습니다. 그 문제를 더 깊이 파고들고 싶지는 않습니다. 본의 아니게 성을 가장할 수밖에 없다 보니 여러 증세가 나타났다는 점을 감안하셨으면 합니다.

선생님의 책을 읽고, 나 또한 의사로서 일하면서 시민과 아버지와 남편으로서 의무를 다하면서 무시할 수 없는 많은 것을 생각했습니다. 그래서 선생님께 내가 돌아보며 생각했던 것을 보여 드리기로 했습니다. 사고와 감정이 여성의 것을 타고났지만, 여전히 한 사람의 의사일 수 있을 테니까 말입니다.

여성에게는 의술을 가르치지 않으며, 여성은 의사로 일할 기회조차 없다는 것은 큰 잘못입니다.[6] 진단을 할 때에도 남자가 암중모색하던 몇몇 질병의 징후를 어떤 여자는 자신의 본능으로 찾아냅니다. 아무튼, 여자들과 어린이들의 질병은 이런 식입니다. 그렇게 하려면 의사들은 마치 여자가 된 듯 여자 입장에서 3개월가량 수련을 받아야 합니다. 그렇게 해서 자신을 낳아 준 인류의 절반으로서 여성을 더욱 이해하고 존중하게 될 것입니다. 여자의 위대한 영혼과 끈질긴 운명을 배우게 될 것입니다.

이 환자의 증세는 중증으로 성심리의 관점으로 볼 때 애당초 비정상이다. 성행위를 하는 동안 환자는 여성의 감각으로 느끼기 때문이다. 3년 전까지 이런 비정상 감각은 순수하게 심리적 비정상이었다. 깊은 신경쇠약이 원인이다. 강박관념에 따른 감각 작용으로서 성징이 변하는 방향으로 신체 감각이 바뀌면서 더욱 심해진 신경쇠약이다.

---

6 여성이 산파와 간호사로서 고대부터 의료 활동을 하지 않았던 것은 아니지만, 여성이 의사로서 제도가 보장하는 교육을 받고 자격증을 얻어 활동하게된 것은 19세기 중후반의 일이다. 그 시기에 나라마다 차이는 있다. 여성의 의료계 진출은 20세기 중반 이후에야 활발해졌다.(역주)

네 번째 수준: 편집증적 성의 변모

다음 사례는 신경병적 심리가 극단에 이르는 과정을 보여준다.

_사례 100 신경병과 성감각 이상

K는 36세의 독신 농부로 1889년 2월 20일에 내원했다. 성신경쇠약증의 전형인데, 이상한 냄새를 맡는다는 등 피해망상이 깊었다. 그의 형제자매는 정신이상자였다. K의 두개골은 오른쪽 이마가 움푹한 뇌수종의 자취가 있다. 눈에서도 신경증이 보인다. K는 항상 성욕에 쫓겼다. 열한 살 때 자위를 시작했다. 첫 번째 섹스는 스물세 살에 했다. 그러나 사생아를 셋 낳고 나서 성관계를 중단했다. 아이들을 낳을까, 또 어떻게 먹여 살릴까 겁을 먹었기 때문이다. 금욕은 그에게 힘겨웠다. 자위행위를 중단하니 몽정을 많이 했다. 1년 반쯤 전, K는 성신경쇠약증에 걸렸다. 그런데 낮에도 몽정했고 너무 나약해지고 침울해졌다. 이런 상태가 계속되다가 결국 편집증에 걸렸다.

지난 1년간 환자의 성감각에 이상이 생겼다. 성기의 자리에 커다란 쿠션(탈장대, 즉 일종의 성인용 기저귀)이 있다고 느꼈다. 음낭과 남근이 사라졌고 성기가 여자의 것으로 변했다고 생각했다. 젖가슴이 부푼다고 느꼈고, 여자의 땋은 머리와 복장이 몸에 붙어 있다고 느꼈다. 자신을 여자라고 생각했다. 행인들이 자신에게 손가락질하면서 던지는 말이 들렸다고도 했다.

"저 창녀 좀 봐, 뻔뻔한 할망구 같으니!"

K는 잠결에 꿈을 꾸면서 남자와 섹스했다는 느낌이었다. 몽정의 쾌감은 강했다. 입원해 있으면서 환자는 망상을 그칠 때도 있었고 신경쇠약이 현저히 나아지기도 했다. 그럴 때면 잠시나마 성의 바뀌었다는 감정이나 생각도 없었다.

다음 사례는 거세된 사람의 편집증적 성변환(성전환의 일종)을 보여준다.

_사례 101 자신을 여자로 인식하는 남자

프란츠는 33세의 초등학교 교사로 독신남이다. 신경증과 정서불안에 시달리던 집안에서 태어났던 것 같다. 프란츠는 알코올에 빠져 열여덟 살부터 자위행위를 했다. 서른이 되었을 때 프란츠는 성신경쇠약의 징후를 보였다. 척수염과 두통, 뇌신경쇠약도 뒤따랐다.

1885년에 들어서자마자 프란츠는 아무 쾌감도 없는 섹스를 그만두고 종종 자위행위를 했다. 1888년부터 프란츠는 피해망상증을 보였다. 자신이 거세당했다면서 오물을 던지고 (후각의 환각으로) 악취를 풍겼다. 이런 식으로 사람들이 자신을 대하는 태도가 변했다고 설명했다. 재채기와 기침 소리까지 트집 잡았다. 프란츠는 썩은 오줌과 시체의 냄새를 맡았다면서 악취를 자기 내부가 썩고 있기 때문이라고 했다. 치골에서 가슴까지 더러운 액체가 올라오면서 풍기는 악취라고 했다.

얼마 뒤 프란츠는 퇴원했다가 1889년에 재입원했다. 피해망상으로 자위에 미친 듯 집착하는 중증이었다.

1889년 5월 초, 프란츠는 사람들이 자신을 '미스터'라고 불렀다면서 격렬하게 항의해 눈길을 끌었다. 자신이 여자인데 왜 남자 호칭으로 부르냐고 항의했다. 프란츠는 젖가슴도 부푼다고 감지했다. 1주일 전, 다른 환자들이 징그럽게 그를 건드렸다. 프란츠는 그들이 자신을 갈보라고 불렀다고 했다. 요사이 프란츠는 섹스하는 꿈을 꾸었다. 자신은 여자로서 했다는 꿈이다. 남근이 몸속으로 들어오고 몽정하는 느낌이었다. 프란츠의 두개골은 뾰족하고, 얼굴은 길쭉하며 좁다. 머리 위쪽이 뾰족하게 튀어나왔다.

일레나우 요양원[7]에서 관찰한 다음 사례에서 성의식이 광적으로 뒤집힌 모습을 볼 수 있다.

_사례 102 편집증적 성변환

N은 23세의 미혼 피아니스트로 1865년 10월 말 일레나우 요양원에 입원했다. N의 가족에 유전 질환은 없는 듯하지만 결핵은 있었다. 아버지와 형제가 폐결핵으로 사망했다. N은 어린 시절 나약하고 타고난 재능은 변변치 않았지만 음악에 소질을 보였다. N은 언제나 말수가 적고 사람들과 어울리지 않고 불쑥 토라지고 혼자 틀어박혀 있기 좋아하는 이상한 성격이었다. 열다섯 살 때, N은 자위행위를 시작했다. 몇 년 뒤, 신경쇠약증(가슴 두근거림, 나약함, 주기적인 두통 등의 증상)이 나타났다. 그러면서 가벼운 심기증도 있었다.

지난해, N은 힘겹게 많은 일을 했다. 6개월 전부터 신경쇠약이 심해졌다. 가슴이 두근거리고, 머리가 복잡하고, 불면증에 짜증스럽고 흥분하는 날이 계속되었고 건강을 생각해서라도 가능하면 빨리 결혼해야겠다고 주장했다. N은 예술가와 사랑에 빠졌다. 그러나 거의 동시(1865년 9월)에 (자신에 대한 적대 행위를 겪었다. 거리에서 욕설을 들었다. 음식에서 독을 발견했다. 사람들이 다리를 밧줄로 막고 자신이 애인을 찾아가지 못하게 하는 등) 피해망상에 빠졌다.

쉽게 흥분하고 자신이 적이라고 여기던 주변 사람들과 갈등으로 N은 격리 병동에 수용되었다. 그곳에 들어가서 N은 피해망상의 전형을 보였다. 성신경쇠약증이었는데 이것이 일반적인 신경쇠약증으로 발전했다. 하지만 그의 피해망상의 편집증은 신경증이 원인은 아니었다. N이 우연히 주변 사람에게서 들었던 말 때문이다.

---

7 독일의 남서단 아헤른 시에 있으며 1842년에 개원했다. 저자가 동료 정신과의사 하인리히 쉴러 등과 함께 환자의 격리수용에 따른 치료와 연구 활동을 펴던 곳이다.(역주)

"정자를 제거했데! 불알을 뗀 고자래!"

1866년부터 1868년까지 N의 피해망상은 차츰 줄었지만 그 대신 정욕에 사로잡혔다. 심신의 바탕에서 성의 본능이 사납게 날뛰었다. N은 마주치는 여자에게 무조건 반했다. 여자들에게 접근하라고 부추기는 소리를 들었기 때문이다. N은 결혼해 달라고 조르면서 여자를 얻지 못하면 쇠약해 죽을 것이라고 주장했다.

N은 자위행위를 계속한 탓에 이미 1869년에 장차 성기능이 마비되는 거세된 남자가 될 조짐을 보였다. N은 자신에게 여자를 구해 준다면 플라토닉한 사랑만 하겠다고도 했다. N의 증세는 갈수록 나빠졌고 육체적 사랑만 생각하며 살았으며, 요양원에서 활동하는 매춘부를 보았고, 여기저기에서 여자에게 불순한 자신의 태도를 비난하는 소리를 들었다. 결국 N은 여자들의 세계를 피했고, 두 사람의 남자를 증인으로 참석시킨다는 조건으로만 숙녀들 앞에서 연주했다.

1872년, N의 신경쇠약은 부쩍 악화되었다. 그러자 피해망상도 더욱 두드러졌고 신경증 탓에 특이한 증상이 따랐다. 엉뚱한 냄새를 맡는 환각이 나타났다. (무기력증을 오해한 나머지) 자력磁力의 영향을 받는다면서 "자장磁場의 파동이 내게 울린다."라고 했다. 과도한 흥분과 지나친 자위행위를 계속한 결과 성기가 차츰 줄어들었다. N은 남자일 때는 드물었고 더욱 간절하게 여자가 되고 싶다면서 요양원에서 남자들의 파렴치한 매춘 활동 때문에 여자를 만나기 어렵다며 씁쓸해했다.

이상한 소리와 애정 결핍으로 N은 거의 사경을 헤맸다. N은 사랑 없이는 살 수 없어 성본능을 자극하는 음욕이라는 독에 감염되었다. N이 요양원에서 사랑하는 숙녀는 가장 천박한 부류였다. 그곳에 수용된 매춘부들은 '천복의 고리'로 엮여 있었다. 꼼짝없이 쾌락을 누릴 연결고리였다. N은 별수 없이 매춘부와 사귀려고 했다. N은 자기 눈에서 수천억짜리 사상의 광채가 번쩍인다고 했다. 자기 작품의 가치는 수억이라고 했다. 어마어마한 망상이다. 게다가 피해망상까지 겹치곤 했다. 음식이 '똥'으로 독하게 썩었다며 경악했다. 파렴치한 비난이 계속 들렸고 귀를 뚫을 묘책을 요구했다.

1872년 8월부터 거세의 조짐이 더욱 잦았다. N은 많은 겉치레를 보였고, 술 마시고 담배 피우는 남자들과 함께 살 수 없다고 주장했다. N은 완전히 여자로서 생각하고 느꼈다. 결국 여자로 취급해 여성 병동으로 보냈다.

N은 과자와 잼을 달라고 했다. 방광 이급후중裏急後重과 경련으로 N은 산부인과로 옮겨 달라면서 임산부로 대우해 달라고 요구했다. 그를 보살피는 남자들의 목소리를 괴성이라고 듣는 환청으로 그의 상태는 갈수록 위중했다. 이따금 N은 여전히 남자라고 느끼기도 하지만, 자기 성이 완전히 전도되었다고 매우 뜻깊은 하소연을 했다. 그러면서 자위행위에서 만족감을 느끼고 싶어 하고 부부생활을 하지 않는 결혼을 원했다. 결혼은 쾌락의 제도이므로 자신이 결혼할 여자는 자위행위 중독자여야 한다고도 했다.

1872년 12월부터 N의 의식은 완전히 여성의 의식으로 변했다. 사실 그는 원래 여자로 태어났다. 한 살 때부터 세 살 때까지는 여자였다. 그러나 프랑스의 한 노련한 돌팔이 의사가 그에게 남자의 성기를 이식했다. 그렇게 흉부에서 유방의 성장이 억제되었다. N은 여성 수용동으로 보내 달라고 역설했고, 자신을 매춘부로 부리려는 남자들을 피하게 해 주고 여자 옷을 입혀 달라며 호소했다. 형편이 맞으면 장난감 가게와 양장점에서 바느질할 수 있다고 했다.

N은 성전환(성의 형질 전환)이 되면서 새 시기를 맞았다. N은 자기 과거의 개성을 사촌의 개성과 같았다고 회상했다.

N은 자신을 제삼자, 즉 삼인칭으로 부른다. 자신을 나폴레옹 3세 황제의 부인인 외제니 황후와 절친한 V 여백작이라고 주장했다. 게다가 향수와 코르

셋까지 요구하고, 병동에 수용된 남자들을 여자라고 하면서 머리를 땋아주며 오리엔트 제모 용품을 요구했다. N은 수음옹호론도 폈다.

"나는 열다섯 살까지 자위행위를 즐겼다. 다른 재미를 찾지도 않았다."

과거의 환각과 피해망상과 신경쇠약증도 때때로 재발했다. N의 1872년 12월까지 겪은 모든 사건은 사촌의 인성을 되풀이한 것이다.

N은 자신을 V 여백작이라고 여기는 강박관념을 버리지 못한 듯하다. N은 산파가 자신을 진찰하고 여자라고 확인했다는 사실을 기억했다. V 여백작이 결혼하지 않은 까닭은 남자들을 경멸했기 때문이다. N은 여자 옷도 뾰족구두도 구할 수 없게 되자 온종일 침대에서 빈둥대었다. 자신을 고생하는 귀부인이라면서 조신한 모습으로 과자를 부탁했다. 틈만 나면 머리를 땋아 달라고 하고, 수염을 뽑아 버리고, 빵조각을 주물러 여자의 흉상을 빚기도 했다.

1877년, N은 왼쪽 무릎관절이 썩어들더니 금세 폐결핵에 걸렸다. 결국 N은 1874년 12월 2일에 사망했다. N을 부검해 보니 두개골은 정상이었다. 전두엽은 위축되고 뇌에 빈혈증이 있었다. 실레 박사가 좀 더 정밀검사해 보니 전두엽의 바깥층 신경절 세포가 조금 줄어들었다. 뇌의 두꺼운 거죽은 정상이었지만, 성기는 굵고 고환은 작고 물렀다. 절단해 보니 거시적 변화는 없었다.

N의 사례처럼 성이 바뀌는 편집증은 그 발단이나 발달 과정에서 인간의 질병에서 놀랍도록 희귀한 사례다. 그 밖에 편집광증이 발병하는 원인에 대한 정보를 얻을 수는 없지만, 문학에서 독일 역사가 아른트가 전한 사례와 에스키롤의 간략한 두 편의 보고도 흥미롭다.

_**사례 103 자신을 남자로 인식하는 여자**

그라이프스발더 요양원에 수용된 중년 부인을 만났다. 부인은 자신을 남

광기와 성

카스퍼 다비드 프리드리히, 〈그라이프스발더의 들판〉, 함부르크 예술의전당, 1821년

자라면서 남자처럼 행동했다. 머리는 단발인데 옆머리를 층층이 군인 스타일로 잘랐다. 옆모습의 윤곽은 뚜렷하다. 코는 높지 않지만 전체적으로 거친 인상이다. 귓가를 짧게 자른 머리 때문에 완전히 남자 같아 보인다. 키는 장신이고 날씬하다. 목소리는 묵직하고 걸걸하다. 후두돌기(울대뼈)는 예리하게 튀어나왔다. 몸가짐은 뻣뻣하고 거동은 둔하다. 부인은 마치 여장남자로 보인다. 어떻게 남자로 처신하게 되었는지 물어보자 대경실색하면서 화를 내었다.

"내가 그렇게 보인다고? 내가 남자로 보이지 않는다고? 내가 남자이니까 남자로 느끼는데, 뭐? 언제나 남자 기분이잖아. 내가 완전히 남자인 줄은 차츰 알게 되었어! 우리 서방 같은 사내는 정말 사내가 아니야. 나는 자식들을 나 혼자 만들었어. 항상 그렇게 생각해 왔지만 나중에 확실해졌지. 내가 살림도 남자로서 다 했다고. 우리 서방 같은 사내는 그저 '시다'였어. 기껏 내가 시키는 대로만 했어. 어릴 적부터 나는 늘 여자애들 일보다는 남자애들밖에 관심이 없었다고! 부엌이나 집안 살림보다 밭과 농장일이 훨씬 재미있어 좋았고. 그런데 왜 그런지 도대체 알 수가 있어야지! 이제야 내가 남자라는 것을 알았어. 나는 이렇게 살고 싶고. 이젠 여자 옷을 입으면 창피하다고!" (아른트)

_사례 104 여자 옷 입기를 좋아하는 남자

환자는 26세로 큰 키에 풍채가 당당한데 어렸을 때부터 여자 옷 입기를 좋아했다. 그는 성년이 되어 아마추어 연극배우로 활동했는데 여자 배역에 뛰어나다는 소리에 항상 여배우 역을 맡았다. 그러다가 심한 우울증을 겪은 끝에 환자는 자신이 정말로 여자가 아닐까 하는 생각이 들어 주변 사람들을 설득하기 시작했다. 환자는 여자로 머리를 가꾸고 옷 치장하기를 좋아했다. 어느 날, 그는 여장하고 외출했다. 이런 취미 외에 그의 정신은 말짱했다. 치장하는 데만 온종일을 보내기도 했다. 가능한 한 여자의 실내복 차림으로 거울 앞에서 자신을 들여다보고 맵시를 내었다. 어느 날, 나는 환자의 치마를 장난 삼아 치켜올렸는데, 환자는 몹시 분개하고 욕설을 퍼부었다. (에스키롤)

_사례 105 남자로 인정해 달라는 여자

남편의 사망으로 빈털터리 과부가 된 X는 슬프고 참담한 나날을 보냈다. 그러다가 미쳐 버렸다. 자살을 시도하던 끝에 살페트리에르 정신병원[8]에 입원했다. X는 계속 광분했고 자신을 남자라고 하면서 사람들이 "부인"이라고 부를 때마다 화를 내며 펄쩍 뛰었다. 그러나 병원에서 남성복을 마련해 주자 기뻐 날뛰었다. X는 1802년에 쇠약증으로 사망했고, 바로 그 직전까지도 남성이라고 광분했다. (에스키롤)

이미 앞에서 상상적인 성변환과 이른바 고대 스키타이 사람들의 광증

---

8 파리 13구에 자리 잡은 가장 유명한 정신병원이다. 이곳에서 선구적이고 실험적인 히스테리 치료의 역사를 남긴 샤르코 박사가 일했다. 프로이트 박사도 그의 세미나에 참석해 공부했다. 본문에서 수차례 소개하는 에스키롤 박사가 이 병원의 기초를 닦았다. 폰크라프트에빙 박사의 본서에 중요한 해설을 남긴 임상심리학의 거장 피에르 자네 박사 또한 이곳에서 일했다. 이 병원에서 19세기에 아동 간질 환자와 정신병자 등 입원 환자들을 위한 거대한 춤판을 개최한 놀라운 역사가 있다.(역주)

광기와 성

아르망 고티에, 〈살페트리에르 병원의 환자들〉, 동판화, 1857년

윌리엄 프라이어, 〈환자들의 사슬을 풀어주는 살페트리에르 병원장 피넬〉 동판화, 1889년

을 들여다보았다. (『임상심리학 연보』의 편집자) 마랑동도 다른 많은 사람처럼 잘못된 가설을 받아들였다. 즉, 스키타이 사람들은 단순히 거세의 결과가 아니라 실제로 편집증 때문이라는 것이다. 오늘날 매우 희귀해진 그같은 편집증은 경험칙으로 볼 때, 고대에 별로 드물지 않았을 법하다. 그 증상은 과대망상에서 비롯하는 것 이외에 다른 이유를 대기 어렵다. 따라서 그것을 풍토병의 표현으로 볼 문제는 아니다. 히포크라테스가 암시했다시피 (여신의 벌을 받았다는 뜻으로) 거세에 대한 미신적 해석일 뿐이다. 고대 스키타이인의 광증이나 푸에블로 원주민에 대한 현대적 진단은 항상 인류학의 관점에서 주목할 만하다. 고환의 위축으로 다른 성기도 위축되고 신체와 정신 모두 여성의 것으로 달라진다. 이런 반작용은 자연적이든 인위적이든 폐경기 이후 중년 여성보다 성년 남성이 성기를 상실했을 때 훨씬 더 기괴하게 나타난다.

광기와 성

선천적 질환으로서 동성애

성생활에 이상한 현상이 있다. 이성에 불감증을 보이는 반면, 동성을 특별히 편애하는 현상을 말한다. 어쨌든 성기의 발육은 정상이고, 생식선 도 제대로 기능하며 성별도 완전하다. 사고와 감정과 열망도 완전히 비정 상이 되고 나서도 여전히 특별한 성감에 부응한다. 다만 생리학적으로 환 자가 보여주는 성과 일치하지 않는다. 복장과 직업으로도 비정상적 감정 을 표현한다. (실제의 성별이 아니라) 자신이 타고났다고 느끼는 성의 역할 에 맞추어 옷을 입으려는 경향이다. 의학의 관점에서 이런 비정상 현상은 다양하게 발전한다. 즉, 다양한 형태로 나타난다.

- 동성애의 감정이 우세하지만, 그 감정의 한구석에 남은 이성애의 자취
- 자신이 타고난 성에 대한 편향(동성애)
- 비정상적인 성적 감정에 충실한 심리(여성화 또는 다른 성과 비슷해지 거나 접근하려는 심리)
- 비정상적 성의 감각에 걸맞은 신체 기관

실제로 남성과 여성이 한 몸으로 나타나는 쌍성[9]은 볼 수 없다. 심리 적으로 쌍성은 가능하지만, 육체적으로 성기는 완전히 구별된다. 그래서

---

9 양성이 한 몸에서 동시에 나타나거나 번갈아 가며 나타나는 존재로 헤르마프로디토스는 그리스 신화 에서 헤르메스 신과 아프로디테 신의 자식이다. 오비디우스의 『변신 이야기』에 따르면 미남자였으나 물의 요정 살마키스와 합쳐져 남성과 여성이 절반씩인 몸이 되었다. '자웅동체'를 가리키는 '헤르마프 로디테(hermaphrodite)'라는 용어는 헤르마프로디토스의 이름에서 유래했다.(역주)

성생활의 이상한 착란은 주로 뇌에 원인이 있다. 이와 같은 수수께끼 같은 착란에 대해 어느 정도 정확한 정보는 카스퍼[10]가 처음 내놓았다. 물론 카스퍼는 그 현상을 남성동성애와 혼동했다. 그러나 그는 이러한 비정상이 대부분 선천성이며 지능의 쌍성 같은 것으로 보아야 한다고 주장했다.

심리적으로 남성과 여성의 일체가 선천적 동성애와 후천적 동성애 어느 쪽에서 비롯한 것인지는 장담하기 어렵다. 독일에서 가장 오래전의 여성동성애로 알려진 사례는 여자 둘이 결혼해서 한 여자는 가죽 제품을 남성의 성기로 사용하면서 남편 역을 맡아 동거했다.

1860년경, 카를 프리드리히 울리히스[11]가 누마 누만티우스라는 가명으로 육체와 별개의 정신의 성생활 문제에 관해 많은 글을 발표했다. 울리히스 자신도 성도착 환자였는데, 남자들 가운데 남자 앞에서 자신을 여자로 느끼는 사람들이 있다고 주장했다. 울리히스는 남성동성애자를 '위라니스트'라고 불렀다. 또, 동성애를 국가와 사회에서 선천성 애정으로 인정하고 합법화해야 하며 동성애자의 결혼을 허용하라고 요구했다. 울리히스는 동성애라는 모순된 감정이 병이 아니라 생리적으로 타고난 현상일 수도 있다는 점을 몰랐을 뿐이다.

쌍성 현상에 대해서는 베스트팔[12]이 처음으로 「병든 의식에 따른 선천적 동성애」라는 글을 내놓았다. 그가 논쟁의 길을 터놓았다. 우리가 살펴보는 것 이외에 지금까지 그 증세를 보인 사람은 107명이다. 베스트팔

---

10 Johann Ludwig Casper, 1796~1864, 독일의 법의학자로 포렌식(과학 범죄 수사)의 선구자다.(역주)

11 Karl Friedrich Ulrichs, 1825~1895. 법학자이자 언론인. '섹스'를 과학적으로 연구한 선구자이자 오늘날 성소수자 해방운동의 선구자로 꼽힌다. 하노버 법원에서 근무했지만 풍속을 해친 추문의 당사자로서 퇴출되었다. 울리히스는 탄압을 피해 이탈리아 중부 산골의 라퀼라로 건너가 살다가 그곳에서 사망했다.(역주)

12 Carl Friedrich Otto Westphal, 1833~1890, 독일의 신경의학자이자 정신의학자. 주로 베를린에서 활동하면서 중추신경의 문제에 많은 업적을 남겼다.(역주)

은 동성애가 신경증이나 정신이상 증
세인지 아니면 별개의 현상인지 알아
보려고 하지는 않았다. 그는 그 현상
이 선천성이라고만 고집했다.

나는 1877년까지 발표했던 사례를
기초로 이상한 성적 감정을 기능이 퇴
화한 표시로서, 또 대부분을 유전성 신
경정신병 증세가 아닐까 생각했다. 그
때부터 지금까지 발표한 사례 분석으

카를 하인리히 울리히스의 초상, 동판화

로 확인된 가정이다. 신경정신병적 증세는 다음과 같은 것을 꼽을 수 있다.

- 개인에게서 이상한 현상으로 나타난 성생활은 정상 기간보다 훨씬
  전부터, 또 훨씬 뒤에 매우 규칙적으로 나타난다. 이상한 감정에 물
  들어 비정상적으로 방향을 벗어난 또 다른 도착 현상도 나타난다.
- 이런 사람들의 정신적 사랑은 주로 공상에 들뜬 것이다. 그들의 성
  본능은 특히 의식 속에서 강하게 나타난다.
- 동성애에 따라 기능이 퇴화한 증세와 나란히 또 다른 생리적 기능
  저하의 증세도 보인다.
- 신경증(히스테리, 신경쇠약, 간질 등)이 있다.

거의 예외 없이 일시적이든 항시적이든 신경쇠약이 함께 나타난다.
이런 증상은 보통 체질적이다. 타고난 원인 때문이다. 증상은 자위행위 또
는 금욕으로 계속 유지된다. 남성들 사이에서 성신경쇠약은 선천적이거
나 질병을 거름 삼아 발전한다. 사정 중추가 약하게 반응하기 때문이다.

증세를 보인 사람들 대부분은 단순한 음주 또는 사랑하는 사람에게 입만 맞추거나 심지어 얼굴만 보아도 사정해 버린다. 여기에 비정상적으로 강한 쾌감이 따른다. 몸 전체가 '감전된' 듯한 감각을 느끼며 떨기도 한다.

- 대다수 사례에서 (특히 시와 음악 등 예술의 눈부신 재능 같은) 비정상적인 정신을 볼 수 있다. 그와 동시에 (기이하고 어긋난 정신 때문에) 지성의 역량은 약하다. 매우 중증의 정신적 퇴화(멍텅구리, 광기)를 보인다. 많은 남성동성애자가 일시적으로 이런 증세를 보이거나 퇴행의 특징인 망언(증세의 심화, 주기적 망언, 과대망상 등)을 일삼는다.
- 거의 모든 사례에서 조상과 친척의 정신적 지적 상태를 확인해 보면, 그들의 가계에서 신경증과 정신병과 퇴행의 자취가 확인된다.

선천적 성도착은 매우 뿌리 깊다. 남성동성애자는 보통 달콤한 꿈속에서 남자들만 보고, 여성동성애자는 여자들만 본다. 어쨌든 많은 동성애자가 자신의 상태를 병이라고 생각하지 않는다. 대부분은 자신의 이상한 본능과 취향을 다행으로 여긴다. 동성애자들이 불행하다고 느끼는 까닭은 법과 사회가 그들의 성과 취향을 가로막고 있기 때문이다.

어떤 사람은 성도착을 두뇌와 성기의 성징이 각기 다르다는 수수께끼 같은 현상을 원인으로 보기도 한다. 뇌는 여성의 것인데 생식선은 남성의 것으로 기능하는 식이다. 정상이라면 성기관이 뇌에서 맡는 성기능을 결정하지만, 비정상의 경우 병든 뇌의 활동이 성기능을 결정하는 것 아닐까 의심하기도 한다. (글레이[13])

---

13 Marcel Eugène Émile Gley, 1857~1930, 프랑스의 생리학자로 내분비 기능의 연구에 큰 업적을 남겼다. 콜레주 드프랑스 교수를 역임했고, 생리학 실험에 사진을 이용한 선구자였다.

광기와 성

애당초 선천성의 성도착을 설명하는 근거가 될 만큼 매우 흥미로운 모습을 볼 수도 있다. 실제로 남녀 각각의 자질(동성애와 이성애의 병행)은 모든 태아에서 일정 시기까지 '해부학적으로' 나타난다. 타고난 부분의 쌍성적 성격은 모발, 수염, 젖가슴 등 모든 부수적 성징과 일치한다. 일생 동안 우리 누구나 이차성징의 잠재적 쌍성이라는 가설은 신체 성장이 멈춘 뒤에도 다른 성징이 일부 퇴화하는 것을 보면 맞다. 이런 현상은 카스트라토, 무헤라도, 폐경기 여성에게서 확인된다.

성기능을 맡는 뇌의 부분, 남녀의 성의 심리 중추는 가장 중요한 이차성징이다. 성기라는 장치의 또 다른 절반의 가치는 동등하다. 어떤 사람이 정상적으로 성장했을 때, 태아의 쌍성적 성기관, 다시 말해 생식 세포와 성기관의 생식선은 우선 하나의 성징만 두드러지도록 그 기관을 만들어 낸다. 그다음에 육체적 정신적 이차성징은 남·녀성의 구조를 한쪽 성의 구조로 옮기는 작업을 한다. (잠재 상태로서 또는 태아의 성장기 동안 생식기관과 동시에 또는 더 나중에 잠재 상태에서 벗어날 정도로 진행된다.)

세 번째로 이런 이행기에 이차성징은 성기를 통해 두 성 가운데 하나로 진화한다. 성생활이 원만하도록 어느 한쪽의 성징을 통합하는 과정은 규칙적이다. 성장 과정에서 특별한 장치가 움직여 통합을 이룬다. 그러나 이런 성장도 비정상적 조건(퇴행성 유전 등)에 처하면, 여러 가지로 잔 고장을 일으킨다. 그렇게 되면, 쌍성 상태의 성기관은 단성 상태의 성기관으로 충분히 발달하지 못한다. 그뿐만 아니라 신체적 특징은 물론이고 정신적 특징과 관련되는 이차성징에서도 똑같은 일이 벌어지기도 한다. 결국, 성기능을 맡는 기관의 발육이 순조롭지 못하다. 이렇게 발육부전이 심할 경우 기관의 일부는 하나의 성으로 진화하지만, 또 다른 부분은 반대편 성으로 진화한다. 따라서 쌍성 성향에 네 가지 유형이 있다.

① 정신적으로 단성체로서 성기의 순수한 신체적 쌍성

② 단성의 성기를 가진 순수하게 정신적인 쌍성

③ 신체와 정신이 완벽하게 하나가 된 쌍성(남녀 양쪽 소질의 성기관을 모두 갖추고 있다.)

④ 교잡형 쌍성(정신과 신체의 각 부분은 단성이지만 각 부분이 상반된 성으로 정신은 남성인데 신체는 여성, 몸은 여성인데 영혼은 남성)

좀 더 주목해 보면, 쌍성의 첫 번째 형태는 교잡 형태로 보인다. 내분비선은 한쪽 성과 일치하지만, 겉으로 드러난 성기는 다른 쪽 성과 일치한다. ②번과 ④번의 유형은 후천적으로 성이 뒤집힌 도착적인 것일 뿐이다. ③번 유형은 극히 드물다. 어쨌든 교회법에서 이 문제를 다루고 있다. 쌍성은 결혼하기 전에 장차 자신의 행동 방식을 하느님 앞에 맹세해야 한다. (필립스[14])

어떤 사람이 심리적으로는 한 가지 성기를 느끼면서도 반대 성징을 함께 지니고 있다고 해서 '두뇌는 남자인데 영혼은 여자' 또는 그 역으로 이해해서는 곤란하다. 이는 과학과 모순된 시각이다. 그렇다고 여성의 두뇌가 남성의 몸속에 들어있다고 생각하는 것도 난처하다. 이는 해부학적 사실과 모순된다. 오히려 여성 심리의 중추가 남자의 뇌 속에 들어 있거나 거꾸로 남성 심리의 중추가 여자의 뇌 속에 들어있다고 보아야 한다.

성심리의 중추는 성기의 감각과 활동 장치를 주도하는 신경망이 얽힌 교차로 같은 것이다. (물론 이것은 생리적 현상을 설명하는 데 반드시 필요하다.) 또한, 시각과 후각의 신경망을 이끄는 중심이다. 그곳에서 '남성'이나 '여

---

14 George Phillips, 1804~1872, 독일 법학자로 7권짜리 방대한 고전 『교회법』을 남겼다.(역주)

성'이라고 자기 존재를 생각하는 의식도 주도한다.

이와 같은 성심리 기관을 원초적 쌍성 상태 가운데 무엇으로 보아야 할까? 여기에서도 장차 새로운 길이 나타난다. 매우 작은 통로이지만 요소들이 모여들어 터나 가는 길이다. 이와 같은 쌍성의 '잠재적인 길'은 두 가지 성의 표현 요소가 등장할 자리를 마련하면서 성기관(이것들도 여전히 쌍성 상태이다)을 서로 이어 나가려고 한다. 모든 기관이 정상으로 성장할 때에도 이런 길의 절반은 나중에 기능할 수 있을 만큼 발전하고, 나머지 절반은 잠재 상태로 남는다. 이런 경우, 모든 것은 앞에서 가상했던 피질 하부에 자리 잡은 중심으로서 교차로의 상태에 좌우된다.

이렇듯 매우 복잡한 가설이지만, 가설이 반드시 '태아의 뇌에 구조가 없다'는 사실과 어긋나지 않는다. 뇌 구조가 없다고 보는 것은 지금 당장 조사할 수단이 부족해 그렇게 볼 뿐이다. 아무튼, '표현을 맡는 기존의 영역이 존재하지 않는다'는 꽤 위험한 가정이다. 다시 말해 장차 표현과 관련된 뇌의 부분들에 별다른 차이가 없다고 본다. 결국 이런 가정은 '선천적 표현'이라는 어설픈 이론과 비슷하다. 그러나 우리는 그와 비슷한 가설을 전제로 삼을 때 발생하는 문제와 마찬가지로 본능에 관한 일반적 문제에 부딪힌다. 지금은 겨우 신체적 유전의 문제를 해결할 길을 찾아 나섰을 뿐이다.

생물학에서 밝혀내고 있듯이 모든 신체 기관에서 벌어지는 기능과 연관된 사실을 바탕으로 더욱 폭넓어진 최근의 지식 덕분에 첫발을 내딛게 되었다. 이제 우리는 심신의 유전성을 좀더 깊이 들여다볼 수 있을만하다. 지금 인간의 생성 과정은 잘 알려져 있다. 즉, 가장 단순하게 개인으로 발전하는 과정이다. 아메바가 두 개의 딸세포를 낳듯이 갈라지는데, 갈라진

세포들은 모세포와 동질이다.[15]

모든 번식은 애당초 복제가 아니라 이와 같은 연속 또는 연장이다. 따라서 만약 표본들이 더욱 크고 복잡하므로 신체 기관의 세포들이 어미기관에 비해 양적으로 줄어들 뿐만 아니라 형질과 생리의 편에서도 줄어드는 데에 비추어 본다면, 생식은 복제가 아니라 연속 과정이다. 그렇다면 부모의 생명은 자식에게 잠재적이더라도 절대로 중단되지 않고 계속 이어진다. 한없이 작은 것 속에 모든 것을 위한 자리가 있기 때문이다. 끝없이 커지다가 인체의 크기에 맞도록 귀결되는 축소 작용이 때때로 넘지 못할 한계에 이른다고 생각하면 잘못이다. 우주 공간의 무한한 크기가 개별의 형성 과정에서 충전의 한계에 이른다고 생각해도 잘못이다.

반드시 설명해야 할 것이 있다. 형태와 부피에서든 입자의 생리적 움직임에서든, 부모의 모든 자질이 생식세포가 발달하고 나서 자동적으로 표현되지는 않는다. 뇌의 유전적 차이가 있다는 가설과 각 개인이 감지하지 못하는 표현과 확고한 관계를 맺는다는 가설 또한 해명해야 한다. 이런 가설을 믿지 않는 한 본능은 설명할 길이 없다.

남성동성애자의 선천성을 설명하려고, 울리히스는 『멤논』(1868년 판)에서 타고난 신체 능력을 예로 들었다. 자신의 이상한 여성 취향의 유전적 근거를 찾아보려고 했다. 그러나 만족스러운 해명은 못 된다. 사례 124에서 환자의 사고방식은 매우 독창적이다. 환자의 말대로라면, 자기 아버지가 자신을 낳을 때 딸을 낳기를 바랐다고 했다. 그러나 아들을 낳았다는 것이다.

만테가차도 선천적인 성도착을 매우 특이하게 설명한다. 만테가차에

---

15 아메바는 일정한 크기가 되면 둘로 갈라지면서 증식한다. 먼저 핵이 나뉘고, 그다음으로 나머지 부분이 갈라진다. 이러한 분열로 태어난 딸세포들은 각각 새로운 개체로 독립한다.

광기와 성

따르면, 동성애자를 해부해 보면 비정상적인 부분이 있다. 자연의 실수라고 할 만한 것이다. 성기를 위한 신경이 내장으로 퍼지는 바람에 성욕을 자극한다. 그런데 예리하던 만테가차가 성욕 과잉에 질색하는 동성애자가 많다는 사실을 어떻게 설명할 수 있을까? 자연은 그런 식으로 갑자기 도약하지 않는다. 만테가차는 자신의 가설에 유리하도록 유명한 문인 친구의 발언을 인용했다. 문인은 "섹스가 배설만큼 즐거운지 확신하기 어렵다."라고 했다. 솔직한 경험담이겠지만, 그 문인은 성적으로 비정상 아니었을까? 섹스의 쾌감을 크게 잃어버리지 않았을까? 알 수 없는 노릇이다.

선천적으로 성이 뒤바뀌는 것은 후손을 통해 나타나듯이 유전으로 물려받은 것으로 보인다. 격세유전은 환자가 동성을 병적으로 편애하는 것이다. 윗세대의 편향인데, 후손에게서 선천성 질환으로 굳어진 것으로 본다. 충분히 믿음직한 가설이다. 심신의 후천적 성질들이 경험을 통해 장점과 단점 모두 물려받는다.

성도착이 아동에게서도 심심치 않게 나타나듯이 성도착 때문에 항상 성불능이 되는 것은 아니다. (특히 여자들은 절대로 그렇게 되지 않는다.) 따라서 유전될 수 있다. 사례 124에서 보겠지만, 여덟 살의 소녀가 이미 상호자위행위를 즐겼다. 분명 나이에 걸맞지 않은 성행위로서의 도착증이다.

나를 찾아왔던 스물여섯 살의 동성애자가 전한 사실도 꽤 의미심장하다. 3번 유형에 속하는 경우인데, 환자는 여러 해 전에 사망한 자기 아버지도 동성애자라면서 아버지와 '관계'했던 남자들을 지금도 알고 있다고 했다. 그의 아버지의 증세가 선천적이었는지 후천적이었는지 어느 쪽에 속하는지도 알 수 없다.

이와 같은 선천적 동성애는 후천적 동성애의 발생에서 볼 수 있는 발전 수준과 완벽하게 일치한다. 따라서 다양한 동성애의 수준을 조상과 다른 방식으로 발전하거나 후천적으로 얻게 되었거나 후손에게 생식으로서 전달되었거나 아무튼 비정상의 다양한 수준이다. 여기에서도 유전 법칙이 다시금 깊이 작용하는 듯하다.

나는 물론이고 카스퍼와 타르디외를 비롯한 여러 전문가의 연구에 따르면, 직접 관찰한 동성애자의 수는 적지만 실제로는 우리가 예상하는 수보다 훨씬 많을 것이다. 내가 보았던 환자는 1300명의 주민이 사는 소읍에서 태어났는데, 그 열네 명이 남성동성애자였다. 6만 명의 시민이 사는 도시에서 최소한 80명이 남성동성애자였다. 그 환자는 선천적과 후천적 동성애에 차이가 없었다.

정신적 쌍성

정신적 쌍성의 수준은 특정한 동성에게 두드러지게 성적인 매력을 느끼는 외에도, 이성에게 비슷한 편향을 보이지만 정도는 매우 미미하고 어쩌다 드러난다. 그러나 동성애 감정은 뚜렷이 나타난다. 계속 중단 없이 강하게 성생활을 지배한다. 자신과 반대 성에 대한 애정은 초보적인 상태로 지속된다. 대부분 (꿈처럼) 무의식적으로 드러나는데, (드문 편이지만) 낮에 돌발적으로 드러나기도 한다. 이성에 대한 성적 감정은 의지, 자기수양, 정신치료, 최면, 체력 강화, 신경 회복 등으로 보강할 수 있지만, 자위행위는 그만두어야 한다.

동성에 대한 애정의 영향을 순순히 따르는 것은 언제나 위험하다. 동성애 감정의 바탕은 매우 강하다. 순응하다 보면 완전히 굳어져 만성이된다. 이런 위험은 (후천적 동성애도 마찬가지인데) 특히 자위행위는 신경쇠약의 악화에 따르기도 하지만, 이성의 인물들과 성관계하는 시도가 잘못되면 후유증(섹스 중 쾌감 부족, 발기부전으로 인한 섹스 실패, 조루, 성병 감염

등)처럼 따르기도 한다. 반면에 이성에 대한 탐미적 · 도덕적 취미는 이성에 대한 애정을 키우는 데 유리하다.

어떤 사람이 유리하거나 불리한 영향 때문에 이성애 또는 동성애를 체험할 수도 있다. 증세가 심한 쌍성이 드물지 않을 것이다. 한편, 이런 비정상이 남편과 아내로서 금실에 좋을 수도 있다. 이성과 관계할 수도 있다. 어떤 경우에든 쌍성은 이성을 혐오하지 않는다. 바로 이런 점이 임상적 치료에 유리하다. 부부간 속궁합이 맞지 않아 냉랭한 증세는 주로 이런 비정상 때문이다.

후천적 동성애는 진단하기 어려운 편이다. 도착증이 과거 정상적인 감정의 잔재를 완전히 쓸어내지 않기 때문이다. 초기 증세에서 동성애 성향의 만족은 수동적이거나 상호 수음 또는 허벅지 사이의 섹스로 채워진다.

_사례 106 여성의 쌍성 경향

M은 44세의 여성이다. 정상적으로 성생활을 하면서도 동시에 동성애 성향에 따른 남자 또는 여자로서 모든 것을 잘 해내는 모범적 사례다. M의 아버지는 재능이 뛰어난 음악가로서 애주가였고 보기 드문 미녀를 찬양했다. 아버지는 요양원에서 수차례 뇌출혈 끝에 정신착란으로 사망했다. 아버지의 형제는 신경성 정신병자였다. 어렸을 때부터 음탕하고 언제나 성욕 과잉을 보였다. 결혼하고 여러 딸을 시집보내자마자 이 삼촌은 미친 듯 사랑하던 열여덟 살의 조카딸 M을 유괴했다.

M의 할아버지는 엉뚱하고 기발한 인물이었다. 재능 있는 예술가로서 신학을 공부했다가 그 뒤 열렬히 연극판에 뛰어들었다. 배우와 가수로 활동했다. 술과 미녀라면 무조건 미쳤다. 천재처럼 보였던 할아버지는 사치스럽게 살다가 뇌출혈로 마흔아홉 살에 사망했다.

M의 외할머니와 외할아버지는 폐결핵으로 사망했다. M의 동기간 형제 자매는 모두 열한 명이었는데 그중 여섯만 살아남았다. 어머니의 체질을 물려 받은 두 형제는 결핵으로 각각 열여섯과 스무 살에 사망했다. 또 다른 형제는 후두결핵을 앓았으며, 다른 네 자매는 살아 있다.

M은 아버지의 체질을 물려받았다. 맏이인 큰언니는 신경질이 심한 독신 녀로 사회를 멀리했다. 아래 여동생 둘은 결혼해 건강한 자녀를 낳았다. 또 다른 동생은 처녀인 채 신경증으로 고생한다.

M은 자식을 넷 낳았는데 대체로 예민하고 신경질환이 있다. M은 어린 시절에 특별히 중요한 사건은 없었다. 학업에 충실했고 시와 미술에 뛰어났으며, 조금 들뜨는 성질이었고 감상적인 소설 읽기를 좋아했다. 또 신경증 체질이었고 변덕스럽고 조그만 자극에도 보기 흉한 닭살이 돋았다.

M은 열 살 때, 어머니가 자신을 사랑하지 않는다는 생각에 커피에 성냥 가루를 타서 마시고 정말로 아파 드러누워 어머니의 관심을 끌려고 했다. 주목해야 할 사실이다. 어쨌든 열한 살 때까지 무난하게 자랐다. 그때부터 월경은 규칙적이다. M은 사춘기에 접어들자마자 성을 느끼기 시작했다. M의 주장에 따르면, 성욕은 지금까지 매우 강했다. 그런데 처음부터 노골적으로 동성을 향한 충동과 감정이었다. M은 정념을 불태웠지만 완전히 정신적으로만 젊은 여자를 사랑했다. 시를 지어 바쳤고 욕조에서 또는 화장을 하면서 "눈부신 매력"을 찬미할 때야말로 행복해했다. 아름다운 처녀의 목덜미와 어깨와 가슴을 삼킬 듯이 바라보는 것은 가장 짜릿한 기쁨이었다. 매력에 넘치는 여체를 만지고 싶은 격렬한 충동에 짓눌렸다.

M은 처녀 시절 거장 라파엘로와 구이도 레니[16]가 그린 성모상을 사랑했

---

16 Guido Reni, 1575-1642, 이탈리아 볼로냐 화파의 거장이다. 르네상스의 말기에 활동했다. 고대와 기독교의 신화를 당대인의 눈으로 해석한 작품들을 많이 남겼다.(역주)

광기와 성

다. 몇 시간이고 길거리에서 아름다운 처녀들과 부인들의 거동을 미친 듯 추적했다. 그러다가 기회가 되면 꽃다발까지 주면서 감탄사를 연발했다.

M은 열아홉 살 때까지 남녀라는 성의 차이를 아무렇지 않게 생각했다. 친척 아주머니한테 받은 교육 때문이다. 아주머니는 근엄한 노처녀로서 완전히 금욕생활을 가르쳤다. 이렇게 순진한 탓에 M은 자신을 열렬히 쫓아다닌 남자와 성관계하게 되어 그 남자와 결혼해 아이를 낳고, "엉뚱하다고 싶은 성생활"을 하며 부부생활에 완전히 만족했다.

몇 해 뒤, M은 과부가 되었다. 그 후로 다시 여자들에 애정을 품었다. 우선, 한 남자와 관계를 유지했다가 초래할 결과가 두려웠기 때문이다. M은 스물일곱에 병약한 남자와 재혼했는데 그에게서는 정을 느끼지도 못했다. M은 세 번 출산하면서 어머니로서의 의무를 다했다. 그러나 몸이 쇠약해졌고, 마지막 출산 뒤 몇 해 동안 점점 더 섹스를 불쾌해했다. 아무튼, 성욕을 채우고 싶어 안달했다. 섹스가 불쾌했던 까닭은 남편의 질병을 생각했기 때문이다. 두 번째 남편이 사망한 지 3년 뒤, M은 첫 번째 남편에게서 낳은 아홉 살 딸이 자위행위를 하면서 쇠약해지는 것을 알았다.

M은 딸의 문제를 백과사전에서 찾아보다가 자신도 자위행위를 해 보고 싶어 걷잡기 어려운 충동에 쫓겼다. 그러나 M은 그 무렵의 일을 내게 몽땅 털어놓지 못했다. M은 무서운 본능에 사로잡혔고, 두 딸을 수녀원으로 보내 "무서운 운명"으로부터 보호하려고 했다고 단언했다. 그렇지만 두 아들과는 함께 살면서 조금도 불편해하지 않았다.

M은 과도한 자위 끝에 신경쇠약으로 인한 척수염, 두통, 허약증, 지적 장애 등에 걸렸다. 심한 무기력을 동반한 감정부전 장애(우울증)에 빠지기도 했다. M의 욕정은 남녀를 가리지 않았다. 욕정을 이겨내면서도 억지로 참다 보니 고통이 심했다. 신경쇠약 때문에 도저히 참기 어려우면 자위행위에 의지했다.

귀스타브 쿠르베, 〈나른한 휴식〉, 프티팔레, 1866년

M은 마흔넷의 나이였지만, 거의 정기적으로 자위를 하면서 어떤 청년을 향한 정욕에 몹시 괴로워했다. 일 때문에 피할 수 없는 이웃의 청년이다.

M은 외견상 이상한 환자로 보이지 않는다. 근육질도 아니고 우아한 체형이다. 골반은 완전히 여성의 것이다. 그러나 팔다리만 유난히 남자 같고 크다. 그런데 여성용 신발은 맞는 것이 없다. 그래도 그런 사실이 눈에 띄지 않도록 억지로 여성용 반장화를 신고 다니다가 발이 기형으로 뒤틀렸다. 성기도 정상으로 발달했고 변하지 않았지만, 질이 비대하고 자궁이 밑으로 내려앉는 증세 (자궁하수子宮下垂)가 있다.

좀 더 세밀하게 검진할 때 환자는 자신이 기본적으로 동성애자라고 밝혔다. 이성에 대한 취향은 간혹 일어나고 육감肉感도 별로 없다. 환자는 요즘 이웃 청년 때문에 몸이 달아올랐다. 어쨌든 환자는 처녀의 통통한 볼에 부드럽게 입을 맞출 때 훨씬 더 고상한 즐거움을 느낀다. 이런 쾌감을 자주 맛본다. 환자는 어린 "귀염둥이들" 사이에서 "마음씨 좋고 너그러운 아줌마"로 통한

광기와 성

다. 어린 처녀들에게 아줌마는 남자처럼, "가장 멋진 신사처럼 점잖게" 격려해 주기 때문이다.

_사례 107 동성애 경향과 성신경쇠약

Z는 36세의 금리생활자인데 성에 대한 감정이 이상하다면서 나를 찾아왔다. 결혼을 앞두고 일이 잘못될까 봐 겁날 만큼 비정상 아닌가 걱정했다.

신경증을 앓던 Z의 아버지는 밤중에 고통스럽다면서 벌떡 일어나곤 했다. Z의 할아버지도 마찬가지 증세가 있었다. 아버지의 형제는 백치였다. 그러나 어머니와 외가는 심신 모두 건강했다. Z의 누이는 셋, 형제는 하나뿐인데 이 형제의 정신이 이상하다. 누이 가운데 둘은 건강하고 행복한 주부로 살고 있다.

Z는 어린 시절에 신경증을 앓았다. 아버지처럼 한밤중에 자다 말고 불쑥 깨어났다. 심한 편은 아니었다. 환자는 한 가지 병력이 있다. 고관절통을 앓은 뒤로 다리를 절게 되었다.

Z의 성본능은 매우 일찍 깨어났다. 여덟 살 때 별다른 사랑도 없이 혼자 자위행위를 시작했고, 열네 살부터 몽정했다. 그는 지성을 타고났고, 예술과 문학에 관심이 많았다. 그는 근육이 약해 사내아이들의 놀이를 재미없어했다. 나중에도 남자가 하는 일에 무심했다. 반면, 그는 여자들의 화장과 복장과 직업에 끌렸다. 사춘기부터 그는 남자들에게 강한 애착을 느꼈다. 특히 서민층 청소년들과 정답게 어울렸고 말을 타는 기수들에게 특별히 끌렸다. 극장과 곡마단 공연장을 전전하면서 Z는 그곳 남자 연예인들의 눈길을 받았다. 그는 여자들에 아무런 관심이 없었다는 것을 진즉부터 알았다. 그렇다고 피하지는 않았고, 함께 춤추기도 했지만 감흥은 없었다.

Z는 스물여덟 살부터 신경쇠약에 걸렸는데, 지나친 자위행위 탓일 것이다. 그 뒤로 밤중의 몽정이 잦아지면서 더욱 쇠약해졌다. 몽정하는 꿈속에서

Z는 남자들을 가끔 보았지만, 여자는 한 번도 보지 못했다고 한다. 한 번은 음탕한 꿈을 꾸며 몽정을 하는 동안 그는 자신이 소년과 성행위를 하는 모습을 보았다. 이때만 제외한다면 몽정의 꿈에서 주로 죽음과 개들에 쫓기는 장면을 보았다. 그는 식을 줄 모르는 강한 성욕 때문에 고생했다. 도살장에서 신음하며 죽어 가거나 아이들에게 맞아 죽은 가축을 보면서 쾌감을 느끼기도 했다. 하지만 그는 이런 꿈속의 욕망과 군복을 입고 싶은 충동을 모두 억제했다.

Z는 자위행위와 하찮은 성욕을 채우려는 습관에서 벗어나려고 사창가를 찾아다녔다. 그는 스물한 살 때, 술에 만취한 김에 여자와 처음으로 섹스를 시도 했다. 그러나 여자의 벌거벗은 아름다운 알몸에도 흥미가 일어나지 않았다. 그 대신 섹스의 쾌감은 느꼈다. 그래서 그때부터 "건강을 위해" 사창가를 꼬박꼬박 왕래했다.

이 무렵부터 Z는 사내들이 여자들과 벌인 성관계를 늘어놓는 이야기를 듣는 데 큰 재미를 붙였다. 그는 사창가에서 채찍질을 받아볼까 생각도 했지만 강하게 집착하지는 않았다. 자위행위와 남자를 좋아하는 취향을 해소하지 못해 사창가에서 성행위를 임기응변으로 삼았을 뿐이다. 환자는 결혼하기를 바라면서도 정숙한 아내 앞에서 애정도 못 느끼고 무기력해질까 봐 걱정했다. 걱정 끝에 나를 찾아온 것이다.

Z는 교양 있고 매우 사내다운 모습이다. 태도와 차림새에 이상한 점은 없다. 그의 거동과 목소리는 백 퍼센트 남자다. 골격도 마찬가지로 남성의 것이다. 성기의 발달도 정상이다. 얼굴과 국부에 모두 털이 많다.

Z의 친지와 주변 사람 누구도 그가 비정상적인 성적 취향을 가졌는지 모른다. 그는 동성애의 공상에 젖을 때 남자에 대한 여자 노릇을 한다는 느낌은 없다. 몇 해 전부터 그는 신경쇠약을 거의 완치했다. 그 자신이 동성애 취향을 타고난 것으로 생각하는지 알 수 없다.

처음부터 Z는 여자에 흥미가 부족했고 남자에 더 강하게 끌렸다. 동성애 경향은 조숙한 자위행위로 더욱 깊어졌다. 어쨌든 여성에 대해 관심이 적었지만, 완전히 사라지지는 않았다. 자위행위를 중단하자 여성에 대한 감정도 막연한 욕정처럼 조금 증가했다. Z가 가족과 사업 때문에 결혼해야 한다고 했던 만큼 미묘한 그의 문제를 의학적으로 밝혀내기 어려웠다. 다행히 Z는 자신이 남편 노릇을 제대로 할지 궁금해했다. 사실 그는 성불능이 아니었고 지적 수준이 맞기만 한다면 어떤 여자를 고르든 마찬가지일 것이라고 답해 주었다. 그는 상상에 의지하면서 더욱 능력을 키웠을지 모른다.

나는 Z에게 성장기에 멈춰 버렸지만 완전히 사라지지 않은 여자에 대한 관심을 되살려 보도록 기본 처방을 해 주었다. 그는 최면과 암기를 통해 동성을 향한 감정과 성욕을 멀리하고 억누를 수 있을 것이다. 그런 다음 자위를 절대로 하지 말고 정상적인 감정을 자극해 보라고 권했다. (이때 예술은 매우 좋은 방법이다.) 또, 물치료와 전기치료(감응통전법感應通電法)을 이용해 신경계의 쇠약한 잔재를 씻어내게 했다.

다음 사례는 30세 우리 동료 의사의 수기인데, 또 다른 관점에서 반드시 주목할 만하다.

_사례 108 쌍성의 꿈, 좌절한 동성애자의 수기

우리 가족은 조상 때부터 매우 질병이 많았다. 친할아버지는 애주가에 구경거리를 좋아했다. 아버지는 성격이 원만했지만 서른 살부터 주기적 광증에 시달렸다. 그러나 일을 못할 만큼 심각하지는 않았다. 외할아버지와 외삼촌은 성욕 과잉이었던 것 같다.

나보다 여덟 살 위의 하나뿐인 누나는 두 번이나 자간子癎으로 고생했다.

누나는 사춘기에 종교에 미쳤는데, 거의 넘치는 성욕 때문이 아니었나 싶다. 여러 해 동안, 누나는 히스테리가 심했지만, 이제는 훌륭하게 이겨내었다.

나는 외아들이다. 늦둥이라 어머니가 애지중지했고, 소년기의 모든 병(수종, 홍역, 후두염, 천연두를 비롯해 열여덟 살 때 1년간 앓은 장염)을 어머니 사랑 덕분에 이겨내고 건강한 청년이 되었다. 독실한 기독교 신자로서 어머니는 나를 버르장머리 없이 키우지 않았다. 어머니는 도덕을 중시했고 학교 선생님처럼 엄했다. 학교 선생님과는 지금도 친하게 지낸다.

나는 어려서 아플 때마다 많은 시간을 병상에서 보내면서 조용히 독서에 몰두했다. 나는 우둔하지 않은 조숙한 소년이었다. 아홉에서 열 살 때 이미 미녀들이 가혹한 상처를 입고 수술하는 장면을 가장 재미있게 읽었다. 소년이 가시에 찔린 소녀의 발에서 가시를 뽑아 주는 설화에 몹시 흥분했다. 그런데 음란하지도 않은 이런 장면을 삽화로 볼 때마다 발기했다. 나는 가능한 암탉을 잡는 모습을 보러 다녔다. 그런 구경거리를 볼 수 없을 때는 짐승의 몸을 쓰다듬으면서 핏자국을 보고 짜릿한 쾌감에 떨었다.

나는 과거에 짐승을 너무 좋아했다. 큰 짐승을 잡는 도살장에서 개구리를 해부할 때처럼 죽어 가는 짐승들이 불쌍했고, 그 모습이 역겨웠다. 지금도 암탉의 목을 조를 때 특히 매달아 조를 때 흥분한다. 가슴이 조이고 뛴다. 흥미롭게도 아버지도 젊은 여자들의 손을 묶기 좋아했다. 나의 이상한 성적 취향도 이런 잔인한 성격과 관계가 있다고 믿는다.

나중에 다시 이야기하겠지만, 나는 인형놀이를 가장 좋아했다. 즉흥적으로 지어 내면서 친구들과 함께 인형놀이를 할 때 아버지(아버지 역은 내가 맡았다)의 엄한 말씀을 따르는 소녀가 등장했다. 소녀는 발 수술을 받아야 했다. 소녀가 괴로워하며 울수록 나는 더욱 짜릿했다. 그런데 왜 나는 반드

광기와 성

시 발을 수술한다고 했을까? 내가 어렸을 때 겪은 일 때문 아닐까?

소년 시절에 나는 우연히 누나가 스타킹을 갈아 신는 모습을 보았다. 누나는 내가 엿보는 것을 알고 잽싸게 발목까지 숨겼다. 그때부터 발을 가장 탐내게 되었다. 물론, 누나는 발을 숨기려고 더욱 조심했고, 나는 보고 싶어 모든 방법으로 싸웠다. 꾀를 짜내고, 농담도 하고, 화도 내면서 내가 열일곱 살 때까지 지냈다. 그런 일 외에 누나는 내게 무심했다. 누나가 뽀뽀해 주었지만 나는 불쾌하기만 했다. 별수 없이 나는 우리 집 하녀들의 발을 보며 만족했다. 남자들의 발에는 흥미가 없었다. 나는 여자의 고운 발에서 티눈과 발톱을 자를 때 가장 흥분했다. 항상 이런 것에 관한 달콤한 꿈을 꾸었다. 내가 의학도로 열심히 공부한 것은 이상한 취향을 채우고, 또 이겨내고 싶었기 때문이다. 결과는 좋았다. 나는 처음으로 여자의 발끝을 집도했을 때, 정말 고약해 그간의 매력이 싹 사라졌다. 나는 왜 내가 발을 좋아했을까 창피했다.

이쯤에서 빗나간 취향의 가장 마지막 장으로 넘어가 보자. 그때는 내가 열세 살 즈음으로 변성기였다. 학교 친구가 우리 집에서 묵게 되었다. 어느 날 저녁, 침대 밖으로 빠져나온 자기 맨발로 나를 괴롭혔다. 나는 친구의 발목을 잡았는데 갑자기 강하게 흥분해 사정했다. 처음 경험한 일이었다. 친구는 여자 같은 체형이었고 생각하는 것도 영락없는 여자였다. 또 다른 친구의 작고 고운 손발을 어느 날 목욕탕에서 보다가 나는 심하게 흥분하고 말았다. 두 친구 중 누구든 함께 침대에서 잘 수 있다면 너무너무 행복할 것만 같았다. 그렇지만 그보다 더한 은밀한 성관계를 생각하지는 않았다. 내가 느낀 흥분은 술에 취했을 때의 기분 같은 것이었다. 아무튼, 나는 역겨운 잡념이라 생각하고 접어 두었다.

몇 해 뒤, 열여섯 살에서 열여덟 살 사이에 새로운 두 친구도 나의 성감을 깨웠다. 그 친구들과 접하면 즉시 발기가 되었다. 두 친구는 명랑했고 섬세한 체형에 철부지 같았다. 사춘기에 접어들면서 나는 두 친구와 여전히 친하게 지냈지만, 누구도 더 이상 깊은 관심을 끌지는 못했다. 친구들과 수치스러운 짓에 말려들지 않으려고 했다.

나는 대학생이 되고서는 성욕을 까맣게 잊었다. 아무튼, 스물네 살까지 어떤 성관계도 하지 않고 절제했다. 친구들이 놀려대기는 했다. 결국 몽정이 잦았고 금욕에 따른 뇌신경쇠약에라도 걸릴까 걱정했기 때문에 정상적인 성생활을 하게 되었다. 건강에는 좋았을 것이다.

나는 창녀들 앞에서 거의 무감각했고, 여자의 나체는 궁금하기보다는 역겨웠다. 내가 여러 해 동안 의학을 공부했기 때문일지 모른다. 성행위하는 동안 나사를 박아 넣는다고 생각하면 훨씬 기분이 좋았다. 그렇지만 창녀가 내가 아닌 다른 놈과 그렇게 하면서 좋아했으리라 생각하면 견딜 수 없었다. 몇 해 동안, 나는 균형 감각을 잃지 않으려고 창녀를 만났고, 가능한 숫처녀를 찾으려고 했다. 큰돈을 들여야 하다 보니 부담이 만만치 않았다. 한때는 터무니없는 질투심으로 일조차 하지 못했다. 지금도 생각나는 사건이다. 내가 열세 살 때 순결한 첫사랑을 했는데, 지금까지도 종종 시인처럼 그때가 그리워 한숨짓는다. 다른 많은 환자와 내가 다른 점이라면, 나는 자위행위를 하지 않았다. 몇 주 전에 나는 질겁했다. 잠결에 알몸의 소년을 보고 발기하는 바람에 잠이 달아났다.

끝으로 언제나 까다로운 일이지만, 나 자신의 현황을 밝혀 보겠다. 나는 중키에 체격도 중간쯤이고 머리가 위아래로 길쭉하다. 머리둘레는 59센티미터이며 앞이마가 몹시 튀어나왔다. 눈빛은 신경증이 감돌고 눈꺼풀은 평범하다. 턱은 들어갔다. 강한 근육질에 모발은 질긴 금발이다. 왼쪽에 정색정맥류가 있다. 섹스 때 포피의 주름이 거북해 3년 전에 내

　　　　　　　　　　　　　　　　　　광기와 성

가 직접 포경수술로 잘라 버렸다. 그 뒤로 사정까지 너무 오래 걸려 쾌감은 줄었다.

나는 성마른 편이고 적응력은 타고났다. 힘을 아껴 쓴다. 인내심은 타고났다. 외국어를 쉽게 배운다. 청음에는 뛰어난 반면, 다른 예술에 대한 재능은 없다. 의무에 충실하지만 짜증나는 것이 사실이다. 자살 충동은 종교와 존경하는 어머니 때문에 버텨 내었다. 물론 자살 성향이 농후하다. 나는 왼손잡이에 야심과 시기심이 많다. 사회주의 사상을 지지하고 용감하게 모험을 즐긴다. 결혼할 생각은 추호도 없다.

_사례 109 쌍성인의 수기

나는 1868년생이다. 친가와 외가 사람들 모두 건강하다. 정신병으로 속썩인 사람은 없었다. 우리 아버지는 장사를 했다. 지금은 예순다섯이다. 그런데 몇 해 전부터 몹시 우울하게 지낸다. 아버지는 총각 때 말술을 마다하지 않는 애주가였다. 어머니는 건강해도 강건 체질은 아니다. 누이, 형 모두 건강하다.

나는 열네 살에 성을 알게 되었다. 몽정이 잦아 겁을 먹었다. 어떤 상황에서 그렇게 되었는지 몽정을 부추긴 꿈이 무엇인지도 알 수 없다. 사실, 몇해 전부터 나는 남자들에게만 정욕을 느꼈다. 아무리 애쓰고 치열하게 싸워 보아도 나 자신도 혐오하는 자연에 반하는 이런 성향을 꺾지 못했다. 나는 유아기에 내가 살아남을 수 있을까 모두 걱정할 만큼 많은 중병에 시달렸다고 한다. 그래서 나는 오냐오냐 버릇없이 자랐다.

나는 방에 처박혀 있곤 했다. 병정놀이보다는 인형을 갖고 놀았다. 밖에서 요란하게 뛰어노는 것보다 방안에서 조용히 노는 것을 좋아했다. 열 살 때 학교에 입학했는데 게을렀지만 성적은 최상위권이었다. 놀랍도록 쉽게

프랑스의 민속 인형극장

배웠고, 선생님들의 귀여움을 독차지했다.

일곱 살 때부터 나는 여자애들과 놀기 좋아했다. 열세 살 때까지 나는 다른 친구들이 샘을 낼 만큼 여자아이들과 정답게 지냈다. 나는 누이의 친구들과 하녀들의 치마 속을 들여다보고, 또 같이 소꿉놀이하던 여자애들의 몸을 만지면서 발기를 느꼈다. 조숙하던 어린이로서 소년들에게 매력과 정욕의 흥분을 느꼈는지 뚜렷한 기억은 없다.

나는 언제나 희곡을 탐독했다. 인형극장도 갖고 있었다. 큰 극장에서 보았던 배우들을 그대로 축소한 모조판이다. 나는 여자 배역을 하면서 여자 옷을 입는 것이 너무나 즐겁고 재미있었다. 그러다 갑자기 성에 대한 관심이 폭발하면서부터 소년들을 편애했다. 완전히 남자 친구들을 사랑하게 되었다. 내 친구가 내 몸을 건드렸을 때 나는 짜릿한 쾌감을 느꼈다. 나는 당황해서 체육과 수영 시간에 땡땡이를 쳤다. 나는 친구들과 다르게 그들 앞

광기와 성

에서 옷을 벗고 갈아입기가 거북했다. 성기를 바라보면 즐거웠고, 또 쉽게 발기했다.

나는 어렸을 때 한 번 자위행위를 했다. 어떤 친구가 여자가 없어도 즐길 수 있다고 하는 말에 시도해 보았지만 쾌감은 못 느꼈다. 그 시절에 나는 우연히 수음의 치명적인 결과를 경고하는 책을 손에 넣었다. 나는 다시 과거에 처음 해 보았던 자위행위를 되풀이하기가 겁나서 그만두었다.

열넷에서 열다섯 살 때, 나보다 조금 어린 동생들을 알게 되었다. 나는 동생들에게 몹시 강한 욕정을 느꼈다. 그중 한 아이와 사랑에 빠졌다. 그의 접근에 흥분했다. 어쨌든 그의 모습을 떠들고 당황하던 아이들 모두가 질투하지 않을까 걱정했다. 내 상태를 모르던 친구들이다. 나는 너무 불행해하며 종종 울었다. 울어야 마음이 놓였다. 도대체 내 감정을 이해할 수 없어 오락가락했다. 그러다 보니 고민만 깊었고 공부도 되지 않았다. 그전까지 공부가 제일 쉬웠는데 갑자기 어려워졌다. 문제를 생각하지 못했고 허둥대었다. 있는 힘을 다 쏟아야 가까스로 무언가 생각할 수 있었다. 나는 큰 소리를 내면서 교과서를 반복해 읽어야 정신을 집중했다. 이전에 그토록 좋던 기억력은 다 어디로 간 것인지 알 수 없었다.

최악의 상황이었지만 나는 불량한 학생은 아니었다. 지금도 재능 있다고 인정받고 있다. 하지만 기억할 수 없어 너무나 힘들 때가 있다. 나는 있는 힘껏 이런 딱한 처지를 벗어나려고 했다. 운동과 수영을 했고 말을 타고 산책도 나갔다. 무술 연습을 열심히 즐겁게 했다. 요즘도 승마에 능하거나 운동에 특별히 소질도 없었지만, 말을 타면 기분이 좋다.

나는 친구들과 즐겁게 어울렸다. '술판'이 벌어지면 빠지지 않았다. 담배도 애연가 소리를 들을 만큼 좋아한다. 선술집도 뻔질나게 드나들었고, 종업원 아가씨들과 재미있고 순수하게 놀았다. 친구들과 교수들은 나를 여자들의 꽁무니를 쫓아다니는 녀석이라며 방탕하게 보았지만 잘못 본 것이다. 아가씨들과 이성으로서 교제하는 것은 아니었다.

열아홉 살 때, 나는 B 대학에 입학해 첫 학기를 보냈다. 무섭던 시절이었다. 성욕이 거세게 불끈대었다. 나는 술을 많이 마신 밤에는 밤새도록 남자들을 찾아 돌아다녔다. 하지만 아무도 만나지 못해 차라리 다행이었다. 이튿날에도 거의 정신없이 똑같은 야행을 계속했다.

2학기에 나는 M 대학에 수강신청을 했다. 내 인생에서 가장 행복했던 시절이다. 흥미진진하고 정다운 친구들이 있었다. 나는 여자들에도 관심을 두기 시작했고 너무 좋았다. 바람난 처녀를 사귀면서 밤마다 난장판을 벌일 만큼 화끈하게 보냈다. 나는 사랑의 온갖 체위에 놀랄 만큼 유능했다. 섹스하고 나면 몸이 거뜬하고 날아갈 듯 그렇게 상쾌할 수 없었다. 더구나 항상 몸가짐을 단정했기 때문에 여자들과 많이 친분을 쌓았다. 나는 여자의 몸에 끌리지 않았다. 여자의 몸을 아름답게 보았던 적은 없었지만, 그 무엇인가 다른 점에 끌렸다. 아무튼, 나는 여자들을 알았고 한번 접하기만 해도 흥분하고 발기했다.

즐겁던 날들은 오래 가지 않았다. 남자친구와 같은 방을 사용하는 어리석은 짓을 저질렀기 때문이다. 같은 방 친구는 실력 있고 좋은 청년이었지만 여자들을 무서워했다. 나는 친구의 장점에 끌렸다. 보통 나는 교양 있는 남자를 좋아했지 힘만 세고 무식한 남자들에게는 잠깐 끌릴 뿐 절대로 오래 가지 못했다. 나는 금세 방 친구와 사랑하는 사이가 되었다. 그러면서 건강이 급하게 나빠지는 무서운 시기가 닥쳤다. 나는 친구와 한 방에서 매일 서로 옷을 벗는 모습을 볼 수밖에 없었다. 나는 나를 들키지 않으려고 기를 썼다. 결국 신경과민에 걸렸다. 나는 쉽게 울었고 그와 관련해 벌어진 모든 것을 질투했다. 나는 항상 여자들과 관계를 유지했지만, 섹스는

광기와 성

어쩌다 힘들게 했다. 섹스는 여자만큼 역겹기 때문이었다. 과거에 나를 들
뜨게 했던 여자들이 이제는 싱겁기만 했다. 나는 친구와 함께 W 시로 건
너가 이전에 친구와 한 방에서 생활했던 또 다른 친구를 만났다. 질투심에
불타오른 나는 사랑과 노스탈지아로 아파했다. 그러면서 다시 여자들을
만났다. 그렇지만 드물게 하는 섹스조차 매우 어려웠다. 나는 무섭게 낙심
한 나머지 거의 미칠 지경이었다. 일도 손에 잡히지 않았다. 나는 실없이
피곤하기만 한 나날을 보냈다.

나는 엄청난 돈을 낭비했다. 마치 창밖으로 돈을 뿌리듯 했다. 결국 한 달
반 만에 앓아누웠고 온천이 있는 요양원으로 이송되었다. 몇 달 동안 입원
했다. 온천수 치료로 몸이 낫자 그곳 사람들의 인기를 끌었다. 나는 명랑
했고, 또 교양 있는 상류층 여자들과 어울리며 재미있게 지냈다. 어쨌든
나는 처녀들보다 결혼한 부인들을 더 좋아했다. 신사들의 모임도 즐겁게
참석했다. 간이식당에서 함께 회식하고 볼링놀이에도 끼어들었다. 나는
요양원에서 스물아홉의 청년을 만났다. 나와 비슷한 처지였던 친구인데
나를 끌어안고 싶어 하면서 눈치를 살폈다. 내가 비록 포옹 때문에 흥분하
고 발기하고 사정했지만 역겨웠다.

어느 날 저녁, 청년은 상호 자위행위를 하자고 했다. 나는 한잠도 못 자는
무서운 밤을 보냈다. 역겹기 짝이 없었고, 다시는 남자와 그런 짓을 않겠
다고 다짐했다. 며칠 동안 나는 진정하지 못했다. 청년은 내 뜻을 아랑곳
하지 않고 나를 자극하려고 했다. 물론 그가 나를 사랑한다는 것과 또 나
처럼 갈등하고 있다는 것도 알았지만, 그를 멀리했다.

나는 여러 대학에서 수강했다. 또, 물치료 기관을 자주 드나들면서 잠시
상태가 호전되었다. 그러나 오래 가지 못했다. 나는 여기저기에서 친구들
에게 마음을 빼앗겼지만, M의 친구만큼은 강한 정념을 품지는 못했다. 나

는 성관계를 더는 하지 못했다. 여자들에게는 무능했고 남자들에게는 등을 돌리려고 노력했기 때문에 기회도 없었다. 어쨌든 M의 친구와 계속 만났다. 우리의 우정은 이제 그 어느 때보다 깊었다. 그를 보아도 욕정으로 흥분하지 않아 편했다. 그 뒤로는 항상 이런 식이었다. 욕정을 자극했던 상대방을 한동안 보지 않으면 성욕은 사라졌다.

나는 대학에서 높은 성적으로 졸업시험을 통과했다. 마지막 해의 시험을 앞둔 스물세 살 때 나는 자위행위를 시작했다. 그렇게밖에 거북한 본능을 해소할 길이 없었다. 그래도 가끔만 했다. 자위행위를 하고 나면 찜찜해 잠을 못 자고 밤을 꼴딱 새웠기 때문이다.

나는 술을 많이 마시면 기운이 없어 완전히 퍼져 버린다. 그러면 몇 시간이고 남자들을 찾아다니다가 자위행위를 하고 만다. 이튿날 아침에는 머리가 무겁고, 나 자신을 역겨워하며 일어난다. 그다음 며칠간 몹시 우울하다. 나 스스로 통제할 수 있는 한 안간힘을 다해 본능과 싸우려고 한다. 친구들과 차분한 관계를 맺을 수 없었고, 병사들을 보면 동요하고, 소년들을 보면 입을 다물 수 없으니 끔찍하다. 어두워지면 창밖을 내다보고 있을 때 누군가 맞은편 벽에서 소변을 보면서 성기를 보여주지 않을까 생각하면 끔찍하다. 그런 꿈들이 끔찍하다. 특히 나의 욕정이 부도덕한 죄라고 생각하면 끔찍하다.

나는 차마 설명하기 어렵게 나 자신이 역겹다. 분명 병적이다. 선천성 질병은 아니지만 잘못된 교육을 받다 보니 얻은 고약한 취향이다. 그 병으로 나는 이기주의자가 되고 다른 사람들을 힘들게 한다. 나의 선의는 짓눌리고 가족까지 무시하게 된다. 나는 변덕이 죽 끓는 사람처럼 미친 듯 날뛰기도 한다. 툭하면 슬퍼하면서 난처한 신세를 어떻게 벗어날지 난감해하다 결국 울어 버린다. 어쨌든 남자들과 하는 성관계는 싫다.

어느 날 저녁, 나는 선술집에서 만취하고 흥분한 채 돌아와 거의 의식을 잃었다. 본능에 취해 광장을 오락가락했다. 그러다가 청년을 만나 서로 자위행위를 했다. 그가 나를 자극했지만, 자위행위를 하고 나서 나는 완전히 정신이 나갔다. 요즘도 광장 앞을 지날 때면 역겹다. 최근에도 다시금 그 곁을 말을 타고 지나다가 어찌 된 일인지 말에서 떨어졌다. 추잡했던 기억에 속이 뒤집혔던 모양이다.

나는 가족과 아이들과 사회를 사랑한다. 나는 사회적 신분 덕에 사업체를 하나 운영하고 있다. 이 모든 것을 포기하더라도 병은 반드시 고쳐야 한다. 나는 열망과 좌절 사이에서 오락가락했다. 일과 가족도 무시하고 결혼해 가정을 꾸릴 욕심조차 없다. 만약 동성을 좋아하는 버릇을 이겨낸다면, 또 친구들과 조용히 지내면서 나 자신을 존중할 수 있다면 더 바랄 것이 없겠다.

누구도 내 상태를 짐작조차 못 할 것이다. 사람들은 나를 여자를 밝히는 '호색꾼'의 명성이나 좇는 자로나 본다. 나는 기회가 날 때마다 여자들과 관계해 보려고 애쓴다. 나를 사랑하고 나를 위해 희생할 만한 여자도 하나 있다. 하지만 나는 그 여자에게 정신으로든 육체로든 아무것도 줄 수 없다. 남자라면 사랑할 수 있을 것이다. 열일곱 살에서 스물다섯 살쯤 되는 새파란 친구들에 흥분한다. 수염이 나지 않은 젊은 애들이다. 나는 교양 있고 예의 바르고 다정한 친구들만 사랑한다.

나는 키가 작다. 허영심이 많고 덤벙대며 쉽게 흥분한다. 마음에 드는 사람을 쉽게 따르고 모든 것을 모방한다. 하지만 쉽게 속상해하고 언짢아한다. 무엇보다 외모를 중시한다. 우아하고 세련된 옷차림과 가구를 좋아한다. 나는 신경쇠약 때문에 내가 원하는 것을 공부하고 가꾸지 못해 슬프다.

지난가을, 또 다른 환자를 보았다. 중증은 아니었다. 가냘프고 까다로운 체질이지만 완전히 남성복 차림이었다. 성기는 정상이었다. 돋보이는 외모인데, 이상한 점이 보이지는 않는다. 환자는 아무리 큰 대가를 치르더라도 자신의 이상한 취향을 떨쳐 버리고 싶다고 하소연했다. 환자와 함께 노력했지만, 가벼운 최면술만 통했고 다른 처방은 불충분했다.

_사례 110 쌍성의 입에 대한 애착증(수기)

나는 서른한 살이다. 제조업체에 근무한다. 우리 부모는 건강하고 병도 없다. 내가 듣기로는 친할아버지가 뇌가 아파 고생했다고 한다. 외할머니는 우울증으로 사망했다. 외가 쪽 당숙은 알코올중독자였다. 친척에 정신이상을 앓은 사람들이 많다.

나는 네 살 때 성기의 본능을 알았다. 이십 대로 보이는 어떤 아저씨가 나와 또 다른 어린아이들과 함께 놀곤 했는데, 우리를 품에 안아주었다. 나는 그때마다 그의 목을 끌어안고 힘차게 포옹했다. 나는 이런 식으로 강렬한 입맞춤을 매우 좋아한다. 그래야 성욕이 솟는다. 나는 이런 비슷한 욕정을 아홉 살에 경험했다. 수염이 붉고 더러운 남자를 끌어안고 싶었다. 그때 지금까지 여전한 증세가 처음 나타났다. 때때로, 더러운 옷을 입고 행동도 추잡한 사람들이나 더러운 물건에 특이하게 끌렸다.

열한 살부터 열다섯 살까지 중학생 시절에 나는 친구를 열렬히 사랑했다. 팔을 친구의 목에 두르고 입 맞출 때가 가장 짜릿하고 좋았다. 그 친구에게서 누구보다 강한 정념을 느꼈다. 아무튼, 첫 발기는 열세 살 즈음이었던 것 같다.

몇 해 동안, 나는 좋아하는 버릇대로 포옹하고 싶어 미칠 듯했다. 다른 사람의 것을 보고, 또 만지고 싶었지만 뜻대로 되지 않았다. 나는 순진하고 아무것도 모르는 소년이었다. 열다섯 살 때까지 발기가 무엇인지 그 뜻조차 몰랐다. 좋아하는 사람을 감히 끌어안을 엄두가 나지 않았다. 그랬다가 이상한 행동을 하게 될까 두려웠다. 자위할 필요는 못 느꼈다. 형뻘 되는 친구들에게 배울 기회도 없었다. 지금까지 자위행위는 하지 않았다. 더러워하기 때문이다.

열넷에서 열다섯 살까지 나는 지금까지도 내가 좋아하는 친구들에게 열렬하게 빠졌다. 앞에서 이야기하지 못했던, 그중 한 친구와 특히 뜨거웠다. 그 친구를 길에서 마주치기만 해도 좋았다. 나는 예민한 육감^{肉感}을 타고났다. 좋아하는 사람의 손을 잡고 쓰다듬기만 해도 격렬하게 발기가 된다. 입맞춤과 포옹이 가장 짜릿하다. 다른 것은 필요 없다.

나는 내가 체험한 감정이 성애와 관계된 것인 줄 몰랐다. 그냥 혼자서 체험할 수 없다는 정도로만 알았다. 열다섯 살 때까지 여자에게 아무런 감흥이 없었다. 그런데 어느 날 저녁, 내 방에서 하녀와 단둘이 있을 때 그때까지 사내아이들에게만 품던 욕구가 치솟았다. 먼저 하녀와 농담하다가 그녀가 받아 줄 기미를 보여 입을 맞추었다. 나는 지금은 절대 느낄 수 없는 짜릿한 맛을 보았다. 우리는 10분 넘게 끌어안고 키스하다가 내가 사정해 버렸다. 이런 식으로 나는 하녀와 일주일에 두세 번 오붓한 시간을 보냈다. 그 후, 나는 부엌에서 일하는 하녀를 비롯해 다른 하녀들과도 비슷한 관계를 맺었다.

그 무렵, 나는 춤을 배웠다. 처음으로 좋은 집안의 처녀에 사로잡혔다. 그렇지만 이런 애정은 금세 식었다. 나는 모르던 처녀도 사랑했다. 그녀의 모습만 보아도 사내아이들과 똑같은 매력을 느꼈다. 그녀에게서 다른 처녀들에게 느끼던 것보다 더 강한 욕정을 느꼈다. 처녀에게 가장 열렬하게 기울던 때였다.

처녀들이 사내아이들 못지않게 좋았다. 나는 하녀를 포옹하던 식으로 사정하는 만족감을 채웠다. 열일곱에서 열여덟 살까지 이런 식으로 살았다. 하녀들이 집을 떠나고 나서부터 나는 만족감을 누릴 기회를 잃었다. 그 뒤로 두세 해 동안 성욕의 쾌감을 포기했다.

보통 때, 나는 처녀들에게 별로 즐거운 기분을 못 느꼈다. 조금 더 크고 나서 나는 하녀들과 벌였던 일을 부끄럽게 생각했다. 그렇지만 애인은 없었다. 어린 나이도 아닌 다 큰 청년이었지만 부모의 감시가 엄했다. 몇몇 젊은이들과 왕래했다. 내가 주도하지 못했다. 여자들에 관심이 줄어들자 젊은 친구들에 대한 관심이 크게 늘었다.

열여섯 살부터 상대가 남자든 여자든 사정을 많이 하는 바람에 나는 몸도 약해지고 기분도 침울해 정상적인 성관계를 하려고 기를 썼다. 어쨌든 창녀를 보면 아무 느낌이 없었기 때문에 스물한 살까지 사창가를 출입하지 않았다. 서너 해 동안 나는 매일 자신과 갈등하고 싸웠다. (만약 남창이 일하는 사창가가 있었다면 서슴지 않고 달려갔을 것이다.)

어느 날, 나는 사창가를 찾아갔다. 그러나 발기조차 안 되었다. 우선 젊고 꽤 참신한 창녀를 만났지만 아무런 매력을 못 느꼈다. 게다가 내게 키스를 허락하지 않았다. 나는 너무 짜증이 났고 무능하다고 생각했다.

그로부터 3주 후, 나는 또 다른 여자를 찾아갔다가 발기가 되었다. 몸이 튼튼하고 두툼한 입술은 야성미에 넘쳤다. 키스한 지 3분 만에 사정했다. 나는 섹스해 보려고 창녀들을 일곱 번 찾아갔다. 발기가 전혀 안 되기도 했다. 창녀는 내게 시큰둥했다. 어떤 때는 내가 너무 일찍 급하게 조루증을 보였다. 요컨대, 나는 음경을 여자의 질에 삽입하는 보통의 섹스를 싫어했다. 그렇게 제대로 하고 나서도 조금도 감흥이 없었다.

쾌감은 키스와 포옹에서만 느낄 수 있어 이것만이 중요했다. 섹스는 부차적일 뿐이고 더 강한 포옹을 도와주기만 하면 되었다. 아무리 매력이 철철 넘치는 여자라고 해도 키스 없는 섹스는 시시했다. 여자가 포옹과 키스를 해 주지 않으면 발기했던 성기조차 금세 수그러들곤 했다. 물론 아무 여자나 끌어안지는 못하고, 내 눈길을 끌 만한 여자만 끌어안아야 가능했다. 마음에 들지 않는 모습의 창녀에게는 조금도 들뜨지 못한다. 아무리 키스 세례를 퍼붓더라도 역겹기만 했다.

지난 4년간, 열흘 또는 보름에 한 번씩 사창가를 찾아갔다. 섹스에 실패하는 일은 드물었다. 내게 걸맞은 창녀를 고르고 성공하려 내 나름대로 애쓴 결과였다. 사실, 요즘도 흥분할 만한 여자와 함께해 봐도 발기가 안 되는 경우가 없지 않다. 특히 그 전날 남자들과 해 보려고 애를 썼을 때 그런 일이 벌어진다. 사창가를 처음 드나들 때 쾌감은 별로였지만, 이제는 대부분 강한 쾌감을 맛본다.

나는 특히 밑바닥 사창가를 좋아한다. 최근에 부쩍 그렇듯이 어둡고 희미한 불빛 아래에서 보는 더러운 여자들일수록 강한 매력을 느낀다. 내 짐작으로 이런 감각은 내가 군인들이 드나들던 곳과 비슷한 분위기에서 나도 모르게 흥분하기 때문일 것이다. 그런 칙칙한 곳에서 내 눈길을 끄는 여자를 보았을 때 쾌재를 부르고 절정감을 맛본다.

창녀들 외에 농부의 딸, 하녀, 하층민 여자 등 행색이 초라하고 상스러운 여자들 모두 여전히 매력에 넘친다. 붉은 뺨과 두터운 입술, 튼튼한 체격이라면 더욱 좋다. 상류층의 귀부인과 숙녀들은 흥밋거리가 못 된다. 요컨대, 여자들과의 성관계로는 욕구를 채우지 못한다.

작년부터 나의 성생활은 근본적으로 달라졌다. 남자들과 사랑하는 맛을 처음 알게 되었기 때문이다. 여자들과 섹스한다고 해도 키스와 포옹 덕에 사정했던 만큼, 청년들을 향한 나의 편향은 가라앉지 않았다. 나는 군인들이 단골로 드나드는 사창가를 가기로 했고, 아쉬울 때는 병사를 매수하기도 했다. 금세 나와 생각이 통하는 상대를 만났는데, 정말로 최하층민이지만 성격과 예절이 나와 죽이 잘 맞아 아쉬움이 없었다. 청년은 내게 여자들과 해 보지 못한 것을 가르쳐 주었다. 키스나 술기운으로 창녀에게 느끼던 것과는 완전히 다른 쾌감이었다. 안타깝게도 나는 청년을 여덟 번밖에 만나지 못했다. 몇 달간 떨어져 있었지만 그동안 우리는 잊지 못해 편지를 주고받고 있다. 그를 차지하고 싶어 들킬 위험을 무릅쓰고 나는 사창가로 달려가 그를 끌어안곤 했다. 우리가 처음 사귈 때, 청년은 내게 한마디 하지 않았다. 나를 선뜻 믿지 못했다. 몇 주 동안 나는 겪어 보지 못한 실망과 불안감에 시달리며 고생했다.

마침내 애인을 찾았다고 생각하고 그에게 나를 던졌지만 더욱 가혹한 시련이었다. 나는 그를 다시 만나려고 애쓴 끝에 결국 재회했고 펄쩍 뛸 만큼 기뻤다. 그와 다시 만나 한잔하는 자리에서 거세게 흥분했지만 사정은 되지 않았다. 여자의 손으로 내 것을 만졌더라면 더 오래 걸렸을 것이다. 이렇게 사랑하는 애인을 보자마자 발기했으니 이 점만이 중요했다. 악수는 물론이고 그냥 보기만 해도 그랬다. 우리는 몇 시간 동안 함께 저녁 산책을 했다. 나에 비해 너무나 비천한 신분이었지만 절대로 떼어놓지 않고 함께 걸었다. 그와 함께 있으면 행복했다.

성욕과 쾌감은 우리 사랑의 장식품에 불과하다. 아무튼, 그토록 간절히 찾던 애인을 찾았지만 그렇다고 여자들에 무감각하지는 않았고, 본능이 너무 괴로울 때는 이전처럼 창녀를 찾아갔다. 나는 애인을 찾은 도시에서 겨울을 보내고 싶었다. 하지만 불가능했다. 기약 없이 떨어져 있었다. 그렇지만 우리는 재회하려고 노력했다. 잠시일망정 일 년에 한두 번뿐일지라도. 나는 앞으로는 더 오래 함께하기를 바란다. 이번 겨울에도 나는 나처

<보르게제의 잠든 헤르마프로디투스> 상, 루브르 박물관, 기원전 2세기 고대 로마

럼 생각하는 친구 하나 없이 지낸다. 나는 다른 동성애자를 만나지 않으려
고 각오했지만 그러지 못했다.

여자들과의 성관계로 더는 만족하지 못했기 때문이다. 반대로 젊은 사내
들을 보고 싶은 욕구만 커졌기 때문이다. 나 자신이 두렵다. 창녀들에게
내게 소개해 줄 만한 사내를 알아봐 달라고 부탁할 수도 있을 것이다. 그
렇다고 해도 나는 서로 화통할 청년을 직접 찾아야 한다. 필요하다면 위험
천만한 줄 알면서도 병사를 매수할 수도 있다.

나는 이제 남자의 사랑 없이 살 수 없다. 이런 행복이 없다면 항상 뒤뚱대
고 방황할 것이다. 내 취향에 맞는 사람들과 관계를 이어갈 수 있다면 가
장 이상적일 것이다. 이미 찾은 애인과 관계에 방해받지 않고 말이다. 어
떤 남자와 정기적으로 만족할 수 있다면 여자들과도 무난하게 지낼 수 있
을 것이다. 비록 뜸하기는 해도 나는 내가 여자로 변신할까 당혹스럽다.
나는 분명 심리적으로 헤르마프로디토스처럼 쌍성으로 태어났기 때문이

다. (여자들에게는 욕정만 동하지만, 젊은 사내들을 진심으로 사랑하고 성욕도 느낀다.) 만약 남자들끼리 결혼할 수 있다면[17] 나는 여자와 함께 살 수 없을 테니 절대 사양할 리 없다. 여자가 매력적이라고 해도 꼬박꼬박 만나는 사이가 된다면 금세 식어 버릴 것이다. 성행위는 즐겁지도 않을 것이 빤하다. 그뿐만 아니라 나는 여자를 진심으로 사랑하지 못한다. 성관계를 하지 않고 사귀기만 해도 청년들에게 느끼는 매력을 여자에게서 느끼지 못한다. 몸과 지성 모두 마음에 들고 공감하고 같은 생각과 욕구를 함께 나눌 젊은 남자와 동거한다면 더할 나위 없이 행복할 것이다.

열여덟 살부터 스물여덟 살 사이의 나이라면 훨씬 좋을 것이다. 내가 나이를 먹을수록 끌리는 청년을 만나기도 어려울 것 아닌가. 키는 아무래도 상관없다. 용모가 중요하지만 그것이 전부는 아니니까. 갈색보다는 금발이 좋다. 털보가 아니면 좋겠다. 턱수염을 조금 길러도 괜찮지만 콧수염은 질색이다. 그 밖에도 인물형에 따라 호불호가 갈린다. 예외가 있겠지만, 그래도 코가 크고 뺨이 창백한 얼굴은 질색이다. 나는 행진하는 군인들을 즐겁게 보고 제복 입은 사람들도 좋아해도 이들이 부르주아일 경우 냉정해진다.

여자들에 대해서도 마찬가지로 밝은 상의 차림의 제복, 특히 군복을 보면 나는 흥분해 버린다. 춤 연습장과 많은 군인이 애용하는 카바레에서 나는 무리 사이로 끼어들어 누군가 내게 한잔 권하고 포옹할 사람을 찾곤 한다. (비록 말과 매너가 거칠고 천한 신분에 무식하더라도) 내 본능을 자극하는 병사들과 어울린다. 반면, 나는 최상층 청년들에게 별로 애욕이 일어나지 않는다. 이미 말했지만 복장은 항상 매력의 포인트였다. 하지만 상류층 청년의 옷

---

17 최근에 유럽의 여러 나라에서 이미 법으로 허용하고 있고, 동거자 또는 부부의 자격으로 가족 사회보장을 받는다.(역주)

광기와 성

차림을 보면 별다른 느낌이 없다. 다른 조건이라면 강렬하게 끌리던 인물도 옷차림이 다르면 소용이 없다. 반대로 담배 냄새와 연기에는 기분 좋게 취한다. 내가 무관심한 남자들의 몸에서 풍기는 담배 냄새는 불쾌하다. 그러나 내게 호감을 보이는 남자들의 담배 냄새를 맡으면 흥분된다. 창녀와 키스할 때 입에서 여송연 냄새를 풍기면 더욱 매혹된다. (이럴 때는 남자와 키스했을 때 맡은 것을 무의식적으로 느끼기 때문인 듯싶다.) 그래서일까. 나는 애인이 담배를 피우고 나서 곧바로 나를 안아줄 때를 유독 좋아한다. (그런데 나는 담배를 피우지 않는다. 배우려고도 하지 않았다.)

나는 큰 키에 날씬하다. 정력적인 남자 얼굴이고 눈은 둥글다. 몸은 전체적으로 여자를 닮았다. 비정상적 성생활 탓이 크겠지만 건강은 부족한 점이 많다. 신경증이 있다. 요즘은 깊이 무슨 생각을 한번 하면 헤어나지 못한다. 나는 무섭게 의기소침하고 우울한 시절을 겪었다. 특히 동성애라는 타고난 기질대로 하지 못할 때 괴로워하고 나를 흥분하게 하는 사람 앞에서 어찌지 못할 때 몹시 괴롭다. 본능을 견뎌 내야 할 때인데 우울할 때면 성욕도 금세 사라진다.

나는 일 욕심이 많지만, 종종 많은 일을 대충 빨리 해치우려고 한다. 문학과 예술에 관심이 많다. 섬세한 감정을 묘사하는 소설과 시가 좋다. 이상한 정념과 대담한 인상을 그린 글이 좋다. 신랄하고 갈고 닦은 문체가 즐겁다. 음악에서도 쇼팽, 슈만, 슈베르트, 바그너의 작품처럼 예민하고 열띤 것일수록 더 좋다. 독창적 작품만이 아니라 엉뚱하고 기이한 작품에 더욱 끌린다. 운동은 관심도 없고 하지도 않는다.

성격은 원만하다. 동정심도 많다. 나의 이상한 취향은 힘겹지만 청년을 사랑한다고 불행하지 않다. 이런 사랑을 인정하지 않으려 하고, 또 장애를 넘어서야 그 사랑의 즐거움을 누릴 수 있다고 생각하니까 불행할 뿐이다.

남자를 사랑하는 것이 사악할 리 없다. 그런데도 그렇게 보는 이유를 이해한다. 비록 그런 사랑을 죄악시해도 나는 그 사랑으로 나 자신이 평온할 수 있다. 하지만 우리 시대의 세상 사람들과 절대로 태평할 수 없다. 이런 환경에서 나는 항상 의기소침하다. 거짓말을 싫어하는 솔직한 성격이라 더욱 그렇다.

내심 깊은 곳에 숨은 곳을 감출 수밖에 없다는 것이 너무나 서글퍼 나는 나의 증세를 신중하고 믿음직할 만큼 지성적인 친구들에게 털어놓기로 했다. 동성애 때문에 빚어지는 어려움 때문에 내 처지는 슬퍼 보이기도 하지만, 나는 나의 비정상적 감정으로 주제넘은 생각도 한다.

나는 절대 결혼하지 않겠다. 그렇다고 나쁠 것은 없다. 가족과 가정생활을 좋아하지만, 장차 남자 애인과 영원히 살고 싶다. 누군가를 찾아야 한다. 그렇지 못하면 앞날이 얼마나 어둡고 심심할까. 모두가 열망하는 출세와 명예 같은 것은 허황된 것일 뿐이라 아무 관심도 없다. 아무튼, 내 꿈을 이루지 못한다면 일을 제대로 할 수 있을까. 사랑하는 사람을 찾아 만사를 제쳐 버리고 말 텐데.

나는 나의 병적인 취향이 부덕하다고 생각하지 않는다. 청년의 매력에 끌린다고 주저하지 않는다. 나는 내 기분대로 도덕을 판단할 뿐이다. 수상하게 생각하는 회의론에 따르지 않는다. 아직 확고하게 지지하는 철학은 없다. 타인에 대한 편견을 심어 주거나 그 사람이 원치 않는 행위를 하는 것이야말로 못되고 부덕하다. 가능한 타인의 권리를 훼손하지 않아야 한다. 제삼자에게 가하는 모든 불의에 철저히 저항할 것이다.

왜 남자들에 대한 사랑이 도덕에 반하는지 알 수 없다. 목적이 없는 성적 행위와 활동은(자연에 반하는 사실이라면서 목적이 없다고 부덕하게 본다면) 매춘부들 사이에서도 또 아이를 낳지 않으려고 피임을 하는 부부 사이에서도 엄연히 존재한다. 따라서 동성애 관계도 자녀를 낳으려는 목적을 벗어난 모든 성관계와 똑같은 수준에 있다. 그런데도 성적 활동으로 만족을 찾는다고 도덕으로 따져야 할까? 그런 만족감은 자손을 잇는 목적이라는 자연에 반하기는 한다. 그러나 다른 목적에 무익하다고 할 수 있을까. 여전히 알 수 없는 노릇이다. 목적에 맞지 않거나 목적이 없다고 억압해야 할까? 사람의 행위를 유용성으로만 판단해야 한다는 기준은 없다.

필경 현재의 편견은 반드시 사라질 것이다. 어느 날, 당연히 (정당한 이유로) 동성애자들이 구애받지 않고 사랑할 수 있는 권리를 인정할 것이다. 이런 자유로운 권리를 누린 그리스 사람들을 보자. 그들의 우정은 기본적으로 동성애일 뿐이다. 자연에 위배되니 좀 염치없기는 하지만, 가장 뛰어난 천재들이 이미 그러하지 않았는가. 그리스 사람들을 지금까지도 지성과 미감각의 모범으로 간주하지 않던가.

나는 전부터 최면술로 치료해 볼까 생각했다. 어떤 결과가 나올지 모르지만, 정말로 여자들을 사랑할 수 있는 한 남자가 되고 싶은 마음만은 굴뚝같다. 비록 남자들에게만 만족감을 느낄망정 삭막한 감정보다는 만끽하지 못하더라도 사랑과 쾌감의 장점을 간직하고 싶다. 내가 그토록 바라는 사랑을 할 기회를 얻는다면 얼마나 행복할까. 동등한 이성의 감정으로 보상받지 않는 한, 동성애의 감정을 덜어 낼 방법을 찾는 것이 지금 상태보다 더 나을 것이다.

앞에서 이야기한 여러 동성애자의 주장과 다르게 나는 나와 비슷한 사람들을 알아보기가 매우 어렵다. 나의 증상을 자세히 설명했는지 모르겠지만, 나의 현재 상태를 이해하는 데 중요한 것이 더 있다.

최근에 나는 섹스할 때 여자의 질에 나의 음경을 집어넣지 않고 허벅지 사이로 하는 것이 좋다. 그렇게 하면 더 빨리 사정이 된다. 음경 자체에서도 쾌감이 느껴진다. 왜 이런 방법이 더 좋을까. 성적 쾌감에서 성의 차이는 상관이 없다. 게다가 무의식적으로 남자의 취기를 연상시킨다. 막연히 그런 느낌이 들었을 뿐이다. 상상력으로 쾌감을 느끼지는 않았다. 여자와 직접 접촉하면서 느꼈지.

요즘에 매춘부에게 느꼈던 매력도 희미해지고 있다. 물론 몇몇 여자는 키스하면서 여전히 흥분하게 된다. 그러나 파렴치한 짓을 했다고 들킬까 봐 불안해하면서도 남자의 품을 찾게 된다. 그렇게 매춘부의 집에서 어떤 병사를 매수하고 말았다. 쾌감은 짜릿했다. 특히 만족감을 느끼고 나서 또다시 흥분했다. 그다음 며칠간 나는 말하자면 원기를 회복하고 거의 언제나 발기된 상태였다. 아직 그 병사를 다시 찾지는 못했다. 그러나 다른 병사를 매수하게 될까 봐 불안했다. 아무튼, 나와 사회적 신분이나 교육 수준이 비슷한 사람들 가운데 애인을 찾는다면 더 바랄 것이 없겠다.

나는 얼굴 이외에 여자의 몸에 감흥이 없다. 여자의 몸을 손으로 만지기는 싫다. 나와 화통한 남자의 입술에 내 입술을 포갤 때는 조금도 싫지 않다. 나는 자위행위는 결코 하지 않는다.

_사례 111 정신적 쌍성, 조숙한 이성애 감정과 선천성 동성애 감정

28세의 환자 X는 1887년 9월에 나를 찾아왔다. X는 변태적 성생활을 참담해하며 털어놓았다. 벌써 몇 번이나 자살을 시도할 만큼 거의 죽고 싶은 심정이라고 한다. X의 가족에 신경증과 정신이상 환자들이 많다. 친가 쪽에서 삼 세대 전부터 사촌 간 근친혼을 했다. X의 부모님은 건강하고 금실이 좋다. 그러나 X는 아버지가 잘생긴 하인을 좋아하고 아끼는 모습에 충격 받았다

X의 외가는 특이하다. 어머니의 조상들은 우울증으로 사망했다. 이모는 미쳤다. 외할아버지의 조카딸은 히스테리에 걸린 색정광이었다. 어머

니의 열두 명 형제자매 가운데 셋만 결혼했는데, 그중 한 사람인 X의 외삼촌은 동성애자에다 심한 자위행위로 신경쇠약을 앓았다. '예수쟁이'였던 X의 어머니는 지능이 떨어지고 신경질적이며, 쉽게 발끈하고 우울해했다. X에게 형과 누이가 있다. 형은 신경증 환자로서 종종 심한 우울증을 앓는다. 성인이지만 성에 관심이 없다. 누이는 남자들 사이에서 유명한 미인이다. 결혼했지만 자식은 없다. 주변 사람들은 남편이 무능하기 때문이라고 주장한다. 누이는 남자들의 선망에 냉담했다. 자신의 미모만 흡족해하고 여자친구들하고 거의 애정에 가까운 우정으로만 살고 있다.

X는 네 살 때 벌써 가죽 장화를 신은 멋진 마구간지기를 부러워했다. 좀 더 크고 나서도 여자 생각을 하지 않았다. 몽정 때에도 항상 '장화 꿈'만 꾸었다. X는 네 살부터 남자들, 특히 초를 칠해 광을 낸 장화를 신은 남자들에게 이상한 정을 품었다. 처음에는 그냥 좋아만 보였다. 그러나 성을 알게 되면서 그들의 모습만 보아도 격렬하게 발기되고 짜릿함을 느꼈다. 가죽 장화는 하인들이 번지르르하게 광택을 낸 것을 보아야 흥분했다. 주변 사람들의 발에는 흥미가 없었다. 동성애에 대한 충동도 없었다. 그런 것은 생각만 해도 징그러웠다. 그렇지만 X는 하인들 밑에서 구두를 닦는 일을 하면 얼마나 좋을까 하는 생각에 사로잡혔다. 그러나 귀족적인 거만함 때문에 그런 생각을 물리쳤다. 일반적으로 장화에 대한 생각은 힘겹고 지겹기까지 했다.

X의 성에 대한 감정은 일찍부터 풍부했다. 또, 장화에 짜릿한 쾌감을 느꼈던 만큼 사춘기에 접어들면서 꿈에 구두를 보면 몽정이 따랐다. X는 신체와 정신 모두 별 탈 없이 성장했다. 공부도 잘했다. 학교를 마치고 나서 장교가 되었고, 남자답고 뛰어난 외모와 귀족이라는 높은 신분 덕에 X는 세상 사람들의 호감을 샀다. X는 자신을 선량하다면서 의지력은 강하지만 생각은 깊지 않다고 털어놓았다. 사냥을 잘하고 열렬한 기마병이지만 여자들 세계의 일

은 조금도 궁금하지 않다고 했다. X는 여자들 사이에서 언제나 수줍고 소극적인 편이라고 장담한다. "무도회장에 가 봐야 지루하기만 하다." X는 상류사회 여자에게도 관심이 없다. 관심 있는 여자라면 오직 투박한 시골 여자들이다. 로마의 화실에서 모델로 일하는 시골 처녀 같은 인물들인데, 이성으로서 매력을 느끼지는 못한다. 극장이나 서커스 구경을 가면 남자 연예인들만 바라보았다. 그렇지만 욕정 같은 것에 들뜨지는 않았다. 남자들이 신고 있는 장화에만 끌렸는데, 특히 하인이나 미남이 신고 있는 것이 가장 좋았다. 자신과 신분이 같은 남자들이 아무리 멋진 장화를 신고 있어도 무관심했다.

X는 자기 취향의 본질을 분명히 알지 못한다. 자신의 애정이 동성과 이성 어느 쪽을 향한 것인지도 자신 있게 말하지 못한다. 내가 보기에 X는 원래는 여성을 지향했을 테지만 제대로 공감하지 못할 만큼 약했다. X는 남자가 벗은 모습은 질색이고 더구나 남근을 보면 질색한다고 단언한다. 그런데 여자에 대해서는 그렇지 않다. 어쨌든 아름다운 여체를 보아도 흥분하지 않는다.

X는 청년 장교 시절에 전우들과 사창가를 다녔다. 물론 자진해서 따라나섰다. 그곳에서 자신의 이상한 취향을 씻어내고 싶어 했다. X는 사실 장화를 상상하지 않은 한 무능했다. 어쨌든 섹스는 정상적으로 했지만 쾌감을 못 느꼈다. 여자들과 관계는 취미에 맞지 않았다. 특별한 유혹에 끌리거나 한다면 모를까. X는 장화만 생각하며 쾌감을 느꼈고 몽정할 때도 마찬가지였다. 기본적으로 자기 하인들의 장화를 벗겨 끌어안아야 쾌감이 일어났던 만큼 X는 점점 더 이렇게 자존심이 상할 만큼 거북한 충동을 이겨내 보기로 작심했다.

X는 스무 살 때 파리에서 생활하던 시절, 문득 고향의 아름다운 시골 처녀를 생각했다. 그 처녀와 함께 자신의 취향을 채울 수 있다면 오죽이나 좋을까 싶었다. X는 그런 마음으로 고향으로 즉시 돌아가 처녀에게 구애했다.

X는 완전히 동성애 성향을 타고나지는 않은 듯하다. 당시 X는 처녀를 정말

피에르 고르스, 〈오본 지방의 시골 처녀〉, 툴루즈 도서관, 1870년

로 사랑했다. 그녀를 보고 치맛자락만 스쳐도 짜릿한 전율을 느꼈다. 어느 날, 처녀에게 키스해도 좋다는 허락을 받고 X는 격렬하게 흥분했다. 그렇게 1년 반 동안 처녀를 구슬리고 나서야 처녀와 함께 목적을 이루었다.

X는 정력이 좋았다. 하지만 사정을 몹시 더디게(10~20분) 했다. 절정감도 맛보지 못했다. 1년 반 동안 더 처녀와 사귀면서 X의 사랑은 식었다. 자신이 원래 바라던 만큼 "순수하고 곱지" 않은 줄 알아버렸다. 그때부터 X는 처녀와 성관계를 하려면 또다시 장화의 모습을 떠올려야 했다. X는 정력이 떨어지자 장화에 대한 생각이 다시금 자연스럽게 떠올랐다.

나중에 X는 다른 여자들과도 섹스했다. 어디서든 마음에 드는 여자와 서로 통할 때마다 장화를 생각하지 않아도 할 수 있었다. 한번은 X가 강간을 저지르기도 했다. 흥미로운 점은 X는 (비록 강요한 것이지만) 바로 그때처럼 섹스로서 쾌감을 느낀 적이 없었다는 사실이다.

X는 정력이 떨어지자 장화를 상상하는 데 의존했다. 이성에 대한 성욕도 떨어졌다. 그런데 성욕과 여자들에 대한 취향이 쇠했는데도 X는 시골 처녀와 성행위를 하는 동안 여전히 자위행위를 했다는 사실이 의미심장하다. X는 이런 행동을 우연히 구한 장자크 루소의『고백록』에서 배웠다.

X는 장화를 상상하면서 충동을 부추겼다. 그렇게 하면서 섹스에서 느끼지 못한 절정감으로 사정했다. 처음에는 자위행위로 몸과 마음이 다시 젊어지는 느낌이었다. 어쨌든 처음에는 신경쇠약 증세가 성기부터 나타나더니 차츰 척수의 자극으로 심해졌다.

X는 한동안 자위행위를 멈추고 옛날 애인을 찾아갔다. 그러나 여자는 옛 남자에게 완전히 시큰둥했다. 여자와 함께하면서 심지어 장화의 모습을 떠올려 봐야 소용이 없었다. X는 여자를 다시 멀리하고 또다시 하인들의 장화를 반짝반짝 닦아 키스하고 싶은 충동을 따랐다. 아무튼, 오랫동안 자위를 하지 않고 나서 몇 번은 어떤 상상에 의지하지 않고서도 섹스했다.

X는 성욕이 매우 강하다고 주장한다. 오랫동안 사정하지 못한 끝에 그는 장화에 대한 생각 때문에 괴로워하고 흥분하면서 결국 억지로라도 섹스나 자위행위를 하게 되었다.

독일 군인의 장화

광기와 성

1년 전부터 X는 골치 아프고 복잡한 문제에 부딪혔다. 부유한 귀족 가문의 마지막 자손으로서 그는 부모의 성화로 결혼을 고려했다. 약혼녀는 보기 드문 미인이었고 지성도 X의 마음에 들었다. 하지만 여자로서는 다른 여성들에 대한 감정과 마찬가지로 어떤 감흥조차 느끼지 못했다. 약혼녀는 예술에 대한 교양도 약혼자와 똑같았다. 그야말로 이상적인 신붓감이었다. 모든 노력을 다해 찬미할 만한 여자였다. 하지만 여성으로서 '갖고 싶은 마음'은 조금도 들지 않아 괴로웠다. 우선, 그녀 앞에서 장화를 생각하지 않는 한 무기력할 테니 걱정이었다. 그러나 지성과 미적 감각이 세련된 여자로서 높이 평가하면서 그런 수단을 쓰지 않고서도 힘을 쓸 수 있지 않을까 간절히 기대했다. 그렇지만 만약 자신이 여자 앞에서 장화를 생각할 수밖에 없다면 그녀의 매력조차 느끼지 못할 것이고 무능할 것이 빤했다.

X는 자신의 상황에 절망했다. 얼마 전부터 차라리 죽어 버리겠다고 몇 번이나 자살을 시도했다. X는 교양 있고 세련된 인물이다. 남자답고 수염도 많고 묵직한 음성에 성기도 정상이다. 눈에서는 신경증이 엿보인다. 퇴행성 질환의 흔적은 없다. 중추신경쇠약 증세뿐이다. 우리는 그를 안심시키고 앞으로 좋아질 것이라고 격려했다.

신경쇠약에 대한 처방도 해 주었다. 자위행위를 중단하고 장화를 상상하지 말라고 했다. 신경쇠약을 이겨내면 장화의 이미지에 의존하지 않고서도 섹스할 수 있어야 하고, 그래야 정상적인 부부생활을 할 수 있다고 설득했다.

1888년 10월 말 즈음, X는 나의 충고대로 잘 해내고 있다는 편지를 보내 왔다. "단 한 번 장화 꿈을 꾸었는데 몽정은 하지 않았다."라고 했다. X는 동성애 취향도 벗어났다. 성욕은 빈번하게 일어나지만 여자에게서는 느낄 수 없다고 했다. 힘겨운 운명이지만 X는 3개월 안에 결혼하게 된다.

동성애자 또는 남성동성애자

지금까지 보았던 심리적인 쌍성의 사례와 다르게 애당초 동성에게만 성애를 느끼는 사람들이 있다. 그러나 이런 부류의 사람들은 그다음에 보게 될 사람들과 다르다. 이들은 오로지 성생활만 비정상이다. 성격이나 인격에 더욱 깊고 심각한 파장을 초래하지 않는다. 남성동성애자들의 성생활은 이성 간의 정상적 애정 생활과 거의 똑같고 극히 일부만 다르다. 그러나 자연의 감정에 반하는 만큼 그 성생활은 우스꽝스러운 풍자화가 된다. 더구나 그렇게 하는 사람들은 일반적으로 성욕과잉증이 있다. 그러다 보니 동성에게 더욱 격렬하고 넋이 나간 애욕을 품는다.

남성동성애자는 남성 애인을 우상처럼 사랑한다. 마치 남자가 여자를 사랑하듯이 동성의 애인을 우상처럼 받든다. 그래서 애인을 위해서 어떤 희생이든 할 수 있다. 애인의 불충이라는 불운한 사랑에 몸부림치면서 돌아오는 것은 아무것도 없음에도 질투에 불탄다. 남성동성애자는 무용수, 배우, 운동선수 또는 남자의 입상에만 관심을 쏟는다. 여성의 매력에 무관심하거나 여자를 싫어한다. 여체를 혐오한다. 그러나 남성의 성기와 허벅지를 보면 좋아서 어찌할 바를 모른다. 마음이 맞는 남자와 육체적 접촉에서 짜릿한 쾌감을 맛본다. 이런 사람들은 종종 성신경쇠약증이 있다. 타고난 증세이거나 수음하면서 나타난 것이거나 또는 금욕 때문에 나타나기도 한다. 어떤 식의 성행위라도 남자와 하는 것이라면 쾌감을 느끼고 행복해한다.

남성동성애자는 억지로 섹스하게 되면 구속감 때문에 행위를 할 수 없을 만큼 질색한다. 역겨운 음식이나 음료를 억지로 맛보게 할 때와 마찬가지 감정이다. 아무튼, 경험에 비추어 볼 때, 이와 같은 동성애자는 사회와 윤리의 눈치를 보느라 결혼한다. 이런 사람들은 꽤 힘이 좋다. 결혼

광기와 성

의 구속을 받으면서도 상상을 지피고, 또 배우자 대신 사랑하는 남자의 품에 안길 생각만 한다. 그러나 그들은 섹스는 부담스러운 희생이지 쾌감을 위한 것이 아니다. 섹스 후에 온종일 나른하고 신경이 날카로워 고통을 겪는다. 남성동성애자는 상상력으로든 술에 취해서든 방광을 팽창시키는 인위적인 발기를 통해서든 생각과 표현에 균형을 잡아야 한다. 만약 그렇지 못하면 섹스할 때 완전히 무기력하다. 어쨌든 남자와 단순한 접촉만으로도 발기와 사정에 이를 만큼 흥분하기도 한다.

남성동성애자는 여자와 춤을 추기 싫어한다. 반면, 용모에 끌린 남자와 춤추기를 가장 좋아한다. 남성동성애자가 상류층으로서 예술 취미가 괜찮아 보이는 여자들을 만나면 성관계에 반감을 품지 않는다. 그러나 여자가 단순히 '성'의 역할만 맡는다면 진저리치며 경멸한다.

여성동성애자도 이와 마찬가지이고 차이는 미미하다. 이런 정도의 착란에서 성격과 직업은 자신의 원래 성에 충실하다. 이런 사람의 성도착은 별개의 비정상으로 남지만, 그의 지성과 사회적 존재에 깊은 자취를 남긴다. 이와 같이 남성동성애자는 어떤 성행위에서도 이성애의 경향에 낭패감을 느낀다.

또 다른 세 번째 부류로서 중간의 이행기에 속하는 사람들이 있다. 자신의 동성애 감정에 걸맞은 성적인 역할을 상상하고 욕심내거나 꿈꾸는 사람들이다. 또, 자신이 갖고 태어난 성과 일치하지 않는 취향과 일에 대한 관심을 불완전하게나마 보여주는 사람들이다. 그들 중 일부는 교육의 영향으로 인위적으로 그와 같은 모습을 드러낸다. 또, 문제가 될 만큼 좀 더 심한 퇴행성을 보이는 사람들은 지나친 자위행위 때문에 그렇다. 그로 인해 동성애자가 된 사람들은 후천적 동성애자들과 비슷한 퇴행 과정을 겪는다. 쾌감에 관한 한 성신경쇠약증에 걸린 남성동성애자 대다수는 단

피테르 더블로트, 〈선술집〉, 개인 소장품, 1630년경

순히 술만 마셔도 사정해 버린다는 점이 주목할 만하다.

성욕 과잉에다가 미적 감정에 이상이 생긴 사람들은 종종 사회 밑바
닥 천민들과 어울리기를 몹시 좋아한다.[18] 이들과 같은 영역에서 동성의
청소년을 탐하는(적극적 입장에서) 등의 일탈이 나타난다. 흔한 일은 아니
다. 도덕심이 부족하고 탐욕스러운 사람들은 하찮은 성욕으로 미성년을
상대로 성폭력을 저지른다. 그러나 청소년을 선호하는 타락한 노인들과
반대로 남성동성애자는 미성년에 관심이 없다. 남성동성애자는 성욕이
거칠게 치솟을 때나 더 나은 해소 방법이 없을 때에만 임기응변으로 위험
하게 청소년을 찾아 나선다.

---

18 바로크 화가 카라바조는 동성애자로서 살인을 저질렀다. 폭력과 동성애의 관계는 주로 지나친 사회
적 억압이 예민한 인물들에게 심리적 억압을 가중한 탓이기도 하다. 순수하게 선천성 성격으로 보아
서는 곤란하다.

한편, 여성동성애자는 상호 자위행위와 수동적인 자위행위로 성욕을 채운다. 섹스를 역겨워하고 남성동성애자와 똑같이 섹스 자체를 피곤하고 거북해한다.

_사례 112 동성애자인 의사의 수기

동성애자인 의사가 내게 보내 준 자필 수기의 일부다.

나는 마흔 살이다. 부모는 건강했다.[19] 나도 건강하게 자랐다. 나는 신체와 정신 모두 싱싱한 모범을 보인다는 소리를 들었다. 체격도 당당하다. 그러나 수염은 거의 없다. 보통 무성하기 마련인 사타구니와 겨드랑이에만 털이 있다. 다른 부위에는 없다. 출생 직후부터 내 음경은 놀랍게 컸다. 지금은 발기했을 때 길이 21센티미터, 둘레 14센티미터에 달한다.

나는 승마와 체조와 수영에 뛰어나다. 나는 군의관으로 두 차례나 원정을 따라나섰다. 나는 여자 옷이나 여자들이 하는 일에 흥미가 없다. 사춘기까지 나는 여성 앞에서 수줍어했다. 지금도 별반 다르지 않다. 알게 된 지 얼마 안 되는 여자들 앞에서는 수줍음을 탄다. 무용은 너무 싫다.

여덟 살 때 처음으로 동성을 사랑하는 감정이 들었다. 우선 동생들의 성기를 보면 즐거웠다. 나중에 학교에서 동생들과 물놀이를 하는데, 사내아이들에게 무척 끌렸지만 여자아이들에게는 흥미를 느끼지 못했다. 열다섯 살까지도 여자아이들에 무심했고 여자도 남자처럼 고추가 달렸다고 믿었다. 우리는 마음이 맞는 친구들끼리 서로의 성기를 만지며 장난치며 놀았다.

열두 살 무렵, 무섭고 엄한 가정교사를 맞이했다. 그때부터 친구들을 어쩌

---

19 나중에 알게 된 사실인데, 근친 가운데 한 사람이 정신이상으로 사망했다. 또, 환자의 형제자매 여덟 명이 여덟 살이 되기 전에 급성 또는 만성 뇌수종으로 사망했다.

다 몰래 만나야 했다. 나는 쉽게 배웠지만, 가정교사와 사이가 좋지 않았다. 어느 날 가정교사가 너무 짜증나게 군 나머지 못 견딘 나는 칼을 들고 덤벼들었다. 칼을 빼앗겼지만, 죽었다면 좋아했을 것이다.

열세 살 때 나는 성가신 생활이 귀찮아 반항아처럼 가출해 6주 동안 이웃 고장을 떠돌아다녔다. 그 뒤 나는 학교에 입학했다. 그곳에서 만난 친구들과 전에 했던 식으로 허벅지 사이로 섹스를 흉내 내며 재미있게 놀았다. 그때 나는 열세 살이었다. 여자아이들과 함께 있으면 즐겁지 않았다. 나는 자위하는 법을 배웠고, 너무나 질겁해 죄인이 된 기분이었다. 하지만 열여섯 살 먹은 형의 설명을 듣고 안심하면서 함께 사랑하는 사이가 되었다. 우리는 행복했고 서로 자위를 해 주었다. 그뿐만 아니라 나 혼자서도 자위행위를 했다. 우리는 2년 만에 헤어졌다. 하지만 고위 공직자가 된 그를 지금까지도 우연히 만날 때면 또다시 옛날의 불길에 휩싸이곤 한다. 그렇게 친구 H와 함께 보낸 시절은 진정 행복했고 열렬했다. 사는 것이 즐겁기만 했다. 공부는 식은 죽 먹기였다. 모든 것이 아름답게 보여 열광했던 시절이다.

그 무렵, 아버지의 친구인 의사를 찾아갈 기회가 있었다. 그가 나를 다정하게 유혹하면서 성에 관해 설명하며 혼자 하는 자위는 건강에 해롭다고 당장 그만두라고 했다. 의사는 그렇게 상호 자위행위를 가르쳐 주었다. 의사에게 그것만이 유일한 성행위였다. 그 자신은 여자를 보면 밥맛이 없다고 한다. 그래서 사별한 아내와 관계도 원만하지 않았다. 의사는 자주 보고 싶다면서 내게 조수 일을 제안했다. 의사는 기품 있는 신사로 열네 살과 열다섯 살 연년생 두 아들의 아버지인데, 나는 그의 아들들과도 그다음 해부터 그들의 아버지와 비슷한 연애를 했다. 형제의 아버지에게 미안했지만 나는 그들의 아버지와도 계속 관계했다.

〈독일 여인〉, 『에로티슈 포토그라피 1845-1890』 수록

의사는 나와 함께 자위행위를 하면서 얻은 정자를 현미경으로 보여주었다. 외설스러운 그림책도 보여주었다. 그러나 재미는 없었다. 나는 남자의 몸에만 끌렸다. 그 뒤 다시 찾아갔을 때 의사는 간절하게 애정을 호소했다. 나도 의사를 좋아했으므로 그가 좋아하는 모든 성행위를 받아 주었다. 새로운 쾌감을 알고 나서 나는 그가 분명 더 많은 것을 가르쳐 주려니 하고 믿었다. 자세를 바꿔 가면서 항문성교를 해 보았지만 두 번 다시 하지 않았다. 내가 수동이든 능동이든 어떤 자세를 취하든 아프기만 했다. 그냥 서로 자위행위를 해 주는 것이 가장 즐거웠다. 열다섯 살 때까지 이런 교제가 이어졌다. 다른 친구들과도 마찬가지였다.

나는 마침내 부쩍 큰 청년이 되었고, 여자들이 갖가지 수법으로 접근했다. 그렇지만 나는 요셉이 푸티파르를 피하듯 여자들을 피했다.[20] 열다섯 살에 수도로 옮겨 가면서 성생활은 뜸해졌다. 그 대신 그림과 조각에 새겨진 남자들의 모습을 즐겼다. 좋아하는 석상을 보면 서슴없이 열렬히 끌어안곤 했다. 하지만 석상의 국부는 항상 포도 잎으로 가려져 있어 답답하고 짜증이 났다.

나는 열일곱 살에 대학생이 되었다. 이때부터 또다시 의사 H와 2년을 함께 지냈다. 열일곱 살이 조금 지나면서 나는 취중에 여자와 섹스할 기회를 맞았다. 내가 처음 자위행위를 하면서 죄짓는다는 기분이 들었을 때와 똑같았다. 억지로 해 보았지만 넌더리를 치며 그곳에서 빠져나왔다. 나는 술을 마시지 않고 말짱할 때 다시 시도했다. 벌거벗은 여자 앞에서 발기되지 않았다. 그러나 사내를 보거나 남자의 손이 허벅지만 스쳐도 내 음경은 철

---

20 기독교 『구약성서』의 「창세기」에 나오는 일화다. 푸티파르(보디발)는 이집트 파라오의 장군으로서 야곱의 아들 요셉을 노예로 부리며 신임했다. 그런데 푸티파르의 아내가 요셉에 반해, 그를 유혹하려다 실패하자 되레 무고해 그를 강간범으로 고발했다. 추악하고 비열한 꽃뱀의 가장 오래된 전설이다.(역주)

광기와 성

봉처럼 단단해졌다. 나는 술에 취하지 않은 채 다시 시도해 보았다. 벌거 벗은 미녀를 상대했지만 흥분되지 않았다. 그 얼마 전에 의사 H도 똑같은 경험을 했다. 우리는 머리를 맞대고 원인을 알아내려고 했지만 허사였다. 결국 나는 여자들을 포기했다. 그리고 다시 H와 그 아들들하고 전과 같은 식으로 관계를 이어 갔다.

열아홉 살 때, 나는 정말로 본격적인 남성동성애자 두 사람을 알게 되었다. 한 사람은 나이가 쉰여섯으로 외모가 여자 같고 수염이 없으며 지능은 형편없었다. 그러나 성욕은 무지무지 강해 너무 이른 여섯 살 때부터 이미 남자와 사랑했다. 그는 매달 한 번 수도에 들어왔다. 그때마다 그와 동침했다. 그는 서로 자위행위를 해 주기에 끝을 몰랐고, 내게 계간鷄姦을 강요했다. 내키지 않았지만 따를 수밖에 없었다. 다른 한 사람인 B는 서른여섯 살의 상인이다. 정력에 넘치는 남자인데, 나처럼 성욕을 채우지 못해 안달했다. 그가 내 몸을 짜릿하게 애무할 때 나도 모르게 수동적인 자세를 취하고 말았다. 그런 자세로 쾌감을 느낀 것은 그때가 처음이었다. B는 내가 곁에 있을 때 발기로 괴로워했다. 내가 그를 도울 수 없을 때는 자위행위로 안심했다.

이런 애정행각에도 나는 병원에서 수련의로서 열심히 착실하게 지냈다. 물론 의학 서적을 뒤지며 나의 이상한 취향을 이해할 길을 모색했다. 그런 것이 위법이라는 구절이 여기저기에서 튀어나왔다. 나는 성욕을 자연스럽게 해소하려고만 했을 뿐 아니던가! 나는 특이 성향을 타고났다고 생각했다. 그러나 내가 세상 모두와 맞서고 있다는 기분이 들었고, 거의 미칠 것만 같아 자살할까 고민하면서 여자와 사랑해 보려고 끊임없이 노력했다. 하지만 결과는 항상 똑같았다. 어쩌다 섹스에 성공해도 역겹기만 했다.

전문의가 되어서도 나는 남자들의 나체를 볼 때마다 엄청나게 괴로웠다.

다행히 사귈 수 있는 중위를 만나 한 번 더 달콤하기 짝이 없는 시기를 보냈다. 우리는 서로 열렬하게 모든 것을 허용했지만, 그가 스당 전투[21]에서 사망하면서 끝장이 났다.

그 후, 나는 많은 애인에게 인기가 있었지만 절대로 수동적인 자세에 동의하지 않았다. 스물셋이 된 나는 시골에 개업의로 정착했다. 나는 의사로서 사람들의 사랑을 받으며 바쁘게 왕진을 다녔다. 이 무렵 나는 14살짜리 소년들과 기분 좋게 사귀었다.

그 무렵, 나는 정치판에도 뛰어들어 성직자들과 으르렁대며 싸웠다. 그러나 애인 중 하나가 나를 배신했고, 성직자가 나를 고발했다. 나는 도주했다. 그러나 사법 당국의 조사에서 내게 유리한 결론이 나왔다. 다시 일터로 돌아왔지만 매우 불안했다. 그때(1870년) 마침 프랑스와 프로이센의 전쟁이 터졌고, 나는 차라리 전쟁터에서 죽기를 바라면서 참전했다. 그러나 죽기는커녕 많은 무공훈장을 달고 돌아왔다. 나는 조용하게 일에 몰두하며 더는 쾌락을 좇지 않았다. 전쟁터에서 완전히 지쳐 버린 끝이라 나는 무섭던 성욕이 가라앉기만 기다렸다. 그렇지만 기운을 되찾기 무섭게 또다시 옛날과 마찬가지로 미친 듯한 욕정을 견디기 어려웠다. 나는 정신과 진찰을 받기도 했고, 세상 사람들은 물론이고 나 또한 자책하는 취향을 개탄했다.

1년 동안 나는 굳은 의지로 욕정을 참았다. 그러면서 수도로 들어가 여자들과 사귀려고 애썼다. 그러나 아무리 천하의 미녀를 만나도 감흥이 없었고 마구간 소년을 보아야 발기되었다. 나는 허무하게 시골로 돌아와 내 일

---

21 스당(Sedan)전투는 1870년 9월 1일, 프랑스군과 프로이센군이 양국의 접경지 스당에서 벌인 격전이다. 양측 합쳐 30만 대군의 포병과 기병, 보병이 육박전을 벌이며 혈투를 벌였다. 프랑스 나폴레옹 3세와 프로이센의 빌헬름 1세가 붙었지만, 프랑스가 패해 나폴레옹 3세는 포로가 되었다.(역주)

을 거드는 소년과 지냈다.

시골 의사 생활은 적적하기도 했고, 아이를 갖고 싶은 욕심에 나는 결혼하기로 했다. 그렇게 해서 험담도 듣지 않고 운명적인 취향도 이겨내고 싶었다. 나는 착하고 진실한 처녀를 만나 사랑받았다. 나는 아내를 칭찬하고 존중하면서 부부의 의무를 다했다. 의외로 부부의 의무를 쉽게 할 수 있었던 것은 아내가 선머슴 같았기 때문이다. 나는 아내를 라파엘[22]이라고 불렀고, 소년들의 이미지를 상상으로 떠올리면서 발기했다. 그렇지만 아내와 한 침대에서 잘 수 없었다. 최근 2년간 아내와 섹스는 더욱 힘든 일이 되었고 결국 포기하고 말았다. 아내는 내 정신 상태를 알았지만, 사랑과 선의로 부부생활을 못해 큰일 났다며 방정을 떨거나 힘들어하지 않았다.

나의 동성애 성향은 변치 않았다. 불행하게도 그 때문에 나는 번번이 남자들과 외도했다. 지금도 나는 열여섯 살 소년을 보면 흥분한다. 나도 정말 뭐라고 할 수 없을 만큼 괴롭다. 별수 없이 아내에 대한 의무와 법의 노예가 되어 한심하게 살고 있다.

나는 남자와의 항문성교를 능동적이든 수동적이든 원치 않는다. 마지 못해 그렇게 할 때는 상대방에 대한 예의와 배려 때문이다. 내가 상담한 의사는 지금까지 나와 비슷한 남성동성애자를 600여 명 보았다고 장담했다. 사회적 최고위층에서 여전히 많다고 했다. 이들 가운데 10퍼센트만 나중에 여자를 사랑하게 되었다고도 했다. 여자를 싫어하지 않지만 남성을 선호하는 경우가 있고, 나머지는 남자들만 좋아하는 사람들이다. 상담한 의사는 앞에서 자신이 진료한 600명 가운데 성기가 비정상인 경우는

---

22 라파엘 천사는 제2경전(외경)인 「토빗서」에 등장하는 천사인데, 맹인 아버지 토빗의 눈을 뜨게 할 묘약(생선의 내장)을 구하러 길을 나선 효자 소년 토비아를 길잡이하며 도와주었다. 소년의 수호신인 셈이다.(역주)

없었다면서 그 대신 두드러진 점을 지적했다.

먼저 국부가 여성의 것과 비슷하다. 털이 별로 없고 피부가 부드러우며 목소리의 음조가 높다. 가슴이 유난히 발달했다. "어떤 사람은 13년에서 15년간 남자 친구의 젖을 받아먹었다."라고 했다. 그들 가운데 10퍼센트만 여자들의 일에 관심을 보였다. 그들의 친구들 모두 이상하게 조숙하고 강한 동성애 취향을 보였다. 그들 대다수는 청소년과 성행위를 능동적 자세로 한다. 그러나 법을 무서워하고 항문성교를 불쾌해하기 때문에 실패하는 경우가 많다. 그들은 상대방에 대해 여성의 역할을 한다고 느끼지 않는다. 청소년과도 마찬가지였다.

이렇게 1887년 초에 나와 상담했던 의사는 미성년자들과 파렴치 행위를 저지른 혐의로 체포되었다. 청소년들과 항문성교를 했다는 혐의였다. 심문이 시작되었을 때 의사는 병적인 본능을 원인으로 인정했다. 그러나 의사가 정신이상이 없다는 점이 입증되자 사법 당국은 자기 의지력이 살아 있었다고 보아 충동을 억제해야 했다고 판단했다. 결국 1년 징역형이 떨어졌다. 정상을 크게 참작한 낮은 형량이다.

_사례 113 고위 인사의 수기

환자 X는 사회 지도층 인사인데 몇 해 전부터 신경쇠약과 불면증에 시달린다고 내게 호소했다. 원인을 캐던 중 환자는 자신의 동성애 성향을 자연스레 털어놓았다. 성욕이 강한 탓에 신경이 쇠약해지지 않았나 걱정했다. 지성이 풍부한 환자의 과거 병력은 학술적으로도 관심을 보일 만해 여기 소개한다.

나의 이상한 감정은 어린 시절부터 나타났다. 세 살 때, 우연히 패션 잡지를 보다가 남자들의 삽화를 찢어 간직했다. 여자들 모습에는 관심이 없었고, 어린아이들의 놀이도 싫어했다. 나는 인형놀이를 하면서 여자 아이와 놀기를 더 좋아했다. 인형에게 옷을 지어 입힐 때가 제일 좋았다. 지금 내 나이 서른셋이지만 인형에 관심이 많다.

어린 꼬마였을 때 나는 몇 시간이든 화장실 한구석에 숨어 남자들의 성기를 보려고 기다렸다. 그러다가 마침내 보게 되면 이상한 흥분에 휩싸여 아찔했다. 허약한 남자는 마음에 들지 않았지만, 소년들에게도 완전히 무심했다. 나는 열세 살 때 자위행위를 시작했다. 열다섯 살 때까지 미남과 같은 침대를 사용했다. 얼마나 행복했는지! 저녁마다 몇 시간씩 바라던 대로 되었다. 우연히 뒤척이던 친구가 내 성기를 건드리면 짜릿하기 그지없었다. 열다섯 살 때, 나는 학교에서 취미가 같은 친구를 만났다. 부드러운 손길과 몸의 또 다른 구석을 몇 시간씩 느끼며, 그때 또 얼마나 달콤한 시간을 보냈는지 모른다.

나는 가능한 한 자주 온천탕을 찾아갔다. 그곳에서 남자들의 성기를 보면 힘차게 발기가 되었다. 열여섯 살 때, 나는 대도시로 떠났다. 잘생긴 사내들을 많이 볼 수 있어 정말이지 흐뭇했다. 열여덟 살에 나는 창녀와 섹스를 시도했지만 역겹기만 해 성공할 수 없었다. 여러 번 시도했다가 실패했다. 열아홉 살 때까지 딱 한 번 성공했다. 즐겁지는 않았다. 오히려 불쾌했다. 나는 그저 난폭하게 덤볐고 해냈다고 자랑했다. 사내라는 것을 증명했으니까. 그런데 바로 그때부터 내가 과연 사내인지 의심이 들었다. 그 이후의 시도들은 줄줄이 실패했다. 염증이 났다. 여자가 옷을 벗을 때 나는 곧장 불을 껐다. 나는 내가 무능하다고 생각해 의사들을 찾아다녔다. 무능을 고쳐 보려고 물치료를 받으러 온천탕을 자주 드나들었다.

나는 여자들의 사교계를 좋아했다. 허영심이 아니었을까 싶지만, 여자들이 마음에 들어했고 정답게 대해 주었다. 나는 여자를 정신력과 심미안으로만 평가했다. 나는 그런 점이 훌륭한 여자들하고만 춤을 추었다. 그런데 춤을 추는 동안 여자가 내 품에 기대면 깜짝 놀랄 만큼 불쾌해 질색했다. 그러다가 우연히 재미 삼아 신사와 춤을 추게 되면 나는 언제나 여자 노릇을 했다. 그의 품에 안기면서 너무나 좋아 어쩔 줄 몰랐다.

내가 열여덟 살이던 어느 날, 우리 사무실에 어떤 신사가 찾아와 "오리엔트에 있었다면 금화 한 닢씩 적선할 착한 청년이 있다네."라고 떠들었다. 남창을 암시하는 말이었을 텐데 당시에는 무슨 엉뚱한 소리인지 궁금했다. 나하고 농담하던 사이였던 또 다른 신사는 사무실에서 나갈 때마다 나를 포옹하곤 했는데, 이 사람을 붙잡지 못해 너무 아쉬웠다. 신사는 나중에 나와 친한 애인이 되었다. 이런 분위기에서 나는 차츰 적당한 기회를 엿보았다.

내가 스물다섯 살 때던 어느 날, 나를 눈여겨보다가 먼저 접근한 파계한 수사는 내가 메피스토[23]라고 부른 애인이 되었다. 나는 지금도 그를 생각하면 가슴이 뛰고 거의 쓰러질 지경이다. 나는 저녁에 그를 만나기도 했던 식당으로 찾아갔다. 하지만 문간에서 발길을 돌렸다. 덜컹 겁이 났기 때문이다. 다음 날 저녁, 나는 다시 마주친 메피스토를 따라 그의 방으로 들어갔다. 그는 나를 소파에 앉히고 빙그레 웃기만 하면서 크고 검은 눈으로 나를 뚫어지게 내려다보았다. 나는 넋을 잃었다. 그런 신성하고 이상적인 기쁨과 희열 같은 것을 어떻게 설명할까? 내 영혼을 가득 채우던 것을 도저히 설명하기 어렵다. 그 저녁에 내가 사로잡힌 기분은 순진한 청년이 처

---

23 메피스토펠레스는 독일 민중 설화 속의 존재로 문인 괴테의 희곡 『파우스트』를 통해 널리 알려졌다. 작품에서는 무능함에 고뇌하던 지식인 파우스트 박사가 구원의 수단을 찾아 계약을 맺는 악마로 등장한다. 프랑스 철학자 로랑 상티 신부에 따르면, 악마와 악은 실재한다. 하느님의 뜻을 거역하고 반항하는 자로서 곧 자연에 반하는 행동을 하는 자는 모든 악귀에 쓰였다고 본다.(역주)

음으로 말로만 들었던 사랑이 무엇인지 알게 되었을 때 느낄 만한 행복감 같은 것 아니었을까.

메피스토는 내게 목숨을 바치라고 농담을 던졌다. (나는 이런 농담을 처음에는 정말로 진지하게 받아들였다.) 나는 잠시 행복한 그대로 내버려 둘 수 없겠냐고 간청했다. 그런 다음 죽을 준비를 하겠다고! 나는 사실 그 시절에 그렇게 들떠 있었다. 나는 지금까지 소중한 메피스토와 보낸 5년간 관계를 계속해 왔다. 너무나 행복했고 또 너무나 불행했다! 나는 메피스토가 예쁜 청년과 이야기하는 모습만 보아도 미친 듯 질투했다.

스물일곱 살 때 나는 어린 처녀와 약혼했다. 사업상 경제적인 이유도 있었지만, 아내는 재기발랄하고 섬세한 여자라 마음에 들었다. 나는 어린 시절부터 정말로 친한 친구가 있는데, 가난한 노동자였지만 아내와 아기랑 사는 친구의 모습을 보면서 나도 행복한 가장이 되고 싶었다. 그렇게 환상을 품고 무사히 약혼 시절을 넘겼다. 그렇지만 약혼녀를 껴안을 때마다 즐겁기보다 두렵고 괴로웠다. 어쨌든 저녁을 잔뜩 먹고 용기를 내어 포옹했을 때 발기된 적이 한두 번 있었다. 얼마나 다행스럽던지! 마치 아빠라도 된 기분이었다.

어쨌든 나는 두 번이나 파혼의 위기를 맞았다. 하객들이 모인 결혼식 날, 나는 방에 틀어박혀 아이처럼 울었다. 결혼하고 싶지 않았다. 그러나 항상 옳다고 믿는 식구들의 설득에 못 이겨 식장으로 나갔다.

나는 많은 성자들의 은덕에 감사하고, 또 감사했다. 나는 지금도 은총을 받은 분위기 덕에 섹스할 수 있었다고 믿는다. 내가 아내와 어떻게 그렇게 할 수 있었고 귀여운 아기를 가질 수 있었는지 알 수 없다. 부족하던 나의 삶에서 큰 위안이다. 아기를 낳은 행복을 준 하느님께 감사할 뿐이다.

우리의 부부생활은 기만에 불과했다. 재기발랄한 아내였지만 내 상태를 조금도 몰랐다. 나더러 왜 냉랭하냐고 불평했다. 지순한 아내 덕에 열심히 해 보려고 애쓰면서 한 달에 한 번은 부부생활을 했다. 어쨌든 아내는 '밝히는 여자'가 아니었기 때문에 나의 신경쇠약증을 몰랐다.

섹스는 내게 가장 큰 희생이다. 그나마 한 달에 한 번 섹스했던 것은 전날 밤 술을 많이 마시고 아침에 방광이 잔뜩 부풀면서 발기를 자극한 덕분이다. 그러나 쾌감은 없었다. 그 이튿날에는 신경증에 시달렸다. 그저 내가 좋아하는 아내에게 도리를 다하겠다는 마음으로 스스로를 달랬다. 그러나 나는 남자 노릇을 하면서 다른 남자와 동침할 때 쾌감에 몸을 떨면서 순수한 행복에 취했다. 그렇게 하고 나면 다시 차분해졌다.

최근에 동성애 취향은 조금 가라앉았다. 나는 접근해 오는 청년을 피할 만큼 용기를 냈다. 하지만 언젠가는 용기도 식을까? 남자들을 사랑하지 않고서 살 수 없다. 남자를 피할 때마다 나는 허무하게 쓰러진 듯 맥이 빠지고 비참했다. 그러면 몸이 떨리고 머리가 아프다.

나는 내 이상한 취향이 유전병이라고 한탄한다. 결혼을 후회하기도 했다. 착한 아내에게 불평하면서 과연 계속 함께 살 수 있을까 겁이 난다. 이혼과 자살을 고민하다가 독일로 건너가면 어떨까 궁리하기도 한다.

이 수기를 남긴 환자의 첫인상은 조금도 이상하지 않다. 말쑥하고 남자다운 옷차림에 턱수염도 덥수룩하고 목소리도 묵직하다. 성기와 두개골 모두 정상이다. 퇴행성 질병의 징후는 없다. 다만, 눈빛에만 신경질을 잔뜩 부리는 사람처럼 신경쇠약이 엿보인다. 소화기는 정상이다.

환자는 비정상적인 욕구를 느끼는 남성이 성욕 과잉일 때 나타나는 신경쇠약의 일반적 증세를 보인다. 동성에 대한 욕정과 여자를 혐오하면서도 억지로 아내와 섹스해야 한다는 압박감에 괴로워하고 있다.

광기와 성

환자의 부모는 건강했고 조상에 신경병이나 정신병 환자가 없었다. 그의 형은 3년간 결혼 생활을 하면서도 여자와 섹스하지 않던 형 때문에 헤어졌다. 형은 재혼했는데, 재혼한 부인도 남편이 무시한다며 불평했지만 아이를 넷이나 낳았다. 합법적인 남편의 자식인지 의심받지는 않았다. 환자의 누이는 히스테리 환자였다.

환자는 청소년기에 수십 초씩 어지러워 고생했다고 주장한다. 마치 "자신이 완전히 무너져 내리는 듯했다."라면서 환자는 항상 흥분하고 쉽게 감동하며 시와 음악에 열광한다. 자신도 알 수 없는 성격이라 망설이고 불안해하고 엉뚱하다고 한탄한다. 이유도 없이 흥분하고 뚜렷한 동기도 없이 침울해 죽고 싶어 한다. 경건한 감정에 젖어 있다가도 갑자기 변덕을 부리고 추잡하고 선정적인 감정에 사로잡히고, 고지식하게 믿다가 돌연 불신하면서 타인에게 못되게 굴고 울게 만든다. 그뿐만 아니라, 호기를 부리며 낭비하다가 금세 몰리에르의 희곡 『수전노』의 주인공처럼 인색한 구두쇠가 된다.

환자는 분명 결함이 있다. 지능은 우수하다. 학교에서 성적은 항상 상위권이었다. 환자의 결혼 생활은 행복하지 않았다. 자신에게 부적절하고 해로운 성행위를 아내와 드물게 할 때에도 신경쇠약증에 시달렸다. 증세가 심할 때는 부부생활에 절망하고 무기력증으로 발전한다. 아내는 히스테리와 빈혈에 시달리고, 환자는 아내가 금단 현상을 보인다고 한다. 아무리 기를 써 봐도 환자는 몇 해 전부터 섹스할 수 없었다. 완전한 발기부전이다. 그런데 남자 애인들과 만나면 힘이 솟는다.

환자의 아들은 지금 아홉 살인데 건강하다. 환자는 마지막으로 과거에 사랑하는 남자의 모습을 그리면서 아내와 섹스할 수 있었다고 털어놓았다. (폰크라프트에빙)

비록 나 같은 동성애자를 만난 적은 없지만, 나는 내 상태에 관해 모든 참고서를 읽어 보아 잘 알고 있다. 그중에서 얼마 전 폰크라프트에빙 박사의 책을 읽었다. 박사는 편견 없이 사태를 정확히 조사하려고 했다. 오직 학문과 인간에 대한 관심으로 보았다. 내가 박사에게 새로운 사실이라고 전할 만한 것은 없다. 그렇지만 내 체험이 박사의 연구에 작은 보탬이라도 되었으면 좋겠다. 물론 박사의 연구로 우리도 사회적으로 정당한 대우를 받을 수 있다면 좋겠다. 박사는 우리가 유전증을 물려받지 않았을까 추정하는데 분명 사실인 것 같다. 내가 태어나기 전부터 아버지는 척수병으로 고생했다. 그러다가 우울증 끝에 자살했다. 그러나 박사의 의견 가운데 조숙한 수음 때문에 이상한 취향이 나타날 수 있다는 데에는 선뜻 동의하기 어렵다.

나는 제법 큰 사업체를 갖고 있고 독신이다. 이제 갓 서른이다. 나는 건강해 보이지만 보통 남자 같은 모습과는 꽤 다르다. 나는 열 살 때 처음 성욕을 느끼면서 남자에게만 끌렸다. 자위행위는 열두 살부터 했다. 지금도 좋아한다. 여자와 하는 섹스는 노력해도 불가능하다. 여자에게 욕정은 고사하고 싫증만 느낀다. 여자 앞에서 당연히 발기는 안 된다.

나는 과거에 동급생 친구들과 어울리면서 본능을 해소했다. 나는 특히 요즘에는 열다섯에서 스무 살짜리 젊은이들을 좋아한다. 무엇보다 신입 사관생도처럼 건장하고 멋진 제복 차림으로 상큼한 맛이 나는 청년들을 보면 흥분된다. 새내기 생도들과 성관계는 물론이고 그냥 사귀어 본 적도 없다. 길을 가거나 산책하는 생도들을 따라가며 속으로만 애태웠다. 또, 식당, 전철, 기차까지 쫓아다니기도 한다. 사관생도들 곁에 슬그머니 앉아 눈치 채지 않도록 자위행위를 한다. 사관생도 같은 청년들과 친구가 되거나 하인이나 종처럼 따르고 싶은 욕심이 굴뚝같다.

나는 절대로 청소년을 직접 유혹할 생각은 없다. 그냥 포옹할 수 있다면 성기와 항문을 만져 보고 싶다. 폰자허마조흐가 소설 『모피를 입은 베누스』에서 묘사했던 대로 따라 하고 싶다. 남자가 자진해 여자의 노예가 되어 여자의 구박과 수치와 매를 맞으면서 짜릿한 쾌감에 떨어 보고 싶다. 그런데 여자의 노예가 되고 싶던 감정이 단지 남자의 노예가 되고 싶다고 상대만 바뀌었다. 나의 모든 것을 다해 사랑할 젊은이의 노예 말이다. 수음은 서글프고 불완전한 임기응변에 불과하다.

감미로운 꿈을 꾸는 과정도 이야기하겠다. (모든 것을 말하겠다. 오직 진실만 남기려고 한다.) 나는 매력적인 청년에게 절대로 복종한다고 생각한다. 그가 나를 모욕한다고, 이를테면 그의 발에 입을 맞추거나 땀에 젖은 신발을 핥으라고 한다고 상상한다. 그렇게 상상하면서 내 분신이 된 청년은 자신의 배설물을 삼켜야 하는 장면까지 떠오른다. 그런데 그렇게 상상대로 실현될 수 없어 나는 비록 작은 양이지만 나 자신의 배설물을 먹는다. 조금 역겨운 맛이지만 떨리는 가슴으로 먹는다. 그러면 불쑥 거세게 발기되고 사정한다. 그 더러운 장면들은 내가 수음으로 만족하지 못하거나 이웃의 청년을 구하지 못한 채 상당 기간이 지났을 때 열병에 걸린 듯 상상하거나 실행한다. 씁쓸한 환상이지만 정상적으로 쾌감을 느끼지 못한 결과일 뿐이다. 다시 말해 동성애자인 나로서는 정상적 만족감이다. 몸과 몸이 부딪혀 쾌감을 즐긴다면, 이렇듯 광기에 이르는 욕정은 가라앉을 것이고 엉뚱한 행동도 하지 않을 것이다. 결국 미친 듯한 기행은 너무 오래 금욕했던 탓이다. 상당히 오랫동안 참다 보면 결국 쾌락에 광분하는 상상에 빠지고 만다.

나는 다른 여건에서는 고상하고 훌륭한 애정을 보일 수도 있다. 희생정신을 발휘할 수도 있다. 나는 육체적이거나 병적인 관능만 생각하지 않는다.

잘생긴 젊은이의 모습은 깊은 낭만적인 느낌을 불러일으킨다. 하이네가
이렇게 노래하지 않았나.

너는 그토록 향긋하고 아름답고 순수한 한 송이 꽃

어느 날, 나는 높이 평가하던 청년과 헤어져야 했다. 물론 청년은 내가 얼
마나 사랑하는지 몰랐다. 그 순간에 나의 영혼에 울리는 셰펠[24]의 아름다
운 시구가 떠올랐다.

찌푸린 하늘 같은 세상에서 나는 얼마나 선악의 운명을 돌고 도는가
친구야 나는 너만 생각하는데
하느님께서 너를 지켜 줘야 할 텐데
하느님께서 너를 보호한다면 얼마나 다행일까
운명이 완전히 달라질 텐데

내 사랑을 알아줄 만한 청년은 아직 없었다. 나는 어떤 청년에게도 도덕적
으로 비난받을 만한 취향을 보여준 적도 없었다. 그렇지만 나를 흔들어놓
는 청년은 많다. 그래서 어떤 어려움도 마다하지 않고 가능한 모든 것을
희생한다. 내가 사랑하는 친구가 곁에 있어 그를 지킬 수 있고, (성애와 무관
한 애정으로서) 그가 모를 내 사랑이 보상받는다면 나의 더러운 상상도 사라
질 것이다. 거의 정신적인 사랑에 걸맞은 화답을 받아 고상해지지 못한다
면 다시 진흙탕에 빠질 것이다.

---

24 Joseph Victor von Scheffel, 1826~1886, 독일 낭만주의 문인.

광기와 성

나는 자랑은 아니지만 짓궂은 사람은 못 된다. 사람들이 공감한 일에는 어디든 참여한다. 온건하고 동정심도 많다. 사람은 물론이고 짐승에게도 못 될 짓을 하지 않을 것이다. 내가 할 수만 있다면 인류애를 위한 활동도 열심히 할 것이다. 이런 생각으로 비난받을 일은 없더라도 세상의 판단을 거부할 수밖에 없어 몹시 괴롭다. 사실 내가 사랑하는 사람에게 해악을 끼치지는 않았다. 정상적인 남자들의 감정과 사랑 못지않게 고상한 사랑이다. 그러나 우리를 무지하고 무자비하게 가로막는 불운 때문에 나는 살아 있는 것이 지겨울 만큼 고통스럽다. 우리 동성애자들이 모든 불운한 상황과 비정상을 들킬까 봐, 사회에서 쫓겨날까 봐 불안에 떠는 두려움을 설명하는 말과 글은 없다. 발각되어 지위를 잃고 세상 사람들이 손가락질한다는 생각만 해도 얼마나 괴로운지 모른다.

정상인들 모두 자신들은 가장 파렴치한 애정행각을 벌이면서도 고상한 척 거드름을 피우겠지만, 이해할 수 없는 기이한 애정행각을 벌이는 정상이라는 사람은 내가 알기로도 한 두 명이 아니다. 그러니 얼마나 부당한 불행인가! 우리는 인간을 저주하면서 불운한 인생의 끝을 맺을 것 아닌가. 사실 격리된 요양원에 들어가 조용히 죽어버리고 싶은 때도 있다. 한시라도 더 빨리 그렇게 하는 편이 낫지 않을까. 이미 각오하고 있다.

우리의 신경증은 인간 사회에서 태어났다는 비운 때문일 뿐이다. 그런데 폰크라프트에빙 박사는 동성애자와 관련된 법 조항을 삭제하는 문제를 제안했다. 법을 없앤다고 인류가 손해 볼 일은 없다. 내가 아는 한 이탈리아에는 그런 조항은 없다. 이탈리아는 야만적인 나라가 아니다. 문명국이다. 자위행위를 해야 건강을 유지할 수밖에 없는 나로서는 법을 어길 수 없지만, 지금까지 어떤 위반도 하지 않았다. 그런데 나는 우리에게 쏟아지는 저주받을 경멸에 시달린다. 법률로 그 같은 잘못된 도덕을 지지하는데 어떻게 세상의 여론이 바로잡힐까? 법은 국민의 의식에 부응해야 한다. 그릇된 대중의식이 아니라, 가장 생각이 깊고 교양 있는 사람들의 의견을 따라야 한다. 법은 무지몽매하고 미신에 사로잡힌 사람들의 편견과 욕구에 맞춰서는 안 된다. 통찰력 있는 사람들은 이 문제에 관한 케케묵은 여론을 더 이상 고집하지 않아야 한다.

_사례 115 동성애자 의사

어느 여름날 해가 질 무렵, 독일 북부 도시의 의학박사 X가 어떤 마을에서 현행범으로 붙들렸다. 부랑자와 함께 길가에서 파렴치한 행위를 벌였다는 이유에서였다. 그는 부랑자의 자위행위를 도와주는 등 음란 행위를 했다. 도주한 X를 검사가 기소하지 않으면서 그는 법망에서 벗어났다. 대중에게 알려져 추문이 일어나지 않았고, 두 사람이 항문성교까지 하지는 않았기 때문이다. X의 소지품에서 방대한 남성동성애자의 편지가 나왔다. 편지에서 X가 수년간 모든 계층 사람들과 동성애 관계였다는 사실이 드러났다.

X는 흠이 많은 가족 출신이다. 친할아버지는 정신이상으로 자살했고, 아버지는 허약 체질에 이상 성격이었다. X의 형은 두 살 때부터 자위행위를 했고, 사촌은 동성애자였다. 사촌도 X처럼 똑같은 풍속사범 전과자였다. 저능한 청년이었던 사촌은 척수병으로 사망했다. X의 외할아버지는 쌍성이었으며, 이모는 미쳤지만 어머니는 건강하게 살고 있다. X의 형은 신경질이 많고 거칠게 울화통을 터트리곤 한다.

X도 어려서부터 매우 신경이 예민했다. 고양이가 야옹대기만 해도 질겁했다. 사람들이 고양이 소리를 흉내 내도 X는 자지러지게 울면서 주변 사람에게 달려가 매달렸다. X는 증세가 심하지 않을 때도 고열에 시달렸다. 꿈꾸듯 조용한 아이였고, 상상력이 풍부했지만 정서적 환경은 좋은 편이 아니었다. X

는 사내아이들과 함께 놀지 않았고 여자들의 일을 재미있어하고 훨씬 더 좋아했다. 형이나 자기 집 하녀의 머리를 땋아 주며 좋아했다.

X는 열세 살 때 기숙사로 들어갔다. 그곳에서 친구들에 이끌려 서로 자위 행위를 했고, 이런 비행으로 기숙사에서 쫓겨나 집으로 돌아갔다. 이때부터 이미 동성애 성향을 밝히는 연애편지를 썼는데 이것들이 부모 손에 들어갔다. 열일곱 살 때부터 X는 학교 선생님의 엄한 지도 아래 공부했다. 상당히 양호한 성적을 올렸고 음악에 재능을 보였다.

대학입학자격시험이 끝나고 나서 X는 열아홉 나이로 대학에 들어갔다. 대학에서 청소년들과 어울리며 파렴치한 동성애를 즐긴다는 요란한 소문으로 유명했다. X는 멋을 부리기 시작했다. 야한 넥타이를 매고, 화려한 장식의 셔츠를 입고 꼭 끼는 가죽장화를 신고, 머리를 기묘하게 빗었다. 그러나 겉멋을 부리는 취미는 대학 시절로 끝냈고 고향 집으로 돌아갔다.

X는 스물네 살 때 잠시 심한 신경쇠약에 시달렸다. 그때부터 스물아홉 살 때까지 X는 진지하게 일에만 몰두하면서 유능함을 보였다. 여자들의 세계를 멀리하고 평판이 수상쩍은 신사들과 돌아다녔다.

X는 진찰받지 않겠다고 했다. 내게 편지로 자신의 취향은 타고난 것이라면서 진찰받아 뭐하겠냐고 전했다. X는 언제나 여성을 혐오했다. 여자의 매력을 거들떠보지도 않았다. 그러나 남자들끼리 있을 때는 남자 역할을 맡았다. X는 동성애자라고 자인하면서도 병 때문이니 어쩌겠냐고 했다. 독일에서 도주한 뒤, X는 이탈리아 남부 지방에서 동성애자로 살고 있다.

X는 점잖고 기품에 넘치는 완전히 남성의 매력을 풍긴다. 수염이 많고, 성기는 정상이다. X는 얼마 전 내게 수기를 보내 주었다. 그중 다음 부분은 읽어 볼 만하다.

나는 일곱 살 때 기숙사에 들어가서 불편했다. 다른 학생들이 반겼지만 거북했다. 단 한 명만 마음에 들었다. 내가 좋아했던 곱게 생긴 친구였다. 우리가 놀이할 때 나는 언제나 계집아이 차림을 즐겨 했다. 하인의 머리를 복잡하게 땋아주는 것이 가장 즐거웠다. 나는 여자로 태어나지 못했다며 아쉬워했다.

나는 열세 살에 성이 무엇인지 알았고, 그때부터 남자아이들에 끌렸다. 처음에는 이런 끌림을 이상하게 생각하지 않았다. 그러나 친구들이 성행위하는 것을 보거나 그 이야기를 들으면서 다시 생각하게 되었다. 열세 살부터 자위행위를 했다. 열일곱 살 때, 집을 떠나 대도시의 중학교에 다니면서 결혼한 선생님 댁에 기숙생으로 들어갔다.

나중에 나는 선생님의 아들과 성관계를 했다. 이때 처음으로 성욕을 채우는 맛을 보았다. 그다음에 나는 나의 동성애 성향을 금세 눈치 챈 젊은 예술가를 알게 되었는데, 자신도 나와 마찬가지라고 솔직하게 털어놓았다. 그는 우리 같은 사람들이 많다고 가르쳐 주었다. 그래서 마침내 나만 비정상인 줄로 알고 속을 앓았던 고민을 덜었다. 그 예술가는 자기 취향에 대해 환하게 알고 친구들의 동아리에도 나를 데려갔다. 그곳에서 나는 모두의 관심거리였다. 다들 그런 말을 했지만 나더러 몸이 좋다고 했다. 금세 중년 신사가 내게 접근해 우리는 잠시 정답게 지냈다. 또, 내게 딱 맞는 젊은 미남 장교의 제안도 즐겁게 받아 주었는데 그가 나의 첫사랑이었다.

대학입학자격을 얻고 나서 열아홉 살 때 고등학교를 졸업한 해방감에서 나는 많은 동성애자와 사귀었다. 카를 울리히스도 그중 한 명이었다. 나중에 의학 공부를 시작하면서 고위직 친구들과도 많이 친하게 지냈다. 그 친구들과 어울려 창녀를 찾아갔다. 미모가 뛰어난 여러 창녀 앞에서 부끄러워하는 나를 보고 친구들 사이에 내가 성불능이라는 소문이 끊질기게 돌았고, 나는 예전에 여자들과 벌인 사랑의 무용담을 이야기하면서 반박했다.

그 무렵, 나는 밖에서 수많은 관계를 가졌다. 내가 미남이라는 평판이 자자했다. 여행자라는 사람이 뻔질나게 찾아오고 난처한 연애편지가 답지했다. 내가 격리 병동에 1년간 의료봉사를 자원하면서 난처한 상황은 절정으로 치달았다. 마치 유명인사를 찾아오듯 오가던 사람과 또 나로 인한 질투 때문에 모든 행각이 탄로 났다. 그 조금 뒤 나는 탈이 났다. 급성 어깨관절염으로 석 달을 앓았다. 그렇게 앓는 동안 하루 몇 차례 모르핀 주사를 맞았다. 주사는 어느 날 갑자기 중단되었지만 나는 회복한 뒤로도 몰래 주사를 맞았다.

의사 일을 시작하기 전에 나는 특별한 것을 배우려고 빈에서 몇 개월 지냈다. 친구들의 추천으로 동성애자의 다양한 동아리에 가입했다. 빈의 동성애자 동아리는 상류층, 하류층 가릴 것 없이 다양했다. 소란을 피해 같은 직업 동료들끼리 조용히 모이는 동아리가 상류층에서 빈번했다.

시골에 의사로 정착했을 때 나는 코카인으로 모르핀을 끊으려고 했다가 결국 중독되었다. 세 번이나 실패하고 나서야 1년 9개월 전에 끊었다. 시골에서는 내 신분 때문에 욕망을 해소하기 어려워 자연스레 코카인을 상습 복용했다. 고모가 열심히 도와준 덕에 처음 코카인 중독에서 벗어났을 때 나는 회복 차 몇 주간 여행을 갔다.

그러자 즐기고 싶은 욕망이 다시 부글거렸다. 어느 날 저녁에 나는 변두리에서 어떤 남자와 재미를 보았다. 그러나 그 이튿날 검사의 출두 명령을 받았다. 검사는 내가 이미 전부터 고발이 들어와 감시해 왔다고 말했다. 고발당한 행위가 범법은 아니라고 독일제국 최고재판소의 결정이 나왔지만, 나는 몸을 사리며 조심했다. 내 사건 소식이 사방으로 퍼졌기 때문이다. 사건의 여파로 나는 독일을 떠날 처지에서 법과 여론으로, 의지력으로도 억제할 수 없는 취향을 억압하지 않는 나라를 새 조국으로 삼고자 했다.

나의 취향이 사회적 관점에 맞지 않는다는 것을 잘 알고 있던 만큼 어떻게든 그것을 이겨내려고 했다. 그런데 정반대로 그러면 그럴수록 더욱 심해졌다. 친구들도 나와 똑같았다고 실토했다. 나는 말썽을 일으키지 않고 조용히 지내면서 나의 공상에 고분고분 응할 하층민의 상대를 물색하고 매수했다.

나는 180센티미터의 키인데 남자다운 습관으로 생활하고 피부가 예민한 것 외에 몸에 별다른 이상은 없다. 금발인데 수염처럼 숱이 많다. 성기는 모양과 크기 모두 평균치이고 정상이다. 나는 이틀 동안 지치지 않고 성행위를 여섯 번쯤 할 수 있다. 나는 규칙적으로 생활한다. 술은 거의 마시지 않고 담배도 조금만 피운다. 피아노를 잘 치고, 몇 곡 작곡한 것도 호평 받았다. 얼마 전에 두 번째 소설을 내놓았는데 친구들이 반겨 읽었다. 동성애자의 생활 문제를 다룬 소설로 나도 많은 친구들이 나와 마찬가지로 고통을 받는 줄 알기 때문에 우리의 이상한 여러 가지 모습을 묘사했다.

라이프치히 출신으로 베를린 변두리에 사는 광기가 심한 인물이 있다. 발가락으로 여기저기를 쑤시며 추잡한 짓을 하면서 더러운 욕설을 지껄였다. 파리에서 내 친구와 사귄 어떤 신사는 친구에게 입으로 여자 노릇을 해 달라고 졸랐다. 그런데 그들 모두 기마대의 장화와 군복을 보면 광분해 즉시 사정해 버린다고 들었다.

물론 나와는 다르지만, 빈에서 만난 두 사람은 스스로를 여자로 느낀다. 둘 다 여자 별명으로 통한다. 한 명은 미용사로 '프랑스 여자 로라'라고 부르고, 또 한 명은 푸줏간에서 일했던 경력으로 '푸줏간 집 파니' 하고 부른다. 두 사람은 카니발에서 잽싸게 여장을 하고 다녔다.

함부르크에서 거의 모든 사람이 여자라고 알고 있는 신사는 자기 집에서

광기와 성

항상 여자 옷을 입고 있었고 가끔 외출해서도 마찬가지였다. 신사는 세례식에 '대모'로 행세했다가 엄청난 추문을 일으켰다. 이들 모두 약속을 안 지키고 험담을 하고 나약한 성격 등 여자들의 결점도 보여준다.

내가 아는 성도착자들 가운데 간질과 정신이상 증세가 있는 사람이 여럿이다. 이들 대부분 탈장 환자라서 놀랍다. 내가 진료 활동을 하면서 친구들의 소개로 알게 된 사람들 가운데 항문수축증 환자들이 많았다. 매독의 초기 궤양을 비롯한 파열 등을 보았고, 지금은 항문 주위가 구멍이 숭숭하고 주먹 크기의 꽃양배추처럼 물러터진 환자를 보고 있다.

빈에서 만났던 청년은 가면무도회에 여자로 분장하고 드나들면서 신사들을 유혹했다. 청년은 심리적으로 동요할 때 월경했다면서 그것을 핑계로 항문성교를 즐겼다고 한다. 단 하룻밤에 14명의 청년을 유혹했다.

동성애자들은 서로 알게 되면 곧장 과거의 경력을 알려준다. 멀리 떨어진 곳에 있거나 하는 식으로 사정이 여의치 않은 것도 아닌데 이런 사실을 알리지 않는 경우는 드물다. 동성애자들은 서로를 '아줌마'라고 부르고, 빈에서는 '언니'라고 부른다. 빈에서 우연히 알게 된 남자 행세를 하고 애인 사이인 두 창녀는 자신들

영국, 〈뉴캐슬 어폰 타인의 랄프 홀랜드 푸줏간〉, 1900년경

같은 입장에서 서로를 '아저씨'라고 부른다고 한다.

내가 비정상이라는 것을 분명히 알게 된 뒤로 나는 나와 마찬가지 감정을 지닌 수많은 사람을 만났다. 거의 모든 대도시마다 '인도Side'라고 그들만 모여드는 장소가 있다. 소도시에 '아줌마'들은 적은 편이다. 그런데 2300명 주민 정도의 소읍에서 여덟 명, 7000명 주민 정도의 소도시에서 18명은 내가 모르는 그 밖의 사람들이 더 있을 것이다. 확실히 만나 보았다.

내가 태어난 도시의 인구는 3만 명인데, 내가 아는 '아줌마'만 해도 120명쯤 된다. 또, 정말로 '아줌마'인지 아닌지 모르겠지만 은어를 사용하는 성향의 인물은 즉시 서로를 알아본다. 친구들은 내가 남자들 사이에서 '아줌마'를 단숨에 짚어낸다고 놀란다.

다른 한편, 나는 기분이 안 좋을 때, 완전히 여자처럼 행동한다. 나도 그렇지만 대부분의 '아줌마'들은 자신의 비정상을 불행으로 여기지 않는다. 이런 상태가 바뀐다면 되레 후회할 것이다. '아줌마'들과 나도 같은 의견이지만, 우리의 타고난 상태는 어떤 영향으로도 달라지지 않을 것이라 어느 날 외설이나 풍기문란죄로 처벌하는 법률의 개정만 바랄 뿐이다.

_사례 116 여성의 도치, 즉 동성애

38세의 여교사 S가 나를 찾아와 신경증을 호소했다. S의 아버지는 한때 정신이상을 겪었고 뇌 질환으로 사망했다. S는 외동딸인데 어려서부터 무서운 감정과 생각에 괴로워했다. 자신이 뚜껑이 덮인 관 속에 누워 있다가 깨어난다거나 고해하려고 했던 일을 기억하지 못해 영성체를 받지 못한다는 둥 주절거렸다. 흥분한 S는 흥분하고 겁이 날 만큼 두통이 심했다. 그런데도 시체 같은 것을 보고 짜릿한 공포에 휩싸이고 싶어 했다.

S는 어릴 때 가르쳐 준 사람도 없는 욕정을 느껴 자위행위를 했다. 월경은

열네 살 때 시작했는데, 차츰 복통과 통증이 따랐고 성욕으로 흥분했으며 두통과 스트레스에 시달렸다. S는 열여덟 살 때부터 자위를 억제했다. 그렇지만 이성에 애정을 느낀 적은 없다. 결혼을 그저 정착 수단으로 생각했다. 어쨌든 S는 여자들에게 강하게 끌렸다. 처음에는 우정에서 그런 감정이 피어올랐다. 그러나 친구들과 일단 애정에 사로잡히면 우정보다 더욱 강렬해 끝없이 우울했다.

S는 여자가 남자를 사랑할 수 있다는 것을 이해하지 못하지만, 남자는 여자에게 애정을 품을 수 있다고 이해한다. S는 미인과 아름다운 처녀에게 관심을 쏟고 그들만 보면 흥분했다. 그 귀한 존재를 끌어안고 싶어 미칠 지경이었다. S는 남자를 거들떠보지도 않고 오직 처녀를 꿈꾸었다. 처녀들을 보는 것이 세상에서 가장 행복했다. 사랑하는 여자친구들과 헤어지면 깊은 절망에 빠졌다. S는 겉보기에 완전히 여성이고 정숙하다. 여자친구들을 상대로 자신의 어떤 특별한 능동이나 수동적 역할을 느끼지는 않는다. 골반도 여성의 전형이다. 유방은 풍만하다. 얼굴에 수염은 없다.

_사례 117 여성 동성애자의 히스테리

사교계 여인 R 부인은 1886년에 남편에게 이끌려 나게 진찰받으러 왔다. 부인의 아버지는 의사인데 신경질환이 심했다. 친할아버지는 정상이고 건강하게 아흔까지 살았다. 친할머니에 대한 정보는 없다. 아버지의 형제자매 모두 신경증이 있었다. R의 어머니는 신경질환과 천식으로 고생했다. 외가 사람들은 모두 건강했다. 이모만 우울증이 심했다. S는 열 살부터 자주 두통에 시달렸다. 그러나 홍역을 앓았을 뿐 다른 질병은 없었고 부드러운 성격이며 최상의 교육을 받았다. 음악과 외국어에 능통했다.

R은 교사자격증 시험을 준비하던 중, 지능이 급속히 발달할 시기에 몇 달

간 우울증을 앓았다. R은 언제나 여자만 좋아했고, 남자라면 외모에만 조금 관심이 있었다. 남자들의 일에 취미는 전혀 없는데, 어린 시절에는 모든 것을 가리지 않고 소년들과도 잘 놀았다. 건강했던 R은 스물일곱 살 때부터 공연히 우울해했다. 죄책감이 들어 모든 일이 재미없었고 밤잠을 설치곤 했다. 그러다가 강박관념에 사로잡혔다. 자신과 주변의 죽음과 고뇌를 생각했다. 상태가 호전된 다섯 달쯤 뒤에는 가정교사로 취업했다. 과로할 만큼 열심히 일했지만 별 탈은 없었다. 가끔 신경쇠약증만 나타났다.

스물여덟 살 때, R은 자기보다 다섯 살 연하의 처녀를 만났다. 두 사람은 사랑에 빠졌다. 상호 자위행위를 해 줄 만큼 육체적인 사랑이었다. "너무나 고귀한 나의 우상"이라고 했다. 그러나 둘의 관계는 4년 뒤 친구가 결혼하면서 끝났다.

1885년, 불안해하던 끝에 R은 히스테리 같은 신경쇠약에 걸렸다. 소화불량, 척수 흥분, 근육 마비, 반맹※ⅲ 등이 나타났다. 그런데 1886년 2월부터 이런 증상은 사라졌다. 그해 3월, R은 지금의 남편을 알게 되어 주저 없이 결혼했다. 신랑감은 부자였고 성격이 마음에 들었으며 R을 지극히 사랑했기 때문이다. 그런데 4월 6일에 R은 우연히 "누구도 죽음을 피하지 못한다."라는 글귀를 읽고 마치 벼락을 맞은 듯 과거에 사로잡혔던 죽음의 강박관념에 다시금 사로잡혔다. 자신과 주변 사람들의 무서운 죽음을 상상하면서 괴로워했다. R은 불안해하면서 불면에 시달렸고 아무런 것에도 즐거워하지 않았다. 증세는 심해지기만 했다.

R은 1886년 5월 말에 결혼했지만, 여전히 남편과 부모의 불행을 걱정하면서 괴로워했다. 6월 6일, R은 남편과 처음으로 섹스하곤 매우 침울해했다. 자신이 생각했던 결혼이 아니었다. 처음에는 심한 권태감이 밀려들었다. 정말로 아내를 사랑했던 남편은 그녀를 안심시키려고 했다. 찾아다닌 의사마다 아

프란츠 한프슈텡글, 〈바이에른의 조피〉, 1868년
조피는 '시시'라는 애칭으로 유명한 동생 엘리자베트, 즉 오스트리아-헝가
리 제국의 프란츠 요제프 1세 황후의 맏언니입니다. 폰크라프트에빙이 설립한 그
라츠 요양원에서 치료를 받았다.(본문에서는 환자의 비밀을 밝히지 않는 엄
한 윤리에 따라 환자를 밝히지 않았지만, 어느 사례에 해당되는 주인공인지
짐작할 수 있다. 남편의 손에 이끌려 박사를 찾아온 귀부인이다.) 만년에 파
리에서 살던 중 1897년, 빈민을 위한 자선 시장에서 큰 불이 났을 때 봉사 활
동 중이던 여러 귀부인들과 함께 불운하게 사망했다.

내가 임신하면 나아질 것이라고 걱정하지 말라고 했다. 그런데 남편은 아내의 알 수 없는 행동을 설명하지 못했다. 소중한 아내는 애무를 받아 주었고 소극적이었는데 섹스만은 피하려고 했다. 결국 섹스하게 되면 아내는 며칠 동안 피곤해하고 신경증에 시달렸다.

그러던 어느 날, 부부의 여행길에 아내는 옛날 여자친구와 재회했다. 친구는 3년 전부터 어려운 살림으로 고생하고 있었다. 두 여자는 재회에 감격하면서 다시는 떨어지지 않으려고 했다. 남편은 여자들의 우정이 수상하다며 서둘러 떠나자고 했다. 그 뒤 남편은 아내와 친구의 편지를 보고서 분명 연애편지라고 확신했다. 그 사이 R은 임신했다. 그랬더니 강박증이나 우울증이 사라졌다. 하지만 9월 15일, 임신 9주 만에 낙태했다. 그때부터 다시 신경쇠약성 히스테리 증세를 보였다. 자궁의 오른쪽이 앞과 옆으로 휘었다. 심장도 탄력을 잃고 늘어졌다.

환자를 진찰해 보니 신경쇠약이 심했다. 눈으로 나타난 것을 보니 분명했다. 체질은 완전히 여성이다. 입천장이 좁고 매우 굽었지만, 두개골은 정상이다. 환자가 성에 비정상적인 면이 있다고 믿게 하기가 너무 어려웠다.[25] 환자로서 R 부인은 자신이 남녀의 부부관계를 모른 채 결혼했다고 불평했다. 자신은 남편의 뛰어난 지성을 사랑했지만, 성관계는 고문이었을 뿐이라고 털어놓았다. 마지못해 성관계를 해도 쾌감이 없다고 했다. 섹스 후 며칠간 탈진 상태에 빠져 아무것도 할 수 없다고 했다. 낙태 후, 섹스를 중단하라는 권고를 따르고 나서 약간 호전되었지만 R은 미래에 대한 공포를 떨쳐 버리지 못했다. 다만 남편과 섹스만 하지 않는다면 여전히 남편을 존중하고 무엇이든 하기를

---

25 이렇게 환자 스스로는 자기 증세의 비정상을 인지하지 못해 치료 시기를 놓쳐 더욱 고질이 되고 합병증 등으로 비운을 겪은 경우를 역자도 주변에서 종종 보고 있다. 주변의 방관과 무지로 속수무책이었다. 사례는 다양하지만, 특히 남성혐오증이나 남편이 동성애자로 보이는 경우처럼 은폐에 급급한 경우에 대책이 없다.(역주)

바랐다. 물론 앞으로 남편에 대한 욕정도 느낄 수 있기를 바라고 있다. 남편이 바이올린을 켤 때, R은 단순한 정보다 좀 더 짙은 감정이 들기도 했다. 그러나 그나마 희미하던 감정조차 그때뿐이었다. R은 옛날의 애인과 편지를 주고받는 시간만이 가장 행복했다. 잘못인 줄 알면서도 포기하지 못했다. 편지마저 못 한다면 너무나 불행할 것이라고 느꼈다.

R의 비정상은 오랫동안 단순한 동성애에 그쳤고 유혹을 받거나 신경쇠약증에 따른 합병증처럼이나 나타났을 뿐인데, 이 점이 주목할 만하다. 그녀의 증세가 육감에 관련된 선천성 또는 원초적인 병력 때문이라는 것이 확실하지 않다면 후천적 동성애와 혼동하기 쉽다.

_**사례 118** 여자와 관계하고 싶었던 여자

32세의 환자 C는 공무원의 부인이다. 키가 크고 무난한 외모에 여성의 모습이다. C의 어머니는 신경증 환자로 감정이 풍부했다. 오빠는 정신병자로 약물중독으로 죽었다. C는 이상하게 고집을 부리고 혼자 틀어박혀 있었고, 화를 내고 거칠고 엉뚱했다. 형제자매 여럿이 폐병을 앓았다.

C는 열세 살 때 동갑내기 학급 소녀에게 이상하게 욕정을 느끼며 흥분했다. C는 매우 엄한 교육을 받았다. 학생 시절에 많은 소설을 몰래 읽었고 시도 지었다. 열여덟 살에 아버지 사업의 실패로 어려운 상황을 벗어나려고 결혼했다. C는 남자들에 무관심했고 사실 무도회에도 나가지 않았다. 그러나 여자들의 일상을 몹시 좋아했다. 사랑하는 여자와 결혼만 할 수 있다면 더 바랄 것 없이 행복할 것이라고 생각했다. C는 그 이유를 설명하지는 못한다. 결혼하기 전까지 자신의 비정상을 의식하지 못했다. 부부관계를 거부하지는 않았으며, 자녀를 셋 낳았다. 그중 두 아이가 경련으로 고생했다. C는 남편의 의견을 존중하며 살았다. 물론 정신적으로만 그렇게 했고 고의로 부부생활을 피했다.

"여자와 관계를 하고 싶었을 뿐"이었다.

1878년, C는 신경쇠약에 걸렸다. 그때 해수욕법으로 치료하려던 중에 남자 역할을 하는 여성동성애자를 만났다. 내가 전문지 『데어 이렌프로인트』에 소개했던 사건이다.[26] C는 바닷가 요양원에서 달라진 모습으로 돌아왔다. 남편의 설명은 이렇다.

"아내는 내 아내가 아니었다. 내게는 물론 아이들에게도 정을 주지 않았고, 부부로서 이야기하거나 들으려고도 하지 않았다."

C는 자기 친구에게만 열렬했다. 다른 생각은 아예 없었다. 남편이 바닷가에서 만난 문제의 여자가 집으로 찾아오지 못하게 하자 다음과 같은 편지를 보냈다.

"내 비둘기, 나는 오직 너만을 위해서 살잖아. 요것아!"

C는 기다리던 편지가 도착하지 않으면 몹시 흥분했다. 두 여자의 관계는 순수하지 못했다. 분명 상호 자위행위를 해 주며 쾌락을 탐했던 것으로 짐작된다. 이런 관계가 1882년까지 이어졌고 C의 신경쇠약증은 더욱 악화했다. 아내가 살림하지 않자 남편은 예순 살 아주머니에게 살림을 맡기고 아이들을 위한 가정교사를 불러들였다. C와 친구의 애정은 깊어졌고, 친구는 C의 눈먼 열정을 이용해 물질적 이익을 취했다.

1883년 말 즈음, C는 폐결핵이 심해지기 시작해 남쪽으로 요양차 여행을 떠났다. 그곳에서도 C는 마흔 살의 러시아 여자를 만나 첫눈에 반했지만, 자신의 욕망에 걸맞은 사랑은 받지 못했다. 어느 날, C의 정신이 잠깐 빗나갔다. 러시아 여자를 허무주의자라고 하면서 그녀에게 감염되었다는 피해망상으로 헛소리하면서 어디론가 사라졌다가 이탈리아 도시에서 발견되었다. C는 현

---

26 Der Irrenfreund, 1884년 제1호에 수록. 1859년에 창간되어 1902년에 폐간된 독일의 정신의학전문지로 제호는 '방황하는 또는 빗나간 우정' 정도의 뜻을 담았다.(역주)

지 병원으로 이송된 뒤 정신을 차렸다. 그러자 C는 또다시 자신이 원하는 여자를 쫓아다니면서 끝없이 불행해하면서 자살을 생각했다. C는 귀가해 러시아 여자를 차지할 수 없다며 깊은 상실감에 빠졌고, 또다시 가족과 주변 사람들에게 냉담했다.

1887년 5월 말경, C는 망언하면서 흥분했다. 좋아하면서 춤을 추며 자신은 남자였다고 떠들고 과거의 여자친구들에게 대가족을 이루어 모여 살자고 요구했다. C는 마침내 남장하고 가출했다. 욕정에 미쳐 날뛰다가 격리 요양원에 수용되었다. 며칠 뒤에 광증은 사라졌다. 조용했지만 침울해했고 절망적으로 자살을 기도했다. 그게 실패하고 나서는 무기력증에 빠졌다. 성도착증이 주춤하는 사이 급성 폐결핵에 걸렸다. 결국 1885년 초, 폐결핵으로 사망했다.

C의 뇌를 해부해 보니 구조와 혈관의 배치에 이상한 점은 없었다. 뇌의 무게는 1,150그램. 두개골은 조금 비대칭이다. 퇴행성의 흔적도 없다. 성기도 안팎 모두 정상이다.

여장남자와 남장여자

감정과 취향에 따라, 인격이 성에 영향을 끼쳐 성도착을 보이는 사람들이 있다. 이런 증상이 심한 남자들은 다른 남자 앞에서 자신을 여성이라 느낀다. 여자들은 여자 앞에서 자신을 남성이라고 느낀다. 이와 같은 성격과 공상은 종종 유아기부터 나타난다. 사내아이가 여자아이들 사이에서 시간 보내기를 좋아한다. 소꿉장난과 인형놀이를 하거나 어머니의 가사를 돕기 좋아한다. 부엌일, 바느질, 자수 등을 좋아하고 누이들에게 가르쳐 주기도 한다. 좀 더 성장했을 때 이런 사내아이는 술, 담배와 격렬한 운동을 싫어하고 피한다. 반대로 수건과 옷가지, 보석과 예술, 소설 등을 좋아하고 그 분야에서 재기를 보이기도 한다. 그런 사내아이는 가장행

〈휴스턴의 사순절 맞이 축제 기간 중 가장행렬에 여장하고 참여한 청년들〉, 1899년경

렬에 여장하고 나가기 좋아한다. 거의 본능적으로 자기 애인의 마음에 들 도록 남자를 상대하는 이성으로서 모습을 보여준다. 순결과 우아, 미적 감 각과 시와 같은 것에 취해 종종 여자 같은 태도로 행동하려고 애쓴다.

남자 노릇 하고 싶어 하는 여성동성애 성향도 소녀 때부터 나타난다. 이런 소녀는 소년들이 싸움박질하는 마당을 좋아한다. 그런 자리에 나가 소년들과 한판 겨루려고 한다. 인형에 관심은 없다. 목마와 병정놀이, 산 적에 열광한다. 여자들의 일을 싫어할 뿐만 아니라 그런 일에 유난히 서 툴다. 화장도 무시하고, 개구쟁이처럼 거친 태도를 좋아한다. 예술보다는 과학 쪽에 취미를 쏟는다. 기회가 되면 술도 마시고 담배도 피우려고 한 다. 향수와 과자는 싫어한다. 여자로 태어났다고 고민하고, 대학과 공부하 는 재미와 군대에서 배제되고 추방될까 봐 불안해하고 불행해한다.

여자 가슴 속에 남자의 혼이 들어 있어 남성의 스포츠를 아마조나스 처럼 밝히고, 용감무쌍한 행동에 뛰어들고 싶어 한다. 남성 노릇을 하는 여성동성애자는 헤어스타일과 복장도 남성처럼 하기를 좋아하며, 틈만

나면 남장하는 것을 좋아한다. 여성으로서 힘과 재능이 뛰어났던 역사적 위인(잔 다르크, 빅토리아 여왕 등)을 이상형으로 삼는다.

이렇게 남성 취향의 여성동성애자의 감정은 남녀 여느 편에서나 마찬가지로 나타난다. 남자 앞에서 자신을 여자로 느끼는 남성들도 있고, 여자 앞에서 자신을 남자로 느끼는 여성들도 있다. 이런 사람들은 이성의 동성애자에게 거부감을 느낀다. 오히려 동성애자에게만 끌리거나 차라리 동성으로서 정상인에 끌린다. 경쟁자가 자신의 사랑을 위협한다면 정상적인 성생활에서도 마찬가지 질투심을 보인다. 질투는 종종 상상조차 하기 어렵게 격심해진다. 동성애자 대부분이 성욕 과잉이기 때문이다. 동성애가 완전히 발전한 사람은 이성애를 이해하지 못할 지경이 된다. 이성과 성행위를 생각조차 할 수 없고 불가능하다고 여긴다. 이성과의 성행위를 시도해 보더라도 역겹다거나 치를 떨 만큼 강박관념이 심해 발기가 되지 않는다. 이렇게 성이 뒤바뀐 감정이 깊어진 남자들도 자신이 안고 있는 상대가 여자라고 상상하면서 가까스로 섹스하기도 하지만 쾌감은 느끼지 못한다.

〈화살통과 방패로 무장한 바지 차림의 아마조나스 여전사〉 테라코타 향유병, 대영박물관, 기원전 470년경

동성애 관계에서 남자는 항상 여자로 느끼지만 여자는 남자로 느낀다. 동성애자 여성은 여성끼리의 사랑에서 또는 적극적인 자위행위로만 성욕을 채우는 듯하다.

_사례 119 여성 성향 동성애자의 수기

A. 병력

내 나이는 지금 스물셋이다. 이공대학에 들어갔는데 만족스럽다. 유년기에 심각한 질병을 앓은 적은 없다. 형제자매도 지금은 건강하지만 어렸을 때 심한 병을 앓았다. 부모는 살아 있고 아버지는 변호사다. 부모 모두 신경질이 많다. 아버지의 형제자매는 각 한 명이 있었지만 아기 때 사망했다.

B. 현재 상태

나는 체격은 크지 않아도 튼튼하다. 눈은 회색. 머리는 금발이다. 몸을 덮은 털과 얼굴의 수염은 성별과 나이에 걸맞게 적당하다. 가슴과 성기는 정상으로 발육했고, 걸음은 묵직할 만큼 또박또박 걷는다. 놀랍게도 골반의 폭이 어깨의 폭과 똑같다. 두뇌는 명석하다. 지능검사에서도 '탁월하다'로 나왔다. 자랑하고 싶지는 않지만, 시험 성적도 빼어났고 인간에 관한 것이라면 뭐든 관심이 많고 과학과 예술, 산업 모두 흥미롭다. 나는 다방면에 정력을 쏟다 보니 상대적으로 성욕을 해소할 시기를 놓쳤다. 이 문제는 나중에 설명하겠다.

나는 오늘날, 비정상적인 성능력을 임의적인 법으로 통제하는 것을 양심을 걸고 항의한다. 동성애 관계는 서로 자유롭게 동의했을 때만 존중한다. 이럴 경우 법으로 간섭하지 않아야 한다.

내가 처음으로 깊이 공부했던 것은 다윈의 이론에 기초한 도덕이다. 사실상 오늘날의 도덕에 맞지 않는다. 그러나 인간은 더 높이 고양할 수 있는 도덕이나 자연의 법칙에 따라 고상해질 수 있다. 우리 집안에 장애의 상처는 많지 않다고 생각한다. 나는 꽤 흥분하는 성격이다. 주목할 만한 점이라면, 그런 흥분은 꿈속에서 빈번하지만 관능과 관련된 것은 없었다.

그 엇비슷한 꿈이라고 해 보아야 여자의 화장과 세면에 관한 것 정도였다. 특히 열여섯 살부터 나는 거의 몽유병자처럼 생생한 꿈에 취했고, 요즘에도 잠결에 큰소리로 잠꼬대를 하곤 한다. 앞에서 말한 나의 비정상적인 취향이 감정의 바탕이다. 나는 여장하면 더 이상 좋을 수 없다. 차분하고 정말로 편안해 공부와 연구에 쉽게 몰입한다. 성행위하고 싶은 욕구는 매우 적다. 나는 여자들의 수공을 무척 좋아하고 소질도 많다. 별로 배우지 않고서도 자수와 뜨개질에도 능숙했고, 혼자 몰래 그런 것을 하기 좋아했다. 재봉 같은 여자들의 일감도 좋아한다. 나는 내심을 드러내지 않고 마치 뜻밖의 적성을 보이는 척했고, 사람들이 훌륭한 하녀가 되겠다며 칭찬하는 소리를 들으면 창피해하기는커녕 속으로는 쾌재를 불렀다.

나는 여자들과 춤추러 다니지 않았다. 학교의 남자 친구들과 춤추기만 좋아했다. 수업시간에 그럴 기회가 잦았다. 친구와 춤출 때, 나는 여자 노릇을 맡아야 재미있었다.

나는 폰크라프트에빙 교수가 인용했던 청년 장교나 발레리나 무용복에 대한 병적인 공상 같은 것과 똑같은 몽상과 욕심을 품었다. 그 밖의 취미는 보통 사람들과 다르지 않다. 담배를 피우고 음주는 평균 수준이다. 당과를 좋아하지만 운동은 거의 안 한다.

C. 장애가 나타난 과정

내가 자의식과 성징에 눈을 뜨게 되면서 나 자신이 여자라는 비밀을 단단히 지키려고 했다. 그렇지만 목욕탕에서 같은 반 친구들과 나의 성기도 똑같다는 것을 보고 내가 여자가 되고 싶다는 욕심이 무모하다고 이해했지만, 그럴수록 더욱 남녀를 겸하는 쌍성의 인간이라도 되고 싶어 미칠 지경이었다.

국부를 자세히 설명하거나 그 그림을 보기 싫어했기 때문에 나는 그런 책을 접할 기회가 있어도 주목하지도 않았고 희망을 포기하지 않았다. 대학에서 공부할 때 그 문제를 별수 없이 파고들게 될 때까지 그렇게 했다. 공부하는 동안 나는 암수한몸을 다룬 책들을 죄다 읽었고, 신문에서 여성으로 태어난 사람이 어떻게 남성으로 자랐다가 나중에 우연히 자기의 원래 성을 되찾은 사연을 전하는 기사를 읽으면서 그 사람과 똑같이 되고 싶어 애태웠다.

남성의 성격으로 정해진 만큼 꿈을 깨야 했기에 조금도 기쁘지 않았다. 나는 고환을 제거하려고 온갖 방법을 써 보았다. 하지만 너무 고통스러워 포기했다. 지금도 밖으로 여성으로 보이고 싶어 견딜 수 없다. 예쁜 가슴과 개미허리 같은 여자처럼 보일 수 있다면!

나는 열두 살 때, 여성의 옷을 차려입을 기회가 있었다. 비단 침대보와 홑청으로 치마를 지어 입을 생각도 했다. 나중에 누이들의 드레스를 몰래 입어 보면서 너무나 좋아했지만 금세 들키고 말았다. 어느 날 나는 아마추어 연극에서 여자로 분장하고 출연할 기회를 얻어 날아갈 듯 기뻤다. 나는 적역을 잘 소화했다는 평을 들었다.

나는 대학에 입학해 독립하면서 몸에 맞는 여자들의 속옷과 겉옷을 구해 놓았다. 저녁에 감추어 두었던 옷을 입고 덧옷까지 걸치고 팔찌로 치장하고서 차분하게 공부에 집중했다. 나는 여장만 하면 반드시 발기되었지만 사정이 따르지는 않았다. 정말이지 외모를 진짜 여자처럼 보이려고 노력했다. 면도도 하고 머리치장도 했다.

D. 여성 취향

이렇게 여성 취향을 따랐지만 원래 남성으로서 정상적인 성장을 막을 길이 없었다. 몽정하고 변성기를 맞았다. 요즘도 3주마다 한 번씩 몽정한다. 그보다 기간이 짧아진 때는 거의 없다. 그럴 때 쾌감은 없다. 수음도 하지 않았다. 최근까지 그런 것이 있다고 말만 들었다가 직접 경험한 사람에게 물어보고서야 알았다. 그런데 성기를 건드려서 발기되면 짜릿하기는커녕 힘들고 괴롭다.

나는 과거에 여자들 앞에서 매우 수줍었다. 이제는 차분하게 그들과 동등한 듯 대한다. 이성으로서 여자 앞에서 흥분하는 경우는 드물지만, 어쩌다 그런 일이 벌어지더라도 곰곰이 따져보면, 그 사람이 여자 때문이라서가 아니고 입고 있는 여자 옷 때문에 흥분했다. 그 옷에 심취했고 그럴 수 있다는 생각만 해도 기분이 좋다.

나는 성욕 때문에 흥분하지 않았다. 친구들을 따라 몇 번 가 보았던 사창가에서도 마찬가지였다. 어떤 상상을 펼쳐 본들 무심했고, 정말로 아름다운 창녀 앞에서도 마찬가지였다. 그렇지만 여성에 대한 친근한 감정이 일어났다. 나는 내가 여자로 분장하고 있다고 여자들 사이에서 아무로 모른 채로 살고 있다고 생각하곤 했다. 여자들과 사귀면서 더없이 행복했다고도 생각했다.

내가 여자들이 가슴이 아직 잔뜩 부풀지도 않은 처녀들이고 짧은 머리라면 더욱 매력적이라고 생각했다. 한 번은 어떤 처녀를 만날 기회가 있었는데 자신이 여성이라는 사실에 불행해했다. 우리는 우정을 맺었고 종종 우리 사회의 상황이 달라져야 한다는 생각에 공감했다. 나처럼 특이한 경우가 중요할 수 있다면, 다음과 같은 사실까지 모두 털어놓는 것이 좋지 않을까.

몇 달 전, 신문 보도로 헝가리 백작부인(사례 131)의 사연을 들었다. 백작부인은 자신을 남성으로 느끼고 있어 남자로 가장하고 결혼했다. 그래서 나도 정말이지 그 부인에게 청혼할 수 없을까 진지하게 공상했다. 내가 여자로 부인은 남자로 역할을 바꾸어서 말이다.

나는 섹스를 시도해 본 적도 없고 그럴 마음도 없다. 여자 앞에서 발기가 되지 않을 점을 예상하기 때문이다. 그렇게 실수할 경우 준비했던 여자 옷으로 갈아입는다면 절대로 실수할 리 없을 것으로 생각한다.

남자들에 대한 나의 태도에 관해서는 우선 나의 초등학교 시절부터 이야기해야겠다. 나는 급우들과 정답게 지냈다. 내가 좋아하고 감탄하는 친구에게 작은 도움이라도 줄 수 있을 때 가슴이 터질 듯이 좋았다. 나는 우상숭배의 경향이 정말 강하다. 그만큼 사소한 일로도 무섭게 질투한다. 샘이 나면 살 수도 죽을 수도 없는 감정으로 괴로웠다. 하지만 화해하면 금세 풀어졌다. 나는 귀여워하는 어린 소년들과도 친구가 되려고 과자도 주며 끌어안아 주었다. 나의 사랑은 변함없이 정신적이었지만, 어쨌든 이상한 점이 있었다. 내가 좋아하던 형뻘 되는 학교 친구에게 무의식적으로 했던 말이 그 증거라고 하겠다.

"나는 네가 너무 좋아, 너랑 결혼할 수만 있다면 뭐든 다 할 거야."

요즘도 나는 여전히 곱게 수염을 기르고 지성을 풍기는 미남만 보면 홀딱 반한다. 그렇지만 나 자신을 찾게 할 만한 자매와 같은 혼을 지닌 상대, 그냥 여자친구 같은 사이로 사귈 만한 상대를 만나지 못했다. 이런 문제에서 나는 절대로 직접 내 성향대로 행동하려거나 경솔한 짓을 하지 않았다. 미술관을 드나들지도 않았다. 남자들의 나체화가 걸려 있어 그 모습에 흥분하게 되어 너무나 거북했다.

나는 남자 옆에서 잠을 잘 기회에 은밀히 한숨을 돌리기도 했다. 나보다

광기와 성

연상의 신사가 어느 날 나를 초대했는데, 내 마음에 드는 사람은 아니었다. 그런데도 그가 내 성기를 만졌을 때 그야말로 행복했다. 그에게 완전히 넘어간 느낌이었다. 나를 여자로 느꼈다.

마지막으로 한마디 덧붙이자면, 나는 내 취향이 이상하다는 것을 알고 있지만 결코 달라지고 싶지 않다. 나중에도 나는 좀 더 편안히 들키지만 않고서 누구에게도 잘못하는 법이 없이 즐겁게 살고만 싶다.

_사례 120 남자이고 싶었던 여성 동성애자

31세의 미혼녀 화가 Z가 신경쇠약증으로 진찰 차 나를 찾아왔다. Z는 거칠고 남자 같은 얼굴인데, 음성도 걸걸하고 두발은 짧고 남성 복장을 했다. 걸음걸이도 남자처럼 뻣뻣하다. 그 밖에는 완전히 여성이다. 가슴은 풍만하고 골반은 여성답다. 얼굴에 수염은 없다. 질문해 보니 분명 동성애 성향이다.

Z는 이릴 때부터 사내아이들과 어울려 병정놀이, 장사꾼놀이, 산적놀이를 즐겼다. 난폭하고 드세게 놀았다. 여자 일이나 인형에는 취미가 없었다. 여자 일이라면 초보적인 뜨개질이나 바느질 정보만 배웠다.

학교에서 수업을 잘 따라갔고 수학과 화학을 좋아했다. 또, 입학하자마자 미술에 뛰어난 소질을 보였다. Z는 화가를 최고의 목표로 삼았다. 장래에 결혼은 생각조차 하지 않았다. 화가로서 남자에 관심이 없지 않았지만 여체에 깊은 관심을 쏟았다.

남자들의 모습은 "거리를 두고"만 바라보았다. "너절한 옷가지" 같은 것에는 코웃음을 치고 남성적인 것에만 주목했다. 여자들과 함께 보내는 시간을 지겨워했다. 여자아이들은 싱겁고 짜증나게 화장, 옷, 연애 이야기나 나누었기 때문이다. 반면에 몇몇 여자친구와 황홀할 만큼 정답게 지냈다. 열 살 때, Z는 같은 반 여자아이를 열불 나게 좋아해 사방에 그 친구의 이름을 써놓기도

체리 판스워스, 〈남자 옷차림을 한 여자친구들〉, 1892년

했다. 그 이후로 Z는 "격렬한" 키스로 유명해지며 많은 친구를 사귀었다. 거의 선머슴 같은 소녀들을 마음에 들어했다. 사귀던 친구들에게는 뭐든 해줄 수 있다면서 자기희생을 노래하는 시를 바쳤다. 그런데 이상하게 친구들 앞에서 옷을 벗지 못해 자신도 친구들도 거북해하고 의아해했다. 더욱 사랑하는 친구일수록 Z는 그 앞에서 한층 더 의기소침했다. 때마침 또 다른 친구 로라와 사귀기 시작했다. 서로 다정하게 끌어안고 주변을 산책하곤 했다. 그렇지만 로라가 다른 사내들과 재미있게 어울리는 것을 보면 질투에 신음했다. Z는 오직 로라의 곁에서 살고 싶어 했다.

Z는 "지금까지 딱 두 번 남자에게 깊은 인상을 받았다."라고 털어놓았다. 만약 그때 남자가 청혼했다면 받아 주었을지 모른다. 가족과 아이들을 몹시 좋아하기 때문이다. 만약 자신을 차지하고 싶은 남자라면 무엇보다 자신과 억척스레 한판 겨루며 싸워 이길 만큼 힘이 세야 했다.

Z는 여성이 남성보다 더 아름답고 이상적이라고 생각한다. 관능의 몽상에 사로잡힐 때만 제외하면 항상 여자들이 최고였다. 남자를 그리워한 적은 없었다. Z는 어떤 남자든 다시 사랑하기는 글렀다고 믿는다. 남자들은 틀려먹은 존재이기 때문이다. Z는 신경증과 무기력증이 있다. Z는 자신을 여자라고 믿지만 다만 남자가 아니라고 아쉬워한다. 벌써 네 살 때, 소년의 옷을 입기를 가장 좋아했다. 성격도 사내아이 같았다. 질질 짜지도 않았다. Z는 체조, 펜

광기와 성

싱, 승마에 열광했다. Z는 주변 사람들이 자신을 이해하지 못해 마음고생이 심했다. Z는 여자들의 수다를 바보 같은 짓으로 보았다. 많은 사람들이 Z는 남자로 태어났어야 했을 것이라며 딱하게 여겼다. Z는 자신이 육감이 풍부한 기질이 아니라고 털어놓는다. 친구들과 포옹할 때 흥미로운 감각을 느끼기는 우정의 표시일 뿐이다.

Z는 아버지가 신경증 환자였고 어머니는 미쳤다고 했다. 어머니는 처녀 시절에 친오빠와 사랑에 빠져 함께 미국으로 달아나자고도 했다. Z의 오빠도 상당히 이상한 인물이다. Z에게 퇴행성 증세는 없다. 두개골은 정상이다. 월경은 열네 살 때 시작한 뒤 줄곧 규칙적이다. 그러나 항상 통증이 따른다.

_사례 121 여성으로 변하던 남자의 수기

나는 폰크라프트에빙 박사의 책 『광기와 성(Psychopathia Sexualis)』에서 남성이 여성으로 느끼는 증세에 관한 것이 너무나도 내 경우와 똑같아 놀랐다. 그래서 나의 불운한 사정을 모두 털어놓고 싶다.

나는 지금 서른여덟 살이다. 이상한 취향 때문에 나는 지금까지 말할 수 없는 고통을 겪으면서 타고난 것을 견디기가 얼마나 어려운지 경악한다. 너무나 괴로운 날들을 보내다 보니 나 자신 대단하다는 느낌마저 들었다. 이런 감정마저 없었다면 벌써 인생을 하직하지 않았을까? 먼저 현재 나의 상태부터 설명해 보겠다.

몸은 건강하다. 건강한 가족 출신이고 심각한 병을 앓지도 않았다. 아무튼, 부모 모두 신경질이 심하고 쉽게 흥분한다. 아버지는 성마르고 어머니는 다혈질인데 몹시 우울해하곤 했다. 어머니는 활달하고 착하고 인정도 많았지만, 자신감이 부족해 누군가에 의지하기 좋아했다. 어머니는 외할아버지의 성격을 고스란히 물려받았다. 사람들은 나도 마찬가지라고 했다. 나도 비슷하다고 느낀다. 나는 나의 동성애 감정이 그 두 사람의 성격이 합쳐진 것이라고 믿었다.

그렇지만 나는 내면이 강하다는 환상을 품고서 남자에 끌리는 마력에서 벗어나려고 애썼다. 그래도 이상한 피가 남아 있어 그렇게 못했다. 가장 오래전의 기억을 더듬더라도 애인을 갖고 싶다는 수수께끼 같은 욕망이 사방에서 나타난다. 처음에는 막연한 느낌에 지나지 않았다. 열 살 즈음이었을 텐데, 어느 날 침대에 누워 있다가 성기를 짓누르는 뜻밖의 강렬한 감각에 놀라 버렸다. 가족의 누군가 나를 가지고 놀고 있다는 공상을 했다. 여러 해 뒤에야 나는 수음이라는 것을 알았다. 처음에는 나의 수수께끼 같은 취향에 너무 놀라 자살까지 시도했다. 차라리 그때 죽었다면 얼마나 좋았을까! 자살에 실패하면서도 몸과 마음 모두 크게 불안해 격심한 흉통까지 나타났다. 지금까지도 수음의 우울한 자취가 남아 있다. 서너 번은 도덕심 덕에 포기하기도 했다.

열세 살 때 나는 첫사랑을 했다. 이제 와 돌이켜보니 급우의 예쁘고 달콤한 입술을 탐했다. 낭만으로 넘치는 몽상에 젖어 권태로웠다. 열여섯 살 때까지 심한 권태에 시달렸다. 결국 자연스러운 사랑이라면 그렇게 격심할 리 없었을 질투심으로 광기를 부렸다. 미친 듯한 애증의 시기가 여러 해 반복되었다. 사랑하던 상대방과는 며칠을 함께 보냈을 뿐 거의 15년 동안 다시 보지 못했다. 차츰 그에 대한 열정도 식었고, 나는 다시 한 명만 제외하고 모두 동갑내기 사내들과 열애에 빠졌다. 하지만 이런 애정으로 돌아오는 것은 없었다. 열애라고 해도 나는 사람들이 질색하는 것 같은 관계를 남자와 맺은 적은 없다. 단 한 번 한 친구에게 은밀한 욕망을 들키긴 했다. 어쨌든 남자들에 대한 뜨거운 욕망이 식은 적은 없다. 내 감정은 사랑에 빠진 여자의 감정과 똑같다. 나는 나의 감각적 표현이 점점 더 여자

광기와 성

의 것과 같아지고 있어 대경실색한다. 욕망이 시들어 뭐라고 꼬집어 말하기 어려운 욕정에서 벗어난 시기에 수음에만 의존하고 있을 동안 내 육감도 뚜렷하지는 않았다. 해로운 감정과 여전히 싸울 수 있겠지만 사랑 자체를 억눌러 봐야 소용이 없다.

일 년 전부터 나는 감정이 끓어올라 고생하고 있다. 왜 그런지 특징을 곰곰이 따져보니 정확히 설명할 수 있을 것 같다. 나의 관심은 언제나 외모에 좌우된다. 그래서 수염을 기른 남자를 좋아하지 않는다는 흥미로운 사실을 깨달았다. 그렇다면 내가 청소년을 사랑한다고 할지 모르겠다. 그러나 정확한 짐작은 아니다. 내가 자주 겪듯이 외모와 관련된 육체적 매력에 압도당해 그만큼 힘들기 때문이다. 나는 헌신을 좋아한다. 나의 헌신을 바탕으로 서로의 우정을 다진다. 이성 간에 서로 인정하는 것과는 다른 더욱 긴밀한 관계를 꿈꾸는 감정이다. 이런 열정으로 안달하고 애태우며 괴로워한다. 여러 해 동안 이런 은밀한 성향을 숨기면서 쓴웃음을 지었다. 보상받는 것은 전혀 없던 그런 사랑은 곧 고문이고 질투였다. 미친 듯한 질투심에 정신마저 흐려졌고, 내가 선망하던 친구와 눈길만 마주치는 사람들 누구든 미친 듯이 증오했다.

나는 이성과 육체적 사랑 때문에 고민한 적은 없다. 이성과의 성관계는 역겹다. 나를 사랑한다고 털어놓은 이런저런 처녀의 고백을 들을 때마다 괴로웠다. 어린 소년처럼 처녀와 춤추는 재미를 못 느꼈고, 청년들하고만 춤추고 싶었다.

나는 사랑하는 남자와 악수만 해도 가슴이 떨리고 심지어 발기된다. 나는 진심으로 이런 '사랑'을 떨쳐 버리려고 온갖 수를 써 보았다. 수음에 몰입하거나 더러운 바닥까지 내려가 보기도 했다. (반대로 십여 년 전에 사랑에 빠졌을 때 잠시 자위행위를 포기했는데 사랑의 감정이 고상해지는 것을 느꼈다.) 지금은 누군가 나만을 사랑한다는 소리를 들을 수만 있다면 어떤 쾌락도 포기할 수 있을 것이다. 환상이겠지만.

특히 작년에 나는 잿더미에 덮인 듯 암울하던 욕망을 실현하지도 못할 앞날을 생각하면서 치를 떨었다. 나를 이해해 주고 사랑을 받아 줄 애인을 만나고 싶은 욕구에 시달렸다. 그렇게 만나야 마음이 편안할 텐데. 나는 나의 비정상이 설마 유전이 아닐 수도 있지 않을까 원인이 무엇일까 깊이 고심했다.

수음이 유전으로 물려받은 감정에 불을 지른 것일까 생각했다. 진즉 죽음을 겁내지 않던 오래전에 이런 불행을 끝장낼 수도 있었다. 불순한 마음속에서도 신앙심이 사라진 것은 아니었다. 애당초 나를 갉아먹은 몹쓸 벌레 같은 악습을 방치한 것은 분명 내 잘못만은 아니다. 요 얼마 전부터 뭐라고 말할 수도 없이 서러워 이를 악물었다. 도전하고 싶은 마음이다. 마음을 가득 채울 것, 사람의 수수한 행복 같은 것의 새로운 바탕 위에 쌓을 수 있도록 경험을 쌓아야겠다고 생각했다. 평온한 가정생활만이 행복하게 할 수 있지 않을까 싶다.

솔직히 여자와 결혼 생활을 한다는 생각만 해도 끔찍하다. 언제든 꿈꾸는 행복한 날을 우연히 맞을 수 있다는 환상과 활기찬 열망을 꺾어 버릴 수야 없지 않은가. 너무 뿌리 깊은 열망이라 최면술로나 치료할 수 있을지 모르겠다.

내 신경과민은 별로 심하지 않다. 물론 약하고 소화불량 정도만 성가시다. 피로는 견딜 수 있다. 과로만 아니라면 괜찮다. 나는 침울한 기질이지만 때때로 명랑하다. 다행히 일을 좋아하는 덕분이다. 관심거리도 많고 음악과 미술, 문학을 좋아한다. 여자들의 일은 흥미 없다.

이렇게 나는 남자들, 특히 미남들과 사귀는 것이 좋다. 깊은 관계를 원하지는 않았다. 그들과 나 사이에 깊은 심연이 가로놓였다.

좋든 나쁘든 내 고생담을 남기려고 한다. 동성애에 반대하는 모든 곳에 만연한 심각한 오류와 오해를 조금이나마 지적하고 싶다.

내 나이 지금 서른일곱이다. 부모는 신경증이 심했다. 그래서 내 동성애 성향이 물려받았을 수 있겠다고 생각한다. 아무튼, 막연한 주장이다. 내가 직접 본 적은 없지만, 우리 조부 세대에 외할아버지가 대단한 '난봉꾼'으로 유명했다고만 들었다.

나는 약한 아기였다. 두 돌까지 관절염을 앓았다. 그 후유증으로 기억력이 약해진 듯싶다. 흥미 없는 것을 배우기가 쉽지 않고 배운 것도 쉽게 잊는다. 내가 태어나기 전에 어머니가 정신이상으로 광분했다고 한다. 세 살부터 나는 건강했고 지금까지 중병에 걸리지 않았다. 열두 살부터 열일곱 살까지 설명하기 어려운 이상한 감각을 느꼈고, 머리와 손가락 끝에서 주로 나타났다. 나는 나른하게 녹아내리는 기분이었다. 그러다가 오래전부터 이런 증세는 되풀이되지 않았다.

나는 머리숱은 많고 남자다운 성격이다. 여섯 살 때 혼자서 자위행위를 알게 되어 열아홉 살 때까지 했다. 별수 없이 요즘도 종종 자위행위를 한다. 수음은 비난도 받고 몸도 약해지지만 남자와 성관계하면 피곤하기는커녕 거뜬하다. 일곱 살에 초등학교에 들어가 급우들과 정답게 어울렸다. 전혀 이상하지 않았다. 열넷에 중학생이 되었을 때 친구들이 동성애가 무엇인지 구체적으로 가르쳐 주었다. 그렇지만 설명만 들어 관심은 없었다. 당시 두세 명의 친구와 상호 자위행위만 했는데 너무나 짜릿했다. 그러나 여전히 성의 본능에서 이상한 점을 깨닫지 못했다. 나는 이런 행동이 또래 모두가 저지르는 청소년기의 비행으로만 믿었다. 그래서 때가 되면 여자들에게 관심을 가지려니 했다. 그렇게 열아홉 살이 되었다. 그 뒤 몇 해 동안 뛰어난 연출가와 뜨겁게 사랑했고 무척 못생긴 은행원과 친구들과도 마찬가지였다. 순수하게 플라토닉한 사랑, 낭만만 불태우던 사랑이었다. 아마 지금까지 가장 좋았던 시절이었을 것이다. 모든 것을 순진하게만 바라보았으니까.

스물한 살을 먹고 나서야 나는 차츰 동료들과 전혀 다른 처지라는 것을 깨달았다. 나는 남자의 일에 재미가 없었다. 술과 담배, 카드놀이 모두 싱거웠다. 사창가는 더더욱 치가 떨렸다. 절대로 가지 않았다. 친구와 동료가 함께 가자고 할 때마다 무슨 핑계를 대어서도 빠졌다. 이때부터 나 자신을 되돌아보기 시작했다. 버림받은 비참한 기분이 들었고, 나와 성품이 비슷한 친구가 분명 있을 텐데 만날 수 없을까 고민했다.

스물두 살 때 나는 내게 동성애를 실토한 친구를 처음으로 만났다. 그 친구도 남성동성애자로서 나보다 더 열렬했다. 그 친구를 만나던 날 하늘에 감사하면서 나도 모르게 눈물을 흘렸다. 세상이 완전히 다르게 보였다. 나와 같은 운명의 사람이 많았고 가능한 운명을 이해하고 적응하려고 했다. 하지만 순탄하지 못했고, 지금도 나는 가엾은 동성애자를 너무나 박대하는 현행 제도에 반발하고 넌더리 친다. 도대체 우리의 운명이 무엇인가? 우리 대부분은 이해받지 못하고 조롱받고 무시당한다. 고작 우리를 이해한다면서 불쌍한 병자나 미친놈으로 동정이나 한다. 동정심 때문에 오히려 가슴 아프다. 그러면 웃기는 연기를 시작한다. 친지에게 나 자신의 정체를 속이며 즐거워한다.

나는 같은 운명에 처한 여러 동지를 만났다. 하지만 그들과 만남은 항상 금세 끝났다. 나는 너무 겁이 나고 신중해서 대담하게 움직이지 못했다. 나는 미성년자를 동성애자로 상대하는 것은 역겹다. 인간답지 못한 것이니 모든 동성애자가 그렇게 생각하기를 바랐다. 하지만 안타깝게도 일부는 여전히 그렇게 한다. 모두가 나처럼 어린아이를 건드리지 않는다면 세상 사람들의 혐오와 손가락질을 받을 만큼 부당한 반감을 살 리 없을 것이다.

사랑하는 남자 앞에서 나는 완전히 여자로서 느낀다. 그래서 성행위에도 소극적이다. 일반적으로 나의 감각과 감정 모두 여성적이다. 허영심 많고, 비위를 잘 맞추고, 멋진 옷을 입기 좋아한다. 옷차림으로 환심을 사려는 수법에는 능숙하다. 정치에는 무관심하고 음악에 열광한다. 동성애자 대부분이 열광하듯 나도 리하르트 바그너의 광팬이다. 바그너의 음악이 우리의 성격에 딱 맞기 때문이다.

나는 바이올린 솜씨가 꽤 뛰어난 편이다. 책 읽기도 좋아한다. 그 밖의 것에는 거의 무관심하다. 나는 독일의 대도시에서 인정받는 기술자이지만, 내 일을 좋아하지 않는다. 사랑하는 사람과 자유롭게 여행할 수 있다면 제일 좋을 것이다. 음악을 듣고 책을 읽고, 특히 연극 구경을 다닐 수 있다면 얼마나 좋을까. 내가 정말 맡고 싶은 자리는 제국궁정극장장이다. 내가 바라마지 않는 직업이나 사회적 지위라면 가수나 배우, 화가나 조각가처럼 위대한 예술가일 뿐이다.

왕자로 태어났더라면 더 말할 나위 없겠다. 군림하고 싶어 하는 성미와 딱 맞는다. (항상 궁금해하고 얼마든 가능하다고 생각하는 윤회라는 것이 있다면, 나는 전생에 절대군주나 총사령관으로 살았을 것이다.) 그런데 나에게 이런 꿈에 걸맞은 모습은 하나도 없다. 나는 소위 명예니 사회적 위신이니 하는 것에 아무런 야심이 없다.

내 취향은 두 가지로 볼 수 있다. 스무 살이 안 된 재능 있는 미남 청년을 좋아했다. 나와 같은 계층으로서 플라토닉한 애정을 불러일으킨 상대다. 정말이지 진지하고 이상적인 우정이었고 가볍게 포옹만 했다. 그러나 나보다 조금 어리고 거칠고 우악스러우며 사회적으로나 지적으로 나보다 한 수 아래의 사내들에 가장 흥분했다. 나는 원래 낯을 많이 가리고 수줍은 성격인데 더구나 나와 같은 위상의 남자들에게 체면을 차리느라 거북해 하다 보면 흥분하기 어렵기 때문이다. 이런 갈등으로 고생했다. 나보다 낮은 소박하고, 또 쉽게 매수될 수 있는 사람들은 나의 행적을 폭로할 수도 있기 때문이다. 만약에 무서운 추문이 터진다면 즉시 자살할 수밖에 없다고 생각했다. 자칫 경솔하거나 처음 만난 사람이 악의라도 부린다면 그 결과가 얼마나 무시무시할지 상상만 해도 끔찍하다. 우리 잘못도 아닌데 세상에서 낙인찍히고, 정상적인 남자들도 거리낌 없이 종종 할 수 있는 것을 했을 뿐인데? 대다수의 감정과 똑같이 느끼지 않는다고 우리 잘못일까? 자연의 잔인한 장난일 뿐 아닌가.

나는 편견 없는 과학자들과 독립적인 사상가들이나 과학에서 자연의 '신데렐라'인 우리를 수단으로 삼아 법과 인간 앞에서 좀 더 견딜 만한 위치를 찾아 줄 수 없을까 수없이 고민하고 찾아보았다. 하지만 그런 대의를 위해 싸우려면 우선 그것이 무엇인지부터 알아야 정의할 것 아닌가 싶은 서글 픈 결론만 나왔다.

지금까지 동성애가 무엇이라고 정확하게 설명했던 사람이 어디 있을까? 올바른 설명이 절실하고 대중을 더욱 의미 있고 관대한 판단으로 유도할 방법이 필요하다. 모두에게 시급히 알려야겠지만, 청소년에 대한 성적 취향과 동성애를 혼동하지는 말아야 하지 않을까. 사람들 대부분이 혼동하고 있어 큰일이다. 그와 같은 일을 해낼 수 있다면 그런 사람은 우리 시대는 물론이고, 미래에도 수많은 사람의 존경을 받는 불멸의 업적을 남길 것이다. 남성동성애자들은 어느 시대에나 있었고, 또 있겠지만 우리의 짐작보다 더 훨씬 많을 것이다. 빌브란트[27]의 소설 『프리돌린의 은밀한 결혼』(1875)

---

27 Adolf Wilbrandt, 1837~1911. 독일 소설가이자 극작가로 뮌헨에서 언론인으로 활동했고, 빈 시립극 장장을 지냈다.(역주)

광기와 성

에서 나는 이런 문제에 딱 걸맞은 소리를 들었다. 동성애자라고 누구나 똑같은 수준의 사랑을 하지 않는다는 점을 나 자신도 확인했지만, 그 폭도 매우 넓다. 거의 여성에 가까워져 여성의 매력을 고스란히 간직한 남자도 있다. 선천성과 후천성으로 구별할 수도 있겠지만, 나로서는 차이가 조금도 없어 보인다.

나 자신의 상태를 알고 나서 3년 동안 만났던 55명의 남성동성애자의 성격과 기질과 영혼은 똑같았다. 대체로 이상주의자에 담배를 안 피우는 편이며, 자만심이 강하고 환심을 사려하고 미신에 젖었는데, (이렇다고밖에 할수 없어 안타깝지만) 남녀 두 성의 장점보다는 단점으로 뭉쳤다.

나는 여성 노릇을 하는 것을 정말로 혐오한다. 절대로 그렇게 해 보려고할 생각도 없지만, 불임은 자연에 반하는 범죄 아닌가. 순수하게 사회적 친구로서 나는 처녀들, 부인들과 어울리기 좋아하고 여자들 세계에서 평판도 좋다. 내가 패션에 관심이 많을뿐더러 그 문제를 정확하게 짚어내고 기분이 내키면 명랑하고 다정하기 때문인데, 사실 이런 대화는 피곤한 코미디에 불과하고 속상하는 일이다.

나는 언제나 여자 일에 관심이 깊다. 열세 살 때까지 나는 내가 직접 옷을 지어 입히며 인형놀이를 했다. 요즘도 나는 몰래 할 수밖에 없어 유감이지만 아름다운 수를 놓는 재미에 빠지곤 한다. 장식품과 사진, 꽃과 청량음료, 화장품과 갖가지 자질구레한 여성용품도 좋아한다. 내 방도 귀부인의 규방처럼 꾸며 놓았다.

특이한 점도 있다. 나는 아직 몽정을 못 해 보았다. 꿈은 많이 꾼다. 매일 밤 꾸다시피 한다. 그런데 관능적인 꿈에서 남자들만 나온다. 그러다가 사정을 하기도 전에 잠에서 깨 버린다. 기본적으로 나는 성욕이 많지 않다. 4~6주 동안이나 아무런 본능을 느끼지 못할 때도 있다.

어쨌든 그런 시기는 드물고 보통 성욕이 무섭게 일어난 뒤에 따르는 데 만족하지 못하면 몸도 마음도 모두 불편하다. 그러면 기분이 나쁘고 우울하고 불안하다. 멀리 혼자 떨어져 있어야 한다. 그러나 이런 것도 본능을 채우게 되면 사라진다. 별것 아닌 것으로도 4월의 어느 날처럼 하루 사이에도 변덕이 죽 끓듯 할 때도 있다. 나는 춤을 잘 추지만, 몸놀림 때문은 아니고 음악을 좋아하기 때문이다.

내 상상을 자극하는 것이 무엇인지도 밝혀야겠다. 사람들은 우리를 병자로 본다. 분명 잘못이다. 왜 그럴까? 병이라면 어떤 것이든 치료가 되고 수그러든다. 그런데 세상의 어떤 힘으로도 동성애자의 바탕을 바꿔놓지 못할 것이다. 최면요법으로도 동성애자의 정신에 지속적인 변화를 이끌지는 못한다.

사람들은 우리의 인과관계를 혼동한다. 우리 대부분이 시간이 가면서 사실상 병들기 때문에 우리를 병자로 본다. 우리의 3분의 2는 분명 장수한다. 그렇게 오래 못 살 경우는 정신적 결함 때문일 것이다. 설명하기 쉬운 일이다.

평생 언제나 위장하고 거짓말하고 위선자로서 살아야 하는데 그 모든 것을 버틸 만큼 신경과 의지가 질긴 사람이 어디 있을까! 정상적인 사람들이 모였을 때 동성애에 관한 이야기꽃을 피우면서 얼마나 갖은 험담을 지껄이며 비웃기나 하던가. 그런 말 한마디 한마디가 비수처럼 날아와 우리 등에 꽂히는 줄 알기나 할까! 여자들의 거북하고 불편한 재담을 듣고 있자면 얼마나 기가 막히나. 여자들은 유행어가 된 "꼴값 떠는 패거리"라고 쑥덕대기나 하는데! 거의 하루가 멀다 하고 매시간 선량한 남자들이 몇 주씩 몇 달씩 간절한 친구들을 접하지도 못하고 지내고 더구나 망신과 치욕을 겪을까 봐 전전긍긍 공포에 떨면서 살아야 한다.

광기와 성

사실, 우리 대부분이 진지한 일을 하기 어렵다고 놀랄 일일까. 우리의 슬픈 운명과 싸우는 데 모든 의지와 인내심을 쏟아야 하니 말이다. 우리의 감정과 내면과 사고가 우리의 신경에 갇혀 있어야 한다니 얼마나 불운인가. 우리의 상상은 활력으로 넘치는 데, 우리는 우리를 박살 낼 폭탄이나 돌리고 있어야 한다니! 그렇게 살아갈 힘이라도 있는 사람들도 행복해야겠지만, 이미 먼저 떠난 사람들이 차라리 행복할 것이다.

_사례 123 남성동성애자의 수기

남성동성애자의 성과 도덕에 얽힌 감정과 성격을 이야기해 보겠다. 나는 몸은 완전히 남성이지만 여자라고 느낀다. 여자들에게 감흥이 없고 남자들에게만 욕정을 느낀다.

우리 존재의 수수께끼를 편견을 버리려는 학자들만이라도 해명할 수 있으리라 믿어 보면서 나는 이 수기를 누군가 자연의 잔인한 오류를 밝히고, 또 차세대의 우리 동지들에게 도움이 되리라 생각해 적어 보았다.

동성애자는 인간이 있는 한 계속 나올 것이고, 어느 시대에나 계속 있었다는 확실하다. 우리 시대의 과학이 진보한다면, 나와 또 비슷한 사람들은 가증스러운 존재가 아니라 그들보다 더욱 행복한 주변사람들에 비해 가엾은 존재들이다.

나는 서른다섯 살로 수입이 변변찮은 도매상이다. 내 키는 평균은 넘는다. 몸은 말랐고 근육질은 아니다. 얼굴은 너무 평범하다. 수염이 났고, 우선 다른 남자들과 별반 다르지 않아 보인다. 반대로 내 거동은 여자나 다름없다. 걸음을 내디딜 때 더욱 두드러진다. 거위처럼 종종걸음친다고나 할까. 남자처럼 당당하게 걷지 못한다. 목소리는 여자 같지도 날카롭지도 않고 저음에 가깝다. 담배는 안 피우고 술도 마시지 않는다. 휘파람을 불 줄 모르고, 승마와 체조, 펜싱과 사격도 하지 않는다. 말과 개 같은 짐승에 관심이 없다. 총검을 지니거나 만져 본 적이 없다.

감정과 욕망은 완전히 여자 같다. 중학교만 마쳤으며 전문교육은 받지 못했다. 그래도 독서를 좋아한다. 생각은 온건한 편이지만, 어떤 생각을 오래 하지 못한다. 내 약점을 아는 사람은 이런 점을 이용해 나를 부려먹으려고 쉽게 부탁한다. 나는 해낼 힘도 없으면서 항상 뭐든 하려고만 든다. 여자들처럼 변덕이 심하고 신경이 날카로워 공연히 흥분한다. 마음에 들지 않거나 앙심을 품은 사람들에게 못되게 군다. 결국 건방지고 무례해 상처를 준다.

행동은 가볍고 피상적이다. 깊은 도덕심이 없다. 부모 형제에 정이 깊지도 않다. 이기주의자는 아니지만 필요할 때는 기꺼이 희생한다. 나는 곧잘 운다. 여자들처럼 눈물을 못 참는다. 따뜻한 위로를 받아야 차분해진다.

나는 어렸을 때 전쟁놀이, 운동, 친구들의 싸움박질을 무서워 피해 다녔다. 사내아이들보다는 계집애들과 정답게 어울려 놀았다. 나는 수줍음이 많고 금세 당황하며 얼굴을 붉혔다. 열두세 살쯤부터 빳빳하게 풀 먹인 옷깃의 군복을 보면 이상하게 가슴을 조였다. 그다음 몇 해 동안 학우들이 여학생들을 쫓아다니고 사귀고 할 때, 나는 떡 벌어지고 엉덩이가 퉁퉁한 남자를 감탄하며 몇 시간씩 따라다니곤 했다. 학우들의 감정과 너무나 다른 이런 감정을 별로 깊이 생각하지도 않고 나는 제복 차림의 늠름한 영웅을 생각하면서 자위행위를 시작했다. 열일곱 살 때까지 그렇게 했는데 그때야 나와 같은 운명의 친구가 내 상태가 무엇인지 가르쳐 주어 알게 되었다. 그 후로 나는 여자아이들과 여덟 번에서 열 번쯤 일을 저질렀는데 그때마다 내가 아는 미남의 모습을 떠올려야만 발기가 되었다.

지금도 이런 상상을 하지 않으면 여자와 섹스하기 어렵다. 이런 것을 알게

광기와 성

되고 나서 나는 나이가 들고 정력에 넘치는 남성동성애자와 사귀기 좋아했다. 당시 나는 진정한 사내를 만날 기회도 수단도 없었기 때문이다. 그때부터 내 취향은 완전히 바뀌었다. 스물다섯에서 서른다섯 즈음에는 힘이 넘치고 몸매가 유연한 진정한 사나이만 보면 나는 정말로 여자가 된

〈크리스마스 공연을 위해 숲속의 아이들로 분장한 왕립극장의 덴 레모와 허버트 캠벨〉, 1898년

듯 홀딱 반해 어쩔 줄 몰랐다. 당시 몇 해 동안 여건이 좋아 나는 한두 푼짜리 금화만 주고서도 내 입맛에 맞는 남자들을 사귈 수 있었는데, 열두 명쯤 된다. 젊은 사내와 단둘이 방안에서 큰 쾌감을 누렸다. 이미 '실전' 경험이 많은 사내와 만났을 때 쾌감이 가장 강렬했다. 믿어지지 않겠지만, 나는 언제나 선물 몇 가지를 주고 멋쟁이 사내들과 마음대로 즐겼다. 사내들은 군대 시절에 그런 솜씨를 배웠다. 남성동성애자는 군인들이 돈이 궁한 줄 잘 알기 때문이다. 그런데 한 번 그렇게 '서비스'하게 되면 여성을 열렬히 좋아하면서도 형편 닿는 대로 다시 서비스에 나선다.

예외가 없지는 않지만 나는 남성동성애자에게 관심 없다. 여자처럼 구는 사내들은 질색이다. 아무튼, 그런 사람들 중에서도 진짜 사나이 못지않게 매력적인 인물이 있다. 이들이 나의 뜨거운 애무에 똑같이 응해 주니까 좋다. 이런 상대를 만나면 나는 아무 거리낌 없이 흥분하면서 완전히 사나운 짐승처럼 굴었다. 몸에 딱 맞는 제복 차림의 진정한 사나이는 정말 인상적

오스카 와일드의 애인 알프레드 더글러스 경
초상, 런던국립초상박물관, 1903년

이다. 이런 멋진 사내와 포옹이라도 하면 나는 즉시 사정했다. 까다로운 취향은 아니다. 늠름한 용병 부사관을 이상형으로 사모하는 하녀의 취향과 다를 바 없다.

사실 잘생긴 외모는 보기 좋은 장식이지 흥분하는 데 꼭 필요한 것은 아니다. 오히려 기본 원칙은 간단하다. 하체가 튼튼하게 죽 뻗었고 궁둥이가 빵빵하며 탄력에 넘쳐야 한다. 몸통이 날씬해도 배가 불룩하면 싫다. 치아가 고르고 육감적인 입은 자극적이다. 게다가 균형 잡인 몸매라면 더 바랄 것이 없다.

과거에 마음에 드는 남자들을 만나 뜨겁게 흥분했을 때 하룻밤 사이에 다섯에서 여덟 번 사정했다. 요즘도 멋진 기마대원이 차고 있는 검의 철렁대는 소리를 들을 때면 대여섯 번씩 한다. 그 소리에 나는 몇 시간이든 사내의 팔다리를 상상하고 그 힘을 느끼며 만족할 것이다. 머릿속에 가득한 계획을 실제로 해 볼 만한 자금이 없어 답답할 뿐이다. 돈만 있었다면 벌써 오래전에 해 보았을 것이다. 군인이 가장 매력적이지만 백정, 마차꾼, 수레꾼, 서커스 기사도 몸만 좋다면 여전히 끌린다. '위라니스트'와 사귈 수는 없다. 나도 이들을 부당하게 혐오하는데 왜 그런지 설명할 길이 없다. 위라니스트와 예외로 단 한 번 정을 맺었을 뿐이다. 반대로 내가 속한 사회의 보통 남자들과 오랫동안 점잖은 사이로 지내고 있지만 절대 성관계는 해 볼 생각은 없다. 그들도 내 상태를 조금도 눈치 채지 못했을 것이다.

광기와 성

정치경제를 화제로 삼는 진지한 대화는 지겹다. 연극 이야기라면 즐겁게 내 의견을 내세우며 떠든다. 내가 오페라 무대에 올라가 관객의 박수갈채를 받으며 여주인공을 소개하거나 여자 배역으로 노래한다고 상상하면 즐겁다.

물론 나와 또 비슷한 사내에 대한 화제야말로 가장 흥미진진하다. 마르지 않은 샘이다. 애인의 은밀한 매력을 낱낱이 설명하며 낯뜨거운 화제로 열을 낸다. 나는 동생에게 동성애 행위를 가르쳐 주기도 했다. 내 동생은 동성애자는 아니지만, 나를 제외하고 나머지 사형제 모두 여자만 좋아하고 사랑을 탐닉한다. 우리 식구들의 성기는 모두 튼튼하게 발달했다. 아무튼, 위라니스트를 뭐라고 마땅하게 표현하기 어렵다. 이들의 존재를 연구하는 데 도움이 될까 싶어 이야기를 남기려는 것뿐이다. 그러자면 절대로 솔직하고 진실하게 말해야 한다. 추잡하더라도 에둘러 말해서는 안 된다.

1890년 10월, 앞의 수기를 내게 전했던 사람이 나를 찾아왔다. 그의 모습은 대체로 수기에서 묘사한 대로였다. 성기는 굵직하고 음모는 풍성하다. 그의 부모도 신경증 없이 건강했던 것 같다. 형제 중 한 명만 신경질환 끝에 자살했다. 나머지 삼형제도 신경증이 심하다.

환자는 깊이 절망하고 있었다. 더는 살고 싶지 않다고 했다. 매춘하는 사내들과 어울리며 쾌감에 젖어 지내는데, 그렇다고 금욕도 할 수 없기 때문이다. 그는 자신이 왜 여자들을 사랑하면서 삶의 고상한 기쁨을 누릴 수는 없는지 이해하지 못해 괴로워했다. 그는 열세 살부터 남성을 좋아했다. 그는 자신을 여자로 느끼고 동성애자가 아닌 남자들을 정복하고 싶어한다. 그는 자신이 동성애자와 함께 있을 때는 마치 여자들 둘이 함께 있는 것 같다고 느낀다.

이제 그는 이런 상태로 사느니 차라리 성을 제거한 존재가 되기를 바랄 정도다. 과연 거세가 해방의 길일까? 극도로 감정이 예민한 그에게 최면을 시도했지만, 효과는 미미했다.

_**사례 124 여자 같은 동성애자**

B는 42세의 카페 종업원이다. B는 미혼 독신남인데, 자신이 사랑하던 의사가 동성애자라면서 내게 보냈다. B는 기꺼이 점잖게 과거 자신의 행적과 특히 성생활을 솔직하게 털어놓았다. 항상 병으로 생각하며 고민만 하다가 이제야 진지하게 설명할 수 있게 되었다면서 좋아했다.

B는 할아버지 세대에 관해서는 조금도 모른다. B의 아버지는 성격이 불 같고, 걸핏하면 흥분하고 화를 내는 술꾼이었다. 언제나 성욕이 왕성했다. 한 여자에게서 스물넷의 자식을 낳고 나서 이혼했는데, 그뿐만 아니라 하녀를 세 번이나 임신시켰다. 반면, B의 어머니는 건강했던 모양이다. 스물넷의 형제자매 가운데 여섯이 살아 있다. 이들도 대부분 신경증을 앓고 있지만, 성에 이상한 문제는 없다. 단, 누이 한 명만 남자를 미친 듯이 쫓아다녔다. B는 어렸을 때부터 병약했다. 여덟 살 때 성에 눈을 떴는데, "어린아이의 고추를 자기 입에 물고 있다."라고 생각하며 자위행위를 즐겼다.

B는 열두 살부터 남자들을 사랑하기 시작했다. 상대는 대부분 콧수염을 기른 30대였다. 벌써 그때부터 B는 성욕이 왕성했다. 발기와 사정을 자주 했고, 거의 매일 좋아하는 남자를 생각하면서 자위행위를 했다. 발기한 것을 생각하면 지극히 짜릿했다. 사정하면서 느낀 절정의 쾌감인데, 지금까지도 열두 번 정도 맛보았다. B는 서로 마음이 통하는 남자들과 있을 때 남근을 역겨워하지 않았다. 하지만 남자 노릇이든 여자 노릇이든 항문성교를 즐기자는 제안을 받아들이지 않았다. 몹시 역겨워했다. 그런 변태 행위 때 B는 여자의 역

할을 할 것으로 예상했다. 마음에 드는 남자에 대한 그의 정념은 끝이 없었다. 애인을 위해서라면 뭐든 다 할 수 있을 것만 같았다. 그런 상대를 보기만 해도 감흥에 몸을 떨었다.

B는 열아홉 살에, 친구들을 따라 사창가를 종종 드나들었다. 하지만 섹스는 재미가 없었다. 여자 앞에서 발기하려면 자신이 좋아하는 남자가 앞에 있다고 상상해야 했다. 그 무엇보다 여자의 입안에 자기 음경을 집어넣으면 가장 좋았을 테지만 항상 거절당했다. 별수 없이 섹스만 했다.

B는 아이도 둘을 낳았다. 막내딸이 여덟 살이다. 딸아이는 벌써 자위하고 상호 자위행위를 즐긴다. 그래서 B는 깊이 상심했다. 달리 고칠 방법이 없을까? B는 남자들과 함께 있을 때 언제나 여자로 느낀다고 확신한다. 섹스할 때도 마찬가지였다고 한다. B는 자신의 성도착의 원인이 자기를 잉태할 때 아버지가 딸을 원했기 때문이라고 했다.

B는 여자 같은 매너 탓에 형제자매에게 놀림감이었다. B는 방 청소와 설거지를 좋아했다. 그런 일을 하는 모습에 모두 감탄했고, 여자 일에 솜씨를 타고났다고 이구동성으로 떠들었다. B는 가능할 때마다 여자 옷을 입었다. 사육제 기간에 여자로 가장하고 무도회에 참석했다. 이럴 때마다 B는 타고난 재능으로 여자처럼 완벽하게 애교를 부리고 아양을 떨었다. B는 음주와 흡연에 취미가 없었고, 남자들의 오락에도 무관심했다. 반면, 바느질과 재봉을 좋아해 소년기에 인형놀이를 하다가 자주 다투었다. B는 극장과 서커스 구경을 가서도 남자들에게만 관심을 쏟았다. 종종 남자들의 성기를 보고 싶어 안달하면서 공중화장실 주변을 어슬렁대곤 했다. B는 여자들에게 도무지 매력을 못 느꼈다. 좋아하는 남자의 모습을 떠올려야 섹스할 수 있었다. 밤에 몽정할 때도 언제나 남자들과 관련된 음란한 꿈을 꾸었다. 성욕은 넘치고 활동도 많았지만, B는 신경쇠약에 시달리지는 않았고 증세도 없었다.

B는 깐깐한 성격에 수염은 얼마 나지 않았다. 수염이 어느 정도 덥수룩해진 것은 스물다섯 살부터였다. 그의 외모는 멋 부리는 가벼운 걸음걸이 외에 여성으로 볼 만한 것은 없다. 걸음걸이 때문에 자주 놀림을 받았다고 했다. 성기는 건강하게 완숙했다. 양호하다. 음모도 수북하다. 골반도 남성답다. 두개골은 허약하고 경미한 뇌수종에 걸렸던지 이상하게 비대하다. 양쪽 측면이 불룩하다. 얼굴은 놀랍도록 옹색하다. 환자 자신은 쉽게 흥분하고 화를 낸다고 주장한다.

_사례 125 지성인 동성애자

1880년 5월 1일(노동절), 경찰이 그라츠 정신병원에 문인이자 철학박사인 G를 데려왔다. G는 이탈리아를 여행하고 돌아오던 길에 그라츠에서 병사를 매수했는데, 병사가 경찰에 고발했던 것이다. 남자들에 대한 애정을 거리낌 없이 떠드는 박사를 이상하다고 의심한 경찰이 격리 수용했다.

G는 의사들에게 여러 해 계속해 온 추잡한 언행을 솔직히 이야기했다. M시에서도 비슷한 사건으로 경찰에 붙들려 한여름에 보름을 유치장에서 보냈다. 그러나 남쪽 나라들에서 그렇게 구속하는 법은 없었다. 독일과 프랑스에서만 범법 행위로 단속했을 뿐이다.

G는 50세로 장신에 정력에 넘치며 음탕한 눈빛인데, 여자처럼 민망하게 교태를 부린다. 눈은 신경쇠약증을 보여 흐리다. 아래턱의 치아는 위턱의 것보다 훨씬 뒤로 물렀다. 두개골은 정상이고 목소리는 걸걸하며 수염은 덥수룩하다. 성기는 충실하지만 고환은 조금 작다. 신체적 특이점은 없지만 가벼운 폐기종과 항문에 누관(치루)이 있다.

과거 G의 아버지는 주기적 광증을 보였다. 어머니는 '엉뚱한' 인물이었고 고모는 정신이상자였다. G의 형제자매 아홉 명 가운데 넷은 아기 때 사망했다. G는 자신은 선병질 외에 양호하다고 주장한다. 철학박사 학위를 받았고,

스물다섯 살 때 각혈을 해 이탈리아로 건너가 강의하고 문필 생활을 했다. G는 충혈이 있고 등이 조금 아프다고 했다. 그 밖에 지갑만 든든하다면 언제나 기분도 좋고 식욕도 왕성하다. 마치 '늙은 창녀'처럼 게걸스럽다. G는 자신이 선천성 동성애자라고 태연하게 재미있다는 듯 이야기했다.

G는 다섯 살 때 벌써 성기를 보는 것이 가장 즐거워 남자 화장실 주변을 얼씬거렸다. 사춘기 이전부터 자위행위를 했다. 사춘기에 들어서는 친구들에게 다정하고 달콤한 기분을 느꼈다. 애정을 품으면 이상한 충동이 치밀었다. 다른 친구들을 안고, 또 애무하고 상호 자위행위를 하고 싶어 안달했다. 남자들과 성관계는 스물여섯 살이 되어서야 시작했다. 그런데 항상 여자 노릇을 하는 기분이었다. 소년 때에도 가장 큰 즐거움은 여자 옷차림을 했을 때였다. G는 누이의 옷을 입었다가 못된 버릇이라며 종종 아버지에게 두들겨 맞았다. 무도회에 가서도 발레리나에는 흥미가 없고 남성 무용수에게 눈독을 들였다. 가장 오래된 기억 속에서도 여자라면 혐오했다. 사창가에 갔을 때에도 젊은 청년들을 보려고 했다. 그곳에서 G는 "창녀들의 경쟁자"였다.

G는 청년을 보면 언제나 눈을 직시했다. 그래야 기분이 좋았고, 입은 키스하기에 적당한지 살펴보았으며 성기는 완숙했는지도 눈여겨보았다. G는 자기도취에 빠져 자기 시 이야기를 늘어놓았고 자기와 비슷한 사람들 모두 재능을 타고났다고 치켜세웠다. 플라톤, 볼테르, 프리드리히 대왕, 외젠 드사부아[28] 같은 거물들을 들먹이면서 이들 모두 "위라니스트였다."라고 주장했다. 그러면서 마음이 맞는 청년이 자신의 시를 낭송할 때 가장 즐겁다고도 했다.

---

28 François Eugène de Savoie, 1663~1736, 신성로마제국의 귀족이자 군 총사령관으로 보통 외젠 왕자로 통한다. 이탈리아와 프랑스까지 넘나들며 당대의 가장 유능한 인물로 일세를 풍미했다. 동성, 이성 가리지 않고 사랑했던 인물인데, 당시 군대에서 성풍속에 관대했던 편이다. 만년에는 여자들과 더 친하게 지냈고, 결혼하지 않고 독신으로 살았다. 외젠 왕자는 예술에 교양이 풍부한 예술 후원자로서 많은 궁전을 짓게 했고, 특히 바로크 스타일이 제국에 널리 퍼지는 데 이바지했다.(역주)

G는 지난여름 바로 그런 청년과 사귀다가 헤어졌을 때 절망에 몸부림쳤다. 먹지도 못하고 잠도 못 이루었다가 간신히 조금씩 나아졌다. 남자들끼리의 사랑은 깊은 감동에 넘쳤다.

나폴리에 애인들과 동거하는 동네가 있다고 G는 전한다. 파리에 가난한 여공들이 모여 사는 곳과 비슷하다. 여자 노릇으로 남자 애인을 위해 뭐든 희생하는 남자들이다. 그러나 남성동성애자들끼리는 서로 싫어하며 배척한다. "마치 창녀들끼리 서로 반목하고 혐오하는 것과 똑같다."고 했다.

G는 일주일에 한 번은 남자와 성관계해야 직성이 풀린다. 비정상이라고 생각하면서도 그렇게 이상한 성감은 행복한 느낌이다. 조금도 병적이거나 불법이라는 생각이 들지는 않는다. 자신도 또, 애인도 자신들의 반자연적 현상을 초자연의 수준으로 높이려는 뜻이 굳건하다. 동성애를 더욱 고상하고 신성한 사랑으로 본다.

G에게 그런 사랑이 자연의 목적과 인종의 보존에 반대되지 않느냐고 물어보자 박사는 비관적으로 대답했다.

"인간 세상은 끝나고, 지구는 고통스럽게 살고 있을 뿐인지라 인간들 없이도 돌아가기 마련 아닙니까."

자신의 이상한 감정의 이유로서 G는 플라톤을 근거로 설명했다.

"플라톤이 분명 멍텅구리 식충은 아니었다."

이어서 그는 플라톤이 지어낸 우화를 예로 들었다.

"인간은 태초에 둥근 공이었지만 신들이 두 덩어리 반구半球로 잘랐다."

남자 대부분은 여자와 대칭을 이루지만, 남자와 대칭을 이루기도 한다는 것이다. 본능으로 결합하는 힘이 막강해 남자들 둘이서 앞으로 끌어안고서 되살아날 수 있다고 했다.

G는 남성에 대한 사랑으로만 만족한다. 자신의 음경으로 여자의 뱃속을 파

고든다는 것은 역겨워한다. 여자의 음부도 절대 보고 싶지도 않다고 했다. 박사는 자신이 동성을 사랑하는 쾌감을 나쁘다고 생각하지 않는다. 자연의 힘이 강요하는 법칙이자 보존해야 할 본능이다. 수음은 한심한 임기응변에 불과하다. 해롭기는 하지만, 위라니스트의 사랑은 정신과 체력에 새로운 활기를 준다.

G는 도덕에 대해 분개하며 냉소적이다. 남성동성애자와 미성년 취향의 동성애자는 다르다고 항의한다. 박사는 배설 기관을 역겨워한다. 위라니스트와의 관계도 앞으로 끌어안는 자세로만 한다.

이렇게 G는 지성인이지만 애당초 비정상이다. 경박하고 추잡한 태도와 종교를 놀랍도록 조롱하는 데에서도 충분히 입증된다. 물론 이상한 감각의 원인을 철학적으로 비비 꼬아 짐작하거나 비틀린 눈으로 세상을 바라보는 태도로도 알 수 있고, 모든 점에서 도덕심은 훼손되었다. 해괴한 옷차림으로 방랑생활을 하는 G는 사실상 태어날 때부터 미친 사람이다.

_사례 126 몸만 여성인 여자

테일러는 엘리즈 에드워즈라는 24세의 환자를 검진했다. 알고 보니 엘리즈는 남성이었다. 엘리즈는 열네 살부터 여자 옷을 입었고 여배우로 데뷔했다. 머리를 길게 여자들의 유행을 따라 기르고 한가운데로 가르마를 탔다. 체형은 꽤 여성적이지만 그 밖의 신체는 완전히 남성이다. 엘리제는 수염을 신중하게 제거했다. 성기는 잘 발달한 남성의 것이다. 이것을 붕대로 배에 묶었다. 항문을 검사해 보니 남자와 섹스했던 자취가 있었다. (테일러)

_사례 127 여장하고 사창가를 찾은 공직자

중년의 공직자로서 정직한 아내를 둔 기혼남이자 행복한 가장 X가 몇 해 전부터 이상한 성도착증을 보였다. 그에 대한 추문은 어떤 창녀가 경솔하게

빌헬름 니더라슈트로트, 〈왕궁근위기병대 복장의 프로이센 왕국 빅토리아 루이즈 공주〉, 1909년

광기와 성

누설해 하룻밤 사이에 쫙 퍼졌다. X는 매주 한 번씩 사창가에 여장을 하고 나타났는데 반드시 여성용 가발까지 갖추었다. 그렇게 짙게 화장하고 X는 침대에 누워 창녀에게 자위행위를 시켰다. 가능한 한 사창가에서 찾기 어려운 남창을 원했다. X의 아버지는 퇴행성 유전이 있었고, 정신이상을 거듭하면서 성욕 과잉과 성신경쇠약을 보였다.

_사례 128 모든 것이 남성인 여성

R은 26세의 하녀로 성장기에 히스테리와 편집증으로 고생했다. R은 1887년에 황당한 사고를 치고 과대망상증으로 요양 중이던 스위스에서 법정에 서는 바람에 대중의 눈길을 끌었다. 그 자리에서 R의 성도착증이 확인되었다.

R의 부모와 친척에 대한 정보는 전혀 없다. R은 열여섯 살 때 겪은 폐렴 외에 중증을 앓지 않았다. R은 열다섯 살에 무난히 월경을 시작했는데 나중에 차츰 불규칙해지면서 이상하게 들쑥날쑥했다. R은 이성에 관심이 없었다면서 남자가 근처에도 오지 못하도록 무섭게 굴었다. R은 친구들이 남자들의 애정과 아름다움을 이야기할 때 도무지 이해하지 못했다. 더구나 여자가 어떻게 남자의 품에 안길 수 있는지조차 이해하지 못했다.

반면, R은 좋아하는 여자친구와 입을 맞추면 열렬하게 들떴다. R은 처녀들에게 말할 수 없는 애정을 느꼈다. 자기 여자친구들을 포옹하면서 황홀해했다. 그 친구들을 위해서라면 목숨을 바칠 수도 있겠다는 기분이었다. 친구를 혼자서만 독차지하고 함께 살 수만 있다면 그 이상 바랄 것이 없다고 생각했다.

R은 사랑하는 처녀 앞에서 자신을 남자로 느꼈다. 어린 소녀 시절에도 R은 소년들의 놀이만 재미있어했다. 특히 총소리와 군악대를 좋아했다. 군인이 되어 전쟁터로 나갈 수 없을까 애를 태웠다. R은 사격과 전쟁을 가장 멋지고 뛰어나다고 생각했다. 연극 구경을 하면서도 여자 역을 하는 남자 배우에만

주목했다. R은 자신의 억누를 수 없는 취향이 여성과 다르다는 것을 잘 알았다. R은 남장하고 다니면서 남자 일이라면 무엇이든지 재미있어했을 뿐만 아니라 놀랍게 능숙했다. 반대로 여자의 일에 젬병이었다. 수공을 특히 못 했다. R은 애연가에다 애주가였다. 그러다가 R은 피해망상에 쫓기면서 여러 번 남장하고 남자 노릇을 했다. (물론 타고 난 것이지만) 그 노릇이 너무나 완벽해 사람들은 그녀가 여자라는 사실을 모른 채 깜빡 속아 넘어갔다.

1884년에 R은 민간인 남성 복장이나 육군 중위 복장으로 지냈고, 피해망상에 쫓기면서 그해 8월에는 하인 복장으로 오스트리아에서 스위스로 도주했다. 그곳에서 어느 도매상 집에 하인 자리를 찾았다. 또, 그 집의 예쁜 하녀 안나와 사랑에 빠졌다. 안나는 R이 여자라고는 조금도 의심하지 않았다. R은 안나와 벌인 대담한 모험담을 털어놓았다.

"나는 안나를 미친 듯 사랑했다. 어떻게 그럴 수 있었는지 모르겠다. 내 취미를 조금도 이해할 수 없다. 그렇게 오랫동안 안나와 운명적인 사랑을 하면서 남자 노릇을 했다. 지금도 남자에게 애정 따위는 결코 못 느낀다. 왜 여자에게만 애욕을 느끼는지 나도 모르겠다."

R은 스위스에서 안나와 또 동포 친구 아멜리에게 편지를 썼다. 평범한 우정을 훨씬 넘어선 사랑에 광분한 편지들로 재판 기록에 붙어 있었다. R은 친구를 "기적의 꽃, 내 마음의 태양, 내 우울한 영혼"이라고 불렀다. 친구야말로 R에게는 지상의 행복이었던 만큼 모든 마음을 쏟았다. 친구의 부모에게 부친 편지에서 R은 "기적처럼 피어난 꽃"을 잘 보살펴 달라고 당부했다. 만약에 꽃이 시들면 자신도 살아 있을 까닭이 없다며.

R은 한동안 격리 병동에 입원해 검진을 받았다. 어느 날, 찾아온 안나의 면회를 허락했다. 둘은 부둥켜안고 떨어질 줄 몰랐다.

R은 늘씬한 여성이다. 완전히 여자다운 체형인데 남자처럼 당당해 보인

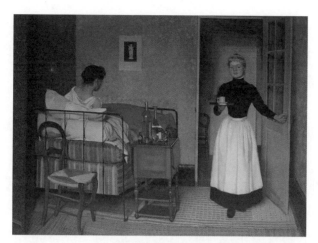

펠릭스 발로통, 〈입원 환자〉, 스위스 개인 소장, 1892년

펠릭스 발로통, 〈하녀와 춤추는 여인〉, 스위스 개인 소장, 1896년

다. 두개골은 정상이고 퇴행의 상흔은 없다. 성기는 보통 숫처녀였다. R은 건전하고 정신적으로 매우 순수해 보였다. 모든 정황으로 미루어 보아도 플라토닉한 사랑이었다. 시선에서 조금 신경증이 엿보인다. 망언을 하고 환상이 따르는 강경증이 심해지는 심각한 주기적 히스테리를 앓고 있다. 최면요법을 해 보았을 때 R은 쉽게 취면에 빠졌다. 몽롱한 상태에서 어떤 제안이든 쉽게 받아들였다.

쌍성

제3의 성으로 남녀 혼동의 성징이다. 주로 여자로서 남자의 성징을 동시에 지닌 상태로 성전환자와 다르다. 안드로지니[29], 즉 쌍성은 신체의 체형과 몸짓만으로 남자인지 여자인지 구별하기 어려운 사람이다. 또, 외모와 상관없이 남성도 여성도 아닌 일종의 제3의 성을 요구하는 사람들 가리키기도 한다. 흥미로운 사람들이지만 지금까지 관찰한 사례는 많지 않다. 여성의 성기를 가졌는데 남장하는 여자들, 또는 남성의 성기를 가졌는데 여장하는 남자들이다.

_사례 129 쌍성의 독신남

H는 30세 독신남이다. 그의 어머니는 신경과민증을 앓았다. 가족 중에 신경과 정신병자는 없었으며, 형이 하나 있는데 정신과 신체 모두 흠잡을 데 없이 정상이라고 했다.

H는 발육이 더뎠다. 그래서 여러 번 해수탕과 온천탕을 돌아다녔다. H는

---

29 'Androgynie'라는 용어는 그리스 신화를 비롯한 고대 종교 등에서 유래했다. 본문에서 밝혔듯이 겉모습만으로 여자인지 남자인지 구별하기 어려운 사람을 가리킨다. 일반적으로는 남녀추니 또는 중성, 남녀한몸이라고 부른다. 즉, 양성으로 뚜렷이 분화된 것의 결합 상태가 아니라 미분화된 채 양가적인 하나의 쌍을 이루고 있는 상태에 가깝다.(역주)

유아기부터 신경증에 과민 체질이었고, 부모의 증언에 따르면 다른 아이들과 달랐다. 일찍부터 H는 사내아이들의 장난을 싫어했고 여자들과의 소꿉놀이를 더 좋아했다. 운동도 싫어했지만, 인형놀이와 여자들의 일을 특별히 좋아했다. H는 나중에 건강하게 자랐으며 심각한 질병도 없었다. 단, 지능은 조금 정상으로 보기 어려웠다. 삶을 진지하게 볼 줄 몰랐고 사고와 감정 모두 뚜렷이 여자 같았다.

H는 열일곱 살에 몽정했다. 몽정이 심해지면서 낮에도 했다. 그렇게 쇠약해지고 신경증도 나타났다. 최근 몇 해까지 척수신경과민이 깊어졌지만, 몽정이 뜸해지면서 가라앉았다. H는 자위행위를 한 것은 부정했지만 분명 그렇지 않았을 것이다.

사춘기까지 H의 성격은 무심하고 침울했으며 몽상만 늘었다. H는 실용적인 일에 적응하지 못했다. 혼자서 독립적으로 무슨 일을 하지 못했고 높은 수준으로 향상될 기미가 없었다. 정확한 의욕을 보이지 않고 큰아기처럼 굴었다. 돈을 제대로 다룰 줄 모르는 데에서 그의 이상한 성격이 확실히 드러났다. H는 금전을 정산하거나 관리할 줄 몰랐다. 돈이 생기면 화장품과 자질구레한 물건 등 쓸데없는 데 낭비했다. H는 사회생활을 할 수 있는 직장에서 한 자리를 차지하기는 글렀으며, 중요한 것이 무엇인지 가치관도 몰랐다. H는 기본적으로 깊이 있는 것을 못 배웠다. 옷치장하고 그림을 그리면서 시간을 보냈지만 진지하게 몰두하지 않았다.

H에게 도무지 진지한 일을 가르칠 수 없었다. H는 모든 것의 겉모습만 이해했다. 조금만 진지한 문제에 부딪혀도 지겨워하면서 팽개쳤다. 터무니없이 고집만 부리고, 다짜고짜 여행하면서 돈을 펑펑 낭비하고 빚을 졌다. 이런 일을 반복하면서도 난감해하지도 않았다. 스스로 할 줄 아는 것이 아무것도 없었다. 이렇게 타고난 비정상과 정신적 결함에 이상한 감정까지 겹쳤다. 몸

에 익숙한 습관과 함께 나타났다. H는 자신을 남자의 얼굴을 하고 있을 뿐 사실은 여자라고 느꼈다. 여자를 혐오하고 무시하면서 남자들만 기웃거렸다.

H는 스물두 살 때, 여자들과 정상적인 성관계를 가졌다고 했다. 그러나 금세 여자에게 등을 돌리고 말았다. 섹스를 하면 신경쇠약이 도지는 데다가 성병 감염을 두려워하다 보니 만족감이고 뭐고 느낄 수 없었기 때문이다.

H는 자신의 비정상적인 성징을 제대로 이해하지 못하고 있다. 어쨌든 남성 쪽으로 기울고 있다고 의식하지만, 몇몇 남성들에게 달콤한 정감을 느낀다고 마지못해 인정한다. H는 여성에게 치를 떠는 것도 아니다. 자기와 예술 취미가 맞는 여자라면 결혼할 수도 있을 것이다. 피곤하고 힘든 부부의 의무를 면제받는다는 조건이 맞아야 하겠지만! H는 남자들과 성관계를 하지 않았다고 부인한다. 그러나 얼굴을 붉히며 난처하게 말하는 태도로 미루어 거짓말일 것이다. 더구나 그는 얼마 전에도 식당에서 청년들과 성관계를 시도했다가 엄청난 추문을 일으켰다.

H의 외모와 습관, 체형과 몸짓과 태도, 옷차림 모두 여자의 모습이다. H는 중키인데 가슴과 골반은 여성형이다. 몸집은 기름지고 뚱뚱하며 피부는 부드럽다. 마치 남장한 여자로 보이는 모습인데, 수염이 거의 없고 짧은 콧수염만 붙어 있어 더욱 강하게 그런 인상을 받는다. 아양을 떨고 여자 같은 표정을 짓고, 거위처럼 뒤뚱대며 걷는 걸음과 산만한 표정과 신경질적인 눈빛, 얼굴의 희고 붉은 자취 영락없는 여인의 모습이다. 가슴이 불룩하다는 듯 부풀린 저고리, 여자처럼 풍성하게 묶은 넥타이, 가르마 타서 관자놀이에 붙인 머리 등도 마찬가지 인상을 풍긴다. H의 신체를 검사해 보니 두말할 나위 없는 여성 체형이다. 성기가 밖으로 꽤 발달했지만, 왼쪽 고환은 사타구니 안쪽에 붙어 있으며 국부에 털은 거의 없는 대신 지방이 이상하게 많이 꼈다. 낭랑한 음성도 남자 목소리로 들리지는 않는다.

H의 관심은 단연 여성적이다. 귀부인처럼 규방을 갖고 있고, 화장대 앞에 몇 시간씩 앉아 치장에 몰두한다. H는 사냥과 무기 등 남자의 일거리에 넌더리를 친다. 그 자신은 그림과 시를 좋아하고 자수 같은 여자 일에 관심이 많다. H는 예술 취미가 있고, 미적 교양이 풍부하며 음악과 미학을 몇 시간이든 화제 삼아 대화할 수 있는 여자들과 어울려 살 수만 있다면 그런 낙이 어디 있겠냐고 했다. 그의 대화는 주로 여성의 관심사로 기운다. 여성의 수공 작업이나 요리, 살림에 관한 것이다.

H는 조금 무기력할 뿐 대체로 양호하다. 그러나 성생활의 결핍과 너무 오래 침대에 붙어 있고 약해진 탓에 신경쇠약증을 보인다. 주기적 두통으로 머릿속이 혼잡하며 습관적인 변비를 호소한다. 갑자기 질겁하기도 한다. 나른하고 피곤하다면서 손발 끝에서 찔리는 듯한 통증과 복부 신경통을 호소한다. 식후와 몽정 후에 피곤해하고, 폐와 가슴이 짓눌리는 듯 답답하다면서 신경통을 하소연한다. H는 사람들에게 이상한 호불호의 감정을 품고 있다. 싫어하는 사람들을 마주치면 특이하게 동요하고 괴로워한다. 그런데 그의 몽정은 병적이다. 요즘에는 드물어지기는 했지만, 별로 자극이 없는 대낮에도 몽정하기 때문이다.

H의 증상을 의학적으로 본다면 다음과 같다.

- 지능이 손상되었는데 선천적 결함이다. 그의 성도착은 심신의 비정상형이 일부 드러난 것이다.
- 타고난 상태가 호전되기는 어렵다.
- H는 법적으로 책임이 없지 않다. 그를 정신병동에 입원시켜 봐야 소용없다. H가 비록 큰아기 같은 지능이고 스스로 자신을 통제할 수 없지만, 정상적인 사람들의 감시 감독 아래 사회생활을 할 수 있다. 그는 법

과 시민사회의 예방 조치를 어느 정도 존중하면서 행동할 수 있다. 그러나 성적인 일탈은 법에 어긋날 수 있으므로, 그의 감정이 병든 신체 조건에서 비롯하는 비정상이라는 점을 참작해야 한다.

- H는 정신적으로도 고통 받고 있다. 신경쇠약과 가벼운 무기력 증세를 보인다. 적당한 식단과 원기를 돋는 의학 처방과 물치료가 필요하다. 너무 일찍 시작한 자위행위가 이와 같은 증세의 원인일 수 있다는 점을 참작해야 한다. 정액 누출처럼 치료에 중요한 원인도 있을 것이다.

_사례 130 남자를 혐오해 여성을 사랑한 여자

X는 38세의 미혼녀인데, 1881년 가을에 나를 찾아왔다. 척추 통증과 불면증 때문이다. 너무 고통스러워 모르핀과 클로랄 같은 마취제에 중독되었다.

X의 어머니와 자매는 신경질환을 앓았다. 나머지 식구들은 건강했다. X는 1872년에 추락사고로 등을 다치면서 처음 아프기 시작했다고 주장한다. 그러나 어린 소녀 때부터 이미 근육경련과 히스테리 증세가 있었다. 추락 사고 이후 신경성 노이로제가 심해졌다. 주로 척추가 흥분하고 불면이 따랐다. 한번은 하지마비가 찾아와 여덟 달 동안 계속되며 근육경련을 일으키고 망언을 하기도 했다. 이때 모르핀 중독증까지 겹쳤다. 그러면 몇 달간 입원해 모르핀 중독과 신경쇠약을 다스렸는데, 감응통전법이 효험을 보였다.

우선 X는 옷차림과 용모와 태도부터 이상해 보였다. 남자 모자를 썼고 남자처럼 머리카락도 단발로 잘랐다. 여기에 신사용 코안경을 걸치고 넥타이를 맸고, 긴 남자 상의를 드레스 위에 입었다. 인상은 거친 남자 같았고 목소리도 묵직했다. 목은 가냘프고 골반은 여자이지만 숙녀라기보다 치마 입은 남자로 보였다.

광기와 성

오랫동안 관찰하는 동안 X는 에로티시즘의 징후를 조금도 보이지 않았다. 옷차림에 대해 물어보았더니 X는 그렇게 입어야 어울려 보인다고 답했다. 그러면서 X는 차츰 소녀 시절에 말과 남자 일을 좋아했지만 여자 일에 흥미가 없었다고 털어놓았다. 나중에는 독서에 열중하면서 교사가 되고 싶어 했다. 무용은 뭐 하려 하는지 시시하다고 했다. 무도회에 가고 싶은 마음도 없었다. X는 서커스 구경만 열렬히 좋아했다.

1872년에 병세가 나타나기 전까지 X는 동성과 이성 누구에게도 애정을 못 느꼈다. 그 무렵부터 자기가 생각해도 이상하던 젊은 여자들에 뜨거운 우정만 느꼈다. X는 남자들처럼 긴 저고리에 모자를 써야 안심했다. 1869년에 X는 머리를 남자처럼 자르고 (기름칠해 뒤로 넘긴 포마드 형으로) 빗질했다. 여자들과 육체적으로 흥분하거나 했던 것은 아니었고, 남자들과 남자들의 세계를 혐오했던 만큼 자신과 마음에 통하는 여자들과 정답게 지냈을 뿐이다.

1872년, X는 부모에게 결혼하라는 소리를 들었지만 거절했다. 1877년에 X는 온천장에서 요양할 때 이상하게 모든 것이 달라졌고 자신을 더는 여자로 취급하지 않는 소리까지 들었다. 그때부터 X는 여자들과만 왕래하려고 했다. 언제나 여자를 사귀면서 자신의 남자 같은 특징을 알아차리지 못하게 했다. 여자들에 대한 이런 집착은 눈물을 짜고 시샘하고 아우성치는 등 우정의 수준을 넘어선 것이었다.

1874년, X가 해변 도시에서 지낼 때 어떤 처녀와 사랑에 빠졌다. 처녀는 X를 여자로 분장한 남자로 대했다. 그러다가 처녀가 결혼하자 X는 한동안 우울증에 걸려 처녀를 배신자라며 원망했다.

부모는 X가 병들고 나서 여자 일을 싫어하고 남자 옷차림을 하는 등 전에 없이 이상한 취미를 보인다는 것을 결국 알아챘다. X는 사례 118과 똑같이 사랑하는 부인에게 조금도 플라토닉한 것은 아닌 내용으로 연정에 넘치는 편지를 주고받은 것도 드러났다.

나는 1887년에 X를 병원에서 다시 보았다. X는 간질성 히스테리와 모르핀 중독으로 재입원해 있었다. 동성애 성향이 여전하던 X는 입원한 여자들에게 파렴치하게 접근하지 않도록 엄중히 감시받았다. X는 1889년 이후로 호전된 것이 없다. 증상이 계속 심해지던 끝에 그해 8월에 탈진해 사망했다.

X를 부검했더니 신장에 전분질이 퇴화해 있었고, 자궁섬유종에다 왼쪽 난소에 난종이 있었다. 이마뼈는 두꺼운데 안쪽 표면은 고르지 않고 외골종이 많았다. 경막은 두개골 안쪽에 붙었다. 두개골의 지름은 175밀리미터, 폭은 148밀리미터. 부어올랐지만 기형은 아닌 뇌의 무게는 1,175그램이었다. 뇌막은 얇고 쉽게 떨어졌다. 창백한 뇌의 외피와 돌기는 정상이다. 소뇌와 굵은 멍울이 있었으나 그 밖의 이상한 점은 없다.

_사례 131 지낭드리[30]

1889년 11월 4일, 산도르 백작의 장인이 백작을 검찰에 고발했다. 주식회사의 상무 자리를 얻는 데 들어갈 예탁금이라면서 800플로린을 횡령했다고 한다. 그뿐만 아니라 산도르는 문서까지 위조했다. 1889년의 봄에 결혼식 성혼서약서를 위조했다. 물론 있지도 않은 가짜로 서류상으로만 신부이던 '여자'와 결혼했다는 것인데, 소위 산도르 백작이라는 인물은 남성이 아니라 남자로 가장한 여성으로서 실명은 사롤타 여백작이었다. 사롤타는 공문서 위조와 사기 혐의로 체포되고 재판을 받았다.

사롤타는 1859년 12월 6일생으로 가톨릭 신자로서 독신 '여성'이다. 산도

---

30 Gynandrie, 여자이면서 남자의 성징을 동시에 지니고 있는 여성.

광기와 성

르 V.[31]라는 필명으로 활동하는 문인이었다. 남성이자 여성인 사롤타의 살아온 이력에 대한 다음과 같은 여러 증언은 주목할 만하다.

사롤타는 헝가리의 유서 깊은 귀족 출신이다. 특히 기상천외하기로 유명한 가문이다. 사롤타의 외조모는 히스테리에 몽유병과 공상마비증으로 17년 동안 침상에서 앓던 환자였다. 외가의 둘째 고모할머니는 죽을병을 앓는다는 공상 때문에 마찬가지로 7년을 환자로 누워 살았다. 그런데도 무도회에는 빠짐없이 참석했다. 셋째 고모할머니는 거실의 탁자가 저주받은 것이라는 생각을 하면서 우울증에 시달렸다. 탁자 위에 누군가 물건을 올려놓으면 고모할머니는 펄쩍 뛰면서 "염병하네, 염병해!"라면서 끊임없이 악을 썼다.

고모할머니는 탁자를 "어두운 방"이라고 부른 규방에 들여놓고 열쇠를 올려놓았다. 고모할머니가 사망한 뒤 그 방에서 숄과 패물, 지폐 등이 쏟아져 나왔다. 넷째 고모할머니는 2년 동안 자기 방을 청소하지 않았다. 세수도 하지 않고 머리도 빗지 않았다. 그렇게 지내다가 사망하고 나서야 모습을 보였다. 아무튼, 할머니들 모두 고등교육을 받았으며 재능이 풍부하고 선량한 사람들이었다. 사롤타의 어머니는 신경과민으로 달빛을 견디지 못했다.

사롤타의 친가 쪽은 지나치게 외골수로 살았다. 그중 어떤 일가는 강신술에 빠져 살았는데 어르신 둘이 광신도였다. 남자 후손 대부분은 재능이 뛰어났다. 반면, 여자 후손 대부분은 좀 모자란 속물이다. 사롤타의 아버지는 고위직에 있다가 엉뚱하고 놀라운 사건(1백만 플로린이 넘는 거액을 착복)을 벌여 쫓겨났다. 아버지는 특히 딸 사롤타를 사내아이처럼 키우는 재미에 미쳐 살았다. 승마와 사냥을 가르쳤고, 딸의 사내 같은 체력에 감탄하면서 '산도르'라는 남자 이름을 애칭으로 불렀다. 그런데 정반대로 막내아들은 여자 옷을 입혀 계집아

---

31 Sarolta Vay, Sándor Vay(1859~1918)라는 이름으로 활동했다. 10여 편의 소설과 서한문 등을 헝가리어로 남겼는데 다른 언어로 번역되지 않았다. (역주)

이처럼 키웠다. 이런 촌극은 아들이 열여섯에 중학교에 입학하면서 끝났다.

사롤타는 한편 열두 살까지 아버지의 영향으로 산도르로 살았다. 열두 살 때 사롤타는 드레스덴의 외할머니댁으로 들어갔다. 종잡을 수 없는 외할머니는 손녀가 너무나 남자아이처럼 기벽을 보이자 여학생 기숙사로 보냈다. 사롤타는 열세 살 때 기숙사에서 자신은 남자라면서 영국 소녀와 사랑에 빠져 둘이 함께 도망쳤다. 귀가한 사롤타는 멋대로 내버려 두는 어머니와 함께 살면서 다시 산도르로 행세하며 남자 복장으로 해마다 여자들과 연애했다.

사롤타는 고급 교육을 받았고, 아버지와 먼 곳으로 여행을 떠났다. 언제나 남장을 한 채 카페와 선술집을 드나들고, 어느 날은 심지어 사창가에서 창녀를 품에 안았다고 자랑까지 했다. 사롤타는 종종 술에 취했고 남자 운동, 특히 검술을 잘 했다. 사롤타는 여배우와 외로운 여자, 풋내 나지는 않는 여자에 끌렸다. 그렇지만 청년에게 정을 느끼지 못했고 해가 갈수록 남자를 증오하기만 했다.

사롤타가 쓴 글을 보자.

나는 시시껄렁하고 볼품없는 사내들과 여자들의 사교계를 찾아가기 좋아했다. 내가 그들만큼 무시당하지는 않을 테니까. 그런데 사내가 여자들의 호감이라도 끌게 되면 나는 질투에 불탔다. 여자들 가운데 나는 미녀보다는 머리에 든 것이 있는 여자를 좋아했다.

나는 풍만한 육체파 여자들이나 남자들이라면 미쳐 버리는 여자들에게 샘이 나지는 않았다. 시적인 매력을 감추고 있는 여자를 좋아했다. 시건방진 여자는 싫었다. 나는 여성 복장이나 여성적인 것과 어울리지 않는 특이체질이다. 나에게 걸맞지 않는다는 뜻일 뿐, 여성을 열렬히 좋아한다.

광기와 성

거의 지난 10여 년간, 사롤타는 가족과 멀리 떨어져 남자 행세를 하며 살았다. 여자들과 많은 관계를 맺었고 함께 여행했으며, 거액을 낭비하고 빚을 졌다. 글을 쓰면서 수도에서 발간하는 신문사들이 인정하는 필자로 활약했다. 사롤타의 여자들에게 대한 열정은 다채롭다. 사랑에 인내심은 없었다.

단 한 번 3년간 지속한 관계가 있었다. 여러 해 전에 사롤타는 G 지방의 성에서 엠마 F라는 10년 연상의 숙녀를 만났다. 사롤타는 한눈에 반해 엠마와 결혼하고 수도로 옮겨 가 함께 부부로서 동거했다. 새로운 사랑은 치명적이었다. 엠마와의 '부부 관계'가 깨졌다. 엠마는 사롤타를 놓아주지 않으려 했다. 엄청난 돈을 주고야 헤어졌다. 엠마는 요즘의 이혼녀처럼 사롤타가 다른 여자들을 유혹했다고 생각했다. 엠마도 사롤타와 '결혼'하기 전에 D라는 처녀와 헤어져야 했을 때 마찬가지로 거액의 위자료를 주었다. D는 엠마가 자신을 배신한다면 죽어 버리겠다고 위협했었다.

1887년 여름에 해변에서 지내던 사롤타는 고위 공직자 E의 가족을 만났다. 사롤타는 E의 딸 마리와 사랑에 빠졌다. 마리의 어머니와 사촌은 마리의 관계를 끊게 하려고 애썼지만 소용없었다. 겨울 내내 마리는 사롤타와 편지를 주고받았다. 1888년 4월에 사롤타는 마리를 찾아갔고, 1889년 5월에는 욕심을 채웠다. 마리는 잠시 학교 교사 자리를 떠나 성당에서 즉흥적으로 준비한 결혼식을 헝가리 신부라는 사람의 주례로 치렀다. 사롤타의 친구가 증인을 섰다. 사롤타와 마리는 행복했다. 만약 장인이 가짜 결혼이라면서 고발하지 않았던들 오래 갔을 것이다. 사롤타가 꽤 오래 결혼 생활을 하면서 마리의 가족에게 자기가 여자라는 사실을 완벽하게 속였다는 점이 주목할 만하다.

사롤타는 줄담배를 피웠고 외모나 태도와 성격 모두 남자였다. 편지와 법정 소환장에도 "사롤타 백작"이라고 명기되었다. 그런데 사롤타는 곧 '달거리' 때문에 가야 한다고 말하곤 했다. 장인의 증언에 따르면, 사롤타는 바지 주머니에 찔러 넣고 다니는 수건이나 장갑으로 음낭처럼 위장했다. 장인은 어느날 사위 될 자가 이상하게 바지 사이로 남근이 발기된 것을 보기도 했는데, 이것도 붕대로 가짜 물건을 둘러매고 다녔던 것이다.

사롤타는 종종 면도했지만, 호텔 사람들은 그가 여자라고 확신했다. 객실 청소를 맡은 하녀가 생리의 자취를 알아보았기 때문이다. 이에 사롤타는 치질 때문이라고 반박했다. 어느 날, 사롤타가 목욕할 때 하녀 하나가 열쇠 구멍으로 훔쳐보고 나서 그가 여자였다고 주장했다.

아무튼, 마리네 가족은 오랫동안 가짜 사위의 성에 완전히 속았다. 딱한 마리가 1889년 8월 20일에 사롤타에게 보낸 편지를 보면 그녀가 얼마나 믿을 수 없을 만큼 순진무구했는지 알 수 있다.

"다른 사람들의 아기들은 보기 싫어. 산디(사롤타의 애칭)의 아기, 귀여운 인형 같은 우리 아기를 본다면 얼마나 좋을까 몰라!"

사롤타의 인격을 살펴볼 수 있는 많은 기록이 남아 있다. 사롤타의 글은 자신감과 개성이 뚜렷하다. 매우 남성 같은 정력적인 문체를 보여준다. 내용도 마찬가지 성격을 담고 있다. 고삐 풀린 사나운 정열과 애욕 또, 이것을 거스르는 것에 대한 증오와 적개심이다. 조금도 추하지 않은 애정인데 아름답고 고상한 것, 또 과학과 예술에 열광하는 취미로 넘친다.

사롤타의 글은 문학과 언어에 대한 폭넓은 지식을 보여준다. 모든 나라의 시인과 문인을 인용했다. 전문가들도 사롤타의 글이 허접한 것이 아니라고 확신한다. 마리에게 부친 편지와 그녀에 관해 쓴 글은 심리학적으로 매우 주목할 만하다.

사롤타는 마리 곁에서 느낀 행복과 잠깐이라도 마리를 보고 싶어 하는 끝없는 욕망을 토로한다. 사롤타는 마리조차 자신을 미워하게 될까 봐 가장 쓸쓸해하고 괴로워한다. 잃어버린 행복을 통탄하며 울부짖는다. 사롤타의 글은 자신이 처음 사랑을 알게 된 시절의 추억과 그 사랑의 영광을 노래한다. 마리 없이는 살 수 없다고 광분하며 열정을 터뜨린다.

사랑하는 네 목소리를 들어야 내가 다시 살아날 텐데. 네 목소리를 들으면 언제나 낙원에 가 있는 것 같았는데! 진실은 하나뿐이야. 내가 너를 사랑하니까 사랑한다고. 어둡고 고독한 밤에 마리라는 사람의 별밖에 보이지 않아. 그런데 꺼져 버렸어! 이렇게 무서운 밤에 그 달콤하고도 쓰라린 기억과 희미한 잔영에 매달릴 수밖에.
나는 하느님을 믿어. 해방의 날은 올 것이고. 내 잘못은 사랑일 뿐, 하느님의 교리와 힘의 바탕이듯이. 하느님, 자비롭고 전능하신 하느님. 내가 얼마나 고통 받는지 알잖아요? 내 생각 좀 해 주고 나를 잡아 줘요, 세상에서 버림받았잖아요. 하느님만이 옳지요. 빅토르 위고는 『수 세기의 전설』에서 그렇다고 했고. 내가 얼마나 멘델스존의 특이하게 슬픈 모습 같지 않아요. 밤마다 꿈에 보이는 모습이 아니던가요.

사롤타는 편지를 마리가 받아 볼 수 없는 줄 알았겠지만 이렇게 썼다.

맑고 조용한 여름날 저녁에 호수가 노을을 품에 끌어안을 때, 반짝이는 눈물만 흘린다. 마지막까지 너를 그리워하는 불쌍한 내 가슴에 우울하게 평온을 알리는 성당의 종소리에 맞춰 한 방울씩 황금빛으로 녹아내린다.

사롤타를 만나 본 법의학자들은 의사로서 난감해했다. 당장 사롤타는 완전히 남자로만 보였다. 사롤타는 정신이상이라는 낙인이 찍힐까 봐 두려워했기 때문에 스스로 지나치게 남자라는 면을 과장했다. 사롤타는 이지적이며 추하지 않았다. 부분적으로 섬세한 면이 엿보였지만, 남성의 특징은 완연했다. 법의학자들도 비록 그들 앞에서 여자 옷차림을 하고 있었지만, 사롤타를 여자로 보는 것을 어려워했다.

어려서부터 여성이 되고 싶은 취향을 보였지만, 사롤타는 성욕은 열세 살때 처음 느꼈다고 주장한다. 드레스덴 기숙사에서 붉은 머리의 영국 여자친구에 반했을 때 처음 느꼈다고 한다. 이런 본능은 친구를 포옹하고 애무할 때 쾌감으로 나타났다. 그 시절부터 이미 꿈속에서 여자들만 보였다. 또, 감미로운 꿈속에서 자신은 남자의 입장에서 사정한다는 절정감마저 느꼈다. 그러나 자위행위를 하지는 않았다. '남자의 위신'에 걸맞지 않다고 역겨워했기 때문이다. 또, 비밀을 지키려고 누구에게든 자기 성기를 건드리지 못하게 했다.

월경은 열일곱 살부터 시작해 지금도 약하게 통증은 없이 계속하고 있지만, 사롤타는 생리에 관한 이야기를 질색하며 싫어한다. 남자로서의 자기감정과 의식을 부정해야 하기 때문이다. 사롤타는 자신이 병적인 줄 알지만 행복하게 느끼고 있는 만큼 달라지기를 원하지 않는다. 남자들과 하는 성관계는 생각도 할 수 없고 절대 불가라고 믿는다. 사롤타는 감방의 같은 방 동료에게서 천한 여자를 느끼게 되면 쾌감에 흥분하면서 창피해했다. 사롤타는 감방에서 완전히 옛날에 포기한 여자 옷을 다시 입어야 할 때 정말로 괴롭다고 하소연한다. 최소한 남자 속옷이라도 걸쳐야 편안하다고 불평한다.

사롤타의 성생활에서 후각이 중요하다는 점은 매우 흥미롭다. 사롤타는 마리가 떠나고 난 뒤, 마리가 머리를 괴던 소파의 자리를 킁킁대며 냄새를 맡았다. 마리가 머리에 뿌리던 향수 냄새를 그윽하게 다시 맡으려고 애썼다.

사롤타는 여자들이라면 젊고 풍만한 처녀에 딱히 관심이 없다. 여자의 외모에 끌리지 않는다. 사롤타는 스물넷에서 서른 살 사이의 여자들에게 자석처럼 끌리지만, 자기 자신의 몸이 아니라 다른 여자들의 몸에서만 쾌감을 찾았다. 사랑하는 여자의 자위행위를 돕거나 커닐링구스를 해 줄 때에만 쾌감을 느꼈다.

사롤타는 남자만 제외하고 아름답고 고상한 모든 것에 관심이 깊고 열렬히 집착한다. 다른 사람들의 도덕적 평가에 민감하다. 사롤타는 여자에 대한 자신의 사랑과 욕정을 건강한 타인들이 삐딱하게 보며 비난한다고 한탄한다. 사롤타는 글재주가 많고 기억력이 출중하다. 그러나 경박하다. 선의라지만 돈 가치를 모르고 낭비하는 것이 약점이다. 자기 자신도 약점을 잘 알고 있다면서 더는 거론하지 않기를 바란다.

사롤타의 키는 153센티미터이며, 골격은 나약하지만 흉부와 둔부의 근육은 놀랍게 발전했다. 여자 옷차림으로 걷는 데에는 서투르다. 골반은 얇고 두드러지지 않았다. 두개골은 약간 위쪽이 뾰족하다. 여성의 평균치보다 사방으로 각 1센티미터쯤 작다. 입은 몹시 작다. 치아는 고르지 않다. 음성은 거칠고 묵직하다. 가슴은 꽤 발달했다. 음부는 풍성하고 짙은 음모에 덮였다. 성기는 완전히 여성의 것이다. 쌍성의 자취는 없다. 그러나 완전히 발달하지 못해 열 살짜리 여아 수준이다. 음핵은 작고 예민하다. 처녀막은 없다. (아마 선천적으로 없었을 것이다.) 자궁소구도 없다. 질은 너무 좁아 남자의 음경을 받아들일 수 없을 것이다. 물론 남자와 섹스해 본 경험이 없다. 골반의 폭도 좁아 허벅지는 보통 여성처럼 통통하지 않고 밋밋하다.

임상 보고서를 보면 사롤타는 감정에 선천성 도착증이 있다. 신체 성장의 비정상에 따른 것이다. 환자로서 저항하기 어려운 중증 유전 질환이다. 사롤타는 당연히 이렇게 말했다.

"하느님은 내 마음속에 사랑을 심어 주었습니다. 그렇게 나를 만들었는데, 그것이 내 잘못인가요, 아니면 수수께끼 같은 하느님의 뜻에 따른 길일까요?"

법정은 무죄를 선고했다. "남장의 여백女伯"이라면서 신문에서 대서특필했던 사롤타는 자기 나라로 돌아가서 또다시 산도르 백작으로 행세했다. 사롤타의 슬픔이라면 열렬하던 마리아와 보낸 행복한 시간이 사라졌다는 것뿐이다.

미국 위스콘신 주의 브랜든에서 커난 박사가 보고한 사건의 주인공이던 기혼녀는 운이 훨씬 좋았다. 부인은 1883년에 처녀를 유혹해 교회에서 결혼해 방해받지 않고 부부로 살았다.

스피츠카(시카고 소재 병원 근무)는 쌍성의 흥미로운 역사적 사례를 보고했다. 앤 여왕 통치 시절의 뉴욕 주지사 콘버리 경[32]이다. 정신이 돌아 버린 방탕한 인물이었다. 고위직 인사였지만 콘버리 경은 여장하고 완전히 여자처럼 교태를 부리면서 거리를 활보했다. 그의 것으로 전하는 초상화를 보면, 앞이마가 좁고 얼굴은 비대칭이며 여자 같은 용모에 입은 감각적이다. 콘버리 경은 자신을 여성으로 여기지는 않았을 것이다.

성도착증을 보이는 사람들의 이상한 감정과 취향은 그 밖의 다른 도착 현상들과 얽힐 수도 있다. 본능을 표현할 때, 이성을 사랑하는 사람들의 변태 행위의 표현과 비슷한 면을 보일 수 있다. 성도착은 거의 규칙적으로 성생활의 병적인 강조와 짝을 이루는 만큼 성욕을 채우지도 못하면서 잔인한 쾌감과 가학 행위를 할 수 있다.

차스트로이오가 그 전형을 보여준다. 그는 소년을 물어뜯고 음경의 포피를 찢고 항문을 가르고 난 후 교살했다. 차스트로이오의 할아버지는 정신병자였고, 어머니는 우울한 사람이었다. 외삼촌은 이상한 환락에 빠져 살다가 자살했다.

---

32 Lord Cornbury, 1661~1723, Edward Hyde가 본명인 영국 토리당 출신의 귀족 정치인이다. 18세기 초에 아메리카의 뉴욕과 뉴저지 식민지 총독을 지냈다. 스페인, 프랑스와 아메리카 식민지 영토의 패권을 겨루던 시기였다. 부패 혐의와 트랜스젠더 같은 언행으로 정적들의 공격을 받았다.

차스트로리오는 동성애자로서 남성 역할을 했고 포경이었다. 정신미약자로서 혼란스러워했으며 사회적으로 쓸모없는 인간이었다. 그는 여자를 혐오했다. 그런데 꿈속에서는 남자 앞에서 자신을 여자로 느꼈다. 그는 이상한 성향 때문에 정상적인 감정을 거의 의식하지 못했다. 그는 상호 자위행위를 즐기고, 또 청소년에 욕정을 품었다. (카스퍼, 리만)

동성애로 인한 변태적 성욕 추구를 고대 그리스에서 찾아볼 수 있다. 아테나이우스는 에로스의 입상에 욕정을 품고 델포이 신전에서 입상을 더럽혔다. 대도시의 흉측한 사건들 외에 롬브로소가 전한 엽기적인 아르투시오는 소년의 배를 가르고 더럽혔다. (롬브로소)

Part 7

성도착의 진단과 예방

과학적 경험에 따른 선천성과 후천성 구별

성도착은 지금까지 주로 의학과 법의학에서 다루었다. 그러나 최근에 사회 · 도덕과 심리의 관점에서 심각한 편견이 중요한 원인이라는 점을 고려한 치료법을 찾고 있다. 기본적으로 증세의 선천성과 후천성을 구별하는 치료법이다. 과학적 경험에 따른 구분이다.

초기 진단은 어렵지 않다. 다만 환자의 성도착이 이미 드러났을 때, 그의 과거 병력부터 밝혀내야 한다. 우선 기왕증부터 알아야 한다. 선천성이라면, 특히 자위행위를 시작하기 전부터 성도착증이 있었는지를 확인하는 것이 결정적으로 중요하다. 그러나 이런 조사에서 불확실한 기억이 가장 큰 장애가 된다. 만약 후천성이라면 자위행위를 시작하기 전에 이성에 대한 감정이 있었는지 확인하는 것이 마찬가지로 중요하다.

후천성 성도착 증세의 특징은 다음과 같다.

- 환자의 생활에서 동성애 감정은 부수적이다. 자위행위에 따른 신경 쇠약 같은 정상적으로 욕구를 채울 수 없는 사건 때문이다. 성욕이 없지 않더라도 이성에 대한 정감과 취향은 애당초 미약한 경우가 많다.
- 성도착이 실제로 두드러지지 않고, 동성애 감정에 죄의식을 가진 사람은 별수 없어 동성애에 빠지는 경우가 많다.
- 오랫동안 이성에게만 애정을 느꼈더라도 그 애욕을 채울 방법이 없

을 때 그 감정은 희미해지는 대신 동성애의 감정이 차츰 강해진다. 이와 반대로 선천성 증세의 특징은 다음과 같다.

- 동성애 감정이 성생활을 중요하게 지배한다. 동성에게서 자연스러운 만족감을 느끼고 꿈도 지배한다.
- 이성에 대한 감정이 전혀 없거나, 쌍성의 경우처럼 드러나기도 한다. 그러나 뿌리 깊은 감정은 아니고 성욕을 채우려는 일시적 수단이다.

물론 이와 같은 구별에 근거해서 다양하고 복잡하게 얽혀 세분화한 경우를 볼 수 있다. 어떤 경우든 증세의 예방이 중요하다. 타고난 증세를 또다시 후손에 물려주지 않아야 한다. 후천성 증세라면 성에 대한 비뚤어진 감정을 초래한 해로운 경험을 차단해야 한다.

많은 학교와 기숙사, 훈련소에서 파렴치한 행위와 자위행위를 가르치고 배우고 있을 것이다. 학생들의 심신이 위험에 마냥 노출되어 있는데도 이 문제에 별로 관심이 없다. 한심한 수치심을 내세워 우리는 성활동이 왕성한 젊은이들을 두꺼운 장막으로 덮고만 있다. 젊은이들의 성본능이 어떻게 움직이는지 별로 주목하지도 않는다. 어린이의 성장기에도 심각하게 병든 사례가 얼마나 많은지 모른다. 의사조차 환자의 이런 문제를 거의 중시하지 않는다. 성도착 증세의 예방은 여전히 깊이 다루어지지 않고 있다. 성도착의 치료법은 다음과 같다.

- 자위행위를 비롯해 성생활에 해로운 요소를 추방한다.
- 건강한 성생활에 불리한 조건에서 비롯한 신경쇠약을 제거한다.
- 동성에 대한 충동과 감정을 이겨내고 이성에 대한 관심을 키우도록 심리를 유도한다.

_사례 132 남성에게 빠져든 여성 취향의 남자

Z는 51세로 어머니는 정신이상자였다. Z는 어린 나이에 간부후보학교에 들어갔을 때 자위행위를 배웠다. 신체는 건강하게 자랐으며, 성감각은 정상이고 열일곱 살에 잦은 자위 끝에 신경쇠약이 걸렸다. 여자와의 성관계를 좋아했고 스물다섯 살에 결혼했다. 그러나 신경쇠약이 심해진 일 년 뒤에 이혼했는데, 그때부터 갑자기 여성의 취향을 보이기 시작했다. 이런 취향은 금세 동성애로 바뀌었고, 대역죄로 기소되어 2년의 구속형을 살고 나서 5년 동안 시베리아에서 유배 생활을 했다. 그렇게 일곱 해 동안 자위를 계속한 탓에 신경쇠약과 착란은 더욱 나빠졌다.

서른다섯 살에 석방된 Z는 신경쇠약증이 너무 심해 그 뒤로 줄곧 온천장을 찾아다녔다. 이렇게 오랫동안 그의 이상한 성감정은 조금도 달라지지 않았다. 그는 거의 모든 시간을 똑똑하다고 존중하면서도 아내와 별거했다. 다른 여자들을 기피하듯 아내 또한 '여성'이므로 멀리했다.

Z의 동성애는 순수한 '플라토닉 러브'였다. 우정과 포옹과 키스만 하면 되었다. 남자가 등장하는 관능적인 꿈을 꾸면서 때때로 몽정하기는 했다. 낮에는 최고의 미녀라고 해도 감흥을 못 느꼈지만, 미남이라면 보기만 해도 발기가 되어 사정했다. 무도회장과 서커스에 가서도 근육질의 남자에게만 눈독을 들였다. 몹시 흥분하던 시절에는 남자의 석상만 보아도 성기가 불끈 솟았다. 간혹 이전의 습관대로 자위행위를 하기도 했다. 매우 교양 있고 세련된 미적 감각을 지닌 Z는 청소년을 상대로 하는 동성애를 혐오했다. 그는 자신의 비뚤어진 감정을, 성욕과 성기능이 모두 떨어져 나가자 불행해하기보다는 병으로 보았다.

Z의 현재 상태는 신경쇠약의 일반 증세를 보여준다. 그의 신장과 태도와 복장은 이상하지 않다. 전기 마사지 요법은 놀랍게 유효했다. 몇 차례 시술 만

광기와 성

에 Z는 몸과 마음 모두 활기를 되찾았다. 20회에 걸친 전기 마사지로 그의 정상적인 본능이 되살아났다. 스물다섯 살 때까지 유지했던 바로 그 본능이다. 이때부터 달콤한 꿈속에서도 여자만 보였고, 어느 날 Z는 마침내 26년 전에 때 맛보았던 기분대로 즐겁게 섹스했다고 털어놓았다. Z는 아내와 다시 동거했고, 신경쇠약과 성도착에서 영원히 벗어나기를 간절히 원했다. 그의 소원은 내가 그를 접견한 최근 6개월 동안은 이루어진 셈이다.

후천성 동성애는 심리치료를 보강하더라도 보통 물리치료만으로는 부족하다. 심리치료만이 효과적이다. 다음 사례는 자기암시 기법이 효과를 보여 매우 흥미롭다.

_사례 133 쌍성인의 동성애 극복기

우리 아버지는 뇌출혈을 일으켰다가(풍을 맞아) 얼굴만 조금 삐뚤어지고 회복했다. 어머니는 무기력증과 우울증에 시달렸다. 부모 모두 치질로 고생했다. 아버지는 결혼 이후로 콩팥이 병든 탓이라고 했다.

나는 소극적인 성격이다. 어렸을 때 나는 무엇이든 상상(종교적 상상 포함)하기 좋아했다. 잠결에 성기를 가지고 놀기 좋아했다. 아버지가 손버릇을 고치라고 제지하기 전(너무 어렸을 때라 자위행위를 할 줄 모를 때)까지는 늘 그렇게 했다. 나는 타인과 맺는 관계에서 항상 우물쭈물 서툴고 소심하다. 열네댓 살 때쯤에 나는 자위행위를 했다. 여자에 대한 충동과 욕구가 끓어올랐는데 기본적으로 플라토닉한 것이 아니었다. 어쨌든 여자들과 사귈 기회가 없었다. 열여덟 살 무렵, 나는 충동 때문이라기보다 자연스럽게 성욕을 채우려고 했다. 여자를 특별히 좋아하지는 않았지만, 그 무렵부터 기회를 잡았을 때마다 성관계를 했다.

사춘기에 접어들면서 나는 금세 무기력했고 나이도 더 많아 보였다. 하루 종일 우울하게 이상한 생각에 골몰했다. 가장 파렴치하게 쾌감을 탐했다. 당시 종교를 의심하고 회의했고, 나중에는 종교를 벗어던질 용기가 생겼다.

나는 젊은이들과 사랑에 빠졌다. 애당초 그런 생각에 머뭇거렸지만 차츰 너무 강해지는 바람에 정말로 동성애를 시작했다. 여자는 이류 인간으로만 보였다. 내 정신은 황량했다. 사는 것이 짜증스러웠고 병든 마음으로 인간을 혐오했다. 어느 날 나는 『장차 어떻게 될까?』[1]라는 책을 읽었다.

열여섯, 열일곱 살 때는 나는 정말로 최고의 시절을 보내면서 예술과 연극에 열광했고 희곡을 지어보면서 거대한 사상에 심취했다. 소포클레스에게 취한 철학자 슐레겔의 힘과 음악적 감각에 넘치는 작품을 탐독했다. "극작가는 무엇보다 순수한 지성이 필요하다."와 같은 구절에 마치 큰 돌멩이로 얻어맞은 듯 충격을 받았다. 나의 이상한 감정이 건강하고 올바른 정신에서 나올 수 없었을 것 아닌가. 그래서 최면술을 받아보려고 했다. 그러나 창피해 그만두었다. 결국 나는 자신감도 없고 나약하고 비겁하다는 생각에 동성애의 욕망을 억제해야겠다고 결심했다. 신경과민부터 해결하려고 노력했다. 보트를 타고, 검술 도장도 드나들었다. 야외로 나가 많이 걸었다. 아침에 일어나면 새 사람이 된 듯 거든하고 상쾌했다.

스물에서 스물여섯 살 사이에, 나는 이상한 불쾌감에 시달렸다. 잘생긴 마부나 맥주 배달꾼에 더는 흥미를 못 느껴 놀라고 말았다. 근육질의 석공도 시시해 보였다. 내가 그런 사람들을 멋지게 보았었다고 생각하니 정말 불쾌했다. 자신감이 살아났다. 모든 상태가 좋았고 활력에 넘쳤다. 나는 스무

---

1 『Was will das werden?』, 독일 소설가 프리드리히 슈필하겐(Friedrich Spielhagen, 1829~1911)이 1885년에 쓴 진보적인 사상의 작품으로 당시 러시아에서 많은 사람이 그의 작품을 읽었다. 슈필하겐은 미국의 랄프 왈도 에머슨, 프랑스의 쥘 미슐레의 작품을 독일어로 번역하기도 했다.

광기와 성

살 때부터 외모도 계속 좋아졌다. 지금도 내 나이에 걸맞은 모습이다.

사실 동성애의 욕망이 다시 찾아왔지만 꾹 참았다. 여자와의 섹스로만 만족했고, 계속 그렇게만 하려고 바라다 보니 섹스하고 싶은 마음도 부쩍 늘었다. 이렇게 마음을 다잡은 것은 최면요법 덕분이다.

환자가 고백한 최면요법의 경우, 먼저 자위 충동과 동성애의 감정을 걷어치우도록 암시하면서 이성을 사랑할 수 있다고 자신감을 불어넣는 것이다. 가장 중요한 조건은 깊은 최면에 빠져야 한다는 것이다. 그러나 신경쇠약증 환자들은 너무나 흥분하고 당황해 집중하지 못해 번번이 실패한다. 최면요법은 불운한 사람들에게 매우 유익할 수 있다. 나중에 라담의 사례에서 보겠지만, 그와 비슷한 환자들에게는 최면요법을 권해야 한다. 치료할 방법은 그것뿐이다. 최면요법이 성공했던 다음 세 가지 사례를 보자.

_사례 134 자위행위로 인한 후천적 성도착

M은 29세의 도매상이다. 그의 부모는 건강했다. 친가 쪽에 신경과민의 흔적은 없다. 아버지는 흥분하기 쉽고 우울한 사람이었고, 아버지의 형제는 방탕한 생활 끝에 독신으로 사망했다. M이 여섯 살 때 어머니는 세 번째 출산 중에 사망했다. 어머니의 목소리를 묵직하고 걸걸해 남자 음성 같았고 행태는 거칠었다. M의 한 형제는 흥분하고 우울하며 여자에 관심이 없다.

M은 아기 때 홍역을 앓으며 헛소리를 했다. 열네 살이 되기 전까지는 명랑하고 주변에 적응했다. 그러나 그 뒤로 조용하고 고독하고 우울해했다. 성에 대한 감정을 처음 느낀 것은 열한 살 무렵이다. 다른 친구들을 따라 자위행위를 했다. 열서너 살 때, M은 처음 사정을 했다. 석 달 전까지만 해도 M은

수음의 치명적인 결과를 까맣게 몰랐다.

M은 학교에서 공부를 잘 했다. 그러나 가끔 두통에 시달렸다. 자위행위는 매일 했지만 몽정은 스무 살이 되어서야 처음 했다. 몽정하는 밤에는 섹스하는 남녀를 보는 꿈을 꾸었다.

M은 열일곱 살 때, 동성애자에게 이끌려 상호 자위행위를 만끽했다. 성욕이 넘치던 시절이었다. M은 그 뒤 한참 뒤에야 또다시 남자와 관계했다. 심각한 관계는 아니었다. 관계라고 해도 우정도 애정도 느끼지 못했다. 자신이 적극적 역할을 해야 만족했다. 그렇게 행위를 끝내고 나면 상대방을 경멸했다. 그러나 얼마 뒤 상대방을 다시 존중하는 마음이 되살아나면 그와 관계를 끊었다. 나중에 M은 어떤 식으로든 상대방과 함께하는 자위행위에 무관심하게 되었다. 그러나 혼자 자위할 때에는 마음에 드는 남자가 힘찬 손놀림으로 자신을 애무한다고 생각하면서 그렇게 했다. M은 유혹받지 않는 한, 본능을 자연스럽게 해소할 길을 따를 것이라고 믿는다. 그는 동성에 사랑을 느낀 적은 없지만, 남자들과 사랑하고 싶은 생각을 하면 기분이 좋다고 한다.

애당초 M은 이성에게 정욕을 느꼈다. 여자들과 춤을 추기 좋아했는데 얼굴보다는 몸매에 주시했다. 물론 마음에 드는 여자를 보면 발기가 되었다. 하지만 감염될까 봐 겁이 나 섹스할 엄두를 못내었다. 심지어 여자 앞에서 발기조차 안 될까 봐 두려워했다. 여자에 대한 그의 감정이 최근 몇 해 동안 급격히 식었기 때문이다. M은 예전에 화끈한 꿈속에서 남녀의 모습이 보였는데, 차츰 남자들의 모습만 보였다. 여자와 성관계하는 꿈을 몇 해 동안 꾸지 못했다. 극장에서도 서커스와 무도회에서도 여자에게만 관심이 있다. 박물관에서도 남성과 여성의 석상에 모두 관심이 있다.

M은 담배를 많이 피우고, 맥주를 마시고, 남자들과 어울려 운동과 스케이팅도 즐긴다. 또, 자신에게 추근대는 사람에게 넌더리를 친다. M은 남자에게

환심을 사려고 하지 않고 여자들의 호감을 사고 싶어 한다.

1889년 7월부터 M은 고환의 신경통으로 고생하고 있다. 밤에는 더 통증이 심하다. 또, (반사 신경의 과잉 반응으로) 밤중에 떨기도 한다. 잠도 자기 어렵다. 고환이 아파 잠에서 깨곤 한다. 요즘에는 과거보다 자위행위를 더 자주 한다. 그러면서도 무서워한다. 언제나 정상적인 성생활로 돌아가기만 바란다. M은 미래를 생각하고 괜찮은 처녀와 사귀고 있고 결혼하면 좋겠다는 궁리도 한다. 5일 전부터 M은 자위행위를 하지 않았지만, 자기 힘으로 억제할 수 있을까 걱정한다. 얼마 전부터 M은 지쳐 일할 기분도 없고 삶을 지겨워한다.

M은 장신이고 기운이 좋다. 건강한 체격에 털북숭이다. 두개골과 골격도 정상이다. 반사신경은 매우 강하고, 동공은 보통보다 크고 즉시 반응한다. 경동맥의 굵기는 고르며, 정관과 고환은 예민하지 않다. 성기는 완전히 정상이다.

나는 M에게 자위행위를 중단하고 동성에 대한 감정을 여자들에게 품어본다면, 앞으로 별일 없이 행복할 것이라고 안심시켰다. 아울러 반신욕을 권하고, 진통제인 안티프린과 포타슘 브로마이드(브롬화 칼륨)를 처방했다.

12월 13일, M은 질겁해 황급하게 진찰받으러 왔다. 자위행위를 도저히 억제할 수 없다면서 도움을 청했다. 우리는 그에게 최면을 걸고 다음과 같이 스스로 외우게 했다.

하나, 자위행위를 할 수 없고 해서도 안 되며 원치도 않는다.

둘, 동성의 사랑을 혐오한다. 어떤 남자도 매력이 없다.

셋, 낫고 싶고 나을 것이다. 솔직한 여자를 사랑하고 행복하게 해주고 나도 행복할 것이다.

12월 14일, M은 산책로에서 마주친 미남에게 강하게 끌렸다고 한다. 이때부터 격일로 앞에서 했던 최면술을 반복했다. 12월 18일, 네 번째 최면에서 마침내 잠든 상태로 유도하는 데 성공했다. 그러자 수음의 충동과 남자들에 대한 관심이 줄어들었다.

여덟 번째 최면술 때에는 '무엇이든 할 수 있음'을 암시했다. M은 기분이 좋아지고 몸도 나아졌다. 고환의 통증도 사라졌다. 지금은 성감이 거의 없다. M은 스스로 자위행위와 동성애 성향을 벗어났다고 인정한다. 열한 번째 최면술을 받고 나서 더는 치료받지 않아도 되겠다면서 귀가해 결혼하겠다고 주장했다. 1890년 1월 초에 M은 귀가했다.

1890년 3월에 M의 편지를 받았다.

악습과 싸우려고 혼신의 노력을 기울였습니다. 하느님의 가호로 드디어 해방되었습니다. 섹스를 여러 번 했는데 정말이지 즐거웠습니다. 앞으로 조용하고 행복할 듯싶습니다.

_사례 135 후천성 성도착(최면요법에 의한 호전)

P는 1803년생이다. 산업체에 근무하는데 중부 독일의 매우 중요한 귀족 출신이다. 그의 가문에 신경과민과 정신병이 빈번했다. 친가 쪽 어른과 그 누이는 정신이상으로 사망했다. 조모는 뇌출혈로 사망했고, 삼촌은 광기로 또 사촌누이는 뇌결핵으로 사망했다. P의 외삼촌은 광란 끝에 자살했다. P의 아버지는 신경과민이 심하다. 형은 비정상적인 성생활에 얽힌 신경쇠약증이 심하다. 또 다른 형은 기이한 편집광이다. P의 누이는 경련으로 고생하고, 또 다른 누이는 어렸을 때 경기를 일으킨 끝에 사망했다.

P는 어려서부터 병약했다. 이상하게 흥분하며 펄펄 뛰었고, 주변 사람들은 그를 비정상으로 보았다. 어린 나이에 P는 성욕이 왕성했고 누가 가르쳐주지도 않는데 자위행위를 했다. 열여섯 살부터 대단히 조숙하던 P는 주말과 축제 공휴일을 이용해 시내의 유곽을 드나들었다. 신바람 나게 섹스를 즐겼

고 주중에는 수음으로 만족했다. 스무 살에 독립한 P는 창녀들과 과도하게 즐겼다. 이때 성신경쇠약에 걸려 상당한 불능 증상이 나타나고 섹스해도 쾌감을 못 느꼈다.

1888년 초, P는 어떤 청년을 만났다.

잘생긴 얼굴에 몸매도 잘빠졌고 싹싹해 나는 즉시 정을 느꼈다. 말을 걸고 다시 볼 때를 기다리면서 애정을 지폈다. 이런 정열로 여자들에 대한 애정은 식어 버렸다. 청년에게 완전히 홀린 나는 몇 분 동안 아무것도 기억하지 못하고 중얼거리기만 했다. 그 뒤, 마찬가지로 마음에 드는 신사와 사귀었다. 나의 삶을 결정적으로 바꾸어 놓은 사람이다. 그는 동성애자였다. 나는 신사에게 여자가 싫어졌고 남자에게만 끌린다고 털어놓았다. 어느 날 나는 신사에게 어떻게 병사들을 끌어들였는지 방법을 물었다. 원칙은 뻔뻔하면 된단다. 그는 그럴 수만 있으면 뭐든 할 수 있다고 했다.

1888년 말경, 나는 그의 충고대로 당번병에게 접근했다. 하지만 그가 나를 받아 주지 않으려 했기 때문에 더는 구걸하지 않았다. 나는 그 뒤로도 많은 사람을 농락했지만 사랑은 단 한 번뿐, 열일곱 살 청년이었다. 간지러운 목소리에 다정했던 태도를 지금도 잊지 못한다. 나는 꿈속에서 미남 청년들만 보았고, 육감에 몸부림치면서 밤을 꼴딱 새우곤 했다.

1889년 초, P는 동성애 혐의가 드러나 고발하겠다는 협박까지 받고 깊이 괴로워하다가 자살까지 생각했다. 가족 주치의의 권고로 P는 수도로 떠났다. P는 습관을 자기 의지로 물리칠 수 없었으므로 최면요법 처방을 받았다. 하지만 결과는 신통치 않았다. 옛 애인들이 그의 직장 부근에서 계속 유혹했기 때문에 더욱 어려웠다. P는 당시 도덕심까지 잊지는 않았다. 가족이 그가 사법 당국의 추적을 받을까 봐 몹시 걱정해 경고한 덕에 상황은 좀 나아졌다. P는 나의 처방을 따라보겠다고 했다.

P는 창백하고 까다로운 인물이다. 신경이 극도로 쇠약했고 미래에 절망했다. 그러나 겉으로 퇴행의 상흔은 없었다. P는 자신이 잘못된 처지에 있음을 인정하면서 가능한 정직하고 원만한 사람으로 되돌아가기를 바랐다. P는 자신의 성도착을 깊이 후회했지만 자신을 다스릴 수 없었다. 그가 달라지려면 최면으로 오직 강인한 의지를 불어넣을 수밖에 없었다.

나는 신경쇠약에 대한 처방 외에 1890년 4월 8일부터 최면암기 치료를 시작했다. 시선과 간단한 구두 제안으로 최면은 쉽게 성공했다. 30초 만에 P는 근육이 굳어지는 자세로 깊이 잠에 빠져들었다. 잠에 취했다 깨었다를 반복하는 사이에 (말을 주고받으면서) 다음과 같은 것을 암기시켰다.

• 자위행위를 하지 않는다.

• 동성애는 가증스럽고 있을 수 없는 것으로 명심한다.

• 여자들만 아름다운 줄 알아야 한다. 여자들에게 접근하고 여자들을 꿈꾸며 그 모습에서 본능이 흥분하도록 한다. 치료는 매일 이어졌다. 4월 14일에 P는 정신이 맑아졌다면서 섹스를 즐겁게 했고, 조금 뒤에 사정했다고 알려주었다. 4월 16일에 P는 수음 취미가 사라진 것 같았고, 여자에게 끌렸으며 남자들에 무관심해졌다고 말했다. 이제는 여성의 매력을 꿈꾸고, 또 여자들과 사귀고 싶어진다고 했다.

5월 1일, P는 완전히 정상으로 보였다. 본인도 그런 느낌이라고 했다. 안색이 다른 사람 같았고 용기와 자신감에 넘치는 모습이었다. 정상적으로 섹스했고 쾌감도 충만했다. 재발을 피할 수 있다고 믿었다.

1890년 10월 20일에 P가 내게 보내 준 편지를 보자.

자위행위를 완전히 이겨냈습니다. 동성애도 좋게 느껴지지는 않지만 아직 확고하지는 않습니다. 규칙적으로 식단도 지키고 있습니다. 대만족입니다.

_사례 136 후천성 성도착

Z는 32세의 공무원이다. 어머니는 히스테리 환자였다. 외할머니도 히스테리로 고생했고, 모든 형제자매가 신경질환을 앓았다. Z의 형은 동성애자다. Z는 머리가 좋지 않아 배우는 데 애를 먹었다. 어린 시절에 성홍열 외에 다른 질병으로 앓지 않았다. 열세 살 때 기숙사 친구들에 이끌려 자위행위를 배웠다. Z는 성욕 과잉이었다. 열일곱 살 때부터 힘차고 즐겁게 섹스했다.

Z는 스물여섯 살에 사회적 지위와 금전 형편 때문에 결혼했다. 그러나 신혼생활은 불행했다. 1년 뒤, Z의 아내는 심각한 자궁 질환으로 섹스할 수 없게 되었다. Z는 다른 여자들과 어울리거나 자위하면서 넘치는 성욕을 채웠다. 그뿐만 아니라 도박에 빠져 허랑하게 살았고 신경쇠약에 걸렸으며, 포도주와 코냑을 엄청나게 마셔 대면서 둔해진 신경을 되살려 보려고 했다. 기본적으로 뇌가 잘 돌아가지 않아 불편한 신경증에 울다가 웃고 웃다가 우는 증세가 겹치면서 감정까지 극심하게 오르락내리락했다. 그런데도 성욕은 줄어들지 않았다. 그러나 창녀와 성병을 두려워해 섹스로 만족할 기회는 드물었다. 대부분 수음으로 자위했다.

4년 전, Z는 여자를 보아도 시큰둥하기만 했고 도무지 성욕이 발동하지 않았다. 그때부터 남자에 끌리기 시작했고, 달콤한 꿈속에서 여자는 사라지고 남자들이 등장했다. 3년 전에는 목욕탕 하인으로 일하는 때밀이가 마사지해 주었을 때 Z는 몹시 흥분했다. (그때 때밀이도 함께 발기하는 모습에 Z도 놀랐다.) 두 사람은 엉겁결에 얼싸안고 서로 자연스레 자위행위를 했다. 이때부터 그런 식으로 성욕을 채우는 것이 편안했다. 여자를 완전히 잊었다. 남자들에게만 달려갔다. 그들은 잠들기 전에 상호 자위행위를 해 주었다.

아무튼, Z는 젊은이를 상대하는 것에 질색했다. 다행히 조심하라는 익명의 편지를 받았을 때(1889년 8월 자) 정신을 차렸다. 결국 질겁해 히스테리에 시달렸고 주눅이 들어 다른 사람들 앞에서 창피해하며 자신을 '왕따'라고 느끼고 자살을 고민하면서 앞이 막막해 신부를 찾아갔다. Z는 신앙에 의지하면서 회개하러 수도원에 들어가려고 했다. 그렇게 작심하고 출발 준비를 하다가 우연히 내 책 『광기와 성(Psychopathia Sexualis)』을 보게 되었다.

무섭고 수치스러웠지만, 자신이 병에 걸렸던 것이라고 위로했다. 스스로 이상한 성향부터 바로잡아야겠다고 생각했다. 반감을 이겨내고 사창가에서 창녀와 섹스하려고 노력해 성공했다. 처음에는 너무 급히 흥분하는 등 쉽지만은 않았다. 그래도 동성에 대한 정감이 사라지지는 않자 나를 찾아와 치료를 부탁했다. 자신은 절망하고 있어 죽고 싶은 마음도 없지 않지만, 어떻게든 다시 살 수만 있다면 살려 달라고 했다. Z는 내 앞에서 고백하는 동안에도 히스테리로 몇 번씩 심하게 몸을 떨었다. 어르고 달래기가 쉽지 않았다.

Z의 이마는 조금 뒤로 자빠졌다. 반사신경 과민과 뇌충혈 증상이 있다. 성기는 정상이지만 요도는 과민하다. 얼굴은 일그러졌고 자세는 축 늘어졌다. 정신은 혼미하고 일관성이 없다.

처방은 앞선 사례와 같이 반신욕을 권하고 남자들과의 관계 및 남자들에 대한 음란한 상상을 금지하는 것이었다. 며칠 뒤, Z는 지시대로 해 보았지만 별로 효과는 없다고 불평했다. 그는 의지력이 부족했다. 따라서 최면술을 사용해 암기를 유도했다.

• 수음이 싫다. 할 수도 없고 하고 싶지도 않다.

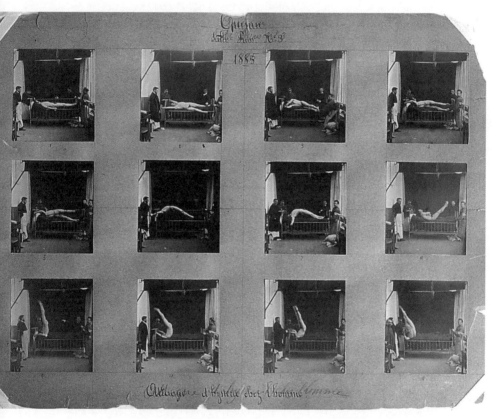

알베르 롱드, 〈히스테리 발작을 일으킨 남성의 연속 사진〉, 메트로폴리탄 미술관, 1885년

- 남자에게 끌리는 취향은 역겹다. 다시는 남자를 아름답다고 탐내지 않겠다.

- 여자만이 탐스럽다. 매주 한 번씩 여자와 힘차고 즐겁게 사랑하겠다.

Z는 이런 암기를 받아들이고 떠듬거리며 반복했다. 최면은 격일로 했다. 15일부터 Z는 최면 중에 자발적으로 암기했다. 심신이 차츰 회복되었지만, 머리는 여전히 복잡하고 원활하게 돌아가지 않았다. 밤중에 꿈속에서 가끔 남자들이 나타났고 깨어 있는 낮에도 남자를 잊지 못했고 이로 인해 Z는 스트레스를 받았다.

최면요법을 9월 21일까지 계속한 끝에 Z는 자위행위를 극복했다. 남자들에 흥분하지 않고 여자들에게 자극을 느꼈다. 매주 한 번씩 정상적으로 섹스를 했다. 히스테리도 사라졌다. 신경쇠약도 많이 나아졌다. 10월 6일, Z는 "깊은 수렁에서 빠져나왔다."라면서 감사의 편지를 보내왔다. 새롭게 살게 된 기분이라고 했다. 1889년 12월 9일, Z는 치료 차 내원해 시골에서 혼자 생활하면서 섹스할 기회가 없었지만, 자위행위를 참아내었다고 털어놓았다. 많이 좋아진 모습이었다.

1890년 9월, Z의 증상이 재발했다. 등산으로 이어지는 장거리 여행에서 무리하게 체력을 썼고 더구나 산골에서 섹스할 기회가 없는 바람에 신경쇠약이 도졌다. 꿈에 남자들이 또다시 나타났다. 자위행위를 여러 번 했고 도시로 돌아와 섹스했지만 쾌감이 없었다. 그러나 신경쇠약에 대한 치료와 최면술로 Z는 금세 건강을 되찾고 정상으로 돌아갔다.

1890년부터 1891년까지 Z는 동성애의 취향을 여기저기에서 보였고 마찬가지 꿈을 꾸었다. 그러나 감정이 북받치면서 또다시 신경이 나약해졌을 때였을 뿐이다. 그럴 때는 섹스조차 쾌감이 없었다. Z는 최면으로 평정심을 찾고 싶어 했고 쉽게 성공했다. 1891년 말에 Z는 처방을 따르면서 악습을 뿌리쳤고, 자신감도 흔들리지 않아 뿌듯하다고 주장했다.

최면요법이 후천성 성도착증 환자에게 통한 것으로 미루어 선천성 환자에게도 유익할 것이다. 그러나 확고한 남성동성애자에게는 거의 효과가 없을 것이다. 아무튼, 최면요법을 이용해 동성애의 감정을 지워 보았던 사례가 있다. 이런 경우는 쌍성 심리가 뚜렷한 사람에게 유리하다. 암기 방법(자기암시)으로 기왕에 지니고 있던 남녀의 두 가지 감정 가운데 어느 한쪽의 요소를 중시하게 할 수 있다.

_사례 137 쌍성인의 수기
나는 1858년에 사생아로 태어났다. 부모가 누구인지 그 자취를 찾아낸 것은 훨씬 뒤의 일이다. 게다가 그 정보조차 매우 불완전했다.
아버지와 어머니는 사촌간이다. 아버지는 3년 전에 사망했다. 또 다른 여자와 결혼해 자식을 여럿 두었는데 모두 건강하다고 알고 있다. 아버지가 동성애자는 아니었을 것이다. 나는 어렸을 때 아버지를 종종 보았다. 남자답고 기운이 좋았다. 그런데 아버지는 내가 태어나던 때나 그 전에 성병을 앓고 있었다는 소리를 들었다.
나는 어머니를 길에서 몇 번 보았지만, 그때는 친어머니인지도 몰랐다. 어머니는 스물네 살 즈음에 나를 낳았는데, 늘씬하고 단호하고 극성맞은 성격이었다. 그 무렵 어머니는 남장하고 여행을 많이 했다고 한다. 머리를 단발로 자르고 긴 담뱃대를 물고 다니는 엉뚱한 모습이라 눈에 띄었다고 한다. 어머니는 최고의 교육을 받은 미녀였다. 그러나 결혼하지 않았고 막대한 재산만 남기고 사망했다. 전하는 이야기로 미루어 어머니는 비정상이거나 동성애 성향이었던 모양이다. 어머니는 나를 낳기 여러 해 전에 여자아이를 낳았다. 나는 만나지도 못한 누나인데, 일찍 결혼했으나 몇 해 만에 약물중독에 걸렸다고 한다. 왜 그랬는지 알 수 없다.

내 키는 170센티미터, 허리는 92센티미터, 엉덩이는 102센티미터. 골반은 유난히 크고, 피하지방도 두툼하다. 골격도 튼튼한데, 근육질은 못되지만 문제는 없다. 일찍부터 자위행위를 즐긴 탓이 아닐까 싶다. 모발과 수염은 정상이다. 음모는 성긴 편이며 몸에 잔털은 없다. 외모는 완전히 남자의 모습이다. 걸음걸이, 자세, 목소리 모두 남자답고, 다른 동성애자들이 나를 남자로서 의심한 적도 없다. 나는 군복무를 했고 기병 훈련을 좋아했다. 승마와 검술, 수영을 즐겼다.

나는 신부님에게 처음 공부를 배웠다. 같이 놀던 친구들은 없었다. 나를 받아준 양부모의 생활은 흠잡을 데 없었다. 1871년 10월에 나는 기숙사로 들어갔고 그곳에서 난잡한 짓을 벌였다. 그 뒤 중학교를 마치고 군에 자원입대해 1년간 복무했다. 제대 후 임학^{林學}을 공부했고 지금은 대영지 관리(지방관)를 맡고 있다.

나는 세 살에 말문을 떼었다. 주위 사람들은 뇌수종 때문이라고들 했다. 학교에 다니면서 지능은 정상으로 발달했다. 공부는 쉬웠다. 하지만 집중력이 떨어졌다. 미술을 좋아했는데 음악은 별로 취미가 없었다.

나는 어렸을 때부터 못된 성격이었다. 그러나 최근 12년간 어떻게 된 일인지 완전히 변했다. 지금은 거짓말을 가장 혐오한다. 농담처럼이라도 진실에 반하는 것을 아무것도 말하지 않으련다. 나는 돈 문제라면 구두쇠는 못될망정 매우 깐깐하다. 요컨대, 지금 과거가 창피해 나는 이상하고 불운한 짓을 하지 않는 점잖은 사람이라고 할 만하다. 용기도 부족하지 않다.

성장기에 비정상적인 면은 조금도 없었다. 아기 때부터 나는 침대에 항상 엎드린 자세로 잤다. 아침마다 배를 침대에 비벼 대면서 일어나곤 했고 부모님은 재미있는 모습이라며 웃었다. 그렇다고 그런 몸짓으로 쾌감을 느끼지는 못했다.

나는 소녀들과 어울려 놀지 않았고 인형놀이도 하지 않았다. 나는 아주 일찍부터 성에 관해 사람들이 하는 이야기를 무심히 엿들었다. 성과 관련한 꿈은 꾸지 않았다. 내 또래의 사내아이들과도 문제없이 지냈다. 내가 성에 눈을 뜬 것은 열세 살 때였을 뿐이다. 친구가 상호 자위행위를 가르쳐 주었다. 하지만 사정은 일어나지 않았다. 첫 번째로 사정을 경험한 것은 그 다음 해의 일이다. 그렇지만 자위행위를 열렬히 즐겼다.

그 무렵에 동성애 취향의 조짐이 보였다. 건장한 청년, 시장 배달꾼, 노동자, 병사가 꿈에 나타났고 그들의 모습을 상상하면서 자위를 즐겼다. 그와 동시에 청소년에 관심이 일었다. 특히 내가 수동적인 역할을 하는 방법이었다. 열네 살까지 나는 종종 섹스까지는 하지 않고 서로 애무하는 사이였다. 그러면서 여성에 대한 관심은 줄었어도 여전했다.

처음 자위를 체험하고 나서 여섯 달 뒤에 나는 처음으로 창녀를 찾아갔지만 별다른 쾌감도 못 느끼고 아무 일도 없었다. 나중에 열아홉 살 때 홍등가에서 섹스를 여섯 번 했는데, 이때는 발기와 사정이 즉시 되었지만 별로 짜릿하지는 않았다. 상호 자위행위가 섹스보다 더 기분이 좋았다. '중학생의 사랑'이라는 것은 결코 하지 않았다.

10년 전에 해수욕장에 놀러 갔을 때, 나는 정말로 아름다운 귀족 숙녀를 짝사랑했다. 다행히 숙녀도 내게 호의를 보였다. 우리가 사귀는 동안 자위행위를 하지 않았다. 여러 해 계속한 수음으로 불능이라도 될까 두렵기도 했다. 우리가 멀리 떨어지게 되었을 때, 나의 애정은 금방 식었다. 내가 속았었고, 또 2년 뒤에 나는 그녀의 결혼 소식에도 덤덤했다. (정말로 있었는지 모르겠지만) 여자에 대한 관심도 차츰 시들었다. 2년 반쯤 전, 어느 도시의 사창가를 친구들과 찾아가 섹스했는데 이것이 마지막이었다. 나는 여자에 무심했다. 창녀는 건방지게 나를 조롱했다. 나는 성숙하고 교양 있는 숙녀들의 사회를 좋아한다. 비록 그런 사교계에 서툴지만. 나는 여자의 육체에 어떤 매력도 못 느낀다.

어쨌든 나는 열네 살 때, H 시로 오면서 나를 유혹하던 애인과도 멀어졌다. 애인은 나보다 몇 살 많은데 열아홉 살에 공무원이 되었다. 기차 여행을 하던 중에 만났다. 우리는 여행을 중단하고 방을 구해 서로 애무했다. 그렇지만 고통이 심해 섹스는 못 했다.

H 시에서 나는 동료 두 명과 성관계를 가졌지만 서로 애무하는 정도였고, 두 친구 모두 섹스를 원하지는 않았다. 나는 열아홉 살에 H 시에서의 마지막 해를 보냈다. 그때 세 번째 친구를 만났다. 좀 더 긴밀한 사이였다. 우리는 발가벗고 침대에서 서로 애무했다.

1869년 10월부터 1870년 7월까지 내 곁에 아무도 없어 혼자 자위행위를 했다. 전쟁이 터졌고, 나는 자원했지만 탈락했다. 그때 입영심사 사무실에서 학교 동창을 만났다. 매우 미남인 나는 이 친구와 통증 때문에 섹스까지 하지는 못했지만, 기대 이상의 강렬한 쾌감을 맛보았다. 전쟁이 끝난 뒤에는 친구와 종종 만났는데 항문성교까지 하지는 않았다. 열여섯 해 동안 나는 동성애 관계를 단 두 번 했다.

1879년 겨울, 나는 열차 칸에서 멋진 기병을 만났다. 그와 호텔에서 하룻밤을 지냈다. 나중에 기병은 자기 마을 성주의 아들과도 동성애 관계였다고 털어놓았다. 나는 기병과 서로의 성기를 입으로 빨아 주었다. 역겹기만 했다. 그 후로 다시 하지 않았다.

1887년, 다시 한번 열차 칸에서 선원을 만나 호텔로 갔다. 선원은 페데라스티의 경험은 없다고 했지만 금세 익숙한 모습을 보여주었다. 그는 흥분

광기와 성

하면서 열렬하게 내게 달려들었고 나는 처음으로 항문성교를 했다. 정말 아팠지만 쾌감은 그 이상으로 짜릿했다. 나는 그 도시에 머무는 동안 성생활이 근본적으로 달라졌다. 동성애자를 만나기도 매수하기도 쉬웠다.

사기꾼들에게 서글픈 일을 겪기도 했지만, 그해 연말까지 동성애의 즐거움을 잔뜩 누렸다. 특히 나는 소극적인 입장이었다. 그때부터 나는 성병이 무서워 상호 애무만 했다. 나는 적극적인 역할을 하지는 못했다. 고통을 견딜 만한 상대를 찾지 못했기 때문이다.

나는 기병과 해병 애인을 좋아한다. 노동자와 백정, 대장장이가 특히 좋다. 튼튼하고 검게 그을린 얼굴이야말로 매력에 넘친다. 나는 평범한 피부의 반바지 차림의 기병이 유난히 좋다. 장신구에 별다른 취미는 없다. 일을 많이 해 꺼칠하고 못이 박힌 큰 손이 최고다.

나는 대영지 관리관으로서 대저택에서 살았다. 내 시종은 보기 드문 미남 청년이었다. 시종도 기병대에서 군복무를 했다. 그러나 몇 해 동안 그의 미모를 음미하면서도 나는 시종을 건드리지는 못했다. 시종은 아직까지 내 정념을 눈치채지 못했다.

2년 반 전부터 나는 선원 C와 알고 지내왔다. 내 친구들도 그가 보기 드물게 훌륭한 사나이라고 공언한다. 2년 즈음 만나지 못하다가 몇 주 전에 나는 C를 우리 집으로 초대했다. 나는 우리가 같은 방을 사용하도록 준비했다. 나는 C에게 접근하고 싶어 안달했다. 그렇지만 이야기를 나누어 보니 그는 동성애를 경멸했다. 더는 어쩔 수 없었다. 몇 주일간 같은 방을 사용하면서 나는 언제나 그의 빼어난 몸에 감탄했다. (처음 며칠간은 보기만 해도 흥분했다.) 나는 C와 함께 로마식 온천욕을 즐기면서 그의 벗은 몸을 감상했지만, 그는 나의 타는 마음을 조금도 몰랐다. 요즘도 나는 C와 플라토닉한 사이로 지낸다. C는 자신의 신분에 비해 월등히 우수한 교육을 받았고,

또 시에 상당한 재능이 있다.

서른여덟 살이 될 때까지 나는 나의 처지를 분명히 알지 못했다. 그저 너무 조숙하게 자위행위를 하다 보니 여자에게 서툴렀다고만 여겼다. 그래서 언제나 '진짜 여자'를 만난다면, 수음도 포기하고 여자와 즐겁게 지내고 싶었다. 내가 어떤 상황이었는지는 나와 비슷한 사람들과 또 친구들이 괴로워하는 것을 알게 되고 나서였다. 우선 무서운 생각이 들었지만, 나중에는 운명인데 난들 어쩌랴 싶어 자포자기한 심정이었다. 그래서 욕구를 굳이 억제하려고 하지 않았다.

2~3주 전에 폰크라프트에빙 박사의 책을 우연히 접하고 깊은 감명을 받았다. 애당초 엉큼한 호기심으로 읽었다. 예컨대, 무헤라도의 성장 과정이 흥미진진했다. 무척 재미있는 내용에 홀려 나는 이틀 동안 다섯 번이나 자위행위를 했고, 나도 무헤라도처럼 성징이 달라질 수 있을까 공상했다. 하지만 책을 더 읽으면서 진지한 내용을 이해할수록 나의 실상에 놀라고 말았다. 나는 차츰 달라지지 않으면 안 되겠다고 걱정했다. 책을 모두 읽고 나서 나는 박사를 찾아가 처방을 받기로 했다.

책을 읽은 탓에 나는 자위행위 두 번, 기마병과의 애정행각 두 번을 벌였지만, 이전만큼 쾌감은 없었다. 그만두지 못한 것을 한탄했다.

1891년 봄, 수기를 쓴 이가 나를 찾아와 최면요법을 받아보고 싶다고 부탁했다. 환자는 세상에서 버림받은 기분이었다고 했다. 자연을 거슬렀다고 배척당하는 인간, 자연과 사회의 법을 어긴 인간이라며 의기소침해했다. 처벌받을 위험을 두려워하면서 같은 남자와 성행위를 하는 것을 역겨워했다. 그런데도 미남 병사를 보면 여전히 아찔하게 흥분한다.

몇 해 전부터 환자는 여자를 좋아하지 않았다. 환자는 정신과 신체 모두 자신의 수기에서 밝힌 그대로의 모습이다. 그의 두개골은 뇌수종 환자의 것 비슷한 사두증 환자의 모습이다.

환자에게 최면을 걸어 보았지만 쉽지 않았다. 그래서 클로로포름을 조금 투여해 세 번째 시도에서 깊은 최면상태를 끌어냈다. 이때부터 환자에게 밝게 빛나는 물체를 바라보게 했다. 환자에게 자위행위 금지, 동성애 감정 억제, 여성을 좋아하고 즐겁게 사랑할 힘의 회복에 관해 암기시켰다. 세 번째 최면요법 이후 환자는 여자를 생각했다.

네 번째 치료를 받고 나서 환자는 집안 사정으로 멀리 떠나야 했다. 환자는 자위와 동성애 성향은 사라졌지만, 남자에 대한 취향이 완전히 꺼지지는 않았다. 여성에게는 새롭게 관심을 느꼈고 최면술을 계속 받고 싶어 했다.

_사례 138 정신적 쌍성

P는 35세의 독신남이다. 신경질적인 가족 출신으로 어린 시절에 경련으로 고생했다. 경련을 무사히 이겨냈지만 민감하고 짜증부리는 허약체질이 되었다. 심각한 질환은 없다.

P는 열 살 전부터 성에 눈을 떴다. 자기 집 하인들에게 묘한 욕구를 느꼈던 것이 가장 오래 전의 기억이다. 몇 해 뒤부터는 꿈속에서 남자들과 관능적인 사랑을 했다. 서커스 구경을 가서도 남자 곡예사들에게만 끌렸다. P는 건장한 청년들을 가장 마음에 들어 했다. 그들을 끌어안고 싶어 애태웠다. 얼마 전부터 남자에게 슬쩍 자극만 받아도 쾌감으로 흥분하면서 사정이 된다. 아직 동성애 충동에 따르지는 않고 있다.

P는 정신적으로 남녀 두 성이 머릿속에 섞여 있는 쌍성이다. 그래서 여성의 매력에 둔감하지도 않다. 어쨌든 여자보다 남자를 더욱 아름답게 본다. 지금까지 P는 여자의 나체를 보아도 시큰둥했다. 여자와 뜨겁게 사랑하고 싶은

생각은 단 한 번뿐이었다. P는 성욕이 발동하는데 남자와 관계하고 싶지는 않았기 때문에 스무 살부터 여자와 성관계를 했다. 그때까지도 P는 남자끼리의 상호 애무를 가끔 매우 드물게 했다. 혼자 자위행위를 할 때는 미남들의 모습을 상상해야 가장 좋았다.

P는 여자와 섹스를 할 때 문제가 없었지만 사소한 쾌감도 진정한 황홀감도 맛보지 못했다. 그 뒤 P는 특별한 여건 때문에 스물네 살까지 금욕 생활을 했다. 힘든 시기였지만 마음만으로 자신을 달랬다. 그러다가 1년 전에 여자와 섹스할 기회를 얻었을 때 P는 성욕이 감퇴한 것을 알게 되었고 발기부전과 조루증이 나타났다. 결국 섹스를 피하게 되었다. 그러자 남자에 대한 욕정이 다시 고개를 들었다. 발기부전 때문인지 마음이 통하는 남자들과 접촉해야 정액이 흘러나왔다.

P는 외아들이기 때문에 가족은 결혼을 서두르려고 한다. 그는 조심스러운 사람이다. 자신의 성불능이 상상 때문이라 믿었고 치료를 원했다. 그 자신 남성에 대한 취향을 떨쳐 버리고 싶어 했다.

P의 외모는 남자답다. 두개골은 약간 뇌수종의 자취가 있다. 수염은 덥수룩하고 성기는 정상이다. 고환거근반사는 둔하다. 신경쇠약증은 없다. 눈에 신경증세도 없다. 몽정은 드물며, 발기는 마음에 드는 남자 앞에서만 가능하다.

1889년 7월 16일, P는 베르나임[2] 식 최면요법을 받았다. 18일 세 번째 시술부터 최면이 통했다. P는 "남성에 대한 욕정을 품지 않는다. 여성이 아름답고 바람직하다. 사랑하는 아내를 얻어 행복하게 해줄 수 있다. 나는 그렇게 할 만큼 강하다."라는 문장을 암기하고 그것을 매일 반복했다.

7월 22일, P는 즐겁게 섹스를 했다면서 자신이 묵는 숙소의 청년에 대한

---

2 Hippolyte Bernheim, 1840~1919, 프랑스 신경의학자로 의사의 암시와 환자의 암기로서 정신병을 치료하는 최면요법을 개발하고 에콜 드낭시 학파를 이끌었다.

관심도 덜하다고 했다. 그러나 남자를 여자보다 더 아름답게 보는 것은 여전했다. 8월 1일에 최면술을 중단했는데, 그간의 결과는 완벽했다. P는 남성에 대한 관심을 잃었고 당분간 여성에 대해서도 무심하다.

P와 똑같은 시술이 성공했던 쌍성 취향의 사례가 있다.

_사례 139 동성애자에 대한 최면요법

X는 25세의 대지주다. 그의 아버지는 신경쇠약증이 심했으나 성에는 문제가 없었다. 어머니와 누이 둘은 신경통에 시달렸다. 외할머니는 신경과민에 시달렸으며, 외할아버지는 성욕에 넘치는 방탕한 인물이었다.

X는 어머니에게 붙어사는 외아들이다. 태어났을 때부터 병약하고 두통으로 몹시 고생했다. 갖가지 소아병을 앓았고, 열다섯 살에 자연스럽게 자위행위를 시작했다. 열일곱 살 때까지 남녀 어느 쪽에도 특별한 편향은 없었다. 그러다가 친구를 사랑하면서 남성 쪽으로 애정이 기울었다. 친구도 그를 받아주었고, 두 친구는 서로 허벅지 사이로 깊이 애무하는 사이로 발전했다. 그러나 청소년을 상대하는 것에는 질색했다.

X는 남자들과 달콤한 사랑을 꿈꾸었다. 극장과 서커스에서 남자 출연진에만 관심을 쏟았다. 스물 나이 전후의 늘씬한 청년을 좋아했다. 이런 조건이 맞으면 상대의 신분은 상관없었다. 동성애 관계에서 X는 언제나 남자 역할을 했다.

X는 크고 건장한 청년이다. 남성 체형에 성기도 발육이 좋고 튼튼하다. 거동과 음성과 자세 모두 남성이다. 그런데 남자의 열정이 두드러져 보이지는 않는다. 담배는 조금 피우고 술도 조금 마시며 과자, 음악과 미술, 멋지고 우아한 것과 꽃을 좋아하며, 여자들의 세계에도 즐겁게 끼어들고 어울린다. X는

콧수염만 길렀지만 어설픈 겉멋은 없다. 안색은 창백하고 약해 보이는데 한량 같아 보이고 전혀 대지주 같아 보이지 않는다.

X는 늦잠꾸러기로 점심때가 되어야 침대에서 일어난다. 그 자신은 동성애가 병적이라고 느낀 적은 없고 타고난 기질로 믿고 있다. 안타까운 경험을 반성하면서 도착증에서 벗어나고 싶어 한다. 하지만 그럴 만큼 정신력이 강한지 자신하지 못한다. 몇 번이나 노력했으나 해로운지 알면서도 다시 자위를 했다. 심하지는 않아도 신경쇠약 때문이다.

X의 정신에 퇴행성은 없다. 지능은 평균치를 조금 웃돌고 세심한 귀족교육을 받았다. 눈에서 신경증 체질이 엿보인다. X는 동성애자도 비난받을 짓을 하지도 않는다. 이성을 사랑하는 감정이 있지만, 욕정은 거의 일어나지 않고 일어난다고 해도 가끔 매우 약하다.

X는 열아홉 살에 처음으로 친구들과 사창가를 찾아갔다. 그곳에서 X는 여자들을 혐오하지는 않았고 섹스도 무난히 했는데, 남자를 끌어안을 때 같은 강렬한 감흥이 없었다. 그 후로 섹스를 여섯 번 했고, 그중 두 번은 자발적이었다. 기회는 많아도 충동이 거세 마지못할 때만 할 뿐이다.

이런 섹스는 자위와 마찬가지로 동성애의 감정을 대신하지 못한다. X는 좋은 여자를 만나 결혼할 수도 있다고 생각했다. 사실, 남자들을 멀리하고 결혼해 부부생활을 하는 것이 중요하지만 어려운 숙제라고 생각했다. 이렇게 X의 이성에 대한 감정이 비록 초보적이지만 절망할 만큼 희미하지는 않기 때문에 적절한 치료 효과를 볼 수 있을 것 같았다. 그러나 무엇보다 환자 자신이 자기 상황을 분명히 의식하고 의지를 불태워야 한다. 그러나 X는 이미 다른 의사와 최면을 시도했지만 효험을 보지 못한 경험이 있다. 그래도 X의 사회적 위상 때문에 다시 해 볼 수밖에 없었는데, 놀랍게도 베르나임 최면요법이 즉시 효과를 보였다.

두 번째 시도에서 나와 눈을 마주 보면서 환자는 (몽유병자 같은) 모든 감각이 수면 상태로 금세 들어갔다. 그의 몸에 손을 대자 근육이 위축되고 셋을 쉬고 나서 환각으로 빠져들었다. 환자는 최면 중에 아무것도 기억하지 못했다. 2~3일 동안 최면 중에 암기시켰다. 물치료와 심리치료도 병행했다.

네 번째 시술 이후 환자는 여자들에게 수작을 걸기 시작했다. 얼마 뒤, X는 오페라 공연 무대에 오른 유명한 여주인공을 열렬하게 사모했다. 며칠 후에 그는 사창가를 찾아 나섰다. 아무튼, X는 여전히 청년들과 어울려 다니기 좋아하지만 의심할 만한 구석은 없다.

2월 17일, X는 나의 허락을 받고 화류계의 숙녀와 섹스하고서 대만족했다. 3월 16일부터 주당 두 차례의 최면에서 X는 쉽게 최면 상태에서 암기했지만, 최면 중에 받은 지시를 기억하지는 못했다. X는 이제 자기 취향대로 섹스를 즐기고 몽정도 했지만, 여자에 관한 달콤한 꿈에 젖었을 때에만 가능했다. X가 최면으로 자기암시를 하면서 자기감정과 사고와 노력을 모두 스스로 통제하게 되고 성생활도 좋은 쪽으로 변한 것이다.

X는 오락가락 변덕을 부리고 나약한 기질이지만 조만간 마음에 드는 여자가 나타나면 청혼하고 싶어 한다. 우리는 치료를 여기에서 그쳤다. 나중에 X의 아버지로부터 아들이 건강하고 행실도 바르다고 알리는 편지를 받았다.

1890년 5월 24일, 나는 여행 중에 우연히 옛 환자 X를 만났다. 활짝 핀 모습으로 미루어 건강이 매우 좋아 보였다. 그는 정답게 지내는 친구들을 만나고 있지만, 옛날처럼 동성애 취향은 없다고 했다. 때때로 여자들과 즐겁게 사랑하고 있고 결혼은 진지하게 생각하고 있다고도 했다. 나는 환자에게 다시금 옛날과 똑같은 최면을 걸고 암기해 보게 했다. 깊은 최면에 빠진 환자는 1888년 12월에 암기했던 것을 고스란히 반복했다. 암기 효과가 오래 갔던 대표적인 사례.

최면요법이 완전하게 성공한 경우는 다음과 같다.

_사례 140 정신적 쌍성에 대한 최면요법

명문가의 자제 K는 23세로 머리가 좋지만 유아기에 선병질이 있었다. 아버지는 방탕했다. 아버지의 형제도 성도착증이라는 소문이 파다했다.

K는 일곱 살 때 벌써 남자들에 특이하게 끌렸다. 특히 마부들과 콧수염 기른 하인들을 몹시 좋아했다. 이들과 몸이 닿기만 해도 이상하게 행복감에 취했다. K는 어린 나이로 사관학교에 들어갔다. 그곳에서 자위행위를 배웠고, 생도들끼리 허벅지 사이로 유사성행위를 하는 것도 배웠다. 진짜 섹스는 열일곱 살에 처음으로 창녀와 해 보았다. 썩 잘했지만 감흥은 전혀 없었다. 동료들과 행위에서 느끼던 쾌감이 없었다.

아무튼, 창녀와 섹스를 종종 하다가 임질에 걸렸다가 치료하고 나서는 차츰 여성을 미워하게 되었다. 결국 성욕이 넘치지만 남자 상대를 찾지 못할 경우 별수 없이 창녀를 찾았을 뿐이다. 그러자 점점 더 남자를 찾게 되었다. 수염이 덥수룩한 성인들이다. 청소년을 상대로 하는 오럴섹스와 항문성교는 역겨워했다. 언제나 여자와 섹스하는 즐거움을 되찾으려고 애썼다. 그렇지만 여자 앞에서 냉랭해지고 역겨운 기분 때문에 힘이 솟지 않아 거북해했다. 그래서 동성과 성관계를 만들어 갔다고나 해야 한다. 꿈속에서도 남자들만 나타났고, 이런 꿈은 아직 성이 무엇인지 모르던 어린 시절부터 똑같았다.

K는 행복한 삶이 위험할지 모른다고 이해했기 때문에 진찰받으러 왔다. K는 자신의 성생활이 자연에 반하고 부도덕하다고 인정했다. 자신의 상황은 절망적이지도 않고 여자를 정말로 깊이 미워하지도 않는다고 믿었다. 3주 전에는 비록 쾌감도 정신적인 만족감도 없었지만 여자와 섹스할 수 있었다.

사실 K는 남성에 대한 사랑을 억지로 지어낸 면이 있다. 그러나 신경쇠약

광기와 성

때문에 남자와 성행위에서도 옛날만큼 쾌감을 못 느꼈다. K는 병사들이 너무 선정적으로만 보여 무슨 일을 저지를지 겁이 나 군 장교직을 포기했다.

K에게 퇴행성 증세는 없다. 겉모습은 완전한 남성이다. 성기는 정상이다. 정액과 정자도 풍부하다. 음경은 크고 야무지다. 음모와 체모 모두 풍성하다. K는 남성적인 취미를 가졌지만 술 담배를 하지 않는다. 단, 그의 눈빛에서만 타고난 신경증의 자취가 엿보인다. K는 남자들과 성행위할 때 대체로 남성 역할을 했다고 하지만, 여자 역할을 할 때도 없지 않았다.

최면을 시도하자 K는 근육이 뻣뻣해진 자세로 응하면서 암기했다. 네 차례의 최면요법 이후 K는 놀랍게도 남자들에 냉랭해졌다. 이런 호기에 무능할까 걱정했지만, 여자들과 사귀고 싶다고 했다. 여섯 번째 시술 이후, K는 애인과 섹스를 시도했다. 엄청난 욕정이 치솟았지만 발기는 되지 않았다.

아홉 번째 시술을 받고 나서 K는 시술을 중단했다. 사업 때문에 고향 집으로 돌아가야 했기 때문이다. 아무튼, K는 남성에 무관심해졌고 남성에 대한 욕구를 억눌렀다. 다시는 과거의 악습을 되풀이하지 않으리라고 확신했다. 그러나 지금은 여성에 관심도 없다.

_사례 141 베르나임 최면요법

32세의 화학자 X는 신경병력이 있는 가족 출신이다. X는 어렸을 때부터 신경이 날카롭고 감정이 풍부했으며 겁이 많고 두통을 앓곤 했다. 소년 시절에 벌써 X는 자기 집 맞은편 공방에서 웃통을 벗고 일하는 노동자들을 즐겁게 바라보며 정감을 느꼈다. X는 학교에 입학해서도 급우들에게 비슷한 감정을 느꼈다. 물론 흥분하지는 않았고 열한 살부터 자위행위를 시작했다. 수음 중에는 항상 급우들을 생각했다. 나중에 열렬한 우정을 맺게 되면서 성생활은 활력에 넘쳤다.

성인이 된 X는 여성들에게도 관심을 가졌지만, 욕구의 기본 대상은 상류층 남성들이었다. X는 자신의 취향이 비정상이라고 느꼈고 창녀들과 관계했지만 찜찜하기만 했다. 결국 점점 더 동성애의 길에 빠져들었고, 수동적인 역할도 해 보았지만 통증이 심해 포기했다.

X는 스스로 남성이고 절대로 여성 같은 취미도 없다고 확신한다. X는 체격도 완전히 남성이다. 체모도 수염도 무성하고 성기는 정상이다. 여성을 혐오하지도 않는다. 기회 있을 때마다 X는 처녀들과 섹스해 보았지만 쾌감은 없었다. X는 자신의 불운한 처지를 분명히 인식했고, 어떻게 해서든 동성애 취향을 벗어나 결혼하려고 했다. 거짓 연기를 하며 살아가야 하니 끔찍했다.

X는 첫 번째 베르나임 최면요법부터 깊은 잠에 취했고 필요한 암기를 충실하게 해냈다. 네 번째 시술 이후, 남성에 대한 관심이 사라졌고 여자와 즐겁게 섹스했지만 정신적으로 만족하지는 못했다. 상대가 창녀였기 때문이다.

14번 때 시술을 마치고 나서 X는 더 이상 치료받지 않아도 되겠다고 주장했다. 청혼하고 싶은 처녀를 만나 열렬하게 사랑한다고 했다. X는 청혼했지만 거절당했다. 그 직후 X는 이탈리아로 여행을 떠났고 그곳에서 남성에 대한 관심이 도져 치료를 재개했다. 그러자 다시 안정을 찾았다.

_사례 142 정신적 쌍성의 암기치료

Z는 20세로 조상은 건강했다. 아버지는 건강했고 어머니만 신경성 질환을 앓았다. Z는 외아들로 어머니가 애지중지해 버릇이 나빴다. 여덟 살 때 Z는 하인이 춘화와 성기를 보여주어 몹시 흥분했다.

열두 살 때, Z는 코레페티퇴르[3]를 사랑했다. 꿈속에서도 그의 벌거벗은

---

3 corépétiteur, 오페라 가수나 발레 무용수와 음악 연습을 함께하는 피아니스트. 실제 공연에서 오케스트라가 연주하는 소리를 개인 연습 중에 피아노로 대신 반주하며 조언한다.(역주)

몸이 보였다. 그 앞에서 Z는 여자 역할을 했다. 어느 날 그와 결혼하겠다고 생각하며 흥분했다. 열세 살에 Z는 집에서 열린 작은 무도회에서 젊은 가정교사를 짝사랑하며 연정을 불태웠다. 열다섯 살 때에는 처녀와 사랑에 빠졌다. 그저 혼자 들떠 있었고 그 뒤 몇 해 동안은 마음이 통한다고 생각한 사내들과 사귀었다. 자위행위는 하지 않았다. 스물이 된 Z는 금욕생활하던 중에 신경쇠약에 걸렸다. 그래서 섹스를 시도했지만 실패했다. 그 대신 증기탕에서 벌거벗은 남자를 보자 강한 성욕에 사로잡혔다. 손님 중 한 명이 Z를 보고 다가와 자위행위를 도와주었고, 이에 Z는 짙은 쾌감을 맛보았다. Z는 그 청년에게 강하게 끌렸고 나중에도 몇 차례 더 만났다. 그 사이 Z는 여자들과 섹스를 시도했지만 또다시 실패했다. 이에 몹시 실망했다. Z가 찾아간 의사들은 그의 발기불능이 신경증 때문이라고 진단했다.

스물다섯 살 때까지 Z는 사랑하는 사내와 매달 한 번씩 자위행위를 즐겼다. 바로 그 무렵, Z는 마지막으로 여성에 끌렸다. 시골 처녀였는데 Z의 욕구를 받아주지 못했다. 결국 Z는 혼자서 자위하는 버릇에 젖어 지냈다. 그렇게 하면서 Z의 신경쇠약은 더욱 심해졌다. Z는 결국 학업을 중단했다. 남자들을 피했고 우울해하고 무기력에 빠졌다.

Z는 여기저기에서 물치료를 받았으나 소용이 없자 1890년 2월 말경 나를 찾아왔다. 악화일로의 신경쇠약증의 치료를 의논했다. Z는 늘씬한 장신에 귀족의 풍모로서 남자다워 보였지만 신경병 증세가 뚜렷했다. 귀는 크고 뺨을 둘러싸는 모습이다. 성기는 정상이다. Z는 뇌척수성 신경쇠약증의 일반적 증세를 보인다. Z는 몹시 짓눌려 보였고 거의 사는 것을 지겨워했다. 가뜩이나 자신의 비정상을 괴로워하는데 가족이 결혼하라고 성화해 고민이 더욱 깊다.

Z는 여성의 육체에 무심하다. 정신적 관심뿐이다. 상류층 남성에게만 욕정을 느낀다. 그런데 꿈속에서는 남성이 아니라 여성만 상대하고, 자신은 여

성 역할을 맡는다. 그러나 Z는 세련된 멋쟁이 처녀를 보아도 성욕도 발기도 일어나지 않는다. Z와 남자들의 성관계는 수동적으로 자위를 받는 식이다. 지난 5개월 동안 자위행위를 하지 않았고, 1889년 8월 이후로 남자들과 어떤 성관계도 하지 않았다.

Z에게 시도해 본 베르나임 최면요법은 신통치 않았다. 몇 차례 그의 이마에 손을 짚고 강직증과 최면 상태를 유도했지만 실패했다. 그는 몽환 상태로 빠져들지 않았다. 세 번째 시술에서 Z는 암기를 따라 했다. 남성과 성행위와 수음은 고약한 것이며, 미녀를 찾도록 꿈꾸라고 시켰다.

3월 10일의 여섯 번째 시술 이후 Z는 두드러진 변화를 보였다. Z는 여자들에게 접근했지만 여전히 매력을 못 느꼈다. 5월 17일, 지난번 시술 때부터 Z는 자위행위를 하지 않고 남자에 대한 관심을 접었다고 주장했다. 무력감이 심했고 어떤 성생활과 성행위에도 만족하지 못해 괴로워했다. 동성애의 활동을 포기하자 동시에 여자들과의 성관계도 가질 수 없었다. 완전히 권태에 찌든 생활이었다.

그래서 물치료를 받게 하고 최면술을 다시 시도했다. 어렵사리 10주 뒤부터 신경쇠약증이 사라졌다. 그러자 심리에 변화를 보였다. Z는 활력을 되찾았다면서 좋아했고 일상에서 성생활이 별로 중요하지 않게 되었다. 물론 여자보다 남자에게 매력을 느꼈지만, 동성애의 욕구를 쉽게 억눌렀다. 그동안 생활하던 방을 사무실로 바꾸었다. 여자의 규방처럼 화려하고 사치스러운 화장품이나 외설적인 책과 잡지를 집어치우고 들과 산으로 돌아다녔다. 만약의 실패를 고려해 가능한 Z에게 여성과 적극적으로 사귈 것을 권했다.

14주째가 되자 Z의 상태는 거의 완치되었다. 눈부신 성공이었다. Z는 몸과 마음 모두 건강하고 활기에 넘쳤다. 결혼할 생각으로 미래의 희망을 품었다. 점점 더 정상적인 성관계를 즐거워했고 달콤한 꿈속에서 여자들만 만났다.

더는 남자를 꿈꾸지 않았다. 9월 말 즈음 Z의 치료를 끝냈다. 환자 스스로 이성과 관계를 완전히 정상이라고 느꼈다. 신경쇠약도 벗어났고 결혼을 생각했다. 물론 그때까지도 남성의 나체를 보면 발기가 된다고 솔직히 고백했다. 그러나 이런 선망을 쉽게 제압한다. 꿈속에서도 '여자와의 관계'밖에 나타나지 않는다.

1891년 4월, 나는 좀 더 나아진 Z를 보았다. 여자만 꿈꾸고, 또 완전히 정력에 넘치는 섹스를 정기적으로 한다고 했다. 어쨌든 흥미로운 고백을 들었다. Z는 섹스 후에 어떨 때 "남자에 대한 가벼운 충동"을 느끼지만 쉽게 이겨냈다고 했다. 이제는 계속 결혼할 생각만 하고 있다는 것이다.

이렇게 최면요법과 암기법으로 선천성 성도착을 치료할 수 있다. 사회적 수치와 사법 처벌의 위험이 도사리는 만큼 동성애의 감정을 중화시키는 데 효과적인 방법이다. 아무튼, 최면 상태가 완전해야 효력이 있지만 지나친 환상은 금물이다. 슈렝크 박사[4]의 치료로 효험을 본 사례는 다음과 같다.

_사례 143 최면술로 완화된 선천성 성도착증

R은 28세의 공무원인데 1880년 1월 치료 차 나를 찾아왔다. R의 형제는 병력이 있다. 치료가 끝나갈 때 즈음 R은 자신이 내게 이전에 수기를 보냈었다면서 또 다른 수기를 내놓았다.

나의 비정상은 한마디로 말해 성관계에서 완전히 여자로 느낀다는 점이다. 청소년기에 나는 꿈이나 성행위에서 오직 남성의 이미지와 성기만 보였다. 대학생이 될 때까지 이상한 점은 없었다. (나는 내 꿈과 공상을 누구에게도

---

4 Albert von Schrenck-Notzing, 1862~1929. 독일의 심리요법 전문가로 최면, 영매 등을 이용한 성도착증의 치료에 뛰어났다. 본문의 사례 143을 수록한 저서 『연상요법』을 내놓았다.(역주)

말하지 않았다. 학교에서 외톨이로 거의 통하는 친구 없이 지냈다.)

대학생 시절에 내가 여자에 무심하다는 사실을 깨닫고 놀랐다. 그래서 사창가를 찾거나 기회 닿는 대로 여자와 섹스를 시도했지만 항상 실패했다. 나는 어떤 여자와 방 안에 단둘이 있게 되면 즉시 발기되지 않았다. 우선 이런 현상을 발기부전이라고 생각했지만, 성욕은 왕성했기 때문에 잠을 자려면 하루에도 수차례씩 자위행위를 할 수밖에 없었다.

반면, 남성에 대한 감정이 해마다 깊어졌다. 20대에 접어들면서 나는 내 성향이 본능과 관련된 것이라고 알게 되었다. 친구와 직접 접하면 곧바로 쾌감이 짜릿하게 느껴졌기 때문이다.

내가 사귄 친구들은 머리숱이 많고 검은 눈에 건장한 남성이다. 나는 어린 청소년에 흥분하지는 않았고 그런 교제라면 이해할 수 없다.

그 무렵(22~23세)에 이런 친구들을 더욱 폭넓게 사귀었다. 그 무렵에는 길가에 잘생긴 사내를 보면 갖고 싶은 욕망이 들끓었다. 특히 억센 모습의 하층민이 좋았다. 모두 제복 차림의 병사, 헌병, 마부 등이다. 그런 사내가 내게 눈길만 던져도 나는 온몸이 찌르르 감전된 듯했다. 저녁에 흥분이 더욱 강해져 군인의 발소리만 들어도 불쑥 발기되었다. 그런 사내들을 뒤에서 따라다니며 바라보는 재미는 각별했다. 그러다가 사내가 기혼자이거나 여자를 사귄다는 것을 알고 나면 흥분이 가라앉았다. 당시 내가 따라갔던 병사가 내 욕구를 받아들 자세였다. 돈을 바라면서 뭐든 할 수 있다고 했다. 나는 그를 언제 다시 볼 일도 없을 테니 탐욕스레 그를 지배했다. 그의 성기를 손에 쥐었다.

이런 만남으로 나는 오래전부터 찾던 내 인생의 목적이 무엇인지 깨달았다. 그것에서 나는 본성이 충족되어 행복하다는 것을 알았다. 이때부터 나는 사랑할 수 있는 사람을 찾으려고 모든 노력을 하기로 했다. 나의 행동

방식에 후회는 없다. 평소에 나는 내 사고방식과 세상의 모습에 큰 차이가 있는 줄 잘 알고 조용히 지낸다. 또, 내가 원하는 관계가 법에 저촉된다는 위험도 알고 있다. 그러나 내가 환골탈태하지 않는 한 나를 사로잡는 유혹을 버텨내지 못할 것이다. 어쨌든 나는 비정상에서 벗어날 수 있는 처방과 치료를 받고 싶다.

나는 나 자신을 여자로 느낀다. 어떤 식으로든 여자와 관능적 표현은 거슬린다. 더구나 내가 왕래하던 여성 사회에서 내가 존중하던 여자가 나에게 관능적으로 접근하면 금세 싫어진다. 남자들과 관련된 달콤한 꿈을 꾸거나 공상에 젖을 때 나는 언제나 그들이 나를 향해 다가오는 수동적인 위치에 있었다. 나는 상대가 나를 꼼짝 못 하게 할 만큼 강하게 포옹할 때가 가장 좋았다. 내 감정을 난폭하게 해치지 않는 한 다른 상황을 상상할 수 없다. 나는 정말이지 여자처럼 수줍다. 어떤 상대방에게 강한 욕심이 들수록 그만큼 더욱 숨기려고 애쓴다.

풍성한 체모, 콧수염, 심지어 더께조차 특이하게 끌린다. 물론 사회적으로 절망적인 상태야 말할 필요도 없으니까 누군가 나를 이해하는 사람만 만날 희망조차 없다면 살아갈 이유도 없을 것이다. 남자와 하는 성관계만이 수음의 버릇을 고칠 수 있는 수단이다. 나쁜 줄 알지만 고치기 어려운 까닭은 낮에는 발기가 지속되고 밤의 몽정으로 너무 쇠약해질 수도 있기 때문이다.

지금까지 나는 두 남자를 진심으로 사랑했다. 모두 재능이 뛰어난 미남 청년 장교로서 건강하고 늘씬하며 갈색 머리에 검은 눈이다. 한 명은 대학에서 만나 미친 듯 짝사랑했다. 그렇지만 그가 무심해 몹시 괴로웠다. 거의 밤마다 그의 창가에서 지냈다. 그의 곁에 있다는 것만으로 만족하면서. 그러다가 그가 다른 기지로 전출했을 때 나는 절망했다.

그 조금 뒤 또 다른 장교를 알게 되었다. 먼젓번 장교와 비슷하게 닮아 첫

눈에 반했다. 그를 만나려고 모든 수단을 써보았다. 한나절 내내 그와 마주칠 만한 길목에서 기다렸다. 운 좋게 그를 보게 되면 내 얼굴이 화끈거렸다. 또, 그가 다른 사람들과 정답게 대화하는 모습을 보면 질투심에 미칠 것만 같았다. 그의 곁에 앉게 되었을 때 나는 그를 만져 보고 싶은 충동을 억누르기 어려웠다. 그의 무릎이나 허벅지를 스칠 때 간신히 감정을 숨겼다. 그러면서도 그에게 감히 내 감정을 털어놓지 못했다. 그의 태도로 보아 공감도 이해도 하지 않을 것만 같았다.

나는 스물일곱 살이고 키는 보통이다. 건장하고 곱게 생겼다는 소리를 듣는다. 가슴은 좁은 편이고 손발이 작고 목소리는 카랑카랑하다. 자격시험에 높은 성적을 거두었으니 머리는 꽤 좋다. 몇 개 외국어를 하고 그림을 잘 그린다. 나는 내가 하는 일에 충실하다. 나를 아는 사람들은 나를 쌀쌀맞고 특이하게 본다. 나는 금연하고 운동을 하지 않는다. 노래를 부르지 않고 휘파람도 불지 않는다. 내 언동에 병적인 면은 없다. 나는 우아하고 멋있는 것, 보석과 당과, 향수를 좋아하고 숙녀들이 모이는 자리를 좋아한다.

슈렌크 박사가 보았던 환자의 기록을 보면, 그는 동성애 본능과 사회적 압박 때문에 고뇌하며 무서운 갈등에 시달렸다. 그래서 치료받기로 했던 것이다. 1889년 1월 22일, 환자는 에콜 드낭시[5]의 방법에 따른 최면요법을 받았다. 그는 차츰 최면에 적응했다. 다음과 같은 암시를 받았다. 남성을 거부하는 능력과 여자에 대한 관심 키우기, 자위행위 금지, 꿈속에서 남자 이미지 대신 여자 이미지를 그려보기 등이다.

---

5 L'École de Nancy, 19세기 말 프랑스에서 살페트리에르 학파와 함께 최면술의 황금기를 이끌었다. 이폴리트 베르나임 등이 주도했다. 의사는 명령조의 대화로 환자의 연상을 유도하고, 환자는 의사가 제안한 문장을 반복적으로 암기하는 일종의 심리치료를 주로 했다. 프로이트 박사도 베르나임의 시술 현장을 견학했다.(역주)

광기와 성

몇 차례 시술 만에 환자는 여자의 모습에 호감을 보이기 시작했고, 일곱 번째 시술에서 섹스를 권했는데 성공했다. 그때부터 암기가 통하고 성과가 나타났다. 석 달 동안, 환자는 주기적 치료의 영향으로 성기능이 정상을 되찾았다.

1889년 4월 22일, 환자는 잠깐 동성애자의 유혹에 넘어갔다. 그러나 그 다음 시술에서는 이를 후회했고, 그를 유혹했던 남자가 등장한 가운데 여자와 하는 섹스를 상상했다. 환자는 여자와 하는 섹스에 대해 배운 것이 없어 멋지게 하기 어렵다고 불평했다. 결혼으로 만족한 사랑을 하길 바랐다.

환자는 치료를 마치고 나서 몇 주 뒤, 어린 시절 여자친구와 결혼했다. 6개월 뒤에 신부와 함께 행복하게 지내면서 증세는 사라졌다고 했다.

이렇게 환자의 믿기지 않을 만큼 성공적인 재활은 너무나 중요한 사건이었기 때문에 나는 슈렌크 박사에게 그의 궁금한 현재 상태를 문의했다. 박사는 고맙게도 1890년 1월 환자에게 받은 수기를 내게 보내주었다.

슈렌크 박사의 최면술로 나는 번번이 실패하던 여자와의 성관계를 처음 제대로 했다. 창녀들과의 관계로 아름다운 사랑의 맛을 느끼지 못해 나는 결혼으로 해결해야겠다고 생각했다. 어렸을 때 친구였던 처녀가 여전히 나에게 다정했기 때문에 나는 그녀와 약혼했다. 그동안 여자에 대해 조금도 모르던 새로운 감정을 그녀라면 가르쳐 줄 것이라고 믿었다. 물론 그녀도 나를 이해하고 내 뜻을 받아주었다. 그로부터 몇 달 동안 이런 믿음은 변하지 않았다. 나는 앞으로 4주 안에 결혼하려고 한다. 남성에 대한 내 취향은 여전히 남아 있지만 최면치료를 받고 나서 억제할 수 있게 되었다. 이제는 마부를 보아도 흥분을 참을 수 있고, 옛날 애인을 보아도 성욕이 동하지 않는다. 그러나 옛날만큼 열렬하지는 않아도 무정할 정도는 아니다. 식기는 했어도 옛정이 남아 있다. 이런 관계는 내면의 욕구 때문이 아니라 도의 때문인 것 같다.

시술을 받고 나서 나는 창녀들과 일절 관계하지 않았다. 그 사이 8개월 동안 옛 애인들의 성화로 몇 차례 성관계를 가졌지만, 이전처럼 열렬하지 않고 나를 다스렸다. 그래서 애인들의 힐난을 받았다. 아마 치료받은 덕에 나 자신을 경계했을 것이다. 그 뒤로 남자들과 하는 성관계를 끊었고 관능적인 꿈도 극히 드물었다.

이제 옛날의 버릇으로 돌아갈 수는 없을 것 같다. 지난밤에 옛 애인이 꿈에 나타났지만 나는 조금도 흥분하지 않았다. 현 상태는 만족스럽다. 새로운 애정이 과거의 애정만큼 깊지는 않다. 하지만 새로운 애정의 힘이 매일 커지고 있다. 벌써 내가 과거에 왜 그런 생활을 했는지 이해하기 어렵다. 진즉에 어째서 정상적인 만족감으로 이상한 감정을 억제하지 못했을까? 지금의 정신 상태라면 과거의 취향으로 다시 돌아가지 못할 것 같다. 불가능해 보인다.

슈렌크 박사는 12월 7일에 내게 편지로 보충 설명을 했다.

이번 환자는 예상보다 장기간 치료했습니다. 몇 달 전에 환자는 부부생활이 무척 행복하다고 했습니다. 조만간 아기 아빠가 될 것이라는 소리로 들렸습니다.

1891년 봄에 환자는 아빠가 되었다. 그 이듬해 슈렌크 박사는 환자의 치료법에 관해 매우 유익한 정보가 담긴 저서 『연상聯想요법』을 내놓았다.

앙드레 브루이예, 〈살페트리에르 정신병원에서의 임상강의〉, 파리 제5대학, 1887년
살페트리에르 정신병원에서 강의하는 샤르코 박사.
히스테리 환자 마리 비트만의 상태를 학생들에게 설명하는 중이다.

Part 8

특수 정신병리

성장 과정의 심리적 억압

일반적으로 백치의 성생활은 극히 미진하다. 정도가 심한 백치의 경우 성생활은 아예 없다. 백치의 성기는 작게 위축되고, 월경은 뒤늦게 시작하거나 전무하다. 불모이거나 무능하다. 비교적 지능이 좀 더 높은 백치도 성생활이 별로 중요하지 않다. 어쩌다 성생활을 하더라도 일정 주기에만 한다. 따라서 그런 날 몹시 흥분한다. 발정기 때에만 벌어지고 맹렬하게 성욕을 채우려고 한다.

지능이 미숙한 사람들은 성기의 본능으로 빚어지는 이상異常을 거의 보이지 않는다. 만약 성욕을 채우려는 충동이 방해를 받게 되면, 사람들에게 위험한 폭력을 행하는 막강한 욕망만 드러낸다. 따라서 성욕을 쉽게 채우는 백치, 가장 가까운 친척을 공격하는 백치를 이해할 만하다.

마르크 이델러는 자기 누이를 욕보이려고 했던 백치가 그렇게 할 수 없게 되자 거의 목을 매려고 했던 경우를 전한다. 나도 수차례 소녀들에게 저지른 풍속사범에 관한 의학적 소견을 내놓았다. 지라르도 같은 문제를 다루었다. 의식이 항상 행동으로 이어지는 것은 아니지만, 백치는 음란 행위를 대중이 허용하지 않는다고 직감하고 있다. 그래서 성행위를 외진 장소에서만 하려고 작정한다.

저능한 사람들 사이에서도 보통 사람들과 거의 마찬가지로 성생활이 발전한다. 자제력이 별로 발전하지 못했기 때문에 성생활이 오히려 더욱 활발하다. 또, 그렇기 때문에 저능한 사람들은 사회에서 말썽꾼이 된다. 본능이 비뚤어지고 이상하게 강조되는 일은 일반인에게서 매우 드물다. 저능한 사람은 감히 성인여성을 공격할 엄두를 내지 못한다. 그래서 종종 동물을 욕보인다. 수간자 대다수는 저능하다. 이들은 어린이를 공격 대상으로 삼기도 한다.

에밍하우스가 꼽은 사례를 보면, 저능자들이 가장 빈번하게 성기의 본능을 염치없이 표현한다. 공공장소에서 자위하거나 성기를 드러내거나 아동에게 성폭력을 가하거나 심지어 동성에게도 성폭력을 행사한다. (이런 경우는 천재들도 많으니 이견이 있을 수 있다.)

아동에게 저지른 풍속사범으로 다음과 같은 사례가 있다.

- 열일곱 살의 백치 H가 호두로 소녀를 미끼로 창고로 유인했다. (그는 아랫배와 성기를 드러내 보여주려고 했다.) H는 자기가 법과 도덕에 어긋한 행동을 했다는 것을 조금도 몰랐다.
- L은 스물한 살이다. 비정상적인 바보인데 가축을 지키는 일을 했다. 그의 누이동생은 열한 살로 여덟 살까지 친구와 함께 낯선 사람이 자기들에게 이상한 짓을 하려고 했다고 오빠에게 이야기했다. 오빠는 여동생과 어린 소녀를 버려진 집으로 즉시 데려가 여덟살짜리와 섹스하려고 대들었다. 하지만 성공하지 못하자 그만두었다. 소녀는 울었다. 오빠는 집으로 돌아가 소녀에게 사건을 발설하지 않으면 결혼하겠다고 약속했다. 판사 앞에서 바보 오빠는 소녀와 결혼해 자기 잘못을 고치겠다는 뜻을 밝혔다.
- G는 스물한 살이다. 머리가 작고 백치인데, 여섯 살부터 자위행위를 하고 나중에는 청소년들과 동성애를 했다. 능동적인 역할과 수

동적인 역할을 번갈아 맡았다. G는 소년, 소녀들과도 여러 번 성행위를 시도했다. G는 자기 행동의 파장을 조금도 이해하지 못했다. 마치 동물처럼 발정기가 될 때마다 성욕에 사로잡혔다.

• 스물한 살의 백치 B는 열아홉 살의 누이동생과 단둘이 숲으로 들어갔다. B는 동생에게 섹스를 요구했지만 동생은 거절했다. 그러자 동생을 목 졸라 죽이겠다며 칼을 목에 데고 위협했다. 경악한 동생도 거세게 오빠의 음경을 뽑을 듯 잡아당겼다. 오빠는 포기하고 조용히 자기 일로 돌아갔다. B는 두개골의 성장이 나쁘고 작다. 자기 행동을 전혀 이해하지 못한다. (지로)

에밍하우스가 인용한 노출증 사례는 다음과 같다.

_사례 144 노출증 환자 1

40세의 기혼남이 16년 동안 광장을 비롯한 공공장소에서 소녀들과 하녀들 앞에서 노출증을 보였다. 그는 항상 해 질 무렵에 나타나 관심을 끌려고 휘파람을 불었다. 그를 본 사람들은 질색하면서 호되게 단속을 당국에 요구했다. 그러자 그는 공공장소를 피해 다른 곳에서 계속 같은 행동을 반복했다. 그는 뇌수종을 앓았고, 저능한 바보였던 만큼 최소한의 처벌만 받았다.

_사례 145 노출증 환자 2

X는 유전 질환이 심한 가족 출신이다. 저능한 얼간이로서 사고와 감정, 행동 모두 낯설고 괴상했다. 그러나 X는 친척 덕에 법무관의 보조 일을 했다. 그는 창밖으로 상체를 드러내고 성기를 가리키며 보라고 했다. 그 밖에 성본능의 자취는 없다. 자위도 하지 않았다고 주장한다. (잔데)

광기와 성

1884년 4월 8일 오전 10시, V라는 사람이 길거리에서 X부인에게 말을 걸었다. 부인의 무릎에 16개월 된 아기가 앉아 있었다. V는 아기와 산책하고 싶다면서 500미터쯤 되는 곳으로 데리고 사라졌다가 잠시 후 되돌아와 아기를 품에서 놓쳐 항문을 다쳤다고 부인에게 말했다. 아기의 항문은 찢겨져 피가 흘렀다. 아기가 다쳤다는 장소에서 정액의 자취를 찾아냈다. V는 범행을 자백했지만 조사받는 동안 태도가 너무나 이상해 정신감정을 받았다. 간수들은 그를 백치로 보았다.

V는 마흔다섯 살의 석공이다. 마음이 병들었고 안면은 바짝 조여든 것처럼 옹색하고, 귀는 짝짝이에 이마는 납작하고 뒤로 자빠졌다. 성기는 정상이다. V는 감수성이 둔하다. 백치인데 아무 생각이 없다. 아무 걱정도 없이 그날그날 자기만을 위해 살고 스스로 할 줄 아는 것이 없다. 욕심도 특별한 감정도 없다. 섹스도 하지 않았다. 성생활에 대해서는 어떤 것도 알아볼 수 없었다. 저능한 백치라는 사실은 소두증으로도 입증된다. 그의 범행은 불가항력의 본능과 정신이상이 원인이다. V는 격리 수용소로 들어갔다. (비르기요)

후천성 정신미약

앞 장 '일반 정신병리'에서 우리는 이미 치매에 따른 성생활의 다양한 이상 증세를 살펴보았다. 뇌졸중과 뇌의 외상, 가벼운 강박증의 여파로서 또는 뇌피질의 만성 염증에 따른 후천적 정신미약에서 성본능이 이상하게 비뚤어지는 일은 드물다. 충격적인 성행위는 그 자체로서는 이상하다고 할 수 없는 성생활에서 지나치게 흥분하거나 병적으로 과장된다.

정신병에 따른 정신미약

카스퍼는 33세의 의사가 아동에게 저지른 파렴치 행위를 소개한다. 의사는 심기증 탓에 정신이 희미해졌다고 주장했다. 의사의 변명은 유치했다. 자신의 행위가 법과 도덕에 저촉되는 사실을 이해하지 못했다. 그의 행위는 분명 그 개인의 정신이 나약해지는 바람에 성적 본능에 굴복한 결과였을 뿐이다.

뇌졸중에 따른 정신미약

_사례 147

환자 B는 도매상으로 52세로 뇌 질환을 앓고 있었는데, 병에 걸린 뒤부터 일할 수 없어 그만두었다. 어느 날 B는 아내가 없을 때 소녀 둘을 자기 방으로 끌어들였고, 술을 마시게 한 다음에 자극적 부위를 건드리고, 입도 뻥긋하지 말라고 신신당부하고 자기 일을 계속하러 나갔다.

전문가는 이것을 뇌졸중이 심해지며 나타나는 정신미약으로 보았다. B는

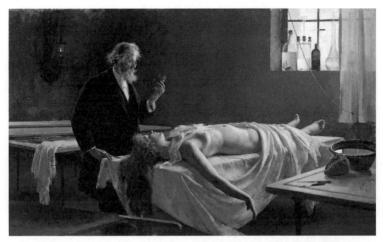

그때까지 흠잡을 데 없이 처신했다. 그래서 자신도 설명하지 못하는 중독에 사로잡힌 나머지 이성을 잠시 잃었다고 주장한다.

범행 이후 제정신을 차린 B는 수치스러워하면서 즉시 소녀들을 돌려보냈다. 뇌졸중이 발생하고 나서부터 B는 정신이 쇠약해졌고, 자기 일을 제대로 못 했다. 거의 절반쯤 마비되어 말하기도 생각하기도 어려웠다.

B는 종종 아이처럼 울었고, 체포되자 자살을 기도했다. 아무튼, 그의 정신과 지능의 에너지가 너무 떨어져 감각의 움직임과 싸울 수 없었다. 그의 선고는 유예되었다. (지로)

뇌손상에 따른 정신미약

_사례 148

K는 14세 때, 말을 타다가 머리를 심하게 다쳤다. 두개골 여러 곳이 갈라졌다. 뼛조각을 제거할 만큼 중상이었다. 사고를 당한 뒤로 K는 성격이 난폭

하고 분노를 참지 못했다. 차츰 성감도 이상하게 발전했고 정말 짐승처럼 되어 파렴치한 행동을 서슴지 않았다. 그러던 어느 날 결국 그는 12살 여아를 강간하고 범죄를 숨기려고 목 졸라 죽였다. 체포된 그는 실토했다. 법의학자는 그가 책임져야 한다고 공언했다. 사형선고가 내려졌다.

K의 시신을 해부했을 때 두개골 거의 모든 접합부가 터져 있었다. 두개골의 손상 부위와 회복된 부분이 거의 절반씩이라 놀랍도록 대칭을 잃었다. 손상 부분은 빗금 같은 형태로 큰 상처가 나 있었다. 다른 부분보다 3분의 1 크기에 불과했다.

후천성 정신미약
주로 매독에 의한 것으로 추정된다.

_사례 149 매독으로 인한 성충동

공공장소에서 성기를 드러내고 자위행위를 했던 사례다. 군 장교로서 행실이 건전하던 X가 1867년에 매독에 걸렸다. 1879년에 X의 첫 번째 외전근에 마비 증상이 일어났다. 사건의 결과 기억력이 떨어지고 성격과 태도가 변했다. 두통을 겪고, 때때로 말조차 조리가 없었고, 논리적 활기도 줄었다. 이따금 동공도 고르지 않고, 입의 오른쪽이 마비되기도 했다.

X가 내게 진찰을 받으러 왔던 37세 때는 매독의 자취는 없었지만 외전근 마비는 여전했다. 왼쪽 눈은 약시였다. X는 정신적으로 나약했다. 그는 자신에 관한 많은 증거를 보면서도 무지한 오해라고 주장했다. 실어증, 기억력 감소로 특히 엊그제 일조차 기억하지 못했다. 정신적으로 쉽게 피곤해했기 때문에 기억을 잃고 말하는 능력도 떨어진 것이다. 윤리적 결함을 입증하는 반응들이다. 이상한 성충동은 매독 때문에 뇌가 병들어 나타나는 징후였다. 그는

기소되지 않았다.

마비성 치매

마비성 치매의 경우에도 성생활은 불건전한 영향을 받는다. 치매의 초기에 접어들면 성생활을 강조하고 시시때때로 흥분한다. 말기에는 변태성을 띠기도 한다. 성욕과 성능력 모두 거의 사라진다. 노화의 징후로서 지능과 정신력에 괴리가 생기면서 증세 초기부터 과도한 성본능(외설스러운 말, 이성에 대한 음탕한 집착, 결혼 계획, 사창가 출입 등)을 보인다. 의식이 혼미해 나타나는 특징으로 아무 거리낌 없이 이런 것을 드러낸다.

방탕을 부추기고 여자들을 납치하며 대중 앞에서 추문을 터트리는데, 비록 뚜렷이 냉소적으로 행동하기는 하지만 일상적으로 되풀이되는 일이다. 처음부터 주변의 사정 따위는 안중에 없다. 정신미약이 심해지면 이런 부류의 환자들은 놀라운 노출증을 보인다. 거리에서 자위하고 아동과 외설적 행동을 한다. 정신이 흥분하면 환자는 강간을 시도하거나 최소한 거칠게 수치심을 욕보이며 길거리에서 여자들을 공격한다. 허술한 공중화장실로 들어가거나 남의 집에 무심코 열어둔 화장실로 침입해 친구의 아내와 섹스를 시도하거나 집안에 있는 어린 딸에게 덤벼든다. 이런 사례는 많다. 증세가 심한 사람들은 이중결혼 생활도 한다. 매우 뚜렷한 특징으로 본능을 채우려는 환자들은 몹시 난폭해진다. 다음과 같은 경우도 보고되었다.

어느 집 가장이 백주대로에서 자위행위를 해 사람들이 경악했다. 그러고는 행위 끝에 자기 정액을 삼켰다. 또 명문가 출신의 장교가 같은 증세를 보인 적도 있다. 별장에서 대낮에 소녀들 앞에서 추행하려고 했다.(뒤솔)

타르노브스키는 발병 전이나 발병 중에 야수성이나 소아에 대한 취향이 나타난다고 관찰했다.

안젤로 브론치노, 〈베누스의 승리〉, 런던 내셔널갤러리, 1545년
화면 왼쪽 구석에 일그러진 모습의 '광기'의 우상이 보인다.

간질

앞서 언급한 질병 목록에 간질을 추가해야 한다. 간질은 종종 정신미약이 원인이다. 뭐든지 "바로 이거야."라고 덤비면서 난폭하게 성욕을 채우려고 한다. 많은 간질 환자의 성본능은 매우 활발하다. 대부분 자위에 그치지만 때때로 소아성애와 성추행으로 채운다. 변태 성행위에 이어서 본능의 이상이 발생하는 경우는 드물다.

더 중요한 사례도 많다. 간질증이 일정 기간 성욕 과잉 같은 증세를 보이지 않고 잠복해 있다가 발작이 고조될 때, 즉 정신적으로 예외적인 상태 또는 발작 뒤에만 나타난다. 이런 사례들은 지금까지 임상적으로 거의 분석되지 못했다. 물론 법의학에서도 별로 분석하지 못했다. 그래서 깊이 연구할 만하다. 반도덕적 행위를 좀 더 정확하게 판단해야 한다. 어떤 강제적인 성폭행의 경우도 마찬가지인데, 그 연구를 바탕으로 법정의 부당한 판결을 피해야 한다. 지금부터 소개할 사건은 분명 뇌의 변질에서 비롯한다. 간질의 영향에 따라 발생한 것으로 성생활을 병적으로 자극하게 된다. 아른트는 간질 환자의 발작을 중시한다.

"간질 환자 중에 자기 친모를 열렬히 성적으로 탐하는 경우를 보았고, 환자의 아버지가 아들이 자기 어머니와 섹스했다고 의심하는 경우들이 있었다."

반면, 아른트가 이상한 성행위가 어디에서나 있었다고 주장하는 것은 잘못이다. 실제로 간질 요소가 있었는지 전제가 필요하다. 게다가 정신이 보기 드물게 이상한 상태에서 간질 환자는 감각에 혼동을 일으키고 자신의 성충동에 저항하지 못한다.

여러 해 동안 나는 간질을 앓는 청년을 관찰하고 있다. 매우 심하게 퇴행적인 경우인데, 극도로 흥분한 상태가 반복될 때마다. 자기 어머니에게 덤벼들어 욕보이려고 했다. 환자는 일정 시간이 지나서야 자기 감각을 되찾았다. 하지만 무슨 일을 벌였는지 사실을 기억하지 못한다. 그런 사건들을 벌이지 않는 동안에는 성욕을 느끼지도 않고 엄격한 청년이다.

몇 해 전 일이다. 어떤 농장의 하인이 간질로 발작을 일으킬 때마다 미친 듯이 자위행위를 했다. 그러나 그 중간에는 행실이 말짱했다.

23세의 처녀 간질 환자 사례도 있다. 엄한 도덕 교육과 최상의 학교 교육을 받은 처녀였다. 그런데 증세가 발동하면, 음탕한 말을 중얼대면서 치마를 걷어 올리고, 음란 행위를 하고 속옷을 찢어발기려고 했다. (시몬)

이와 다른 사례도 있다.

발작 때가 다가오면 항상 음탕한 자세를 취한 미녀의 모습을 눈앞에 떠올린 간질 환자가 있다. 그것을 보면서 사정을 했다. 여러 해 뒤, 브로마이드 요법으로 치료를 받고 나서 환자는 그런 환상 대신 삼지창으로 자신을 공격하는 마귀의 모습에 시달렸다. 그 공격을 받고는 의식을 잃었다. (키르난)

매우 존경받던 인물에 대한 것도 있다. 일 년에 두세 번 심한 침울증 끝에 간질이 발작하는데 소아를 건드리려는 충동까지 1~2주일 지속되곤 했다. 또 다른 사례로 갱년기의 한 부인이 소년을 향한 욕정이 따르는 발작을 일으키기도 했다. (키르난)

_사례 150 기억나지 않는 발작과 광분
W는 심각한 결함은 없고 과거에 건강했으며 지능도 정상이다. 차분하고

광기와 성

선량하며 단정할 뿐만 아니라 음주도 하지 않는다. 그런 사람이 1877년 4월 13일에 식욕을 잃더니 이튿날 오전에 아내와 자식들 앞에서 갑자기 자리에서 벌떡 일어나 아내의 여자친구에게 몸을 날려 사랑하자고 애원하다가 다시 아내에게도 애원했다. 거절당한 W는 곧바로 발작을 일으켰고, 이어서 광분하며 닥치는 대로 때려 부수고 말리려는 사람에게 물병을 던지고, 또 아기를 벽난로에 던졌다. W는 진정하고 나서 며칠간 떨며 동요하다가 감각을 되찾았지만, 무슨 일이 벌어졌는지 까맣게 모른 채 기억을 잃어버렸다. (호발레브스키)

카스퍼가 연구한 또 다른 사례에서 평소에 멀쩡하던 사람이 차례로 길을 가는 여자들을 네 명이나 공격했다. 그중 한 번은 두 명의 목격자가 지켜보는 가운데 그랬으며, 젊고 아름다운 미녀인 자기 아내가 바로 근처에 있었음에도 한 여자를 강간하기도 했다. 이런 경우도 잠재된 간질성 발작으로 보인다. 사건을 벌인 사람은 자신의 추행을 기억하지 못한다. 이와 같은 공격적인 성행위는 분명 간질 탓이다. 또 다른 사례를 보자.

_사례 151 발작에 따른 노출증

L은 40세의 공무원이다. 다정한 남편이고 좋은 아버지인데, 4년 동안, 스물다섯 차례의 심각한 풍기 문란을 저질렀다. 그 때문에 오랫동안 수감 생활을 했다. 맨 처음에 L은 성기를 내놓은 채 말을 타고 다니면서 열한 살에서 열세 살 소녀들 앞에서 눈길을 끌고 음란한 말을 걸었다. 감옥에서도 L은 사람들 왕래가 잦은 창가에서 성기를 드러내고 있었다. L의 아버지는 정신병자였고, L의 형제는 셔츠만 입고 거리를 활보했다. 군대 생활을 하는 동안 L은 두 번이나 실신해 목숨을 잃을 뻔했다. 1859년부터 L은 이상하게 어지러움이 심해 괴로워했는데 갈수록 빈번해졌다. 그러다 보니 L은 허약해지고 몸을 떨면

서 거의 죽은 사람처럼 창백했다. 눈앞이 뿌옇게만 보였고 반짝이는 작은 불빛들이 보였다. 쓰러지지 않으려고 지팡이에 의지했다. 발작이 심하면 탈진하고 땀을 듬뿍 쏟았다.

1861년부터 L은 몹시 조급해하며 허둥대는 바람에 착실하던 평판에 먹칠했다. 아내는 남편을 완전히 다른 사람으로 보았다. L은 집에서 며칠 동안 미쳐 날뛰면서 머리를 감싸고 벽에 부딪히고 머리가 터질 듯 아파 죽겠다고 하소연했다. 1869년 여름, L은 네 번이나 땅바닥에 쓰러져 마비된 채 눈만 뜨고 있었다. 그의 지능도 퇴색했다. L은 지탄받은 범행에 대해 아무것도 모르겠다고 주장한다. 또 다른 발작으로 극심한 현기증을 보이기도 했다.

L의 선고는 유예되었다. 1875년, L은 마비성 치매로 사망했다. (베스트팔)

_사례 152 발작으로 인한 소년 강간

26세의 남성인데 재산이 많아 1년 전부터 깊이 사랑하던 처녀와 동거했다. 그는 섹스를 매우 드물게 했고 변태적인 면을 보이지 않았다. 그 1년간 과음하고 나서 두 번 간질로 발작을 일으켜 무서운 위기를 넘겼다. 그는 저녁 식후에 포도주를 많이 마시고 나서 애인의 아파트로 들어갔다. 하녀가 애인이 외출했다고 했지만, 그냥 침실로 들어갔다가 옆방으로 건너갔다. 옆방에는 열네 살 소년이 자고 있었다. 그는 소년을 겁탈했다. 손과 성기에 상처를 입은 소년이 악을 쓰자 하녀가 달려왔다. 그는 소년을 놓아 주고 하녀를 폭행했다. 그러고 나서 쓰러진 채 열두 시간 동안 잠을 잤다. 일어나 정신을 차린 그는 취중에 벌어진 일과 그때 했던 섹스를 희미하게 기억했다. 나중에 그는 수차례 발작을 되풀이했다. (타르노브스키)

광기와 성

_사례 153 발작과 도발

X는 상류층 남성인데 얼마 전부터 문란하게 생활하다가 간질 발작을 일으켰다. 그는 곧바로 결혼했다. 결혼식 날, 식을 조금 앞두고 X는 형의 손을 잡고 하객들이 가득한 식장으로 입장했다. X는 신부 앞에서 갑자기 성기를 꺼내더니 급히 자위행위를 했다. 하객들 모두 지켜보고 있었다. 그는 즉시 정신병원으로 보내졌다. 가던 길에도 계속 자위행위를 하면서 똑같은 도발을 며칠간 계속했다. 절정에 달했던 흥분이 그치면, X는 자신이 벌인 사건을 막연하게만 기억했고 아무런 설명도 하지 못했다. (타르노브스키)

_사례 154 간질로 인한 강간

Z는 27세의 환자로 유전성 고질이던 간질이 심각했다. Z는 열한 살 소녀를 강간하고 죽였다. 그러나 범행을 부인한다. 건망증이다. 범행 당시, 정신이 이상했는지는 입증되지 않았다. (풀리에제)

_사례 155 추잡한 의사

V는 60세의 의사로서 어린이들과 추잡한 행동을 했다. 그 죄로 2년간 감옥살이를 했다. 환자가 간질성 공포와 발광, 외설스러운 망언, 일시적인 심기증, 극도의 고민에 시달렸다. (라카사뉴)

_사례 156 간질로 소년을 강간하게 한 소녀

1878년 8월 4일, 열다섯 살쯤 된 소녀 H는 어린 남녀 친구들과 함께 국도변에서 까치밥나무 열매를 따고 있었다. 그런데 H가 갑자기 열 살 된 L을 쓰러뜨리고 옷을 벗기고 꼼짝 못 하게 하고 나서 여덟 살과 다섯 살 먹은 소년들을 불러 성기를 삽입하게 했다.

H의 평판은 좋았다. 5년 전부터 신경질적 반응과 두통, 간질 발작으로 고생하면서 심신 성장이 멈추었다. H는 아직 첫 월경을 시작하지 않았지만 매달 한 번씩 월경불순 장애에 시달렸다. 그의 어머니는 간질인 듯하다. 최근 3개월 전부터 H는 발작이 심해지면 못된 짓을 하고서도 기억하지 못했다.

H는 처녀성을 잃은 듯하며 지능의 결함은 보이지 않는다. 그래서 범행에 대해 아무것도 알 수가 없다고 주장한다. H의 어머니에 따르면, 딸아이가 8월 4일 아침에 발작을 일으켰기 때문에 밖에 나가지 말고 집에 있으라고 했다. (푸르크하우어)

_**사례 157** 간질 환자의 무의식적 파렴치 행위

52세의 세무공무원 T는 지난 17년 동안 사내들과 상호 자위행위를 한 파렴치 행위로 피소되었다. 피고는 존경받는 공직자로서 고발에 벌벌 떨면서 그런 짓을 저지른 기억이 없다고 주장했다.

T의 정신이 온전한지 의심스럽다. 그를 20년 동안 보아 온 주치의는 T의 어둡고 폐쇄적인 성격과 심한 변덕을 주목했다. T의 부인에 따르면, 남편이 어느 날 자신을 강물에 던져 버리겠다고 했으며, 때때로 흥분하면서 자신의 옷을 찢고 창밖으로 몸을 던져 죽겠다고도 했다. 어쨌든 T는 이런 사실을 기억하지 못한다. 다른 증인들도 그의 놀라운 변덕과 기이한 성격을 지적했다. 그를 검진했던 의사는 현기증이 있는 사람이라고 주장한다.

T의 할머니는 정신이상자였고, 아버지는 만성 알코올중독으로 말년에 간질과 비슷한 발작을 일으켰다. 삼촌도 정신이상으로 헛소리를 하다가 친척을 죽였다. 또 다른 삼촌은 자살했다. T의 세 자녀 가운데 하나는 백치, 또 다른 하나는 사팔뜨기, 막내는 경련으로 고생했다.

T는 의식이 흐려질 만큼 곤란할 때가 있고, 그때마다 자신이 무엇을 했는

광기와 성

지 알 수 없다고 했다. 그렇게 발작을 하는 동안 목덜미가 아파 바람을 쐬고 싶어 했다. 어디로 가야 할지 알지 못했다.

T와 아내의 성관계는 무난했다. 지난 18년간 남편은 만성 음낭습진으로 고생하면서도 이것이 이상하게 성욕을 자극했다. T를 진찰한 의사 여섯 명의 견해는 정신이 말짱하다고도 하고 잠재적인 간질성 발작이라고도 하는 등 상반된다. 판사들의 의견도 달라 결국 무죄를 선고했다.

르그랑 뒤솔 박사가 법정 증언을 했는데, T는 스물두 살 때까지 매년 열여덟 번 정도 침대에 소변을 보는 야뇨증이 있었다. 야뇨증은 사라졌지만, 그 후로 T는 의식이 흐려지고 건망증이 잦았다. 그러나 얼마 후 T는 또다시 풍속사범으로 붙들려 15개월간 투옥되었다.

감옥에서 T는 계속 증세를 호소했고 정신력은 눈에 띄게 흐려졌다. 결국 석방되었지만 정신미약은 점점 심해졌다. 자택에서 T는 간질성 발작을 수차 례나 일으켰다. (뒤솔)

아동을 상대로 한 풍속사범은 법의학의 관점에서 매우 중요하다. 내가 『법의학과 위생을 위한 프리드라이히 박사의 자료집』에 수록했던 내용을 여기 소개해 보겠다. 범행 당시에 환자는 분명 간질에 의한 무의식 상태였다. 그런데도 그 행동을 계속 밀어붙였다는 점 때문에 흥미롭다.

_사례 158 건망증으로 기억 못하는 아동 강간

P는 49세의 기혼남으로 요양원에 강제로 수용되었다. P는 1883년 5월 25일에 열 살의 D, 아홉 살의 G 등 아동을 자기 사무실에서 풍속을 위반하는 역겨운 범행을 저지른 피고였다.

다음은 어린 피해자 D의 진술이다.

"나는 G와 또 3살짜리 여동생 J와 함께 들에서 놀고 있었다. P가 자기 사무실로 우리를 불러들이고 빗장을 걸었다. P는 내 입에 자기 혀를 집어넣고, 얼굴을 숙여 나더러 핥으라고 했다. 그러더니 내 옷을 위로 벗기고 배와 성기를 더듬었다. 내가 고함을 지르자 P는 동전 몇 푼을 주면서 무슨 일이 있었는지 한마디라도 하면 총으로 쏴 죽이겠다고 위협했다. 그러면서 내일 다시 오라고 했다."

다음은 G의 진술이다.

"엉덩이와 가슴을 뒤쪽에서 공격했다. 우리에게 이름과 성을 물었고, 내가 주로 대답했다."

5월 29일의 심문에서 P는 얼마 전에 어린 소녀들을 안아주고 쓰다듬어 주면서 선물을 준 기억만 어렴풋하다고 주장한다. 만약 다른 일을 저질렀다면 아무것도 모르는 상태에서 그랬을 것이라고 했다. P는 몇 해 전에 낙상을 입은 뒤로 두통으로 고생했다. 6월 22일에 P는 5월 25일의 사건을 조금도 기억하지 못했다. 5월 29일에 무슨 심문을 받았는지조차 몰랐다. 의견이 분분했지만 그의 건망증은 충분히 입증되었다.

P는 뇌 질환이 있는 가족 출신이다. 그의 형제는 간질 환자이고, P 자신은 애주가였다. 그의 머리에 여러 해 전에 난 상처가 있다. 그렇게 다친 뒤부터 P는 몇 주, 몇 달의 간격으로 극도로 침울해하고 동요했다. 진저리를 치고 과음하고 고민하며 피해망상으로 헛소리를 하면서 폭행과 협박을 일삼았다. 그뿐만 아니라 P는 과도한 환청과 현기증, 두통, 뇌출혈로 고생했다. 정신적으로 크게 불안했고 심할 경우 몇 주 동안 아무것도 기억하지 못했다. 그러는 동안 P는 머리에 남은 상처(누르면 아플 정도로 오른쪽 머리에 난 작은 상처) 때문에 두통에 시달렸다. 두통이 극에 달하면 그는 삶을 포기하고 싶을 만큼 우울하고 흥분했다. 감각중추가 발끈한 셈이다.

1879년에 P는 흥분한 상태에서 자살 충동을 따랐다. 하지만 나중에 기억하지 못했다. 병원에 입원했는데, 곧장 간질 발작을 일으켰고 상당 기간 포타슘 브로마이드 치료를 받았다.

P는 1879년 말에 요양원으로 들어가고 나서부터 더 이상 고유한 의미의 간질 발작을 보이지 않았다. 요양원에서 P는 부지런하며 양순하게 지냈다. 발작이나 충동을 보이지 않았다. 어쨌든 최근까지 부인과 성관계를 가졌다. P는 비난받을 짓을 했던 시기에 즉시 발작 증세를 보이면서 의사에게 약 처방을 부탁했다. P는 낙상 사고 이후로 두통 때문에 흥분과 음주에 사로잡혀 감각도 혼란스럽다고 했다.

진단해 보면 P의 건망증, 정신미약, 성마름, 불면 모두 분명한 사실이다. 상처 부위를 건드리면 떨면서 흥분한다. 감각에 문제가 벌어지는 몇 시간 동안 온몸을 떨었다. 상처로 인한 감각의 혼란만 제외하고, P는 예의 바르고 솔직하고 싹싹하다. 그러나 정신은 미약하고 흐리다. 결국 P는 실형 선고를 면했다.

주기적 광증

일정 주기 없이 발생하는 광기와 마찬가지로 광기는 종종 주기적으로도 발생한다. 성과 관련된 기관에서 특별히 두드러진 병세를 보인다. 다음 사례에서 성감은 이상하게 뒤틀리기도 한다. (세르베)

_사례 159 광기와 우울증

카트린 W는 16세의 처녀로 아직 초경은 하지 않았다. 아버지는 화를 잘 내고 성급하다. 1872년 12월 3일에 입원했는데, 그 7주 전이던 11월 27일에 카트린은 이틀간 광기로 날뛰었다. 그 뒤 우울증을 앓았다. 11월 6일에는 정상이었다. 11월 24일(처음 광분한 지 28일째 되는 날)도 침울하지만 조용했다.

카트린은 12월 27일에 감시원에게 미친 듯 욕정을 드러내며 깔깔대며 환호하는 등 흥분했다. 12월 31일과 이듬해 1월 20일에는 두어 시간가량 심한 우울증을 보이다가 조용해졌다. 2월 18일에 카트린은 흥분했을 때 벌인 짓을 기억하지 못했다. 그랬다는 말을 듣고 나서야 창피하면서 경악했다. 그 뒤로도 몇 차례 위기가 닥쳤지만 6월에 월경이 찾아온 덕분에 무사히 넘기면서 평온을 되찾았다.

발표된 또 다른 사례가 있다. 중증의 남성인데 주기적인 광기를 보였다. 흥분하면 성욕을 풀려고 남자들을 덮쳤다. (고크) 그는 자신을 여자라고 생각한다. 동성애자라기보다는 성도착편집증 환자로 보인다. 이와 같은 성도착과 관련된 정신병이 월경 주기와 나란히 나타나는 경우가 있다. (앙헬)

_사례 160 간질증 히스테리

폐경기를 맞은 조용한 부인의 사례인데, 부인은 중증의 유전병을 앓고 있었다. 소녀 시절에 증세는 가벼웠다. 엉뚱하고 거칠게 행동했지만, 정신은 기본적으로 건강했다. 결혼은 했지만 자녀는 없다.

부인은 몇 해 전에 강한 정신적 충격을 받고 나서 간질증 히스테리를 겪었다. 그 뒤 몇 주간 간질 발작 이후의 정신적 혼미를 겪었다. 그때부터 여러 달 월경으로 인한 불면이 찾아왔다. 때때로 십 대 소년들을 꼬드겨 부둥켜안고 그들의 손으로 자기 성기를 만지게 했다. 지금은 남자를 만나거나 섹스하고 싶은 욕구도 없다.

부인은 자신의 선정적 도발에 대해 솔직하게 말한다. 자신을 감시해 달라고 부탁한다. 자기 자신도 알 수 없기 때문이다. 이따금 부인은 자기 문제에 관한 대화를 극도로 꺼린다. 매우 정숙하고 어떤 성욕도 없다.

발작이 일어났을 때 정상적인 성감은 사라진다. 심리적으로 극심한 흥분과 불면이 따른다. 이상한 성행위를 해야겠다는 강박증과 평소에는 질색하던 강렬한 성행위를 하고 싶은 충동과 압박감이 엄습한다. 발작을 통해 일종의 해방감을 느낀다. 비정상 상태에서 벗어날 수 있기 때문이다.

병적인 성욕을 주기적으로 나타내는 특별한 사례가 있다.

_사례 161 간질로 인한 흥분 상태

환자는 45세의 상류층 남성이다. 어디에서나 인기가 많고 과거 병력도 없고 엄격한 도덕심으로 존경받는 인물이다. 결혼한 지 15년째로 환자는 계속 정상적인 부부생활을 해 왔고, 건강한 자녀들을 낳았으며 금실도 좋았다.

그러나 8년 전에 무서운 공포가 닥쳤다. 이 사건 뒤 몇 주간 고통에 짓눌려 가슴이 아프고 뛰기 시작했다. 그러더니 몇 달 간격으로 특이하게 흥분했고, 어떤 때는 한 해에 한 번 스스로 "정신머리가 고뿔에 걸렸다."라고 부르던 증세가 나타났다. 잠이 오지 않았다. 식욕을 잃고 사흘 만에 흥분해 떨면서 창백한 모습으로 거칠고 두서없는 말을 늘어놓았다. 다섯 살에서 열 살짜리 소녀들, 심지어 친딸들에게도 충동을 보였다. 그런가 하면 딸들을 보호하라고 아내에게 야단치기도 했다. 그렇게 흥분한 채 며칠 동안 방안에 처박혀 있었다.

과거에 환자는 수업을 마치고 학교에서 나오는 어린 여학생들을 거리에 숨어 기웃거리다가 성기를 노출하고 소변을 보았다. 환자는 추문이 두려워 방에 틀어박혀 꼼짝 않고서 괴로워했다. 의식까지 흔들리지는 않았다. 흥분은 1~2주간 지속되었다. 흥분한 이유를 설명하지 못한다. 그러다가 갑자기 호전되어 잠을 푹 잤고, 기분이 좋아지면 비정상적으로 흥분하지 않았다. 간질이 근본 원인일 것이다. 환자의 흥분은 간질성 발작과 같다. (앙헬)

광기와 성

조광증

성기관은 종종 정신기관에 실재하는 일반적 흥분에 관여한다. 여성의 조광증躁狂症은 규칙적일 때도 있다. 몇 가지 사례에서 본능이 실제로 거세게 과시되거나 병적으로 심해지기도 한다. 대부분 환자가 흥분했을 때는 간질의 원인과 비슷해 보인다. 종교와 섹스에 대한 망언은 확실히 간질 때문일 것이다. 증세에 따라 본능은 여러 형태로 표출된다. 단순히 편집증이 심해지면 남자들은 추근대고 엉뚱한 짓과 외설스러운 말을 미친 듯이 해대고 사창가를 뻔질나게 드나든다.

크리스티안 판쿠번베르흐, 〈성폭행 당하는 흑인 소녀〉, 스트라스부르 미술관, 1632년

똑같은 증세라면 여자들은 어떻게 할까? 사내들의 모임에서 애교를 떨고 멋을 부리고 혼담과 추문을 떠들며 다른 여자들의 성생활을 수상하다고 험담한다. 다른 편집증과 마찬가지로 신앙생활에서 모든 봉사활동에 열심히 참여한다. 순례를 떠나고 수도원을 찾아다니거나 성직자의 부엌일을 거든다. 자신이 정숙하다고 유난히 떠벌린다.

광증이 극에 달하면 섹스하자고 제안하고, 노출증을 보이고, 음탕한 발언을 하고, 여자의 처지에 격분하고, 갖가지 오물을 몸에 두르거나 끼었고, 종교와 성을 엮은 망언을 토한다. 심지어 성령이 자신에 임했다면서 "예수의 자식을 낳았다."라는 둥 욕조가 흔들릴 정도로 격렬한 섹스를 한다는 듯이 자위행위를 한다.

광기를 부리기 쉬운 남자들은 자위행위와 여자들에 대한 성폭행이 끝날 때까지 기다려야 조용해진다.

광기와 성

색광증

목신牧神 사티로스와 요정 님프처럼 넘치는 욕정을 주체하지 못하는 '사티리아시스'와 '님포마니아', 즉 남성과 여성의 색광증은 흥분한 나머지 성욕이 이상하게 모든 것을 압도하는 상태를 말한다.

성에서 비롯하는 증세는 복잡하지만, 이는 언제나 일반적인 정신이상(편집증이나 망상증)이 부분적 원인이다. 흥분의 핵심은 성욕 과잉이다. 모든 신체 기관이 여기에 참여한다. 환상적인 성행위의 장면을 상상하는 전형적 망상이다. 그런데 가장 사소하고 성과 무관한 이미지들이 성적 비유를 자극하고 쾌감을 강하게 부추긴다. 모든 감정과 취향이 이상한 의식에 휘둘린다. 흥분한 몸은 마치 실제로 섹스를 할 때와 비슷하다. 성기는 계속 부푼 상태(남성의 발기 또는 음경강직증)를 유지한다. 성욕의 광풍에 휘말린 남자는 어떤 대가를 치르더라도 본능대로 하려고 한다. 이성들에 매우 위험한 사람이 된다. 그런데도 여의치 않으면 남자는 자위를 하거나 동성을 욕보이는 행위를 한다.

마찬가지로 성욕이 넘치는 여자는 노출이나 음란한 교태로 남자들을 유혹한다. 남자의 모습만 보아도 엄청나게 흥분해 자위행위를 하거나 욕조나 침대에서 몸부림치며 비슷한 쾌감을 추구한다. 남자들보다 여자들의 성욕 과잉이 훨씬 더 많은 편이고 폐경기에 더욱 두드러진다. 늙어서도 같은 증상이 계속되기도 한다.

금욕과 심리적 흥분에 따른 성기의 지속적인 자극과 가려움증(대음순 소양증)이나 요충蟯蟲의 자극이 성욕 과잉을 초래하기도 한다. 어쨌든 결함이 있는 사람들이 대부분이다. 최음제(가뢰 등) 중독과 지속발기증이 원인일 수

헤리트 판혼토르스트, 〈님프와 사티로스〉, 암스테르담 라익스박물관, 1623년

도 있다. 이런 증세의 초기에 쾌감은 금세 반대 증세로 바뀌기도 한다.

색광증은 성심리가 이상하게 병든 상태로 보인다. 만성 색광증은 원인이 분명한 경우도 있다. 이런 증상이 있는 사람들의 머릿속은 부적절한 이미지로 넘치고 숭고한 것조차 추잡한 이미지로 더럽혀진다. 성을 세계와 결부시킨 욕망과 상상에만 사로잡히고, 대부분 신체가 허약하거나 무능하기 때문에 상상에 의존해 이상한 성욕을 채우려고 한다. 색광증에 걸린 여자들은 자연스럽게 매춘 행위에 끌린다. 이 문제는 르그랑 뒤솔 박사가 『유전성 광기』(1873)에서 더할 나위 없이 명쾌한 사례로 설명했다.

우울증

우울한 기질과 의식은 성욕을 부추기는 데 유리하지 않다. 그렇지만 우울증 환자들도 때때로 자위행위를 한다. 우울증은 내 경험에 비추어 보면, 결함이 있는 환자들에게서 반드시 나타난다. 기존의 병을 앓기 전부터 자위행위에 몰두한 사람들이다. 쾌감을 채우려는 동기는 아닌 듯하다. 오히려, 습관과 권태, 공포 때문이다. 힘겨운 심리를 잠시나마 벗어나려는 몸부림이다.

장바티스트 그뢰즈, 〈플로렌티우스 요제푸스 반에르트보른〉, 1804년

히스테리

신경증으로서 히스테리(흥분) 환자들은 성생활도 대체로 비정상이다. 거의 틀림없이 결함이 있다. 성이 비정상적으로 기능하면서 다양하게 나타난다. 유전성 환자, 백치 등이 두드러진 변태성을 보인다. 성의 감정이 병적으로 정상을 이탈하거나 변하면 히스테리 환자들의 정신 활동은 절대로 온전하지 못하고 반드시 치명적인 결과에 이른다. 다음의 사례가 주목할 만하다.

_사례 162 히스테리 환자의 파렴치 행위

마리안 I는 보르도 사람으로 밤중에 약물을 주어 주인을 잠들게 한 사이에 주인의 아이들을 납치해 자기 애인에게 쾌락의 도구로 넘겼다. 그리고 가장 파렴치한 장면을 지켜보았다. 마리안은 히스테리 환자인데 반신마비로 경련이 심하다. 이런 증상이 나타나기 전에는 성실하고 좋은 사람이었다. 병에 걸리고 나서부터 마리안은 뻔뻔하게 매춘을 일삼았고 도덕심을 완전히 잃었다.(지로)

히스테리 환자들의 성생활은 종종 병적으로 과장된다. 과도한 흥분이 매달 나타날 수 있다. 그 결과 기혼녀조차 염치없이 매춘에 나선다. 비교적 증세가 가벼울 때는 수음, 방안에서 알몸으로 걸어 다니기, 소변이나 오물을 몸에 칠하기, 남자 옷 입기 등으로 나타난다. 특히 성기의 본능이 이상하게 거세진다.

"얌전한 처녀들이 탕녀가 되고 행복하게 살던 주부조차 음탕한 여자로 바뀐다."

광기와 성

니콜라이 아빌타르트, 〈몽마〉, 소뢰 미술관, 1800년

심지어 신혼여행 중에 만난 남자들과 도망치려고 했던 여자들도 있었다. 매우 정숙하던 여자들도 악착같이 성욕을 채우려고 모든 위신을 팽개치고 무작정 아무하고나 관계한다.

히스테리 환자의 망상 속에서 성은 병적으로 강조되어 질투, 무고한 남자들에게 추행이나 폭행을 당했다면서 허위 고발[1]을 하기도 할 만큼 피해망상을 보이기도 한다. (뒤솔, 모렐)

히스테리 환자는 주로 성기의 신경쇠약에 따른 쾌감의 부족으로 불감증에 걸리기도 한다.

---

1 중세의 마녀재판에서 몽마(夢魔, 잠자는 여자를 범한다는 악마)의 근거가 된 무고한 고발이다.

편집증(피해망상증)

다양한 기본적 광증 가운데 비정성적인 성생활이 드물지 않다. 갖가지 정신이상은 성의 남용(자위적 망상)과 흥분을 부추긴다. 정신이 미약해진 사람들은 신체기능의 퇴화나 상흔 이외에도 성생활에 심각한 결함이 있다. 특히 육체적 사랑과 종교에 대한 망상에서 성은 병적인 활력을 띤다. 여건에 따라 변태성이 꽤 두드러지게 나타난다.

육체적 사랑에 대한 광증에서 성욕의 과잉은 예외는 있지만, 쾌감을 직접 채우려는 것이라기보다는 플라토닉한 사랑에서 비롯한 것으로 보인다. 즉, 어떤 이성 또는 동성의 연인에 대한 낭만적 열정이다. 아름다운 만족감에 황홀하게 취하고 싶어 하다가 그렇게 될 수 있다. 특수한 여건에서는 그림이나 입상 같은 물건에 열정을 쏟기도 한다. 이성을 욕정 없이 정신적으로만 사랑하는 것은 주로 성기가 나약하거나 오랫동안 자위 행위를 반복한 탓이다. 사랑하는 사람에 대한 순결한 열정을 내세워 성적 남용과 깊은 음란성을 숨기는 것이다. 특히 색정광 증상이 있는 여자들이 격렬하게 넘치는 성욕을 드러내기도 한다. 광신도 대부분의 성본능도 이상하게 조숙하거나 거칠게 나타난다. 자위나 종교적 황홀경으로 성욕을 채운다. 성직자, 성자 등을 망상의 대상으로 삼는다.

충분히 이야기했다시피, 신앙 세계는 성의 세계와 정신병과 깊은 관계가 있다. 자위행위 외에도 종교적 망상에 따른 성범죄는 빈번하다. 이와 관련한 간음 문제를 다룬 마르크[2]의 책이 주목할 만하다.

---

2 Charles Chrétien Henri Marc, 1771~1840, 편집증 전문가로 주로 법정에서 활약한 정신분석가다.(역주)

지로는 마흔셋 나이의 남성이 소녀들에게 저지른 추행을 꼽았다. 종교적 망상에 사로잡혀 때때로 관능적으로 흥분했던 사람이. 마찬가지 부류로 보이는 근친상간의 사례를 보자. (리만)

_사례 163 친딸을 임신시킨 광신자

M은 친딸을 임신시켰다. M의 아내는 열여덟 명의 자식을 낳았고, 또다시 남편의 아이를 임신 중이었다. 결국 아내가 남편을 고발했다. M은 2년 전부터 광신의 망상에 시달렸다.

"하늘에서 내게 내 딸과 동침하고 영원한 태양을 낳으라고 계시했다. 그렇게 1800년이 된 나의 믿음으로서 피와 살을 가진, 한 인간이 강림할 것이다. 그 인간은 신구약 사이를 잇는 영생의 다리가 될 것이다."

이렇게 미쳐 버린 M은 하늘의 명대로 충동을 따랐다는 것이다.

피해망상도 때때로 병이 원인이 된 성행위를 초래한다.

_사례 164 피해망상증으로 인한 매춘

30세의 여성이 근처에서 놀고 있던 다섯 살 사내아이를 돈과 통닭 한쪽을 주면서 유인했다. 아이에게서 성적인 재미를 보려고 했다. 여성은 남자의 유혹에 넘어갔다가 버림받은 교사였는데, 한동안 매춘에 뛰어들어 몸을 팔았다. 그전까지 행실은 엄격했다. 그녀가 풍속을 해친 이유는 피해망상, 예컨대 자신에게 성행위를 강요했던 남자의 알 수 없는 영향 때문이었다. 여성은 자신을 유혹했던 남자가 소년에게 길을 건너게 했다고 믿고 있었다. 그녀의 범행이 거친 욕정 때문이었는지 불분명하다. 자연스러운 방식으로도 얼마든지 성욕을 채울 수 있었을 테니까. (퀴스너)

Part 9

성범죄와 법의학

법정에서 다루는 성생활

성과 관련된 행동은 수많은 말썽으로 심각한 결과를 낳는다. 한 사람의 신체와 정신 건강의 문제만은 아니다. 다른 사람들의 삶과 행복에도 직결된 문제다. 말썽은 온갖 법적 문제를 제기한다. 특수한 이 문제를 다룰 유능한 역량이 절실하다. (피에르 자네)

어느 나라에서나 법률은 미풍양속을 위반한 짓을 저지른 자를 처벌한다. 함께 사는 사회는 반듯이 건전한 풍속과 도덕을 유지해야 살아남는다. 따라서 국가는 쾌락 추구와 싸우는 도덕성을 보존하려고 최선을 다하지 않을 수 없다. 그렇지만 이런 싸움은 불공평한 무기로 겨루는 싸움이다. 성은 지나친 과잉에 대해서만 법으로 따질 수 있다. 처벌의 위협은 성욕처럼 강한 본능에 대단한 맞수가 못 된다. 더구나 사법 당국은 성범죄를 그 일부밖에 알 수 없다. 당국은 범행을 파렴치하게 보는 대중여론에 근거해 대응한다. 성범죄의 통계를 보면 씁쓸하다. 우리가 현대문명에서 살고 있다고 하지만 성범죄는 꾸준히 늘고 있다. 특히 14살 이하의 미성년자들이 얽힌 범행이 증가일로에 있다. 그런데 도덕군자들은 서글픈 현실 앞에서 섞은 물처럼 고인 퇴폐 풍조와 법관만 탓한다. 법관이 과거처럼 성범죄를 엄벌은커녕 솜방망이 처벌에 그치는 바람에 때문에 청소년 범행이 증가한다고 개탄한다.

광기와 성

의사들의 생각은 좀 다르다. 오늘날의 이와 같은 현상은 최근 몇 세대만에 누적된 신경과민과 밀접하다고 본다. 신경이 손상된 사람들의 과민증 때문에 성기도 자극을 받아 지나치게 남용되기 때문이다. 더구나 성의 기운이 떨어졌을 때조차 색탐이 지속되는 만큼 불가분 도착적 성행위로 끌릴 수밖에 없다고 생각한다. 합당한 의견이다. 무엇보다 어린아이들이 저지르는 비행이 부쩍 증가한 원인을 알아야 한다.

지금까지 한 설명을 되새겨보면 성범죄 행위는 신경증과 정신병이 주원인이다. 많은 풍속사범의 책임을 도대체 어디까지 물어야 할까? 만약 정신의학이 흉측하고 모순투성이인 행위의 정신병적 의미를 증명했다면 이는 장점이지 비난할 일이 아니다. 오늘날까지, 법학과 입법부 및 사법부 등의 법률 기관은 정신병리로 보이는 모든 사실을 극히 편협하게 보아 왔다.

법률 기관은 의학과 모순되고, 또 의학으로 미루어 그들의 행위에 책임지기 어려워 보이는 사람들에게 형벌을 내리는 위험을 감수한다. 사회의 이익과 안전을 심각하게 해친 범행을 대충 훑어보고 나서 법은 야수나 살인범 못지않게 대중에게 위험한 많은 범법자에게 일정 기간의 처벌만 내리는 일이 비일비재하다. 형기만 마치면 사회로 곧 돌아올 사람들이다. 하지만 과학으로 보면, 그런 범법자는 애당초 정신과 성 모두 퇴화한 인간이다. 처벌하기보다 그가 살아 있는 한 해롭지 않은 상태로 보호해야 한다.

행위자를 모른 척하고 행위만 인정하는 법은 언제나 개인(명예)과 사회의 중요한 이익(공공의 안전과 도덕)을 해칠 수 있다. 어떤 형법의 틀보다 성범죄의 틀 안에서 법관과 의사의 연구가 완전히 조화되어야 한다. 인간을 임상적으로 검진하는 것만이 문제를 풀 수 있다. 범행의 양상 자체만으로 절대 진실을 밝힐 수 없다. 범행이 정신병자의 행동인지 아니면 말

쩡한 정신으로 저지른 것인지 분간해야 한다. 비뚤어진 행위가 항상 비뚤어진 감정의 증거는 아니기 때문이다.

괴상망측하게 비뚤어진 성행위를 정신이 건강한 사람들에게서도 볼 수 있다. 어쨌든 감정의 상궤常軌를 벗어난 기이한 변태를 보이는 것은 병적이다. 이런 증거는 개인과 그 성장과 배경을 연구하면서 입증된다. 변태 행위가 신경과 정신병의 일반적인 양태의 한 부분임이 확실히 입증되었다.

표면으로 드러난 사실은 매우 중요하다. 간질 환자와 마비 환자는 물론이고, 건강한 사람 역시 똑같은 성행위를 저지르더라도 다른 성격을 보여주거나 진행 방식에서 특별한 차이를 보이기 때문이다. 똑같은 방법으로 행위를 주기적으로 되풀이하는 충동이야말로 병적 성격의 중요한 지표다.

그렇다면 어디에서 해답을 찾을까. 행위자의 심리에서 원인(비정상적 감정과 표현)부터 찾고 그러고 나서 비정상적 요소가 신경정신병에 해당되는지 확인해야 한다. 정신이 발달하지 못하거나 정지했는지, 정신이 퇴화하거나 병들었는지 확인해야 한다.

앞의 '일반 정신병리' 장에서 관찰한 것들은 법의학자에게 범죄행위의 '충동성'을 찾아내는 데에 중요한 지침이 될 수 있다. 사건들이 단순히 부덕이나 정신병질의 문제인지 확인해야 한다. 과학의 법칙에 따라 법의학적으로 검토해야 확인할 수 있다. 병력과 인류학·임상적으로 인성을 연구하고 이해하는 과학으로서 검토해야 한다. 비정상적 성생활이 성기 때문인지 입증하는 것이 중요하다. 그것을 확실히 하려면 정신미약의 상태를 탐색해야 한다.

후천성 정신착란이 병적으로 보일 정도라면 신경병 또는 정신병의 증세로 보아야 한다. 실제로 이런 증세가 나타난다면, 우선 마비성 치매와 간질이 있는지부터 알아보아야 한다.

책임 소재에 관해서는 원칙적으로 성범행으로 피의자가 된 사람의 정신병이라는 증거에 따른다. 증거는 단순히 질병을 핑계로 부도덕한 행위를 교묘하게 덮을 위험을 피하는 데 절대적으로 필요하다. 그러나 정신병에 걸렸을 때 풍속에 반하는 범죄를 저지를 수 있어 책임질 조건이 없어진다. 그 조건은 다음과 같다.

- 정상적이거나 우연히 강해진 성본능을 법과 도덕에 비추어 스스로 제어할 수 없거나 선천적 정신미약(법과 도덕에 대한 관심을 알지 못했을 경우) 또는 후천적 정신미약(법과 도덕에 대한 관심을 잃었을 경우) 상태일 때
- 강해진 성본능으로 의식이 흐려졌거나 개인 속에 잠재하던 자기제어를 못할 만큼 정신이 지나치게 동요할 때
- 성본능 도착상태에서 본능이 광기를 띠면서 저항할 수 없을 때

성범죄를 퇴행성이나 결핍성 또는 정신병 상태에서 저지른 것이 아니라면 책임을 회피하거나 용서받게 하면 안 된다. 대부분 정신이 병든 상태보다 국부적 신경과민이 원인이다. 신경질환과 정신병은 경계가 불확실하다. 그런 만큼 기본적으로 심정이 뒤틀리는 말썽이 빈번하게 일어난다. 또, 거의 틀림없이 심하게 이상한 성생활에서 비롯한다. 불감, 불능 같은 신경증상은 언제나 범행에 영향을 준다. 그런데 공정한 판결이라면 항상 정상을 참작하게 마련이다. 단, 심리적 결함이나 질환이 확인되어야 책임을 면할 수 있다.

법을 행사하려는 사람은 법의학에 의존하지 않으려고 할 것이다. 법

의학이라는 방어 수단에 호소할 필요가 있다고 보일 때, 사건은 범법자의 의식과 판단의 문제가 된다.

병으로 볼 만한 증상은 다음과 같은 여건에서 나온다. 우선 범법자가 노인인데 대중 앞에서 성범죄를 저질렀지만 놀랍도록 태연하고 파렴치할 때다. 또, 염치없는 것(노출), 잔인한 것(상해, 쾌감에 따른 살인) 또는 도착적인 것(시간증)을 본능의 수단으로 삼을 때도 마찬가지다.

경험에 비추어 보면, 우리가 종종 마주치는 성범죄, 강간, 풍속침해, 남녀 각각의 동성애, 수간 모두 정신병리에서 시작된다. 살인으로 이어진 강간은 살인 이외의 목적을 겨냥한 시신 모독과 마찬가지로 충분히 정신병에 걸린 상태라고 할 수 있다. 노출증과 상호 자위행위도 바탕에 정신병이 도사리고 있다. 타인이 자위를 대행하는 것은 성도착증과 노인성 치매 또는 단순한 방탕에서도 나타난다.

오럴섹스는 지금까지 정신병의 징후로 보지 않았다. 이런 행위는 자연스러운 성욕을 채우고 나서도 또다시 힘을 쏟으려는 방탕한 사람들이 보여준다. 여성의 항문에 행하는 남성의 섹스는 병적인 것은 아니겠지만, 도덕심이 매우 낮은 부부가 실행한다. 주로 임신의 공포 때문에 하는데, 혼외섹스이거나 쾌락에 굶주린 파렴치한 자들 또한 그러한 행위를 저지른다. 이런 증상은 중요한 문제인 만큼 법정에서 처벌할 수 있는 풍속사범이라고 보는 성행위를 법의학의 관점에서 좀 더 가까이 들여다보아야 한다.

다음은 법의학의 관점에서 보는 이상 성행위 사례를 연구한 것이다.

노출증에 의한 풍속 침해

염치는 현대 문명인의 특징이자 오랜 세월 교육으로 깊이 뿌리내린 원칙이다. 그래서 무엇보다도 공공의 품위를 거칠게 모욕하는 사람은 정신병자로 의심해야 한다. 당연히 그런 식으로 사람들의 도덕심과 자기 자신의 위신을 해치는 사람은 도덕을 배울 수 없거나(백치), 정신이 나갔거나(정신미약자) 또는 의식이 잠시 말썽을 일으키거나(일시적 광기, 정신착란자) 가운데 한 부류에 속한다.

이런 부류에서 매우 특이한 행동은 과시하는 노출증이다. 지금까지 관찰한 사례 가운데 주로 남자들에게서 두드러지는 증상이 있다. 여러 이성 즉 여성들 앞에서 자신의 성기를 까발린다. 그러다가 여성들을 쫓아다니기도 하지만 공격은 하지 않는다.

차라리 '성의 시위'라고나 할 파렴치한 노출증은 무엇을 가리킬까. 정신과 지능이 모자라는 멍텅구리 또는 최소한 지능과 윤리가 잠시 꼼짝 못하게 묶이고, 성욕이 의식의 상당한 혼란(병적 무의식, 감각의 고장)으로 빚어진 흥분을 받아들이는 것이다. 이런 사람들은 체력도 의심스럽다. 노출증은 다양하다.

첫 번째 유형은 애당초 정신력이 약한 사람들이다. 이들은 척수 또는 뇌 질환으로 의식이 말썽을 부린다. 지성과 윤리의 기능이 침해되어 항상 막강하고 또는 병적으로 흥분한 원초적 본능에 맞서지 못한다. 무능한 사람들이 (강간 등으로) 격렬하게 성충동을 과시하지 못할 때 파렴치 행위로 대신한다. 아울러 노인성 치매와 마비성 치매, 알코올 남용, 간질 등으로 지능이 병든 사람도 포함된다.

_사례 165 성추문을 일으킨 공무원

Z는 고위 공무원이다. 예순 살의 홀아비로서 가장이다. 이런 사람이 보름 동안 수차례 추문을 일으켰다. 자기 집 맞은편에 사는 처녀에게 창문으로 자기 성기를 보여주었다. 몇 달 뒤, Z는 비슷한 상황에서 거북한 짓을 반복했다. 심문을 받은 그는 역겨운 짓이었다고 인정했다. 그러면서도 왜 그랬는지 설명하지 못했다. 일 년 뒤, 그는 뇌 질환으로 사망했다. (라세그)

_사례 166 상처로 인한 노출증

Z는 78세의 선원이다. 그는 아이들이 뛰어노는 마당이나 소녀들의 학교 근처에서 여러 번 노출증을 보였다. Z에게 그런 시위가 유일한 성행위였다. 유부남으로 열두 명의 아기를 둔 아버지로 그는 12년 전 머리를 다쳐 심한 상처를 입었는데, 뼛속 깊이 상처가 남아 있었다. 상처의 압박으로 고통스러워하면서 일그러진 얼굴은 붉고 굳은 표정이었다. 그의 병은 잠재되어 있었던 것 같다. 그는 상체 오른쪽 끝을 떠는 경련 증상을 자주 보였다. (대뇌피질이 병에 걸리면 그에 따라 일어나는 유사 간질이다.) 게다가 노망 때문에 망언도 심했다. 그의 노출증이 유사 간질과 연관된 것인지 알 수는 없다. Z는 노인성 치매로 인정받아 무죄로 방면되었다. (슈하르트)

펠란다는 마찬가지 사례들을 내게 전해 주었다.

- 마비증이 있는 60세의 남성이 58세부터 여자들과 아이들 앞에서 노출을 시작했다. 결국 베로나의 격리 병동에 들여보냈는데, 음란한 성격을 오랫동안 보이면서 펠라티오를 시도했다.
- 70세의 애주가로 정신적 결함이 심한 남성인데 주기적으로 광기를 보였다. 그는 성당에서 미사 도중에 처음으로 노출증을 보였다. 그

의 동생도 노출증 환자였다.

- 49세의 애주가로서 항상 성욕에 쉽게 흥분하던 남성은 만성 과음으로 격리 병동으로 들어갔지만, 그곳에서도 여성만 보면 즉시 노출증을 보였다.

- 자녀를 넷 둔 64세의 기혼남은 결함이 심했다. 구루병으로 두개골이 작았는데, 수차례 처벌을 받았음에도 여러 해 전부터 노출증을 버리지 못하는 누범이다.

_사례 167 정신병과 노출증

도매상 X는 1833년생으로 독신남이다. 그는 어린이 앞에서 수차례 노출증을 보였다. 어린아이들 앞에서 방뇨했다. 그 사이에 소녀를 당황하게도 했다. X는 20여 년 전, 10년간 중증 정신병을 앓았다. 그렇게 시달리는 동안 뇌출혈도 겪었다. 나중에 쫄딱 망한 그는 술독에 빠졌다가 최근에는 종종 정신을 잃기도 했다. 게다가 알코올중독, 급한 노쇠, 정신미약, 성기 축소, 포경, 고환 훼손 등이 따랐다. 정신병의 증거들이다. 결국 무죄석방되었다. (슈하르트)

이런 사례들은 장년층에서 빈번하다. 성적 흥분의 면에서는 도덕심이 현저하게 떨어지고 추잡한 장년층에서 보이는 습관이다. 공공장소의 벽에 남녀의 성기를 낙서해 더럽히기 좋아한다. 일종의 공상적 노출증이다. 실제 노출증과는 거의 무관하다.

간질 환자들도 또 다른 종류의 노출증을 겪는다. 노출해야겠다는 의식적 동기(아무 생각 없이 노출)가 없다는 점에서 앞의 증세와 다르다. 간질증에서 비롯한 노출증은 바깥의 사정에 조금도 개의치 않고 어찌지 못하는 충동 행위로 보인다. 신체 기관이 압박을 받았기 때문이다. 항상 정신이 혼미할 때 범죄를 저지르기 쉽다. 그래서 딱한 환자들이 자기 행위를 의식도 못한 채 추잡한 줄도 모르고, 맹목적 집착에 떠밀렸다가 감각이 되돌아오면 자책하는 행동을 저지른다. 정신미약으로 시도 때도 없이 그런 짓을 벌이지 않는 경우라면, 정신이 혼미할 때 그 일차적 동기는 다른 충동행위와 마찬가지로 불안하게 억압된 감정이다. 이런 감정에 성감이 결합되면 강박관념에 걸맞은 성행위를 따른다.

다른 곳에서도 설명했다시피 간질증 환자는 성을 표현하는 이미지에서 충동적인 욕정을 느낀다. 만약 성을 암시하는 연상을 하게 되면 그것은 급격히 고조되어 행동으로 이어진다. 이를테면 허허벌판으로 내몰려 길을 찾다가 갑자기 빠져나갈 오솔길을 찾은 셈이다. 결국 연상하던 것은 충동적인 행위로서 재현된다. 의식이 가로막고 있어 답답하던 괴로운 충동이 용수철처럼 튀어나온다. 마치 명령에 따르듯 내면에서 억눌렸던 충동이 의지를 누르고 튀어나오는 것 같다.

_사례 168 간질성 발작과 노출증

말단 공무원 K는 29세인데 신경증이 있던 가정에서 태어났다. K는 한 아이의 아버지로서 행복하게 살았지만, 저녁에 여러 차례 하녀들 앞에서 노출증을 보였다.

K는 늘씬한 장신인데 창백한 얼굴로 예민하고 늘 허둥대었다. K는 자신의 망측한 행동을 별것 아닌 듯 가볍게 기억했다. 어린 시절부터 그는 선천적으로 얼굴을 붉히고, 호흡이 가빠지고 긴장하면서 마치 얼빠진 듯 시선을 고정하곤 했다. 여기저기에서 이런 상태가 지나쳤을 때 지각을 잃고 현기증을 느꼈다. 이런 예외적인 상태(간질증)에서 K는 여러 번 누군가 소리쳐야만 알아듣고 답했다. 마치 꿈에서 깨어난 듯한 모습으로 정신을 차렸다.

K는 비난받을 짓을 저지르기 몇 시간 전 동안 언제나 흥분하고 불안해했고 두통에 시달렸다. 통증과 불안감이 극에 달했을 때는 목적도 없이 집 밖으로 나가 성기를 드러내곤 했다. 집으로 다시 돌아와서는 자신이 저지른 돌발 행동을 마치 꿈에서 본 것처럼 기억했다. 또, 몹시 피곤하고 침울해했다. 그러면서도 노출 중에 그는 성냥불을 켜서 성기 부분을 환하게 비추어 보았다. 법의학자는 그의 비난받을 행위는 간질성 발작 상태로 어쩔 수 없이 저지른 것이었다고 결론지었다. 아무튼, 그는 유죄를 선고받았다. 물론 정상을 참작해 형량은 무겁지 않았다. (슈하르트)

_사례 169 간질광증 환자

L은 39세의 독신남으로 재봉사인데 아버지가 주정뱅이였던 모양이다. L은 형제가 둘이 있었는데, 이들 모두 간질 환자로 병동에 수용되었다. L 자신도 조금 가볍지만 간질성 발작을 보인다. 그의 정신은 이따금 혼미하다. 그런 상태에서 그는 목적도 없이 헤매고 어디로 돌아다녔는지 기억하지 못한다. 사람들은 L을 무난한 사람으로 보았다. 그러나 이제 그는 수상한 집에서 대여섯 번 성기를 드러내고 자위행위를 했다고 비난받는다. 그러나 그는 자신의 행동을 거의 기억하지 못한다.

L은 군 생활을 할 때 몇 차례 탈영(간질로 인한 흥분 상태에 저질렀을 것이다.) 끝에 무거운 벌을 받았다. 감옥에서 그는 정신병에 걸렸고, 군은 그를 '간질광증' 환자로서 요양병원으로 보냈다. 그곳에서 나중에 완쾌되었다며 다시 군대로 돌려보냈다. L의 비난받을 짓은 혈기가 왕성하거나 추잡하기 때문이라고 생각하지 않아야 한다. 정신이 혼미한 상태에서 그런 짓을 저질렀을 개연성이 높다. 특히 이 사람은 정신의 면에서도 이상해 보였다. 그를 체포했던 형사들조차 그를 바보라고 불렀다.

L은 37세로서 1889년 10월 15일부터 11월 2일까지 처녀들 앞에서 대단한 모습을 보여주었다. 백주에 길거리에서 벌인 일이었다. 여학교로 몰래 들어가기도 했다. 그렇게 현장에 나타나 그는 처녀들에게 자위행위나 섹스를 요구했다. 당연히 거절당하자 처녀들 앞에서 자위행위를 했다. G 앞에서는 벌거벗은 채 창가에서 부엌에 있던 하인과 아이들이 보는 가운데 성기를 흔들었다.

체포해 조사하니 L은 1870년 이후 똑같은 모습으로 수차례 추문을 일으켰다. 그러나 항상 의사들이 정신병을 입증한 덕에 처벌을 면했다. 반면, 군복무 기간에는 탈영과 절도로 유죄를 선고받았다. 제대한 뒤 민간인 신분으로 담배 절도범으로도 한 차례 유죄선고를 받았다. 광분한 탓에 병동에 여러 번 수용되었다. 그 밖에도 L은 두드러지게 종잡기 어려운 모습으로 불안해하며 흥분할 때마다 싸우기 좋아했다.

L의 형제는 마비로 사망했다. 그러나 L은 간질의 선행 증상이나 퇴행 흔적은 조금도 없다. L을 관찰하는 동안 그는 정신병도 정신미약도 보여주지 않았다. 말짱하고 건전하게 행동했고 자신의 추행을 치를 떨며 설명한다. L은 자신의 추행을 이렇게 설명한다.

L은 애주가는 아니었지만 가끔 마시고 싶을 때가 있었다. 그런데 술을 마시기만 하면, 머리에 피가 넘치고(충혈) 어지럽고 불안하고 고통과 압박에 시달렸다. 그러다가 결국 몽롱한 상태가 된다. 그러면서 견딜 수 없이 황홀한 기분으로 자신을 노출하고 만다. 그렇게 해야 안심하고 편안해진다. 그렇게 하고 나면 자신이 무엇을 했는지 모른다. 흥분하기 직전에는 눈앞에 반짝이는 것들이 보이고 어지러움을 느낀다. 마치 혼미할 때의 막연한 몽상과 비슷하게 모호한 기억뿐이다. 그의 고통스러운 혼미 상태가 성적 충동과 표현으로 이어질 때까지 시간이 꽤 걸렸다.

L은 몇 해 전에 그와 같은 상태에서 아무런 동기도 없이 탈영해 위험천만한 노출증을 저질렀다. 한 번은 3층의 창을 넘어 도주했고, 또 한 번은 제자리를 벗어나 무작정 이웃 나라로 넘어갔는데, 그곳에서도 노출증으로 곧바로 체포되었다. 우연히 L이 증세가 나타나던 시기가 아닐 때 술에 취했을 때 조금도 노출증을 보이지 않기도 했다. 정신이 멀쩡할 때에는 감정과 성관계도 완전히 정상이다. 이와 비슷한 경우는 사례 153, 155를 참고하자.

간질증에 의한 노출증 환자들과 비슷한 환자들은 신경쇠약 때문이기도 하다. 신경쇠약증 환자들도 불안감이 엄습하는 혼미한 상태에 몰리면 똑같은 행동을 보인다. 혼미한 상태의 성충동은 충동적인 노출 행위를 유발한다.

_사례 171 노출 충동과 흥분

고교 교사 S 박사는 수녀들과 어린이들 앞에서 성기를 여러 차례나 드러내 큰 추문을 일으켰다. 박사는 자기 행동을 인정했다. 물론 추문을 일으킬 뜻은 결코 없었다면서 황급히 사과한다며 성기를 가렸다.

S의 외조부는 심기증 환자로 자살했다. 그의 어머니는 신경증에 민감한 체질이었는데 몽유병을 앓았다(잠이 든 채 나돌아 다니곤 했다). 그래서 잠시 우울증에 걸렸다. S는 신경증 환자다. 그도 몽유병을 앓았고 항상 여성과의 성관계를 혐오했다. 청소년 때에는 자위행위를 했다. 수줍은 남자였고, 숫기도 없고 쉽게 당황하고 어쩔 줄 몰라 하는 사람이다. 즉, 신경쇠약이다. S는 항상 욕정에 들뜨곤 했다. 음경을 드러내고 흔들며 달리거나 속옷 차림으로 달리는 꿈을 자주 꾸었다. 그렇게 달리다가 체육관의 철봉에 머리를 부딪쳐 나가자빠지고 속옷은 찢어지고 발기한 성기가 드러났다. 이런 꿈을 꾸면서 그는 자위행위를 했고, 한 주일 동안 조용히 지냈다.

S는 정신을 차렸을 때, 종종 마치 꿈을 꾸듯이 알몸으로 달리고 싶은 충동

을 느낀다. 그런데 벌거벗자마자 곧 열렬한 기분에 휩싸여 되는 대로 달린다. 그러면 사지는 무기력해지고 자위행위를 하거나 사정에 이르지는 않는다. 결국 축 늘어진 몸으로 성기를 바지 속에 다시 집어넣고 감각을 되찾았고, 누구에게도 들키지 않았을 때 몹시 행복해한다.

S는 흥분했던 동안을 마치 꿈처럼 취중에 벌어진 일처럼 느낀다. 이럴 때 절대로 여자들을 선동할 의도는 없다. 그는 간질 환자는 아니다. 그의 주장을 들어보면 진실을 감추고 있을 것이다. 사실 그렇게 흥분했을 때 그는 절대로 여자를 쫓지 않았고, 말을 걸지도 않았다. 거칠고 미쳐 날뛰지는 않았던 듯하다. 아무튼, 그의 행동은 분명 병적인 생각과 감정에서 비롯했을 것이다. 그런 행동을 벌이는 동안 S의 정신은 병적으로 요동치는 상태였다. (리만)

_사례 172 노출과 수음

38세의 기혼남 X는 한 아이를 둔 가장이다. 그는 항상 말수가 적고 우울했다. 두통에도 자주 시달렸다. 심각하게 의기소침했지만, 신체에 질병은 없었고, 밤중에 수음하며 매우 괴로워했다. 그는 여러 번 가게 종업원 아가씨들의 뒤를 밟고, 화장실에 숨어 기다리고 엿보았다. 아가씨들을 쫓아가면서 자기 성기를 드러내었고 수음했다. (트롱숑)

X의 노출증은 돌발적으로 표현된 격렬한 본능을 자위행위로서 채우려는 충동적 성향의 일면이다.

_사례 173 타오르는 욕정과 노출

R은 49세로 1866년에 결혼했지만 아이 없이 빈에서 살고 있다. R의 아버지는 성적으로 중증 신경병 환자였는데 뇌 질환으로 사망했다. R에게 정신미

약의 상흔은 없다.

R은 스물다섯 살 때 높은 곳에서 아래로 떨어져 진탕증震盪症을 입었다. 이렇게 다치기 전까지 성생활은 정상이었다. 그런데 다치고 나서 서너 달 뒤부터 자위 충동이 걷잡을 수 없이 격렬해졌다. 동요를 미리 알리는 전조로서 R 또한 극도로 피곤했고 술을 마시고 싶어 안달했다. 이런 조짐들이 나타나지 않는 동안에 그는 성적으로 냉랭했다. 아내와 섹스하려고 들지도 않았다. 아내는 5년 전부터 병들어 부부생활에 부적합했다.

R은 자신이 청년 시절에 자위행위를 하지 않았다고 주장한다. 격렬한 충동에 사로잡히지 않는 한 자위로 성욕을 해소할 생각은 거의 없었다. 그러나 위기가 닥치면 선정적인 여자의 짧은 치마, 늘씬한 다리, 우아한 자태 등을 볼 때마다 자위 충동이 치솟았다. 나이도 상관없었다. 어린 소녀들에게서도 자극을 받았다. 충동은 불쑥 버티기 어렵게 나타난다. R은 자기 충동 행위의 징후와 상태를 설명했다.

R은 버텨 보려고 했지만 타오르는 욕정에 휩싸여 무시무시한 고통을 겪었다. 머리끝까지 뜨겁게 타는 듯했다고 한다. 마치 짙은 안개 속에 갇힌 듯 감각도 없이 의식조차 잃는다. 그러는 사이 R은 발정으로 괴로워했다. 자신의 의지보다 더 강한 충동을 이기지 못했다고 후회했다. 이런 상황에서 그는 어떤 장소든 가리지 않고 수음할 수밖에 없었다. 사정해야 안심했고 다시 정신을 차렸다. 무섭고 치명적인 일이다. R의 변호사는 그가 똑같은 행위로 여섯 차례나 처벌받았다고 알려주었다. 공공장소에서 노출증과 자위행위를 벌였기 때문이다. 변호사는 피고에게 병원에서 정신병 검사를 받게 했고, 추행은 분명히 피고의 책임과 관련해 오직 병 때문이라고만 주장한 서류를 제출해도 법정에서는 매번 퇴짜 맞았다.

1889년 11월 4일, 위험한 위기를 겪던 중에 R은 길을 가다가 자기 앞을 지나가는 어린 여학생들과 마주쳤다. 바로 그때 그의 충동은 걷잡을 수 없이 치솟았고, 화장실로 달려갈 겨를이 없을 만큼 흥분했다. R은 마차가 드나드는 문간에서 성기를 노출하고 자위행위를 하고 말았다. 엄청난 추문이었다. 체포된 R은 백치도 아니었고 예절을 모르지도 않았다. 그는 자기 운명에 괴로워했다. 자기 행동을 깊이 부끄러워하면서 또다시 그런 충동이 일어날까 걱정하고, 발작이 치명적이라고 생각했다. 자기도 어쩔 수 없는 숙명으로 여겼다.

R은 자신의 성적 능력이 여전히 왕성하다고 생각한다. 그의 성기는 비정상적으로 크다. 슬개골膝蓋骨은 과도한 반사작용을 일으킨다. 몇 해 전부터 방광의 괄약근이 약해지고 여러 신경쇠약 증세가 나타났다.

의사의 보고에 따르면, R의 행동은 병세의 영향으로 거역하기 힘든 충동 때문이다. 따라서 처벌받지 않았다. 그는 몇 달간 요양원에 들어갔다.

이와 같은 사례에서 보듯이 병의 기본 원인은 기존의 신경증이 아니라 자위행위를 위한 노출증, 즉 환자가 거역하지 못한 행동의 충동성에 있다. 분명한 점이 있다. 저능한 노출증과 정신미약과 신경증(신경쇠약, 간질)에 따른 환자들을 구분할 때, 모든 사태를 여전히 법의학적으로 파헤치지 않고 있다. 유전성과 퇴행성 신경증을 보이는 사람들 외에도 무거운 결함 때문에 주기적으로 노출 충동을 보이는 환자들을 별도의 집단으로 묶어 볼 수 있다. 주기적인 성정신병에서 노출 충동은 우연히 깨어나는데, 술을 마시지 못해 광분하는 '주기적 음주벽'과 같은 현상이다.

이와 같은 두 가지 증상에서 마냥은 당연히 기벽의 충동성과 주기성을 가장 중시한다. 보통 견디기 어려운 괴로움 때문에 욕구를 채워야 금세 안심하게 되는 증상이다. 퇴행성 정신병의 임상적 역사를 통틀어 이런 사실은 꽤 비중이 큰 편이다. 대부분 유전의 영향이거나 유년기에 뇌의 발전 과정에서 손상을 입었기 때문이다. 법의학적으로 중요한 의미가 있다.

_사례 174 노출증 충동

G는 29세의 카페 종업원이다. 1888년, 그는 성당 문간에서 가게 점원으로 일하는 처녀들 앞에서 노출 증세를 보였다. G는 사실대로 자백했다. 벌써 이전에도 수차례 같은 장소에서 같은 시각에 같은 비행을 저질렀다고 털어놓았다. 그 전년도에 바로 그 범행으로 1개월간 옥살이를 했다.

G의 부모는 매우 신경질적이었다. 그의 아버지는 정신적으로 뒤숭숭한 사람이었고 걸핏하면 화를 내곤 했다. 그의 어머니도 때때로 정신병을 보였고 신경에 심각한 질병에 걸렸다. G는 경련으로 항상 얼굴을 떨었다. 까닭 모를 무력감으로 침울했다가 명랑해지기도 했다. 열 살부터 열다섯 살까지 G는 별 것도 아닌 것 때문에 자살하려고 했다. 감정이 끓어오르면 말단 부분에서 씰룩대는 경련이 일어난다. 비슷한 증세가 끊이지 않았다. G는 감옥에서 우선 식구들에게 창피하고 치욕스러운 기분 때문에 거의 넋이 나갔다. 자신을 최악의 인간이라고 자책했고 중벌을 받아 마땅하다고 자책했다.

G는 열아홉 살 때까지 혼자서 또는 남의 도움으로 자위행위를 즐겼다. 여자친구의 도움을 받기도 했다. 그 무렵부터 카페에서 일하면서 G는 여자 손님 중에서 누군가 눈에 띄면 보기만 해도 너무 흥분해 사정하고 말았다. G는 계속되는 발기지속증에 시달렸고, 그의 아내가 장담했다시피 섹스에도 불구하고 불면증에도 시달렸다. 7년 동안 그는 이웃 여자들 앞에서 옷을 벗어 던지며 수차례 노출증을 반복했다.

G는 1883년에 연애결혼했다. 그러나 그는 부부의 의무만으로 넘치는 욕구를 풀지 못했다. 때때로 성욕이 너무 격렬해 두통이 따랐고, 마치 술에 취한 사람처럼 어떻게 할 수 없는 이상한 말썽을 겪었던 것 같다.

1887년 5월 12일, G는 이런 통증과 난처한 주정뱅이 같은 상태를 두 번이나 겪었다. 파리 시내에서 숙녀들 눈앞에서 노출증을 보였다. 그 뒤로 G는 자신의 끊이지 않는 치명적인 충동과 절망적으로 싸움을 시작했다. 충동이 가라앉으면 항상 우울하고 어리벙벙해진 채 밤새 울었다. 어쨌든 되풀이되고 말 충동이었다. 의학적 소견으로 보면, 강박관념과 저항할 수 없는 본능으로 유전 받은 퇴행(성감각 착란)의 증거였다. G는 무죄로 판결받았다.

_사례 175 술기운으로 인한 노출증

B는 27세로 신경증이 있는 어머니와 알코올중독인 아버지를 두었다. 그의 형제도 술주정뱅이였고 누이는 히스테리 환자였다. 부계의 친척들도 술주정뱅이였다. 사촌 누이도 히스테리 환자였다.

B는 열한 살 때부터 혼자서든 누구와 함께든 자위행위를 즐겼다. 열세 살부터는 노출증 성향을 드러냈다. 거리의 공중화장실에서 쾌감을 만끽하면서 자위행위를 시도했으나 금세 씁쓸해했다. 그는 이런 버릇을 고쳐 보려고 했을 때 격심한 고통에 시달렸고 가슴이 실제로 조이듯 아팠다. 군복무 중 여러 핑계로 전우들에게 자기 성기를 과시하겠다고 고집했다.

열일곱 살부터 B는 여자들과 성관계를 갖기 시작했다. 특히 여자들 앞에서 알몸을 보여주며 좋다고 날뛰었다. 그는 밖에서 노출 행각을 계속했다. 그러나 공중화장실에서 여자 구경꾼을 접하기란 드물었다. 그래서 새로운 무대로 성당을 택했다. 이렇게 여러 장소에서 과시하는 데에는 아무튼 술을 몇 잔 들이켜고 용기를 낼 수밖에 없었다. 술기운으로 보통은 그럭저럭 다스리던 충동을 방치했다. B는 유죄를 면했다. 그러나 직장을 잃었고 그 뒤로 폭음하며 살았다. 그 얼마 뒤 성당에서 노출과 자위행위로 또다시 체포되었다. (마냥)

X는 35세의 총각 미용사로 수차례 풍속사범으로 처벌받았던 누범으로서 또다시 붙들렸다. 3주 동안 그는 여학교 주변에서 어슬렁거리면서 소녀들의 눈길을 끌려 했고, 눈길을 받기 무섭게 노출증을 보였다. 그럴 때마다 소녀들에게 돈을 주겠다면서 "내 거시기 멋지잖아. 어서 이리 와서 핥아 봐."라고 떠들었다.

X는 모든 것을 법관에게 이실직고했다. 그렇지만 어떻게 자신이 그런 짓을 했는지 알 수 없다고 했다. 평소에 X는 한없이 선량한 친구였다. 그런데 비행을 저지르는 데 맛을 들였고 억제하지 못했다.

1879년에 X가 사병으로 군복무 중일 때 병영을 벗어나 시내로 들어가 아이들 앞에서 노출증을 보였다. 그는 1년간 감옥살이를 했다. 1881년에도 똑

라이프치히에서 발행된 『가르텐라우버(亭子)』에 수록된 삽화, 1864년

같은 짓을 저질렀다. X는 아이들을 쫓아가 노출증을 과시했다가 1년 3개월 형을 살았다. 형기를 마치고 석방된 이틀 뒤, X는 소녀들에게 전과 다름없는 제안을 했다. "내 거시기 보고 싶으면 가게 뒤로 와!" 하지만 X는 그런 말을 한 적이 없다고 부인하면서 술에 취해 있었다고 주장했다. 이로 인해 석 달 동안 감옥살이를 했다.

1883년, 또다시 노출증이 도진 X는 한 마디도 변명하지 않았다. 심문받는 동안 그는 자신이 8년 전에 중병을 앓고 나서부터 이상한 흥분에 시달렸다고 주장했다. 결국 1개월간 수감 생활을 했다.

X는 1884년, 공동묘지에서 처녀들 앞에서 노출증을 보였다. 1885년에도 똑같은 증세를 보였다. X는 이렇게 주장했다.

"내 잘못인 줄 압니다. 하지만 병입니다. 그렇게 사로잡히면 막을 도리가 없소. 그럴 기분이 들지 않을 때가 꽤 오래 갈 때도 있기는 하지만."

X는 6개월 구속형을 받았다. 1885년 8월 12일에 출소한 X는 그다음 날로 재범이 되었다. 그는 똑같은 용서를 빌었다. 이번에 그는 검진을 받았다. 그러나 정신에 문제는 없는 것으로 확인되었다. 결국 강제노역 3년 형을 선고받았다. X는 이렇게 고된 징역살이를 하고 나서도 계속 노출증을 보였다. 그를 다시 조사했을 때 다음과 같은 사실이 드러났다.

X의 아버지는 만성 알코올중독자였고, 아들과 똑같은 추잡한 행동을 저질렀다고 했다. 그의 어머니와 누이는 신경증 환자였다. 가족 모두 난폭한 기질이었다. X는 일곱 살 때부터 열여덟 살까지 간질 발작으로 고생했다. X는 열여섯 살 때 처음으로 섹스를 경험했다. 나중에는 임질과 매독을 앓았다고 했다. 그다음 시기에 정상적 성관계는 스물한 살까지 지속되었다.

이 시기에 X는 병원 앞마당을 지나다녔다. 그 틈에 X는 소변을 보았는데 아이들이 호기심에 그를 주시했다. X는 우연히 아이들의 눈길에 흥분해 버렸

광기와 성

고, 발기된 성기로 사정까지 했다. 그러자 묘한 쾌감이 일어났다. 평소 섹스 때와 훨씬 다른 쾌감이었다. X는 온통 노출증으로 쾌감을 누리는데 사로잡혔고, 그런 수음으로만 쾌감을 느꼈다. X는 고약한 버릇을 뿌리치려 했지만 소용없었다. 갈수록 버티기 어려웠다. 그는 거의 정신을 잃을 만큼 압도되었고, 자기 주변의 아무것도 보이지도 들리지도 않았으며, 완전히 "이성을 잃고 마치 머리로 벽을 부딪히려고만 하는 황소" 같았다.

X의 두개골은 비정상적으로 크다. 반면에 성기는 작다. 왼쪽 고환은 기형이다. X는 특히 뇌신경쇠약의 징후를 보였고 빈번한 수음이 뒤따랐다. 꿈은 주로 정상적인 섹스에 관한 것이었고 소녀들 앞에서 노출증에 관한 것은 드물었다. 그는 자신의 정상에서 벗어난 성행위에 대해서 처녀를 찾고 시선을 끌려는 것이 최우선이며, 그렇게 눈길을 받으면 발기되는 성기를 흔들며 사정했다고 장담했다. 아무튼, 추행을 벌이는 동안 그의 의식은 말짱했다. 항상 후회하면서 현행범으로 붙들리지 않았을 때는 "한 번 더 검사를 따돌렸어!"라고 중얼거렸다.

감옥에서 X는 더는 기벽을 보이지 않았다. 꿈과 수음으로만 괴로워했다. 그는 석방되자 매일 노출증의 욕망을 채울 기회를 찾아다녔다. 거의 10년을 똑같은 광증에 매달려 살았다고 할 만하다.

"괴롭기만 했던 삶이었소, 감옥을 드나드는 견디기 어려운 시절이었죠."

X는 성감의 선천성 변태로 보인다. 그와 동시에 유전적 결함도 뚜렷하다. 신경병 체질에 두개골의 불균형과 성기의 미숙이다. 그의 노출증은 간질이 중단되면서 시작되었다. 그 병을 벌충하는 증세 아닌가 싶다.

이상하게 성도착은 기존의 전제조건에서 발전한다. (화장실에서 우연히 어린이들의 눈길을 받았을 때처럼) 별로 의미도 없는 우연한 연상의 도움을 받는다. 환자

는 처벌받지 않고 격리 병동으로 보내졌다. (프라이어)

_사례 177 유전된 성도착 성향

1891년 봄, 어느 날 저녁이었다. 아홉 시쯤 어떤 부인이 시경으로 황망하게 뛰어 들어가 고발했다. 부인이 산책하고 있는데 완전히 발가벗은 남자가 갑자기 숲에서 튀어나와 자신에게 다가왔다는 것이다. 부인은 질겁해 줄행랑을 쳐 달려왔다고 했다.

경찰은 즉시 현장으로 달려가 불룩한 하복부와 성기를 드러내고 서 있는 사내를 발견했다. 사내는 도망치려고 했으나 이내 붙잡혔다. 사내는 술을 잔뜩 마신 김에 기분이 들떠 창녀를 찾던 중이라고 털어놓았다. 공원을 돌아다니면서 사내는 자신의 과시가 별다른 취미도 없는 마당에 가끔 하는 섹스보다 훨씬 짜릿하고 재미있다고 생각했다. 셔츠를 벗어 던지고 바지 윗단추를 풀어헤친 사내는 숲속에 숨어 기다리고 있다가 여자들이 나타나면 불쑥 자기 성기를 꺼내 보여주었다. 그렇게 하면 기분 좋게 몸이 달아오르고 피가 머리까지 올라온다고 느꼈다.

문제의 사내 B는 산업체 노동자였다. B의 상사는 그를 일을 잘하고 부지런하며 머리도 좋고 건전하고 단정하다고 평했다. 1886년에도 B는 공원에서 두 번씩이나 노출증 때문에 처벌받았다. 첫 번째는 대낮에, 두 번째는 가로등 밑이었다.

B는 서른일곱의 독신남이다. 꼴불견으로 보일 만한 옷차림으로 엉뚱한 인상에 말과 자세도 병든 모습이다. 신경증을 드러내는 눈은 공상에 넘친다. 항상 거만한 미소를 띠고 있다. B는 자기 부모는 건강했다고 주장한다. 그러나 고모와 이모는 정신병을 앓았다. 나머지 이모들은 대단히 독실한 신앙생활을 했다. B는 심각한 중증 질환을 겪지 않았다.

광기와 성

어려서부터 B는 엉뚱한 공상파로 기사들의 무용담을 좋아했고, 그런 이야기라면 환장해 결국 상상에 들뜬 나머지 자신을 소설의 주인공으로 착각하기도 했다. B는 항상 자신을 남들보다 우월하다고 믿었다. 멋쟁이로서 귀금속으로 꾸미고 다녀야 한다며 몹시 신경을 썼다. 주말이면 B는 고관 행세를 하면서 거리를 누볐다.

B에게 간질의 징후는 없었다. 어렸을 때, 그럭저럭 조금 자위를 해 보았고, 나중에 온건한 섹스도 경험했다. 그는 이전에 변태성욕이나 그 비슷한 감정을 품은 적이 없었다. B는 조용하게 생활했고, 여가 시간에 책(대중소설과 무용담, 특히 뒤마의 소설)을 읽었다. B는 애주가도 아니었지만, 독한 칵테일 같은 것을 스스로 준비해 마시면서 욕정을 느끼던 것은 아주 드물었다.

몇 해 전부터 그는 성욕이 부쩍 줄었다는 것을 알았고, 술을 마시는 동안 "악마 같은 생각"을 품게 되었다. "노골적으로 드러난 여자의 음부"를 떠올렸다. 그렇게 그리워하면서 화끈하게 달아올랐다. 심장은 쿵쾅대고, 피는 머리 끝까지 치솟았다. 충동을 막을 길이 없었다. 아무것도 들리지 않고 완전히 욕망에 빨려들었다. 나중에는 종종 머리를 주먹으로 치면서 미쳤다고 한탄했고, 다시는 그러지 않아야겠다고 다짐했지만, 광란이 항상 되살아났다.

B가 여자들 앞에서 흔들 때 남근은 절반쯤만 발기되었고 사정은 하지 않았다. 어쨌든 나중에 섹스할 때 사정을 못 한 것은 아니었다. 그는 옷을 벗고 남근을 보여주기만 해도 좋았고, 그렇게만 해도 쾌감을 치솟는다고 생각했다. 또, 그 모습을 자신이 여자의 음부를 보았을 때처럼 여자들도 좋아했으리라고 생각했다. B는 어린 창녀가 상냥할 때에만 섹스했다. 그렇지 않으면 돈만 주고 그냥 나왔다. 그는 관능적인 꿈을 꿀 때, 젊고 육덕이 좋은, 즉 풍만한 여자 앞에서 자신의 알몸을 보여주었다.

법의학에서는 B가 정신병을 물려받았다고 증명했다. 범행으로 나타난 성도착 성향도 유전이라고 보았다. 주목할 만한 또 다른 증거도 찾아내었다. 평소에 근검절약하는 습관을 지닌 B의 음주벽은 주기적으로 찾아오는 병적인 압박감 때문이었다. B는 물론 그렇게 못 이길 짓을 하는 동안에도 멋을 부린 모습으로 다녔다. B는 정신적으로 예외적인 상태였다. 일종의 감각에 말썽이 일어났고, 성변태의 공상에 흠뻑 빠져들었다. 그래서 B는 도망치기에는 경찰의 접근을 너무 늦게 알아채었다.

B와 같은 유전과 퇴행, 충동에서 비롯하는 노출증이 흥미로운 까닭은 그러한 성도착 성향이 알코올의 영향으로 뒤늦게 깨어난다는 점이다. 길거리에서 할 일 없이 어슬렁대는 사람들은 법의학으로 볼 때 주목할 만한 일종의 노출증 환자다. 그들의 변태 행위는 퇴행성 신경증이 바탕에 도사리고 있다는 점에서 다른 노출증 환자와 비슷하다. 그러나 성적으로 무능이 심해지면 특별히 성욕이 격렬해진다. 마냥이 관찰했던 다음과 같은 사례가 전형적이다.

_사례 178 성적 무능과 성욕

D는 44세의 병들고 알코올중독에 납중독까지 겹친 남성인데, 일 년 전까지도 자위행위에 몰두했다. D는 수많은 춘화를 그려 그것을 친구들에게 보여주었다. 그는 집에 혼자 있을 때 여자 옷차림을 하고 있다가 여러 번 발각되기도 했다. D는 2년 전부터 무기력해졌다. 해 질 무렵에 사람들 사이로 나가 "여자들의 엉덩이를 향해 자신의 남근이 굵다"라고 증명했다. 그러던 어느 날 현장범으로 체포되어 4개월 수감 생활을 했다. D의 아내는 간이식당을 운영했다.

D의 아내는 간이식당을 운영했다. D는 욕정을 다스리지 못하고 성기를 우유 통에 담기도 했다. 그러면서 D는 "마치 벨벳을 만질 때처럼" 짜릿함을

느꼈다. 또, 기름을 자신과 손님들에게 추잡스럽게 사용했다. 감옥에 있는 동안 D는 자기 식당에서 금지된 주류를 독점 판매했다.

_사례 179 부인을 놀래킨 자위행위

M은 31세의 기혼남으로 6년 전부터 네 아이의 아버지가 되었는데, 간헐적으로 우울증에 시달리며 상태가 썩 좋지 않았다. 3년 전, M이 잠옷을 갈아입다가 자위행위를 하는 바람에 아내가 경악했다. 어느 날은 길에서 어떤 부인과 스쳤을 때 똑같은 행위로 놀라게 했다. 그는 몹시 당황해 자신의 참지 못한 기행에 대해 자진해서 엄벌을 받겠다고 했다.

_사례 180 참지 못한 성욕

G는 33세로 심한 유전병을 앓던 인물인데, 자기 신체를 어떤 부인에게 비벼 대는 바람에 버스 정거장에서 추문을 일으켰다. 깊이 뉘우쳤지만, 나중에 부인이 밝힌 사실로 미루어 볼 때 그는 행위를 참지 못했던 것이었고 자신이 무슨 짓을 했는지 조금도 당황하지 않았다. G는 격리 수용소로 들어갔다.

_사례 181 엉덩이 집착

Z는 1850년생이다. 흠잡을 데 없는 과거를 보여주었다. 가정도 좋았고 기업에서 봉급 생활자로 일했으며 경제 사정도 넉넉한 편이었다. 유전적 결함도 없었다. 그러나 짧은 결혼 생활 끝에 1873년부터 홀아비 신세였다.

Z는 그 뒤 오랫동안 성당에서 젊은 여자 늙은 여자 가리지 않고 여자들 뒤에서 엉덩이를 건드리는 데 미친 듯이 집착했다. 사람들이 그를 눈여겨 감시한 끝에 어느 날 현행범으로 체포했다. Z는 자신의 상황을 절망적으로 해명하

면서 엎드려 용서를 빌었다. 마치 고해하듯. 용서하지 않으면 자살할 도리밖에 없다고 애원했다.

최근 2년 동안 Z는 몹쓸 버릇에 사로잡혔다. 성당과 극장에서 군중 틈에 있을 때 여자 뒤에서 몸을 비비고 여자들의 펑퍼짐한 드레스 속에다 장난치기도 했다. 그렇게 하면서 오르가즘을 느끼고 사정했다. 과거에 Z는 자위행위를 하지 않았고, 변태 취미도 없다고 주장한다. 아내의 때 이른 죽음으로 Z는 강한 성욕을 덧없는 연애로 달랬을 뿐 매춘부와 사창가를 혐오했다.

Z의 접촉 취미는 불쑥 나타났다. 2년 전 Z는 성당에 우연히 들어갔다가 부적절한 줄 알면서도 충동을 억제하지 못했다. 그때부터 Z는 여자의 뒷모습과 엉덩이에 너무나 흥분했고, 접촉할 기회만 탐했다. Z는 여자의 뒷모습에만 흥분했다. 나머지 부위와 화장이나 치장에는 무심했다. 나이도 상관하지 않았다. 미녀, 추녀 가리지 않았고, 뒤태에만 흥분했다. 그렇게 되면서부터 Z는 자연스러운 만족을 느끼지 못했다. 최근의 접촉 사건은 그의 야한 꿈에서도 나타났다. 접촉을 즐기는 동안 Z는 자기가 처한 상황이나 자기 행동의 한계를 완벽하게 알고 감안했다. 가능한 한 아무도 눈치 채지 못하게 하려고 했다. 어쨌든 나중에는 언제나 자신이 저지른 짓을 창피해했다.

법의학 조사로 Z는 정신병 증세도 없고 저능한 사람도 아니었다. 그러나 성신경쇠약 증세가 뚜렷했다. "성기를 노출하지 않고서도 숭배하는 대상과 접촉만 해도 사정에 이른다."라는 사실이 근거였다. 호색한이던 Z는 성기능이 매우 약했고, 또 자신의 무능을 애써 무시하면서 우연한 접촉과 마찰에 재미를 붙였다. Z는 어떻게 여자의 둔부를 보면 흥분할 수 있을까. 보는 것과 느끼는 것을 연상하는 덕분에 엉덩이가 숭배 대상이었기 때문이다.

공중도덕을 해치는 바람에 법의 처벌받은 행위로서, 그전에도 입상立像

광기와 성

티치아노, 〈거울 앞의 베누스〉

에 욕을 보였다는 설화가 있었다. 설화가 전하는 사건은 질병 탓에 벌어
진 것 같다. 예를 들어, 고대 조각가 프락시텔레스의 〈베누스〉를 욕망의
대상으로 삼았다는 청년의 이야기가 있다. (루키아노스)

클리시푸스의 전설도 비슷하다. 사모스의 신전에서 여신의 석상 어느
구석을 편육을 덮고 나서 더럽혔다는 것이다. 최근의 사례로 일간지 『레

<베느망』이 1877년 3월 4일 자에서 전한 사건이 있다.

"어떤 정원사가 밀로의 베누스 석상을 너무나 사랑해 입상을 끌어안고 성행위를 하려던 찰나에 현행법으로 붙들렸다."

성욕이 정상보다 지나치게 왕성하기 때문에 벌어진 이런 사건들에서 환자가 결함이 있거나 용기가 없거나 정상적인 성행위의 기회가 부족할 때 나타난다.

<훔쳐보기>, 『에로티슈 포토그라피 1845-1890』 수록

관음증[1]이라는 훔쳐보기를 좋아하는 사람들은 욕구를 자극하려고 섹스를 훔쳐보러 다니는 꽤 추잡한 사람들이다. 그들은 흥분한 여자의 모습을 보아야 절정감에 이른다.

---

1 관음증을 몰 박사는 미코스코피(Mixoskopie)라고 명명했다. 관음증에 대해서는 코피뇽의 책 『파리의 부패』를 읽어 보면 된다. 코피뇽은 변태 행위를 폭로해 경각심을 불러일으키려고 했다.

광기와 성

쾌감을 위한 강간과 살인

법으로는 강간을 성인이 성교를 위협적으로 강요받은 것으로 이해한다. 폭력을 행사하거나 자기방어의 정황이 아닐 때라거나 기절했을 때, 열일곱 살 이상의 미혼녀와 섹스하는 것도 포함된다. 우선 강간이 성립되려면 최소한 '신체 결합'이 있어야 한다. (쉬츠)

우리 시대에 소아강간이 빈번해 놀랍다. 호프만과 타르디외는 경악할 사례를 보고했다. 1851년에서 1875년까지 프랑스에서 벌어진 강간 범죄 22,017건 가운데 17,657건이 소아강간이었다.

강간 범행의 원인은 일시적으로 또는 알코올 등의 자극으로 거세진 성욕 때문이다. 정신이 건강한 사람이 야수처럼 강간할 리 만무하다. 롬브로소는 강간범 대다수가 모자란 사람들인데, 특히 아동과 노인에게 덤벼든다고 했다. 범인 대다수는 정신적으로 퇴화한 상흔을 보였다. 사실 강간은 백치와 지적 장애인의 본능에 따른 것일 때가 많다. 이런 사람들은 심지어 가까운 친인척까지 상관하지 않는다.

강간은 간질이나 색정증으로 발작을 일으킨 동안에 벌어진다고 짐작된다. 이제부터 사례를 보겠지만 확인된 사실이다. 강간에 뒤이어 희생자를 교살하기도 한다. 아무 의도도 없이 갑자기 친족을 대상으로 삼기도 하고, 증언자의 입을 막으려고 하거나 단순히 쾌감을 위해 저지르기도 한다. 루스트모르트, 즉 '쾌감을 위한 살인'이다.[2]

우리는 앞에서 이미 쾌감이 동기가 된 살인을 살펴보았다. 보통 범행

---

2 lustmort. 폰크라프트에빙이 처음 사용한 용어. 프랑스어로는 '가학대음란증에 의한 살인'이라고 한다. 성도착증의 관점에서 '에로토포노필리아(érotophonophilia)'라는 동의어가 있다.

수법이 매우 특이하다. 쾌감을 노린 암살의 경우, 거친 성행위만으로 입은 상처로 보기 어려울 만큼 희생자의 성기가 특이하고 심하게 훼손된다. 신체 부위(창자, 성기)는 훼손되거나 사라져 버린다. 정신이상의 상태에서 쾌락을 맛보려는 살인은 거의 단독 범행이다.

_사례 182 강간 미수, 희생자 7명 사망

1888년 5월 27일, 여덟 살의 꼬마 블레즈가 S 마을 부근에서 다른 아이들과 놀고 있었다. 그때 모르는 남자가 둔덕을 타고 올라와 블레즈를 숲으로 끌고 갔다. 이튿날 아침 숲속 골짜기에서 꼬마의 시신을 발견했다. 배가 갈라져 있었고 심장 쪽에 상처가 깊었다. 목에도 깊은 자상 두 군데가 남아 있었다. 쾌락에 취하려는 자의 소행으로 보였다.

용의자로 이미 5월 21일에 똑같은 수법으로 여섯 살짜리 소녀를 덮친 혐의를 받던 자를 꼽았다. 용의자는 우발적 범행을 반복하는 듯했다. 발견 당시 소년의 시신은 셔츠와 조끼만 걸친 상태로 웅크린 자세였다. 음낭에 길게 칼로 갈라진 자국이 있었다. 농장의 하인 E가 유력한 용의자로 의심받았다. 그러나 현장에 있던 소년들은 숲속으로 소년을 끌고 들어간 자가 그였다고 확정할 만한 증언을 내놓지 못했다. 더구나 E의 누이가 한 진술에 따르면, E의 알리바이도 확실했다. 아무튼, 헌병은 열심히 정보를 수집해 E에게서 완전한 자백을 받아내었다.

소녀의 경우 E는 숲으로 데려가 쓰러뜨리고 하의를 벗기고 성기를 탐했다. 그러나 소녀가 저항하며 악을 쓰자 E는 그대로 내뺐다. E는 새집을 구해 주겠다며 소년을 꼬드겨 숲으로 유인했고 숲에 들어가자마자 소년을 욕보일 욕심을 드러냈다. 소년은 바지를 벗지 않으려 했다. E는 강제로 벗겼고, 소리치던 소년의 목을 두 번 칼로 찔렀다. E는 소년의 치골을 갈라 여자의 음부처

광기와 성

럼 만들고 욕망을 채우려 했다. 그러나 시신이 금세 차갑게 식어 버리자 E는 포기하고 피 묻은 손과 칼을 계곡물에 씻고 도망쳤다. 죽어 버린 소년을 보고서 E는 겁을 먹었고 사지는 갑자기 풀이 죽어 어디에도 힘이 없었다.

심문받는 동안, E는 사건과 무관하다는 듯 태연하게 묵주를 돌렸다. 그는 정신이 박약했다. 자신이 어떻게 그런 짓을 저질렀는지 알 수 없어 했다. 피 때문일지 모른다. E는 종종 멍청하게 바닥에 넘어지곤 했다. E의 옛 선생님들은 그가 말을 안 듣고 정신 나간 학생처럼 굴 때가 있었다고 증언했다. 며칠씩 공부도 하지 않고 사람들을 피해 다녔다고 했다. E의 아버지도 아들을 비슷하게 설명했다.

"아들이 학교에서 공부를 못 따라갔고, 일에도 서툴고 너무 얼간이 같이 굴어 벌을 주기도 겁이 났다. 잘 먹지도 않고, 툭하면 집을 나가 버리고 며칠씩 돌아오지 않았다. 그럴 때마다 E는 무슨 생각에 골몰하듯 괴상하게 상을 찌푸리고 얼토당토않은 말을 했다. 다 자라서도 침대에 오줌을 쌌고, 학교에서도 옷을 더럽힌 채 귀가하기도 했다. 잠도 심하게 설치고 잠버릇이 나빠 곁에서 함께 잘 수 없었다. 친구들도 없었다. 그런데 짓궂거나 잔인하거나 부도덕하지는 않았다."

E의 어머니도 아들에 관해 비슷하게 증언했다.

"E는 다섯 살 때, 처음 경련(경기)으로 7일간 말을 못 했다. 일곱 살 때 경련을 40일이나 계속했는데 수종까지 앓았다. 더 나중에도 E는 잠결에도 경련했다. 그럴 때마다 잠꼬대했는데 아침에 보면 침대가 젖어 있었다. 야뇨증을 보였다. 아들에게 어떤 일도 시킬 수 없었다. 못된 자식인지 병인지 알 수 없어 벌 줄 엄두를 못 냈다. 일곱 살 때 경련이 심해지고 나서부터 지능도 떨어졌고 기도문조차 외우지 못했다. E는 차츰 더 짜증을 부렸다."

이웃 사람들, 마을 관리와 학교 교사 모두 E를 정신미약으로 보았다. 너무나 이상한 상태를 보이는 것을 당연하게 여겼다. 법의학자들의 조사 결과는 다음과 같다.

"E는 마르고 날씬한 장신이다. 두개골의 둘레는 53센티미터가 안 된다. 한쪽이 기울어져 마름모꼴처럼 왜곡되었고 뒤통수는 판판하다. 우둔한 인상인데, 눈을 무표정하고 몸가짐은 허술하며 몸은 앞쪽으로 기울었다. 움직임은 둔하고 느리다. 성기의 발육은 정상이다. 전체적으로 무기력하고 바보 같은 모습이다. 그러나 퇴행성 징후라든가 소화기관의 비정상은 없고 감성과 운동신경에도 문제는 없다."

E는 건강한 가족 출신이다. E는 자신이 유년기에 겪은 경련이나 야뇨증을 기억하지 못하고, 최근에 현기증과 머리가 매우 "무겁다"라고만 했다. 처음에 E는 살인을 딱 잡아뗐다. 그러다가 나중에 후회하면서 털어놓고 검사 앞에서 범행 동기를 분명히 밝혔다. 그전까지 그런 생각을 한 적은 없었다.

E는 몇 해 전부터 자위행위를 하루에 두 번씩 했다. E는 자신이 없어 여자에게 성관계를 요구하지 못했다고 주장한다. 몽정할 때에는 언제나 자신이 여자들 앞에서 맴도는 장면을 보았다. 꿈속에서든 초저녁에 선잠이 들었을 때든 E는 이상한 욕정은 없었다. 가학 성향도 동성애에 대한 생각도 일절 없었다. 가축을 잡는 도살장의 모습에도 더는 관심이 없었다. 처음으로 소녀를 숲으로 끌고 갔을 때 물론 욕심을 채우려고 했다. 그러나 그다음에 소년을 왜 공격했는지는 알 수 없었다. 제정신이 아니었던 것이다. 소년을 죽인 그날 밤, E는 겁에 질려 잠을 자지 못했다. 또, 회개하려고 자신이 저지른 짓을 두 번이나 고해했다. 교수형 당하지 않을까 두려움에 떨었다. 교수형만 면하기를 바랐다. 바보같이 정신없이 저지른 짓이었기 때문이다. 소년의 배를 가른 것도 이유를 알 수 없었다. 창자를 꺼내 냄새를 맡을 생각도 없었다.

E는 소녀를 공격한 다음 날, 즉 소년을 살해한 날 밤에 심하게 경련했다.

광기와 성

E는 말짱한 정신으로 행동했지만, 자기가 무슨 짓을 하는지는 생각하지 못했다. E는 격심한 두통에 시달리고 고열과 갈증과 음주를 견디지 못한다. 두통은 몇 시간씩 계속된다. 지능 검사 결과, E의 수준은 백치에 가깝다.

카우츠너 박사의 법의학 보고서는 피고를 간질성 신경증과 백치로 인정해 그가 범죄를 조금 기억하기는 해도 신경증에 따른 간질 발작 초기의 예외적인 정신으로 저질렀다고 인정한다. 이런 판정에도 E는 공공의 안전에 위험하므로 격리 수용소에 영구 수용되어야 한다. (타르디외)

_사례 183 소녀를 강간 살해한 백치

1889년 9월 3일 저녁, 열 살짜리 직공 안나는 집에서 45분 거리의 마을 교회에 간다고 나간 뒤 돌아오지 않았다. 이튿날, 소녀는 길에서 50보 떨어진 숲속에서 시신으로 발견되었다. 얼굴을 땅바닥 쪽으로 한 채 쓰러진 모습인데, 입에 거품을 물고 있었고 항문에는 강간의 흔적이 있었다.

열일곱 살의 날품팔이 일꾼 K가 의심을 받았다. K는 이미 9월 3일에 교회에서 나오던 소년을 숲으로 끌고 가려고 했던 전력이 있었다. 체포된 K는 처음에 부인하다가 금세 모든 것을 자백했다. 소녀를 목 졸라 죽였고, 소녀가 "꼼짝도 하지 않자" 항문에 섹스하는 죄를 저질렀다는 것이다.

첫 번째 법정 심문에서 누구도 이런 흉측한 범인의 정신 상태를 문제 삼지 않았다. 법률 공방에 앞서 관선 변호사의 요구로 피고의 정신 상태를 점검했지만 참작하지 않았다.

"의학적 소견에 피고가 뇌의 이상이라고 할 만한 사실에 대한 지적은 없다." 라고 했기 때문이다. 그런데 용감한 변호사는 피고의 조상과 고모가 정신이상자였다는 사실을 찾아내었다. 피고의 아버지는 어려서부터 독주를 마셔 한쪽 뇌가 불구였다는 사실까지 밝혀냈다. 공개 재판정에서 변호사는 이런 사실을 확인했다. 그런데 확증도 소용이 없었다. 변호사는 법의학자에게 K를 6주간만이라도 격리 수용소에 보내 관찰하도록 제안해 달라고 호소했다. 피고를 격리 수용해야 한다고 보고한 의사는 K를 행위의 책임을 묻기 어려운 백치라고 했다.

K는 멍청하고 무기력하다. 학교에서 배운 것을 거의 잊었다. 그의 언행에서 효심이나 후회, 수치, 미래에 대한 근심이나 희망은 조금도 보이지 않는다. 피고의 얼굴은 마치 가면처럼 무표정하다. 피고의 두개골은 공처럼 둥근 기형이다. 태아 때 이미 뇌가 병들었다는 증거일 테고, 그렇지 않더라도 성장 초기 뇌 질환의 증거로 보인다.

의사의 소견대로 피고 K는 격리 병동에 종신 수용되었다. 의무감에 넘치는 정직한 변호사 덕에 법관은 사법 살인을 피할 수 있었다. 인류 사회에도 다행스러운 결과였다.

_사례 184 덮치는 자크

살인범 N은 알제리 출신으로 아랍인의 후손이라고 주장하는 중년 남성이다. N은 몇 년간 식민지 용병으로 복무하고 나서 알제리와 브라질에서 선원 생활을 했고, 나중에 조금 덜 고생하며 살고 싶어 북아메리카로 건너갔다. 주변 사람들은 그를 게으르고 비겁하며 거친 사람으로 보았다. 그는 수차례 비행으로 처벌받은 전과자였다. 모두 그가 가장 비루한 도둑질을 일삼았으며 더러운 여자들과 함께 돌아다니며 그렇게 했다고 알았다. 그가 변태적 성관계를 해 왔다는 사실도 누구나 알고 있었다. 수차례나 여자들을 물고 넘어뜨려 강제로 성폭행했다. N의 주장에 따르면, 밤길에 여자들을 갑자기 덮쳐 기겁하게 했던 일명 '덮치는 자크'가 바로 자신이라고 했다.

N은 180센티미터가 넘는 장신이다. 조금 구부정하고, 이마는 납작하고 광대뼈가 튀어나왔고, 턱은 크고 붉으며 작은 눈에 미간은 좁다. 눈빛은 날카

롭고, 발은 크며 손은 맹금류 발 같다. 발을 들고 겅중겅중 걷는다. 손과 팔은 많은 문신으로 덮였는데, 여자의 모습과 '파티마(운명)'라는 문구를 새겼다. 아랍 사람들과 알제리 군인들 사이에서 여자의 이미지를 새기는 문신은 치욕의 표시이며, 창녀들은 몸에 십자가를 새긴다.

N은 대체로 꽤 저능해 보인다. N은 자기가 함께 밤을 지낸 중년 여인을 죽였다고 시인했다. "시신 곳곳에 깊은 상처를 냈고, 배를 갈랐으며 창자와 난소를 토막 냈다. 다른 부위는 주변에 뿌렸다. 상처에 십자가와 초승달 모양을 냈다."

N은 희생자를 교살했다. 그러나 N은 교살과 기벽을 부인했다. (맥도널드)

가학대음란증의 공격에 인한 충격과 상처, 동물 학대

앞과 같은 살인 외에 가학 성향의 사람들이 저지르는 조금은 가벼운 폭행을 볼 수 있다. 출혈이 될 정도로 찌르거나 특히 소년들에게 매질한다거나 여자들에 대한 추행, 동물 학대 등이다. 앞의 '일반 정신병리'의 장에서 다룬 행실이다. 이런 부류의 저능한 사람들은 이상한 욕구를 견디지 못했으므로 격리 수용소로 보낼 수밖에 없다.

_사례 185 새를 괴롭혀 흥분하는 사람

X는 24세의 건강한 부모를 둔 청년이다. X의 형제 둘이 폐결핵으로 사망했고, 누이는 주기적 발작증으로 고생한다. X는 여덟 살 때, 학교에서 자기 복부를 의자에 대고 누를 때마다 발기가 되며 특이한 흥분을 체험했다. X는 거기에 재미를 붙였다. 나중에 학교 친구와 서로 자위행위를 도왔다. 첫 번째 사정은 열세 살 때 했다. 첫 번째 섹스는 열여덟 살에 해 보았지만 무능했다. X는 자위행위를 계속했고, 수음의 치명적 결과를 묘사한 책을 읽고 나서 심각한 신경쇠약에 걸렸다. 그러나 X는 물치료를 받으며 상태가 호전되었지만, 또 다시 섹스를 시도하면서 무기력해졌고 다시 자위행위를 시작했다. 이것도 갈수록 실패했다. 그러자 X는 부리 있는 새를 붙잡아 허공에서 흔들었다. 살아 있는 새를 괴롭히면서 흥분하며 발기했다. 새의 날개 끝이 자기 성기를 건드릴 때마다 쾌감에 겨워 사정했다. (부크홀츠)

K는 16세 청소년인데 어린 소년을 잔인하게 살해했다. 조사해 보니 K는 이미 두 차례 살인을 저질렀을 뿐만 아니라 소년들을 일곱 차례나 잔인하게 고문했다. 범행 대상이 된 소년들 모두 일곱 살에서 열 살 사이였다. K는 황량한 장소로 소년들을 유인한 다음, 옷을 벗기고 손발을 묶어 단단한 나무나 건물 같은 것에 붙들어 매었다. 그렇게 하고 나서 소년들의 입을 손수건으로 틀어막고 막대기, 가방끈이나 밧줄로 하나, 둘, 셋 하는 식으로 1분 간격으로 차례를 세며 "웃으면서" 때렸다. 아무 말 없이 웃기만 하면서 그렇게 했다. X는 주기도문을 두 번 외우면서 소년들에게 사실을 털어놓으면 죽이겠다고 협박했다.

X는 소년들을 가해한 뒤에도 어떤 소년의 뺨을 핀으로 찔렀다. 소년의 성기를 희롱하면서 성기와 그 주변까지 찔렀다. 소년의 배 위에 드러눕기도 하고 짓밟고 가슴을 깨물었다. 또 다른 소년의 코를 깨물었고 칼질했다. X의 여덟 번째 희생자는 소녀인데 소녀의 집에서 운영하는 가게에서 끌어내었다. 소녀의 뒤에서 한 손으로 소녀의 입을 틀어막고 다른 손으로 목을 잘랐다. 소녀의 시신은 가게 한구석에서 거름과 재에 뒤덮인 채 발견되었다. 머리와 몸통은 따로 떨어져 있었고, 살과 뼈도 분리된 채 몸통에 상처와 칼자국이 수없이 많았다.

왼쪽 허벅지 안쪽에 가장 큰 자상이 있었다. 국부와 배까지 죽 그어진 상처였다. 장골腸骨부터 복부까지 비스듬한 자상도 있었다. 겉옷과 속옷 모두 갈기갈기 찢어져 있었다. 아홉 번째 희생자는 목이 잘렸다. 눈에서 피가 흘러나오고 심장에 무수한 칼집이 나 있었다. 뱃속까지 자상이 깊었다. 음낭은 벗겨져 있고 방광과 음경은 토막 났다. K는 소년을 소녀와 같은 방법으로 유인했다. 먼저 목을 자르고 나서 칼을 휘둘렀다.

K의 과거 병력에 대한 정보가 없었지만, 그는 태어나자마자 계속 중병을 앓았다. 마치 해골처럼 말랐다. K는 두 살 때 차츰 호전되었다. 그러나 머리와 눈이 아프고 어지럽다고 호소했다. X는 열한 살 때 헛소리를 하는 '증증'을 보일 때까지는 양호하게 자랐다. 때때로 두통이 갑자기 심해져 놀이를 그만두고 한참 뒤에야 다시 시작하기도 했다. 그렇게 갑자기 두통이 일어난 때가 언제였는지 물어보면 X는 천천히 낮은 목소리로 "아이고, 내 머리, 내 머리."라고만 답했다.

X는 배우려 들지 않고 순응할 줄 모르는 소년이었다. 불쑥 생각과 욕심을 바꾸는 변덕을 부렸다. X는 세 살 때이던 어느 날, 칼로 병아리를 괴롭혀 사람들 모두 깜짝 놀랐다. X는 놀라운 사건들을 소상하게 밝혔다. 학교에서 X는 급우들을 못살게 굴었다. 끊임없이 중얼거리며 얼굴을 찌푸리고 선생님에게 대들며 존경하지 않았다. X는 모든 처벌을 부당하게 여겼다. 소년원에 들어가서도 다른 원생들과 어울리지 않아 미움을 받았지만 무시하고 친구를 사귀지 않았다.

X의 지능은 양호하다. 기억력도 좋고 통찰력과 이해력 모두 괜찮다. 그런데 도덕적으로 결함이 심하다. X는 자신의 행동에 괴로워하지도 후회하지도 않는다. 아무런 책임감이 없다. 다만 어머니에게만 다정한 듯했다. X는 자신의 범죄를 특별하게 중시하지도 않는다. 너무나 태연하게 자신이 미성년자인 만큼 사형을 받지 않을 것이라고 말한다. 지금까지 열네 살 먹은 소년을 체포하는 풍습이 없다는 것을 알고 있었으며, 자기 때문에 그 전통을 깰 수는 없을 것이라고 한다.

K는 범행 동기에 대해 한 마디로 설명하지 않는다. 그러나 한 번 K의 설명을 들을 수 있었다. 아메리카 원주민에게 붙잡힌 포로들이 당한 고문 이야기를 읽고 나서 잔인함이 무엇일까 궁금해 미칠 지경이었다고 했다. 호기심이

너무 강해 인디언을 찾아 미국으로 도망치고 싶었다고도 했다. X는 범행 대상을 물색하면서 항상 잔인한 장면과 행위를 상상했다. 범행을 저지르던 날 아침에 일어날 때

페닝턴 & 로울런드 사진관, 〈나바호 인디언〉, 미국 연방의회도서관, 1914년

마다 X는 언제나 머리가 무겁고 어지러웠다. 증세는 온종일 사라지지 않았다.

X의 신체 부위는 음경과 고환이 유난히 크다는 점만 이상하다. 치구恥丘(치골恥骨 앞에 융기한 곳)는 완전히 털로 덮였다. 국부 전체는 성인의 것 같은 크기였으며 간질 증세는 보이지 않는다. (맥도널드)

_사례 187 가학성 음란증에 의한 살인

범인 L은 마지막 범행이 발각되었을 당시 30세 기혼남이다. 범인은 교회 관리인인데 종탑으로 처녀를 유인해 살해했다. 그는 이 건과 비슷한 또 다른 살인도 저질렀다고 자백했다. 두 사건의 희생자들은 머리에 수많은 상처를 입었다. 둔기로 맞은 듯 두개골이 함몰되었고 뇌 속으로 피가 흥건했다. 시신의 다른 부위에 상처는 없었다. 성기는 말짱했다. 범행 직후 체포된 범인의 옷에서 정액의 자취가 보였다.

L은 인상이 좋아 보인다. 갈색 머리에 수염은 없다. 그의 유전적 소질에 관한 정보도 없다. 전과도 없고 성생활에 대한 것까지 아무런 정보가 없다. L은 "역겹고 잔인한 쾌감" 때문에 저질렀다고 했다. (맥도널드)

마조히즘과 성의 예속

피학대음란증도 법의학의 심사 대상이다. 현대의 형법은 현행 오스트리아 형법의 '동의에 따른 상해'를 인정하지 않기 때문이다. 형법 제4조에서 "범죄행위로 인해 상해를 입은 피해자의 요구에 따라 저질러진 범행"이라고 명시하고 있다.

최근에 이런 범행을 검토하는 데 중요한 변화가 일어났다. 독일 형법은 희생자의 동의를 받은 살인을 중대한 사건으로 간주하고, 사정을 참작해 형량을 크게 낮추었다. 오스트리아 형법도 감형을 검토 중이다. 두 쌍의 부부가 함께 자살한 사건을 이런 문제에 비추어 보게 된다.

이와 같은 동의를 이해하는 데 피학대음란증을 중요하게 감안할 만하다. 심리학과 법의학의 관점으로 본다면, 성의 예속에 따른 사건들은 더더욱 관심거리가 아닐 수 없다. 성욕이 강할 뿐만 아니라 특정 대상에 대한 애착까지 겹쳤을 때, 하필 도덕심이 바닥에 떨어진다면 앙심을 품은 집요한 여자는 정념으로 남자를 굴복시키고 남자를 위중한 범죄에 끌어들일 수 있다. 다음과 같은 사례는 반드시 주목해야 한다.

_사례 188 성의 예속에 의한 친족 살해

N은 34세로 카타니아[3]의 비누 공장 주인이다. 평판이 좋은 사람이었는데 1886년 12월 21일 밤, 아내를 칼로 찔러 죽이고, 아내 곁에서 자고 있던 두 딸도 목을 졸라 죽였다. 각각 일곱 살, 6주밖에 안 된 신생아였다. N은 처음에

---

3 Catania, 이탈리아 시칠리아 섬 동부 연안의 도시. 기원전 수백 년이 넘는 고도인데, 활화산 에트나의 기슭에 자리잡았다.(역주)

범행을 부인하며 다른 쪽으로 용의점을 돌리려고 했지만, 결국 모두 털어놓았고 법관에게 용서를 구했다.

N은 건강한 가족 출신이다. 유능하고 존경받는 도매상으로 살림도 넉넉했는데, 지난 몇 년간 애인의 유혹에 환장하더니 완전히 노예가 되었다. N은 몰래 애인과 사귀었다. 아내도 이웃도 세상사람 누구도 몰랐다. 한편, N의 애인은 결혼해야 안심할 수 있다면서 본부인에 대한 질투심으로 N에 부인과 자식을 죽이라고 부추겼다. N은 나약한 성격에 사랑에 미쳐 있었다.

N은 사건을 저지르고 나서 어린 조카에게 자신을 결박하도록 강요하고, 자신도 피살될 뻔했던 것으로 위장했다. 조카에게는 입을 다물고 있지 않으면 죽이겠다고 겁박했다. 사람들이 나타났을 때, N은 함정에 빠진 불운한 가장처럼 연기했다.

N은 자백하고 깊이 후회했다. 공개재판이 진행된 2년 동안 N은 조금도 정신이상 증세를 보이지 않았다. N은 몹쓸 애인에 미쳐 버린 탓이라고만 설명했다. N은 자기 아내에게 불평 한마디 한 적이 없었다. 성본능이 이상했던 적도 없고, 드물게 정념에 사로잡혀 저지른 범죄에서 나타나는 변태 성향도 없었다.

N이 후회하며 한탄하고 굴욕감을 느끼는 것으로 미루어 정신미약도 아니었다. 정신력은 말짱했다. 충동을 자제하지 못할 이유는 없었다. (만다랄리)

처참한 만행의 책임을 면하기 어려운 사건이다. 현행대로라면 범행의 동기를 정밀 분석해 보면 대중 여론과 다르고, 또 법관은 법적 논리의 틀을 근거로 심리적 원인을 철저히 배제한다. 성의 예속 상태를 법관과 판사들이 인정할 여지는 없을 것이다.

이 사례에서 보다시피 범행과 동기 모두 병이 원인은 아니다. 동기가 제아무리 강하고 순수했더라도 고려의 대상이 되기 어렵다. 아무튼, 이와 같은 경우에 도덕적 동기에 반하는 또 다른 감수성이 있었는지 없었는지, 정신이 균형을 잃을 만큼 강력한 요소가 있었는지 조사해 볼 필요는 있다.

애착증으로 인한 강간, 절도와 상해

앞에서 보았지만, 애착이 심해지면 범행을 저지를 수 있다. 여자의 땋은 머리를 자른다거나(사례 78, 79, 80), 여자의 내의와 손수건 등을 훔치거나 훼손하고(사례 82, 83, 85, 86), 여자의 구두(사례 67, 68, 88)나 비단 천(사례 93)에 탐닉하는 사례가 있다. 이런 종류의 범법자들은 확실히 정신이 망가졌다. 그러나 자기 의지로 결정하지 못하는 사람은 결국 책임질 수도 없다. 범인 자신도 어쩔 수 없는 불가항력이 있었음이 입증되어야 한다. 충동에 따른 행동이든, 자신의 변태와 범행 욕구를 이겨내지 못한 사람의 백치 상태이든 이런 범행은 천박한 강·절도와 별로 다르지 않지만, 특이한 방식인 만큼 법의학으로 조사해야 한다. 어쨌든 단순하게 이익을 보려는 충동으로 저지른 매우 드문 경우처럼 단순히 병든 심리가 원인이 아닐수도 있다.

_사례 189 손수건 절도 누범자

D는 42세의 독신남으로 농장 하인이다. 1892년 3월 1일, 당국은 D를 바이에른 주 데겐도르프[4]의 요양원으로 보내 그곳에서 정신감정을 받게 했다. D는 162센티미터의 키에 딱 벌어지고 뚱뚱하다. 두개골은 작은 편이며, 미련한 인상에 신경질적인 눈빛이다.

1878년, D는 데겐도르프 인근 슈트라우빙 형사 법정에서 손수건 절도죄로 1년 반의 징역형을 받았다. 1880년에 농장 마당에서 닭 장사를 하는 여자

---

4 Deggendorf. 독일 남동부 바이에른 지방, 도나우 강 상류 골짜기의 도시. 제2차 세계대전 말기에 주로 나치강제수용소에서 해방된 유대인 난민을 수용하는 임시시설이 있었다.

의 손수건을 훔친 죄로 15일간 구류를 살았다. 1882년에는 큰길을 가던 농부의 딸이 손에 쥐고 있던 손수건을 강탈했다. D는 이와 같은 절도 행위로 법의학자의 조사를 받았고, 결과는 매우 심한 정신미약자로 나왔다. 지능이 병적으로 가끔 말썽을 부린다고 했다. 1884년에 형사 법정은 D를 손수건을 강탈했다는 죄목으로 4년의 징역형을 선고했다. 이전의 비슷한 범죄를 합산한 형량이다.

1888년, D는 또다시 장터에서 숙녀의 주머니에서 손수건을 훔쳤다. 이번에는 4개월 징역형을 선고받았다. 1889년에도 똑같은 범행으로 9개월 징역형을 받았다. 1891년, 또다시 범행을 저질러 10개월 징역형을 선고받았다. 그 뒤로도 이어진 범행으로 계속 감옥을 드나들었다.

D는 젊은 여자들에게서만 손수건을 강탈했는데, 대부분이 백주에 모든 사람이 보고 있는 데에서 서툴고 엉성하기 짝이 없는 솜씨로 하는 바람에 곧바로 체포되었다. 그런데 D의 조서를 보면, 그는 단 한 번도 손수건 이외에 다른 어떤 사소한 물건도 훔치거나 강탈한 적이 없다.

1891년 12월 9일, D는 다시 출옥했으나 며칠 뒤인 14일에 D는 현행범으로 붙들렸다. 혼잡한 장터에서 농부의 딸 주머니에서 손수건을 슬쩍하려다가 붙잡힌 그의 몸에서 여자의 흰 손수건 두 장이 나왔다. 과거에 D를 체포했을 때 여자들의 손수건을 모은 '컬렉션'을 발견했었다. 1880년에 32장, 1882년에 17장 가운데 9장을 몸에 지니고 있었다. 또 한 번은 25장이었다. 1891년 체포했을 때, 몸에서 7장의 손수건을 찾아내었다.

심문을 받으면서 D는 범행 동기를 너무 취해 재미 삼아 했다고만 되풀이했다. 몸에 지니고 다니던 손수건은 뭐냐고 묻는 질문에 D는 일부는 구입했고, 일부는 다른 물건과 바꿨으며, 또 사귀던 여자들에게 선물로 받았다고 주장했다.

D는 관찰 받던 기간에 지능이 저조한 것으로 나타났다. 방탕한 생활로 인한 퇴행성 증세도 보였다. 자위행위와 폭음이다. 아무튼, 기본적으로 선량하고 온순하며 일도 착실히 하는 인물이다. D는 부모에 관해 아는 것이 없다. 교육도 감시도 받지 못하면서 컸다. 어린이로서 구걸하며 살았다. 열세 살 때 D는 마구간 시종이 되었고, 열네 살 때에는 동성애자에게 시달렸다. D는 어린 나이에 강한 성욕을 느꼈다고 주장한다. 섹스도 일찍 해 보았으며 자위행위도 했다고 했다.

열다섯 살에 어떤 마부가 처녀의 손수건을 성기에 대면 너무나 짜릿하다고 가르쳐 주었다. 그의 말대로 따라 해 보고 나서 정말 그렇다고 믿게 되었다. 이때부터 D는 어떻게 해서든 손수건을 구하려고 했다. 그는 기벽이 너무 강해 마음에 드는 여자가 손수건을 들고 있거나 주머니에 보이면, 훔치지 않고는 못 배겼다. 보통 때는 법이 무서워 기벽을 견뎌냈다. 하지만 술을 마시면 소용이 없었다. 군대에 복무할 때에도 D는 여자들에게서 손수건을 달라고 해서 얻어 한동안 사용하고 나서 다른 것과 교환했다.

여자의 집에서 밤을 보낼 때, D는 어김없이 손수건을 교환했다. 여러 차례 손수건을 구입해 여자들과 바꾸었다. 손수건이 새것이면 흥미가 없었다. 여자들이 사용하던 것에만 욕정이 솟았다. 그래서 사용하던 손수건을 구하려고 길가에서 기다리다가 지나가는 모든 여자에게 강탈했던 것이다. D는 여자를 덮쳐 목에 두른 수건을 빼앗아 도망치기도 했다.

여자의 손길이 닿은 손수건으로 D는 오르가즘에 이르렀다. 벗은 몸으로 성기에 손수건을 대고 쾌감을 맛보며 사정했다. D는 여자에게 섹스를 요구하지는 않았다. "퇴짜 맞을까 두렵기도 했지만, 여자의 손수건이 훨씬 더 좋기 때문에 그랬다."

D는 찔끔찔끔 조금씩만 자백했다. 여러 차례 울고 불기도 하면서 창피해

서 차마 말을 못 하겠다고 고집을 부리기도 했다. D는 일반적인 절도범이 아니다. 그는 한 푼도 훔치지 않았고, 가장 어렵게 살 때에도 손수건을 팔아 버리려고 하지 않았다. 그는 진심으로 자신 있게 말한다.

"나는 못된 놈이 아닙니다. 어리석은 짓일 줄 알면서도 그때만 오락가락하는 느낌입니다."

D는 비정상적으로 견딜 수 없는 병적인 충동으로 범행을 했다는 사실을 요양원 당국에서 보고했다. 약간 지능이 부족한 편이라고도 증명했다. D는 절도 혐의를 벗어났다.

풍기 문란 – 미성년자 추행

오스트리아 형법은 14세 이하의 미성년자를 강간은 아니지만 더럽게 추행하는 성행위를 파렴치죄로 간주한다. '풍기 문란'은 법률 용어로서 난감한 착란증과 심한 모독이나 혐오스러운 행위를 가리킨다. 도덕심이 부족하거나 성욕이 약한 사람들이 쾌감을 위해 저지르는 행위가 대부분이다. 풍속사범의 공통된 성격인데 대상이 아동일 뿐이다. 성욕도 모르거나 경솔하고 어리석은 아이들이다. 사실 증세가 뚜렷한 마비성 백치 또는 노인성 치매 환자를 제외하면, 이런 범행은 거의 용기도 부족하고 자신감도 힘도 없는 무기력한 젊은이 또는 무기력해진 방탕한 사람들이 저지른다. 심신이 건강한 성인이 아동과 방탕한 행위로 쾌감을 추구한다는 것은 상상하기 어렵다. 타락한 자의 상상은 적극적이든 소극적이든 파렴치한 행동을 하는 가운데 극도로 부풀려진다. 법에 포착된 다음에 소개할 행위를 보면, 이런 파렴치한 행위가 광범위하게 벌어진다.

파렴치 행위는 대부분 쾌감을 위한 신체 접촉(사정에 따라 매질도 포함)과 적극적 자위행위 그리고 아동의 문란한 자위행위나 접촉을 유인하는 것 등이다. 이런 범행에서 드문 것은 소년 소녀에게 오럴섹스를 강요하거나 대퇴부 사이로 하는 유사 성교, 노출증 등이다.

마슈카에 따르면, 소녀들을 벌거벗긴 채 방에서 춤을 추게 했던 청년이 있었다. 소녀들은 여덟 살에서 열두 살이었다. 청년은 소녀들에게 춤추면서 소변을 보게 했고, 그 모습을 보면서 사정했다. 여자들의 소년에 대한 성추행도 드물지 않다. 신체 마찰 등의 방법으로 사지를 겹치는 관계를 거나 자위를 도와줌으로써 쾌감을 찾았다.

타르디외는 가장 한심한 사례를 관찰했다. 애인들의 동의 아래 하녀들이 돌보아 달라고 맡았던 아이들에게 자위행위를 해 주고, 일곱 살의 소녀에게는 구강섹스를 시켰다. 홍당무와 감자를 소녀의 질과 두 살짜리 아기의 항문에 집어넣기도 했다.

_사례 190 오럴섹스 중독

L은 62세의 자위행위를 하는 중증 환자인데 섹스는 한 적이 없다. 그 대신 오럴섹스를 자주 했다. L은 편집증으로 격리 수용되었다. 그의 가장 큰 즐거움은 자기 방으로 열 살에서 열네 살의 소녀를 유인해 소녀의 성기를 입으로 애무하는 것 등이다. 그러면서 사정했다. L은 자위행위로 별로 만족하지 못했고 사정에 이르기도 힘겨웠다. 별수 없이 L은 때때로 노출증을 과시했고 남근을 자기 입에 넣기도 했다. L은 포경이고, 두개골은 비대칭이다. (펠란다)

_사례 191 성직자의 비뚤어진 성욕

X는 40세의 성직자로서 소녀들을 집으로 유인해 추행한 혐의로 고발되었다. X는 열 살에서 열세 살 소녀의 옷을 벗기고 건드리면서 자위행위에 취했다. X는 어려서부터 자위행위를 했고 정신적으로도 바보 같은 수준이다. 언제나 성욕에 들떠 있었다. 그의 두개골은 조금 작은 편이다. 음경은 보통 크기로 요도하열 증세가 있다.

_사례 192 도덕을 모르는 파렴치범

K는 23세의 드레호르겔[5] 악사인데 수차례 소년과 소녀를 유인해 외진 장

---

5 바이에른 지방의 풍금이다. 손잡이를 돌려 건반을 두드리는 장치가 붙어 있다.(역주)

루도비코 볼프강 하르트, 〈독일의 전통 풍금 드레호르겔을 들고 시골 마을을 찾은 연주자〉, 샤를 랄르망이 편집한 『민중 세계 갤러리』 수록, 1864년

소에서 파렴치한 행위(상호자위, 오럴섹스, 소녀의 국부 접촉 등)를 저질렀다는 혐의로 고발되었다. K는 저능한 사람이다. 신체의 발육이 안 좋아 허약 체질이다. 키는 105센티미터에 불과하다. 구루병에 걸린 두개골은 작고 치아도 듬성듬성 불규칙하고 썩어 빠졌다. 입술은 두툼하고 바보 같은 표정으로 말을 더듬는데, 엉거주춤한 자세로 심신 모두 쇠약해 보인다. 그는 마치 개구쟁이에 놀란 어린아이 같다. 수염은 조금 난 듯 보일까 말까 하지만 성기는 정상이다.

K는 자신이 부적절한 일을 저질렀나 하고 막연히 생각한다. 도덕에 위배된다는 점을 이해하지 못한다. 자기 행동의 사회적 · 법적 의미를 모른다. K의 아버지는 술주정뱅이였고, 어머니는 남편에게 학대받던 끝에 미쳐 버려 격리 요양원에서 사망했다.

K는 유아기에 각막종양으로 눈이 멀다시피 했다. 여섯 살 때 공공기관에서 지원하는 여성의 집으로 들어갔다. 성장한 뒤에 K는 드레호르겔을 연주하면서 근근이 살았다. K의 형은 건달이다. 원한이 깊고 싸움박질을 일삼으며 짓궂고 변덕스럽다. 자제력도 없다. 조서에서는 그가 지능과 성장이 중간에 멈추었다는 점을 특기했다.

유감이지만 가장 역겨운 풍속사범은 정신이 멀쩡한 사람들이 대부분이다. 쾌락에 너무 사로잡히거나 음탕하고 난폭해 종종 술에 취한 채 자신들의 인간으로서 위엄을 잊어버린다. 어쨌든 이런 사건 대부분은 바탕은 병적이다. 젊은이를 유혹했던 노인의 경우가 특별히 주목할 만하다.

자연에 반하는 부도덕 행위

법률가들은 소도미아[6]라는 용어를 혼란스럽게 사용한다. 수간 취향과 동성애자의 청소년 취향을 두루 가리키지만 구별해야 한다.

짐승 같은 성적 취향은 흉측하고 역겹지만 사람에게서도 나타난다. 반드시 정신이상 때문에만 나타나는 것도 아니다. 도덕심이 밑바닥까지 떨어지고, 성욕은 본능을 채우려고 어떤 장애든 돌파하려고 기를 쓰면서 자연에 반하는 만족을 추구한다. 남녀 모두 마찬가지로 볼 수 있다.

폴락[7]이 페르시아에서 관찰한 바에 따르면, 짐승 같은 성적 취향은 종종 '동성애' 행위로 임질을 퇴치할 수 있다는 고정관념에서 시작되었다고 한다. 유럽에서도 이런 미신이 여전히 퍼져 있다. 예컨대 소녀와 섹스하면 임질이 낫는다는 식이다.

경험칙에 따르면, 짐승 같은 성적 취향이나 행위는 마구간이나 외양간에서 드물지 않다. 기회를 맞은 사람은 염소, 개, 심지어 암탉까지 상대했다. (타르디 외. 샤우엔슈타인) 암말과 수간했던 기병 장교의 문제로 프리드리히 대왕은 "그 젊은이는 돼지로구먼. 보병대로 보내야겠어."라고 명했다.

여자들이 동물과 하는 성관계는 개에 국한된다. 대도시에서 도덕의 파탄을 보인 괴상한 사례를 보자. 파리에서 어떤 여자가 친밀한 취향의

---

6 소도미아는 『구약성서』의 「창세기」 19장에 등장한 '소돔'에서 유래한 것으로 동성애를 가리키는 말이다. 나중에는 짐승을 상대로 하는 사악한 행위까지 가리킨다.(역주)

7 Jakob Eduard Polak, 1818~1891, 오스트리아 의학자로 이란에 현대 의학을 소개하는 데 중요한 역할을 했다. 대표작 『페르시아 땅과 주민』(1865)은 19세기 이란에 대한 탁월한 인류학의 고전이다.(역주)

사람들끼리 모이는 모임에서 입장료를 요구하자 발끈해 방탕한 사람들이 보는 앞에서 불도그에게 자기 몸을 주었다. (마슈카)

법원에서는 지금까지 짐승과도 같은 해괴한 성관계에 주목하지 않았다. 그런 행위를 하는 사람들 대부분은 정신미약자였다. 샤우엔슈타인이 보았던 사람도 정신이상자였다. 다음 사례에서 보겠지만, 짐승의 취향으로 움직인 사람들은 질병 때문이다. 간질이 문제였다. 동물에 대한 기벽은 정상적인 본능과 동등하게 나타난다.

_사례 193 여자를 혐오하는 수간범

환자 X는 40세의 그리스 정교도인 농부이다. X의 부모는 대단한 애주가였다. X는 다섯 살 때 간질로 발작했다. 땅바닥에 쓰러지고 의식을 잃었다. 2~3분간 얼어붙은 듯 꼼짝 못 했다. X는 일어나자마자 어디로 가는 줄도 모르고 눈을 크게 뜨고서 내달렸다. X는 열일곱 살 때 성욕을 느꼈다. 그렇지만 남자든 여자든 매력을 못 느꼈다. 그 대신 동물(새, 말 등)을 보면 성욕을 느꼈다. X는 암탉, 오리와 섹스했고, 나중에 말과 암소와도 했다. 자위행위는 하지 않았다.

X는 성상聖像 화가인데 머리가 둔하다. 몇 해 동안 황홀경을 체험하는 종교적 망상에 사로잡혔다. 동정녀를 "무어라 말할 수 없을 만큼" 사랑한다. 동정녀를 위해서라면 목숨도 바칠 것이라고 한다. 병원에 입원했을 때 X는 신체 기관에 손상은 없었고 퇴행성 질병의 조짐도 없었다.

X는 여자를 항상 혐오했다. 한 번 여자와 섹스를 시도했지만 무기력했다. 반면에 동물을 보면 항상 힘이 넘친다. 여자들에게 언제나 수치심을 느낀다. 여자들과의 섹스를 원죄처럼 죄악시한다. (코발레브스키)

_사례 194 거위를 상대한 사내

1889년 9월 23일, 16세의 제화공 견습생 W는 이웃 정원에서 거위를 붙잡아 이웃이 현장에 도착했을 때까지 짐승 같은 짓을 벌였다. 거위 주인이 야단을 치자 W는 이렇게 답했다.

"그래서 뭐요. 거위가 탈이라도 난단 말이에요?"

이렇게 한 마디 내뱉고 유유히 사라졌다. 판사 앞에서 W는 이실직고했지만 잠시 정신이 나간 것 같다고 주장하면서 용서를 구했다.

W는 열두 살에 중병을 앓고 난 뒤로 매달 여러 번씩 두통과 고열을 앓았다. 그러면 성욕도 치밀었다. 어떻게 대응할지 몰라 쩔쩔매었다. 그렇게 열띠고 흥분한 상태로 W는 거위를 붙들고 성행위를 했다. 재판정에서도 이웃에게서 그런 특별한 방법을 배웠다고 변명했다. W의 아버지는 자기 가족은 건장하지만, 아들이 다섯 살 때 성홍열을 앓고 난 뒤로 항상 병약했으며 열두 살이 되자 고열이 따르는 두통으로 고생했다고 주장한다. W는 학교에서 공부를 잘했고, 아버지의 일을 열심히 배우며 도왔다. 자위행위도 할 줄 몰랐다.

검진 결과, W의 지능이나 도덕심이 손상되었다는 증거는 없었다. 성기는 정상이었고, 음경이 매우 발달했다. 무릎 근육의 반사도 양호했다. 그 밖의 것은 부정적이다. 과거에 정신의 동요가 심했다는 확증도 없었고, W를 6주 동안 관찰하는 동안 성생활의 이상한 점도 없었다. 검진 결과로서 뇌 질환이 신체 기관의 범행에 영향을 줄 수 있을 것으로 보고 있다. (프리츄)

_사례 195 충동적 소도미아

A는 16세의 정원사로 아버지를 모르는 사생아다. 어머니는 간질성 발작이 심하다. A의 두개골과 안면은 비대칭이며, 골격도 불균형이 두드러진다. 키는 단신이다. 어려서부터 자위행위를 했다. A는 늘 침울하고 무심하고 홀로

떨어져 있기를 좋아한다. 화도 잘 낸다. 그의 정념은 그야말로 병적으로 끓어오르곤 했다. A는 백치였고 신체는 쇠약한데 자위행위 때문일 것이다. 신경쇠약증도 있다. 그뿐만 아니라 A는 히스테리로 인한 질병 증후(눈 흐려짐, 색약, 후각과 청각의 저하 등)를 보인다.

A는 자위행위도 했고, 개랑 토끼와도 관계했다고 자인했다. A는 열두 살 때 친구들이 개에게 성희롱하면서 노는 것을 보았다. 자신도 친구들을 따라 했지만 개와 고양이, 토끼에게 역겨운 짓을 그만두지 못했다. A는 귀여운 암토끼와 자주 "사귀었다." 밤이면 A는 정원 주인의 토끼장을 찾아가 무서운 욕정을 채웠다. 결국 번번이 토끼들의 직장이 찢기었던 사실이 들통났다.

A는 짐승 같은 취향에 따른 행위를 항상 같은 식으로 반복했다. 거의 8주마다 주기적으로 찾아오는 진정한 흥분인데 항상 똑같은 증세였다. A는 우선 머리를 둔기로 얻어맞는 듯한 기분으로 이성을 잃어버린 듯한 정도로 심한 고통부터 느낀다. 그러면서 토끼를 욕보이라고 몰아붙이는 강박관념과 싸웠다. 고통이 가중되면 더는 견딜 수 없게 두통이 심해졌다. 이런 상태가 극에 이르면, A는 귀에 윙윙거리는 소리가 들렸고 식은땀을 흘리면서 다리를 떨었다. 더는 버틸 힘이 없어지고 충동에 따라 움직였다. 행위를 끝내면 A의 고통이 수그러들고 신경질적 발작은 사라졌다. 다시 자신을 되찾고 방금 전에 벌인 일을 깊이 수치스러워하고 또다시 그런 상태로 되돌아갈까 봐 무서워했다.

A는 이렇게 이상한 상황에서 만약 누군가 자신에게 토끼와 여자 중에서 선택하라고 한다고 해도 토끼를 택할 것이라고 확신한다. 물론 여러 가축들 가운데서 하나를 택하라고 해도 토끼만 택할 것이다. A는 그렇게 이상한 상태로 성욕을 채우기에 토끼를 끌어안으면 되었다. 때때로 동물과 성관계를 하려는 불가항력의 사나운 욕구에 취하기도 했다.

동물과의 성관계로서만 욕구를 풀 수 있는 짐승 같은 행위는 A가 할 수 있는 유일한 성행위였다. A는 절대로 쾌감을 느끼지 못한다고 주장한다. 그런 방법으로 채우는 욕구는 강압에 짓눌려 빠져나올 수 없는 힘겨운 상황을 벗어나는 것일 뿐이라고 했다. 괴물 같은 A는 퇴행성 정신병자였다. 자의대로 할 수 없는 환자였다. 범죄자가 아니었다. (뵈토)

정신병이 원인은 아닌 듯한 다음 사례를 보자.

_사례 196 암탉을 상대한 사내

지방 도시에 사는 30세의 상류층 남성이 암탉과 이상한 관계를 갖는 바람에 사람들이 경악했다. 오래전부터 암탉이 차례로 죽어 버리는 일이 벌어져 누구 짓인지 수배 중이던 참이었다. 법정에서 재판장은 피고에게 어떻게 그렇게 역겨운 행동을 했는지 질문했다. 피고는 자신의 성기가 너무 작아 여자들과 관계하기 어려워 그렇게 했다고 변명했다. 검진 결과, 과연 피고의 성기가 놀랍게 빈약했다. 지능은 말짱한 사람이었다. 그 밖에 병력이나 본능의 첫 번째 체험 등에 관한 정보는 없다. (귀르코베스키)

동성끼리의 음란 행위

독일 법은 남성끼리의 음란성만 대상으로 삼는다. 오스트리아 법은 동성끼리의 음란 행위까지 포함된다. 그래서 여성 간의 음란성도 법에 저촉된다. 남자들끼리 저지른 부도덕한 행위 가운데 항문성교가 가장 중요한 관심거리다. 남성 간의 성행위는 별도의 입법 사안이다. 가장 권위 있는 법 해석의 발전에 따라 살아 있는 타인의 몸에 음경을 삽입하는 것은 형법 175조에서 범죄로 구형될 수 있다. (오펜호프) 이런 법 해석의 관점에 따르면, 공공의 풍속을 파렴치하게 해치거나 폭행을 사용하거나 미성년자를 상대로 하지 않는 한 남성들 간의 성행위를 처벌할 여지는 없다.

최근에 이런 식의 견해로 되돌아오고 있고 동성 간의 유사한 성행위뿐이라고 할지라도 자연에 반하는 범법 행위가 성립한다고 간주한다. 법률을 다듬고 있을 당시 동성애, 특히 소년을 대상으로 한 풍속사범으로 나타나는 것과 완전히 다른, 남자들끼리의 동성애에 관한 연구가 발표되었다. 많은 성도착이 정신병 때문인 것이 사실이라 동성애 또한 책임을 물을 수 없는 행위로 볼 수 있다. 앞으로 법정에서 재고해야 할 점이다. 행위 자체만 인정할 것이 아니라 피고의 정신 상태를 파악해야 한다.

우선 다음과 같은 문제부터 짚어 보아야 한다. 동성애 취향이 선천성인가 후천성인가? 후천성이라면 병적인 착란증인가 아니면 단지 정신적 일탈(변태)인가? 선천적 동성애는 중대한 질병 기질을 타고난 사람들이다. 신체 기관이 비정상으로 돌아가는 이상한 생리를 보이는 사람들이다. 따라서 증세는 분명하고 확실하다. 당사자의 성격과 감정은 자신의 특이한 성징에 별로 걸맞지 않다. 이성에 애정을 품지 못하거나 성관계를 혐오하기도 한다. 이런 사람은 비정상적 성생활로 자신의 비뚤어진 성욕을 채우려는 충동을 보인다. 충동적 행위를 주기적으로 반복하는 심한 퇴행이 특징이다. 결국 신경과 정신에 이상이 생긴 것이다.

남성동성애의 정신 상태도 문제가 된다. 만약 정신 상태가 책임질 만한 조건이 절대로 못 된다면, 남성동성애는 범죄가 아니라 책임질 수 없는 정신이상이다. 선천적 남성동성애자 가운데 이런 경우는 훨씬 드물다. 이들은 보통 책임을 면할 수 없는, 초보적인 정신 혼미 정도만 보인다. 그럼에도 이들의 책임에 대한 법의학적 질문은 여전히 불분명하다. 성욕은 가장 강력하고 절실한 생리 욕구이기 때문이다.

결혼 생활을 벗어난 성욕 자체를 처벌해야 한다는 법은 어디에도 없다. 만약 남성동성애자의 감정이 이상하다면 그것이 그의 잘못은 아니다. 비정상적 소질(병적 체질)의 잘못이다. 그의 성욕이 추해 보일 수는 있으나 병든 당사자의 관점에서 본다면 자연스러운 욕망이다.

남성동성애자들은 힘겨운 상황에 처해 있다. 자신이 타고난 성에 비해 비정상적인 성향을 품고 있다. 그것을 자연의 법이라 느끼면서 그런 성향을 만족시켜야 편안해한다. 그러나 대중은 이런 형편에 낙인을 찍고 비난한다. 또, 법은 처벌하겠다고 위협한다. 이렇게 고통 받다가 심기증에 걸리고 자살까지 한다. 망신당하고 직장과 사회적 지위를 잃기 십상이며 최소한 신경증에 시달릴 수밖에 없다. 모두 사회와 법에서 재고해야 한다.

실정법에서 남성동성애자 조항을 별도로 다루어야 한다. 실제로 청소년 취향 등 문제가 되는 부분에서만 해석해야 한다. 또, 범법자로 기소된 사람의 심리가 비정상인지 아닌지 전문가가 정확하게 검진해야 한다.

나는 다음과 같은 이유로 불합리한 법 조항의 삭제를 간청한다.

① 법률로서 예상하는 범행이란 보통, 근본 원인이 사람이 병든 것을 근거로 삼는다.

② 면밀한 의학적 검사로 이상 질환과 단순한 변태 행위를 구별해야 한다. 어떤 사람이 기소되고 구형을 받는다면 (판결과 무관하게) 그 즉시 이미 사회적인 명예와 신망을 잃는다.

③ 남성동성애자 대다수는 착란증이 있을 뿐만 아니라 비정상적인 활력에 따른 본능이 있다는 점에서 불운하다. 성본능에 어쩔 수 없이 떠밀려 신체적으로 강한 제약(충동)에 지배된다.

④ 많은 남성동성애자가 추구하는 만족감은 자연에 조금도 위배되지 않는 것으로 보인다. 그들에게는 자연스럽다. 그러나 법적 인식에 따르면 자연에 위배된다. 그들의 성행위를 빗나간 것이라고 막을 수 있는 도덕적 조치가 부족하다.

⑤ '자연에 반하는 파렴치'가 무슨 뜻인지 정확한 정의가 아직 없기 때문이다. (의미상) 너무 넓은 해석의 여지를 판사 개인의 임의에 맡기고 있다. 독일에서 형법 175조의 해석은 애매한데, (귀에 걸면 귀걸이, 코에 걸면 코걸이 식으로) 법적 검토가 경우에 따라 다르며 확정된 것도 아니다. 판결에 결정적인 적은 객관적 사실(일반적으로 주관적 사실을 절대 고려하지 않는다)이다. 하지만 범행은 언제나 증인들 없이 저질러진다.

⑥ 법 조항의 유지하는 것이 합당하다고 볼 만한 이유가 없다. 법이 무서워 범행을 저지르지 않는 효과는 거의 없다. 법을 적용해도 교정되지 않는다. 질병은 처벌로 타파할 수 있는 것이 아니기 때문이다. 처벌의 효과라는 것은 몇몇 조건에 맞아야만 가능할 뿐 종종 잘못된 경우가 나타난다. 따라서 이런 법 조항의 적용은 엄청나게 부당

광기와 성

한 것이라 불의를 초래할 수 있다. 다른 나라에서는 이런 법률이 없다. 독일에서는 '공중도덕'이라는 감정에 밀려 할 수 없이 내걸고 있다고 하지만, 그런 감정이라는 것은 억측일 뿐이고 질병과 변태를 혼동하고 있다.

⑦ 독일에서 다른 법 조항으로 얼마든지 공중도덕과 미성년을 보호할 수 있다. 175조는 좋은 점보다 나쁜 점이 더 많아 공갈과 협박(사기꾼의 고소 고발) 등의 역겨운 파렴치 행위를 남발하며 명예훼손과 인격살인을 서슴지 않는다. (정치판에 만연한 '아니면 말고' 식의 유언비어처럼) 공갈치는 자들은 고발하겠다며 거리낌 없이 협박한다. 공갈범들은 협박받은 사람이 경찰에 고소까지 할 만큼 일을 끝까지 밀고 나가지 않을 줄 잘 알기 때문이다. 가장 고약한 불량배는 일부러 공갈을 일삼아 감옥에 들어가 한동안 먹고 살려고도 한다. 이런 자는 창피한 줄 모르기도 하지만 딱히 잃을 만한 명예도 없기 때문이다. 그러나 희생자는 치욕을 당하고 파산하거나 자살하기도 한다.

⑧ 독일 입법기관은 175조를 삭제하면 미성년 보호에 구멍이 뚫릴까 걱정한다. 그러나 176조를 개인들에게 확대 적용하면 충분하다. 현재의 조항만으로는 여성에 대한 폭행과 협박의 파렴치 행위만 처벌하고 있다.

_사례 197 동성의 애인을 살해한 처녀

1892년 1월 미국, 멤피스에서 앨리스 M이라는 처녀가 자기 친구 프리더 W를 살해했다. 두 처녀 모두 멤피스 최상류층 가문의 딸들이다. 엘리스는 면도칼로 목을 난자했다.

사법 당국의 조사로 결과가 나왔다. 앨리스는 외가 쪽에 병력이 있었다.

외삼촌과 외사촌들이 요양원에 있었고, 어머니는 정신이상 기질로서 출산 때마다 '산욕광기'가 찾아와 일곱 번째이던 앨리스의 출산 때는 위중했다. 나중에 어머니는 피해망상 끝에 완전히 백치가 되었다. 앨리스의 오빠도 고립 생활을 한 뒤에 꽤 오래 정신이 온전치 않았다.

앨리스는 열아홉 살이다. 중키에 미모는 아니다. 얼굴은 동안인데 "체구에 비해 너무 작아 보일 만큼" 균형이 맞지 않는다. 오른쪽 안면이 왼쪽보다 더 크고, 코는 "깜짝 놀랄 만큼 휘었다." 눈빛은 강렬하고 왼손잡이다.

사춘기에 접어들기 무섭게 앨리스는 오래 가는 심한 두통에 시달렸다. 한 달에 한 번씩 코피를 흘렸고 그 막바지에는 몹시 떨었다. 경련하다가 의식을 잃은 적도 있다. 앨리스는 신경질이 많고 쉽게 흥분하는 성격으로 발육이 더뎠다. 어린이 놀이를 재미있어할 줄 모르고 소녀들과 어울리지 않았다. 네댓 살 때부터 앨리스는 고양이 가죽을 벗기거나 한쪽 발을 걸어 매달아 놓고 몹시 좋아했다. 앨리스는 자매들보다 남동생과 사내아이들의 놀이를 더 즐겼다. 채찍질로 돌리는 팽이치기로 남자 아이들을 이기려고 했다. 야구, 축구, 양궁 등 모든 운동에서 뛰어나려고 기를 썼다. 앨리스는 밧줄 오르기를 가장 좋아했고 대단한 솜씨를 보였다. 노새 외양간 돌보기도 유난히 좋아했다. 앨리스가 예닐곱 살 때 아버지가 말을 한 마리 구입했다. 앨리스는 말을 돌보고 먹이를 주고, 안장도 없이 사내아이들 자세로 올라타고 들판을 질주했다. 나중에도 앨리스는 말을 씻겨주곤 했다. 발목까지 골고루 씻었다. 재갈을 물린 말을 끌고 거리를 활보했고, 마구馬具로 장식했다. 그뿐만 아니라 마차까지 붙들어 매고 마부처럼 몰고 다녔다.

앨리스는 학업을 못 따라가고 지지부진했다. 어떤 것에도 진지하게 몰두하지 못했다. 이해력이 부족해 선생님은 음악과 그림을 가르치려고 했지만 소용없었다. 앨리스에게 여자가 하는 일을 가르칠 수 없었다. 앨리스는 책을 읽는 취미도 없었다. 신문도 들여다보지 않았다. 앨리스는 고집쟁이에다 변덕쟁이이었다. 선생님들과 친구들은 앨리스가 정상이 아니라고 믿었다. 앨리스는 유년기에 사내아이들과 친구로 사귀지 않았다. 나중에도 청년들에 무관심했고, 관심을 두는 청년도 없었다. 앨리스는 언제나 청년들을 무시했고 거칠고 무례하게 대해 "미친년" 소리를 듣기도 했다.

엘리스는 "오래전 기억을 되살려보더라도" 프리더 W에게 굉장한 애정을 품었다. 프리더는 앨리스와 동갑내기 처녀로 두 집안이 서로 친했다. 프리더는 섬세하고 감정이 풍부했다. 딱 계집애 성격이었다. 둘은 정이 깊었지만 앨리스가 더욱 격렬했다. 해를 거듭할수록 앨리스의 우정은 정념으로 비약했다. 사건이 터지기 1년 전, 프리더의 가족이 다른 도시로 이사했다. 앨리스는 슬픈 나날을 보냈다. 그때부터 다정하기 짝이 없는 편지를 주고받았다.

앨리스는 프리더의 집을 두 번 찾아갔다. 그때 두 처녀는 증인들이 "징그럽게 달콤하다."라고 했던 관계였다. 둘은 몇 시간이고 해먹에 함께 누워 부둥켜안고 지냈다. 앨리스는 사람들이 보는 앞에서 "보기 민망할 정도로 끌어안고 뽀뽀한다."라고 망신을 당했고 프리더도 앨리스를 나무랐다.

프리더가 앨리스 집으로 답방했을 때, 앨리스는 프리더를 죽이려고 했다. 친구가 잠든 사이 입에 아편즙을 부으려고 했다. 그러나 앨리스는 프리더 앞에서 자신이 약을 삼켜 오랫동안 앓았다. 왜 앨리스는 친구를 죽이고 자살하려고 했을까?

프리더는 두 청년에게 관심을 보였다. 앨리스는 프리더의 사랑 없이 살 수 없다고 밝혔다.

"그런 말을 하고 나서 앨리스는 자살로 고통에서 벗어나고 프리더를 자유롭게 보내려고 했다."

앨리스는 회복하고 나서 프리더와 다시 편지를 주고받으면서 더욱 정념에 사로잡혔다. 그러다가 얼마 지나지 않아, 앨리스는 프리더에게 결혼하자는 계획을 밀고 나갔다. 앨리스는 프리더에게 약혼반지를 보냈다. 앨리스는 그러면서 약속을 어기면 죽이겠다고 위협했다. 둘은 가명으로 함께 세인트루이스로 도망칠 작정이었다. 앨리스는 남장하고 둘의 계획을 위한 준비를 했다. 그뿐만 아니라 만약 프리더가 원하기만 하면 콧수염을 붙일 수 있게 했다. 면도하면 그렇게 할 수 있다고 예상했다. 하지만 프리더와 도피 행각에 나서려던 직전에 계획은 탄로 났다. 도망칠 수밖에 없었다. 가족은 앨리스 어머니에게 약혼반지와 그 밖의 패물을 돌려보냈고, 두 처녀의 만남을 금했다.

앨리스는 완전히 실성한 모습이었다. 잠도 못 자고 먹지도 못하고 앙심에 울었다. 앨리스는 멍하고 무기력했다. 자기 수첩에 자기 이름 대신 프리더의 이름을 적었다. 앨리스는 패물과 가락지와 프리더의 피가 담긴 골무를 부엌 한구석에 숨겼다. 그곳에서 몇 시간씩 처박힌 채 그것들을 바라보면서 울다 웃다 하면서 피눈물을 토했다. 앨리스는 수척해졌다. 얼굴이 말이 아니었고 눈은 "괴상하게 반짝였다."

그 무렵, 앨리스는 프리더가 멤피스로 올 일이 있다는 소식을 들었다. 앨리스는 즉시 프리더를 죽일 궁리를 했다. 차지할 수 없다면 차라리 죽이는 것이 낫겠다고 생각했다. 앨리스는 아버지의 면도칼을 훔쳐 숨겨두었다. 앨리스는 프리더와 사랑에 빠진 남자에게 그를 위한 일인 척하면서 편지를 했다. 둘의 관계를 암시하면서 그 복잡한 관계가 어떻게 될지 눈치채도록.

프리더가 멤피스에 머무는 동안, 앨리스는 만나거나 편지를 주고받으려 했지만 모두 실패했다. 앨리스는 거리에서 프리더를 기다리기도 했다. 계획대로 실행하려고 했지만 뜻대로 하지 못했다. 그러다가 프리더가 떠나는 날, 앨리스는 길에서 마침내 항구로 가던 프리더를 찾아내었다. 앨리스가 자동차를 타고 계속 따라붙었지만, 프리더가 한마디 하지 않고 단 한 번 쳐다보지도 않자 치를 떨었다. 앨리스는 차에서 뛰어내려 면도칼로 프리더의 목을 깊이 그었다. 순간 놀란 프리더의 언니에게 얻어맞고 모욕받은 앨리스는 광분하면서 프리더의 목에 면도칼을 닥치는 대로 휘둘렀다. 이쪽 귀에서 저쪽 귀까지 길게 칼자국이 났다. 사람들이 프리더 곁으로 몰려드는 사이 앨리스는 차를 전속력으로 몰아 시내를 이리저리 관통해 집으로 돌아갔다.

집에 들어가자마자 앨리스는 어머니에게 자신이 방금 저지른 짓을 고했다. 앨리스는 자신이 얼마나 끔찍한 일을 저질렀는지 이해하지 못했다. 질책과 엄중한 결과에도 완전히 냉담한 채 미동조차 하지 않았다. 앨리스는 프리더가 죽었고 장례식을 치른다는 소식을 듣고서야 사랑하는 친구를 잃었다는 것을 깨닫고 대성통곡했다.

앨리스는 가지고 있던 프리더의 모든 사진 액자를 끌어안고 마치 살아 있다는 듯이 말했다. 공개 재판정에서 앨리스는 깊이 상심한 가족과 또 자기 행동의 윤리성에 대해 완전히 무감각하고 무심했다. 주변 사람들이 프리더에 대한 애증의 기억을 환기하자, 앨리스는 비로소 격하게 흥분했다.

"프리더를 사랑했는데 그녀가 배신했기 때문에 죽였어요!"

전문가들 모두 피고 앨리스의 지능을 열셋에서 열네 살 정도 소녀의 수준으로 보았다. 앨리스는 심지어 프리더와 결혼해 아이를 낳을 것이라고 믿고 있었고 그 "결혼"이 터무니없는 일이라고 동의하지 않았다. 앨리스는 프리더와의 성관계(자위행위) 같은 것은 없었다고 일축했다. 결국 앨리스의 성생활에서 아무것도 알아내지 못했다. 산과 검진도 하지 않았다. 재판은 피고를 정신 이상으로 확정했다. (『멤피스 메디컬 먼슬리』 1892)

페데라스티 – 청소년 상대의 성적 취향

청소년에 성적 매력을 느끼는 취향을 페테라스티[8]라고 하는데, 이는 인간의 방탕한 짓들 가운데 역사적으로 가장 불량하다. 원래 정신과 성감 모두 멀쩡하던 남자가 청소년에게 성적 매력을 느끼는 동기는 매우 다양하다. 일시적으로는 성의 쾌락을 위한 수단이다. 정상적인 수단이 부족할 때, 드물기는 하지만 정상적 쾌락을 억지로 참아야 할 수밖에 없을 때 짐승과 어울려 행동하기도 한다. 예컨대 장기간 바다에 고립된 선원들이나 강제수용소 수감자 등이 있다. 이런 사람들끼리 모인 곳에서 정신은 매우 박약하지만 성감은 매우 예민한 사람이 있을 수 있다. 또는 다른 사람들을 유혹하는 진정한 남성동성애자도 있다. 쾌락에 대한 탐욕과 본능적 모방심리에 따르기도 한다. 어떻든 성욕은 자연에 반하는 행위를 무서워하지 않을 만한 막강한 동기다.

또 다른 한편, 정상적인 쾌락에 질린 닳고 닳은 노인이 대표적으로 청소년 취향을 보이기도 한다. 청소년을 수단으로 쾌감을 되살리려고 하고, 그들에게서 참신한 매력을 느낀다. 이런 노인들은 잠시나마 청소년을 수단으로 저하된 심신의 능력을 자극한다. 그와 같은 새로운 상황으로, 말하자면 상당히 원기를 되찾고 여자와 함께라면 더는 맛볼 수 없는 성관계의 환락을 누린다. 물론 시간이 갈수록 그런 위력도 차츰 사라진다. 그러면 수동적 자세로 여전히 시시때때로 적극적이던 입장에서 할 수 없던 또 다른 가능성을 모색한다. 매질과 음탕한 장면의 구경 등 피학대 취향에

---

8 이런 타락 행위는 아시아에서 시작해 그리스의 크레테 섬을 거쳐 고대 헬라스 시대에 널리 퍼졌다. 그 곳에서 로마로 전해져 발전했다. 페르시아, 중국(관대했다), 유럽에도 널리 퍼졌다.

탐닉한다. (마슈카) 이와 같은 취향에서 비롯된 성행위는 결국 정신적으로 너무 타락하면서 온갖 파렴치 행위로 발전한다. 아동과의 오럴섹스나 항문성교, 기타 엽색 행각 같은 아동성애(페도필리아)로 이어진다. 막바지 증세인데 매우 위험하다. 이런 사람들은 청소년을 쫓아다니면서 그들의 영혼과 육체를 망쳐놓기 때문이다.

타르노브스키가 상트페테르부르크 학회에서 발표한 사례는 끔찍하다. 한 극단원의 숙소가 페데라스티의 소굴이었다. 노련하고 타락한 인물들과 남성동성애자들이 유혹하는 역할을 맡았다. 이들은 처음에 역겨운 행위를 할 상대를 찾기 어려웠다. 그래서 상상과 여자의 이미지에 의존했다. 그러다가 차츰 남성을 찾는 방법에 익숙해진다. 결국 자위로 이상해진 사람과 비슷해진다. 여자 앞에서는 거의 무능하지만 변태 행위로서 즐길 성욕은 매우 강하다. 여건에 따라 발기부전증에 걸리기도 한다.

여러 경로로 입수한 정보에 따르면 남성 간의 매춘만으로 성업 중인 집이 드물지 않다. 그런 곳에서 여성 노릇을 하는 남창들은 남성 노릇을 하는 동성애자 손님을 끌려고 여자로 화려하게 분장하고 짙은 향수를 뿌린다. 의도적으로 여성다움을 강조하는 모방술인데, 선천성 성도착과 때로는 후천성 질병에 따른 동성애의 경우 무의식적으로 나타난다.

청소년에게 욕정을 품는 사람들의 행태는 심리학자들, 특히 경찰에게 흥미롭고 소중한 정보다. 다음에 소개할 글은 베를린 신문 『나치오날 차이퉁』 1881년 2월의 기사인데 우연히 얻었다. 남성동성애자의 전형적 행태를 보여준다.

뒤집힌 세상, 베를린 남성동성애자 축제의 현장

여자들을 싫어하는 사람들이 모여 춤판을 벌였다. 베를린에 갖가지 사회

에른스트 루드비히 키르히너, 〈놀렌도르프 광장〉, 베를린 시립박물관, 1912년
놀렌도르프 광장은 19세기부터 베를린에서 동성애자들이 만나는 장소로 지금도 매년 동성애자 축제가
벌어진다.

단체가 모여 축제를 연다. 뚱보, 대머리, 독신자, 과부 집단마다 한데 모여 축제를 벌인다.[9] 그런데 여성의 적들이 모여 잔치를 벌이지 못할 이유가 뭐 있을까? 이런 사람들은 심리는 매우 흥미롭다. 사회적 세력은 미미하지만 최근에 춤판을 벌였다. '빈의 대* 가면무도회'라고 포스터를 내걸었다. 입장권 발매는 극히 엄격했다. 여성 혐오자들은 자기들끼리만 모여서 놀려고 했다. 장소는 전부터 유명한 거대한 무도회장이었다. 우리는 무도회장에 자정 즈음 들어갔다. 사람들은 솜씨 좋은 악단에 맞춰 춤을 추고 있었다. 짙은 담배 연기와 가스등 불에 가려 사람들의 동태를 자세히 보기 어려웠다.

우리는 막간을 이용해 좀 더 자세히 살펴보았다. 거의 모든 사람이 가면을 썼다. 모두 검은 옷이나 야회복 차림이었다. 정말 대단한 구경거리였다. 장밋빛 무용복을 입은 숙녀가 우리 곁으로 짜릿하게 옷자락을 스치는 소리를 내면서 한구석으로 건너가더니 시가에 불을 붙이고 연기를 마치 장갑차 병사처럼 허공으로 뿜었다. 숙녀는 분장으로 가까스로 위장했지만 금발 턱수염이 돋은 인물이었다. 그러면서 그곳에 박혀 있던 팔을 등 뒤로 젖힌 채 노출이 심한 옷차림으로 시가를 빨고 있는 '천사'와 말을 주고받았다. 두 '숙녀'는 사실 남자의 목소리였고 화제도 남성적이다.

"담배 참 엿 같네! 왜 이렇게 안 빨려!"

분명 여장한 남자들이었다. 많이들 눈에 띄는 광대 가운데 한 명은 기둥 옆에서 한쪽 팔로 발레리나의 늘씬한 몸에 감싼 채로 발레리나와 끈끈한 대화를 나누고 있었다. 발레리나는 옆모습이 매우 돋보이도록 금발을 고대 로마 황제 티투스처럼 짧게 잘랐다. 번쩍이는 귀걸이, 메달이 걸린 목

---

9 베를린은 최근에 동성애자 축제가 전통으로 자리 잡았을 뿐만 아니라 최신 대중음악제 등으로 해방구처럼 인기가 높다.(역주)

걸이, 통통한 팔과 어깨, 모든 것이 틀림없이 여자로 보였다. 발레리나가 갑자기 둘렀던 팔을 거두면서 걸걸한 목소리로 '에밀, 너 오늘 너무 심심하구나!'라고 말하는 것을 들어보면 딱 그렇다. 교수는 자기 눈을 의심하기 어려웠다. 발레리나는 분명 남자 아닌가! 이곳에 모인 사람들은 '뒤집힌 세상'을 즐기려고 했을 것이다.

남자처럼 성큼성큼 걷는 걸음걸이로서 이런 사람이 한둘이 아니었지만 작은 콧수염을 가리고 머리도 정성껏 묶었지만 남자였다. 화장하고 분칠을 했다. 눈썹을 먹으로 짙게 그렸고, 귀걸이를 하고, 가슴이 덮일 만큼 커다란 꽃장식을 붙이고, 팔목에 금팔찌를 두르고 흰 장갑을 낀 손에 멋진 부채를 들고 있었지만, 남자였다. 몸을 전후좌우로 흔들면서 얼마나 애교를 부리면 부채를 놀리는지 모른다. 종종걸음치고 속삭이면서! 그래도 어쩔꼬! 그 인형은 애당초 남자인데! 그는 시내에서 기성복 가게의 점원이고, 발레리나는 그의 '동료'였다.

구석의 탁자를 중심으로 한 무리가 모여 있었다. 중년 신사들이 야한 옷차림의 숙녀들 곁에 바짝 붙어 있었다. 숙녀들은 포도주 병이 놓인 탁자 앞자리에 앉아 있었다. 숙녀들은 낄낄대면서 노골적인 농담을 쏟아냈다. 노련한 우리의 안내자는 '숙녀'들이 대체 어떤 분들인지 궁금하겠지 않겠냐며 웃으면서 설명했다.

갈색 머리에 환상적인 옷차림을 한 사람은 이발사 출신의 '버터 장사'였고, 생음악 카페 가수로 분장한 진주 목걸이의 금발 머리는 이 바닥에서는 '곡예사 미스 엘라'라는 별명으로 통했고, 양장점 재단사 세 번째 여자는 너무나 유명한 '롯데'였다. 그런데 숙녀들 모두 얼마나 감쪽같은지 어떻게 남자라고 할까! 늘씬하고 풍만하다. 태도와 몸짓을 보면 완전히 여자일 뿐이다. 롯데는 과거에 회계사였지만 이제는 롯데로서 자신의 '잘못된 남성'을 부정하는 남자들과 어울리면서 언제까지나 즐겁게 살려고 한다. 롯데는 제국의 궁정 예법에 충실하지는 않아도 노래 한 곡을 뽑는 중이었다. 여러 해 동안 갈고닦은 알토 음성인데 정말로 뛰어난 칸타타 여가수도 부러워할 만하다. 롯데는 종종 보수를 받고 희극 여배우로 출연하기도 한다. 과거의 회계사는 지금 여자의 옷에 너무나 익숙해졌다. 외출할 때도 반드시 여장한다. 그가 세 들어 사는 건물의 주민들도 롯데가 여자의 화려한 잠옷 바람으로 다니기도 한다고 했다.

참석자들을 유심히 보다가 나는 깜짝 놀랐다. 내가 아는 사람들도 한둘이 아니었다! 내 맞춤 구두를 만들던 제화공은 '음유시인'으로 분장해 장검을 차고 깃털 달린 모자를 썼다. 그의 짝으로 나온 '레오노르'는 새색시 차림인데 평소에 담배 가게에서 내게 '하바나'나 '우프만' 같은 명품 쿠바 시가를 팔던 점원이다.

나는 레오노르가 막간에 장갑을 벗었을 때 그를 확실하게 알아보았다. 그는 손이 솥뚜껑만 한데 가벼운 동상을 입은 상처가 있기 때문이다. 아니, 그뿐만 아니라 넥타이 가게 주인도 보였다. '바쿠스'로 분장하고 있었다. 그는 옛날에 간이식당 종업원으로 일하다가 어색하게 숙녀로 분장하고 와 있던 식당 종업원이던 사람에게 아양을 떨었다.

간혹 마주치는 '진짜' 숙녀들은 화젯거리가 못 된다. 이들은 자기네들끼리만 어울리면서 여자를 혐오하는 남자들을 피했다. 마찬가지로 여성 혐오자들도 자기네들끼리만 어울리면서 여성에 조금도 관심을 보이지 않았다.

이런 행사에서 벌어지는 일을 경찰이 예의주시할 만하다. 경찰은 남성 매춘이나 여성 매춘 모두 똑같은 풍속사범으로 단속하려고 한다. 아무튼, 남성 매춘은 여성 매춘보다 훨씬 더 반사회적이며 위험하다. 인류의 역사에서 가장 수치스러운 일이다. 베를린에서 남성들만의 사교계를 손바닥처럼 들여다보고 있는 고위직 경찰에 따르면, 경찰은 청소년을 상대로 하는 성범죄와 최선을 다해 싸우고 있다. 공갈범들이 살인도 서슴지 않기 때문이다. 장차 실효를 고려해서라도 페데라스티에 대한 탄압을 그쳐야 할 법이 필요하다.

이와 관련해서 주목할 것이 있다. 프랑스 법은 공중도덕을 모독하지 않는 한 페데라스티를 처벌하지 않는다. 정치적 이유 때문이겠지만 이탈리아도 새로 제정한 법에서 자연에 위배되는 파렴치 범행에 대한 처벌 조항이 없다. 네덜란드, 벨기에, 스페인도 마찬가지다. 별개의 문제가 있기는 하다. 일부러 페데라스티로 키운 사람들을 신체와 정신 모두 정상으로 볼 수 있을까.

남성동성애자자 대부분은 성신경증(노이로제)으로 고생한다. 이들 모두 후천적 동성애의 혼란기를 겪는다. 일반적으로 매춘부 밑에서 종사하는 사람들이 책임을 면할 수는 없다.

성욕의 만족에 관해 단지 선천적 남성동성애자가 청소년 취향인 경우는 매우 드물다. 이런 사실만 보아도 남성동성애자의 부류는 너무 다양하다. 이들은 남성과 모든 파렴치한 행위의 경험을 쌓고 나서 청소년을 찾아 나서는 경우가 많다.

소극적 · 피동적인 동성애자는 성행위의 관념과 실제는 똑같다. 남성동성애자는 청소년성애를 적극적으로 즐긴다. 이런 사람의 성도착은 타고나고 변함없는 것이라는 점이 중요하다. 나중에 청소년성애를 배워서 알게 된 사람들과 똑같지 않다. 반면, 후천적 동성애자는 정상적인 남성으로 행동하거나 적어도 그렇게 느낀다. 그러다가 간혹 자유로운 기회를 맞으면 이성과도 관계한다. 후천적 성변태는 원초적 본능도 아니고 변할 수도 있다. 청소년성애를 시작했다가도 비록 발기와 사정의 중추가 쇠약하지만 여전히 또 다른 성생활을 할 수도 있다. 성욕이 절정에 달하면 소극성을 버리고 적극적인 청소년성애자가 된다. 아무튼, 이런 사람은 자진해서든 남창으로서 탐욕 때문이든 수동적인 입장에 서기도 한다. 때때로 적극적인 청소년성애를 다시금 해 보려고 꺼져 가는 능력을 자극하려는 수단으로 수동적인 자세를 취한다. 경우에 따라 여자 역할을 맡는데, 여성 동성애자 심지어 주부 노릇을 한다. 이런 식으로 타락한 사람들은 창녀들 또는 자기 배우자들과 특별한 취향의 행위를 한다. 아내와 정기적인 부부 생활을 하면서 틈틈이 아내와 항문성교도 한다. 아내의 임신을 두려워하면서 남자는 그런 행위를 밀어붙이고 아내는 너그럽게 허락한다.

_사례 198 남성의 순수한 사랑

1888년 5월 30일, 화학 박사 S의 매부에게 박사를 고발하는 편지가 날아들었다. 푸줏간 집 열아홉 살의 아들과 부도덕한 관계를 시도했다는 내용이다. 편지를 전달받은 S는 내용에 격분하면서 직장 상사를 찾아가 소송하기로 경솔하게 약속했다. 게다가 경찰에게도 소문의 진상을 밝히도록 고발했다.

5월 31일 아침, 경찰은 청년 G를 체포했다. G는 고환 염증과 임질에 걸려 고생하고 있었다. 더구나 다른 곳이 아니라 S의 아파트 침대에서 회복을 위해 누워 있다가 붙들렸다. S는 G의 석방을 위해 그간의 행적을 검사에게 고했다. 박사는 심지어 보석금까지 내놓았으나 거부되었다. 법정 심문에서 S는 3년 전에 거리에서 우연히 G를 만나 알게 되었는데, 그 뒤로 만나지 못했다가 1887년 가을에 G의 아버지 가게에서 재회했다고 주장한다.

1887년 11월부터 G가 S의 집에 고기를 배달했다. 저녁에 찾아가 주문을 받아 이튿날 아침에 배달했다. 거래를 계기로 박사는 G와 친해졌고, 차츰 정을 느꼈다. 그러던 어느 날 S가 앓아누웠고, 1888년 5월 14일까지 대부분의 시간을 침대에서 보냈다. G는 S를 걱정했고, S부부는 싹싹하고 착한 젊은이에게 각별한 정을 주었다. S는 애장하고 있던 골동품을 G에게 보여주면서 부부가 함께 저녁 시간을 보내곤 했다. S는 G와 함께 소시지와 고기 파이 등을 만들어 보기도 했다.

2월 말 즈음, G는 임질에 걸렸다. S는 친구로 생각했으므로 병구완해 주었고, 또 과거 몇 학기 동안 의학을 공부했던 만큼 약도 지어 주었다. 한편, G는 5월까지도 여전히 병이 완쾌되지 않았고, 이런저런 사정상 아버지 집에서 나오는 것이 바람직했던 터였다. 그러자 S 부부는 자기 아파트에서 지내며 치료받도록 배려했다.

S는 여기까지 자신의 혐의를 불쾌해하며 반박했다. 자신의 자랑스러운 출신 배경과 수치스러운 병에 걸려 고통받던 G를 돌본 정황을 역설했다. S의 변명과 다르게 사법 당국의 조사를 근거로 1심 재판부에서 지지한 사실은 이렇다.

S와 G의 관계는 충격적이었다. 여러 증인과 카바레에서 수집한 증거에 따르면, G는 대부분의 저녁 시간을 S의 집에서 한 식구처럼 지냈다. 두 사람은 산책도 자주 했다. 어느 날 산책길에 S는 G에게 귀엽게 잘 생겼다면서 정말 사랑한다고 털어놓았다. S는 G의 위험을 예방하려는 뜻으로 그렇게 말했다고 주장한다. S의 집에서 두 사람의 관계는 소파에 S가 앉은 자세로 G를 끌어안았다고 한다. S의 부인과 하녀도 자연스럽게 보았던 애정 표시였다.

G가 임질에 걸렸을 때, S는 주사를 놓아주면서 그의 남근을 손으로 붙잡았다. G는 왜 그것을 좋아하느냐고 묻자 S는 "나도 모르겠어."라고만 했다. G가 S의 집에 오지 않을 때마다 S는 눈물을 글썽거리며 기다렸다. S는 G에게 울먹이면서 자기 마누라를 대신할 친구는 오직 G뿐이라면서 자신을 버리지 말아 달라고 부탁하며, 만약 그렇다면 무슨 낙으로 살겠냐고 했다.

이렇듯 두 남성 피고의 성관계를 짐작하게 하는 사실이 자명하다고 기소했다. S는 전과가 없었고 행실도 존경받았으며 온정이 많은 인물이라는 점은 인정받았다. 다만 S의 부부생활이 행복하지 않았으며 S는 매우 관능적인 기질이었을 것이다. G는 법의학적 검진을 받았다. G는 중키에 피부는 창백하지만 건강 체질이다. 성기는 발육이 뛰어났다. 합의에 따른 항문성교라고 모두 의견이 일치했다. 항문을 둘러싼 주름이 부족했고, 괄약근은 심하게 늘어져 있었다. 분명 페데라스티를 수동적으로 행한 증거로 보였다.

이와 같은 법의학적 사실에 따라 판결이 나왔다.

"피고들의 기존 관계로서 자연에 위배되는 파렴치가 확인되지는 않고 G의 신체검사만 증거로 삼기에는 부족하다."

그러나 정황으로 미루어 볼 때 피고인들은 유죄가 확실되었다. "S의 신체 일부가 G의 신체 일부를 반복적으로 침입하지 않는 한 G의 항문이 왜곡될 될 수 없다. G는 S의 행위가 부도덕한 것인데도 용인했다."

S가 분명 G를 유혹했다는 사실이 처벌의 요점이었다. G에 대해서는 여전히 어리고 유혹당했다는 점을 참작했다. 반면에 두 피고 모두 초범이라는 사실도 감안했다. S 박사에게 8개월, G에게 4개월의 징역형이 떨어졌다. 그러자 피고들은 항소를 준비했고, 항소마저 기각될 사태에 대비해 재심청구용 자료를 수집했다. 유명한 전문가들에게 자료 검토를 부탁했다. 전문가들은 G의 항문에서 남성과 섹스한 흔적이 없다고 주장했다. 사건에서 문제가 된 부분의 심리적 중요성이 큰 만큼 모든 것을 공개적으로 다룰 수 없었다. 나도 그 조사에 참여했다.

1888년 12월 11일부터 18일까지 나의 조사 결과는 다음과 같다.

"S 박사는 37세의 기혼남이다. 결혼 후 2년이 지난 현재 자식은 없다. 박사는 과거에 H 시의 시립연구소장을 지냈는데, 그가 태어날 때 아버지는 과로로 인한 신경증을 앓았다. 아버지는 쉰일곱에 중풍을 맞고, 예순일곱에 다시 한번 뇌졸중으로 쓰러져 사망했다. 어머니는 살아 있는데, 기운이 넘치는 여성이지만 몇 해 전부터 신경통으로 고생한다. 박사의 외할머니는 꽤 장수하다가 소뇌 농양으로 사망했다. 박사의 외할아버지는 애주가였으며, 친할아버지는 뇌연화증腦軟化症으로 요절했다. S 박사의 두 형제는 건강하게 살고 있다.

박사 자신의 주장에 따르면, 그는 신경질적이지만 건강 체질이다. 박사는 열네 살 때 심한 관절 류머티즘을 앓았고, 몇 개월 동안 신경과민으로 고생했다. 그 이후로도 박사는 자주 류머티즘으로 고생했다. 가슴이 뛰고 답답했다. 그러나 해수 요법을 하면서 차츰 가라앉았다. 그러나 7년 전, 임질에 걸렸다가 만성이 되었고, 오랫동안 소변을 볼 때마다 통증에 시달렸다. 1887년, S 박사는 처음으로 신장통을 심하게 앓았다. 1887년 겨울부터 그 이듬해 커다란 요도결석을 제거한 5월 10일까지 반복된 통증이다. 수술 후 건강은 양호한 편이었다. 결석을 앓던 때는 섹스하거나 사정할 때 요도가 찌를 듯 아팠고, 소변을 볼 때도 마찬가지였다.

S 박사는 열네 살 때 중학교에 다녔다. 그러다가 중병에 걸려 가정교사에게 배웠다. 그 뒤 제약 회사 조제실에서 4년을 보냈다. 나중에 6학기 동안 의학 과정을 이수했다. 1870년의 프랑스-프로이센 전쟁 중에는 나병 요양원에서 자원봉사자로 일했다. 대학입학자격증이 없던 그는 의학을 포기하고 철학박사 학위를 받았다. 그 뒤 박사는 K 시와 H 시의 광물박물관에서 학예관으로 일했다. 그때부터 식품공학을 전공했으며, 5년 전부터 시립연구소장으로 취임했다. S 박사는 정확하고 확실하게 말했고 응답하는 식으로 기억을 되살리기보다 먼저 사실을 밝혔다. 시간이 갈수록 진실을 말하는 인물이라고 믿게 되었다. 검진에 응하는 태도도 언제나 한결같았다.

자신의 성생활에 대해 S 박사는 솔직하고 겸손하게 밝혔다. 열한 살 때부터 양성의 차이를 알게 되었고, 열네 살 때까지 한동안 자위행위를 즐겼다. 첫 섹스는 열여덟 살에 했고, 그 뒤 몇 해 동안 죽 온건한 수준의 섹스를 했다.

S 박사는 자신의 성욕이 대단치 않다면서 성행위는 최근까지도 모든 점에서 정상이라고 했다. 아무튼, 무능하지 않았고 쾌감을 느끼는 데에도 문제가 없었다. 2년 전에 결혼하고 나서 박사는 여전히 사랑하는 아내하고만 주당 몇 번씩 섹스했다. S 박사의 부인도 뭐든 이해하고 따랐다. 남성에 대한 변태적 감정 문제에서 모순된 점에 대해 S 박사는 반복된 시험에서 부정적으로 답했다. 주저하지 않고 자기 입장을 일관되게 밝혔다. 변태적인 감정을 드러낼 만한 유도 심문에도 전과 다름없이 답했다. 소중한 확증이다. S 박사는 동성애에 관해 과학으로 확인된 사실을 조금도 모른다. 그래서 몽정에 따른 몽상에서도 남성이 아니라 여성의 나체만 등장했다. 무도회에서 여자들과 춤추기 좋아하는 것처럼.

S 박사에게서 동성애 취향은 흔적은 거의 찾아볼 수 없다. G와 엮인 관계로 말하자면, 검사 앞에서 그가 주장했던 것과 똑같다. S 박사는 자신이 감상적이고 마음에 드는 사람에게 예민하게 보살피는 성격 탓에 G에 대한 애정이 깊었다고 설명했다. 박사는 병중에 고립감으로 울적했다. 아내는 친정을 다녀온다며 자주 곁을 비웠다. 그런데 G는 공손하고 착한 젊은이라 정을 주지 않을 수 없었다. 지금도 변함없이 G와 함께 있을 때 차분하고 행복해한다. 박사는 G의 경우와 비슷한 우정을 이전에도 두 차례 경험했다. 대학생 시절에 동료하고, 또 나중에 M 후작과도 포옹하고 깊은 정을 나눈 사이였고, 후작을 만나지 못하게 되었을 때 너무 슬퍼 무엇으로도 마음을 달래지 못해 울기만 했다.

S 박사는 동물에도 애정이 깊다. 얼만 전 애완견이 죽었을 때 마치 식구가

죽은 듯 애통하게 울었다. 동물을 안아주기도 좋아했다. (박사는 이렇게 회상하면서 눈물을 보였다.)

S 박사는 G가 눈앞에 있을 때에도 발기 같은 것은 말할 것도 없으려니와 욕정을 느끼지 않았다. 시샘할 만큼 G에 대한 애착이 강했던 것은 자신의 감상적 기질과 우정 때문이라는 것이다. 지금도 G를 아들처럼 사랑한다. S 박사는 G가 여자들 사이에 인기가 많다고 이야기했을 때, 만에 하나 여자들 때문에 건강이 상하지 않을까 걱정했다. 그렇지만 질투심에 냉정해진 적은 없다. 만약 당장이라도 G가 정직한 처녀를 만난다면 결혼하도록 진심으로 격려할 것이다.

S 박사는 법정에 나와서야 비로소 G와 얽힌 사회적 관계에 경솔했다고 깨달았다. 사람들의 쑥덕공론을 감안하지 못했다고 후회했다. 그렇지만 자신의 우정은 공개적이고 완전히 결백하다고 주장한다.

S 박사의 부인도 남편과 G의 관계에서 조금도 수상한 점을 본 적이 없다. G를 집안에 불러들였을 때도 반대하지 않았다. 부인은 G가 병들어 자기 집에서 지낼 때 2층 방을 사용했고, 부부는 3층을 사용했다고 확인해 주었다. 더구나 남편은 절대로 G와 단둘이 있지 않았다고 했다. 남편의 무구함을 확신했고 이전처럼 사랑했다.

S 박사는 G를 예전에 종종 안아주었고 성에 관해 질문하기도 했다고 털어놓았다. G는 여자를 열렬히 좋아하는데, S 박사는 다만 너무 방탕하지만 말라고 주의만 주었다. S 박사가 G에게 귀엽고 잘생겼다고 했거나 끌어안은 것은 성욕 때문이 아니었고 순수한 우정이 지나쳤을 뿐이다.

나는 G의 성격을 이해하는 것이 매우 중요하겠다고 생각했다. 같은 해 12월 12일, 나는 G를 면접했는데 매우 유익했다. G는 신체 건강하고 날씬한 몸매로 스무 살이다. 신경이 예민해 보이는 모습이다. 성기는 정상으로 튼튼하다. G를 만나 보니 잔꾀를 부리지 않고 선량한 젊은이로 보였다. 가벼워 보이기는 해도 정신적으로 타락하지는 않은 인상이다. 표정이나 자세에서 성의 이상한 취향이나 감정은 드러나지 않는다. 남성과 파렴치한 일을 벌였다고 의심할 만한 구석은 없다.

G는 첫 마디부터 솔직하게 S 박사가 재판정에서 구구절절 사람들이 말했던 것, 즉 사람들이 질색하는 것을 스스럼없이 말했다고 털어놓았다. 처음에는 S 박사의 우정 어린 포옹이 이상해 보였지만, 나중에 순수하다는 것을 알게 되었고 놀라지 않게 되었다고 했다. G는 S 박사를 아버지 같은 친구로 여기며 사랑했다. 어떤 꿍꿍이도 없는 기분 좋은 애정이었기 때문이다.

"잘생기고 귀엽다."라고 S 박사가 했던 말을 G는 자기가 장래를 걱정할 때 들었다고 했다. S 박사는 "잘생겼잖아. 좋은 일이 반드시 있을 거야."라면서 위로해 주었다고 했다. 한 번은 S 박사가 아내가 술을 좋아한다고 불평하면서 눈물을 비쳤다고 했다. 그 모습에 G도 함께 마음이 아팠다고 했다. 그때 S 박사가 자신을 끌어안아 주었고 자주 보러 오고 변치 않는 우정을 지키자고 당부했다. S 박사가 성을 불쑥 화제로 삼은 적은 한 번도 없었다. G가 영국에서 많이 떠드는, 남자들끼리의 성애가 무엇인지 물었을 때에야 박사는 설명해 주었다.

G는 남성의 소질을 타고났다고 동의한다. 열두 살 때 G는 수련생들의 이야기를 들으면서 성에 눈을 뜨고 배우기 시작했다. 자위행위는 하지 않았다. 열여덟 살에 처음 섹스했고 그때부터 사창가를 뻔질나게 드나들었다. G는 남성을 애정 상대로 여긴 적이 없고 S 박사가 포옹했을 때도 흥분 같은 것은 없었다.

G는 항상 정상적으로 쾌감을 즐기며 섹스했다. 몽정할 때에는 여자들과 관련된 이미지가 보였다. 절대로 여자 역을 맞는 동성애를 해 본다고는 상상

할 수도 없이 역겨워했고, 자기 집안은 건강하고 정숙하다고 강조했다. 자신을 수상하게 보는 소문이 터졌을 때, 걱정도 안 했고 잘못될 일이 없다고 태평했다. 자신의 항문의 이상한 상태를 검사받을 때 설명했고, 자위행위를 하지 않았다고 자세히 설명했다.

S 박사의 전체적 인상은 신경이 예민하고 다혈질이며 조금 흥분하기 쉬운 성격이다. 솔직하고 선량하며 무엇보다 감정이 풍부하다. 박사는 정신이 활달하고 약간 통통하다. 머리는 동양인처럼 둥근 편이다. 성기는 발육이 좋고, 음경은 굵직하며 포피는 조금 과도하게 발달했다.

청소년을 상대하는 남성동성애, 즉 페데라스티는 엉뚱하고 변태적이다. 성욕을 채우는 괴상한 취미라고 할 수 있다. 요즘에 안타깝게도 드물지 않지만, 유럽 사람들 가운데 예외적 성향이다.

페데라스티는 선천성 또는 후천성으로 변태성욕이다. 유전이나 질병의 영향으로 후천적으로 도덕심에 훼손된 것이기도 하다. 성생활에서 이와 같이 착란이 나타나는 심신의 조건을 법의학에서 정확히 짚고 있다. 구체적인 경우, 특히 의심스러운 경우에 페데라스티에 유리한 경험적, 주관적 조건을 검사해 보아야 한다. 적극적인 것과 소극적인 것은 다르다.

먼저 적극적 페데라스티는 다음과 같다.

① 질병이 아닌 현상으로서

- 정상적인 성의 즐거움을 억지로 참아야 할 때 그것을 대신할 수단이다. 물론 성욕이 강한 사람에 해당한다.
- 정상적인 성욕을 충분히 맛본 방탕한 노인의 경우 무기력하기 마련이고, 정신적으로 황폐해진 탓에 페데라스티를 수단으로 새로운 쾌

감을 자극하려고 한다. 바닥에 떨어진 정신적 육체적 무기력까지 되살려보려고 한다.

- 매우 저급한 문명사회의 주민들은 아직 도덕이나 풍속의 관념이 발전하지 못한 단계에서 전통으로 나타난다.

② **병적 현상으로서**

- 여자와의 성관계를 혐오해 성관계조차 불가능한 선천성 성도착증이 원인이다.
- 후천적 질병에 의한 도착 때문에 다음과 같은 경우에 동성애가 쉽게 나타난다.
  - 수년간 자위행위를 해 오던 끝에 여자 앞에서 무능해졌음에도 성욕이 강할 때
  - 심각한 정신병을 앓고 난 뒤

한편, 소극적 페데라스티의 경우는 다음과 같다.

① **질병이 아닌 현상으로서**

- 불행한 환경에 처한 사람들은 어려서부터 교활한 사람들의 꼬임을 받기 쉽다. 돈을 받고 고통과 염증을 감내한다. 정신이 쇠약해진 사람들은 성인이 되면 남성 매춘부 역할을 자진해서 즐긴다.
- 질병은 아니지만 그와 비슷하게 적극적인 페데라스티에 동의함으로써 보상받으려고 한다.

② **병적 현상으로서**

- 동성애자들은 자신이 받은 사랑에 대한 보상으로서 고통과 혐오를 이겨낸다.

• 남자 앞에서 자신을 여성으로 느끼는 남성동성애자들은 쾌감추구
  가 동기가 된다.

법의학에서 볼 때, 어떤 사람이 청소년 취향의 동성애자인지 믿을 만
한 증거가 필요하다. 앞에서 보았듯이 S 박사는 외견상, 또 병력을 보아도
과학으로 확정한 적극적인 청소년 취향의 동성애자로 볼 만한 징후나 증
세는 찾을 수 없다. S 박사는 정신미약도 성욕 과잉도 없다. 그렇다고 박
사와 G의 관계를 소극적인 페데라스티로 보기도 어렵다. 박사는 여자 역
할을 한다는 볼 만한 상징적 증거조차 없고 양성 동체와 같은 증세의 자
취도 없기 때문이다.

따라서 법정의 판단의 근거로 가정된 것은 법의학적 관점에서 지지하
기 어렵다. 만약 법정의 판단대로라면 모든 남성을 청소년 취향으로 보아
야 할지도 모른다. 그러나 심리학적 관점으로 보더라도 S 박사와 G가 해
명한 두 사람의 우정은 조금도 이상하지 않다. 기숙사 여학생들의 긴밀한
우정을 생각해 보자. 감정이 풍부한 젊은이들의 헌신에서 우정에 넘친다.
다정다감한 남자도 가축이나 애완견을 그 비슷하게 사랑할 수 있다. 이런
사람을 변태 성향이라고 해석할 사람은 아무도 없다.

결국 1890년 3월 7일에 두 피고에 대한 재심이 열려 새로운 논쟁이
벌어졌다. 증인들의 진술은 피고들을 무죄로 보는 데 유리했다. 결국 법정
은 범법의 증거가 없다고 인정하여 피고들의 무죄를 선고했다.

여성동성애

여성끼리의 애정은 성인들 사이의 관계라면 법의학적으로 별로 중요하지 않다. 오스트리아에서만 사실상 중요한 문제가 된다. 그러나 남성끼리의 애정에 대비되는 것으로서 여성끼리의 애정은 의학과 인류학에서는 매우 중요하다.

여자끼리의 성애^{性愛}도 남자끼리 하는 것 못지않게 드물지 않다. 남성 노릇을 하려는 여자 대부분은 선천성 취향 때문이 아니라 인위적인 남성 동성애자와 비슷한 조건에서 등장한다.

여성끼리의 '금지된 우정'은 특히 여성 교도소에서 활짝 피었다.

"여성 수감자들은 종종 성관계를 맺는다. 가능한 상호 자위행위를 하게 된다." (크라우졸트)

이런 우정은 상호만족에 그치지 않는다. 이를테면 체계적으로 이어진 것이다. 남녀 간에 그렇게 끈질긴 것을 찾아보기 어려울 만큼 악착같은 애정과 극성맞은 질투가 깊어질 정도로 오랫동안 이어진다. 만약 어떤 수감자의 동료가 또 다른 동료에게 추파를 던지는 것을 알게 되면, 머리끄덩이를 쥐어뜯으며 난폭하게 싸움박질을 벌인다. 만약 싸움을 벌인 수감자가 규칙대로 처벌받고 족쇄에 묶이면, "저년이 내 친구에게 애를 배게 했다."라고 외친다.

〈앨리스 토클라스와 해리어트 레비〉, 밴크 로프트 도서관, 1909년
앨리스 토클라스(오른쪽)는 문인 거트루드 스타인과 파리에서 동거한 레즈비언 애인 으로서 그 집을 드나들던 친구 예술가인 로 시니, 피카소 등의 이름을 붙인 전설적인 요리들을 남겼다.

〈거트루드 스타인과 콘 일가의 자매〉, 볼티모어 미술관, 1903년
미술품 수집가 클라리벨 콘과 에타 콘 자매도 이탈리아 를 여행하면서 거트루드 스타인과 뜨거운 사이였을 것으 로 추정한다. 피에솔레는 피렌체 근교 도시로 지금은 하 버드 대학과 조지타운 대학의 르네상스 연구소가 자리 잡은 미국 미술사가의 연구 중심지다. 콘 자매는 헬렌 구 겐하임의 딸들로 스타인 또 토클라스와 함께 모두 유대 인이다.

〈파리의 집필실에서의 거트루드 스타인〉, 미연방의회도서관, 1930년
벽 위에 피카소가 그린 그녀의 초상이 보인다.

『파리 시의 매춘』(1857)을 쓴 파랑 뒤샤틀레[10]는 인위적으로 꾸며낸 여자끼리의 사랑에 대해 매우 흥미로운 정보를 구해 주었다. 남자들이 불쌍한 창녀들에게 종종 강요하는 '레즈비언의 사랑'은 가장 변태적이고 혐오스러운 행위를 불러일으키는 악취미이다. 특히 무능하거나 변태적인 사내들과 만족하지 못하고 자기네 직업적 노동에 염증을 느끼는 노련하고 음탕한 창녀들이 여자끼리의 애정에 빠진다. 더구나 레즈비언의 사랑에서 남자 노릇을 하는 매춘부들은 언제나 여러 해 동안 갇혀 있던 탓에 금욕 생활을 못 참고 동성애의 소굴로 뛰어들어 착란에 맛을 들인다. 창녀들은 남자 역할을 하는 동료들을 경멸한다. 남성동성애자가 청소년을 밝히는 페데라스티를 경멸하는 것과 마찬가지다. 여성 수감자들은 아무튼 충격적인 행동을 조금도 나쁘게 보지 않는다.

파랑 뒤샤틀레는 취기가 오르기만 하면 다른 동료를 '레즈비언 식'으로 강간하려는 창녀의 예를 들었다. 이에 같은 사창가의 창녀들이 분개하면서 변태 행위라며 취한 창녀를 경찰에 고발했다. 탁실도 유사한 사건들을 인용했다. 만테가차도 여자들의 동성애는 주로 넘치는 성욕을 채우지 못한 욕구 불만에서 발전한다고 보았다.

후천성 성도착에서 이미 다루었지만, 여자의 동성애도 남자의 동성애처럼 발전한 데다가 결국 이성과 하는 성관계를 혐오하고 완전히 성이 도치되는 수준에 이른다. 뒤샤틀레가 인용한 편지들을 보면, 여성동성애자의 편지는 이성에 대한 연애편지 못지않게 감정이 풍부하다. 상대방이 한눈

---

10 Alexandre Parent du Châtelet. 1790~1836, 프랑스 보건의학자.『파리 시의 매춘(De la Prostitution dans la ville de Paris)』은 그의 사후에 출간되었다. 8년에 걸쳐 조사하고 집필한 이 저작은 공중위생과 도덕 문제에서 주목받을뿐만 아니라, 매춘과 범죄를 연구하는 방법으로도 사회학의 관점에서 고전으로 꼽힌다. 그 책은 1840년대, 최고의 베스트셀러였던 외젠 쉬의 소설『파리의 수수께끼』에 결정적인 자료가 되었다. 또 이 책은 최근에도 전문가의 해설이 곁들인 중판을 거듭하고 있다.(역주)

〈나폴리 사창가에서 손님을 기다리는 창녀들〉, 1945년

을 팔거나 헤어지자고 하면 거의 눈이 뒤집히고 정신을 잃는다. 질투심을
불태우다가 종종 피비린내 나는 복수를 한다.

만테가차가 수집한 다음의 사례들은 병적인 것은 분명한데 선천성인
면도 있을 것이다.

- 1877년 7월 5일, 런던의 재판정에 남장한 여자가 출두했다. 여러 여
  자와 세 번 결혼했던 인물이다. 이 '사람'은 모든 사람 앞에서 '여자'
  로 인정되어 6개월 징역형을 받았다.
- 1773년에 남장한 여자가 처녀에게 달려가 키스하도록 허락해 달라
  면서 추근대었지만 실패했다.
- 두 여자가 30년 동안 남편과 아내로서 동거했다. 그런데 '아내'라는
  사람은 임종의 순간에야 그 자리를 지키던 사람들에게 비밀을 털어
  놓았다.

광기와 성

코피뇽은 이런 착란 증세가 널리 유행하고 있다면서 그것을 다룬 소설도 일부 영향을 주었을 것으로 본다. 또 다른 한편, 재봉틀 앞에 앉아 과도한 작업을 하면서 국부가 흥분한 것도 원인으로 지적한다. 그 밖에도 하녀들이 같은 침대에서 취침하는 것, 기숙사에서 변태적인 학생들끼리 또는 가정에서도 주인집 딸들이 변태적인 하녀들의 꼬임에 넘어간 것이 원인이 되기도 한다.

이와 같이 여자끼리의 비행(사피즘)은 귀부인과 매춘부 사이에서 인기가 높다. 그러나 심리적 원인과 병적인 원인에 차이는 없다. 병적 원인이라도 선천성과 후천성에 차이가 없다. 질병 때문인 것이 확실한 경우는 완전히 남성동성애자의 경우와 부분적으로 같은 점이 있다.

파리 시내에 여성동성애자가 모이는 곳들이 있다. 눈과 몸짓으로 서로를 알아본다. 여성동성애자 애인들은 똑같은 옷차림을 좋아한다. 서로를 '아우님'이라고 부른다.

근친상간

　가족생활의 도덕적 순수성은 문명의 발달로 간직되었다. 윤리의식이 고스란히 흐트러지지 않은 문명인은 가족의 누군가에게 음탕한 생각을 품게 되면 쓰라리고 힘들어한다. 도덕심과 법의 정신을 크게 훼손하는 강력한 관능에 몰린 사람만이 근친상간近親相姦을 저지를 수 있다. 병력이 있는 가족에서 두 가지 조건이 마련되어 있다. 남자들의 알코올중독, 수치심이 미숙한 백치, 또 사정에 따라 여자들 사이에서 에로티시즘과 합쳐지기도 한다. 이런 조건일수록 근친상간이 쉬워진다. 근친상간을 용이하게 하는 조건으로 가난한 사람들이 함께 좁은 공간에서 뒤섞여 사는 환경이다.

　근친상간이 질병임을 보여주는 사례가 있다. 선천성이나 후천성 정신미약, 간질과 편집증 환자들에서 볼 수 있다. 혈연을 침해할 뿐만 아니라 모든 문명인의 감정까지 상하게 하는 행위를 대부분 병 때문이라고 보기는 어렵다. 아무튼, 전문가들은 정신병 때문이라고 보고 있다. 한 가지 예를 보자. 아버지가 성숙한 친딸에게 여러 번 도덕에 반하는 짓을 저지른 끝에 죽였다. 그 사람은 정신미약자였는데 주기적으로 뇌 질환을 앓았을지 모른다. (이데버)

　부녀간의 근친상간에서 딸이 백치인 경우도 있다. 롬브로소는 마흔두 살의 농부가 스물둘, 열아홉, 열하나 살 딸들을 강간하고 막내에게 매춘을 강요하면서 사창가로 보내기도 했다. 법의학의 조사에서 농부는 주벽으로 지능이 바닥이고 정신력이 몹시 손상되었다. 슈에르마이어도 유사한 사례를 들었지만 정신분석은 하지 않았다. 아무튼, 문제가 된 여자는 여섯 살짜리 아들을 자기 배 위에 올리고 자신을 욕보이게 했다. 열일곱 살의

　　　　　　　　　　　　　　　　　　　　　　光기와 성

처녀가 열세 살의 남동생과 성관계를 하고, 또 자위행위를 해 주기도 했다. (라파르크)

중증의 사례를 보자. 스물아홉 살 처녀인데, 다른 아이들이나 남자들에 무관심했지만 조카들만 좋아해 같이 살고 싶어 죽을 지경이었다. 그러나 이와 같은 유별난 성적 취향(이미증異味症의 일종)도 조카들이 어렸을 때에만 지속되었다. (마냥)

열다섯 살의 소녀가 남동생을 성적으로 몹시 자극했던 사례도 있다. 둘이 성관계를 2년간 지속한 뒤 동생은 사망했고, 소녀는 부모를 살해하려다 미수에 그쳤다. 같은 지역에서 서른여섯 살의 기혼녀가 창문을 열어놓고 앞가슴을 벗어젖힌 채 열여덟 살짜리 남동생과 추행을 벌였다. (르그랑)

또 다른 사례로 서른아홉 살의 어머니가 아들과 성관계를 가졌다. 서로 죽도록 사랑했기 때문이라고 했는데 아들의 씨를 배었다가 낙태했다.

카스퍼의 보고에 따르면, 대도시에서 변태적인 어머니들이 어른 딸들에게 방탕한 섹스육을 시키는 역겨운 일이 벌어진다. 또 다른 범주의 범법 행위로 볼 수 있다.

시간

시간屍姦을 저지르는 성욕은 너무나 흉측해 어떤 경우에도 정신이상 때문이라고 본다. 마슈카는 시간을 행한 사람의 정신 상태를 항상 검사해야 한다고 주장한다. 확실히 근거 있는 주장이다.

확실하게 변태적인 성욕으로만 혐오라는 자연스러운 감정을 뛰어넘을 수 있다. 인간이 어떻게 시신과 섹스하면서 즐거울 수 있을까? 공개된 사례 대부분은 그 짓을 벌인 사람의 정신 상태를 검사하지 않아 유감스럽다. 시신을 좋아하는 성향이 온전한 정신으로 할 수 있는지 의문을 풀었어야 한다. 성의 활동에서 끔찍한 일탈을 잘 아는 사람조차 이 문제를 이해하기 어려울 것이다.

피보호자에게 저지른 부도덕 행위

피보호자, 주로 성직자나 양부모 등에 의한 유혹 사례다. 근친상간과 유사하지만, 도덕심에 그보다는 상처를 덜 입는 경우이다. 자신이 교육과 감시를 맡은 사람에게 즉 자신에게 의존하는 사람에게 부덕한 행위를 하거나 묵인하는 경우이다.

Part 10

성욕과 성생활

성생활의 기초가 되는 생리적 현상

우리 몸의 생식선이 활동하는 동안 누구에게서나 종을 이어가려고 생식선을 자극하는 본능이 나타난다. 즉, 성욕이다. 성숙기의 성욕은 곧 생리의 법칙이다. 생식기의 활동 기간은 번식본능의 힘이 유지되는 기간과 마찬가지로 개인과 종족에 따라 다르다. 인종, 기후, 유전 조건이나 사회 조건에 결정적인 영향을 받는다. 남쪽 사람들은 북쪽 사람들보다 훨씬 풍부한 쾌감을 추구한다. 북쪽 사람들보다 남쪽 사람들 사이에서 성은 더욱 조숙하게 발달한다.

북쪽 지역의 여성은 13~14살이면 배란을 시작한다. 배란은 신체의 발달과 성기의 주기적 출혈(월경)로 나타난다. 같은 지역에서 남성의 사춘기 발달(변성, 얼굴과 젖에 돋는 털, 주기적 몽정 등)은 15세부터 시작된다. 이에 반해, 더운 남쪽 지역 사람들 사이에서 성의 발달은 몇 해 더 일찍 찾아온다. 8세부터 이미 신체 변화가 시작되는 여성도 있다. 또 하나 주목할 점이 있다. 도시 처녀가 시골 처녀보다 1년쯤 일찍 성의 조숙성을 보여준다. 또, (똑같은 조건이라면) 대도시일수록 더 빠르다.

유전 조건 또한 성욕과 정력에 꽤 중요하게 작용한다. 어떤 가족들은 체력이 왕성하고 장수하며, 성욕과 정력을 많은 나이까지 유지한다. 그러나 성의 활력이 때 이르게 시드는 가족들이 있다.

여성의 생식선 활동기는 남성보다 훨씬 짧다. 남성은 정자를 노년까지 연장할 수 있다. 반면에 여성의 배란은 초경 이후 30년이면 중단된다. 난자가 고갈되는 시기를 흔히 폐경기라고 한다. 이와 같은 생리 단계에서 성기가 쇠약해지고 기능이 떨어질 뿐만 아니라 모든 신체에 큰 변화가 일어난다.

중부 유럽에서 남성의 성징은 18세 정도부터 나타났다. 그들 남성의 생식력은 40세 즈음 절정에 이르며 그 뒤로 천천히 떨어진다. 그러다 생식의 잠재력은 보통 62세 즈음에 사라진다. 그러나 섹스는 그보다 더 나이든 뒤에도 할 수 있다. 성욕은 성생활의 전체 기간 동안 중단 없이 지속된다. 강약의 차이가 있을 뿐이다. 어쨌든 일정한 생리 조건에서는 동물처럼 결코 간헐적이거나 주기적으로 나타나지 않는다.

남성의 성욕은 편차를 보이며 요동친다. 정자가 늘어나 비축되었다가 몸밖으로 배출됨에 따라 성욕은 강해지기도 하고 약해지기도 한다. 반면, 여성의 성욕은 배란기에 급증한다. 그래서 월경 직후에 가장 강해진다.

감정과 사고와 본능으로서 표현되는 성감性感은 대뇌피질에서 나온다. 아직까지 뇌에서 성을 담당하는 중심이 어디인지 정확히 모른다. 성생활과 후각의 밀접한 관계로 미루어 성과 후각의 세계는 뇌의 둘레에 있을 것으로 짐작한다. 서로 가까운 자리인 두 지역 사이에서 매우 강하게 협동하고 있을 것이다.

성생활은 성기가 성장하면서 그 부분의 감각이 두드러지면서 시작된다. 이런 감각은 개인마다 스스로 알게 된다.

책에서 읽거나 또는 밖에서 실제로 목격하면서, 예감하던 것이 분명한 관념으로 바뀐다. (오늘날 너무 조숙한 나이에 시작된다.) 이런 관념은 성기의 감각과 쾌감을 느끼면서 뚜렷해진다. 쾌감의 자극으로 정욕이 증폭되면, 그와 비슷한 감각 성욕을 재현하려는 욕구도 커진다. 이렇게 감각과

재현을 맡는 대뇌와 생식기관은 서로 의존한다. 충혈, 정자 생성, 배란 같은 생리 과정에 뒤이어 성기관에서 성의 욕망을 빚어낸다.

대뇌는 기존 관념 등을 되살려 이런 성기관에 반응한다. 이런 반응은 신경관의 중추와 사정 중추를 통해 일어난다. 그 두 중추는 척수 속에 있는데, 서로 매우 근접해 있을 것이다. 두 중추 모두 반사작용의 중추다.

발기 중추는 뇌와 생식기 사이의 중간에 끼어 있다. (골츠)

발기 중추를 뇌로 연결하는 신경은 대뇌의 연결가지를 통과할 것이다. 발기 중추는 신체 중추의 자극에 따라 또 대뇌 연결가지 속에서 신경의 직접 자극에 따라 작용하는 듯하다. 그뿐만 아니라 감각 신경망의 자극을 통하기도 한다. (남근, 클리토리스와 기타 부속 기관) 그 중심은 의지의 영향을 직접 받지 않는다.

이런 중추의 자극은 발기 신경의 첫 번째와 세 번째 쌍과 연결된다. 발기를 전달하는 신경의 활동은 마비 작용이다. 발기 신경은 발기 기관 속에서 신경절의 분포 기관을 마비시킨다. 해면체 조직의 영향 때문이다

발기 신경의 영향으로 발기 기관의 근육 조직은 무기력해지고 혈액으

로 채워진다. 이와 동시에, 발기체를 둘러싼 관상동맥은 성기의 정맥을 압박하면서 혈액이 빠져나가지 못하게 막는다. 발기 중추는 뇌 중심부와 이어진 신경 작용에 의존한다. 성 이미지를 감지하고 재현하도록 자극한다.

목매어 죽은 시신을 조사해 본 결과 밝혀진 사실이 있다. 발기 중추는 척수 속 통로의 자극으로 활동할 수도 있다. 뇌를 둘러싸고 벌어지는 신체 기관의 자극으로 뇌 질환을 앓는 환자나 정신이상자를 관찰할 때 입증된 것과 마찬가지 현상이 나타난다.

발기 중추는 척수 질환의 자극을 받기도 한다. 초기에 그 증세가 요추 골수에서 발생(척수염 같은 위축소모증)했을 때이다

발기를 빈번하게 자극하는 원인이 있다. 성기 외피의 감각 신경 자극, 성기 주변의 마찰, 요도와 직장과 방광의 자극(아침에 일어났을 때처럼, 방광이 오줌으로 가득 찼을 때), 정낭이 정자로 충만해질 때, 똑바로 누워 잘 때, 내장이 골반을 누르면서 성기가 충혈될 때가 그렇다. 그 밖에도 발기 중추는 전립선 섬유 조직의 수많은 신경망과 신경절의 가벼운 염증에도 자극받는다.

발기 중추는 뇌의 일부에서 조장하는 마비에 영향을 받기도 한다. 개의 척수가 잘렸을 때 발기가 일어나는 것을 쉽게 볼 수 있다. (골츠)

또 다른 영향도 있다. 인간은 발기했을 때 (섹스 불능에 대한 걱정, 섹스에 대한 놀라움 등으로) 그것을 중단하거나 방해할 수 있는 억지력과 감정이 있다. 발기는 자극의 원인(감각 작용이나 흥분)이 지속되는 동안 똑같이 지속된다. 이런 원인이 없이 단지 중추신경의 영향도 받는다. 중추신경은 때 이르거나 때늦은 사정, 즉 조루나 지루의 발생도 좌우한다.

성 메커니즘의 중추는 대뇌피질이다. 대뇌 중추는 표현과 성감, 이미

지와 욕망을 맡는다. 우리가 보통 '성감', 또는 '성욕'이라고 부르는, 즉 '몸에 영향을 주는 모든 정신적 신체적 현상'이 이곳에서 시작된다. 그 중추는 외부의 자극뿐만 아니라 중심부의 자극으로도 활기를 띤다. 중심부의 자극은 대뇌피질의 질환에 따른 기관의 자극으로 발생할 수도 있다.

생리학적으로 본다면 정신이 흥분함에 따라 일어나는 자극이다. 어떤 것을 감지하거나 기억을 되살림으로써, 예컨대 음란한 이야기를 읽으면서 이미지를 떠올리는 것이다. 또, 만지거나, 쥐거나, 포옹하는 등 신체 접촉으로 빚어지기도 한다. 반면, 청각과 후각은 부차적인데 일부 병적 여건에서 청각은 성적 자극에 매우 중요한 몫을 한다. 동물의 경우, 냄새를 맡는 것이 생식 감각에 영향을 준다.

종이 번식하는 데 후각이 가장 중요하다고 보기도 한다. 이런 사실을 뒷받침하는 실험도 했다. 갓 태어난 강아지에게서 후각을 제거하자 성체가 되었을 때 암컷과 수컷을 구별하지 못했다.

한편, 만테가차는 다른 방향에서 후각의 중요성을 실험해 보았다. 토끼의 눈을 제거해 시력을 훼손했음에도 짝짓기하는 데에는 아무 문제도 없었다. 사향노루, 지베트 고양이, 비버 같은 동물은 생식기 안에 강한 냄새를 발하는 물질을 만드는 내분비선이 있다. 주목할 만한 일이다. 그러나 인간의 후각과 생식기의 감각은 밀접하다는 주장도 있다. 꽃향기가 주는 강한 자극에 주목하기도 한다. 예컨대 프랑스의 재상 리슐리외는 성욕을 자극하려고 냄새기 독한 향수로 뒤덮인 분위기에서 생활했다. (클로케)

자위하는 사람에게서 보이는 도벽에 관해 이야기하면서 상관관계를 주목하기도 한다. 힐데브란트는 『민중 생리』에서 이렇게 증언한다.

광기와 성

후각이 성기능과 상호관련이 있지 않을까 부인하기 어렵다.

꽃향기는 종종 육체적 쾌감을 불러일으킨다. 『구약성서』의 「아가서」에 다음과 같은 노래가 나온다. 솔로몬 왕도 그 먼 옛날에 벌써 이렇게 관찰했다.

내 손에서 몰약이 방울져 떨어진다. 몰약은 자물통 빗장을 쥔 내 손가락 사이로 흘러내린다.

오리엔트 세계에서는 향수를 널리 애용했다. 성기에 효험이 있기 때문이다. 술탄의 여자들이 살던 궁전은 온갖 방향으로 넘쳤다.

쾌락을 밝히는 시골 청년이 있었는데 수많은 순결한 처녀들을 수 없이 자극했고, 춤을 추면서 손수건을 겨드랑이에 끼고 있다가 그것으로 춤추는 여자의 얼굴을 닦아 주어 쉽게 정복했다. (모스트)

루도비코 볼프강 하르트, 〈시골 신사와 숙녀〉,
샤를 랄르망이 편집한 『민중 세계 갤러리』에 수록,
1864년

사람의 땀 냄새(체취)를 깊이 느끼는 것도 열렬한 사랑을 불러일으키는 중요한 원인이다. 프랑스 국왕 앙리 3세(즉위 전 앙주 공작 시절)가 그 증인이다. 동생 마르그리트 드발루아와 나바르 왕(후일 프랑스 국왕 앙리 4세)의 결혼식 피로연에서 앙리 3세는 마리 드클레브[1]의 땀에 젖은 속옷으로 자기 얼굴을 닦았다. 마리는 비록 콩데 대공의 약혼녀였지만, 그녀에게 갑자기 격정을 품은 앙리 공작은 성욕을 도저히 참기 어려워했다. 역사적인 사실이지만 그는 마리를 결국 불행한 처지에 빠트렸다. 마리는 21살의 나이로 요절했다.

이와 비슷한 사건은 앙리 4세도 겪었다. 앙리 4세는 미녀 가브리엘에게 홀딱 반했는데, 무도회에서 "가브리엘이 손수건으로 자기 이마 머리를 닦는 바람에 그렇게 되었다."라고 변명했다.

예거 교수도 이와 똑같은 사실을 전한다.

땀은 육체적 사랑에서 중요하게 한몫한다. 정말로 유혹의 힘을 발휘한다.

플로스[2] 또한 체취가 이성에 대한 매력을 발휘하는 수많은 사례를 지적했다. 아울러 야고르[3]가 연구한 필리핀 제도 원주민들의 애인 사이 풍습도 주목할 만하다. 어쩔 수 없이 한동안 헤어져 있어야 할 때, 남자와 여자는 서로가 사용하던 수건 조각을 교환한다. 서로 굳은 믿음의 정표로 삼아 그 수건을 소중히 간직한다.

바람둥이 남자와 여자는 향수 냄새를 미친 듯 탐한다. 후각과 성감은 매우 밀접하기 때문이다. 이보다 더 주목할 만한 것이 있다. (혜실)

콧구멍이 없는데 성기가 기형인 사람이 있다. 45세의 남성으로 그의

---

1 후일 콩데 대공비로 프랑스아 클루에가 그림 초상화로 유명하다.(역주)

2 Hermann Heinrich Ploss, 1819~1885, 라이프치히 의과대학 교수를 지낸 산부인과 의사이자 인류학자이다. 『여성의 인류학적 역사』가 대표작이다. 여성의 성생활 연구에 크게 이바지했다.(역주)

3 Andreas Fedor Jagor, 1816~1900, 독일의 인류학자로 19세기 전반에 아시아 각지를 탐사하면서 베를린 박물관 소장품에 크게 이바지했다. 특히 필리핀 제도에 원주민을 연구했다.(역주)

광기와 성

고환은 콩알만큼 작으며 배설
관은 없었다. 후두 또한 여성
의 것만 했다. 후각 신경은 전
무했으며, 전두엽 안쪽 바닥
의 홈과 후각 삼각형도 없었
다. 콧구멍은 드문드문 뚫려
있었다. 후각 신경망 대신 그
구멍으로 통하는 경막으로 이
어지고 있었다. 코의 점막 부
위에도 신경망이 없었다.

폼페이 켄투리온 회관 벽화, 기원전 1세기경

　　일부 정신병자들은 성기
와 후각 기관의 분명한 교감을 보여준다. 냄새에 따른 환각은 매우 빈번
하다. 남자든 여자든 모두 자위에서 비롯한 정신병이 그렇다. 또, 성병과
갱년기 질환에 따른 여성의 정신병에서도 빈번하다. 반면, 성이 원인이 아
닌데 냄새로 인한 환각은 매우 드물다. 아무튼, 정상인에게서 동물과 마찬
가지로 후각이 성 중추를 자극하는 주요 요인인지는 의심스럽다.

　　그렇다면 병리학에서 매우 중시하는 후각과 성감의 교감은 어느 정도
일까. 생리학적 관계와 나란히 또 다른 흥미로운 사실이 있다. 코와 성기
는 조직학적으로 비슷한 점이 있다. 두 기관 모두 (젖가슴을 포함해) 발기
조직이 들어있다. 이 문제에 관한 생리학적으로 흥미로운 임상 보고가 있
다. (매킨지)

　　• 건강한 코를 지닌 상당수 여성은 월경 중에 코가 붉게 충혈된다. 그
　　　러다가 월경이 끝나면 사라진다.

- 코에서 월경에 따라 붉어지는 현상이 일어난다면, 이는 나중에 종종 자궁 출혈로 대체된다. 그러나 월경 기간 중 주기적으로 나타났던 것이 성생활을 하는 동안 항상 나타나기도 한다.
- 성감이 충만할 때 재채기 같은 코의 자극 현상이 발생한다.
- 이와 정반대로 콧병 때문에 성기관이 이따금 흥분하기도 한다.

여성 대다수의 콧병 질환은 월경 중 최악으로 치닫는다. 그 밖에도 지나친 섹스는 코의 점막에 염증을 일으키거나 기존의 염증까지 악화시키기도 한다. 자위행위 중독자는 보통 콧병에 잘 걸리며, 종종 비정상적인 냄새를 맡기 일쑤이고 코피도 잘 흘린다. 어떤 처방으로도 고칠 수 없는 콧병이 있다. 환자가 성병을 앓고 있으면서도 치료하지 않는 한 고치기 어렵다. 또, 성병이 콧병의 원인일 수도 있다.

대뇌피질에서 성을 맡은 부분은 성기에서 발생한 현상으로 흥분할 수 있고, 또 성욕과 그것을 표현하는 성기의 현상으로도 흥분할 수 있다. 이런 효과는 구심력으로서 발기 중추를 자극하는 모든 요인에서 나온다. (정낭이 가득 찼을 때의 흥분 같은 것이다.)

즉, 그라프 소포[4]가 부풀었을 때, 성기 주변에서 무엇인가 감각이 흥분한다. 성기, 특히 발기체인 음경과 음핵 해면체의 충혈과 팽창, 움직이지 않고 지내거나 사치스러운 생활, 뚱뚱한 복부, 성마른 기질, 뜨거운 침대, 지나치게 더운 옷, 가뢰, 후추, 기타 강한 향신료의 사용할 때 흥분이 고조된다. 성욕은 특정 부위의 신경을 자극(매질)하면 깨어나기도 한다. 생리학적 현상에서 중요하게 이해해야 하는 부분이다. 때때로 엉덩이에 매

---

4 小胞. 동물의 내분비선 조직에 있는 난소, 갑상샘, 뇌하수체 중간엽 같은 주머니 형태의 다세포 구조물 (역주)

질을 하면 소년들의 성적 본능을 처음으로 깨어나기도 한다. 결국 자위행위를 자극케 한다. 이는 청소년 교육자가 조심해야 할 사실이다. 체벌은 학생들에게 매우 위험하다. 부모와 교사는 절대 이런 매질을 해서는 안 된다.

오스트리아 풍자화 〈체벌 받는 학생〉, 1849년

매는 육체의 쾌감을 깨운다. 13세기부터 15세기에 걸쳐 널리 유행했던 매질로 자학하는 수도회의 역사가 이를 증명한다. 수사修士들은 속죄의식으로 삼거나 육욕을 죽이는 행위로써 교회가 설교하는 순결의 원칙에 따라 스스로에 매질을 했다. 육욕의 속박에서 벗어나겠다는 뜻이다. 애당초 교회는 이런 수도회를 총애했다. 그러나 매우 추잡한 사건으로 매질이 관능을 자극한다는 사실이 드러나자 매질을 금하려고 했다.

다음 사건은 매질이 자극하는 성욕을 뚜렷이 보여준다.

마리아 마달레나[5]는 상류층 집안에서 태어나 1580년에 피렌체의 가르멜 수녀회에 입회했다. 마리아 마달레나는 속죄하는 매질로서 유명했고, 역사의 한 자리를 차지했다. 마리아 마달레나는 수녀원의 모든 자매가 바라보는 가운데 수녀원장이 자신의 등짝을 손으로 때리거나 벗겨진 옆

---

5 Maria Maddalena de'Pazzi, 1566~1607, 피렌체 출신의 가르멜 수녀회 소속 수녀로 신비주의자로서 17세기 피렌체 사회에 큰 영향을 주었다.(역주)

페드로 데모야, 〈성 마리아 마달레나 데파치의 견신〉, 그라나다 미술관, 1640년경

광기와 성

구리를 매질하는 것을 자랑했다. 어려서부터 당했던 매질인데 그로 인해 그녀의 신경계는 완전히 망가졌다. 마리아 마달레나만큼 매질을 당하면서 환각에 취했던 여자는 없었다. 환각에 취한 채, 항상 사랑에 대해 헛소리를 했다. 내면의 열기를 태워 버리려는 듯 외치곤 했다.

좀 더 때려줘요. 아직 불꽃이 나를 못 삼키잖아요. 좀 더 불을 지펴줘요. 이런 식으로 죽고 싶지 않아요. 아, 너무 짜릿해 미치겠어요.

이런 식이었다. 그러나 마리아 마달레나는 불순한 악령이 보여주는 달콤한 이미지에 취해 종종 파렴치한 모습을 보이곤 했다.

엘리자베트 드장통도 매를 맞으면서 망언을 하며 바쿠스 여사제처럼 미쳐 날뛰었다. 특별한 매를 맞을 때 격정에 사로잡혀 자신의 "이상형 예수"와 결혼했다고 믿었다. 강렬한 행복감에 취해 중얼대곤 했다.

오 사랑, 무한한 사랑, 오 사람들아 나와 함께 사랑, 사랑을 외칩시다.

방탕한 자들도 자기 몸에 채찍질했다. 성행위를 시작하기 전에 무기력한 성기의 힘을 자극하려고 했다. (탁실)

파울리니는 다음과 같은 더욱 흥미로운 설화를 전한다.[6]

페르시아와 러시아 등 몇몇 민족에서 특히 여자들이 매를 맞는 것을 사랑

---

[6] 파울리니(Paullini)의 『건강한 매 맞기(Flagellum Salutis)』(슈투트가르트, 1847) 초판은 17세기에 출간되었다.

과 호감의 표시로 생각한다. 러시아 아내들은 남편에게 꽤 여러 번 얻어맞아야 만족하고 기뻐한다. 요르단이라는 독일 사람이 모스크바로 건너갔다가 그 나라가 마음에 들어 정착하고 러시아 여자와 결혼했다. 요르단은 그녀를 몹시 사랑했고 모든 점에서 애지중지했다. 그런데 아내는 항상 인상을 찌푸리고 눈을 내리깔며 불평과 앓는 소리나 했다. 남편은 도무지 영문을 알 수 없었다. 아내는 이렇게 말했다.

"나를 사랑한다면서 단 한 번도 그것을 증명해 본 적 없잖아요."

남편은 아내를 끌어안고 용서를 빌다가 우연히 자기도 모르게 여자를 때리게 되었다. 다시는 그러지 않으려고 했다. 그러자 아내가 말했다.

"우리 풍습대로 사랑의 표시인 매만 맞으며 아무것도 아쉬울 것이 없을 텐데."

요르단은 한번 해 본 말이려니 생각하면서도 풍습을 따라 해 보았다. 그때부터 아내는 남편을 정신없이 사랑했다.

페트루스 페트레이우스[7]도 똑같은 이야기를 전하고 있다. 단, 신혼의 이튿날부터 신랑들은 살림살이에 필수품으로 회초리를 마련해 둔다고 덧붙였다.

파울리니는 또 다른 증언도 전한다.

유명한 피크 들라미란돌레 백작은 이렇게 장담했다. 자기 친구 하나가 정력에 넘치는 쾌남인데 사랑에는 너무 게으르고 서툴렀다. 친구는 매질을 당해야 사랑할 수 있었다. 그래서 욕망을 채우려 할 때마다 더욱 난폭한

---

7 Petrus Petrejus, 1570~1622, 본문에서 인용한 러시아에 대한 방대한 역사와 문화 자료집. 『Historien und Bericht von dem Grossfürstenthumb Muschkow』을 남긴 스웨덴의 외교관, 작가이다.(역주)

광기와 성

폭력을 요구했다. 피가 흐를 때까지 매를 맞지 않고서는 만족감을 느끼지 못했다. 결국 그 친구는 특별한 채찍을 종일 식초에 담가두었다. 그러고 나서 여자에게 그것을 주고 무릎을 꿇고 살살 때리지 말고 가능한 한 거칠고 세게 후려치라고 애원했다. 백작의 이야기에 따르면, 그렇게 심한 매를 맞으며 즐거워하는 사람은 오직 그 친구뿐이었다. 물론 친구가 못된 불량배는 아니었던 터라 나약함을 타이르기만 했다.

오토 브룬펠스의 『식물표본집』 내 삽화,
스트라스부르, 1530년

오토 브룬펠스[8] 시대에 뮌헨에서 바이에른 선제후의 궁전에서 살던 청년도 반드시 매를 맞아야만 사랑을 했다. 매질로 성행위를 자극하고 열렬하게 했다는 베네치아 사람의 이야기도 전한다. 이들의 행위는 에로스가 히아신스의 회초리로 신자들을 이끌었던 것과 마찬가지인 셈이다.

몇 해 전 일이다. 독일 북부 뤼베크 시에 거주하는 치즈 장사가 간음죄로 고발되어 추방 위기에 처했다. 그러나 그와 정을 통한 여자는 법관에게 그의 죄가 없다며 사면을 요구했다. 그가 얼마나 힘겹게 자신과 정을 통했는지 설명했다. 마르지도 않은 나뭇가지 회초리로 수없이 맞아야 그가 사랑할 수 있다고 했다. 하지만 사내는 망신당할까 봐 두려워 아무것도 실토하지 않으려고 했다. 그러나 끈질긴 질문에 시달리다 못해 결국

---

8 Otto Brunfels, 1488~1534, 마인츠 출신의 식물학자로 독일 식물학의 1세대다. 식물학 저서에 사실주의 화풍의 삽화를 수록한 첫 번째 세대이기도 하다.(역주)

더는 부인하지 못했다.

이런 전설도 있다. 네덜란드에서 존경받던 인물이 그런 매질을 받아야 욕망이 살아나는 병에 시달렸다. 당국은 이런 정보를 입수했고 그 사람은 직위에서 쫓겨나고, 또 처벌까지 받았다.

독일제국의 한 도시에 살고 있던 믿음직한 의사 친구가 들려준 이야기도 있다. 작년에 매춘부가 병원에 들렀다가 자기 동료 중 한 여자가 어떤 사람의 초대를 받아 가봤던 사연을 털어놓았다. 그 사내는 자신과 또 다른 매춘부와 함께 숲으로 데려갔다. 숲에 도착하자 사내는 나뭇가지를 꺾고 자기 엉덩이를 깐 후 여자들에게 때려 달라고 명령했다. 그래서 매춘부들은 별수 없이 그렇게 했다. 그 뒤의 따른 일로 미루어 모든 것을 쉽게 짐작할 만하다.

그런데 남자들만 매질로 음탕한 욕망을 부추기는 것은 아니다. 여자들도 그에 못지않게 즐긴다. 고대 로마의 여자도 이런 목적으로 루페르쿠스에게 매 맞기를 원했다.

남성과 마찬가지로 여성에게도 발기와 오르가즘, 심지어 사정을 주관하는 신체 기관이 있다. 이와 같은 여성의 '성욕을 자극하는 부위'는 처녀막, 음핵, 또 폐경기 이후에 질과 자궁경부 등이다. 특히 유두는 여성의 성욕 증진에 효과가 있다. 쾌감을 키우는 부위는 '사랑의 기술'에서 중요한 노릇을 한다.

해부학자가 관찰한 이상한 처녀가 있었다. 무슨 취향인지 처녀는 애인에게 유두를 계속 빨아 달라고 했다. 그런 다음 자신이 직접 그것을 빨았다. 그렇게 하면서 황홀한 쾌감에 젖어 들었다. 이런 점에서 암소들이 스스로 자기 젖을 빠는 것과 비슷하다.

함부르크의 어떤 기자는 '친지의 사랑과 욕정'에 관한 흥미로운 연구

광기와 성

에 주목했다. 아기에게 젖을 물리고 얼마나 열심히 빨도록 하는지 말이다. 아기엄마는 "불완전하고 나약한 아기를 위한 사랑으로" 그렇게 한다는 것이다. 어쨌든 아기에게 젖을 물리는 행위도 육체의 쾌감을 자극할 수 있고, 꽤 중요한 역할을 할 수 있을지 모른다. 이런 가설을 지지하는 사례가 있는데,

로비스 코린트, 〈엄마의 사랑〉, 베를린 국립미술관, 1911년

잘못된 해석이지만 관찰은 매우 정확했다. 동물 대부분에서 어미와 새끼의 긴밀한 정은 젖을 먹이는 동안에만 지속되며 나중에 완전히 무심해진다는 것이다. 야만족 사이에서도 이와 똑같은 사실이 관찰된다. 병리학에서 볼 때에도 히스테리 환자들은 유방 근처 또는 성기 가까운 부분이 성욕 증진에 한 몫 한다.

생리학에서는 남성의 성욕을 자극하는 부위는 귀두뿐이라고 한다. 또, 성기의 외피도 그럴 수 있을지 모른다. 다만 병리학에서는 항문도 성욕을 자극한다고 본다. 꽤 빈번한 항문의 자동적 자위 작용도 이것으로 설명할 수 있다. 또, 동성애도 마찬가지다.

정신생리학에서 보는 성감의 구성은 다음과 같다.

찰스 애트우드 코포이드, 〈생리학 실험실〉, 워싱턴 연방정부인쇄물자료관, 1910년

- 중추와 주변에서 촉발된 표현
- 이런 표현의 연상 작용에 결부된 쾌감

　이 과정에서 만족감을 채우고 싶어 하는 욕망이 나온다. (성욕) 이 욕망은 중추가 흥분하면서 더욱 강해진다. 즉, 이미지를 떠올리거나 상상의 개입으로 쾌감을 가속화한다. 발기 중추의 흥분과 성기의 팽창으로 쾌감은 더욱 높이 치솟는다. 만약 여건이 성행위의 성취에 유리해 만족한다면, 그런 사람은 더욱 열심히 그쪽으로 빠져든다. 그러나 그 반대라면 발기 중추의 기능을 가로막고 성행위를 방해하면서 발정을 중단시키려고 하게 된다.

　성욕을 저지하는 관념은 문명인의 역량이다. 중요한 힘이다. 개인의 정신적 자유는 성적 추진력에 따른 욕망과 감정기관의 힘에 좌우된다. 또 다른 한편으로 제동을 거는 억제력으로도 좌우된다. 이런 두 가지 요소로 개인은 방탕하거나 죄를 저지르게 되기도 하고 피하기도 한다. 일반적으로 체력과 신체 조건이 충동력을 제어하는 데 영향을 준다. 교육과 정신력으로 관념을 억제할 수 있다.

충동력과 억제력은 다양하다. 알코올의 남용은 이 문제에서 치명적인 영향을 준다. 알코올이 성욕을 깨우고 증가시키며 또, 그와 동시에 정신적 저항력까지 감소시키기 때문이다.

충분한 발기는 인간의 기본 조건이다. 성적 흥분 작용에서 단지 발기 중추만 자극을 받는 것이 아니다. 신경도 흥분하면서 모든 신경망을 덮은 모세혈관으로 퍼진다. 성행위 동안 성기는 팽창하고 동공이 확장되며 심장의 박동 또한 증가한다.

남성은 성행위 때 격심한 쾌감을 느낀다. 정액이 요도 내 사정의 통로를 지날 때 그러한 데, 이는 성기가 예민하게 흥분한 결과다. 성적 쾌감은 남성이 여성보다 더 빠르게 느낀다. 사정이 시작될 때 마치 산사태처럼 불어나고, 또 사정하면서 최고조에 달했다가 금세 다음 사정 준비에 들어가면서 수그러든다. 반면, 여성의 성적 쾌감은 천천히 상승하면서 나중에 나타난다. 대부분 사정 이후에도 지속된다. 사정은 섹스에서 가장 결정적이다.

척추의 네 번째 신경에 사정 중추가 있다. 그 중추는 반사 중추로서 귀두의 자극에 따라 요도를 통해 정낭 밖으로 밀려 나오는 정액으로부터 자극을 받는다. 쾌감의 증폭과 함께하는 이런 정액의 통과로 사정 중추가 충분히 강하게 반응하면서 사정이 일어난다. 반응 통로는 척추의 네다섯 번째 신경에 있다. 근육이 경련하면서 정액을 밖으로 밀어낸다.

여성도 반사적 움직임을 나타낸다. 성적 쾌감의 동요가 최고조에 이를 때 성기의 감각 신경이 흥분하면서 질구까지 이르는 자궁경부와 나팔관까지 모두 일시에 움직인다. 그런 운동으로 자궁과 나팔관의 점액이 나온다.

사정 중추는 대뇌피질에서 온 영향(예컨대 도덕심이나 의지의 영향에 따른 마음에 없는 섹스)으로 마비될 수도 있다. 정상 조건에서 성행위가 끝나면 발기와 성욕도 사라지고, 또 정신적, 성적 흥분도 가라앉는다.

저자와 저작 소개

리하르트 폰크라프트에빙(Richard von Krafft-Ebing)은 1840년 8월 14일 독일의 만하임에서 태어나 1902년 12월 22일 오스트리아 그라츠에서 작고했다. 박사는 스위스에서 심리학과 의학을 공부하고, 스트라스부르, 그라츠, 빈에서 법의학 전문가로 법조계에서 활동하면서 대학에서 가르쳤다. 말년에 그라츠 근교에 요양원을 설립했다. 여러 저명인사가 이곳에 입원했다.

『광기와 성(Psychopathia Sexualis)』은 폰크라프트에빙 박사가 빈 대학 신경정신과 교수로 재직할 때 집필한 뒤 오늘날까지 수많은 언어, 수많은 이본으로 출간되는 정신의학과 심리학, 특히 법의학과 범죄인류학의 고전이다. 부제는 '의사와 법률가를 위한 법의학 연구'다. 요즘도 두꺼운 원본 대신 각 사례를 주제별로 단편으로 쪼갠 단행본이 여러 나라 언어로 나오고 있다.

이번 한국어판은 독일어 원전 제8판의 프랑스어판(1895년), 즉 에밀 로랑과 시기스몬드 크사포의 번역으로 조르주 카레 출판사에서 내놓은 것을 옮겼다. 알베르 몰 박사가 사례를 추가하고 르네 봅스타인이 번역한 1931년의 개정판(1931년)과 영어판(찰스 채도크 번역, 제7판)을 참고했다.

폰크라프트에빙 박사는 처음으로 사디즘, 마조히즘, 동성애 같은 신조어를 내놓았던 인물이다. 박사는 본문에서 지나치게 노골적이고 충격적인 표현을 피하기 어려운 부분은 라틴어로 집필했다. 그런데 난해할 수도 있을 이 책은 전문가들을 위한 것이라는 예상을 깨고 일반 대중이 더욱 열심히 읽었다. 본문 대부분이 의사의 입장에서 환자의 진술을 청취한 것이지만, 독자들은 궁금하면서도 은밀한 이야기를 들을 수 있는 고백서로 여겼기 때문이다. 더구나 환자들도 자신들의 입장과 증세를 이해하고 고쳐나갈 귀중한 교재로 필독서처럼 돌려보는 놀라운 일이 벌어졌다.

이 책은 초판이 나왔을 때부터 성과 관련된 병리학과 법의학의 선구적 저작으로 널리 회자되었다. 동성애 같은 금단의 영역을 파헤친 이 책을 두고 보수적인 종교로 대표되는 사회에서 크게 반발하면서 논쟁도 요란했다. 그러나 박사는 환자의 편에서 병으로 인한 불가항력의 범행을 이해하려고 애쓰면서 환자의 처벌을 둘러싼 인권을 옹호하는 데 결정적으로 이바지했다.

이렇게 정신병리학의 '경전'으로 널리 알려지면서 이 책은 20세기 초 유럽의 법의학에 큰 영향을 주었다. 2006년에는 이 책에 관한 동명의 다큐멘터리 영화가 미국 애틀랜타에서 제작되었다.

애당초 정신의학 전문서로 내놓았던 이 책을 대중이 탐독했던 까닭은 정신과 의사의 임상 사례집이라서가 아니었다. 인간의 본능이 초래하는 갖가지 이상 심리와 행동을 파헤쳤기 때문만도 아니다. 바로 그것을 겪고 그것 때문에 고통 받은 사람들의 생생한 체험담으로는 사상 유례없는 기록이었기 때문이다. 환자를 관찰하고 치료한 노련한 의사의 눈으로 확인한 기록일 뿐만 아니라 환자 또는 환자로서 의심받던 사람들의 폭로와 항변의 기록이었다.

이렇듯 인간의 바탕이 되는 남과 여의 성징을 둘러싼 심오한 드라마

이상의 비극이자 희극이다. 불운하게 유전으로 타고난 운명과 육신의 강압에서 벗어나려고 몸부림치는 사람들을 가장 인간적으로 섬세하게 그린 거대한 초상화집이다. 성에 관련된 심신의 고통과 광기에 시달리던 '정신의 이상한 굴레'에서 벗어나려던 사람들은 이 책을 읽으면서 오히려 스스로 치료하는 이상한 효험을 보았다. 독서의 놀라운 치유력을 증명한 보기 드문 경우였다.

이 책은 박사가 집필한 부분과 나란히 환자의 편지와 수기로 구성된다. 박사는 2만 건이 넘는 사례를 연구했고, 그 가운데 대표적인 약 2백 건의 사례를 소개했다.

환자의 편지와 수기는 내밀한 기록문학(논픽션)의 걸작으로 자서전 문학의 독특한 기념비가 되었다. 환자들의 방대한 체험담에서 성의 문제로 고뇌하면서 삶과 죽음의 기로에서 절망하는 눈물겨운 하소연을 들을 수 있다. 독자라면 누구나 고해신부라도 된 듯한 기분이 들기도 하지 않을까?

따라서 이 책은 성적으로 별다른 이상 증상을 겪지 않는 보통 사람이나 비범한(이상한) 사람 모두에게 유용하다. 정상과 비정상의 경계는 어디까지일까? 남녀의 사랑의 문제에서 육체와 정신이 지극히 복잡한 애증 관계로 꼬여 신경을 과민하게 자극하는 그 어마어마한 심연의 바다에서 육체의 손상으로 곧장 감정과 영혼이 다치는 것처럼 무서운 일이 어디 있을까?

영혼과 정신이 병든 사람으로 몸은 말짱할지 모르지만, 신경과 정신병은 가장 예민하고 소중한 신체 기관에서 나타난다는 점에서 더욱 잔인하고 가혹하다. 수기를 남긴 사람들 모두 우리의 잠재적 질환과 고통을 먼저 겪었을 뿐이다. 수많은 재해 사고가 빈번한 사회에서 그에 따르는 파괴적인 상처와 거의 백전백패일 수밖에 없는 싸움으로 그들은 만신창이가 되고 감옥보다 어두운 지옥의 이웃으로 절망하면서 사투했다. 이 책은 그런 사람들의 외침이자 비명이다. 용서받거나 사랑받기 어려운 이들의 독백이기도 하다. 죄를 자인하면서도 절대로 벗어나지 못하리라는 것을 아는 사람들의 절규다. 물론 이런 죄라는 것은 사회가 씌운 굴레일 뿐이지만.

저자의 담담한 문체는 관찰하는 의사로서 냉정함을 넘어 한 단락 두 단락을 읽어갈 때마다 어쩔 수 없이 입술을 깨물고 한숨을 짓게 된다. 어떤 문학작품과 역사서가 이렇게 담담하고 투명한 어투로 사실을 묘사하고 해설할 수 있을까?

존재론과 형이상학의 신비주의, 화려한 수사학으로도 저자의 냉정한 시선만큼 우리의 내면과 외면을 깊이 꿰뚫어 보지 못할 것이다. 박사는 현학적인 제스처도 없고, 자신의 이론에 집착하는 고집도 별로 부리지 않았다. 모든 인간의 파렴치하고 손가락질 받는 행동을 정직하게 바라보려고 했다.

반면, 수기의 저자들은 가장 수치스러운 부분을 드러내는 치욕을 감수하고 그것을 고스란히 기록으로 남기는 비장한 용기를 보여주었다. 그들의 고통에 가슴을 조이게 되고 참담한 운명에 머리를 짓이기게 된다. 그러다가도 너무나 엉뚱한 뜻밖의 추태에 쓴웃음을 짓게 된다. 희극과 비극, 꿈과 절망, 애원과 한탄이 뒤섞인다. 저자들 모두 자연의 조건을 저주하거나 절망하지 않으려 하고 자신의 인간으로서의 뜻을 이루려는 상상하기 어려운 숭고한 싸움을 벌였다.

폰크라프트에빙 박사는 성생활의 건강에서 자위행위와 지나친 본능의 억제를 가장 중시한다. 이상하게 신경과 정신이 빗나가고 정상의 상태가 기벽과 변태로 기울게 되는 악습을 경고한다.

광기와 성

이 책의 백미는 의사들 자신이 병든 당사자로서 남긴 '수기'들이다. 의사이자 환자로서 이들은 의료계에서든 교육계에서든 사회와 가정 모두가 침묵할 때, 이 책을 읽으면서 스스로 대처한 방법을 전하는 매우 특이한 독후감이다. 전문가의 책을 모범으로 삼아 자신을 진지하게 실험하면서 놀라운 의지로 이겨낸 인간 승리의 기록이다.

본문의 방대한 원주는 주로 전문가를 위한 참고 사항이므로 일반에 유용한 부분만 간추리고, 독자의 이해를 돕고자 일부 어려운 전문 용어나 주요 인물에 대해서는 역자가 별도의 주석을 달았다. 저자가 인용한 부분은 단락 끝에 둥근 괄호 안에 저자의 이름을 밝혀 두었다. 그 원저는 책 뒤의 참고서 목록에서 확인할 수 있다.

사례 목록

사례 목록

참고 문헌

원전에는 참고 문헌이 별도로 작성되지 않았다. 따라서 역자가 성명의 머리글자 순으로 작성했다. (영문자는 성을 우선적으로 표기하고 이름을 그다음에 붙인다.) 저자들에 대해서도 '-'(하이픈)을 붙여 일부 설명을 추가했다.

원전에서 참고 문헌은 본문의 각주 또는 본문에 삽입되어 있어 혼란을 피하고자 본문의 인용문의 끝에 괄호를 붙이고 그 저자의 이름만 밝혀 두었다. 그 이름을 여기 작성한 참고 문헌에서 확인하면 된다.

Arndt, Rudolf. *Manuel de psychiatrie*. Vienne et Leipzig, 1883.
루돌프 아른트, 정신의학 교범, 빈 & 라이프치히, 1883.

Ball, Benjamin. *La Folie érotique*. Paris, 1888.
방자맹 발, 성애의 광기, 파리, 1888.

Balzac, Honoré. *La Fille aux yeux d'or (Amor lesbicus)*. 1835.
오노레 발자크, 황금빛 눈의 처녀(레즈비언의 사랑), 1835.

Balzac, Honoré. *La Passion au désert*. 1830.
오노레 발자크, 사막의 수난. 1830.

Bastian, Adolph. *Der Mensch in der Geschichte*. Leipzig, 1860.
아돌프 바스티안, 인류의 역사, 라이프치히, 1860.

Beck, John Brodhead. *Medical jurisprud*. 1860.
존 브로드헤드 베크, 법의학, 1860.

Belot, Adolphe. *La bouche de Madame X*.
아돌프 블로, 마담 엑스의 입.

Belot, Adolphe. *Les Baigneuses de Trouville*.
아돌프 블로, 트루빌의 수영객.

Belot, Adolphe. *Mademoiselle Giraud ma femme*.
아돌프 블로, 나의 아내 지로 양.

광기와 성

Bernhardi, Wolfgang. *Der Uranismus*. Berlin, 1882.
볼프강 베르나르디, 남성동성애, 베를린, 1882.

Bernheim, Hippolytte. *Hypnotisme*. Paris, 1891.
이폴리트 베르나임, 최면술, 파리, 1891.

Binet, Alfred. *Du fétichisme en amour*. 『Revue Philosophique』. Paris, 1887.
알프레드 비네, 사랑에서 페티시즘에 관하여, 『철학 리뷰』, 파리, 1887.

Blumröder, Gustav. *Ueber Irresein*. Leipzig: 1836.
구스타프 블룸뢰더, 광증에 관하여, 라이프치히, 1836.

Boileau, Jacques. *The History of the Flagellants*. London, 1783.
자크 부알로, 채찍질 고행 수도의 역사, 런던, 1783.

Boismont, Alexandre Brière de. *De la responsabilité légale des aliénés*. Paris, 1863.
알렉상드르 브리에르 드부아몽, 정신이상자의 법적 책임론, 파리, 1863.

Bridel, Louis. *La Femme et le Droit*. Paris, 1884.
루이 브리델, 여성과 권리, 파리, 1884.

Buchner, L. A.. Friedreich, Johann Baptist. *Dr. Friedreich's Blätter für gerichtliche Medicin und Sanitätspolizei*. 1855, 1859, 1858, 1881, 1891.
L. A. 부크너 외, 법의학과 위생을 위한 프리드라이히 박사 자료집, 1855, 1859, 1858, 1881, 1891.

Carlier, François. *Les deux prostitutions*. Paris, 1887.
프랑수아 카를리에, 2명의 매춘부, 파리, 1887.

Casper, Johann Ludwig. *Über Nothzucht und Päderastie*. 1852.
요한 루드비히 카스퍼, 강간과 청소년성애, 1852.

Charcot, Jean Martin & Magnan, Valentin. *Archiv. de Neurologie*. 1882.
장 마르탱 샤르코 & 발랑탱 마냥, 신경학 자료집, 1882.

Châtelain, Auguste. *La folie de J.-J. Rousseau. Neuchâtel*. 1890.
오귀스트 샤틀렌, 장자크 루소의 광증, 뇌샤틀, 1890.

Châtelet, Alexandre Parent du. *De la Prostitution dans la ville de Paris*. 1837.
알렉상드르 파랑 뒤샤틀레, 파리 시의 매춘, 1837.

Chevalier, Julien. *Archives de l'anthropologie criminelle*. Paris, 1885.
쥘리앙 슈발리에, 범죄인류학 자료집, 파리, 1885.

Chevalier, Julien. *De l'inversion de l'instinct sexuel*. Paris, 1893.
쥘리앙 슈발리에, 성본능의 도착, 파리, 1893.

Cloquet, Hippolyte. *Osphrésiologie*. Paris, 1826.
이폴리트 클로케, 후각론, 파리, 1826.

Coffignon, Ali. *La Corruption à Paris*. Paris, 1890.
알리 코피뇽, 파리의 부패. 파리, 1890.

Demme, Wilhelm Ludwig. *Buch der Verbrechen, Bd. II. Le piqueur de filles de Bozen. Communiqué par Demme*, 『Buch der Verbrechen』. Leipzig: Arnoldische Buchhandlung, 1851.
벨헬름 루드비히 뎀, 보젠 처녀들을 해친 병사, 『중세민속지』, 라이프치히, 1851.

Descartes, René. *Traité des Passions*. 1649.
르네 데카르트, 정념론, 1649.

Descuret, Jean-Baptiste Félix. *La médecine des passions*. Paris, 1860.
장바티스트 펠릭스 데스퀴레, 정념의 의학, 파리, 1860.

Diderot, Denis. *La Religieuse*. 1780.
드니 디드로, 수녀, 1780.

Dietz, C. A. *Der Selbstmord vom Standpunkte der Psychologie und Erfahrung*. Tübingen, 1838.
C. A. 디에츠, 심리학과 경험의 입장에서 본 자살, 튀빙겐, 1838.

Dumas père, Alexandre. *La maison du veuf*.
알렉상드르 뒤마, 홀아비의 집.

Emminghaus, Hoffmann. *Psychopathologie*. Leipzig, 1878.
호프만 에밍하우스, 정신병리학, 라이프치히, 1878.

Esquirol, Jean-Étienne. *Des maladies mentales*. Paris, 1838.
장에티엔 에스키롤, 정신질환, 파리, 1838.

Esquirol, Jean-Étienne. *Examen du projet de loi sur les aliénés*. Paris, 1838.
장에티엔 에스키롤, 정신이상자에 대한 법안의 검토, 파리, 1838.

Falke, J. *Die ritterliche Gesellschaft*. Berlin, 1863.
J. 팔케, 고상한 사교계, 베를린, 1863.

Feuerbach, Paul Johann Anselm von. *Aktenmæssigen Darstellung merkwürdiger Verbrechen*. Frankfurt a. M., 1849
파울 요한 안셀름 폰포이어바흐, 법정 기록으로 본 주목할 만한 범죄, 프랑크푸르트암마인, 1849.

Feydeau, Ernest. *La comtesse de Chalis*.
에르네 페이도, 샬리스 백작부인.

Flaubert, Gustave. *Salammbó*.
귀스타브 플로베르, 살랑보.

Friedländer, Ludwig. *Darstellungen aus der Sittengeschichte Roms in der Zeit von August bis zum Ausgang der Antonine* (3 vols). 1873.
루드비히 프리들렌더, 아우구스투스 치세부터 안토니누스 말기까지 로마의 풍습(전 3권), 1873.

Friedreich, Johann Baptist. *Versuch einer Literärgeschichte der Pathologie und Therapie der psychischen Krankheiten*. 1830.
요한 밥티스트 프리드라이히, 정신질환의 병리와 치료의 문학사, 1830.

Garnier, Pierre. *Anomalies sexuelles*. 1889.
피에르 가르니에, 성적 비정상, 1889.

Gautier, Pierre Jules Théophile. *Mademoiselle de Maupin*. 1835.
테오필 고티에, 마드무아젤 드모팽, 1835.

Goerres, Joseph, *Christliche Mystik* (t. 3). 1842.
요세프 괴뢰스, 기독교의 신비 제3권. 1842.
- 괴테가 탐독했던 책으로 유명하다.

Gœthe, Johann Wolfgang. *Lettres de Suisse*. 1797.
요한 볼프강 괴테, 스위스 서한집, 1797.

Grillparzer, Franz. *Ottokar*. 1825.
프란츠 그릴파르처, 오토카르 왕, 1825.

Grillparzer, Franz. *Traum ein Leben*. 1834.
프란츠 그릴파르처, 꿈같은 삶, 1834. - 베토벤 추도사를 지은 극작가

Gyurkovochky, Victor. *Pathologie und Therapie der männlichen Impotenz*. 1889.
빅토르 귀르코보호키, 남성 불능의 병리와 치료, 1889.

Hamerling, Robert. *Amor und Psyche*. 1891.
로베르트 하메를링, 아모레와 프쉬케, 1891.

Hammond, William Alexander. *Impuissance sexuelle*. Berlin, 1889.
윌리엄 알렉산더 해먼드, 성불능, 베를린, 1889.

Hartmann, Karl Robert Eduard von. *La Philosophie de l'Inconscient*. Berlin, 1869.
카를 로베르트 에두아르트 폰하르트만, 무의식의 철학, 베를린, 1869.

Heinroth, Johann Christian August. *System der psychisch-gerichtlichen Medizin*. Leipzig, 1825.
요한 크리스티안 아우구스트 하인로트, 정신병에 대한 법의학 이론 체계. 라이프치히, 1825.

Holtzendorff, Franz Von. *Psychologie des Mordes*. 1875.
프란츠 폰홀첸도르프, 죽음의 심리학, 1875.

Hyrtl, Josef. *Handbuch der topographischen Anatomie*. Wien, 1865
요세프 히르틀, 국소 해부학 편람, 빈, 1865.

Jacob, P. L., *Curiosités de l'Histoire de France*. Paris, 1858.
P. L. 자콥, 흥미로운 프랑스 역사, 파리, 1858.

Jagor, Andreas Fedor. *Reisen in den Philippinen*. 1873.
안드레아스 페도르 야고르, 필리핀 여행, 1873.

Jäger, Gustav. *Die Entdeckung der Seele*. 1880.
구스타프 예거, 영혼의 발견, 1878.
- 곤충학자 예거가 수집한 표본이 현재 슈투트가르트 자연사박물관에서 소장하고 있다.

Kiernan, James G., *Alienist und Neurologiste*, janvier 1884.
제임스 G, 키어난, 정신과 의사와 신경학자 1884년 1월 호.

Klaproth, Julius. *Reise in dem Kaukasus*. Berlin, 1812.
율리우스 클라프로트, 코카서스 여행, 베를린, 1812.

Kleist, Heinrich von. *Kæthchen von Heilbronn*. 1808
하인리히 폰클라이스트, 카이첸 폰하일브론, 1808.

Kleist, Heinrich von. *Penthésilée*. 1808.
하인리히 폰클라이스트, 펜테실레이아(아마존 여왕), 1808.

Kowalewsky, Charkow de. *Archives russes de psychiatri*, novembre 1888.
샤르코우 드코발레브스키, 러시아 정신의학 고문서 자료, 1888년 11월 호.

Krafft-Ebing, Richard von. *Lehrb. d. Psychiatrie* (7e édit.). 1883.
리하르트 폰크라프트에빙, 정신의학 교본 (제7판), 1883

Krausold, Friedich. *Melankolie und Schuld*. 1884.
프리드리히 크라우솔트, 우울증과 죄과, 1884.

Krauss, August. *Psychologie des Verbrechens*. Tübingen, 1884.
아우구스트 크라우스, 범행의 심리학, 튀빙겐, 1884.
- 철학자 프리드리히 니체의 개인 장서에 들어있던 책이다.

광기와 성

Lacassagne, Alexandre. *Lyon médical*. 1887.
알렉상드르 라카사뉴, 리옹 메디칼, 1887.
- 범죄학에서 크라프트에빙과 양대 산맥이던 롬브로소 학파의 일원으로 라카사뉴는 리옹 의과대학
의 교수였다. 범죄인류학의 기초에 크게 이바지했다.

Lacassagne, Alexandre. *Archives d'anthropologie criminelle, de médecine légale et de psychologie
normale et pathologique* (22 volumes.) Paris, 1898.
알렝상드르 라카사뉴 편저, 범죄인류학 자료집, 전 22권. 파리, 1898.

Ladame, Paul-Louis. *Revue de l'hypnotisme*. 1889.
폴루이 라담, 최면술 리뷰, 1889.

Ladame, Paul-Louis. *Procès criminel de la dernière sorcière brûlée à Genève le 6 avril 1652* (Michée
Chaudron). Paris, 1888.
폴루이 라담, 1652년 4월 6일 제네바에서 화형당한 마지막 마녀(미셰 쇼드롱)의 형사 재판, 파리,
1889.

Lallemand, François. *Des pertes séminales*. Paris, 1836.
프랑수아 랄르망, 정액의 손실, 파리, 1836.

Lasègue, Charles. *Les exhibitionnistes*. 『Union médicale』. 1877.
샤를 라세그, 노출증 환자, 『의사조합 회보』, 1877.

Laycock, Thomas. *Nervous diseuses of women*. 1840.
토머스 레이콕, 여성의 신경질환, 1840.
- 레이콕은 생리심리학의 기초를 닦은 에든버러 대학교의 교수다.

Liman, Carl *Johann Ludwig Casper's Handbuch der Gerichtlichen Medicin*. Berlin, 1889.
카를 리만, 재판의학에 대한 요한 루트비히 카스퍼의 편람. 베를린, 1889.

Liman, Carl & Casper, Ludwig. *Traité Pratique de médecine Légale*. Paris, 1862
카를 리만 & 요한 루드비히 카스퍼, 법의학의 실제, 파리, 1862.

Lombroso, Cesare. *Amori anormali precoci nei pazzi*, Arch. di psych. 1883.
체사레 롬브로소, 정신질환자의 이상한 첫사랑, 정신의학 자료집, 1883.

Lombroso, Cesare. *L'homme criminel*. 1887.
체사레 롬브로소, 범법자, 1887.

Lombroso, Cesare. *L'homme de génie*. 1888.
체사레 롬브로소, 천재적 인간, 1888.

Lombroso, Cesare. *L'uomo delinquente*. 1876.
체사레 롬브로소, 비행자(非行者), 1876.

Lombros, Cesare. *Verzeni e Agnoletti.* Roma. 1873.
체사레 롬브로소, 베르체니와 아뇰레티, 로마 1873.

Lydstone, Frank. *A Lecture on sexual perversion.* Chicago 1890.
프랭크 리즈턴, 성도착 강좌, 시카고, 1890.

Magnan, Valentin. *Archives de l'anthropologie criminelle*, no. 28. 1885.
발랑탱 마냥, 범죄인류학 자료집, 제28호. 1885.

Mandalari. *Il Morgagni.* 1890.
만달라시, 모르가니, 1890.
- 조반니 바티스타 모르가니(Giovanni Battista Morgagni, 1682~1771)는 해부병리학의 선구자로 7
백 번 넘게 시신을 해부했던 경험을 남겼다.

Mantegazza, Paolo. *Fisiologia del piacere.* 1880.
파올로 만테가차, 광장의 철학, 1880.

Mantegazza, Paolo. *La fisiologia dell'amore.* 1873.
파올로 만테가차, 사랑의 생리학, 1873.
- 만테가차는 다윈과 오래 서신을 주고받았던 친구로 피렌체 국립인류박물관의 창립자다.

Marandon, Évariste. *De la maladie des Scythes,* Annal médico-psychol.. 1877.
에바리스트 마랑동, 스키타이 병에 관하여, 『임상심리학 연보』. 1877.

Marc, Charles Henri. *De la folie considérée dans ses rapports avec les questions médico-judiciaires*, J. B.
Baillière. Paris, 1840.
샤를 앙리 마르크, 법의학의 문제로 본 광증, 파리, 1840.

Maschka, Josef. *Le grand traité de médecine légale.* 1882.
요세프 마슈카, 법의학 대관, 1882.

Maudsley, Henry. *The Physiology and Pathology of Mind.* 1867.
헨리 모즐리, 정신의 생리학과 병리학. 1867.

Meibomius, John Henry. *De flagiorum usu in res medica.* London, 1765.
존 헨리 메이보미우스, 채찍질을 이용한 치료법, 런던, 1765.

Mendel, Emanuel. *Paralyse der Irren.* Berlin, 1880.
에마누엘 멘델, 정신병자의 마비, 베를린 1880.

Menesclou, Louis. *Annales d'hygiène publique.* Paris, 1883.
루이 메네스클루, 공중위생 연보, 파리, 1883.

광기와 성

Michelet, Jules. *L'Amour*. 1859.
쥘 미슐레, 사랑, 1858.

Michelet, Jules. *La femme*, 1859.
쥘 미슐레, 여자, 1859.

Mœbius, Paul Julius. *J.-J. Rousseau Krankheitsgeschichte*. Leipzig, 1889.
파울 율리우스 뫼비우스, 장자크 루소의 병력(病歷), 라이프치히, 1889.

Moll, Albert. *Les perversions de l'instinct génital; étude sur l'Inversion sexuelle basée sur des documents officiels*. Paris, 1893.
알베르 몰, 성본능의 도착; 공공 자료에 의거한 성도착 연구, 파리, 1893.

Moll, Albert. *Die conträre Sexualempfindung*. Berlin, 1891.
알베르 몰, 상반된 성감각, 베를린, 1891.

Moll, Albert. *Der uranismus*. Berlin, 1882.
알베르 몰, 남성동성애, 베를린, 1882.

Moreau, Paul. *Des aberrations du sens génésique*. Paris, 1880.
폴 모로, 성감각의 착오, 파리, 1880.

Morel, Bénédict. *Traité des maladies mentales*. Paris, 1853.
베네딕트 모렐, 정신질환론, 파리, 1853.

Muller D'Alexandersbad. *Hydrothérapie*. 1890.
알렉산더스바트의 뮐러, 물치료, 1890.

Neumann, Heinrich. *Lehrbuch der Psychiatrie*. 1859.
하인리히 노이만, 정신의학 교본, 1859.

Nysten, Pierre-Hubert. *Dictionn. de Médecine*, 11e édit., Paris, 1858.
피에르위베르 니스탱, 의학사전 제11판, 파리, 1858.
– 언어학자 에밀 리트레가 수정증보판을 감수하면서 라틴어를 비롯해 그리스, 독일, 영국, 이탈리아, 스페인 각 국어의 용어를 덧붙여 매우 유용하다.

Olfers, Clerus. *Pastoralmedicin*. 1893.
클레루스 올페르스, 목회자의 의술, 1893.

Panta, Don Pasquale. *I pervertimenti sessuali nell'uomo*. Napoli, 1893.
돈 파스쿠알레 판타, 인간의 성적 타락, 나폴리, 1893.

Parent-Duchâtelet, Alexandre. *De la prostitution*. 1857.
알렉상드르 파랑뒤샤틀레, 매춘론, 1857.

Paullini, Christian Franz. *Flagellum Salutis.* Stuttgart, 1847.
크리스티안 프란츠 파울리니, 구원의 매질, 슈투트가르트, 1847.

Phillip, George. *Kirchenrecht*, la 7e édit., Ratisbon, 1845 −72.
게오르게 필립, 교회법, 제7판, 라티스본, 1872.

Ploss, Hermann Heinrich. *Das Weib in der Natur und Völkerkunde.* Leipzig, 1884.
헤르만 하인리히 플로스, 자연사와 민속에 등장하는 여인, 라이프치히, 1884.

Prévost, Abbé. *Manon Lescaut.*
아베 프레보, 마농 레스코

Rachilde. *La Marquise de Sade.* Paris, 1887.
라실드, 사드 후작, 파리, 1887

Régis, Emmanuel. *De la dynamie ou exaltation fonctionnelle au début de la paralysie générale.* 1878.
에마뉘엘 레지스, 마비증 초기의 기능 증강 또는 활력, 1878

Rosenbaum, Julius. *Die Lustseuche,* 3e édition. Halle. 1842.
율리우스 로젠바움, 성병의 역사, 제3판, 할레, 1842.

Rosenbaum, Julius. *Entstehung der Syphilis.* Halle, 1839.
율리우스 로젠바움, 매독의 기원, 할레, 1839.

Rosenbaum, Julius. *Die Lustseuche im Alterthum.* Halle, 1839.
율리우스 로젠바움, 고대의 성병, 할레, 1839.

Roubaud, Félix. *Traité de l'impuissance et de la stérilité.* Paris, 1878.
펠릭스 루보, 불능과 불임, 파리, 1878.

Sand, George. *Leone Leoni.* Paris, 1835.
조르주 상드, 레오네 레오니, 파리, 1835.

Saulle, Henri Legrand du. *La Folie devant les tribunaux.* 1864
앙리 르그랑 뒤솔, 법정에서 다루는 광증, 1864.
Saury, Honoré. *Étude clinique sur la folie héréditaire.* 1880.
오노레 소리, 유전성 광증에 관한 임상 연구, 1880.

Scherr, Johannes. *Deutsche Kultur und Sittengeschichte.* 1852
요한네스 셰러, 독일의 문화와 풍속사, 1852.

Schiller, Friedrich. *Les Sages.*
프리디리히 실러, 현자.

Schiller, Friedrich. *Kabale und Liebe*.
프리드리히 실러, 간계와 사랑.

Schopenhauer. *Le monde comme volonté et imagination*.
쇼펜하우어, 의지와 상상으로서의 세계.

Schrenck-Notzing, Albert V.. *Suggestionstherapie*. 1892.
알베르트 폰슈렌크노칭, 연상 요법, 1892.

Schüle, Heinrich. *Handbuch der Geisteskrankheiten*. Leipzig, 1878.
하인리히 슐레, 정신질환 편람, 라이프치히, 1878.

Schultze, Alwin. *Das hæfische Leben sur Zeit des Minnesangs*. Prag, 1889.
알빈 슐체, 중세 연가 시대의 궁정 생활, 프라하, 1889.

Sérieux, Paul. *Recherches cliniques sur les anomalies de l'instinct sexuel*. Paris, 1888.
폴 세리외, 성본능의 비정상에 관한 임상 연구, 파리, 1888.

Shakespeare, *Antonius and Cleopatra*.
셰익스피어, 안토니우스와 클레오파트라

Simon, Paul Max. *Crimes et Délits*. 1890.
폴 막스 시몽, 범죄와 범행, 1890.

Simon, Paul Max. *Le monde des rêves*. 1882.
폴 막스 시몽, 꿈의 세계, 1882.

Spitzka, Edward Anthony. *Chicago med. Review*, du 20 août 1881.
에드워드 안소니 스피츠카, 시카고 의학 리뷰, 1881년 8월 20일 자.

Spitzka, Edward Anthony. *The Journal of nervous and mental Diseases*, déc. 1888.
에드워드 안소니 스피츠카, 신경정신병 저널, 1888년 12월 호.

Sprengel, Kurt. *Apologie des Hippokrates*. Leipzig, 1793.
쿠르트 슈프렝겔, 히포크라테스의 변명, 라이프치히, 1793.

Tardieu, Auguste. *Étude médico-légale sur les attentats aux mœurs*. 1878.
오귀스트 타르디외, 풍속사범에 대한 법의학적 연구, 1878.

Tarnowsky, Benjamin. *Die krankhaften Erscheinungen des Geschlechtssinns*. Berlin, 1866.
벤야민 타르노브스키, 비정상적 성심리, 베를린, 1866.

Taxil, Léo. *La Prostitution contemporaine*. Paris, 1883.
레오 탁실, 동시대의 매춘, 파리, 1883.

Taxil, Léo. *Confessions d'un ex-libre-penseur*. Paris, 1887.
레오 탁실, 자유사상가의 고해, 파리, 1887.

Taxil, Léo. *La Corruption fin de siècle*, Paris, 1894.
레오 탁실, 세기말의 부패, 파리, 1894.

Tillier, Louis. *L'instinct sexuel chez l'homme et chez les animaux*. 1889.
루이 틸리에, 인간과 동물의 성본능, 1812.

Trélat, Ulysse. *La Folie lucide*. 1861.
윌리스 트렐라, 고의적 광기, 1861.

Ulrichs, Karl (Numa Numantius). *Memnon*. 1868.
카를 울리히스(누마 누만티우스), 멤논, 1868.

Ulrichs, Karl (Numa Numantius). *Kritische Pfeile*. 1880.
카를 울리히스(누마 누만티우스), 비난의 화살, 1880.

Ulrichs, Karl (Numa Numantius). *La Pédérastie*. 1860.
카를 울리히스(누마 누만티우스), 청소년성애, 1860.

Ulrichs, Karl (Numa Numantius). *Araxes: Ruf nach Befreiung der Urningsnatur vom Strafgesetz*. 1870.
카를 울리히스(누마 누만티우스), 아락세스: 형법으로부터 자유로운 동성애를 위한 호소, 1870.

Vogt, Carl. *Les hommes microcéphales*, Leçons sur l'homme: sa place dans la création et dans l'histoire de la terre, Paris. 1865.
카를 포크트, 소두증 사람들, 『인간에 관하여: 천지창조와 지구의 역사에서 인간의 자리』, 파리, 1865.

Weisbrod, S. *Die Sittlichkeitsverbrechen vor dem Gesetz*. Berlin, 1891.
S. 바이스브로트, 법으로 다루는 도덕의 범죄, 베를린, 1891.

Westermarck, Edward. *The history of human mariage*. 1891.
에드바르트 베스터르마르크, 결혼의 역사, 1891.

Westphal, Carl. *Archiv für Psychiatrie und Nervenkrankheiten*. Berlin, 1869.
칼 베스트팔, 정신의학과 신경의학 자료집, 베를린, 1869.

Wetterstrand, Otto Georg. *Hypnotism and its application to practical medicine*. 1891.
오토 게오르크 베테스트란트, 최면과 그 의학적 응용, 1891.

Wharton, Francis. *A treatise on mental unsoundness*. Philadelphia, 1873.
프랜시스 와튼, 정신건강론, 필라델피아, 1873.

광기와 성

Wilbrandt, Adolf. *Fridolins heimliche Ehe*. Stuttgart. 1899.
아돌프 빌브란트, 프리돌린의 은밀한 결혼, 슈투트가르트, 1899.
- 독일에서 출간된 최초의 남성동성애 소설.

Zacchias, Paolo. *Quaestiones medico-legales*.
파올로 차키아스, 법의학의 문제.
- 차키아스는 근대 법의학의 선구자로 거장 벨라스케스가 초상으로 위대한 인물로 기억되는 교황 인노첸시오 10세의 주치의였다. 특히 인노첸시오 10세의 교회법 학자로 교황청 법조계의 거물이다.

Zambaco, Alexandre. *L'Encéphale*. 1882.
알렉상드르 잠바코, 뇌중추, 1882.

Zimmermann, Oswald Zimmermann. *Die Wonne des Leids*. Leipzig, 1885.
오스발트 치머만, 고통의 기쁨, 라이프치히, 1885.

Zittmann, Œsterlen. *Maschkas Handbuch*. 3.
외스테를렌 치트만, 마슈카 편람, 제3권.

Zola, Emile. *Nana*.
에밀 졸라, 나나.

Zola, Emile. *Thérèse Raquin*.
에밀 졸라, 테레즈 라캥.

Zuckerkandl, Emil. *Über das Riechcentrum*. Stuttgart, 1887.
에밀 추케르칸들, 제국의 수도에 관하여, 슈투트가르트, 1887.

Psychopathia Sexualis
by Richard von Krafft-Ebing